GENERAL EMILIO MOLA VIDAL

"EL DIRECTOR" DEL GOLPE DE ESTADO QUE DIO LUGAR A LA GUERRA CIVIL ESPAÑOLA DE 1936-1939

MEMORIAS DE MI PASO POR LA DIRECCIÓN GENERAL DE SEGURIDAD

Trilogía de sus memorias:

LO QUE YO SUPE (1932)

TEMPESTAD, CALMA, INTRIGA Y CRISIS (1932)

EL DERRUMBAMIENTO DE LA MONARQUIA (1933)

Publicado, prologado y annotado por
JUAN BAUTISTA BERGUA

Publicados por la LIBRERÍA EDITORIAL BERGUA en 1932 y 1933. Seguido por su cuarta memoria *EL PASADO, AZAÑA Y EL PORVENIR* publicado en 1934, también incluido en la Colección La Crítica Literaria.

Colección La Crítica Literaria
www.LaCriticaLiteraria.com

Colección La Crítica Literaria
www.LaCriticaLiteraria.com
ISBN: 978-84-7083-951-1

Imagen de la portada: La bandera Nacional de España (1785-1931) con el General Emilio Mola

Ediciones Ibéricas - LaCriticaLiteraria.com
Calle Ferraz, 26
28008 Madrid
www.EdicionesIbericas.es
www.LaCriticaLiteraria.com

Impreso por LSI (Internacional) y SAFEKAT S.L. (España)

ÍNDICE

LA CARRERA DE GENERAL MOLA

Emilio Mola Vidal (Placetas, Cuba,1887 – Burgos, España, 1937) fue un militar español destacado en la historia de España por ser el instigador del golpe de Estado que dio lugar a la Guerra Civil española de 1936-1939.

De una familia militar, inició su carrera militar con 17 años, y salió en 1907 de la Academia Militar de Toledo con el grado de teniente de infantería. Tras una valerosa actuación en el frente de Marruecos, en donde fue herido, Mola fue ascendido a general en el año 1927.

En 1930, después de la caída del dictador Primo de Rivera, el gobierno del general Berenguer le nombró Mola el Director General de Seguridad, donde sus ideas conservadoras y su reorganización de la Policía Gubernativa le hicieron muy impopular entre la oposición socialista y republicana. Formó dos cuerpos del la policía bajo su mando: el Cuerpo de Vigilancia y el Cuerpo de Seguridad (germen de la Guardia de Asalto).

El 12 de diciembre de 1930 hubo un pronunciamiento militar contra el gobierno del general Berenguer conocido como La Sublevación de Jaca. Mola se dirigió a su compañero Fermín Galán con ánimo de disuadirle de su propósito golpista. Fue sofocada. Aunque los capitanes Galán y Hernández acabaron fusilados y los principales dirigentes republicanos acabaron en la cárcel, sus efectos fueron fructuosos cuatro meses después.

Tras la proclamación de la Segunda República en 1931, Mola fue separado del ejército como sospechoso de connivencia con el fallido golpe de Estado del general Sanjurjo. La actividad policial contra la intentona republicana bajo la dirección directa de Mola le dejó marcado ante los movimientos republicanos y estudiantes de oposición a la monarquía.

En este momento Mola se refugió durante casi tres meses en la casa de su amigo y editor Juan Bautista Bergua en Madrid. Como además tenía dificultades económicas, Bergua le sugiere que escriba sus memorias, que luego publicó la Librería Editorial Bergua: *LO QUE YO SUPE* (febrero 1932), *TEMPESTAD, CALMA, INTRIGA Y CRISIS* (abril 1932), y *EL DERRUMBAMIENTO DE LA MONARQUIA* (marzo 1933), juntas forman *MEMORIAS DE MI PASO POR LA DIRECCIÓN GENERAL DE SEGURIDAD.* En 1934 Bergua publicó su cuarta memoria *EL PASADO, AZAÑA Y EL PORVENIR: LAS TRAGEDIAS DE NUESTRAS INSTITUCIONES MILITARES.*

Mola fue encarcelado, pero un posterior gobierno de la derecha dictada por Alejandro Lerroux y Gil Robles, le amnistió en 1934 y le permitió volver al Ejército nacionalista donde fue jefe del Ejército de África en 1935.

El triunfo del Frente Popular en las elecciones de febrero de 1936 provoca que se le destine a Pamplona a cargo de la 12ª Brigada de Infantería. En esta ciudad establecerá contactos con los carlistas y comenzará a conspirar con los generales y militares más reaccionarios y dispuestos a dar un golpe contra el régimen democrático, como Franco, Sanjurjo, Goded, Kindelán, Saliquet, Fanjul, Ponte, Orgaz y Varela.

Mola, conocido como "El Director" por su papel organizativo en la sublevación, fue el líder del golpe de estado del 18 de julio de 1936. Pero el golpe fracasó ante la resistencia de las organizaciones republicanas en buena parte del país y tras constatarse la imposibilidad de tomar Madrid.

Comenzó la Guerra civil española. Mola destacó en la dirección de las operaciones militares al mando del Ejército del Norte, dedicando todos sus esfuerzos a la toma del País Vasco y el norte de España.

El 3 de junio de 1937, Emilio Mola murió inesperadamente en un "accidente" de aviación al estrellarse contra una colina en Alcocero, Burgos, durante un temporal mientras regresaba a Vitoria. No existen pruebas de que hubiera sabotaje, aunque la muerte favorecía claramente a Franco al eliminar al "Director" como rival. Las muertes accidentales en circunstancias parecidas de general Mola y general Sanjurjo dejaron a general Franco como el único líder indiscutible de los militares golpistas.

Mola fue enterrado en el cementerio de Pamplona en 1937. Una vez acabada la guerra, Franco no se olvidó de Mola y durante el tiempo de la dictadura se levantaron un gran número de monumentos en su honor. Se renombraron un gran número de calles, avenidas y otros lugares públicos en referencia al general Mola, aunque con la llegada de la democracia muchos de ellos recuperaron sus nombres originales. Posteriormente, en 1961, sus restos fueron trasladados al monumento a los Caídos de Pamplona. En Alcocero se levantó un monumento conmemorativo en su memoria y en 1948 se le concedió el título de Duque de Mola con Grandeza de España.

Aparte de estos honores, fue uno de los treinta y cinco altos cargos del franquismo imputados por la Audiencia Nacional en el sumario instruido por el juez Baltasar Garzón, como presuntos autores de los delitos de detención ilegal y crímenes contra la humanidad cometidos durante la Guerra civil española y en los primeros años del régimen, y que no fueron procesados al comprobarse su fallecimiento.

LO QUE YO SUPE

EMILIO MOLA

PRÓLOGO: AL LECTOR

Ha pasado ya algún tiempo desde que se derrumbó la Monarquía y sobre sus ruinas se alzó la República. El estado pasional que tuvo su momento agudo en los instantes del cambio de régimen, ha dejado paso al juicio sereno y a la reflexión; del furor de las masas contra las personas señaladas por los directores de la revolución como principales sostenes del Trono, apenas restan rescoldos de odio en los fanáticos, que son los menos; de la intensa campaña política con que se mantuvo en guardia al pueblo español para alejar el peligro de una restauración, no queda más que el recuerdo, avivado de tarde en tarde por el estridor de algún exaltado: justo es que hablen ya los que permanecieron callados por haber sido víctimas del estado pasional, blanco del furor de las masas y perseguidos durante la campaña política.

No nos impulsa a publicar este libro el deseo de justificar nuestra conducta al frente de la Dirección General de Seguridad, por la sencilla razón de que entendemos que el juez más severo del hombre es su propia conciencia, y la nuestra nos dicta que de nada hemos de arrepentimos, ya que cumplimos con lealtad los deberes que nos imponía la confianza que se nos otorgó, administramos con honradez y procedimos en todo momento con justicia. El objeto que nos guía es simplemente hacer un relato de nuestra gestión al frente de dicho Centro, poniendo de manifiesto los hechos con absoluta imparcialidad, señalando tanto los aciertos como los errores.

El Destino—que a veces deja de la mano a sus protegidos—nos llevó a desempeñar el cargo de director de Seguridad quizá en el período más crítico de nuestra historia contemporánea, cuando ya el régimen monárquico agonizaba, cuando todo, absolutamente todo, estaba minado por un sentimiento, más que republicano, de hostilidad hacia la persona del Rey, que no supo o no quiso darse cuenta de que las instituciones, por seculares que sean, han de marchar al ritmo de los tiempos; sin embargo, no fue exclusivamente suya la culpa, pues también contribuyeron al derrumbamiento sus más significados Consejeros que, entretenidos en el gracioso deporte de las habilidades y travesuras políticas, no cuidaron de dignificar el Parlamento y conquistar la autoridad que precisa el Poder para ser ejercido con decoro, y por ello se vieron impotentes al tratar de cerrar el paso a la Dictadura; y más tarde, cuando ésta cayó víctima de la impopularidad que ella misma se labrara con sus yerros, no se dieron cuenta de que el alma nacional había sufrido una honda y radical transformación.

Convencidos como estábamos de que más o menos pronto la desaparición de la Monarquía era inevitable, pusimos de nuestra parte cuanto fue posible para extremar la prudencia y huir de violencias desagradables; mas el espíritu de rebeldía había arraigado en tal forma, todo acto de hostilidad contra los poderes constituidos encontraba un apoyo tan decidido en la mayor parte de la Prensa, y la Autoridad era objeto de tan apasionados e injustos ataques, que los elementos levantiscos se sintieron constantemente alentados para proseguir sus desafueros: así encontraron amparo en la opinión pública huelgas injustificadas, absurdas algaradas estudiantiles y desmanes de todo género. Nosotros, actuando durante catorce meses en un ambiente francamente revolucionario, en que no pasó día sin tener que hacer frente a conflictos de uno u otro orden, creemos haber puesto tal prudencia en el empleo de la fuerza pública, tal comedimiento en la represión de los motines, que si se hiciera un estudio estadístico de la sangre vertida en dicho lapso de tiempo y la derramada en otras circunstancias en que la Autoridad encontró asistencias de opinión que a nosotros nos faltaron, tenemos la absoluta seguridad de alcanzar un saldo francamente favorable a nuestra gestión; lo mismo decimos respecto a las prisiones gubernativas, pues, no obstante estar las garantías constitucionales en suspenso casi todo el tiempo, muchos meses transcurrieron sin que el número de detenidos en el territorio nacional, islas adyacentes y plazas de soberanía, a disposición del director de Seguridad, llegase a una docena de individuos, y eso contando con los pendientes de extradición o en trámites de expulsión.

Nuestro libro es un relato absolutamente sincero, una narración hecha con juicio sereno, sin pasión y sin rencores; en sus páginas no danza la fantasía, ni tiene asiento el embuste. Nadie, absolutamente nadie, podrá desmentirnos en un solo punto; es más, si por propia conveniencia—que afortunadamente nada hay en nuestra actuación que deba permanecer en el misterio—, respeto a las personas u otras circunstancias cualesquiera, nos hubiéramos visto obligados a desfigurar los hechos, desde luego no lo daríamos a la publicidad. Lamentamos, eso sí, no poder valorar sus páginas con la aseveración de una copiosa prueba documental o con los testimonios indubitables de los agentes secretos que estuvieron a nuestro servicio: lo primero no es posible, porque los acontecimientos se desarrollaron con tal rapidez que no pudimos recoger de los archivos, ni aun de nuestro gabinete de trabajo, importantes cartas, circulares e informaciones de un positivo valor político e histórico; lo segundo, porque el concepto que tenemos de nuestra propia estimación y compromisos solemnes nos impiden lanzar al arroyo nombres de personas de toda condición, ¡de toda condición!—lo repetimos para que no haya dudas—, que unas por afecto, otras por ideal y las más por la atracción que ejercen crecidos estipendios, nos pusieron en antecedentes de no pocos interesantes acontecimientos y nos dieron la clave de inexplicables sucesos. Y sirva esta declaración, que nos ha salido *cálamo currente,* para tranquilizar a los que mejor o peor situados en el nuevo régimen, viven bajo el temor de que la discreción llegara a faltarnos: nosotros ni somos desagradecidos, ni hemos olvidado lo que va de un rufián a un caballero.

Para que los aficionados a la trompetería desvergonzada no se llamen a engaño y tomen este libro por lo que no es, cúmplenos advertirles que somos enemigos de la crítica mordaz y del ataque apasionado, ya que abrigamos la sospecha de que la primera suele derivar hacia lo injusto, y, el segundo, rebasa con frecuencia los límites de la ecuanimidad e invade terrenos que veda la discreción que nos hemos impuesto. No hay que buscar tampoco en las páginas que siguen ni indignación, ni protestas, ni diatribas, puesto que entendemos que lo íntimo, bien sean alegrías o amarguras, sólo al individuo pertenecen. En resumen: ¡Este no es un libro de escándalo!

Permanecimos al frente de la Dirección General de Seguridad desde unos días después de la caída de la Dictadura hasta el momento en que el Comité revolucionario entró en el Ministerio de la Gobernación para hacerse cargo del Poder; durante nuestra gestión estuvimos bajo las órdenes de dos gobiernos: el del general Berenguer y el del almirante Aznar. Aquél, depositó en nosotros toda su confianza y nos mantuvo en el cargo con dignidad; el último, compuesto por elementos de opuestas tendencias dentro del monarquismo, nos hizo víctima de sus indecisiones y desaciertos. Para el general Berenguer y sus ministros, nuestro reconocimiento y respeto; para el almirante Aznar, sólo nos cabe decir que mantenemos íntegras cuantas manifestaciones le hicimos en su despacho de la Presidencia del Consejo de Ministros en la mañana del 14 de abril.

Ya sabe el lector lo que ha de encontrar en este libro y en los que han de sucederle. No sería difícil que de la lectura de ellos obtuviese alguna provechosa enseñanza. Nosotros, en año y pico que estuvimos desempeñando el cargo de director de Seguridad, fue tal nuestra torpeza, que no acertamos a asomarnos a la realidad; pero luego, cuando en la celda de Prisiones militares nos dedicamos a la meditación —que es grata tarea cuando la conciencia está tranquila— nos dimos cuenta de ella, y lo que es más doloroso, adquirimos la persuasión de que el sentimiento de la gratitud, el valor de la responsabilidad, el culto a la honradez, el recto concepto de la justicia y la nobleza de espíritu, no son cualidades que encuentren albergue en el corazón de todos, y así ocurre que no existe ni afecto correspondido, ni leal cooperación, ni estímulo para la probidad, ni confianza en la ley, ni vergüenza. Y al amparo de tanta desdicha moral, medran los audaces apoyados en la cobardía de los demás, que no son los menos, pues por desgracia para nuestra sociedad, escasean los hombres a quienes se pueda llamar eso: ¡hombres!

Este libro debió imprimirse en febrero de 1932. Circunstancias especiales nos aconsejaron a mantenerlo inédito hasta el momento presente, en que sale a luz pública sin haber hecho en las cuartillas originales una sola modificación.

EMILIO MOLA

CAPÍTULO PRIMERO

De la Circunscripción de Larache a la Dirección General de Seguridad

DE LARACHE A SEVILLA.—En los primeros días del mes de febrero, cuando todavía era tema de todos los comentarios la caída del Gobierno dictatorial y los periódicos eran leídos con avidez en busca de los nombres de los personajes designados para desempeñar los altos cargos, una tarde, ya anochecido, entró en mi despacho el jefe de Estado Mayor, comandante Pedemonte, y me entregó un telegrama cifrado que tenía el siguiente encabezamiento: "Presidente del Consejo de Ministros a general Mola, jefe de la Circunscripción de Larache.—Descifre V. E. personalmente"... El comandante Pedemonte me traía también la clave; mas como entre él y yo no hubo jamás secretos, como no debe haberlos entre quién manda y quien tiene por elemental deber de su función la lealtad, y dentro de ella traducir las decisiones en órdenes y vigilar su cumplimiento, le rogué se sentase a la mesa y ambos nos pusimos a descifrar el texto del despacho, que era breve. Se me decía que en fecha próxima cesaría en el cargo de director de Seguridad el general Bazán, y que tanto el ministro de la Gobernación como el jefe del Gobierno estimaban que yo reunía condiciones para desempeñarlo, por lo que me rogaban lo aceptase. Nos causó tal sorpresa el inesperado ofrecimiento, que tanto Pedemonte como yo permanecimos un buen rato dándole vueltas uno a la clave y otro al telegrama, sin hacer el menor comentario, hasta que, por fin, aquél rompió el silencio con esta observación:

—No sabe usted bien, mi general, el disgusto tan grande que me proporciona la distinción de que le hace objeto el nuevo Gobierno; pues, claro está, que no le queda otro remedio que aceptar.

—¿Por qué?—le pregunté con vivacidad, un tanto sorprendido por la afirmación categórica.

—¡Oh!, porque los honores, y sobre todo cuando como en este caso representan un sacrificio, no son renunciables—me repuso con la entereza que era peculiar de su carácter.

Comprendí en seguida que le sobraba la razón; sin embargo, me producía tal contrariedad abandonar Larache, que quise buscar un pretexto, un fundamento, en que basar una contestación negativa. Pedemonte, puesto de pie, me observaba; al cabo de un rato, se permitió insinuar:

—¿Redacto la contestación?

—No—le repuse—. Me tomaré toda la noche para reflexionar.

Cuadrado militarmente, como era en él costumbre cuando hablaba con un superior, hizo una ligera inclinación de cabeza al mismo tiempo que pronunciaba la tan correcta, la tan disciplinada, la tan militar frase de: "a la orden de usted, mi general". Tras él se cerró la puerta del despacho y volví a quedar completamente solo.

Yo me encontraba en Larache muy a gusto; si no pareciese exagerado, diría que feliz. La Circunscripción era modelo de disciplina, instrucción y espíritu. Como jefe me sentía satisfecho; mis subordinados, orgullosos: la compenetración entre el que mandaba y los que obedecían era perfecta, absoluta. Cuantas veces exhibimos nuestras tropas—especialmente los Regulares y la Artillería—ante representaciones extranjeras, obtuvimos éxitos rotundos. Los Cuerpos de Larache enseñaban lo que se puede conseguir del soldado español cuando un jefe enérgico se encuentra asistido por una oficialidad entusiasta, por una oficialidad que no piensa más que en su profesión.

El cariño que sentía por lo que juzgaba una obra personal mía de un lado, y de otro el telegrama cifrado, fueron causa de que aquella noche apenas pudiera pegar los ojos; luchaba conmigo mismo sobre si debía o no aceptar el cargo: no era posible una negativa. Se trataba de un favor que solicitaban de mí dos generales que, sobre haberme distinguido siempre, me profesaban gran estimación; además, entendía entonces, y sigo entendiéndolo todavía, que a los buenos amigos hay que servirles, ayudarles y hasta sacrificarse por ellos cuando lo necesitan, y si caen en desgracia, más aún; pues creo que no es de almas nobles dejar a la víctima con su infortunio, como hicieron la mayor parte de mis amistades cuando fui proyectado a una triste, húmeda y maloliente celda de las Prisiones militares de San Francisco.

A la mañana siguiente redacté yo mismo la respuesta, diciendo que estaba por completo a las órdenes del Gobierno. Por la noche recibí otro cifrado del presidente del Consejo acusando recibo del anterior y dándome las gracias. Pedemonte, mis ayudantes y yo, únicos que conocíamos lo que ocurría, convinimos en guardar la más absoluta reserva, porque así se me había encargado expresamente.

El día 10 empezó a circular el rumor de mi próximo nombramiento, rumor que fue adquiriendo cada vez más consistencia, hasta que en la tarde del 11 confirmé la noticia por haber recibido ya orden de trasladarme a Madrid con toda urgencia, lo que efectué al día siguiente.

Abandoné la Circunscripción de Larache sobre las dos de la tarde, hora en que salí para Sevilla a bordo de un avión militar pilotado por el capitán Soriano. Acudieron al aeródromo de Auamara a despedirme, no obstante haberles dispensado de esta atención, todos los jefes de Cuerpos, Centros y Dependencias e íntegra la oficialidad franca de servicio de la

Comandancia de Artillería y Grupo de Regulares. El viaje fue bastante incómodo, pues el tiempo estaba metido en borrasca, y, como es consiguiente, el aparato fue zarandeando de lo lindo, sobre todo al cruzar sobre la provincia de Cádiz. A las cinco —normalmente se tarda en ese viaje de dos a dos horas y cuarto— tomamos tierra en el campo de Tablada, en donde me esperaba el comisario D. Adolfo de Miguel, a la sazón jefe de la plantilla policiaca de Sevilla. Y después de despedirme de la simpática oficialidad de la Base Aérea y celebrar una breve conferencia con el secretario particular del general Berenguer—mi buen amigo, el teniente coronel don Juan Sánchez Delgado—que estaba intranquilo por conocer mi llegada, salí con el señor De Miguel a dar un paseo por la bella ciudad, patria de hidalgos, encanto de poetas y orgullo de españoles.

El señor De Miguel aprovechó la ocasión que se le presentaba de ir a solas conmigo para ponerme al corriente de muchos detalles y pormenores de la vida policial, de los que deduje era persona que desde los tiempos en que Arlegui desempeñó el cargo de director de Seguridad había caído en desgracia y en desgracia seguía, merced en gran parte a las ausencias que de él habían hecho la media docena de afortunados que guiaban con sus consejos al general Bazán, a quien iba yo a reemplazar.

DE SEVILLA A MADRID.—Pocos minutos antes de la salida del expreso llegué a la estación de la Plaza de Armas, lo que no fue óbice para que un avispado reportero periodístico me asediara a preguntas y solicitase de mí unas declaraciones, y, ¡horror!, hasta un fotógrafo intentase deslumbrar el andén con el consabido fogonazo, que no de otro modo era posible impresionar en aquellas horas—ocho de la noche—una placa. Afortunadamente la partida del tren me salvó del obstinado redactor, del retratista y del señor De Miguel, empeñado en embutirme a gran presión la historia completa de todos los policías españoles desde que él ingresó en el Cuerpo de Vigilancia—que ya hacía bastantes años—hasta aquella fecha.

A la hora exacta entró el expreso en Atocha. Allí estaban esperándome el coronel Marzo, jefe superior de Policía de Madrid; el coronel de Seguridad, señor Tizo; el jefe de la División de Ferrocarriles, Maqueda, y otros funcionarios que ya no recuerdo. De los que estaban sólo conocía al primero por haber servido algún tiempo a las órdenes de mi padre, que, dicho sea de paso, le guardó siempre gran afecto, por considerarle oficial trabajador, culto, inteligente y digno; condición esta última a la que yo designo desde hace muchos años "la rara virtud", por lo que escasea.

Después de las presentaciones, saludos de cortesía y "posar" para dar satisfacción a un reportero fotográfico, me despedí de aquellos señores, salvo del coronel Marzo, que quiso acompañarme hasta el hotel, a donde fui con objeto de cambiar de ropa; pero, ¡ca!, tuve que recibir, quieras que no, el acoso de algunos "madrugadores" decididos a exponerme primero que nadie su "caso particular" y hablar mal de la Dictadura, que en aquellos días estaba muy de moda, por creer los más que así halagaban a los que simpatizábamos con el nuevo estado de cosas.

En cuanto los visitantes me lo permitieron—y no he de negar que puse de mi parte lo que pude para que fuera pronto—fui al Ministerio del Ejército para presentarme al general Berenguer, que ya me esperaba. Me recibió con el afecto de siempre, encargándome que aquel mismo día me posesionase de la Dirección de Seguridad, pues consideraba conveniente que cuanto antes estuviera en condiciones de hacer frente y encauzar la fuerte agitación que iba a producirse, efecto del régimen de tolerancia que el Gobierno estaba dispuesto a conceder, para poder desembocar lo antes posible en el Parlamento. España iba a ser—decía él—como una botella de champaña que se destapa.

Del Ministerio del Ejército fui al de la Gobernación. Por primera vez en mi vida entré en el patio del popular edificio de la "bola", donde suele haber poca limpieza y mezcla permanente de guardias, caballos y automóviles; por primera vez también, un galoneado portero de Ministerio estuvo deferente conmigo y me dispuso el ascensor haciendo una extremada reverencia, y otro, no menos atento, abrió la puerta al llegar al piso principal y me anunció al ministro.

El general Marzo salió a mi encuentro; nuestro saludo fue un fuerte apretón de manos seguido de un abrazo: ¡hacía bastantes años que no nos veíamos! En pocas palabras me refirió que, cuando más ajeno estaba en su Capitanía de Baleares, recibió un telegrama del Presidente ofreciéndole "la cartera" en forma que no cabía más que aceptar; no era ni grato ni envidiable en aquellos momentos su puesto, pero a los amigos—según él—no se les debía abandonar en los trances difíciles. Era indudable que el general Berenguer, al tratar de hacer unas elecciones sinceras, lo primero que pensó fue que además de serlas debían parecerlo, y para ello, lo que más alejaba toda sospecha de un posible "encasillado" era colocar en el Ministerio de la Gobernación una persona que no hubiese militado en ningún campo político; él era uno de los pocos generales que ni siquiera había tenido contactos con la Dictadura. En aquellos días le preocupaba una huelga que existía en Sagunto, que por momentos presentaba peor cariz.

—He aquí—me dijo—una mala herencia que nos ha legado el Gobierno anterior. Esta huelga de la "Siderúrgica del Mediterráneo", tiene mala solución: de un lado los jornales son exiguos, y la vida se encarece por momentos; de otro, la Sociedad sufre una aguda crisis económica y no tiene interés en seguir la explotación. A los obreros les solivianta el hambre y les acucia la Confederación Nacional del Trabajo; al Consejo de

Administración le descorazona el escaso rendimiento del negocio y no tiene interés en sacrificarse por una solución satisfactoria, porque además sus componentes sienten poca simpatía por este Gobierno, pues, todo el mundo odiaba la Dictadura, según dicen, y a lo que parece, ¿sabe?—esta palabra no se le caía de los labios al general Marzo—, todos la echan de menos.

Después de un breve cambio de impresiones sobre la situación general de España, me trasladé a la Dirección de Seguridad, donde cumplimenté al director dimisionario, general Bazán, que por cierto me recibió sin grandes cortesías. Éste era persona que quizá rondase los setenta años; ni alto, ni tampoco bajo; su relativa corpulencia y su rostro encendido, le daban aspecto de hombre fuerte y saludable; sus ojos, hundidos, diminutos, de mirada penetrante, parecían estar atrincherados detrás de los salientes pómulos, que a su vez protegían un bigote poblado, sin pelo negro, de guías enroscadas, a lo guardia civil; su cabeza acrocéfala se unía al tronco por un musculoso cuello rematado en un morrillo plano y ancho que le daba cierto aspecto germánico; hablaba el ruso, según decían con relativa soltura, y tenía constantemente, además de un puro encendido en la boca, una atmósfera irrespirable en la habitación. Cuando entré en el despacho se hallaba parapetado tras la mesa de trabajo, atareadísimo recogiendo papeles de su archivo de los que, por lo poco que pude apreciar, debió llevarse un buen camión a su casa; por este motivo cambiamos pocas palabras y me despedí de él hasta las cinco de la tarde, hora que convinimos para la presentación del personal y toma de posesión.

A la hora indicada se cambiaron los discursitos de rigor ante los jefes de Madrid y funcionarios de la Dirección—¡una nube!—. El acto fue breve afortunadamente. Después pasamos al gabinete de trabajo en donde me hizo entrega de las llaves, claves, lista de confidentes, relación de gastos reservados que él abonaba periódicamente, etc.; pero a todo esto sin decirme una palabra sobre lo más interesante: el orden público. A propósito de este asunto, y en respuesta a una pregunta categórica, me dijo:

—Ya se irá usted dando cuenta de lo que es esto. Mi opinión ¿me pregunta? Voy a permitirme darle un consejo: no se fíe de unos ni de otros, ni tampoco de lo que yo le pueda manifestar. Éste es un cargo que cuesta dominar, porque no se puede proceder por los conocimientos de los demás, sino por lo que dicta el criterio propio.

Con esta interesante advertencia y diez minutos más de ligeras vaguedades por todo caudal de conocimientos facilitado por mi antecesor para orientarme, me hice cargo de la Dirección General de Seguridad; menos mal que por haber vivido algunos años en Barcelona, en época en que la cuestión obrera estaba muy enconada—de 1915 a 1917—, el deseo que tuve entonces de conocer los orígenes del socialismo y anarquismo, me puso sobre la pista del llamado sindicalismo, y luego, ¿quién no ha tenido en su biblioteca, por modesta que sea, unos libros sobre Rusia? ¿Quién no ha leído algo sobre el famoso plan quinquenal?

Ya de noche fuimos ambos a saludar al presidente del Consejo, y después me creí obligado a acompañarle hasta su propio domicilio. Desde aquella despedida no hemos vuelto a cruzar la palabra, lo que no quiere decir haya dejado de sentir hacia él el respeto que siempre me han merecido las canas y las jerarquías superiores.

ORIENTACIONES, TEMORES Y PROPÓSITOS.—Al día siguiente sostuve con el general Berenguer una extensa e interesante conferencia en la que, con el aplomo y circunspección en él características, me expuso su concepto personal sobre la eficacia de la Policía gubernativa; me dio su opinión referente a la situación política, en aquellos momentos un tanto embrollada; me confió sus temores relativos a determinados manejos, no exentos del apoyo de cierta clase social; y, por último, me ilustró respecto a sus propósitos de gobierno que, como se verá, tendían a que la vida nacional se reintegrase a la legalidad constitucional. Trataré de reflejar lo más exactamente posible cuanto me manifestó aquella mañana en su despacho del Ministerio del Ejército.

El presidente del Consejo tenía formado un concepto mediocre respecto a la eficiencia de la Policía española, que atribuía, más a defectos de organización que a falta de aptitud en el personal, entre el cual, como sucede en todos los organismos del Estado, estimaba había funcionarios excelentes, buenos, regulares y francamente malos. Creía —y yo participaba de su opinión— que con un Cuerpo de Vigilancia integrado por hombres entusiastas, bien retribuidos y de moral sana, auxiliado por otro de Seguridad formado por individuos jóvenes, altos, fuertes y disciplinados, teniendo como reserva, más bien para los servicios rurales, a la Guardia Civil, se contaba con elementos sobrados para dominar, sin recurrir a procedimientos de gran violencia, todos los conflictos de orden público que pudieran presentarse, siempre, claro está, que no tomase en ellos parte el Ejército, peligro éste que en aquella época se consideraba descartado. Apoyado en el criterio expuesto, y dándome un plazo de tres meses para estudiarlo, me encargó un plan de reorganización de la Policía gubernativa sobre la base de lo existente, procurando causar los menos trastornos posibles al personal, pero reglamentando sus funciones en forma que recobrase ante la opinión del país el prestigio y buen concepto público que le era indispensable para el completo éxito de su delicada misión; este plan de reorganización quería fuera uno de los primeros proyectos de ley que el Gobierno sometiese al Parlamento.

En cuanto a la situación política la estimaba algo confusa, tanto por el alejamiento de Palacio de personas que, representando una fuerza de opinión efectiva, se hallaban heridas en su amor propio por el trato despectivo o persecuciones del Gobierno dictatorial, como por el desconocimiento que se tenía del valor real de los partidos políticos antimonárquicos y de las organizaciones obreras. Para despejar en lo posible tales incógnitas, se proponía: primero, ponerse en contacto con las más destacadas personalidades que hubieran intervenido en la gobernación del país antes del pronunciamiento del 13 de septiembre de 1923 y con las que, sin pertenecer a este grupo, hubiesen también colaborado, aunque fuera indirectamente; segundo, dar órdenes a la censura para que, poco a poco, cediese en rigor con objeto de apreciar cómo se manifestaba la Prensa de oposición y acogida que el público le dispensaba; tercero, conceder paulatinamente libertad de propaganda política y social en los locales cerrados; y cuarto, atraer a la vida legal, en cuanto las circunstancias lo permitiesen, las organizaciones sindicales que funcionaban en la clandestinidad: ¡No cabían mejores propósitos para el tránsito del régimen de excepción al de legalidad!

Preocupaba en aquellos momentos al Gobierno cierta reacción que se notaba en determinadas esferas sociales, especialmente entre el alto personal palatino, en pro de una nueva dictadura; reacción que se suponía alentaba el propio marqués de Estella. Tal preocupación tenía su origen en fundadas sospechas y en hechos comprobados, los cuales considero conveniente bosquejar para que el lector tenga conocimiento de sucesos que no son del dominio público.

El día que al entrar D. Dámaso Berenguer en la cámara regia recibió el encargo de formar gobierno, acababa de cruzarse en la antecámara con el presidente dimisionario sin que le hiciera, como parecía lógico, la más leve confidencia. La superficial amistad, o mejor dicho, la frialdad de relaciones de ambos generales, no justificaba tal conducta, sobre todo si se tiene en cuenta que D. Miguel Primo de Rivera, al verse forzado a abandonar el Poder, creyó oportuno aconsejar al Rey la continuación del sistema dictatorial y hasta se permitió dejarle una nota con varios nombres de personas que juzgaba conveniente formasen parte del nuevo Gabinete para proseguir la orientación iniciada por él, especialmente en la parte referente a obras públicas, motivo por el cual entre los relacionados figuraba su ministro de Fomento. El general Berenguer, respetuoso y digno, devolvió al Monarca la nota y le manifestó que sólo aceptaría el Poder a condición de elegir libremente sus colaboradores y convocar a Cortes ordinarias tan pronto como le fuera posible, pues había sido, era y sería siempre enemigo de dictaduras y entusiasta propugnador del régimen parlamentario. La actitud de firmeza que acabo de exponer, y muy posiblemente la dificultad de encontrar otra persona que quisiera hacerse cargo de la gobernación del país en aquellas desagradables circunstancias, obligaron al Rey a aceptar las condiciones que se le imponían. Mas la solución fue tan poco del agrado del marqués de Estella, tan herido quedó en su amor propio, tan se creía árbitro de los destinos de España, que a los pocos días buscaba colaboradores para llevar a efecto otro nuevo golpe de Estado, con ánimo de asaltar el Poder, obligar al Rey a abdicar e instituir una regencia bajo su personal tutela. Como era lógico, sus gestiones fracasaron rotundamente; se convenció de que la popularidad de otros tiempos había sufrido un duro quebranto; de que los amigos le abandonaban, y fue entonces cuando decidió expatriarse. Sin embargo, su temperamento inquieto no le permitía resignarse al infortunio, y aún desde París siguió alentando a sus incondicionales de acá. Cuando tal ocurría, casi mediaba el mes de febrero.

No quisiera que una ligereza empañase la verdad rigurosa que me he propuesto resplandezca en todas las páginas de este libro, pero dejaría de ser sincero si no dijera que los manejos de elementos dictatoriales siguieron aún después de la muerte del general Primo de Rivera: hubo reuniones, acuerdos, y hasta se afirmó por cierto agente a mi servicio que una tarde se había celebrado una entrevista en la Casa de Campo en la que cambiaron impresiones el Rey y una elevada personalidad entusiasta de la Dictadura. Cuantas gestiones realicé para comprobar por otros conductos la veracidad de esta noticia, resultaron infructuosas.

Conseguida la colaboración más o menos directa de los prohombres monárquicos y oído su consejo, formaría el general Berenguer su composición de lugar y trazaría el programa político, fijando la fecha de la convocatoria de las Cortes, donde él esperaba que las pasiones políticas encontrasen amplio campo en que manifestarse; luego, enfocada la vida de la nación por los cauces de la legalidad, plantearía la cuestión de confianza para dejar paso a un Gobierno de partido, retirándose él a la vida privada con la satisfacción de haber prestado un buen servicio a España y a la Monarquía.

Recuerdo que, ya de pie, despidiéndome, le hice la siguiente pregunta:

—¿Así es que piensa usted hacer unas elecciones sinceras?

—Por mi parte, serán completamente sinceras; se lo aseguro.

—¿Y espera usted conseguir una mayoría monárquica?

—Estoy convencido de ello. España, aunque usted lo dude, es monárquica—me dijo con cierto retintín—. Ahora y durante unos meses, hemos de sufrir los efectos de los seis y pico años de Dictadura; pero luego, las pasiones se calmarán y todo se normalizará: ya lo verá. ¡Bah!, antes de un año podrá usted volver a sus soldados y yo a mis estudios sobre arte.

Cuando salí del despacho, la Secretaría particular estaba atestada de gente que esperaba ser recibida por el jefe del Gobierno. Entre otras personas allí reunidas llamó mi atención un señor que ante un grupo se felicitaba de la bendita hora en que había desaparecido la odiosa Dictadura; creí reconocer en él a otro que dos meses atrás le oí, en aquel mismo sitio, ensalzar al hombre que con su energía y patriotismo había conseguido meter a los españoles en un puño... Probablemente, a estas fechas, ya habrá hecho presente su alegría por el advenimiento de la República.

CAPÍTULO II

Mis primeros pasos al frente de la Dirección General de Seguridad

VISITAS DE CORTESÍA.—Era costumbre en la Corte, costumbre que por cierto tenía arraigo, que el director general de Seguridad, cumplimentase lo antes posible a SS. MM. y además a las AA. RR. que pudiéramos llamar de primera categoría; príncipe de Asturias, infanta Isabel, y a veces basta los infantes, D. Fernando y D. Alfonso. Tenían por objeto estas visitas—aparte la obligada cortesía—que las personas de la familia real conociesen personalmente a un funcionario que, por deber inherente a su cargo, habían de encontrar en todos los actos oficiales que tuvieran lugar fuera de Palacio. Al Rey, y más todavía a la Reina, le molestaba extraordinariamente las caras desconocidas a su lado.

Sobre mis relaciones con el Monarca se ha fantaseado mucho y se han propagado infinidad de embustes a sabiendas de que se mentía; basta decir que durante el tiempo que estuve al frente de la Dirección de Seguridad, me recibió en audiencia cuando tomé posesión del cargo y al regresar la Corte del veraneo, es decir, sólo dos veces. Es, sobre falsa, absurda, la afirmación categórica de un ilustre intelectual—que por ser profesor y por sus canas merece todos mis respetos—de que yo me entendía directamente con el Rey; es falsa, porque en Palacio se guardaba con todo rigor la etiqueta y no cabía que un director general ocupase el lugar que correspondía a un ministro; es absurda, porque el ambiente en el Alcázar, de puertas para adentro, me era hostil. El general Berenguer y yo contábamos con la enemiga de una parte del personal palatino.

La gente que bullía en Palacio era dada a la crítica y tenía por sistema no contradecir jamás a las reales personas; esto perjudicaba a todos y especialmente al Rey, pues, sobre adquirir un concepto equivocado de las cosas, fomentaba en él la ligereza en los comentarios, excitaba su vanidad y le impulsaba a la soberbia. Sin embargo, su exquisita educación le hacía mantenerse cariñoso con todo el mundo, incluso con quienes no le eran agradables; los palatinos, en cambio, especialmente las damas, se daban buena maña para hacer patentes las predilecciones y antipatías de D. Alfonso y las suyas propias.

Durante la campaña política que se inició a raíz de la caída de la Dictadura—merced al espíritu liberal del general Berenguer—y que culminó en el período de propaganda que precedió a las elecciones municipales del 12 de abril, los elementos de oposición desarrollaron una tenaz ofensiva de desprestigio contra el régimen monárquico, tomando por objetivo principal de sus ataques la persona del Rey, presentándolo como un hombre mal patriota, especulador, ignorante, caprichoso, malintencionado y absolutista... en una palabra: aborrecible. Sin embargo, el Rey no era así. Tenía, como todos los hombres, sus virtudes y sus defectos, pero no dominaban éstos sobre aquéllas. Decían que era mal patriota, y yo aseguro que sentía como ningún español las desdichas de su pueblo y disfrutaba con sus glorias; afirmo también, que todos sus negocios se reducían a ayudar económicamente al primer osado que llegase hasta él pidiendo su valioso concurso para sacar adelante tal o cual explotación, y así fue regando, por acá y acullá, buena parte de su fortuna personal, que sufrió en algunas ocasiones, por su abandono, duros quebrantos; respecto a su cultura, puedo decir poseía una vasta ilustración, aun cuando no era un hombre enciclopédico, ni mucho menos, como nos lo presentaban sus admiradores, que, a fuerza de adularle, hacíanle se creyera más sabio de lo que en realidad era, y a veces, en su deseo de saber de todo, hablaba de lo que no entendía; sus caprichos no salían del terreno de lo pueril, y en este punto su voluntad se doblegaba fácilmente al consejo; su perspicacia y su conocimiento de la política y de los políticos le hacían estar siempre dispuesto a usar de sus mismos recursos, pero ni en este orden de cosas ni en otro alguno era malintencionado, entre otras razones porque su excesiva impresionabilidad se lo impedía, y aseguro que soy testigo de mayor excepción; y, por último, es innegable que su carácter le impulsaba a tener simpatías por la acción personal (no pocas veces, sobre todo en cuestiones del Ejército y Marina, trató de imponer y en ocasiones impuso su criterio, no siempre acertado), mas no es menos verdad que de esta aversión al puro espíritu constitucionalista se aprovecharon en algunas ocasiones los políticos para satisfacer sus aspiraciones de escalar el Poder.

Mi entrevista con el Rey duró escasamente cinco minutos: unas palabras sobre Marruecos y otras sobre las causas de la agitación estudiantil, de las que ya tenía conocimiento por la *cuenta* que todos los días le daba el presidente del Consejo. Días después me concedió audiencia la Reina, con la que hablé por primera vez en mi vida, ¡mujer con rostro de dolor y expresión de pesimismo!; le preocupaba extraordinariamente la enorme propaganda que se hacía en el "cine" de la revolución rusa. Al Rey pudieron sorprenderle los acontecimientos del 14 de abril; a la Reina, no; tengo la absoluta seguridad.

También visité al príncipe de Asturias y entonces comprendí toda la tragedia íntima de la familia real y encontré justificado el rostro de dolor de la Reina. Me recibió de pie y quiso tener la deferencia de hacerme sentar; luego intentó levantarse para despedirme, y no le fue posible: una ráfaga, mezcla de angustia y resignación, pasó por su semblante. El primogénito de los reyes, en aquellos días, se hallaba muy asustado.

Posteriormente me presenté a la infanta Isabel y al infante don Fernando. La primera pasó revista, una por una, a mis condecoraciones, y luego, sinceramente, me dijo que ése era un recurso que empleaba cuando tenía que sostener una conversación con persona desconocida; el segundo, me hizo algunas preguntas sobre la situación político-social. En diversos actos públicos fui presentado a los demás infantes; doña Beatriz, especialmente, me hizo objeto siempre de espontáneas muestras de atención que recordaré con cariño.

Alterné las visitas anteriores con las de los ministros, alguno de los cuales, como D. Elías Tormo, el de Instrucción Pública, ni siquiera conocía de nombre, eso que se trataba de persona que por su gran cultura es figura preeminente de nuestra intelectualidad. Fue quizá el único ministro con quien mantuve en alguna ocasión cierta tirantez, motivada por su apasionamiento al juzgar los choques de los escolares con la fuerza pública; pero no he de negar que le guardo un afecto sincero y una veneración sin límites por su bondad y por su saber. Mi entrevista con él fue un tanto... ¿cómo diré yo?, un tanto extravagante; diremos extravagante. Don Elías Tormo me pareció un "Greco" fugado de su marco: su mirada dulce y expresiva, su barba puntiaguda, su cuerpo alargado, su conjunto, me recordó, a la primera impresión, alguno de los cuadros del inmortal discípulo del Tiziano. Me recibió con toda la amabilidad que era compatible entre la Cátedra universitaria y la Autoridad gubernativa en los tiempos, aún no lejanos, en que las Facultades eran más bien centros de rebeldía que de enseñanza, pues se aprovechaba a todo pasto el impulso de la juventud como vanguardia revolucionaria; acto seguido, con la imperativa energía del profesor que ordena al único discípulo que sabe ha de obedecerle, me mandó sentar y comenzó a hablar de la fecha histórica en que, a su juicio, quedó rota para siempre la disciplina escolar; luego, sin darme tiempo a que le contestara, buscó entre un montón de papeles de su mesa un folleto en el que se hallaban insertas unas cartas que había dirigido al marqués de Estella meses atrás y me lo entregó indicando lo guardase en el bolsillo, despidiéndome con estas palabras:

—Señor director: lea ese librito, empápese bien y consérvelo; es interesante. No olvido—añadió, dándome una cariñosa palmadita en el hombro—que las únicas algaradas que hacen caer los gobiernos son las de estudiantes y cigarreras. Eso lo debe tener muy presente un director de Seguridad.

Las entrevistas con el duque de Alba, vicealmirante Carvia, Matos, Wais, Argüelles, Sangro y Estrada fueron de pura cortesía.

LA POLICÍA POR DENTRO.—Acostumbrado a vivir en el ambiente militar, donde el respeto es honor, la disciplina virtud y el compañerismo religión, bien pronto me di cuenta de que no era posible me identificase con una colectividad en la que reinaban intrigas, envidias, rencores, odios y venganzas; nadie se escapaba de esta maraña: se era víctima o verdugo, o ambas cosas a un tiempo. Entre las primeras conocí funcionarios honrados a carta cabal, íntegros hasta la saciedad y laboriosos en extremo, que hubieran podido ser orgullo de cualquier corporación en que los jefes, con juicio imparcial, hubiesen sabido apreciar la labor de sus subordinados. En aquel ambiente de puñaladas traperas y zancadillas cada uno procedía con arreglo a sus medios, y no faltaba quien recurría a todos con la finalidad, invariablemente, de hacer daño a otro. Quienes por su cargo tenían precisión de frecuentar mi despacho aprovechaban la ocasión que juzgaban propicia para deslizar la frase equívoca, el comentario insidioso o la confidencia delatora; quienes no podían llegar hasta mí, usaban de un arma infame: el anónimo. El anónimo se manejaba con una soltura; una desvergüenza y a veces hasta con una gracia insospechada. Al finalizar el primer mes de mi gestión el número de escritos de esta índole rebasaba el centenar... Comparaba este ambiente con el de la Circunscripción militar de Larache; allí, en dos años de mando, sólo llegaron a mi poder dos anónimos cuyos autores fueron un paisano y un sargento de artillería, ambos descubiertos. Tan fuera de mi centro llegué a encontrarme en la Dirección de Seguridad, que al poco tiempo hice al presidente del Consejo una indicación rogándole me buscase acomodo en un destino militar.

Los comisarios generales de Madrid y Barcelona, D. Mariano Molina y D. Ricardo Castro, eran víctimas de sendas campañas de difamación, tan despiadadas como injustas, como más tarde pude comprobar personalmente; D. Luis Fenoll no era menos afortunado que los anteriores, y así muchos más, especialmente los que habían merecido ascensos por elección. Pero al funcionario que con más encono se atacaba era al secretario general, D. Ramiro Cavestany. Esta hostilidad tenía hasta cierto punto su explicación, pues dicho señor, efecto de su temperamento bilioso, de la diabetes que padecía y del recrudecimiento de cierta enfermedad específica, realmente se disfrutaba un carácter inaguantable; y aunque a decir verdad con los jefes extremaba la cortesía, al punto de incurrir en ridículas exageraciones, en cambio, con sus subordinados, era descortés, ineducado, grosero y déspota. No era extraño, por tanto, que quienes tenían que soportarle —y conste que no disculpo el procedimiento— hubieran decidido constituir una sociedad completamente anónima para "torpedearle" por el sistema indirecto de acabar con mi paciencia. Puedo decir que hubo una larga temporada que no pasaba día sin que dejase de llegar hasta mí alguna denuncia contra él: una vez era un relato fantástico de sus andanzas con el general Arlegui, de quien fue incondicional colaborador; otras se describían inverosímiles relaciones con conocidos pistoleros, entre los que se citaba mucho a un tal Pallás; en alguna ocasión también se daban detalles poco favorables de su gestión en Barcelona; pero, en lo que con más obstinación insistían era en una supuesta escena ocurrida entre el comisario D. Adolfo de Miguel y él, en la que éste, según afirmaban, se había arrodillado ante aquél suplicando "echase tierra" a un expediente que le estaba instruyendo. Como puede suponerse ni me preocupé de averiguar nada de esto, ni menos se me ocurrió preguntar al señor De Miguel: conocía de antemano cuál iba a ser su contestación.

Tres, principalmente, eran los motivos que contribuían a mantener ese estado de lucha civil en un organismo en que el éxito de su función se basa en el apoyo mutuo, en la colaboración intensa y en la concurrencia de esfuerzos; esos tres motivos eran los siguientes: la diversidad de procedencias, las excesivas atribuciones que el director tenía sobre los funcionarios, y por último, la falta de una reglamentación adecuada que fijase concretamente las relaciones entre los Cuerpos de Vigilancia y Seguridad.

Hasta que en 1908, siendo ministro de la Gobernación el señor La Cierva, se promulgó la llamada Ley de funcionarios públicos, la Policía se nutría con individuos de las más variadas procedencias, de las más distintas clases sociales; el único mérito que se exigía era la recomendación de un cacique u otro personaje a quien tuvieran algo que agradecer los que se hallaban en el Poder y especialmente el ministro de la Gobernación; la "credencial" constituía siempre el premio a un servidor leal, el pago al muñidor despabilado, la solución rápida de una catástrofe familiar o el seguro de vida de un joven desaplicado. Después de esa ley, el ingreso se obtenía sufriendo un examen más formulario que de equidad, por lo que subsistió el vicio de origen: el favor. Posteriormente, creada ya la Escuela de Policía—a mi modesto juicio técnica y pedagógicamente mal orientada—se consiguió obtener funcionarios con principios de compañerismo y cierto bagaje cultural que les dignificaba socialmente, funcionarios que eran la pesadilla de los otros, a la sazón disfrutando ya de categorías en que ejercían autoridad. Más tarde, otra causa vino a agravar la situación interna del Cuerpo de Vigilancia: los ascensos por elección. Sin embargo, hay que reconocer, en honor de la verdad, que en la mayor parte de los casos presidió el acierto, y conste que no trato de justificar decisiones mías, pues mientras fui director de Seguridad no concedí ni uno que no fuera por antigüedad, aun reconociendo que este sistema es el único para no conseguir jamás una cabeza selecta, pero a todos nos gusta un poco el aplauso de la galería, y a mí, en aquella ocasión me era indispensable. También contribuía al malestar general, los sueldos mezquinos con que estaban dotadas las categorías inferiores, que apenas contaban con lo indispensable para comer: así la tuberculosis se cebaba en ellos y en sus desdichadas familias.

La Dirección General de Seguridad, llamada en otro tiempo "de Orden Público", ha sufrido diversas modificaciones; la última —me refiero, claro está, a la época monárquica— en tiempos del general Arlegui, en que un decreto-ley, redactado por él mismo, puso en manos del director una tan suprema autoridad sobre el personal, que los funcionarios nada tenían garantizado ni seguro; los destinos podían hacerse como se quisiera, los ascensos sin asomo de pudor legal, y la justicia, ¡oh, la justicia!, quedaba entregada a su capricho y servicio. En estas condiciones no es extraño que al haber un cambio de personas, todos, absolutamente todos, tratasen de adular al recién llegado y de eliminar, cualesquiera fueran los procedimientos, a quienes pudieran cruzarse en su camino; mas como si bien sobraba pillería, faltaba originalidad —me refiero ahora a los altos jefes—, uno de los primeros pasos que daban los más audaces era buscar el pretexto para la organización de un homenaje. Tengo la inmensa satisfacción de no haber claudicado ante el ofrecimiento y el íntimo orgullo de haberme enterado, hallándome todavía en prisión, que no todos los directores de Seguridad saben dejarse la vanidad colgada en el perchero de su casa.

Otra de las causas que contribuían a mantener el descontento era el desconocimiento que la oficialidad de Seguridad tenía de su verdadero cometido, viéndose constantemente influida por un espíritu marcadamente militar, contrario a los principios que inspiraron la fundación del Cuerpo; y si además se añade que los funcionarios de Vigilancia se hallaban dominados por ese sentimiento antimilitarista que en España invade a la masa civil, y se carecía de un texto legal que fijase de un modo concreto y terminante las relaciones de ambas corporaciones en la ejecución del servicio, se comprenderá lo difícil que era hacer una labor de conjunto y lo desagradable que resultaba el mando a quien estaba acostumbrado a la reglamentación detallada, al afecto fraternal y al ambiente de corrección característicos de nuestro Ejército.

Ante el ineludible deber de continuar en el cargo, me dediqué de lleno a estudiar la forma de corregir, en lo posible, los defectos que mi observación personal me iba poniendo de manifiesto, y firme en el propósito de acabar de una vez para siempre con los vergonzosos anónimos, con las luchas internas y con el galimatías orgánico, decidí, en primer término, sentar las bases de un reglamento en que se resumiese la legislación desparramada en la *Gaceta* y disposiciones particulares, sin perjuicio de estudiar paralelamente la reorganización que me encargara el general Berenguer, y después poner todo mi esfuerzo en descubrir alguno de los profesionales de los escritos sin firma, cada vez en mayor número.

En la imposibilidad de convocar las Cortes con la premura que en un principio el Gobierno deseara, no pudo llevarse a efecto la reorganización fundamental que se pensó, teniendo que limitarme a nombrar una ponencia, que sobre la base de lo ya legislado, redactase un proyecto de reglamento que resolviera, siquiera fuera de momento, los graves problemas planteados dentro de la Corporación. En dicho reglamento se debían dictar normas precisas para ascensos, recompensas, traslados, destinos, etc., condicionando cuanto fuera posible el arbitrio del director; se crearía una "Sección de Justicia", integrada en su mayoría por letrados, que tendría por función principal el asesoramiento sobre la tramitación de expedientes de todas clases e imposición de correctivos, con objeto de que los funcionarios no quedasen a merced del capricho del que mandase; se establecerían las reglas para crear una "Intervención" en la contabilidad y adquisiciones de material que fuera garantía de una escrupulosa administración; y, por último, dispuse fueran fijadas concretamente las relaciones y mutua dependencia de los Cuerpos de Vigilancia y Seguridad, partiendo del principio de que en la función policial quedase el segundo subordinado al primero, pues entendía, y sigo entendiendo, que la técnica del servicio debe llevarla éste, siendo aquél meramente auxiliar.

La redacción del reglamento, aun teniendo su fundamento en lo ya legislado, tropezó con mil inconvenientes dentro de la misma ponencia, hasta que por fin pudo ser aprobado por real decreto de 25 de noviembre, merced a la entusiasta cooperación que me prestó el jefe superior de Policía, señor Marzo. Tengo la vehemente sospecha de que la colectividad no agradeció el esfuerzo y buenos propósitos que me guiaron en esta empresa, quizá porque un oculto impulso atávico les atraía el *maremágnum* anterior, donde no había más ley que el capricho ni más derecho que la recomendación.

Tras no pocas investigaciones conseguí dar con algunos autores de anónimos. La primera víctima fue un agente a quien sus compañeros formaron tribunal de honor; los demás sólo sufrieron el correctivo gubernativo correspondiente. Como caso curioso citaré el de uno escrito a máquina, en forma de instancia, que tuve la humorada de mostrarlo a todos los jefes de la "Casa"... es decir, a todos menos al señor Cavestany —lo recuerdo bien—, y, ¡rara coincidencia!, sin excepción convinieron en marcar como autor a una misma persona, por haber tenido la poca precaución de emplear en la redacción la misma fraseología cursi y chabacana que en su conversación corriente.

EL PANORAMA NACIONAL VISTO DESDE MI DESPACHO.— Las circunstancias especiales que en mí concurrían, por haber vivido varios años apartado por completo del ambiente nacional, que sólo conocía a través de una Prensa mediatizada por una rigurosa censura, me permitieron, al hacerme cargo de la Dirección de Seguridad, poder apreciar en forma objetiva la situación política por aquellos días, en que todavía se celebraba con general algazara la desaparición de una Dictadura que había sido recibida con unánime aplauso en septiembre de 1923; y así lo afirmo, porque yo no he olvidado que jamás se le dispensó a un candidato a la Presidencia del Consejo de Ministros en España un recibimiento —por lo menos no lo recuerdo desde que tengo uso de razón— tan entusiasta como al marqués de Estella cuando llegó a Madrid a raíz del golpe de Estado.

Desde el primer momento no fui partícipe de los optimismos del general Berenguer y de algunos de sus compañeros de Gabinete respecto a la situación, y así se lo manifesté en repetidas ocasiones, llegando en una de ellas a decirle, que estimaba grave torpeza en el Rey no haber prescindido de Primo de Rivera inmediatamente después de conseguida la total pacificación de Marruecos, pues la persistencia del régimen dictatorial había dado lugar a que las rebeldías cada vez se hicieran más patentes, así como la debilidad para reprimirlas, y que la opinión pública acusase al Monarca de único sostén del sistema anticonstitucional. Por el contrario, él estimaba que la conducta de D. Alfonso, esperando a que los propios yerros le hundiesen en el fracaso, demostraba un fino instinto político, pues así conjuraba para siempre el peligro que en lo sucesivo podría representar para el normal gobierno de la nación, la constante amenaza del marqués de Estella con aureola de popularidad, siquiera ésta fuera nada más que en apariencia.

Estas consideraciones hubieran sido razonables si en el orden político los sucesos se desenvolvieran dentro de normas lógicas; pero la complejidad en el arte de gobernar, está tan fuera de ellas, que sólo una perspicacia aguda asistida de la práctica pueden orientar para no caer en el error y en el fracaso. Por otra parte, la buena fe, la sinceridad, y aún la conciencia, son bagaje inútil al enfrentarse con los problemas de la "cosa pública", donde no hay que olvidar que el sentido moral, el corazón y hasta el alma se le escapan al político, para no volver, en su primer discurso.

El general Berenguer quería llegar rápidamente a la total pacificación de los espíritus, y a ello fueron encaminados sus primeros actos de gobierno; mas desgraciadamente para la paz pública y para la Monarquía, sus buenas intenciones no fueron apreciadas ni agradecidas, porque la Dictadura había dejado tras de sí heridas tan profundas en la dignidad de las personas, pasiones tan exacerbadas y odios tan enconados, que no hubo forma de conseguir, ya desde los primeros momentos, ni una breve tregua en la lucha contra el régimen para que el Gobierno pudiera meditar un programa sin la coacción de la amenaza.

Los políticos, salvo contadas excepciones, o se habían colocado decididamente frente al Rey o mostraban tibieza por la Monarquía; pero es que, además, aun dando al olvido lo pasado, si hubieran querido apoyarla con todo su esfuerzo, la realidad les hubiera hecho ver que no contaban ya con núcleos potentes, porque el general Primo de Rivera, en su obstinada monomanía persecutoria contra todo lo que él denominaba "antiguo régimen", se dio buena maña en destruir los partidos políticos, creando en su lugar el que llamó Unión Patriótica, del que, aunque no es éste el momento de hacer la crítica, sí puede decirse que era un cuerpo sin alma, porque no podía tenerla un "pisto" de hombres de las más variadas tendencias sin un ideal común. No obstante lo expuesto, en las conferencias que en distintos días fue celebrando el jefe del Gobierno con los personajes políticos, encontró asistencias insospechadas, por lo menos aparentemente, que justificaban ciertos optimismos; sin embargo, entonces se sabía ya que el señor Alcalá Zamora se hallaba en inteligencia con los republicanos y preocupaba la actitud que podría adoptar D. José Sánchez Guerra en un discurso que tenía anunciado para fecha próxima, del que pude dar al Gobierno con dos días de anticipación una síntesis, merced a determinadas gestiones practicadas por el comisario D. Luis Fenol, servicio que consideré meritísimo dada la actitud irreducible de dicho señor a hacer declaraciones.

El regreso de los emigrados, las amnistías concedidas y la derogación de disposiciones dictatoriales reintegraron al seno de la sociedad española, en el orden civil, a elementos batalladores irreconciliables con el régimen, los cuales, desde su llegada, iniciaron una enérgica propaganda; en el militar, a quienes se hallaban sufriendo condena o habían sido separados de las filas del Ejército, con motivo de los conflictos internos que con ligereza incalificable provocó el propio dictador, conflictos que, como es sabido, tanto contribuyeron a su caída. Y tocado este punto, cúmpleme hacer constar, que fue preocupación constante del general Berenguer devolver al Cuerpo de oficiales la interior satisfacción necesaria para su tranquilidad espiritual, y a ese efecto, no sólo derogó cuantas disposiciones dictó el Gobierno anterior en castigo o represalia, sino que incluso mejoró la situación económica de las clases más necesitadas; pero hizo más aún, pues en su deseo de no dejar olvidado a nadie, dio facilidades para que rectificaran su conducta aquellos que, por despecho o lo que fuera, habían acudido al terreno revolucionario y en él se hallaban: tal ocurrió con el comandante D. Ramón Franco. A éste se le ofreció, y aceptó, ser destinado como agregado militar a Washington; mas luego hubo que desistir de tal solución por haberse negado a presentarse al Rey, como era de rigor lo hicieran todos los jefes y oficiales designados para desempeñar misiones especiales fuera de España. Otro de los más atendidos en aquella ocasión, que recuerde, fue el excoronel de Caballería, D. Segundo García, reintegrado a la vida activa con devolución de todos los haberes que había dejado de percibir durante la condena que se le impuso como implicado en el complot llamado de la Noche de San Juan, correspondiendo a ese trato con otro bien distinto cuando le topamos de *cancerbero* en Prisiones militares, donde nos hizo objeto de bochornosas vejaciones —que sabía administrar con refinada hipocresía— tanto al general Berenguer, como al vicealmirante Cornejo, como a mí.

Las medidas expuestas hacían prever que renacería la calma en los Cuartos de Banderas y Estandartes, y así me lo aseguraban también agentes especiales que me procuré inmediatamente y amigos que tenía en las guarniciones; pues, si bien en algunas de éstas había significados levantiscos, daba la casualidad que, en su mayoría, eran elementos que por su moral y circunstancias carecían de prestigio y a veces hasta del aprecio de sus compañeros.

El optimismo que tenía sobre el ambiente militar contrastaba con el pesimismo que me inspiraba el universitario, donde la crisis de autoridades académicas, el abandono en que tenían sus cátedras una parte del profesorado, la labor demoledora de otra afiliada a los partidos antidinásticos y la indiferencia de los neutrales, habían convertido las Facultades en centros de agitación política, olvidando que lo eran de enseñanza. Salvo muy contadas excepciones, en las Universidades españolas no se hacía otra labor que la de excitación a la rebeldía, buscando en el arrojo e inconsciencia juvenil la fuerza de choque de toda algarada; y esto, que en algunas disciplinas no era perjuicio más que para los interesados, en otras, como por ejemplo, en las de Medicina, constituía una verdadera amenaza para la sociedad, tanto más cuanto que los que desempeñaban las cátedras no se encontraban con fuerza moral para reprobar a los que no demostraban suficiencia, que eran los más, ya que por unos u otros motivos la huelga era casi permanente y la enseñanza nula. Apoyaban también a la masa estudiantil de las Universidades las de los demás centros oficiales de cultura no especiales, incluso los niños que cursaban en los Institutos de Segunda enseñanza, a los que tampoco les faltaba el aliento de algunos catedráticos, muy dolidos con la Dictadura por haber implantado el "texto único" que había terminado, en parte, con el abusivo y vergonzoso negocio de los libros. Por si lo dicho fuera poco, se había hecho creer a la masa estudiantil, que fue su actitud la causa del derrumbamiento del gobierno dictatorial, y que los estudiantes, ¡hombres del mañana!, eran los llamados a terminar con la Monarquía, vinculada en una familia con todas las lacras de la degeneración. Pero esto no era todo, aún había más: los profesores antidinásticos, los propugnadores de un régimen democrático sin privilegios ni castas, alentados por los demás, que en este punto se mostraron todos siempre unidos, habían desenterrado o creado el llamado "fuero universitario", desconocido en nuestra legislación, con el que transigieron bondadosamente los gobiernos; fuero universitario que sirvió para alentar los revoltosos a convertir los centros de enseñanza en fortalezas vedadas al acceso de la fuerza pública, constantemente atropellada por una juventud rebelde y agresiva: ¡Tal fue el aspecto de la vida escolar durante todo el tiempo que desempeñé el cargo de director de Seguridad!

A la Dictadura, en constante régimen de suspensión de garantías constitucionales, le fue relativamente fácil mantener sometida a la masa obrera. En honor a la verdad no hay que negar que también contribuyó a la paz social, y no poco, cierta habilidad que se dio el marqués de Estella en atraerse a la Unión General de Trabajadores, sin que apareciese como comparsa de la U. P.; el apoyo decidido que prestó, sobre todo en Cataluña, a la Confederación de Sindicatos Libres de España (Sindicato Libre); y, por último, la guerra sin cuartel a la Confederación Nacional del Trabajo (Sindicato Único), que se disolvió de hecho ante la imposibilidad de imponer la cotización y la impotencia a que fueron reducidos sus directivos, terminando temporalmente con la pesadilla de esa organización sindical a la que no inspira otro móvil que la perturbación, para conseguir por procedimientos de violencia la implantación del "comunismo libertario"(53). Ahora bien, las normas de la Dictadura no podía seguirlas un Gobierno como el del general Berenguer, que tenía por finalidad inmediata la plena legalidad constitucional, y a tal fin, desde el primer momento, cesó la presión gubernativa que se ejercía sobre el Sindicato Único, el cual comenzó a reorganizarse, lo que contrarió a las agrupaciones socialistas (Unión General de Trabajadores), aunque supieron guardar las apariencias, y molestó al Sindicato Libre que, menos político, dejó sentir inmediatamente su protesta. De momento no pasó más; sin embargo, como no podía menos de suceder dada la táctica sindical de la C.N.T. y la simpatía que sienten nuestros obreros por el anarco sindicalismo, especialmente los pertenecientes a zonas fabriles, el número de adheridos a ella aumentó rápidamente, y tan pronto se sintió

(53) No hay que confundir el comunismo libertario, a que aspiran nuestros anarcosindicalistas, con el régimen soviético. En el primero, como cuestión de principio, no se admite el Estado (doctrina anarquista), y en el segundo no sólo se admite, sino que en él se gobierna dictatorialmente por el proletariado.

con poder, inició simultáneamente en distintas regiones la "gimnasia revolucionaria", es decir, el planteamiento sistemático de huelgas para comprobar la disciplina de las masas en las distintas localidades, estudiar los trastornos que como consecuencia de ellas se producían en la vida de las poblaciones, ver cómo se hacía frente a los conflictos por el Poder público e imponer alguna mejora, por insignificante que fuera, que sirviera de acicate a los reacios a ingresar en sus sindicatos. Estos procedimientos obligaban a su vez a las demás organizaciones a seguir la misma táctica para no perder asociados, pues, como es lógico, el obrero, por natural ambición de mejora, tiende a afiliarse en donde más cree va a conseguir. Ésta era la situación, en el orden social, a que el Gobierno tuvo inmediatamente que hacer frente.

Además de las indicadas en el párrafo anterior existían otras organizaciones obreras, como los Sindicatos católicos, autónomos, etc., pero ninguna de ellas tenía la importancia de las citadas, que eran las que realmente marcaban la pauta en la vida proletaria, razón por la cual no las he citado al estudiar la cuestión en su aspecto general.

El general Primo de Rivera repitió hasta la saciedad durante su mando, que el problema catalán no existía. Ignoro si esas manifestaciones eran sinceras o constituían una postura política para no darse por enterado de la realidad; en el primer caso, demostraba desconocer en absoluto lo que era Cataluña; en el segundo, el sistema hubiera podido acarrearle serios disgustos, pues, aunque ya sabemos que ni la burguesía, ni la intelectualidad, ni aun siquiera el clero son capaces de alzarse en armas en aquella región para defender su autonomía o independencia, un gobernante no debe desconocer que existen otros procedimientos de lucha, tal vez menos escandalosos, aunque quizá más prácticos.

El problema catalán durante la Dictadura subsistió y se agrió más; contribuyó a ello, además de las medidas prohibitivas que se adoptaron de todo cuanto representase pública ostentación de los sentimientos regionalistas, el engaño: Primo de Rivera solicitó el apoyo del capital catalán para el golpe de Estado a cambio de determinadas concesiones que luego no otorgó, tal vez por no considerarse obligado a ello desde el momento que no hizo uso de los recursos económicos que le fueron ofrecidos, o bien porque cambió de opinión sobre las ventajas del regionalismo, que en un principio lo juzgó base fundamental de la nueva estructura que convenía a la nación española. Esta conducta indignó a unos y exacerbó a otros, y como por otra parte, en su decidido empeño en dar poder a la U.P., procuró destruir las antiguas organizaciones políticas, el resultado fue que la Lliga, partido moderado, de colaboración con el régimen, dirigido por personas patriotas y de buen sentido, quedó destrozada, desplazándose muchos elementos de ella a las agrupaciones "izquierdistas", y otros, por haberse afiliado a las huestes "primorriveristas", no quisieron ingresar de nuevo. El caso es que a los pocos días de caer la Dictadura, la izquierda catalana se encontró notablemente reforzada y así tengo entendido lo expuso al Gobierno el general Despujol, a la sazón gobernador civil de Barcelona; sin embargo, Cambó se sentía optimista para el futuro.

En resumen, yo veía el panorama español de la siguiente forma: agitación política, escolar y obrera con tendencia a acentuarse y de inclinación francamente antimonárquica; situación delicada en Cataluña; tranquilidad en el Ejército y Marina.

El conjunto realmente era para preocupar, pero no para alarmar. Desde luego nadie podía prever entonces que el cambio de régimen estaba tan próximo, aun cuando para mí siempre fue asunto descartado. La tragedia íntima de la familia real alentaba a los enemigos de la Monarquía y descorazonaba a los partidarios, y lo que era peor: no tenía solución.

CAPÍTULO III

SE VISLUMBRA UN PORVENIR DESAGRADABLE

DON JOSÉ SÁNCHEZ GUERRA "SE DEFINE".—El primer acto político de importancia que se celebró después de la caída de la Dictadura fue el discurso de D. José Sánchez Guerra en el teatro de la Zarzuela; acto que tuvo lugar en la tarde del veintisiete de febrero, que, para más señas, era jueves.

Existía por oír al expresidente del Consejo una verdadera expectación, ya que el haberse mantenido, desde que triunfó el golpe de Estado del 13 de septiembre, en una actitud gallarda y digna contra el régimen dictatorial y su intervención personal, no obstante su edad, en el fracasado movimiento de Valencia, le habían convertido en símbolo de rebeldía contra el despotismo, creándole un ambiente de popularidad. Estas circunstancias, unidas al absoluto mutismo que se impuso sobre su pensamiento íntimo, hicieron concebir a los republicanos de entonces—que andaban bastante faltos de personas de calidad—la esperanza de que se uniese a ellos, en lo que iban ganando una figura nacional y un importante núcleo de incondicionales, gentes de prestigio y solvencia, que por fuerza habrían de seguir, más por cariño que por disciplina, al viejo político conservador; y no eran únicamente los republicanos los que así pensaban, sino que también participaban de estas sospechas bastantes elementos monárquicos e incluso amigos suyos. Sólo el Gobierno conocía fijamente la actitud que iba a tomar, pues, aparte que garantizaba su permanencia en el campo monárquico el asentimiento dado a varios correligionarios para que aceptasen cargos públicos del Gabinete Berenguer, ya he dicho en otra ocasión, que merced a unas gestiones del comisario D. Luis Fenoll, pude dar con alguna anticipación una síntesis del famoso discurso, síntesis que recuerdo finalizaba con estas palabras: "en resumen, se declarará monárquico, aunque no dinástico". Lo que todos ignorábamos entonces, era que el ilustre hombre público recurriría a la poesía para asestar a la Corona un golpe fatal y, a mi juicio, definitivo.

El interés del Gobierno en este acto público estaba principalmente en ver cómo se desarrollaban los acontecimientos, ya que la actitud que adoptasen unos y otros habrían de marcarle la pauta a seguir en lo sucesivo, siendo su ferviente deseo que las circunstancias fueran tan favorables que permitiesen llegar al total restablecimiento de las garantías constitucionales, asunto que constituía una verdadera obsesión en el conde de Xauen, hombre de arraigados principios liberales, aun cuando la pasión política lo presentó después al pueblo como un nuevo dictador.

Si bien no hacía maldita la falta, porque sólo el nombre del orador era suficiente para garantizar el éxito, los organizadores del acto se esforzaron en hacer una gran propaganda, y así ocurrió, que llegada la hora señalada, el teatro se encontraba de bote en bote y lo mismo sus alrededores, al punto de que la circulación se hizo poco menos que imposible por las calles de Jovellanos, Los Madrazo y Zorrilla.

Merced a la bondad y diligencia del barón de Río Tovía, director general de Comunicaciones, pudimos oír el discurso el ministro de la Gobernación y yo, siendo inexacto lo que algún periódico insinuó que también fue escuchado desde Palacio.

No voy a basarme ahora en haber sido un oyente más para hacer una recopilación de la pieza oratoria, ni menos su crítica, que poco soy, pobre de mí, para enfrentar mi torpe pluma con el gesto altivo, la templada voz, el agudo ingenio y la clara inteligencia del veterano político. Esto sentado, sí puedo decir que D. José Sánchez Guerra desilusionó a unos y desencantó a otros, no obstante lo cual su actitud, y más la forma de expresarla, como ya he indicado anteriormente, fue la sentencia de muerte de la Monarquía.

A partir de este momento empecé a sospechar que el régimen secular en España estaba en ruinas y podría derrumbarse el día menos pensado, y de estos temores hice partícipes, no una sola vez por cierto, a los generales Berenguer, Marzo y Goded: el primero, rehusó siempre dar su opinión; los otros dos abundaban en la mía. Claro es que si yo hubiera sido uno de esos hombres, como hay muchos, que anteponen la conveniencia a la lealtad, pude adoptar entonces, como hicieron otros, una actitud indefinida y aun inclinarme al lado de donde el día de mañana pudieran ponerme los garbanzos en las nubes —ya que bien seguros los tenía con la Monarquía—, lo que me hubiera evitado muchos sinsabores, quebraderos de cabeza y desengaños; pero haciéndolo así me habría aborrecido a mí mismo y hecho indigno de la estimación en que siempre me tuvieron mis jefes y subordinados dentro del Ejército, estimación que ha sido, es, y será mi mayor orgullo.

A pesar de que, como acabo de decir, el anhelado discurso defraudó a unos y otros, lo que quiere decir que disgustó a todos, los elementos amigos de la revuelta, aleccionados de antemano, aprovecharon la ocasión para cometer todo género de desmanes y desafueros, iniciados por jóvenes bien vestidos que más tarde fueron reemplazados en los barrios menos céntricos por partidas de golfos que, al grito de "¡Viva la República!", incluso intentaron asaltar alguna que otra tienda, lo que por fortuna impidieron con atinadas razones y enérgicas medidas ciudadanos particulares, con bastante más actividad y celo patriótico que quienes tenían por inexcusable obligación el mantenimiento del orden.

Fue realmente vergonzoso lo ocurrido en Madrid en aquella jornada, en que los revoltosos fueron alentados por quienes debían dar pruebas de mayor cordura y por la pasividad de la fuerza pública, llegando los excesos a extremos inconcebibles, cometiéndose atropellos tan bochornosos como el de que fue víctima el general Ponte, a quien se intentó maltratar por el grave delito de ser ayudante del Rey. La conducta inexplicable de los funcionarios del Cuerpo de Seguridad dio lugar a que me viese precisado a imponer graves sanciones a un jefe y un capitán, sanciones que luego tuve que hacer extensivas al coronel señor Tizol, por haber comprobado que me informó tendenciosamente al darme cuenta de los sucesos, haciendo recaer la responsabilidad de lo ocurrido, que únicamente a él incumbía, en sus subordinados.

Durante toda la tarde y hasta muy entrada la noche menudearon los incidentes, reprobados por casi todo el mundo, pues todavía en aquella época el ambiente no era tan hostil a la Monarquía como lo fue después; incidentes que sirvieron de pretexto, ¡cómo no!, para que al día siguiente la clase estudiantil demostrase una vez más su civismo y alma revolucionaria.

El programa de las revueltas escolares tenía poca variación: primero, la huelga con el desacato consiguiente al profesorado; después, el escándalo en el interior del centro docente; más tarde, el escándalo llevado a la calle con su secuela de insultos y pedradas a la Policía; y, por último, el sacrificio de un retrato regio y la colocación de una o varias banderas rojas en la fachada del edificio.

Los desagradables sucesos que acabo de referir me hicieron ver lo escasa que era la fuerza del Cuerpo de Seguridad con que contábamos en Madrid y lo deficiente de su espíritu, ya que siempre se hallaba dispuesta a escurrir el bulto en cuanto había peligro de encontrarse con unos gritos que oír o unas pedradas que aguantar. No he de negar que merced a las medidas adoptadas y al plan de instrucción y disciplina a que sometí los guardias, su espíritu reaccionó favorablemente en poco tiempo y empezaron a ser respetados, todo lo que puede serlo la fuerza pública en un país donde encuentran más amparo los desmanes de los revoltosos que la acción de la Autoridad; y así se daba el caso de que mientras los que apedreaban a un guardia se reían de la travesura y preparaban otra, éste pobre se hallaba sujeto a descuento para responder, en su día, de un sablazo dado con poca fortuna, y su desdichada familia sufriendo hambre y miseria... ¡Y aún había quien quería ser guardia de Seguridad! Yo espero que la República sepa defenderse mejor que supo hacerlo la Monarquía.

MI PRIMER VIAJE A BARCELONA.—Mi primer viaje a Barcelona, que tuvo lugar el 5 de marzo, obedeció al cumplimiento para mí de una misión harto enojosa, y que lo resultó todavía más porque la imaginación popular, siempre dispuesta a ver fantasmas donde no los hay, quiso descubrir en el relevo del señor Tenorio, jefe superior de Policía, la sanción por determinados manejos para restablecer lo que era imposible, sobre todo en aquellos momentos, ni tan siquiera pensar en ello. El encargo que llevaba era simplemente el de relevar al jefe superior de Policía y nombrar otro, lo que me resultaba muy violento por tratarse de un coronel de la Guardia Civil pundonoroso, de limpia historia militar, cubierto de canas y bastante delicado de salud; pero era preciso someterse a todos los sacrificios por dolorosos que fueran, y aún aceptar la malquerencia a que pudiera dar lugar alguna determinación del Gobierno, con objeto de facilitar su labor, cada día más difícil por los continuos conflictos que se veía precisado a resolver.

Desde la implantación de la Dictadura, los puntos de enlace de la vida política y social de las provincias catalanas con el Poder central, se habían desplazado de los gobiernos civiles a la Capitanía General; obedecía este desplazamiento a la absoluta identificación que siempre existió entre los generales Primo de Rivera y Barrera, al extremo de que éste fue un representante universal de aquél en Cataluña, resultando los gobernadores civiles, especialmente el de Barcelona, unas figuras decorativas.

La absorción de funciones por parte de la autoridad militar, llevó a ésta a intervenir directamente en las cuestiones de orden público, lo que obligó al jefe superior de Policía a recibir frecuentemente sus inspiraciones, con lo cual fue poco a poco olvidándose de quién era su verdadero jefe en la población e incluso de la dependencia que tenía del director de Seguridad; mas como ni éste, ni el mismo general Milans del Bosch, a la sazón gobernador civil, quisieron entablar cuestiones de competencia por evitar rozamientos que de antemano sabían cómo iban a ser fallados, siguieron las cosas sin variación, con la aquiescencia de todos, mientras duró el régimen dictatorial.

Ya en funciones el Gabinete Berenguer, y hecho cargo del Gobierno Civil de Barcelona el general Despujol, no tardó muchos días en darse cuenta exacta de lo que allí ocurría y en hacerme presente sus observaciones sobre la conducta del señor Tenorio que, sin meditar sobre el cambio operado ni prestar atención a discretas advertencias, seguía visitando con más asiduidad el despacho del capitán general que el del gobernador civil, con lo cual éste podía caer en la sospecha de que cuantas noticias recibía referentes a los servicios policiales eran previamente conocidas por la autoridad militar, cuando no se las daba tamizadas por ella; a mayor abundamiento, no apreciaba yo en el jefe superior deseos de hacerme ver—siquiera fuera nada más que aparentemente—su absoluto acatamiento a mis órdenes y orientaciones, sino que, por el contrario, notaba una acentuada tendencia a declararse en cantón independiente, como ya había ocurrido en épocas anteriores, actitud que por propio decoro no podía tolerar. Ante tal estado de cosas, el Gobierno, previos los informes suministrados por el general Despujol y por mí, acordó relevarle, procurando buscar el procedimiento que menos violento fuera para el interesado.

Como gestión preliminar, aproveché dos o tres ocasiones que las circunstancias me depararon para hacer al coronel Tenorio indicaciones fácilmente comprensibles; pero él soslayaba las contestaciones con una habilidad que realmente me dejaba desconcertado. En vista de que no conseguía resolver el asunto por teléfono, y sospechando que más difícil me iba a ser por carta como no emplease un lenguaje demasiado crudo, decidí hacerlo personalmente, dejando al margen de la cuestión al general Despujol para evitarle ulteriores rozamientos con el general Barrera, en lo que, por razones especiales, estaba muy interesado el Presidente.

La misma mañana de mi llegada sostuve una extensa conferencia con el coronel Tenorio, y luego de dar mil rodeos en busca de una oportunidad, que éste procuró por todos los medios esquivar, abordé decididamente el tema haciéndole presente mi criterio de que ciertos cargos, por la confianza del Gobierno que representan para quien los desempeña, es de prudente delicadeza ponerlos a disposición de la superioridad siempre que con motivo de un cambio de personas ignora el que lo disfruta si cuenta o no con los apoyos y aquiescencias debidas: en el primer caso la posición resulta más firme; en el segundo, no se pasa por el mal rato de presentar una dimisión a la fuerza o por el bochorno de verse sorprendido un buen día por un "cese" en la *Gaceta.* Mi interlocutor en el acto se dio cuenta del verdadero objeto de mi consejo—¡vive Dios, que no se necesitaba ser un lince!—y obstinado en su propósito de no abandonar el cargo, en el que por lo visto estaba muy a gusto, me replicó que no era necesaria esa consulta toda vez que sabía positivamente, por el general Martínez Anido, de que tanto el Presidente como el ministro de la Gobernación estaban satisfechísimos con él, así que ¿para qué molestarles? ¡Yo sudaba tinta! Por fin, después de un gran forcejeo oratorio en el que procuré evitar a todo trance frases violentas, en un rapto de amor propio, dijo:

—Bien, si de lo que se trata es de quitarme de aquí, no tengo ningún inconveniente en presentar la dimisión.

—No; no se trata de quitarle—le respondí—; se trata de que usted reclame del Gobierno una ratificación de confianza. Yo mismo para evitarle molestias hablaré por teléfono con el Presidente, ¿no le parece?

—Pero si yo tengo gran confianza con el general Berenguer; lo haré yo mismo—me contestó.

—La confianza precisamente es lo que hace imprescindible un intermediario: es menos violento, créame. Además—añadí—, no parece lógico que acuda usted directamente al Presidente, sino a mí que soy su jefe inmediato. Yo esta misma noche le sacaré de dudas.

Dije esta última frase ya de pie, alargándole la mano para despedirme. El buen señor, por corrección, correspondió a la cortesía; quedaba anonadado: ni siquiera me acompañó hasta el ascensor; se limitó a un "adiós" seco y despectivo, que me pareció una maldición.

De la Jefatura de Policía marché al Gobierno Civil, donde me esperaba el general Despujol. Ambos cambiamos una breve conversación telefónica con el Presidente y ministro de la Gobernación y quedó convenido que aquella misma tarde ofreciera el cargo de jefe superior al coronel de la Guardia Civil D. Rafael Toribio, jefe digno, honorable, trabajador, recto y enérgico, para lo cual se le envió un recado de que a las tres se pasase por mi domicilio.

El general Despujol y yo seguimos largo rato hablando sobre la situación de Barcelona en todos sus aspectos: político, militar, social y hasta policíaco. Esto último, para mí, era en extremo interesante.

En el orden político, había observado el general que las restricciones impuestas por la Dictadura a las manifestaciones regionales habían traído como consecuencia una agudización de los sentimientos separatistas, que se manifestaba por la inclinación a la extrema izquierda de muchos sectores que fueron siempre apolíticos o se mantuvieron subordinados a las inspiraciones de la Lliga; sin embargo, Despujol tenía la impresión de que una vez iniciasen su actuación los directores de ésta, atraerían a ella gran parte de esos elementos e incluso algunos de los que se mantenían afectos a la Unión Patriótica, ya en franca descomposición. El problema no lo veía difícil, sobre todo si el Gobierno no regateaba hacer algunas concesiones de índole exhibicionista, a la que tan aficionados son aquellas gentes, como por ejemplo: autorizar el uso de la bandera regional; permitir el homenaje anual a Casanova, y levantar la prohibición que pesaba sobre "La Santa Espina", canción popular, que no tiene de separatista más que el sentimiento íntimo de los que la cantan, pues su letra dista mucho de la de "Els Segadors".

En cuanto a lo militar, no había problema. Los rumores que circulaban sobre supuestas actitudes de la oficialidad eran tan absurdos como los de que yo encontré al general Martínez Anido conspirando con el coronel Tenorio: un movimiento en favor de una nueva dictadura, podría tener el apoyo de media docena de exaltados; pero nada más. Salvo el pleito interno del Cuerpo de Artillería, en los demás organismos no existía otro que el puramente económico, y éste, por desgracia, abarcaba a todo el pueblo español. Lo único que podría temerse era un movimiento de protesta en el caso de que las estridencias separatistas volvieran a los desafueros de tiempos anteriores al Directorio militar.

En lo social, desaparecidos los rigorismos dictatoriales que sumieron en la clandestinidad a las organizaciones obreras afectas a la Confederación Nacional del Trabajo y les hicieron perder su gran influencia sobre la masa obrera, se notaba en ellas una gran actividad de reorganización, y era de esperar que, no obstante la lucha que entre sí mantenían sus principales directivos, en poco tiempo adquirirían los sindicatos extraordinaria importancia, tanto más cuanto que el obrero de Cataluña es de ideología anarquista; de un anarquismo hasta cierto punto conservador. Ahora bien, ¿se recrudecerían las luchas entre los afiliados a las organizaciones de la C.N.T. y los pertenecientes al Sindicato Libre, apoyados durante la Dictadura por el general Martínez Anido?; ¿cabría esperar una inteligencia, poniendo todos un poco de buen deseo?; ¿sería posible un estrecho contacto entre el Sindicato Libre y la U.G.T.?; ¿cambiaría su táctica sindical la C.N.T. y se avendría a entrar de lleno en la legalidad?; ¿aceptarían sus dirigentes la Organización Corporativa?. He aquí las preguntas que nos hacíamos y que de momento era forzoso dejar sin respuesta, pues en tanto no viéramos cómo se desarrollaban los acontecimientos, no era posible formar juicio exacto.

Por último tratamos de la Policía. El funcionamiento de la Policía en Barcelona no satisfacía las necesidades de una población de la importancia de dicha capital: faltaba personal y sobraban malas mañas. Salvo contados funcionarios que rendían un trabajo digno de elogio, los demás mal llevaban su servicio; es triste decirlo, pero esa era la verdad. Los policías por razón de la misión que les está confiada han de mantener un contacto bastante estrecho con la hez social. Si el concepto de la dignidad se sobrepone a la tentación, nada hay que temer; por el contrario, cuando la voluntad falta, el medio ambiente arrolla o la necesidad se impone, es difícil poner freno a los excesos. En Barcelona no se habían olvidado los tiempos en que se percibían de las sociedades de recreo y de los garitos asignaciones para fines benéficos y se negociaba con la prostitución; para ello hubiera sido necesario hacer una remoción en el personal, que las circunstancias no aconsejaban, precisamente porque los que más tiempo llevaban allí, mejor conocían los problemas. No cabía otro recurso que poner al frente de la Jefatura un hombre honrado a carta cabal, sin afectos dentro de la corporación, con mucha energía para imponerse, y aun así sería engañado: por eso se pensó en el coronel Toribio.

Este fue puntual: a las tres se hallaba en mi casa. Tenía interés en conocerle personalmente, pues, aparte su prestigio, sabía que con una entereza poco frecuente se había mantenido con tesón al margen de las Juntas de Defensa, negándose a reconocer autoridad a la de su Instituto, lo que le valió no pocos disgustos y persecuciones. El coronel Toribio me pareció un hombre serio, correcto e inteligente; hablaba con aplomo y razonaba con lógica —esto último, aunque parezca absurdo, no es frecuente—. Al tener conocimiento del objeto para el que le había llamado, quedó sorprendido; inmediatamente me contestó que declinaba el honor que se le hacía, porque para su carácter y aficiones se consideraba mejor situado mandando un Tercio de la Guardia Civil. Me costó más de una hora de conversación conseguir una respuesta satisfactoria, que no me dio —esto lo comprendí bien— de muy buen grado, pues, aparte de dejar lo seguro por lo problemático, preveía una época de luchas, sinsabores y trabajo poco agradable. Hice al futuro jefe superior algunas indicaciones sobre lo poco que había podido observar respecto al servicio, y por último le recomendé mucho mantuviese una actitud muy atenta con el capitán general, para hacerle lo menos brusco posible el cambio de sistema que imponían las circunstancias, hijas de la legalidad a que se quería volver.

Aquella tarde, sobre las ocho, pasé por la Jefatura y le comuniqué personalmente a Tenorio que el Gobierno aceptaba su dimisión.

El día siguiente lo dediqué a practicar algunas gestiones relacionadas con mi cargo. Primeramente fui a cumplimentar al general Barrera, que me recibió cortés como siempre. Nada me dijo de la dimisión del jefe superior de Policía; yo tampoco hablé del asunto. Después visité al marqués de Foronda, al que me unía antigua amistad.

Don Mariano Foronda era monárquico entusiasta y decidido partidario del régimen dictatorial, aun cuando no dejaba de reconocer sus yerros. Ante el nuevo estado de cosas estaba un tanto preocupado, pues temía que el pretendido camino hacia la legalidad se convirtiera en una difícil carrera de obstáculos: en lo político dependía de la actitud que adoptasen determinadas personalidades; en lo social, del programa que hubiesen trazado los dirigentes de las grandes organizaciones obreras. Desde luego veía con recelo el desarrollo de la C.N.T. que en aquellos momentos trataba de constituir el "Sindicato de Servicios Públicos Urbanos", paso fundamental para establecer el del "Ramo de Transportes".

—Con la sola lectura de la convocatoria—me dijo—se dará usted cuenta de la enorme importancia que esto tiene para el orden social, pues van tan sólo a preparar el frente único en todo el arte rodado y tener en su mano el poder paralizar completamente, cuando les venga en gana, los medios de transporte de la población, con una huelga[54].

---

[54] He aquí la convocatoria a que hacía alusión Foronda:

—Con arreglo a la ley de Organización Corporativa—prosiguió—y previa la formación de Sindicatos profesionales, ha sido constituido nuestro Comité paritario (el de los Tranvías), que está funcionando en la actualidad; pero esto, por lo visto, no basta a los dirigentes del Único, pues quieren la unión de todos para formar el "ramo".

Foronda tenía razón; mas ese era asunto que directamente incumbía al gobernador civil, e incluso estaba indicado que el Gobierno dictase unas normas: así se lo hice presente. La organización por "ramos" en vez de por "oficios" daba a las organizaciones obreras una fuerza insospechada y ponía en manos de una pequeña comisión toda la vida comercial e industrial de la región. Este pleito, con el de querer absorber la C.N.T. los sindicatos del puerto, fue el caballo de batalla durante todo el gobierno del general Berenguer, que luego he visto, aunque ya sin información directa, que también lo ha tenido la República.

El día 8 fui a Gerona, de donde regresé ya de noche, tomando el segundo expreso par Madrid.

EL FANTASMA DEL COMUNISMO SE ME APARECE POR PRIMERA VEZ.—Acababa de regresar de mi viaje a Barcelona. Aún no había tenido tiempo de darme exacta cuenta de la verdadera importancia del "comunismo" en España—sobre el que reinaba una gran confusión en la División de Investigación Social—cuando en un espacio de horas nada

---

"A todos los obreros tranviarios, de los autobuses, Metro y taxis de Barcelona.—Camaradas: pasadas ya las circunstancias que nos obligaron a una forzosa inactividad o a la aceptación de organismos para nosotros repugnantes, creemos que ha llegado el momento de que, recogiendo las justas y unánimes aspiraciones de todos los obreros mencionados, se intente la reorganización de nuestro Sindicato de Servicios Públicos Urbanos, sin ingerencias extrañas de un sindicalismo llamado libre.

Ante esta necesidad de organización realmente independiente y velando por los intereses de nuestra clase, siempre postergada y olvidada en sus justas aspiraciones, ante la manera abusiva con que somos tratados y ante los jornales míseros que percibimos e interpretando el sentir de todos, se os convoca para la "Reunión general" que, con el fin de tratar de la "reorganización" de nuestro Sindicato, tendrá lugar el próximo viernes, día 7 del corriente, a las diez de la noche, en la calle de Ferlandina, 20, con el siguiente "Orden del día": 1.° Lectura y aprobación del Reglamento; 2.° Nombramiento de una Comisión reorganizadora. Esperamos que ninguno de vosotros faltará, puesto que se trata de fortalecernos mutuamente y formar un conjunto potente que reivindique para nosotros el derecho a mejores percepciones. En bien de todos, acudid.— La Comisión.

más, tuve conocimiento de unos hechos aparentemente alarmantes, que por su interés no quiero dejar de consignar.

El día 24 de febrero se presentó al señor Kobbe, cónsul de España en Niza, un turco llamado Armanak, hijo de un tal Kerop, comerciante de tapices, domiciliado en Constantinopla, Eski Loyd Han, número 134 Galata, manifestándole que acababa de llegar de Viena, en donde había vivido algún tiempo en la casa del doctor Hans, antiguo oficial de Artillería austríaco. Este señor, según Armanak, se ocupaba por aquellos días en preparar un movimiento bolchevique en España con la finalidad de derribar violentamente el Gobierno e instaurar el régimen establecido en la U. R. S. S.; para ello, afirmaba, se reunirán en dicha capital, en el domicilio de Hans, el famoso organizador Golsteine, que debía llegar de Berlín, y el conocido Grumatz, de Moscú, y que con posterioridad, posiblemente el 18, se unirían a estos tres representantes españoles, uno de los cuales era un ex diputado, los que serían alojados en el Hotel Bristol y Grand Hotel de Viena para no infundir sospechas; estos compatriotas saldrían de Barcelona por vía Génova en un buque del Lloyd Sabaudo, proponiéndose regresar por el mismo itinerario. En las varias reuniones que esos elementos debían celebrar, se ultimarían los detalles del plan, ya en principio acordado, pues se habían relacionado valiéndose de fingida correspondencia comercial en que los importes de los artículos de las facturas formaban parte de una clave convenida; esta correspondencia era dirigida toda ella a Barcelona, a una Agencia montada por los señores citados, que a su vez estaban en inteligencia con un teniente coronel y varios oficiales del Ejército español, a los que se habían anticipado, para propaganda, la suma de 50.000 dólares.

En un principio la noticia me pareció fantástica; mas luego hubo coincidencias que la hicieron interesante. Según mis informes, Armanak era considerado como persona seria, solvente y hasta cabía que pudieran importarle los asuntos de España por haber solicitado instalarse en nuestro territorio con ánimo de montar una fábrica de tapices orientales, en la cual industria era famosa su familia; al doctor Hans, la Policía vienesa le suponía alejado de toda sospecha, pues ocupaba un cargo en la Cancillería Federal y era redactor del periódico *Reich Post;* de los supuestos complicados españoles, no pudo adquirirse, de momento, el menor indicio. Informes procedentes de París y Viena, daban como posible una reunión de comunistas en ésta por existir el proyecto de celebrar en ella, el día 6, una manifestación pública de ese carácter, al que es posible no fuera ajeno un centro de propaganda fundado por Bela Kum en la primavera del año 27, centro que atendía a España, Italia, Hungría y los estados Balcánicos.

Coincidiendo con la denuncia de Armanak, se notó bastante agitación en Guipúzcoa y Vizcaya y recibí una extraña visita.

Una tarde, ya anochecido, me pasaron recado de que un señor deseaba hablarme con urgencia. El que pasó el recado me entregó una tarjeta en la que leí: un nombre y unos apellidos vulgares, "Ingeniero Industrial", "Barcelona". Di orden de que entrara inmediatamente.

Mi visitante era un hombre alto, de presencia agradable, elegante, perfumado, edad indefinida entre los cuarenta y cincuenta años, pelo rubio muy planchado, bigote recortado a lo cepillo, ojos claros e inquietos y dejo catalán no muy pronunciado. Al entrar en el salón-despacho, donde le esperaba, me saludó cortésmente al mismo tiempo que pasaba una rápida ojeada a la estancia, como si desconfiase de su hospitalidad.

—¿Es usted el señor Mola?—me dijo.

—El mismo—le contesté.

—Perdone la pregunta—añadió—; le creía de más edad. Dispense el comentario, pero mi carácter es así: lo que pienso, lo digo.

—Está dispensado—le repliqué—. ¿Qué desea?

—Ya sé que no son estas horas de las que tiene señaladas para recibir, por eso mi reconocimiento es mayor; además, para el objeto que me trae aquí, no es conveniente mi presencia a la hora del público.

De pronto, cambiando de tono y como si fuera a decirme algo que de primera intención se le hubiera olvidado, prosiguió:

—Ante todo, señor Mola, he de hacerle presente que soy una persona honorable; no me juzgue como un delator vulgar de esos a quienes guía la venganza, la traición o el dinero. No. Yo creo que un ciudadano cumple con su deber cuando denuncia a las autoridades lo que puede traer graves perturbaciones para la Patria, como sucede, por ejemplo, con el asunto que motiva mi visita de hoy; visita inoportuna, porque le roba a su trabajo un tiempo precioso, pero quizá fructífera, que nada es despreciable en estos momentos de grave crisis nacional. He dudado mucho, no crea, en dar este paso; mas un deber de conciencia me lo ha impuesto, y yo obedezco siempre ciegamente los dictados de mi conciencia...

Mi visitante siguió perdiéndose entre divagaciones sin decir una sola palabra que pudiera interesarme. Me iba impacientando... Por fin, entró de lleno en el asunto y se expresó en esta forma:

—Desde hace algún tiempo, no mucho, en Barcelona se agitan con "espasmos histéricos" toda clase de extremismos; parece como si el sentido de la reflexión, que siempre debe ser de buen juicio y no potro desbocado, hubiera sido víctima de una extraña locura destructora del orden social, de la sociedad misma: los republicanos, confían en que está ya próximo el fin de la Monarquía; los nacionalistas o separatistas—como usted quiera llamarlos—creen estar tocando con las manos la hora de la independencia; los sindicalistas, tienen la certeza de que no ha de tardar mucho sin que la burguesía sea reducida a la impotencia por los elementos productores; los anarquistas, viven convencidos de realizar *ab irato* su utópico sueño de terminar con el Estado y las fronteras; y hasta los comunistas, nacidos ayer puede decirse, se mueven tratando de constituir células que luego sean base de Consejos de obreros, campesinos y soldados. Claro es que todo esto, a los que tenemos dos dedos de frente y un cráneo con algo de sustancia gris sobre los hombros, nos debiera parecer, por imperativo de la lógica, hojarasca, ganas de perder el tiempo, ilusiones... en una palabra: absurdo. Pero lo absurdo en orden a ideas es, por fatal ley humana, la realidad más temible: ¡He aquí la suprema razón de la ferocidad de las guerras religiosas!

Después de esta sentencia, con marcados ribetes de latiguillo, hizo una pequeña pausa y prosiguió:

—Yo, mientras han sido paladines de esos "absurdos" gentes de poco más o menos, indocumentados, agitadores de taberna, pistoleros que tienen un pie en el patíbulo y otro en la Casa de Socorro, no me he preocupado. Si he de decirle la verdad, veía con cierto encanto, con verdadera simpatía, esos hombres que, con su traje azul, sus alpargatas, su bufanda arrollada al cuello, van a buen paso a primera hora de la mañana camino de la fábrica; mas hoy ya he cambiado de opinión: siento recelo; digo recelo, tal vez por no decir miedo. Hoy ya no animan a esas masas indocumentadas, agitadores de taberna y pistoleros; hoy sienten el apoyo de una juventud pudiente, culta y entusiasta: verdaderos apóstoles; émulos de Oscar Pérez Solís y Pedro Vallina que aún no han salido sus nombres a la publicidad, por lo cual se desconoce el poder de sus actividades... He aquí el verdadero peligro y el motivo de mi sacrificio de hoy; porque no dude, señor Mola, que este paso para mí representa un sacrificio enorme. Y voy al caso. En Barcelona existe un joven e inteligente capitán de Ingenieros, que ocupa un envidiable destino en el puerto franco, que se llama Alejandro Sancho; este joven—y digo joven porque aún no debe llegar a los treinta y cinco años—es un desinteresado protector de todo hombre que huela a taller o tenga las manos encallecidas por la herramienta, y a tal extremo llega su afecto por el obrero que no pocas veces ha vaciado sus bolsillos entre los "sin trabajo" y entre los que, sin serlo, ha sabido sufrían crisis económicas por desgracias de familia o persecuciones por sus ideales. Si las actividades del Sancho parasen en estas obras de caridad, no habría peligro alguno; pero es el caso que él también es un militante, ¿anarquista? ¿comunista? No lo sé, aun cuando presumo simpatiza con el régimen soviético. En estos días, según tengo entendido, piensa hacer un recorrido por el extranjero y me consta positivamente que hace una activa propaganda entre oficiales del Ejército; creo —no quisiera equivocarme— que en algunas ocasiones también ha repartido entre ellos dinero.

Mi visitante continuó hablando de Alejandro Sancho como si constituyese para él una obsesión. Por último me preguntó si creía yo razonable que un individuo de esas circunstancias gozase de un destino como el que disfrutaba y ser además oficial del Ejército. Éste era por lo visto el objeto verdad de su denuncia.

Le contesté que estimaba que todas las ideas eran respetables, y a quien de ellas hacía un uso legal y prudente no había razón para causarle perjuicio. Con este motivo nos enfrascamos en una discusión algo viva que ambos nos esforzamos en sostener en un terreno de gran corrección.

Por último, con una habilidad y desparpajo que le acreditaba de "sablista" de primer orden, solicitó de mí algún dinero. Como era la primera vez que un desconocido tan elegante y tan correcto me pedía "honorarios" por un servicio de esa naturaleza, me dejó un poco confuso, casi avergonzado.

—¿Cuánto?—balbucí con cierta timidez.

—Poco. No es el pago de una confidencia, que quizá tenga un valor inapreciable; simplemente lo necesario para el viaje de vuelta a Barcelona: quinientas pesetas.

Instintivamente saqué la cartera. No tenía más que trescientas. Se las ofrecí.

—Es lo mismo. El resto me lo dará usted en otra ocasión.

Cuando se hubo marchado relacioné las manifestaciones de Armanak con las de mi visitante... ¿Sería Alejandro Sancho uno de los que debían asistir a las reuniones del doctor Hans? ¡Ca! ¿Cómo era posible que aquel chico inquieto y simpático que conocí en Tetuán, oficial de la Red, tan cariñoso, tan subordinado, tan entusiasta y tan sensato fuera el comunista que me acababan de describir? Esto sí que era absurdo.

Los hechos vinieron a demostrar más tarde que aquella frase de "lo absurdo en orden a ideas es, por fatal ley humana, la realidad más temible" no era una tontería. Alejandro Sancho había dejado de ser el oficial cariñoso, subordinado, entusiasta y sensato que conocí en Tetuán, a quien me unía esa cordial amistad que nace de haber pasado juntos los peligros de unas mismas acciones de guerra.

¿Quién fue el visitante? No pude saberlo: el ingeniero industrial de nombre y apellidos vulgares que figuraba en la tarjeta, según me informó el coronel Toribio días después, había fallecido hacía más de dos años. Después ya no volví a ver más al hombre alto, de presencia agradable, elegante, perfumado, de edad indefinida y ojos claros e inquietos que una tarde, ya anochecido, quiso verme con urgencia; pero es posible que el misterioso personaje llegue algún día a leer este relato de su entrevista conmigo —que he procurado reflejar lo más exactamente posible— y ha de saber que le perdono la broma de la tarjeta, pues a cambio de ella y de las trescientas pesetas, me puso en condiciones de poder hacer abortar, meses más tarde, un movimiento en que Alejandro Sancho tomaba una parte muy activa.

CAPÍTULO IV

Un suceso inesperado y dos viajes imprevistos

LA MUERTE DEL EXDICTADOR.—El general Primo de Rivera había encontrado un hospitalario refugio en París: la ciudad universal. Desde allí contemplaba a España —amor de sus amores— y meditaba, fuera de la coacción del ambiente, el resultado de su gestión de gobernante, ni falta de aciertos, ni escasa de yerros; y al mismo tiempo que meditaba, moría. Moría, porque su temperamento no le permitía soportar ni la crítica, ni la ingratitud, ni el desengaño; porque su soberbia y amor propio eran antagónicos con la resignación necesaria para su tranquilidad espiritual; porque sentía la nostalgia del predominio y de la popularidad. Espíritu rebelde, buscaba en vano apoyos y colaboraciones, para dar satisfacción a sus anhelos y ambiciones de ejercer de nuevo el Poder.

Al general Primo de Rivera, pese a los buenos oficios del doctor Alberto de Bandelac, a los consuelos de Quiñones de León y al cariño de sus hijas, que pocos días antes se le habían unido, le sorprendió la muerte cuando se hallaba solo en la habitación del hotel enterándose del contenido de las cartas y periódicos recibidos de España: ¡Quizá en alguna de estas cartas y periódicos estuviera la clave de la tempestad moral que paralizó los latidos de su corazón!

No es objeto mío hacer el análisis de la obra de un hombre cuya gestión tanto ha influido en los destinos de España, pues es ese asunto que corresponde a la Historia; pero sí he de decir que en su ardiente deseo de transformarlo todo, sólo actuó como elemento destructor, sin preocuparse en construir nada con base de estabilidad, y es que le faltaba sentido político para crear y energía para actuar como verdadero "dictador", que ha de hallar la mayor defensa de sus actos precisamente en "dictar"; por otra parte, el dictador que como él quiere contemporizar, se desprestigia y termina fracasando rotundamente. No hay que negar que el general Primo de Rivera, quizá por exceso de bondad, fue débil, lo que dio lugar a que sus enemigos le perdiesen el respeto e hicieran comprender al pueblo era simplemente un "fantoche" que no merecía la pena de ser tomado en serio. El general Primo de Rivera fue arbitrario y careció, además, del disimulo indispensable para que la sociedad no se diese cuenta de ello, lo que exasperó a unos, alejó a otros y precipitó la evolución política que forzosamente tenía que dar al traste con el régimen monárquico.

He aquí como tuve conocimiento de su muerte:

Serían las tres y media de la tarde del día 15 de marzo, cuando llamaron al teléfono de mi domicilio desde el gabinete telegráfico de la Dirección de Seguridad. El oficial de servicio, me habló en esta forma:

—Me permito molestar a usted, señor director, para darle cuenta de que desde hace ya buen rato circula por Madrid el rumor, que acabo de comprobar es cierto, de que en París ha fallecido este mediodía el general Primo de Rivera. He tratado de adquirir más detalles sin poderlo conseguir.

Tan pronto me dieron la noticia, salí para la Dirección. En cuanto llegué al despacho oficial comuniqué con el general Berenguer, ya enterado con todo el género de detalles por haber sostenido una larga conversación con nuestro embajador en París.

El suceso me produjo la sorpresa que es de suponer, que fue mayor porque muy pocos días antes había recibido una carta suya, escrita a lápiz, cariñosa, en la que me hacía una recomendación sin importancia, que atendí en al acto; pues, aun cuando jamás recibí de él un favor, bastaba verle caído y, hasta cierto punto injustamente atacado, para poner mayor interés en complacerle. Y digo "hasta cierto punto injustamente atacado", porque la pasión política de aquellos momentos no abonaba en la cuenta de su gestión como gobernante más que yerros e intemperancias, olvidando aciertos y virtudes.

La Prensa de aquella noche y la de los días sucesivos le dedicó extensas informaciones, tratándole con respeto, aun cuando toda no le hiciera la debida justicia, pues hay que reconocer que si bien es cierto que cometió errores, no lo es menos que bajo su gobierno vivió España días de tranquilidad y esplendor jamás conocidos y supo acabar con la sangría suelta de Marruecos, que no era moco de pavo. Es de espíritus nobles reconocer los méritos del adversario.

La llegada del cadáver a Madrid y el entierro constituyeron para mí motivos de gran preocupación, por tener fundadas sospechas de que entre elementos libertarios se había tratado de poner en ejecución un acto de violencia contra las personas del Rey y presidente del Consejo, y que había, entre otros de cierto matiz político, decidido empeño en provocar actos de protestas contra la Monarquía. Afortunadamente el pueblo de Madrid, hospitalario de abolengo y respetuoso con el dolor ajeno, vio pasar con veneración el fúnebre cortejo, en el que tomaron parte gentes de toda condición, manteniéndose el orden sin ocurrir el menor incidente, no obstante el interés que pusieron en alterarlo con gritos intempestivos y provocadores algunos ineducados.

UN VIAJE RÁPIDO POR VIZCAYO Y GUIPÚZCOA.— Coincidiendo con la muerte del general Primo de Rivera llegaron hasta mí noticias poco tranquilizadoras de algunas provincias del Norte:

preparación de un atentado; propaganda republicana entre la oficialidad de las guarniciones de Bilbao, San Sebastián y Logroño; y, por último, intensificación de la agitación comunista en determinadas zonas obreras.

Lo del atentado fue nube de verano. Los trabajos preparatorios para su ejecución fracasaron por los motivos siguientes: primero, por no haber conseguido reunir la cantidad indispensable para atender a las exigencias de los ejecutores; segundo, porque los que se ofrecieron a realizarlo no inspiraban las necesarias garantías de discreción y arrojo; y tercero, porque no se encontró la oportunidad en que la ejecución pudiera haberse llevado a efecto con probabilidades de completo éxito: crimen y huída, asegurados. El entierro del cadáver del marqués de Estella —¡excelente ocasión!— por lo imprevisto, no dio tiempo a nada.

La víctima que en aquellos momentos más "interesaba" era el general Berenguer; pero era criterio sustentado por los que formaban parte del complot que se debía realizar la agresión en ocasión que también pudiera "caer" el Rey. El objeto que se perseguía con este doble crimen salta a la vista; lo que no pude averiguar es de qué entidad o persona había partido la idea inicial.

Oportunamente el lector se enterará de que durante el tiempo que fui director de Seguridad se pretendió en varias ocasiones atentar contra las vidas del Rey y presidente del Consejo; pero afortunadamente la suerte me favoreció y tuve conocimiento de los planes con tiempo suficiente para frustrarlos. El periodista Llizo, con lo que él llamó "demostración enérgica e incruenta de protesta" actuó de Providencia, determinando el fracaso de un atentado de altos vuelos que se estaba preparando en Barcelona.

La confidencia e informes que recibí sobre la intensa propaganda republicana entre la oficialidad de determinadas guarniciones y la agitación comunista que se notaba en Vizcaya y Guipúzcoa, determinaron el viaje, un poco precipitado, que realicé a las capitales de estas provincias durante el mes de marzo.

Salí de Madrid en la noche del 22 acompañado de una persona de mi absoluta confianza, que desde Miranda se destacó a Logroño; pues a mí, dado lo conocido que soy en dicha capital, me hubiera sido imposible realizar personalmente determinadas gestiones que el comisionado podía efectuar sin inspirar la menor sospecha. Casi a la misma hora que éste llegaba a la capital de la Rioja, lo hacía yo a la de Vizcaya.

Desempeñaba el cargo de gobernador civil en esta provincia don Francisco Cabrera, persona seria, discreta, inteligente, culta y muy versada en asuntos sociales. La extremada bondad con todos, no era obstáculo para mostrarse enérgico ante las actitudes extremistas de los profesionales de la algarada; aun cuando siempre militó en las filas del partido conservador —incondicional de D. José Sánchez Guerra— era de espíritu liberal y simpatizaba con los movimientos de reivindicación obrera, cuando éstos no rebasaban las fronteras de la legalidad; político hábil, conocía el valor de su simpatía personal y sabía utilizarla: desempeñó el cargo desde la caída de la Dictadura hasta la proclamación de la República.

La amabilidad de D. Francisco Cabrera, ofreciéndome alojamiento en su propio domicilio —sito en el mismo edificio del Gobierno— me permitió celebrar determinadas conferencias y cambiar impresiones con muy diversos elementos sin despertar recelos ni llamar la atención de los reporteros periodísticos, siempre dispuestos a lanzar el rumor infundado o el juicio atrevido. Y así, hablando con Fulano y con Zutano, y comentando con Mengano, pude darme cuenta de que, si embrollada estaba allí la cuestión política con motivo de la constitución de los Ayuntamientos y actitud poco diáfana de determinadas personalidades que a los gobiernos eran deudores de su situación privilegiada y hasta del éxito de sus fabulosos negocios, mucho más lo estaba el problema obrero, en que la diversidad de organizaciones sindicales y sus irreducibles antagonismos, mantenían a los trabajadores en constante lucha, lo que imposibilitaba hacer una labor útil de encauzamiento y orientación: únicamente parecían estar de acuerdo para el planteamiento de conflictos de orden público, en lo que siempre allí degeneraban los pleitos sociales. Adquirí también el convencimiento de que los comunistas ejercían un gran influjo entre la masa obrera, al que no podían sustraerse ni aun los elementos de la U.G.T., bien a pesar de Indalecio Prieto —ya dedicado de lleno a la labor de agitación —que temía pudiera llegar un día que no le quedasen de sus huestes más que los redactores de *El Liberal.* No obstante el número de militantes comunistas y su actividad revolucionaria, carecían de verdadera organización, tanto es así, que puedo asegurar era escaso el número de "células" constituidas en aquella fecha, que ni cotizaban, ni contaban con la cohesión y disciplina tan necesarias para su acción sindical específica. Comprobé asimismo que se había recibido algún dinero del extranjero, dinero que cayó en manos de los cabezas visibles, los cuales, después de dedicar una exigua cantidad a propaganda, aplicaron el resto a comilonas en las que, remedando a los odiados burgueses, al final de cada una, entre eructos de chacolí, humo de tagarninas y sorbos de café se forjaban proyectos y planeaban programas para un porvenir próximo, con ese optimismo que siempre invade a los espíritus meridionales en los horrores de la digestión. ¡Así empezaban, dando ejemplo de honradez y austeridad, los que aspiraban a implantar en España el delicioso régimen que disfrutan los rusos y que tanto encanta a nuestra juventud seudo intelectual!

También procuré informarme sobre el estado de ánimo de la oficialidad del Ejército, adquiriendo el convencimiento de que no preocupaban entonces en el medio ambiente militar los asuntos políticos; tal vez existiese algún jefe, capitán o subalterno que por despecho u otra causa simpatizase con el republicanismo, mas si así era lo mantenía bien callado, y buena prueba de ello es que el mismo comandante de Estado Mayor D. Tomás Peire, tan significado meses después, no había dejado traslucir lo más mínimo sobre sus arraigadas convicciones políticas, ni cabía tan siquiera sospechar de él dada su identificación con el régimen dictatorial, durante el cual desempeñó la censura de la Prensa y fue nombrado secretario de unos Comités paritarios, entre los que se hallaba el importantísimo de la industria minera. Además, el regimiento de Garellano, único cuerpo armado de de aquella guarnición, estaba mandado por el coronel Serrador, jefe enérgico, leal y de arraigado monarquismo, lo que, por si me había olvidado, me ratificó en la mañana del 24, durante la visita que le hice en su propio cuartel, modelo de orden, policía, presentación y buen mando. Lo que no me pasó desapercibido fue la enorme cantidad de muchachos de la localidad que servían acogidos a los beneficios de la "cuota militar", que algún día podían constituir serio peligro, porque es preciso no olvidar que allí los hijos de las familias acomodadas eran casi todos "nacionalistas", y los de origen más modesto, o lo eran también, o por pertenecer a la clase trabajadora se hallaban afiliados a algún sindicato con el que procuraban no perder el enlace durante los contados meses que tenían que prestar servicio en filas.

A las doce, en el automóvil del gobernador salí para la capital de Guipúzcoa, bajo un respetable aguacero que me acompañó todo el camino. Durante el viaje hice memoria de todas las conversaciones que había sostenido, y, como consecuencia de ellas, me afirmé en los juicios expuestos. A la una y media llegaba a San Sebastián.

En el hotel conferencié extensamente con la primera autoridad civil, el señor Santaló, hombre distinguido, correcto y laborioso; luego cambié impresiones con otras personas, persuadiéndome de que la cuestión social se hallaba allí bastante más apaciguada que en Vizcaya, aun cuando también se dejaban sentir los manejos de los agitadores comunistas. En cuanto a la propaganda republicana entre la oficialidad de la guarnición, algo se había intentado, pero sin resultado; así es que nada había que temer. Aquella noche salí en el expreso para Madrid.

En Miranda se me unió el comisionado que había destacado a Logroño, el cual me informó de que no sólamente se había hecho propaganda entre la oficialidad contra el régimen, sino que era público y notorio existían varios capitanes y un teniente muy significados por su republicanismo, del que no se recataban de alardear en determinadas tertulias; mas no obstante la actividad desplegada por éstos para hacer prosélitos, no podían constituir motivo de preocupación, por carecer de prestigio y aún de la general estimación de sus compañeros, debido a tener casi todos ellos un historial tan falto de servicios como pródigo en tropezones, y, para colmo, eran asiduos concurrentes al "Bar de los Navarros", tabernucho popular, frecuentado por arrieros, trajinantes de toda condición y pelotaris de poca monta, hecho célebre después de la proclamación de la República, porque en él, el Comité de oficiales revolucionarios del Arma de Infantería, celebraba las reuniones en las que se hacía la selección de los cuadros de mando que debían formar parte del único regimiento de aquella plaza: ¡Ni una taberna pudo llegar a más, ni la dignidad de unos oficiales a menos! Y rara casualidad, un agitador que me aseguraban observaba otra conducta y costumbres —al que personalmente conocía y estimaba—, me refiero al capitán de Artillería D. Pedro Romero, fue contra el único que recibí denuncias a granel, algunas de carácter grave, lo que me indujo a llamarle a Madrid por mi cuenta, sin conocimiento del Gobierno, sosteniendo una conferencia con él en mi propio despacho, que me dio motivos para creer que haría honor a mi caballerosidad y afecto manteniéndose en una actitud neutral mientras yo desempeñara el cargo de director de Seguridad; pero indiscutiblemente entendí mal o él no se expresó bien, ya que a los pocos días de nuestra entrevista, el gobernador civil de Logroño daba cuenta al general Marzo de que había repartido unas proclamas o impresos revolucionarios entre las clases de tropa del 13.° regimiento de Artillería ligera, poniéndome en evidencia ante el ministro de la Gobernación y presidente del Consejo, lo que dio lugar a que me considerase desligado del compromiso de protección que hasta entonces le había venido dispensando. Ahora bien, reconozco la perspicacia que tuvo el capitán Romero, perspicacia que le valió ser proclamado diputado constituyente.

DÍA Y MEDIO EN SEVILLA.—La mañana del 27 de marzo, cuando como de costumbre fui a darle cuenta de las últimas novedades, el jefe del Gobierno me indicó la conveniencia de que me trasladase a Sevilla con objeto de informarme personalmente sobre un conflicto planteado en el puerto que, por su persistencia, llevaba trazas de hacerse crónico, lo que preocupaba por la proximidad de la Semana Santa, Ferias y viaje regio, ya anunciado oficialmente. Aquella misma noche emprendí el viaje acompañado del comisario De Miguel, gran conocedor de la ciudad por haber estado allí destinado hasta hacía pocos días.

Era a la sazón gobernador civil de Sevilla el conde de San Luis, hombre joven, dispuesto, trabajador y de arrestos. Acogió mi presencia con cariño, al punto de no permitir me instalase en un hotel, sino en el propio Gobierno: mansión de castizo sello andaluz, espléndida, alegre y bien alhajada. Contrastaba este alojamiento con el de la primera autoridad civil de Vizcaya: una vulgar casa de vecinos, pequeña, triste y con muebles de baratillo. En Sevilla se respiraban aires de protección; en Bilbao, abandono. Y así sucedía que aquellas gentes norteñas, sencillas al par que orgullosas de su raza, comparaban el edificio severo del Ayuntamiento y la majestad del palacio de la Diputación con la vivienda pobre y ridícula donde tenía su asiento la representación del Poder central, y cada vez se sentían más señores, más vascos, más dignos de su independencia.

El problema planteado en Sevilla era el siguiente: los obreros del muelle dedicados a la carga, descarga y estiba de las mercancías, afiliados a un sindicato afecto a la C.N.T., habían conseguido, durante el período vergonzoso de "pistolerismo" anterior al golpe de Estado, imponer a los patronos unas bases de trabajo tan onerosas, que únicamente era posible fueran aceptadas en aquellas circunstancias en que el terror imperaba por una cobarde claudicación del Poder público, que puso a España al borde de la anarquía; pero tan pronto se implantó la Dictadura y el general Martínez Anido redujo a la impotencia la organización anarcosindicalista, quedó sin efecto el contrato citado, no obstante lo cual se trabajó en el puerto en condiciones tan ventajosas o más que en los demás de la Península, sin que el menor asomo de protesta apareciera durante los seis años, cuatro meses y trece días "de marras". Mas desaparecido el régimen de excepción, y libre la C.N.T. para reorganizarse, el Sindicato de los obreros del muelle, al frente del cual se hallaban dos significados comunistas, trató de implantar nuevamente el antiguo contrato de trabajo que, como era natural, los patronos no aceptaron, y estalló el conflicto.

Las gestiones llevadas a cabo por el conde de San Luis con gran paciencia y buena fe, fracasaron ante la intransigencia de las dos partes interesadas: los obreros imponían como única solución que, previo el reconocimiento del Sindicato, se aceptase sin discusión el contrato de trabajo; los patronos se negaban a toda transacción que no fuera sobre la base del régimen de jornales establecido durante la Dictadura. Desde luego, tanto el conde de San Luis como yo estimamos que el reconocimiento del Sindicato era condición inadmisible, pues traería como consecuencia inmediata la subordinación tiránica de los patronos a los obreros y el paro forzoso de todos los no afiliados a la C.N.T., con notable perjuicio de U.G.T. muy debilitada en la capital, aun cuando otra cosa creyera Hermenegildo Casas, con quien sostuve una larga e interesante conversación.

Carlos Núñez y Manuel Roldán, alentados por Adame Misa y un tal Barneto —todos ellos conocidísimos por su gestión subversiva—, sostenían la huelga haciendo honor a su ideología comunista y a su personalidad dentro de la C.N.T. El primero era un individuo de mediana edad, mal encarado, inculto, terco, de premiosa expresión y malintencionado; el segundo, joven, de aspecto enfermizo, aficionado a deletrear —él decía leer— publicaciones extremistas, ostentaba como ejecutoria de su prestigio un extenso historial de procesos y días de cárcel por supuestas participaciones en crímenes sociales. Más de una hora estuve departiendo con ellos, sin que pudieran oponer a mis razonamientos un solo argumento aceptable, lo que determinó que por fin se dieran por vencidos: la huelga parecía iba a entrar en período de franca solución. Comuniqué mis optimismos al conde de San Luis.

Quise también oír a los patronos, que encontré encastillados en una irreducible actitud de intransigencia, que poco a poco fue cediendo. Sin embargo, en la reunión que éstos y los obreros sostuvieron con el gobernador poco después, volvieron a agriarse las cosas y el conflicto siguió en pie.

La tarde la dediqué a otras gestiones. Por la noche, cuando regresé al Gobierno Civil, supe que nuevamente habían estado a verme Carlos Núñez y Manuel Roldán, para que intercediese en la pronta solución de la huelga, lo que sirvió para ratificar la impresión personal adquirida durante mis conferencias: la masa obrera, divorciada de sus directivos, estaba deseando reanudar el trabajo.

Cuando al día siguiente, 29, salí para Madrid, llevaba el convencimiento íntimo de que el asunto del puerto tocaba a su fin, y así lo manifesté al Presidente y ministro de la Gobernación tan pronto llegué a la Corte, exponiéndoles, además, cuál era la verdadera situación del problema social en la ciudad del Betis. Nunca mejor empleada que en esta ocasión la conocida frase de "las vacas gordas y las vacas flacas".

Ignoro si fue cariño a la patria chica o deseo de crear un gran puerto al amparo de una ciudad industriosa —para asestar un golpe mortal a Barcelona en sus relaciones con América latina— la idea que guió al general Primo de Rivera a impulsar el engrandecimiento de Sevilla; es posible que pensase en lo uno y en lo otro. Lo cierto es que desde que el marqués de Estella ocupó el Poder no se regatearon medios para su desarrollo y prosperidad, activando con loca inconsciencia las obras de instalación del Certamen hispano-americano, precipitada e inoportunamente inaugurado, a las que el censo obrero de la capital y contornos no pudo atender. El exceso de trabajo y los espléndidos jornales atrajeron legiones de operarios y jornaleros que allí sentaron sus reales; el dinero corría a chorros y el bienestar era envidiable: he aquí el período de "las vacas gordas". Pero ocurrió después, que obligada la ciudad a acomodar su vida a las posibilidades que imponía la realidad, más reducidas que nunca por el fracaso económico de la Exposición, sobrevino una crisis en todos los órdenes, cuyas consecuencias tocó en primer término la masa obrera, obligada al paro forzoso en aterradora proporción, apareciendo entonces la era de "las vacas flacas". Y en esos momentos de inquietud por la falta de trabajo, la C.N.T. renacía a la vida legal, y sus directores, aprovechando la amplia propaganda autorizada por un Gobierno que trataba de devolver a la nación sus libertades ciudadanas, iniciaron una activa campaña de agitación para hacer mayor el malestar y lanzar la masa de proletariados al hambre primero y a la desesperación después, que es la situación de espíritu más a propósito para provocar la violenta revolución social que puede conducir a lo que los sindicalistas del Único designan con el nombre de "comunismo libertario" y los demás llamamos "anarquía". Mas como sobre la influencia de los comités ejecutivos de las organizaciones sindicales está en el bajo pueblo andaluz el respeto a la tradición, que es en Sevilla llevar los "pasos" de las cofradías en Semana Santa y el holgorio en las Ferias, era indudable, en principios de lógica, se trataría por todos los medios ir a una inmediata solución de la huelga pendiente, para reanudarla después con mayores bríos pasadas esas circunstancias; y así fue. Sin embargo, no he de negar que la C.N.T. quiso mantener el estado de alarma durante esa época incluso contra el criterio de algunos directivos que, menos ilusos, conocían el poder de lo atávico; pero el fracaso fue definitivo: salieron los pesados "pasos" a hombros de los cofrades y durante los festejos hubo trabajo, palillos y manzanilla a todo pasto.

CAPÍTULO V

LABOR DE CAPTACIÓN, ESTUDIO E INFORMACIÓN

SEGUNDO VIAJE A BARCELONA.—Desde que el coronel Toribio se posesionó de la Jefatura Superior de Barcelona, estuve perfectamente informado de todo cuanto allí ocurría relacionado con el orden público y con la vida obrera. Raro era el día que no sosteníamos por lo menos un par de conferencias; lo que no podía confiarse al hilo telefónico, nos lo comunicábamos por escrito valiéndonos de los agentes de servicio en los trenes. Así me fui enterando del próspero desarrollo de las organizaciones afectas a la C.N.T., de los recelos del Sindicato Libre y de la vida precaria de la U.G.T. En un principio los días se deslizaron con completa tranquilidad; sin embargo, tal estado de cosas duró muy poco.

Una tarde recibí la visita de un confidente que me facilitó noticias interesantes: el Sindicato Único pensaba iniciar una vigorosa ofensiva periodística contra el Sindicato Libre; éste por su parte, se aprestaba a la defensa; en la Redacción de *Solidaridad Obrera* se había hablado de la necesidad de "hombres de acción"; quizá en algún centro de las organizaciones contrarias también se dijo la misma frase: "¡hombres de acción!"; por otra parte, el capitán D. Alejandro Sancho, siguiendo análogo sistema al empleado por el doctor Vallina, iba camino de convertirse en el apóstol que había de guiar al proletariado español a imponer el régimen de "humana justicia" (?) forjado en los delirios febriles de su naturaleza enfermiza. El jefe superior confirmó las referencias del confidente. Indudablemente nos hallábamos en la génesis de una lucha que podría degenerar en un terrorismo tan vergonzoso como el que precedió a la Dictadura, y era preciso actuar rápidamente para evitar la primera víctima; también se imponía hacer algunas reflexiones al capitán Sancho, en méritos a nuestra antigua y buena amistad. Para llevar a cabo esta gestión y precaver una era de terror, salí para la Ciudad Condal en la noche del 2 de abril.

Inmediatamente que llegué a Barcelona me puse al habla con el jefe superior y luego con el general Despujol. Este mantenía algunos contactos con los del Único; en cambio los del Libre, enterados de ello, se habían distanciado de él, buscando el apoyo del coronel Toribio y el consejo del general Martínez Anido, quien —hay que decirlo en honor a la verdad— recomendó mucho no provocasen conflictos al Gobierno del conde de Xauen. El gobernador civil no veía un peligro inmediato en la campaña periodística iniciada por el contra el Libre; el jefe de Policía era menos optimista. Creí lo más acertado ponerme al habla con las primeras figuras de ambas organizaciones obreras para inquirir sus respectivos estados de ánimo e intenciones. Despujol quedó encargado de facilitarme una entrevista con Ángel Pestaña; Toribio, con Ramón Sales; yo, por mi parte, intentaría avistarme con el capitán Sancho y buscar otros asesoramientos.

A las siete en punto de la tarde acudí al despacho del general Despujol, al que encontré solo, puestas sus grandes gafas de concha, leyendo unos papeles; inmediatamente me acompañó a una salita reservada donde ya aguardaba el *leader* del anarco sindicalismo español, Ángel Pestaña. Éste me pareció un hombre de treinta y cinco a cuarenta años, más bien alto, cenceño, nariz afilada, mirada recelosa e inquisitiva, afeitado, de movimientos torpes, palabra fácil y acento castellano un poco impregnado del dejo catalán; vestía con pulcritud, dejando entrever con cierta habilidad su condición de trabajador. Le tendí la mano y le invité a que se sentara, lo que efectuó, procurando guardar durante toda la visita una actitud extremadamente correcta.

Tras unos brevísimos instantes de silencio, en que nos examinamos mutuamente, inicié la conversación diciéndole que era resolución firme del Gobierno reintegrar la vida nacional a la normalidad, por lo cual serían autorizadas en lo sucesivo las sociedades y propagandas de todas clases, siempre y cuando cumpliesen los requisitos marcados por las leyes; ahora bien, que yo quería saber los propósitos, las aspiraciones y los métodos que iba a seguir la C.N.T., así como las relaciones que pensaba mantener ésta con las demás organizaciones obreras, y si los directivos persistían en su ideología de siempre o proyectaban desviarse hacia el campo comunista.

Ángel Pestaña, acostumbrado a interrogatorios de esta índole —que no siempre deben ir acompañados de buena fe en el que pregunta— se mostró en un principio desconfiado, al punto de no decir más que vaguedades que ni a mí me sacaban de dudas ni a él mismo satisfacían; sin embargo, poco a poco fue manifestándose más explícito, sin llegar a ser sincero. Y es que los hombres batalladores acostumbrados a las actuaciones secretas, a las persecuciones no siempre fundadas y a ser traicionados constantemente, dudan de todo y de todos. Según él la Confederación quería salir de la clandestinidad en que se había visto forzada a vivir durante la Dictadura con objeto de actuar a la luz pública, pues la organización anarcosindicalista tenía tanto derecho a la vida como las demás; en cuanto a sus aspiraciones, no eran otras que conseguir para la clase trabajadora aquellas reivindicaciones a que en ley de derecho era acreedora como elemento productor, acabando con el capitalismo que representaba la explotación feroz del hombre por el hombre; desde luego comprendía que tal problema no era posible resolverlo en corto plazo, pero se imponía la gestión continua y la presión constante para ir avanzando paso a paso, ya que las treguas en la lucha sólo servían para que la burguesía tomase nuevas medidas defensivas y represalias; en cuanto a métodos a seguir no cabía más que uno: acción directa. La clase trabajadora, libre, consciente, con plenos derechos, quería resolver sus pleitos sin intermediarios ni tutelas. Los Comités paritarios, no les interesaban.

—No nos interesan—me dijo—porque son contrarios a nuestra táctica sindical. Los Comités paritarios son una monstruosidad o por lo menos nosotros lo entendemos así; tienen además una organización y un funcionamiento absurdo. Los presidentes, elementos ajenos al pleito entre el capital y el trabajo, no saben de nuestras cuestiones ni tienen interés en saberlas, y, generalmente, se dejan guiar por la representación patronal; los miembros obreros, como perciben un sueldo remunerador, pierden el hábito del taller y olvidan las necesidades de sus compañeros; no los defienden. ¿Para qué más explicaciones? La Confederación no puede transigir con la llamada "Organización Corporativa".

El *leader* anarcosindicalista evitó con hábil discreción toda conversación sobre la U.G.T. y el Sindicato Libre: tampoco le interesaban. Luego prosiguió diciéndome que no era un secreto que el comunismo nacido de la III Internacional tenía sus partidarios entre los afiliados a C.N.T.; pero que él, por cuestión de principios, pertenecía a un sector de opinión muy distinto: era enemigo de toda clase de dictaduras, de ricos y de pobres, de intelectuales y de analfabetos, de curas y de laicos. Por otra parte, la C.N.T. era, como organización, radicalmente apolítica; sus militantes, particularmente, podían ser lo que les viniese en gana.

—Ya sé—añadió—que se ha dicho por ahí, no importa dónde ni con qué fines, que existen inteligencia y compromisos con determinado sector político, y eso sobre ser falso, es absurdo: basta conocer la historia de la C. N. T.; su norma de conducta. La Confederación no puede pactar ni con unos ni con otros, pero claro es que verá con mayor simpatía aquel régimen que más cerca la coloque de su ideal. Eso es todo.

Después de hablar de algunos asuntos indiferentes, nos separamos. Eran las ocho y diez. La conferencia había durado una hora justa.

—¿Qué le ha parecido Ángel Pestaña?—me preguntó el general Despujol cuando entré de nuevo en su despacho para despedirme.

—Un hombre que antes de emitir un juicio lo piensa mucho, y luego, a lo mejor, se lo calla.

—¿En qué estado de ánimo se muestra respecto al Libre?

—De eso no hemos hablado una palabra; no hubo forma.

Momentos después abandonaba el Gobierno Civil y no tardé en hallarme en el centro de Barcelona para hacer determinada gestión: tenía un vivo interés en entrevistarme con Alejandro Sancho. Pero en esta ocasión, no pude conseguirlo.

Al día siguiente por la tarde, a las seis y media, me fue presentado Ramón Sales por el comisario Acuña en un restaurante de la avenida del Tibidabo; le acompañaba un muchacho joven que, si mal no recuerdo, me indicó era secretario de la Directiva. Ramón Sales era un tipo de hombre completamente distinto al de Ángel Pestaña: treinta y tantos años, bajo de estatura, trabado, cara redonda en la que resaltaba un bigotillo cuidadosamente recortado, mirada inteligente, pelo negro rizoso, indumentaria correcta, modales distinguidos, palabra fácil matizada con un pronunciado acento catalán y expresión enérgica. Dado su carácter comunicativo no me fue difícil entrar en materia.

Primeramente me dijo que ellos, los pertenecientes a la Confederación Nacional de Sindicatos Libres de España, sentían una gran veneración por el general Martínez Anido, a quien debían gran amparo, aunque no la creación, como habían dado en decir los mal informados; por ese motivo estarían al lado de los gobiernos que, como el del general Berenguer, guardasen a aquél las atenciones que por su bondad y patriotismo merecía. Los propósitos no podían ser otros que los de todas las organizaciones análogas: procurar mejorar los medios de vida de la clase trabajadora, marchando con paso firme hacia un régimen de más justicia que el actual; pero no por procedimientos revolucionarios, sino por un sistema evolutivo, dentro siempre de las leyes: por eso habían acogido con cariño la llamada Organización Corporativa, de la que ¿por qué no decirlo? se creían sus más entusiastas y desinteresados defensores. Eran propósitos firmes extender sus sindicatos a todos los rincones de España donde hubiese masa obrera, y, por último, vivir en paz con las demás asociaciones sindicales. No se le ocultaba lo difícil que esto era por tener la enemiga de la U.G.T. y la animosidad irreducible de la C.N.T., ya en plan de organizar "bandas de pistoleros", a los que forzosamente tendrían que hacer frente. Un pleito había que les preocupaba extraordinariamente; pleito que tenían gran interés en resolver: el "Caso Centro".

Creo de sumo interés dar una referencia del llamado "Caso Centro", pues se trata de algo que apasionó durante una larga temporada en la capital catalana.

Una sociedad denominada "Centro Autonomista de Dependientes del Comercio y de la Industria"[55], integrada como su título lo indica por elementos de la dependencia mercantil e industrial, fue en Barcelona, por espacio de mucho tiempo, el foco constante de las intemperancias y

---

[55] Domiciliada en el inmueble de su propiedad, número 25 de la Rambla de Santa Mónica.

exabruptos separatistas, sin que pudieran conseguir moderasen su actitud, ni las repetidas correcciones gubernativas, ni las amenazas más o menos encubiertas de otras entidades de contraria ideología; sin embargo, como era de esperar, a los pocos días del golpe de Estado del 23 —el 24 de septiembre— fue clausurado por la "perniciosa labor política", palabras del general Milans del Bosch en un informe. Posteriormente, ante insistentes peticiones, se dictó una real orden en 3 de noviembre del 26, levantando la clausura y designando un nuevo Consejo directivo que presidió un asociado llamado Jaime Fort, que de antiguo militaba en el Sindicato Libre. La imposición de este Consejo causó pésimo efecto y dio lugar a muchos comentarios. Un año después —en junio del 27— en una asamblea general, celebrada cuando la sociedad se hallaba invadida por gentes afiliadas al Libre, y en forma un si es no es violenta, se acordó suprimir el título de "Autonomista" y adherir la sociedad a las Confederaciones Nacional y Regional de los Sindicatos Libres, pasando Ramón Sales a desempeñar la presidencia de ambas organizaciones en septiembre de 1929 e instalándose las oficinas de éstas en el domicilio del Centro, mediante el abono del correspondiente alquiler. Así las cosas, antiguos directivos, considerando que la citada real orden sobre ser injusta había dado lugar a que la sociedad de Dependientes fuera a parar a manos de los sindicalistas protegidos del general Martínez Anido, lo que a su juicio constituía un despojo, acordaron entablar recurso contra la referida disposición oficial, que, según noticias de buena fuente, llevaban camino de perderlo.

No obstante la labor honrada del Consejo nombrado de real orden y la verdaderamente notable llevada a cabo en la Sección Permanente de Socorros Mutuos, fue tal la animosidad contra él y el Sindicato Libre en general, que llegó un momento en que los mismos directivos vieron que la mejor solución era traspasar el Centro a sus legítimos poseedores, mediante una fórmula en que quedase satisfecho el amor propio de unos y otros y pudiera ponerse en práctica antes que el recurso fuera visto en el Supremo, pues entonces tendría peor solución. En este estado se hallaba el "Caso Centro" cuando celebré mi entrevista con Ramón Sales.

—Lo peor de todo—decía éste—es que nosotros, dada la intervención del Gobierno, no podemos resolver el asunto directamente: necesitamos el apoyo "de Madrid". ¡Oh, si usted quisiera interceder cerca de los generales Berenguer y Marzo y ministro de Trabajo!

A juicio del presidente del Sindicato Libre, la U.G.T. carecía en Cataluña de importancia; pero no así la C.N.T., no por la fuerza que tenía en aquel momento, sino por la que iba a adquirir, ya que se imponía por la coacción y hasta por el terror. Sin embargo, el Libre, con su organización "formidable" (*sic*) dominaba y estaba en condiciones de hacer fracasar todas las huelgas de carácter general que el Único provocase: sólo querían que el Gobierno los tratase con la misma benevolencia que a la U.G.T. Luego me convencí de que hacía alarde de una fuerza que realmente no tenía.

Afirmaba asimismo que el Único pasaba en aquellos momentos ¡por una aguda crisis de dirección. Pestaña, ya un poco fatigado por la lucha social, que agota y envejece, se había convertido en un buen burgués; frente a él estaban Carbó y Peiró que trabajaban para apoderarse de las masas con sus predicaciones extremistas. El final de Pestaña sería morir a manos de los mismos "pistoleros" que reclutaba para hacer la guerra a los del Libre; a este crimen no serían ajenos ni Carbó ni Peiró.

Visto como se expresaba Ramón Sales, le contesté que no tenía ningún inconveniente en recomendar al Gobierno se mirase con benevolencia a la Confederación de Sindicatos Libres de España e incluso interponer mi influencia para que se zanjase satisfactoriamente el "Caso Centro"; pero ello a condición de evitar por todos los medios el recrudecimiento del terrorismo.

—Y si empiezan a matarnos gente, ¿cómo nos defendemos?—preguntó con cierto aire de imposición.

—Muy fácilmente: ayudando a la Policía a descubrir los autores de los atentados, y dejando luego a la Justicia que actúe—le repliqué.

—¡La Justicia! Usted no sabe lo que es la Justicia; yo sí, porque he andado mucho entre magistrados, jueces y escribanos... La Justicia es una mentira y una farsa. Cuando les conviene, con la misma facilidad procesan a un desgraciado sin fundamento, que echan a la calle a un asesino convicto y confeso; depende de muchas cosas... Pídale usted a Dios no caer nunca en manos de la Justicia.

Ramón Sales abrió el cofre de los argumentos detonantes—de los que poseía extenso caudal—para justificar la necesidad de una defensa directa ante la negligencia de los tribunales de Justicia. Le corté su discurso y me expresé como sigue:

—Yo, en definitiva, le digo: que mientras no caiga un hombre del Único víctima de uno del Libre, les protegeré a ustedes con toda lealtad; pero si comienza la lucha, pondré todo mi esfuerzo en deshacer a unos y a otros, pues no estoy dispuesto a que los hombres se maten como fieras por las calles de Barcelona.

Insistió:

—Pero es que si los del Único nos asesinan hombres y la organización no ve la defensa inmediata, vamos a perder fuerza, prestigio, autoridad... Se nos irá la gente.

—Del Único me encargo yo—le contesté—; además, cuando uno no quiere, dos no riñen. ¿Le hace a usted mi propuesta?

—Nosotros siempre a sus órdenes.

Ramón Sales cumplió rigurosamente su ofrecimiento. Durante el tiempo que fui director de Seguridad, se cometieron tres o cuatro atentados sociales en los que siempre fueron víctimas personas afiliadas o que lo habían sido al Libre; sólo recuerdo un suceso ocurrido en Badalona con motivo de la huelga de la "Metalgraff Española" en que un camión conducido por un chófer perteneciente a este sindicato fue agredido por unos huelguistas del Único, trabándose un tiroteo del que resultó muerto el primero y uno de éstos. Tengo la interior satisfacción de que con mi intervención personal evité en Barcelona el recrudecimiento del "pistolerismo", ese mal social que, junto al bandolerismo de otros tiempos, nos ha desprestigiado ante el mundo civilizado.

El mismo día de mi llegada a Madrid expuse a los generales Berenguer y Marzo, con todo género de detalles, la impresión de mi viaje, aconsejando se prestase un discreto apoyo al Sindicato Libre en tanto no efectuara acto alguno de violencia contra el Único, y que a éste se le invitase a presentar los reglamentos de las distintas sociedades con objeto de que saliera de la clandestinidad y actuase a plena luz, con lo que estaríamos más al tanto de sus actividades y se daría un gran paso hacia la pacificación de los espíritus en el orden social. Expuse, asimismo, mi opinión de que tanto Ramón Sales como Ángel Pestaña tenían deseos de no provocar huelgas sin que tuvieran por fundamento una aspiración razonablemente justa y se agotaran primeramente todos los medios de conciliación compatibles con el espíritu de las organizaciones. Creía yo entonces —y así lo hice presente en aquella conferencia— que cabía hasta una cierta inteligencia con la C.N.T.; pero bien pronto salí de mi error.

Ramón Sales, no obstante su carácter un tanto violento, nos prestó muy valiosos servicios y puso a contribución su influencia y el poder de la organización para evitar, o cuando menos aminorar, la labor francamente demoledora de la C.N.T. La colección de *Solidaridad Obrera* nos marca el verdadero sentir de los directivos del Sindicato Único, y por las de los demás periódicos puede enterarse el curioso lector, si no lo recuerda, la serie interminable de huelgas y más huelgas, casi todas ellas sin motivo justificado, con que se amenazó la paz pública y contribuyó a preparar el estado de ánimo que debía dar al traste con el régimen monárquico.

Mas como nadie escarmienta en cabeza ajena, y los ministros del Gobierno provisional no iban a ser una excepción, creyeron de buena fe, como yo lo había creído un año antes, que la Confederación Nacional del Trabajo se ajustaría a lo legal, y así, con imprevisora confianza, llegó lo inesperado, que fue recibido con el estupor de la sorpresa, y cuando se quiso imponer el principio de autoridad, sólo pudo hacerse a costa de violentos choques con la fuerza pública, mucho más sangrientos, por ser más tardía la decisión, que los que tuvieron lugar durante los gobiernos del general Berenguer y almirante Aznar.

MI PRIMER VIAJE A VALENCIA.—El mitin celebrado en el teatro Apolo, de Valencia, el domingo, día 13 de abril, en el que D. Niceto Alcalá-Zamora se declaró republicano, causó sensación en la opinión pública, aun cuando no sorpresa al Gobierno que ya sabía el cambio operado en los ideales políticos del ilustre ex ministro. Este hecho, la situación poco satisfactoria en que se desenvolvía el trabajo en la Siderúrgica de Sagunto y los progresos que el anarco sindicalismo hacía entre las organizaciones obreras, determinaron mi viaje a la capital levantina en la noche del 14 de abril.

Se hallaba al frente del Gobierno Civil D. Luis Amado, un magistrado activo, culto, conocedor de la política y del problema social, que se debatía en un ambiente de hostilidad e indisciplina, manteniendo el prestigio de la autoridad con tacto y energía, cualidades no fáciles de compaginar en una misma persona. Para colmo, el alcalde y el capitán general andaban a la greña.

Desde que llegué a Valencia me di cuenta que allí existía un ambiente de franco republicanismo. La misma clase obrera, afiliada en gran parte a la C.N.T., dentro de su ideario sindical, también simpatizaba con la República; del Ejército no faltaban unos cuantos jefes y oficiales que mostraban su desafecto al Rey: no es extraño que meses después, contando con tantas asistencias, los revolucionarios tratasen de elegir aquellas costas para efectuar un contrabando de armas.

El mitin del teatro de Apolo no había sido más que un episodio de la propaganda antidinástica; un nuevo síntoma de la impopularidad de la Monarquía, desde luego sin la trascendencia del celebrado en Madrid en el que se "definió" D. José Sánchez Guerra. La actitud del señor Alcalá-Zamora había producido entre los republicanos un efecto que me atrevo a calificar de antitético: de un lado la alegría de contar con una figura más; de otro, el disgusto para el día de mañana de disponer de un puesto menos. En política, impera siempre el egoísmo.

En el orden social progresaba el anarco sindicalismo. Los del ramo de la madera iban a la cabeza de la agitación; les seguían los obreros del puerto y de la industria naval. En Sagunto, la crisis se acentuaba por momentos; contribuían a ello la falta de pedidos a la Siderúrgica y la situación precaria de aquellos trabajadores excitados por los directivos de la C.N.T.

—Las huelgas que, como la de Sagunto, las pierde el obrero reconociendo la injusticia de la solución—me había dicho Ángel Pestaña—, lejos de ser un paso para la concordia, son un aliciente para la rebeldía.

Pestaña tenía razón, pero sólo en parte. Es indudable que en los conflictos entre el capital y el trabajo aquél suele ocuparse poco de que el elemento productor viva con el desahogo económico que exige el más elemental sentimiento de caridad; mas también es cierto que éste no pone jamás el esfuerzo, ni se resigna al sacrificio para auxiliar a aquél en las grandes crisis del Comercio y de la Industria. Por esta razón hoy fracasaría ruidosamente un régimen de pura ortodoxia socialista; por esta misma razón la U.R.S.S. no puede subsistir más que bajo la tiranía de una dictadura.

Otro asunto que una vez allí me interesó, fue la cuestión militar. Como he dicho anteriormente, existían algunos jefes y oficiales significados por su ideología contraria al régimen, especialmente entre los artilleros. La Policía, hábilmente dirigida por el comisario Martín Báguenas, estaba muy al tanto y contaba con buena información; en cambio, el capitán general, un pobre señor enfermizo y atrabiliario, o no se enteraba de las cosas o no quería enterarse. Pin Ruano —que así se llamaba la primera autoridad militar de la Región— añoraba la Dictadura y no servía con entusiasmo al Gobierno constitucional; según él, el otro sistema era mucho más cómodo y expeditivo.

Busqué el contacto de algunos antiguos amigos, y de las conversaciones sostenidas deduje que no había, por el momento, motivo de preocupación alguna. Las mayores actividades se desarrollaban entre la gente joven, pues los dos o tres jefes que figuraban a la cabeza de los desafectos carecían de prestigio.

Algunas veces he sospechado, meditando sobre las conversaciones que sostuve y las informaciones que con posterioridad recibí, que allí lo que existía era una cuestión de ética: pesaba mucho sobre las conciencias de aquella media docena de revolucionarios la figura venerable de D. José Sánchez Guerra, ya en el ocaso de la vida, dando un ejemplo de civismo y valor ante unos conspiradores en la flor de la juventud, ciñendo espada y calzando espuelas.

Al día siguiente, 16, fui a hacer las dos excursiones obligadas de todo el que va a Valencia: Sagunto (Murviedro) y la Albufera.

¡Sagunto!... Recuerdo de un gesto heroico del pasado, testigo de un hecho histórico de un ayer próximo y uno de tantos protagonistas de la más enconada lucha del presente. Del gesto heroico —epopeya gloriosa— sólo restan las ruinas del teatro romano, que el tiempo, más poderoso destructor que los ejércitos de Aníbal, poco a poco va desmoronando; del hecho histórico —la Restauración— quedaba entonces un sencillo monumento al pie de la carretera, que posteriormente la mano alevosa de la incultura ha mutilado; de la enconada lucha del presente—capital y trabajo—, contemplé las tristes edificaciones de la "Siderúrgica del

Mediterráneo" con sus altos hornos y majestuosas chimeneas; contemplé también la masa gris de obreros cetrinos, enjutos y malhumorados: ¡modernos galeotes víctimas de una sociedad cruel! Había lloviznado. De la ciudad al mar se extendía espléndido el arco iris; sobre él me pareció leer esta palabra: ¡JUSTICIA!

Luego, sobre las orillas de la Albufera pasamos largo rato contemplando la tranquilidad de sus aguas de plata; de uno a otro lado pequeñas barquitas. Sin poderlo remediar recordé la tragedia que la pluma maestra de Blasco Ibáñez forjó sobre el lago valenciano en su obra *Cañas y barro.*

Aquella misma noche salí para Madrid.

CAPÍTULO VI

LABOR ANTICOMUNISTA

PROPAGANDA Y AGITACIÓN DE LA INTERNACIONAL COMUNISTA.— Desde que me hice cargo de la Dirección de Seguridad, y con más ahínco después de la denuncia de Armanak, me dediqué a estudiar con el mayor interés la acción comunista en España. ¡Comunismo!: he aquí el fantasma que tanto preocupa a los que tienen algo que perder, porque temen no poder conservar su situación de privilegio; que tanto ilusiona a la juventud soñadora e inexperta, porque quisieran gozar de esa Arcadia feliz que describe una profusa literatura de especulación; que es la esperanza de la masa obrera inculta, porque creen que el régimen implantado en la U.R.S.S., mistificación de la doctrina marxista, sería, ¡pobres ilusos!, el único que les llevaría a su total liberación. Afortunadamente, durante los catorce meses que estuve al frente del centro policíaco, el comunismo no fue más que un espantajo, pero un espantajo que convenía no tomar a broma.

Es probable que hoy, y más en lo sucesivo, los comunistas sean motivo de preocupación para los gobiernos; para los anteriores al advenimiento de la República, ni lo fue, ni podía serlo: el ambiente no estaba preparado para ello; las masas no habían sido deslumbradas con el espejismo de sus utopías. Prometer lo que no puede darse, es grave error de los hombres llamados a gobernar; pues no hay que olvidar que en la política las equivocaciones se pagan con usura.

Es innegable que la Dictadura supo contener con acierto las actividades de los agentes del Komintern y así lo reconoce, entre otros, el documentado escritor francés Gustavo Gautherot en su obra *Le Monde Communiste,* aun cuando, dicho sea en honor a la verdad, las causas de ello fueron bien distintas de las que él indica en el capítulo que dedica a España. Innegable es también que sin recurrir a procedimientos de violencia, el comunismo vivió precariamente durante los dos últimos gobiernos de la Monarquía; y desde luego puedo afirmar, que mientras fui director de Seguridad, ni un solo agente secreto del Soviet entró en el territorio nacional, aun cuando otra cosa crean los que presumen de saberlo todo.

No una, sino muchas veces, recibí denuncias señalando la presencia de agitadores e incluso se me dieron nombres de personas conocidísimas en los centros de policía extranjeros, pero ni una sola de aquéllas resultó comprobada. Yo no puedo citar, como Mr. Chiappe, Prefecto de la Policía parisién, ni un Gheller, ni un Lep, ni una Choura Cherstein; únicamente hubo dudas respecto a determinado funcionario extranjero, que por el cargo que desempeñaba era de los menos indicados para dedicarse a tales actividades. Con frecuencia, eso sí, recibía anónimos y aun confidencias señalando como peligrosos agentes soviéticos a linajudas damas y agraciadas aventureras internacionales instaladas en los grandes hoteles; mas siempre la información reservada acusaba como móvil de la delación el despecho por el fracaso de un *flirt* amoroso o la envidia por la mejor fortuna en el asalto a la cartera de tal o cual acaudalado prócer, que es de la humana condición amargar la felicidad ajena cuando la mala estrella nos impidió satisfacer los caprichos de la vanidad o nos arrebató el sueño de un buen negocio.

No ignoraba que la Internacional Comunista destina anualmente grandes sumas para la agitación y propaganda soviética en el extranjero, aunque sobre este punto se carecían en España —y quiero creer que también fuera de ella— de datos concretos. Sin embargo, de mis investigaciones saqué el convencimiento de que a la Internacional Comunista no le interesábamos lo suficiente para prestarnos atención, sobre todo antes del movimiento revolucionario del mes de diciembre. Los recursos, siempre escasos, que fueron remitidos a los representantes del "Partido Oficial" —recursos de los que en otro capítulo he hecho mención— procedían de centros que radicaban en Francia y Bélgica. No creo tampoco que durante el año de 1930 Rusia hiciera un gran esfuerzo de propaganda y agitación en las naciones de Europa central, occidental e islas británicas, porque ante la dificultad de conseguir éxitos francos en ellas por el arraigo del régimen burgués establecido, la acción principal parecía desviada hacia los imperios coloniales, fácilmente asequibles a cuanto representase política de independencia; pues, sobre todo a los pueblos que habían adquirido un relativo progreso, les pesaba demasiado el yugo de la metrópoli.

La acción comunista "anticolonial" fue ideada por Lenin, preparada científicamente por la intelectualidad y llevada a cabo por un judío llamado Pavlovitch, que creó, bajo el nombre de "Asociación científica para el estudio de Oriente", un verdadero centro de propaganda bolchevique. La acción de este centro se extendió también al mundo musulmán, dándole una orientación "panislámica". Afortunadamente en nuestro Protectorado de Marruecos apenas se sintió la influencia de la tal "Asociación científica", aunque no faltaron en Tetuán algunos seudo intelectuales que trataron de erigirse en propugnadores del panislamismo, que fueron precisamente los que organizaron la misión que, a poco de instaurarse la República, vino a Madrid por su cuenta y fue recibida con bombo y platillos por algún sector de la Prensa izquierdista, que claro está, poco informados en sus redacciones de la idiosincrasia musulmana, ignoraban que son poco de fiar los indígenas marroquíes que en vez de babuchas calzan zapatos bajos y usan calcetines sujetos con ligas.

No he de negar que en el mes de febrero de 1930, apenas tenía una vaga idea del régimen establecido en la U.R.S.S.; en cambio conocía con cierta minuciosidad el sindicalismo, el anarquismo y su maridaje, el anarco sindicalismo. Tan descuidado se hallaba este estudio en España, que incluso en la misma Policía sólamente existía un escaso número de funcionarios pertenecientes a la escala técnica del Cuerpo de Vigilancia impuestos en lo que era el comunismo; de este pequeño grupo formaban parte los comisarios Molina Agustín-Ledesma, Fenoll, Martín Báguenas y Chamorro. Jefes de prestigio, como D. Enrique Maqueda, desconocían en absoluto la doctrina, el sistema y los medios de acción de la Internacional Roja de Moscú. Era difícil en estas condiciones iniciar una campaña verdaderamente eficaz de investigación y contención comunista, y sin embargo, merced a la buena voluntad, aplicación y esfuerzo de unos pocos, se hizo mucho más de lo que cabía esperar.

RELACIONES INTERNACIONALES.—La amplia amnistía que concedió el Gobierno del general Berenguer al hacerse cargo del Poder, tuvo como consecuencia inmediata la libertad de buen número de individuos de ideas comunistas que la Dictadura tenía recluidos en las cárceles, bien por estar procesados, bien por hallarse detenidos gubernativamente; dicho número se aumentó con el regreso de algunos emigrados, que quizá fueran los más peligrosos propagandistas. Como preveía que ninguno de estos elementos permanecerían inactivos, sino que se dedicarían de lleno a la agitación, escudados en la vigencia de las libertades ciudadanas, me di cuenta de que necesitaba estudiar un plan para dificultar los extremismos, dentro del cumplimiento riguroso de las leyes; mas se dio el caso que, de momento, ni encontré procedimiento viable dentro de la legalidad para llevar a cabo mis propósitos, ni hubo quien me diera una solución. En vista de ello, considerando que análogo problema que a mí se me presentaba existía en otras naciones, traté de buscar asesoramientos en el extranjero, lo que no fue tarea fácil.

De las gestiones practicadas y de conversaciones sostenidas posteriormente con algunos diplomáticos, deduje que no pocos gobiernos andaban tan desorientados como el nuestro en cuanto a la labor de propaganda y agitación de la Internacional Comunista y organización de los Partidos: muchas Policías podían llamarse de tú con la española. Sólo dos naciones, Austria y Francia, respondieron concretamente. La primera dijo que a ella no le preocupaba el comunismo, por cuanto su doctrina no encontraba ambiente en el Osterreich; que cuantos extranjeros intentaban actuar dentro del territorio eran expulsados inmediatamente, y, que respecto a los nacionales, como quiera que toda agitación de esa índole atentaba en primer término contra la forma de gobierno —delito considerado siempre como de alta traición—, con la aplicación rigurosa de la ley tenían suficientes medios coercitivos para hacer fracasar toda propaganda e impedir repeticiones experimentales. En cuanto a la segunda, la Policía de París por conducto de nuestro embajador, señor Quiñones de León, me envió una detallada *Memoria* sobre la organización del Partido en Francia; trabajo abundante en datos de interés grandísimo, de la que se deducía: que allí se prestaba gran atención al problema comunista y se trabajaba sin descanso en la investigación, no obstante tenerse la seguridad de que cada vez era menor el número de militantes y simpatía por la idea, como lo demostraba la vida precaria de *L'Humanité*; lo que ocultaba, era la honda preocupación que existía en las esferas gubernamentales por haberse comprobado que entre los maestros de escuela era únicamente donde el número de prosélitos aumentaba, al punto que se calculaba en un 8 por 100 el número de ellos que estaban afiliados al comunismo. Las consecuencias no tardarán en hacerse notar.

Posteriormente recibí de la Prefectura de París, también por conducto de nuestro embajador, un nuevo trabajo explicativo del sistema allí puesto en práctica contra los desmanes callejeros.

Por lo visto hubo una época en que los comunistas abusaban manifiestamente de la tolerancia que se les concedía de reunirse en la vía pública y organizar desfiles ruidosos, que tenían generalmente el carácter de demostraciones antimilitaristas. Insensiblemente habían llegado a interpretar la tolerancia como debilidad, considerándose, no sin orgullo, como los "amos de la calle". Su actitud llegó a ser tal, que se hizo absolutamente necesario prevenir y reprimir estos excesos. Los medios empleados fueron los siguientes: informadores oficiosos (confidentes); infiltración de funcionarios especializados en los centros revolucionarios; Policía municipal; Guardia republicana; Gendarmería; pelotones móviles de guardias y en algunas ocasiones hasta fuerzas del Ejército. El sistema: las prisiones preventivas (agitadores, directivos, charlatanes en la vía pública, etc.); expulsión de extranjeros significados; prohibición absoluta de gritos subversivos, cantos revolucionarios y exhibición de emblemas sediciosos; servicio constante de rondas para impedir la formación de grupos; acción de la fuerza pública trasladada rápidamente en autocamiones y recogida, antes de su salida, de periódicos que publicasen llamamientos a la violencia. Nada nuevo se nos enseñaba; pero había medidas que en España era poco menos que imposible adoptar: tal sucedía con la recogida de determinados periódicos y publicaciones.

Para combatir el comunismo se creó en Ginebra "L'Entente Internationale contre la III Internationale". Este organismo desde su fundación se dedicó a una labor puramente informativa, sin que, hasta que abandoné la Dirección de Seguridad, hubiese dado resultado práctico; ello era debido a que los que lo formaban desconocían prácticamente la psicología de los elementos contra los cuales querían actuar y se ahogaban en una burocracia estéril. No obstante lo expuesto, "L'Entente" pudo haber desarrollado una labor eficaz, respondiendo mejor a los fines que la inspiraron, con la profusa publicación de folletos, lo más concisos posibles, en que se expusieran, para conocimiento de todas las clases sociales, la labor destructora de los Soviets, la tiranía brutal del régimen implantado en Rusia, el hambre que allí reina y el desenfreno de todas las pasiones, sin principio moral alguno que sujete a los hombres. Estas publicaciones hubieran servido para contrarrestar la propaganda comunista que se hacía con miras a la captación de voluntades al mismo tiempo que con fines especulativos.

EL COMUNISMO EN ESPAÑA.—Después de ocho o nueve años de propaganda soviética en España, puedo afirmar que no existía al proclamarse la República organización propiamente dicha. La característica era la confusión y la indisciplina. Prueba de ello fue el resultado que obtuvieron en las elecciones municipales celebradas el 12 de abril.

Ahora bien, la desorganización no implica escasez de simpatizantes, sino falta de elementos directivos con capacidad constructiva y prestigio. Esa es la crisis que sufría el comunismo en España. Tan firme estaba en esta creencia, que el día 5 de marzo de 1931, en una información de la Dirección de Seguridad (Sección de Investigación Social) se decía al Gobierno, hablando de la situación en aquel momento, lo siguiente: "Se afirma que en Andalucía existen 30.000 comunistas organizados por Manuel Roldán, Fidel Santamaría y Adame Misa[56]. En efecto, en Andalucía existen, no 30.000, sino más de 50.000 trabajadores del campo que sufren la miseria propia de un régimen de propiedad un si es no es disconforme con el concepto filosófico que actualmente llene la Humanidad de lo que representa y debe ser la vida del hombre; agrava su miseria la pobreza de la tierra y lo poco que por mejorarla ha hecho la mano del poderoso. Pues bien, esos 50.000 y pico de trabajadores se rebelarán airadamente al primer grito, sea el que fuere; pero no son, ni lo serán en mucho tiempo "comunistas conscientes"; para ello les falta

[56] El llamado "Comité de Reconstrucción de la C.N.T. revolucionaria", del que era principal elemento Adame Misa, trató, a partir de diciembre de 1930, de convertir en comunista el espíritu anarcosindicalista de los obreros andaluces afiliados a la C. N. T.

cultura, y es más, seguramente al llegar a digerir las modernas doctrinas sociales, antes seguirán las de Bakunin que las de Stalin".

Lo que se decía para Andalucía era aplicable a otras regiones.

En el ambiente español podemos formar cuatro grandes grupos con los simpatizantes del régimen comunista: primero, Juventud escolar; segundo, Intelectualidad; tercero, Masas incultas; y cuarto, Militantes organizados.

JUVENTUD ESCOLAR.—Es un hecho positivo que entre nuestra juventud escolar, especialmente la que cursa estudios en las Universidades, existe un tanto por ciento no despreciable —yo calculaba de un 7 a un 10— de jóvenes que, víctimas de su inexperiencia y de la propaganda subversiva que por una parte del profesorado se hizo durante los últimos tiempos de la Monarquía, en su anhelo de radicalismos, han ido más allá de los deseos de quienes les impulsaron a la rebeldía. Era lógico que sucediera así: para manejar masas es preciso conocer la psicología de las multitudes, conocimiento que permite apreciar el grado de su sensibilidad; es indispensable también haber adquirido hábito de mando. Ninguna de las dos cualidades es fácil las posea el que desempeña una cátedra, y menos en estos tiempos en que los maestros viven tan distanciados de los discípulos.

El estudio de los elementos escolares comunistas es en extremo interesante, y, en algunos casos, hasta divertido. Hijos de padres burgueses, bien acomodados, de vida regalada, por novedad, por imperio de la moda, se sienten arrastrados hacia el paraíso que les brinda la literatura en boga, y a veces, en su empacho o intoxicación de doctrinas, incluso se colocan fuera de la razón y hasta de la ley. Tales entusiastas tuvo en determinados momentos la Internacional Roja, que incluso se llegó a la organización de alguna "célula", y lo que es todavía más pintoresco, de Valencia salieron cinco estudiantes, que cual nuevos Quijotes, emprendieron el viaje a Moscú, por vía París, ciudad ésta en la que fueron detenidos por la Policía, cuando ya se hallaban en bastante crítica situación económica(57).

Por el momento, el comunismo estudiantil no merece los honores de ser tomado en serio, porque el joven de ayer hecho ya hombre, al enfrentarse con la realidad una vez terminada la carrera y al vencer en la lucha por crearse una posición, se da cuenta del valor de la vida y lanza fuera de sí el lastre inútil de unos libros que no han de servirle más que de estorbo. Sólo los fracasados —náufragos en la sociedad— conservan, para

---

(57) Por no tener el archivo en mi poder, no puedo precisar si alguno de ellos consiguió llegar a Bélgica; es probable que así fuera.

alimentar la envidia, el pesado bagaje del credo libertador de la III Internacional.

INTELECTUALIDAD.—En España contamos con una distinguida intelectualidad: escritores, artistas y hombres de ciencia que agotan su vida en los laboratorios, gabinetes de trabajo, bibliotecas y museos; arsenal de moderna ilustración que traspasa las fronteras; orgullo de ciudadanos y gloria de la Patria. Padecemos en cambio el azote de una seudo intelectualidad: abogados sin pleitos y médicos sin consulta; literatos noveles que mal "fusilan" y peor traducen; ateneístas de "incultura enciclopédica", que llevan la voz cantante en el mentidero de "La Cacharrería"; estudiantes eternos, primeras figuras en los motines y últimos puestos en las clases; militares fracasados, etc.

En esta seudo intelectualidad encuentra el comunismo sus más entusiastas paladines, sus más rabiosos propagandistas; de ella salen los noveles oradores de mitin, los que negocian con la literatura puesta en moda, los más conspicuos lectores de *Mundo Obrero* y *La Antorcha,* los compradores de *L'Humanité* y los que exhiben de Pascuas a Ramos, como joya preciosa, algún número atrasado de *La Pravda;* de ella surgen los que creen desentrañar el fondo filosófico de los escritos de Trotsky, los que glorifican el genio organizador de Lenin, los que se entusiasman con los principios científicos de Stalin... Entre los pertenecientes a esta agrupación se hallaban los más asiduos lectores de la *Correspondencia abierta* de Javier Bueno[(58)].

Incapaces del más insignificante sacrificio, no arriesgan nada: provocan la algarada y luego dirigen la protesta contra la represión. No hay que buscar en ellos héroes ni mártires; pero sí lo que en Policía se denomina "cooperadores" o "auxiliares", siempre que se les pague a buen precio.

MASAS INCULTAS.—Las regiones españolas en que la clase trabajadora tiene menor ilustración, son campo abonado para que prenda la llama roja del comunismo; en ellas los obreros de fábricas lo mismo que los agrarios son fácilmente sugestionables por los agitadores: basta que les hablen de incautación de talleres y del reparto de tierras. Ignoran hasta lo más elemental de las modernas doctrinas sociales, pues no les importa el saber;

[(58)] El seudónimo "Javier Bueno" ocultaba el nombre de un conocido periodista español con residencia en Ginebra, desde donde enviaba, a quien los pedía, unos artículos de propaganda soviética con el titulo indicado. Hizo una gran propaganda entre los elementos universitarios durante los últimos años de la Dictadura.

lo que les interesa es salir de la situación de angustia que les crea un régimen de privilegio y de explotación. En esas regiones se aborrece al propietario con odio secular. No existe posibilidad de armonía.

La masa inculta, llena de rencores, es en extremo peligrosa, porque si se llegara a desbordar sería difícil de contener. Hasta ahora, afortunadamente, la falta de orden y la escasa mentalidad de los que han intentado tomar la dirección, han dificultado la acción de conjunto, que nos hubiera arrastrado a la ruina y a la desolación.

La labor del "Comité de Reconstrucción de la C.N.T. Revolucionaria" en Andalucía —que ejercía su principal acción sobre esa masa inculta— fue mi constante preocupación, y así se lo hice presente en repetidas ocasiones al Gobierno; y tanto a mi atenta vigilancia, como al celo, nunca bastante alabado, que desplegaron los gobernadores civiles se debe que nada anormal ocurriera en una época en que la rebeldía, cualquiera que fuese, habría encontrado el apoyo decidido de los que estaban deseando derribar lo existente. A finales de marzo de 1931, no existía ni una sola "célula" comunista entre los obreros agrarios españoles. ¿Podría hoy decirse lo mismo?

MILITANTES ORGANIZADOS.—El "Partido Comunista Español" (Sección Española de la Internacional Comunista) empezó a dar señales de existencia tan pronto como el Gobierno del general Berenguer dejó cierta libertad de propaganda. Sus focos principales se encontraban, a primeros de marzo de 1930, en Madrid, Barcelona y Bilbao; en esta capital, en dicha época, existían algunas células aunque sin conexión entre sí, debido principalmente a la falta de armonía entre los militantes. Los afiliados de Madrid y Bilbao mantuvieron cierta inteligencia; pero no fue posible se entendieran con los de Barcelona, por separar a unos y otros, además de criterios distintos sobre la forma de actuar, antagonismos personales irreducibles. Así nació la "Federación Catalano-Balear" que se mantuvo al margen del "Partido Oficial"[(59)].

Durante el año de 1930, aparecieron focos de alguna importancia en Vigo, Sevilla, Málaga, Valencia, Asturias y en el sector Lérida-Balaguer-Tárrega. La actuación de los afiliados fue siempre precaria por la falta de elementos capacitados para organizar y la carencia de recursos. Una intervención policial llevada a cabo en Vigo nos puso sobre la pista del Comité ejecutivo del Partido, que residía en Madrid, y nos dio a conocer la personalidad de un joven llamado Santos Arévalo que, convenientemente

---

[(59)] Se denomina así a la Sección Española de la Internacional Comunista, por seguir las inspiraciones de Moscú.

observado, facilitó la realización de algunos servicios importantes, entre los cuales puedo citar el descubrimiento de la oficina de la calle de Eraso, practicado con habilidad y acierto por personal de la División de Investigación Social. Manuel Roldán, con ingenuidad impropia de un hombre de su experiencia, me hizo saber la crítica situación económica de la organización en Sevilla, al punto de que se veía con grandes dificultades para poder pagar una máquina de escribir adquirida a plazos; éste mismo, en una ocasión vino a Madrid para arbitrar recursos con objeto de fundar un periódico, no siéndole posible reunir las doscientas cincuenta pesetas que consideraba indispensables para lanzar el primer número a la calle. En Málaga, Valencia y Asturias los militantes eran en número muy reducido, experimentando un crecimiento rápido el efectivo de la primera a principios de 1931. En el sector Lérida-Bálaguer-Tárrega se practicó una detenida investigación por funcionarios de la Jefatura Superior de Policía de Barcelona, que me proporcionaron datos muy interesantes y el convencimiento de la falta de cohesión entre las células. La situación económica de Joaquín Maurín y Andrés Nin, residentes en Barcelona, no era tampoco buena, eso que con artículos de colaboración, folletos y traducciones se defendían mejor que sus compañeros de provincias.

Por no pecar de pesado, omito hacer un relato detallado de toda la evolución que experimentó durante el año 1930 y principios del 31 el Partido Comunista Español, la Federación Catalano-Balear y la agrupación denominada de "Oposición"; evolución íntimamente relacionada con el viaje a Rusia de Gabriel León Trilla, regreso a España de Joaquín Maurín y Andrés Nin y detención temporal de Bullejos, Arrarás, Roldán y otros, de los cuales el primero de éstos últimos permaneció en prisión varios meses contra mi opinión personal, por entender que es de más efecto la molestia constante que no la prisión gubernativa prolongada.

Para que el lector se dé cuenta exacta del desconcierto que reinaba entre los comunistas españoles y los escasos recursos de que disponían, basta con los siguientes datos, entresacados de mi pequeño archivo particular:

En febrero de 1931 existían en Madrid un escaso número de individuos afiliados oficialmente al comunismo, representando tres tendencias distintas: "estalinistas", Bullejos, Arroyo y otros; "centristas", un reducido núcleo capitaneado por García Palacios y otro de "trotskistas" por Andrade; los del primer grupo publicaban el periódico *Mundo Obrero,* el más importante de los tirados en España[60]. En Valencia, donde escasamente se podrían contar veinticinco afiliados existían dos grupos: "estalinista" y el "trotskista", que no cesaban de atacarse; en ninguno de ellos, si descontamos a Zalacaín, podrían encontrarse individuos capacitados para organizar y dirigir. En Barcelona había: los comunistas catalanes, que nunca quisieron someterse a la dirección del Comité ejecutivo del Partido Oficial, y por tanto, se hallaban fuera de la Internacional Comunista, sector representado por Víctor Colomer, Arquer y varios más que publicaban el periódico *El Traball* (El Trabajo); frente a los que acabo de citar estaban Arlandís, Masmano y Maurín, que si no pertenecían a la Oposición (trots-kismo) tampoco se llevaban bien con Bullejos, Arroyo y compañía; Arlandís dirigía *La Batalla,* portavoz de la "Federación Catalano-Balear"[61]. En el Norte, Henry (García Lavid) quiso imponerse para evitar el desconcierto, pero no pudo realizar sus propósitos por haber sido detenido. En Asturias actuaba con bastante mala fortuna Laredo Aparicio, también "trostkista". En Sevilla, dentro del Partido Oficial, aun cuando con cierta autonomía, Adame Misa, Manuel Roldán *y* algunos más constituyeron con el nombre de "Comité de Reconstrucción de la C.N.T. Revolucionaria" una entidad con afiliados a la Confederación Nacional del Trabajo, pero militantes en el comunismo, de la que ya he hablado anteriormente. Creo que con lo expuesto hay lo suficiente para formar juicio de la desorganización; veamos ahora cuál era la situación económica.

De los libros, correspondencia y documentos intervenidos al practicar un registro, el día 17 de noviembre de 1930, en la oficina del Comité ejecutivo del Partido Comunista Español, se hizo un detenido estudio, redactándose un informe en el que, entre otras cosas, se decía:

---

[60] De "Mundo Obrero" se llegaron a tirar 8.000 ejemplares.

[61] A primeros de 1931, la Federación Catalano-Balear celebró su primer Congreso. En este Congreso se ratificó la adhesión a la Internacional Comunista y se lamentó la crisis profunda que minaba al Partido Comunista Español, proponiéndose la celebración de un Congreso de éste, intervenido en su preparación por un delegado de cada Federación reconstruida y por uno de la Internacional Comunista. Si el Congreso propuesto no fuese aceptado, la Federación Catalano-Balear estaba dispuesta a seguir su marcha defendiendo la política de la Internacional, aunque fuera del Partido Oficial.

"En la actualidad no se presenta franca la situación económica del Partido Comunista Español. Desde el mes de abril último, no han percibido cantidad alguna, como se muestra más adelante"[62].

"En el primer trimestre del presente año, ingresaron en el "Comité Ejecutivo" la cantidad de 16.463,70 francos. En el mes de abril, 5.838 francos; pero los gastos de los cuatro meses anteriores alcanzan la suma de 17.861,70 francos, quedando, por tanto, en su favor la irrisoria suma de 4.440,00 francos, con los que tienen que hacer frente a todas las contingencias".

"En 23 de agosto, en carta dirigida a Roberto (se cree sea Elías Schickler Weinberg, del que existe ficha), se lamenta el Comité del estado verdaderamente insostenible del Partido, por no haber recibido desde el mes de abril ninguna cantidad y parece desprenderse de sus manifestaciones la existencia de filtraciones entre ellos o, cuando menos, de una actuación poco clara entre sus elementos. Sin embargo, Federico (Friedrich Eichberg, sujeto detenido en el mes de agosto y expulsado a propuesta de esta Dirección, del que se han ocupado algunos periódicos porque se hacía pasar por periodista extranjero) recibía dinero, como delegado general que era de España, del que a su vez entregaba pequeñas cantidades a unos y otros para fines del Partido. Es decir, que según se desprende, desde dicho mes sólo se han recibido los 9.000 francos para el sostenimiento del periódico *Mundo Obrero* y sueldos del Comité directivo. En dicha carta le habla de los 25.000 francos, que fueron los remitidos para sufragar los gastos de los seis estudiantes que marchaban a la "Escuela leninista" y cuyo giro, según se dice en carta a Roberto (2 de septiembre) fue devuelto, sin duda por hallarse detenido el Federico".

"Más tarde (en 15 de septiembre) se habla a Roberto, en carta, del ofrecimiento de Federico para el sostenimiento del periódico *Mundo Obrero,* que consiste en la ayuda de 5.000 dólares, más el 40 por 100 de los gastos de cada número; pero este ofrecimiento no ha debido cumplirse, por cuanto el libelo agoniza por falta material de dinero. El décimo número no sale por esta causa".

"El 24 y 30 de septiembre, explica, en carta recibida por Roberto, la inversión dada a los 3.000 francos recibidos para los jóvenes estudiantes de que antes hemos hablado y de la dificilísima "cuesta que sube" el periódico".

---

[62] Un extracto de este informe fue remitido a todos los gobernadores civiles con mi carta oficial del 30 de noviembre.

"En otra de 10 de octubre, del Comité ejecutivo del Partido Comunista de España dirigida al Comité Español de la Internacional Comunista, les hacen una proposición de carácter electoral, en el supuesto de que las elecciones se celebren en el próximo enero y desde luego en el caso *fortuito* de que les remitan el numerario suficiente. Este proyecto tiene por base la presentación de 20 candidatos a diputados a Cortes del Partido Comunista, cuyos trabajos podrán llevarse a efecto si les remiten la cantidad de 43.000 pesetas, importe que suponen han de ser los gastos que originen la propaganda, desplazamiento de candidatos e impresos. Se descubre que intentan acaparar esta cantidad con fines de provecho propio, pues ya se dice que hallarían *pequeñas* probabilidades de éxito en Bilbao, Sevilla, Málaga y Asturias. Claro está que suponiendo ellos la dificultad de que acepten y remitan las aludidas 43.000 pesetas, proponen también que dejen en su favor un día de jornal todos los afiliados; mas aun así, reconocen de una manera inconcusa la insuficiencia, pues calculan la obtención de unas 10.000 a 12.000 pesetas hasta el mes de diciembre, con lo cual no pueden hacer nada, puesto que les falta para llevar a cabo su propósito, la cantidad de 33.000 pesetas, que no ven medio de adquirir por ningún procedimiento, por cuya causa y en caso de no encontrarlas, aseguran quedarán inactivos".

"En otra carta dirigida a R. se le acusa recibo de 3.000 francos —que son los mismos de que antes hemos hablado— para el viaje de los alumnos de la Escuela leninista, con lo cual nos da completa sensación del actual estado financiero del Partido Comunista o sea que están liquidados hasta el mes de julio".

"Finalmente se descubre del contenido de algunas cartas, que el Comité del Socorro Rojo Internacional, que radica en Málaga, recibió del Socorro Rojo Internacional la cantidad de 23.000 francos para auxilio de los procesados por la huelga de Sevilla; pero a juzgar por la correspondencia cruzada, como consecuencia de la carencia de numerario, han debido hacer uso de ellos, por cuanto reclaman estas cantidades en diferentes cartas, una de las cuales dice: "Esta suscripción a favor de los presos del Partido no puede invertirse más que en eso" y de que así no se ha cumplido, da fe la carta de V. Río dirigida al C.E. del P.C.E., en la que requiere justificantes de la inversión del dinero de referencia, de la que se desconoce el resultado".

RESUMEN DE LOS INGRESOS Y GASTOS DEL PARTIDO COMUNISTA ESPAÑOL EN EL PRIMER TRIMESTRE DE 1930

	DEBE	HABER
		Francos
Enero	10.876,80	7.145,25
Febrero	2.792,90	3.378,00
Marzo	2.794,00	7.339,45
Totales..........................	16.463,70	17.861,70
		16.463,70
DÉFICIT....................................		1.398,00

INGRESOS DEL MES DE ABRIL DE 1930 DEL PARTIDO COMUNISTA ESPAÑOL

Cambio de 100 dólares................................	2.358,00
Recibido del Congreso campesino..............	3.000,00
Venta de máquina y mesa............................	300,00
Total..................................	5.838,00

Éstas son, lector, las cantidades recibidas de enero a noviembre de 1930 por el Comité ejecutivo del Partido Comunista Español. He aquí a lo que ha quedado reducida la fantástica fábula del "Oro ruso" de que tanto se habló.

A partir de enero de 1931, como consecuencia del movimiento revolucionario de diciembre, se dejó sentir la actividad exterior para intensificar la propaganda y activar la agitación. *La Pravda* del 17 de diciembre dedicaba un artículo a España no mal orientado; con posterioridad a esa fecha se recibieron unas cartas dc Moscú procedentes del "Secretariado Romano", firmada una de ellas por un tal A. Fenot y Müller. Una extensa información recibida del servicio especial de nuestra Embajada en París, fechada el 27 de enero, atribuía al Partido Comunista la dirección del movimiento revolucionario para instaurar la dictadura proletaria, de acuerdo con las orientaciones de Moscú. Esto era inexacto.

No quiero terminar este epígrafe sin hacer mención, siquiera sea a la ligera, del caso del vapor noruego "Havmoy" que fondeó en el puerto de Tarragona el 9 de diciembre con un cargamento de madera procedente de Rusia, consignado a determinado comisionista. Fue quizá un ingenioso procedimiento ideado para situar fondos en España sin llamar la atención. La operación era sencilla: Una entidad rusa enviaba el cargamento a porte debido; el consignatario, previo el abono del flete y arancel, se hacía cargo de la mercancía a bajo precio para que pudiese tener fácil salida en el mercado, al mismo tiempo que se excitaba su codicia; el importe, en vez de girarse a Rusia, se depositaba en un Banco español a nombre de determinada persona, que era la encargada de hacerlo llegar a donde procediera. La experiencia—si lo fue—fracasó.

ACCIÓN ANTICOMUNISTA.—El 6 de abril —mes y medio después de haberme hecho cargo de la Dirección de Seguridad— presenté al Presidente —previo asentimiento del ministro de la Gobernación— una *Memoria,* de la que eran los siguientes párrafos:

Por el carácter especial del comunismo, que hace fácil presa en las clases sociales inferiores y se propaga con rapidez y violencia, es preciso cerrarle el paso con organizaciones especiales que se dediquen no sólo a la propaganda anticomunista y a dificultar el aumento de afiliados, sino también al estudio de cerca de todas la "células" que ya existan y que conviene vigilar con atención, ejerciendo una acción investigadora sobre sus actividades. Esta campaña no puede, ni conviene, iniciarse de momento con gran amplitud, pues quizá fuera contraproducente, sino emprenderla primeramente sólo en los sectores que de momento sean más interesantes, para luego, siguiendo la misma táctica comunista, ir extendiendo la acción por un procedimiento de filtración insensible".

"Estas consideraciones me inducen a proponer el siguiente esquema de organización, cuyo centro principal debe radicar en la Dirección General de Seguridad:

"1.º SECCIÓN DE INVESTIGACIÓN COMUNISTA.—Formará parte de la División de Investigación Social de la Dirección General de Seguridad. Su misión será la de investigar, vigilar, adquirir y facilitar datos, archivar fichas y antecedentes; mantener relaciones por medio del Director General de Seguridad con las Embajadas, Secretariado español de "L'Entente Internationale contre la III Internationale", Oficinas de Investigación comunista del Ejército y de la Marina, Oficina informativa del Ministerio de Justicia y Culto—entonces no se denominaba de Gracia y Justicia—y con todas las autoridades gubernativas nacionales.

"2.º SECRETARIADO ESPAÑOL DE "L'ENTENTE INTERNACIONALE CONTRE LA III INTERNATIONALE.—Dependerá de la Presidencia del Consejo de Ministros. Tendrá la misión que en la actualidad y además la propaganda anticomunista por medio de la Prensa, folletos, conferencias y cuantos medios crea necesarios; se entenderá por mediación del Director General de Seguridad con la Sección de Investigación Comunista, con la que mantendrá intercambio de noticias e informes.

"3.º OFICINA DE INVESTIGACIÓN COMUNISTA DEL EJÉRCITO.—Radicará en el Ministerio del Ejército y dependerá directamente del Subsecretario del mismo. Su misión será la de relacionar todos los

Cuerpos y dependencias del Ejército con la Dirección General de Seguridad, la que le remitirá todos los datos que tenga de individuos comunistas que prestan servicio en el mismo y hacer que sea efectiva la vigilancia sobre los militantes dentro de los organismos militares.

"4.° OFICINA DE INVESTIGACIÓN COMUNISTA DE LA MARINA.— Radicará en el Ministerio de Marina y tendrá igual misión y forma de relacionarse que la anterior.

"5.° OFICINA INFORMATIVA DEL MINISTERIO DE JUSTICIA Y CULTO. Funcionará en el Ministerio de este nombre. Su misión será la de informar a la Dirección General de Seguridad de todos los individuos procesados o penados que tengan antecedentes comunistas, así como facilitar cuantos datos se consideren importantes con relación al comunismo que pueden aparecer en los procedimientos de todas clases que se incoen por los funcionarios dependientes del referido Ministerio".

Pocos días después se ponía en práctica el plan propuesto, nombrándose una Junta integrada por un representante de cada uno de los ministerios del Ejército, Marina y Justicia y Culto, otro del Secretariado, el jefe de la División de Investigación Social como secretario y yo como presidente; esta Junta se la designó con el nombre de "Junta Central contra el Comunismo" (J. C. C. C.). Todo lo que afectaba a la campaña anticomunista y especialmente a los acuerdos de la J. C. C. C. se llevaban con absoluta reserva, al punto que eran contados los funcionarios de los ministerios y aun de la misma Dirección de Seguridad que conocían su existencia.

No obstante el interés que por la referida Junta se puso para que el órgano respondiese a la función, es evidente que, por no apreciarse el peligro inmediato, no se llevaron los trabajos en los distintos departamentos con el celo que hubiera sido de desear, salvo en Marina y en la oficina del Secretariado español de "L'Entente", en que su jefe desarrolló una meritísima labor, que fue débilmente secundada por los elementos pudientes, por lo que se hizo casi imposible completar el plan de propaganda, que consistía en dedicar los beneficios que se obtuviesen por suscripciones al *Boletín* a la divulgación gratuita de libros, folletos y artículos anticomunistas. Uno de los primeros que solicitó suscribirse a las publicaciones del Secretariado, fue José Bullejos.

Durante todo el año de 1930, dedicó la Policía, especialmente en Madrid, Barcelona y Bilbao, una gran actividad a todo lo relacionado con el comunismo, prestándose muy señalados servicios. También tuve la fortuna de hacerme con unos cuantos excelentes "auxiliares" que me tuvieron casi siempre al corriente de la actuación revolucionaria de los principales directivos, que no obstante sus medidas de prudencia, cayeron en mis manos tantas veces me lo propuse por convenir así a la tranquilidad pública.

Como confirmación de cuanto llevo expuesto, y, además, para que se vea cómo se orientaba desde la Dirección General de Seguridad la campaña anticomunista, a continuación inserto copia de la carta circular que dirigí a los gobernadores civiles en 26 de diciembre, que considero en extremo interesante.

La carta decía así:

"Mi distinguido amigo: Conocida es de usted la labor que se ha venido realizando para dificultar el desarrollo del Partido Comunista Español, labor que ha dado satisfactorio resultado, pues desde hace algún tiempo puede afirmarse, sin temor a incurrir en error, que en España no existe partido organizado y sí únicamente "militantes"; y, aun cuando éstos invaden todos los sectores sociales: burguesía, intelectualidad y proletariado, lo cierto es que no constituyen hoy por hoy serio peligro por su falta de orientación y dirección. Tal estado de cosas es preciso mantenerlo, impidiendo a todo trance una reorganización.

"Ahora bien, como después de los lamentables sucesos ocurridos en este mes, que desgraciadamente han tenido resonancia mundial, es de esperar que los elementos comunistas, tanto nacionales como extranjeros, crean a nuestra nación campo abonado para la propaganda, es de todo punto necesario ejercer por parte de la autoridad una acción enérgica para evitarla. A tal fin, le encargo muy encarecidamente tenga presentes las instrucciones que han sido aprobadas por el presidente del Consejo de ministros y ministro de la Gobernación.

"Primera. Se ejercerá una estrecha vigilancia sobre todas las personas que se tenga conocimiento simpatizan con las ideas comunistas, y se estará muy al tanto de sus actividades; se investigará si manejan cantidades superiores a las que sean corrientes en ellas por su situación económica, y relaciones que mantengan, tanto con compatriotas como con extranjeros.

"Segunda. Serán objeto de especial atención aquellos individuos que exploten o inicien negocios que no tengan por base un fundamento racional, dentro de las características especiales en que se desenvuelve nuestro Comercio.

"Tercera. Relacionado directamente con lo anterior, es de advertir a todos los gobernadores civiles de las provincias del litoral y fronterizas deben ejercer estrecha vigilancia sobre las mercancías importadas, inquiriendo procedencia y destino, pues se ha descubierto recientemente que uno de los procedimientos para remitir dinero es el de efectuarlo en especie, dando orden al consignatario de depositar el importe de la mercancía en cuenta corriente a disposición de determinada persona: tal es el caso del cargamento de madera del vapor noruego "Havmoy", llegado al puerto de Tarragona el 9 del corriente.

"Cuarta. Se hará una escrupulosa investigación del género de vida de los súbditos extranjeros, especialmente de los turcos, chinos y rusos, proponiendo la expulsión de todos aquellos que inspiren sospecha o no justifiquen debidamente los motivos de su estancia en España, aun cuando estén debidamente documentados. No debe olvidarse que las mujeres —especialmente las extranjeras de modo de vivir dudoso— son elementos muy empleados como intermediarios en toda propaganda clandestina.

"Quinta. Se vigilará asimismo la venta y propaganda de periódicos y revistas comunistas, de los que hoy existe una verdadera invasión. Respecto a las publicaciones de otra índole —novelas, obras filosóficas e históricas, etc.— ninguna determinación ha de tomar sin previa consulta.

"Rogándole la bondad de acusarme recibo de esta carta para tener la seguridad de que ha llegado a sus manos, queda como siempre de usted atento s. s. y buen amigo q. e. s. m.

Emilio Mola".

Mi gestión no se limitó sólamente a informarme, dirigir los trabajos de investigación policial y orientar a las primeras autoridades civiles de las provincias; fue más allá. A primeros de 1931, por iniciativa mía, aprobó el Gobierno que fuese a Ginebra, con objeto de hacer un estudio en los archivos de "L'Entente Internationale contre la III Internationale", una comisión presidida por el juez de Primera instancia del distrito de la Latina, D. Salvador Alarcón, que muchos señalaban como persona de gran competencia en cuestiones comunistas por haber desempeñado un cargo especial directamente relacionada con ellas durante la Dictadura; el viaje, así como las dietas, fueron costeados con unos pequeños ahorros que, a fuerza de sacrificios, había logrado hacer en el "fondo de reservados" de la Dirección de Seguridad. La dimisión presentada por el gabinete Berenguer, a la que uní la mía —desgraciadamente no aceptada—, me obligó a interesar el regreso inmediato del señor Alarcón y sus acompañantes cuando, ya de vuelta, se hallaban en París dedicados a determinadas averiguaciones. Una vez en Madrid dio comienzo a redactar una *Memoria;* en esta tarea pasaron febrero y casi todo el mes de marzo. A raíz de los sucesos del día 25 de dicho mes, cuando en forma irrevocable volví a presentar la dimisión y su nombre sonó para sustituirme, se presentó al almirante Aznar, a la sazón jefe del Gobierno, y le entregó la *Memoria* terminada. Con posterioridad, a requerimiento mío, tuvo la atención de enviarme una copia. Las grandes enseñanzas de este trabajo no pudieron ponerse en práctica por el advenimiento de la República; mas creo sería un gran acierto hacerlo, aprovechando los conocimientos, sagacidad y diligencia del digno juez de la Latina, en estas circunstancias en que tanta actividad manifiestan los simpatizantes con la Internacional Comunista.

Haría excesivamente extenso este capítulo si expusiera todas las iniciativas y medidas que se pusieron en práctica para dificultar la labor comunista en España, dentro, como es natural, de las limitaciones que permitía la legislación en vigor, un tanto anticuada para luchar con elementos que eran perfectos conocedores de todas las tretas, trapacerías y ardides para burlar la ley sin colocarse, por lo menos aparentemente, fuera de ella. El general Berenguer no permitió jamás, ni aún en los momentos más difíciles, que al mal uso de los derechos ciudadanos opusiera la autoridad gubernativa medidas que pudieran considerarse abusivas, pues entendía que éstas no tenían nunca justificación posible: Así pensaba y así procedió el hombre que la pasión política, con notoria injusticia, que la Historia juzgará en su día, calificó de "segundo dictador".

CAPÍTULO VII

El servicio secreto de la Dirección General de Seguridad

CONSIDERACIONES PRELIMINARES.—Por considerarlo de interés, voy a explicar cómo funcionaba nuestro servicio reservado de información; con ello quedará desvanecido el misterio que la fantasía popular creó alrededor del primer centro policial español durante el régimen monárquico, y en el que es de suponer persista, ya que los métodos, que yo sepa, no han variado esencialmente, pues una organización de esa índole no se improvisa ni puede variarse radicalmente en pocos meses.

Es evidente que quien desempeña el alto cargo de director general de Seguridad sabe muchas cosas; pero es también innegable que desconoce no pocas que, para actuar con oportunidad, le serían de gran utilidad. Nuestra organización policíaca, sin ser lo detestable que muchos creen, dista bastante de la perfección que en orden a investigación dicen alcanzó la *Ochrana* rusa, y especifico "en orden a investigación" por cuanto a los "métodos" que se le atribuían —de los cuales dudo— no cabe ni siquiera sospechar hayan pasado por la imaginación de ningún director emplearlos, por repugnar a nuestro modo de ser, de pensar y de actuar.

Para conseguir un servicio secreto perfecto se necesita disponer de grandes recursos económicos y centros de preparación especiales. La *Ochrana* contaba con sumas fabulosas y además con escuelas apropiadas, como la de Eustrati Mednikow. Yo percibí durante mi gestión, en concepto de "gastos reservados", la cantidad mensual de seis mil doscientas pesetas escasas para tal servicio; con ellas tenía que atender a todas las provincias, menos Barcelona. ¿Qué cabía hacer? Muy poco; casi nada. Es preciso no olvidar que al agente secreto como al espía, que gasta mucho y expone frecuentemente su vida hay que pagarle con esplendidez. No es posible andar con regateos.

No obstante la penuria en que me vi precisado a desenvolver mi actuación, no hubo hecho de importancia que sorprendiese al Gobierno: el movimiento de Jaca fue avisado el 27 de noviembre; el del 15 de diciembre, con bastantes horas de anticipación; otros —como el preparado en Barcelona en el mes de octubre— se consiguió abortasen. La sorpresa de las elecciones del 12 de abril, no era cuenta mía.

CONFIDENTES Y CONFIDENCIAS.—El pueblo español siente una viva simpatía por el *detective;* ese ser excepcional que nos lo presentan siempre como caballero elegante, distinguido, con monóculo y pipa, el cual —para mayor contraste e interés— actúa con candidez infantil hasta que, llegada la hora del desenlace de la trama, pone a contribución su excepcional inteligencia y descubre con habilidad al malhechor. A tal extremo llegó la fe en el *detectivismo,* que no hace muchos años los catalanes —que en algo tienen siempre que distinguirse del resto de los españoles— trajeron para su servicio particular un famoso inglés que, como era lógico, costó caro y tuvo que volverse a su país después de haber hecho el ridículo, con lo que no nos descubrió nada nuevo.

La lectura de novelas policíacas, primero, y posteriormente las proyecciones cinematográficas de análogos argumentos, han falseado la opinión de las gentes sencillas en cuanto a lo que en realidad es y debe ser el "policía" y la Policía. En opinión de muchos, bastaría con un Sherlock Holmes en cada capital de provincia para que no quedase crimen ni robo impunes; pero, aparte la dificultad de encontrar hombres de sus excepcionales dotes —dotes que le otorgó la imaginación de un novelista—, es el caso que la Policía no tiene por exclusiva misión, como algunos creen, descubrir los autores de robos y crímenes, sino que sus actividades abarcan un campo más extenso: asuntos criminales internacionales, represión de falsificaciones y comercio de estupefacientes, régimen de pasaportes, vigilancia de fronteras, disciplina social (espectáculos, hoteles, casas de huéspedes, prostitución y otros negocios de carácter público), policía de ferrocarriles, orden público, investigación político-social, etc. De todas las misiones, la más desagradable, la más difícil, y sin duda la de mayor peligro, es la investigación político-social; mas ésta no se hace con *detectives* —hábiles en descubrir—, sino que es preciso valerse de elementos ajenos en absoluto a la organización policial, elementos que vivan y alternen en los medios que conviene observar, y, a ser posible, que sean de las personas que por su ideología, historia y actuación menos sospechas puedan inspirar: he aquí la necesidad de los "auxiliares", de los "cooperadores", o dicho en correcto castellano, de los "confidentes".

Toda la simpatía que siente el pueblo español por el *detective,* se trueca en aversión ante la figura del confidente. Y extraña paradoja, no habrá nación en el mundo en que como en la nuestra se prodigue más el tipo del confidente "inconsciente", que es el más sincero y también el más estúpido; el más sincero, porque dice lo que siente y la verdad de lo que sabe; el más estúpido, porque presta un servicio sin percibir a cambio ni tan siquiera un poco de agradecimiento. ¡Cuántas veces nos orientaron en la pasada época las tertulias de los cafés, de las tabernas y hasta las de la famosa "Cacharrería" del Ateneo Científico!. Si los españoles aprendiésemos a ser más discretos y abandonáramos la manía de hablar en voz alta, daríamos una prueba de buen sentido y otra de excelente educación y se le propinaría un golpe de muerte a la soplonería involuntaria. Una tarde del mes de enero, sentado en un café céntrico, me enteré de que D. Alejandro Lerroux usaba para su correspondencia sobres con sendos membretes en el ángulo superior izquierdo, que decían: "Benito Jiménez López. Tintoreros, 4.—Teléfono 12241.—Madrid". ¡Magnífica ocasión para intervenir sus cartas! Pero me lo vedaba el artículo 7° de la Constitución y las órdenes terminantes del presidente del Consejo y ministro de la Gobernación, que a la sazón lo eran, D. Dámaso Berenguer y don Leopoldo Matos.

Ya sé yo que no faltan ilusos que creen que puede y aún debe actuarse sin la colaboración de los confidentes, y hasta he llegado a leer algún trabajo en el que se habla de que con una organización policial científica, cabría abandonar un método que el autor juzga anticuado, caro y de poco rendimiento. Sin embargo, desde el momento que todas las Policías del mundo lo utilizan, cabe suponer que no será tan fácil encontrar otro sistema que lo reemplace; por lo menos la República no supo hallarlo, ya que me consta positivamente ha recurrido a ellos e incluso ha utilizado alguno de los que estuvieron a mi servicio y deseché por ser demasiado conocido.

Aparte de los "inconscientes" —de los que he hecho mención—, los confidentes los clasificaba en "anónimos", "espontáneos" y "retribuidos"; éstos últimos los subdividía en "fijos" y "eventuales". Los confidentes anónimos daban generalmente el servicio por escrito y eran poco de fiar, ya que la mayor parte de las veces sus orientaciones o denuncias obedecían a despecho o a la satisfacción de una venganza personal; a pesar de todo, en algunas ocasiones pude comprobar la veracidad de las manifestaciones que se me hicieron por desconocidos: tal ocurrió, por ejemplo, con la indicación de los domicilios en que por espacio de algún tiempo permanecieron ocultos en Madrid los señores Prieto y Lerroux, el primero, antes del movimiento de diciembre, y el segundo, después. Los confidentes espontáneos, a los que de ordinario guiaba un buen deseo, la simpatía por la causa y no pocas veces el miedo, solían dar referencias exactas. El conocimiento que tuve de las gestiones que se realizaron con objeto de adquirir armas en Éibar para el movimiento revolucionario; de los propósitos de hacer un desembarco de material de guerra en Valencia; de la adquisición de pistolas "Demon" en Hendaya —que avisé al gobernador civil con cerca de un mes de anticipación a la fecha del contrabando—; de los varios atentados contra el Rey y presidente del Consejo que se prepararon, etc., todo ello lo debí a cooperadores espontáneos. Por último, los confidentes retribuidos, ya fueran fijos o eventuales[63], rendían más o menos servicio útil según su lealtad, inteligencia, valor, entusiasmo, suerte y habilidad para situarse en el medio en que debían actuar; y aun cuando desde el punto de vista policial se estimaba no existía referencia despreciable, era imprescindible poseer cierto sentido práctico para seleccionar las informaciones, desechando las que se juzgaban falsas o inverosímiles.

El trato con los confidentes era en extremo delicado, pues salvo los casos excepcionales en que por su probada lealtad merecían confianza absoluta, en general se les observaba en su actuación para no ser víctimas de un timo o de una traición, lo que había ocurrido con bastante frecuencia; ahora bien, esta observación se ejercía con extremada prudencia para evitar llegasen a darse cuenta de ella, lo que con seguridad les hubiera producido disgusto: el agente secreto ha de tener siempre el convencimiento de que quien lo utiliza cree ciegamente en él, lo que no es óbice para hablarle con crudeza cuando convenga.

Los funcionarios encargados de entenderse directamente con los confidentes —que eran dos a lo sumo para cada uno— se procuraba tuvieran la suficiente habilidad y discreción para, fingiéndose comunicativos, decir sólo aquello considerado como prudente y no ilusionarse por una intimidad que nunca debía traspasar los límites de lo superficial; se escogían asimismo con la necesaria entereza espiritual para que no se dejaran sugestionar y terminasen siendo juguetes de la voluntad de quienes debían estar subordinados a la de ellos. En esta fatal candidez —y digo "fatal" con mi cuenta y razón— incurrían frecuentemente en Marruecos los jóvenes oficiales destinados en las oficinas y puestos de Policía, debido a la inexperiencia de sus años, a la falta de preparación y al desconocimiento que, por lo general, tenían de los indígenas, maestros en el arte de engañar, por lo que yo, cuando les oía ponderar la lealtad de tal o cual confidente, siempre les decía: "No olviden ustedes que bajo la humildad de una yilaba, va escondida siempre la afilada hoja de una gumía". A los policías no me atreví a darles consejos de esta índole, porque sólamente los que pertenecen al "Cuerpo técnico" —como ellos dicen— están autorizados para permitirse opinar en asuntos de su especial

---

[63] Designaba con el nombre de "fijos" a los que tenía a mi servicio con carácter permanente, y "eventuales", a los que captaba para una misión concreta. Los primeros percibían un sueldo mensual; los segundos, una gratificación, variable según la importancia del servicio realizado.

servicio, no obstante la frecuencia con que dan pruebas de falta de ingenio, reflexión y sentido común.

Los confidentes eran conocidos exclusivamente por aquellos funcionarios que se relacionaban con ellos, por haber comprobado no abundaban entre policías los dechados de discreción; también evitaba se relacionasen entre sí; tampoco estimaba prudente se les recibiera en un mismo sitio, aun cuando fuera a horas y en días distintos, pues fácilmente hubieran podido descubrirse unos a otros o caer bajo la observación de los mismos elementos objeto de la vigilancia, como ocurrió en el mes de diciembre con una agencia "ful" montada para recibir directa y reservadamente las informaciones, agencia que fracasó, porque enterados unos comunistas, tuvieron la graciosa ocurrencia de alquilar un cuarto en la casa de enfrente, desde cuyos balcones observaban, sin inspirar la menor sospecha, a los individuos que entraban y salían de la oficina policíaca, anulando para la actuación algunos sujetos que nos eran muy necesarios en aquellos momentos de extraordinaria gravedad. Posteriormente, ya en enero, se habilitó otro lugar para las conferencias reservadas que subsistió hasta el advenimiento de la República.

A los confidentes, una vez en funciones, jamás se les designaba por su nombre, sino por un apodo o letra, práctica que se seguía incluso cuando el jefe de la División de Investigación Social y yo hablábamos reservadamente en mi despacho; medida de elemental prudencia que fue muy oportuna, pues, en cierta ocasión, el jefe superior, señor Marzo, sorprendió a determinada persona, ajena a la Dirección, en el pasillo que daba acceso a la puerta reservada de mi gabinete de trabajo. Y a tal extremo llevé lo de mantener en secreto la verdadera personalidad de mis auxiliares que sólo en una ocasión, por circunstancias muy especiales, facilité un nombre al Presidente y ministro de la Gobernación. En cuanto se sospechaba de la lealtad de alguno o se adquiría la convicción de que había sido descubierto, se le separaba inmediatamente del servicio, salvo caso de convenir su continuación para alejar toda sospecha de otro u otros elementos bien situados: tal sucedió en París con un individuo, procedente de Bélgica, del que hablaré más adelante.

DE CÓMO FUNCIONABA EL SERVICIO SECRETO.—Cuando me hice cargo de la Dirección General de Seguridad, mi antecesor, el general Bazán, dejó una relación de los confidentes que él utilizaba, a los cuales, en su inmensa mayoría, tuve que abandonar al poco tiempo por haber comprobado su escaso rendimiento o deslealtad; así es que me vi obligado a montar por mi cuenta otro "aparato" —séame permitida esta frase tan gráfica de la jerga comunista—, lo que ciertamente no fue tarea fácil. Sin embargo, merced a la diligencia y esfuerzos de los comisarios Rodríguez Chamorro y Martín Báguenas y a la colaboración desinteresada que me prestaron algunos conocidos míos, poco a poco fue creándose una red de agentes secretos de relativa importancia; la máxima que permitía la escasez de recursos[64].

Además del servicio secreto nacional, contaba la Dictadura con un auxiliar en Lisboa, de filiación anarquista, para dar cuenta de las actividades en Portugal de la F. A. I. en sus relaciones con los elementos de la misma y del anarco sindicalismo en España. Al poco tiempo de hacerme cargo de la Dirección prescindí de ese elemento, por considerar suficiente la presencia allí del inspector de Policía afecto a la Embajada.

En Francia, bajo la personal dirección de Quiñones de León, que tenía a sus órdenes al comisario jefe D. José Ramos Bazaga, funcionaba una organización que era en absoluto ajena a la Dirección General de Seguridad, la que se limitaba —me refiero a ésta última— a acusar recibo de las informaciones y recortes de periódicos que le eran remitidos semanalmente por un agente secreto francés, que tengo entendido era o había sido funcionario de la Policía, y al parecer estaba bien relacionado. Este servicio venía funcionando en la misma forma desde que D. Juan de la Cierva fue ministro de la Gobernación; servicio que subsistió aunque con mi oposición en cuanto a la gestión de Ramos Bazaga, pues entendía que no era lógico ni procedente que actuase un comisario de la Policía gubernativa, que directamente debía estarme subordinado, sin tener la menor relación conmigo. En este punto Quiñones de León era tan celoso, se sentía tan asistido y se consideraba tan indispensable, que ni siquiera autorizaba la correspondencia entre dicho funcionario y yo sin una directa fiscalización por su parte, lo que era en extremo desagradable para quien como yo sentía el valor de la responsabilidad y no gustó nunca de estar mediatizado por persona a la que no debiese directo acatamiento. Puntos de vista tan dispares como los sustentados por el embajador y por mí, forzosamente debían llevarnos, como nos llevaron, a rozamientos y situaciones de tirantez que siempre se resolvieron, contra sentimientos íntimos, cediendo en lo que juzgaba era de mi derecho: me obligaron a ello razones poderosas que no es éste el momento de exponer.

---

[64] Constituye un orgullo para mí poder decir que, después de pagar en el mes de abril de 1931 a todos los confidentes y de liquidar al céntimo la partida que actuaba en París —a la que a última hora tuve que enviar cinco mil pesetas—, aún pude dejar al primer director general de Seguridad de la República, don Carlos Blanco, la cantidad de seis mil pesetas, es decir, la consignación del mes; no obstante lo cual, algunos periódicos dieron la noticia de que "había desaparecido el general Mola, llevándose las llaves de la caja". Les agradezco la buena intención.

Contrastando con lo expuesto en el párrafo anterior, me es grato hacer constar existió siempre perfecta inteligencia con el jefe de la Oficina Mixta de Información de Tánger, teniente coronel D. Tomás García Figueras, el cual me tuvo al corriente de cuanto pudo interesarme, eso que nada tenía que ver conmigo, e incluso me facilitó uno de los confidentes que con más éxito trabajaron en las provincias vascongadas.

A finales de agosto quedó casi montado el "aparato", del que formaban parte elementos de todas las clases sociales: personas de carrera, funcionarios, ateneístas, estudiantes, obreros, periodistas, extranjeros, etc.; entre ellos los había de variada ideología: republicanos, anarquistas, sindicalistas, anarcosindicalistas, comunistas y católicos. En Barcelona tuve una partida dedicada exclusivamente a investigar los complots para ejecución de atentados políticos, que actuó con gran acierto.

El primer servicio importante de la organización lo recibí a raíz de haberse celebrado el pacto de San Sebastián. A mediados de septiembre los generales Berenguer y Marzo sabían ya que se estaba preparando un movimiento revolucionario en toda España. Lo que seguramente ignoraban los directores de éste, es que en Barcelona, se trató de provocar uno prematuro, con fines puramente de reivindicación regional, de acuerdo con los directores de la C. N. T., pues la "Esquerra catalana" confiaba poco en la famosa reunión de la capital de Guipúzcoa.

Independientemente del servicio secreto exclusivo de la Dirección General de Seguridad, los gobernadores civiles en sus respectivas provincias, el coronel Toribio en Barcelona y los jefes de las plantillas de Vigilancia de capitales en ellas, procuraron también hacerse con cooperadores, y así resultó más completa la red de información; claro es que el número y calidad de éstos dependía mucho de la competencia, celo, habilidad y fortuna de quienes los utilizaban. El conde de San Luis, en Sevilla, se enteró varias veces, antes que la Policía —que allí actuó con desgracia constante—, de los proyectos de planteamiento de huelgas sin previo aviso; lo mismo cabe decir del gobernador civil de Bilbao, quien auxiliado por el activo jefe de la Social de dicha plantilla, supo organizar un servicio de información tan perfecto, que no pocas veces nos adelantó noticias sobre movimientos obreros y proyectos revolucionarios; eso que en dicha capital contaba con un secretario de cuya fidelidad se dudaba y de algunos policías que estaban en inteligencia con los elementos desafectos al régimen. En Valencia, Zaragoza, Salamanca, Alicante y alguna que otra capital, los gobernadores civiles se encontraron casi siempre perfectamente informados por los jefes de Policía, así es que no tuvieron que recurrir a tratar personalmente con confidentes.

En Madrid situé elementos cerca de los directores del movimiento revolucionario, en la Universidad, en la Facultad de San Carlos, en los

Ateneos Científico y de Divulgación Social, entre los núcleos comunistas, etc. Los confidentes no se limitaban a actuar exclusivamente en la capital, sino que, cuando era necesario, se desplazaban a otras ciudades; alguna vez, acompañaron a los agentes enviados por el Comité.

Después del movimiento del 15 de diciembre, se montó un servicio en París con absoluta independencia del que funcionaba a las órdenes de Quiñones de León, logrando en poco tiempo infiltrarse entre los emigrados e incluso captar algunos de ellos; pero sinceramente he de decir que, a mi juicio, la utilidad no respondió al sacrificio económico que representaba. Este servicio, dirigido por un hombre muy vivo, lo desempeñaba una partida o banda de ocho o diez personas de ambos sexos que supieron operar sin inspirar la menor sospecha. Ni qué decir tiene que con motivo de la actuación de estos elementos en París, tuve también algunas diferencias con Quiñones de León, aun cuando no por mi culpa, sino por la del jefe o director de la partida que se negó en absoluto a entenderse con el personal de la Embajada, por sospechar de la discreción y lealtad de algunos empleados; y es probable que no fuera descaminado, toda vez que un agente que se envió de Bélgica para una misión especial, fue descubierto a las pocas horas de visitar a las autoridades españolas, dando lugar a que el comandante Franco presentase una denuncia. Este agente, no obstante haber quedado inutilizado como confidente, se le retuvo en París para que, recayendo sobre él todas las sospechas, pudiesen operar con más desahogo los otros.

Los confidentes dependientes directamente de la Dirección General de Seguridad se entendían con los funcionarios que designaba el jefe de la División de Investigación Social, con éste, o conmigo. Las entrevistas las celebraba durante paseos en automóvil o en una habitación reservada de que disponía en determinado edificio; en mi despacho oficial, muy raras veces. Esos paseos jamás los daba por el mismo sitio, y como norma general para evitar explicaciones por teléfono, me reunía con el confidente en el mismo sitio en que nos habíamos separado la vez anterior: la Glorieta de Atocha, la Plaza de Oriente, la de Manuel Becerra y la de Colón, fueron los lugares que con más frecuencia utilicé.

Lo más delicado de las relaciones con los auxiliares, era la correspondencia. Para entenderme con los ausentes usaba del telégrafo y del correo; nunca del teléfono. Los comunicados telegráficos se redactaban con arreglo a una clave de palabras convenidas y daban la sensación de telegramas familiares; los de índole comercial hubieran sido sospechosos y más todavía dirigidos a mi nombre. Las informaciones escritas que se confiaban a Correos, se remitían a nombre de persona de mi absoluta confianza; por excepción se me enviaban a mí directamente. Los apellidos y noticias de gran trascendencia se daban siempre cifrados.

Las claves eran distintas para cada uno y tenía la paciencia de componerlas yo mismo; solían ser mixtas de palabras y números. Cuando el confidente temía que pudiera serle descubierta la clave, se recurría a otro sistema, como por ejemplo: el de la escritura correlativa y numerada de varios nombres que le fueran familiares; con este procedimiento no había necesidad de llevar en la cartera papeles comprometedores y era muy práctico para los que operaban dentro de las cárceles. Desde luego hubiera sido absurdo utilizarlo en investigaciones acerca de las actividades de los detenidos políticos.

Todas las dificultades que la Policía tenía para la intervención de la correspondencia tanto telegráfica como postal —que como ya he dicho, lo prohibían la Constitución y las órdenes terminantes del Gobierno[65]— se convertían en facilidades para los enemigos del régimen y muy especialmente cuando se trataba de determinadas organizaciones obreras. En Barcelona el presidente de un Sindicato quiso probarme que él podría detener y entregarme personalmente en un plazo de cuarenta y ocho horas, un sobre dirigido a mi nombre que yo mismo depositase en el buzón de Correos; no quise que hiciera la experiencia, pero comprobé más tarde algo extraordinario: un telegrama cifrado que el general Despujol, en funciones de gobernador civil, dirigió al ministro de la Gobernación, que a la sazón lo era el general Marzo, apareció publicado —descifrado, desde luego— en *Solidaridad Obrera,* portavoz como se sabe de la C. N. T. Con posterioridad a este hecho, tuve la sospecha de que también habían sido conocidos algunos textos de otros cruzados entre el coronel Toribio y yo. Un cifrado mío en que se disponía la detención de varias personas en Barcelona, llegó antes a conocimiento de algunas de éstas que a quien debía cumplimentar la orden, y, como era lógico, el servicio sólo pudo practicarse a medias. Por estos motivos fueron cambiadas las claves "General de Policía" y "Gobernación", no obstante lo cual a los pocos días

---

[65] Fue un acierto la actitud del Gobierno, porque nos evitó una responsabilidad y un ridículo. Tengo la absoluta seguridad que los oficiales de Correos y Telégrafos se hubieran opuesto terminantemente a toda gestión policial sobre la correspondencia y despachos confiados a su custodia. No hay que olvidar que fue el Palacio de Comunicaciones en el primer edificio donde ondeó la bandera republicana el día 14 de abril.

He de hacer constar que estos escrúpulos sobre el secreto de la correspondencia —que yo soy el primero en aplaudir, quizá por haber padecido en alguna época las molestias de la fiscalización— no se tienen en otros pueblos de abolengo más liberal y democrático que el nuestro; y conste que me permito hacer esta afirmación porque he tenido en mis manos pruebas irrefutables.

tuve pruebas evidentes de que la segunda estaba ya en poder de determinados elementos.

Pero aún había más, mucho más. Dentro de la misma Policía tenía funcionarios cuya lealtad dejaba mucho que desear. La propaganda contra el régimen monárquico había socavado los cimientos de organismos que siempre habían permanecido fieles a las instituciones y al margen de todas las luchas políticas. La Policía no era una excepción. En Bilbao, varios funcionarios, entre ellos un inspector, estaban de acuerdo con los revolucionarios; Indalecio Prieto pudo escapar porque tuvo conocimiento de que iba a ser detenido y los agentes encargados de su vigilancia le facilitaron la fuga. En Jaca, la pasividad de los policías, que no se enteraron o no quisieron enterarse de las reuniones que precedieron al movimiento capitaneado por Fermín Galán, permitió que la rebelión pudiera estallar; uno de los agentes, el mismo día 12, se estuvo exhibiendo por la ciudad con la pistola sujeta con un cinto por encima del abrigo. En Barcelona ocurrieron cosas pintorescas; como detalle diré que en la Redacción de *Solidaridad Obrera* se leía la *Memoria-Resumen* mensual que se enviaba a la Jefatura Superior y hasta tuvieron la osadía de publicar trabajos insertos en ella. También recibí quejas de otras provincias respecto al mismo asunto.

En el personal de la Dirección General de Seguridad y aún en el residente en Madrid perteneciente a las Comisarías, pude comprobar faltas de discreción y fidelidad: a una y otra les obligaban la confianza que en él estaba depositada. En esas condiciones el cargo de director resultaba en extremo desagradable, pues lo menos que cabía exigir era lealtad. Es violento para mí recordar ratos de amargura —que amargo es volver a vivir, siquiera sea por recordarlos, momentos en que se fue víctima de la traición—; mas el propósito que me he impuesto de decir la verdad me obliga a ello. En primer lugar, diré que tengo el alto orgullo de haber procedido siempre como un hombre de honor, ¿pueden afirmar lo mismo de sí todos los que fueron mis subordinados? No; desde luego, no; rotundamente, no. Alejandro Sancho, quizá un poco desequilibrado, pero desde luego hombre de gran honradez y sentido moral, incapaz de mentir, me dijo en la única entrevista que tuve con él: "Los policías le venden a usted y no por ideal; algún día lo comprobará". En efecto: muchas órdenes reservadas fueron conocidas de los elementos revolucionarios; entre ellas las de concentración de la Guardia Civil que se dieron a los gobernadores civiles durante los meses de septiembre y octubre —como consecuencia del pacto de San Sebastián— para el caso de un movimiento general. Algunos asuntos tramitados por la División de Investigación Social trascendieron a la calle. Se separó de su cargo al comisario segundo jefe de la División y pasó a una Comisaría hasta que, al advenimiento de la

República, se le nombró nada menos que comisario general de Barcelona, ¿fue en recompensa de algún servicio? No lo sé; pero así me lo aseguraron. En cierta ocasión se abonó a un confidente determinada cantidad en presencia de dos funcionarios; también se supo. Marcelino Domingo pudo ocultarse y desaparecer porque se les extravió (?) a los dos agentes que le seguían con orden de no perderle de vista, porque iba a ser inmediatamente detenido. Un día los funcionarios encargados de la vigilancia del comandante Franco, le dijeron que estaban con él en cuerpo y alma; claro es que para detenerle se mandó a otros. Tuve que sacar de Madrid a varios agentes por haber adquirido el convencimiento moral de que se hallaban en inteligencia con los conspiradores; otros —entre ellos un sobrino del almirante Aznar— fueron cambiados de Sección por recaer vehementes sospechas. En fin, ¿para qué más? En esas detestables condiciones me veía obligado a actuar.

No he de terminar este capítulo sin hacer un comentario que envuelve un desinteresado consejo y una censura por las persecuciones de que fueron objeto algunos funcionarios al advenimiento del nuevo régimen: Los leales, los dignos y los honrados de entonces —que fueron muchos— es seguro que lo sigan siendo o lo hubieran sido siempre; en cambio, los que traicionaron una vez a sus jefes, seguramente volverán a las andadas.

Un día, que relataba a un amigo estas cosas y otras todavía más sabrosas, me preguntó con cierta curiosidad:

—Y dime ¿les guardas rencor?

—No —le repuse— ¿para qué? En el orden moral he dicho siempre que todavía hay castas. Allá cada cual con su conciencia.

CAPÍTULO VIII

SE ACENTÚAN LOS TEMORES DE UN PORVENIR DESAGRADABLE

UNAMUNO, EN MADRID.—Al finalizar el mes de abril, ya sabía el general Berenguer la actitud que los diferentes prohombres políticos habían adoptado. El último en "definirse" —que tal era la palabra puesta en moda para expresar la postura adoptada en relación con el régimen— fue D. Melquíades Álvarez, que en un mitin celebrado en el teatro de la Comedia, abogó por una revisión de la Constitución de 1876, dando origen a la formación del grupo de los llamados "constitucionalistas"; a éste se sumaron, entre otros, Villa Nueva y Burgos Mazo. El conde de Romanones, el marqués de Alhucemas, Cambó, Cierva y Bugallal, seguían afectos incondicionalmente a la persona del Rey y dispuestos a colaborar en la Monarquía.

El Gobierno, pesado el pro y el contra, decidió seguir sin vacilaciones el programa que se había impuesto, acordando convocar inmediatamente elecciones a diputados a Cortes; pero a ello se opuso la Junta Central del Censo en escrito dirigido al presidente del Consejo, al que acompañaban los votos particulares, en el mismo sentido, de los señores Alcalá Zamora y Ossorio y Gallardo, pretextando era imprescindible una rectificación del censo, lo que dio lugar, al ser aceptada por el Gobierno, a que, aun reduciendo los plazos reglamentarios de las distintas operaciones, la convocatoria tuviera que retrasarse algunos meses; bastantes más de los convenientes. Esta demora constituyó un gran contratiempo para la ejecución del plan político, toda vez que favoreció se continuase por los revolucionarios esgrimiendo el argumento de que la nación seguía bajo un régimen ilegal de dictadura.

No obstante las contrariedades que constantemente dificultaban la labor de gobierno y aun desconociéndose los riesgos a que la vida nacional se hallaba expuesta dada la agitación política, se pensó en suprimir la previa censura de Prensa y dejar sin efecto la suspensión de las garantías constitucionales; mas unos hechos tan dolorosos como inesperados —que inmediatamente pasaré a relatar— obligaron, por elemental deber de prudencia, a no poner en práctica tan buenos propósitos y seguir gobernando en régimen de excepción, lo que repugnaba extraordinariamente al conde de Xauen. Y tal era su obsesión en este orden de cosas, que recuerdo una mañana, en que hablando con él a propósito de la pesada y desagradable carga que era el Poder, me dijo:

—Sobradamente sé que la Presidencia del Gobierno, sólo sinsabores y amarguras ha de proporcionarme; pero unas y otras las soportaré con resignación en mi sacrificio, con tal de que Dios me conceda dos satisfacciones: la de levantar la suspensión de las garantías constitucionales y la de ver funcionando el Parlamento.

Los hechos tan dolorosos como inesperados a que he hecho referencia, fueron los siguientes:

Para el día 1° de mayo anunció su llegada a Madrid el señor Unamuno con objeto de asistir a varios actos de propaganda política, entre los que figuraban una conferencia en el Ateneo Científico y un mitin republicano en el Cinema Europa. Ni la llegada del sabio catedrático —a pesar de haber elegido una fecha en que casi toda la población obrera se hallaba en paro—, ni los actos organizados en su honor, preocuparon lo más mínimo; es más, el Gobierno, en su anhelo de liberalismo, se sentía orgulloso de poder permitir la actividad política, con lo que estimaba se irían olvidando resquemores pasados y se encauzaría la vida nacional por normas jurídicas de amplia tolerancia, nunca incompatibles con el régimen monárquico. Sin embargo, el 30 de abril tuve noticias de origen fidedigno de que por algunos socios del Ateneo Científico, a los que alentaban varios profesores universitarios, se estaban haciendo gestiones entre los estudiantes y determinados elementos obreros para que fueran a la estación del Norte a esperar al ilustre viajero, con el sano intento de provocar una manifestación que se procuraría degenerase en disturbios, para lo cual "sólo era necesario lanzar unos cuantos gritos subversivos que obligasen a la fuerza pública a dar unas cargas" —palabras textuales de uno de los organizadores—. Como era lógico, di cuenta al general Marzo de lo que se tramaba, y de acuerdo con él, dispuse un fuerte servicio de Vigilancia, Seguridad y Guardia Civil en la estación y alrededores, con ánimo de precaver, que "el miedo guarda la viña", según reza el refrán. Pero mis buenos propósitos se frustraron ante la actitud belicosa de los congregados en los andenes, que desde bastante rato antes de la llegada del tren dieron muestras de gran agitación, que culminó cuando descendió del vagón el señor Unamuno, dando lugar a que los guardias de Seguridad, en cumplimiento de órdenes del comisario general, se vieran obligados a dar unos toques de atención y repartir algunos estacazos, recibidos unos y otros con agresiva protesta por parte de los revoltosos. El señor Unamuno se trasladó rápidamente al Hotel Florida, lo que impidió llegara a producirse la proyectada manifestación callejera; y aun cuando rato después aparecieron algunos grupos por la plaza del Callao, se limitaron a molestar a la fuerza pública con insolencias, insultos y denuestos que fueron soportados con esa santa paciencia que es patrimonio de los sufridos guardias de Seguridad. En esa agresividad de palabra descollaron varios estudiantes americanos —uno de ellos natural de Méjico—, olvidando que en la hospitalidad que se concede a los extranjeros no va incluido el derecho a mezclarse directa ni indirectamente en los asuntos políticos: tal proceder no se tolera en ninguna nación del mundo.

Los sucesos, desde luego de escasa importancia, ocurridos en la estación del Norte agudizaron la campaña que tanto dentro como fuera de la Policía gubernativa se venía haciendo contra el entonces comisario general, D. Mariano Molina, dando lugar, en mi deseo de limar asperezas, a que me decidiese a relevarle del cargo, designando para sustituirle al comisario jefe, D. Enrique Maqueda, persona que contaba con generales simpatías, quizá por haber sabido en todos los vaivenes de la política nadar y guardar la ropa. No he de negar que este cambio fue uno de mis mayores desaciertos: el señor Maqueda, ni por su edad, ni por su salud, ni por su cultura, ni por otras circunstancias se hallaba en condiciones de desempeñar con la actividad y energía de su antecesor el difícil cargo que se le confirió. Para ser comisario general en Madrid se necesita algo más que conocer al dedillo "las martingalas policíacas" y saber cómo "trabajan los tomadores del dos".

El día 3 —el anterior había sido festivo— los estudiantes, desde las primeras horas de la mañana, se dedicaron a promover disturbios en la Universidad Central y Facultad de San Carlos, en demostración de protesta por los sucesos ocurridos en la estación del Norte con motivo de la llegada del señor Unamuno: se pedía la destitución y procesamiento del comisario general y jefe de Seguridad y mi dimisión. Esta actitud, a todas luces injusta, la alentaban algunos periódicos, que estimaban como una provocación las medidas adoptadas. A pesar de los esfuerzos de los agitadores, los desmanes se circunscribieron a dar gritos subversivos dentro de los establecimientos docentes y a lanzar algunas piedras sobre los transeúntes y vehículos, resultando con lesiones una señora que viajaba en un tranvía. La fuerza pública, como siempre, se excedió en prudencia y vio impasible cómo se izaban unos trapos rojos en las astas destinadas a la bandera nacional, que, como he dicho en otra ocasión, era número obligado en estos desagradables festivales. Por la tarde, a las siete, el señor Unamuno dio su anunciada conferencia en el Ateneo Científico, en cuyos alrededores hubo gritos intempestivos y carreras sin consecuencias desagradables. El sabio profesor de griego habló en forma destemplada y cruda.

Para las diez de la mañana del domingo, día 4, estaba anunciado el mitin en el Cinema Europa, que se celebró con gran concurrencia y algunos incidentes; el más grave de ellos fue una colisión entre elementos monárquicos y asistentes al acto, colisión que no tomó proporciones graves merced a la oportuna intervención de algunos agentes de Vigilancia y guardias de Seguridad. El discurso del señor Unamuno superó en estridencias al del día anterior. Por la tarde el insigne orador salió a dar una vuelta por la Gran Vía, acompañado de un grupo de admiradores que, con sus intemperancias, provocaron un altercado en un café céntrico. Él, dando pruebas de buen juicio, desapareció: el maestro, por lo visto, no ignoraba que "la prudencia es el montepío de las bofetadas, porque las ahorra". Este día no pasó más.

El 5, lunes, los estudiantes demostraron más agresividad que el sábado anterior. Desde muy temprano se cometieron todo género de desmanes en la Universidad Central y más todavía en la Facultad de Medicina; a media mañana, la masa escolar, encontrando sin duda reducidos para sus excesos los patios, galerías y aulas de ambos centros de enseñanza, llevaron su rebeldía a la vía pública: en la calle de San Bernardo fue apedreado y lesionado el comandante de Caballería, señor Motta, que accidentalmente cruzó por frente a la Universidad; en la de Atocha, paralizaron la circulación, poniendo sobre los rieles del tranvía adoquines y bancos destrozados, que quitaron los guardias bajo una verdadera lluvia de piedras. Para evitar la colisión, los retenes de Seguridad, de acuerdo con el decano, se alejaron de la Facultad; pero tal medida, lejos de calmar los ánimos, los exacerbó más, al punto de que a un grupo, al que se habían unido algunos obreros —cuando esto ocurría eran ya las doce dadas— se lanzó sobre un retén situado en la calle del Fúcar, al grito de "¡a ellos; a por sus pistolas!", y a tal extremo llegó la acometividad de los revoltosos, que la fuerza —al frente de la cual se hallaba un jefe— se vio en la imprescindible necesidad de defenderse haciendo uso de sus armas, rechazando al grupo que fue perseguido hasta refugiarse en San Carlos, lo que efectuó al amparo de un núcleo de enmascarados situados en la cornisa[66]. Como consecuencia de este desagradable incidente, hubo que lamentar la muerte del obrero panadero Guillermo Crespo Cerezo y diez y siete heridos, casi todos ellos leves, entre los que figuraron estudiantes —los menos—, obreros y guardias. Sobre las dos de la tarde los escolares, y con ellos algunos profesores, abandonaron el edificio de la Facultad por la puerta que da a la calle de Santa Isabel, sin ser molestados en lo más mínimo. A las dos y media se había restablecido la normalidad.

Los lamentables sucesos que acabo de referir causaron penosa impresión en el Gobierno y especialmente al Presidente y ministro de la Gobernación; éste tuvo además que soportar un ataque, tan injusto como

---

[66] Fue práctica muy corriente en estas revueltas la de cubrirse el rostro con un pañuelo atado a la nuca, para no ser reconocidos.

violento, de su compañero de Instrucción Pública, influido por los relatos apasionados de los estudiantes y del decano, señor Recasens, cuya falta de autoridad, prestigio y valor para resolver los conflictos que dentro de la Facultad se producían con sensible frecuencia, eran suplidas criticando rabiosa y despiadadamente a la fuerza pública y sus jefes, lo que no era obstáculo para que, cuando le convenía, pusiera a los escolares cual digan dueñas. No he olvidado aún la conversación telefónica que sobre éstos sostuvo conmigo en las primeras horas de la tarde del día 24 de marzo pasado.

La actitud de rebeldía de los estudiantes, que tuvo repercusión en otras capitales, determinó al rector, de acuerdo con el claustro de profesores, a clausurar la Universidad Central y Facultad de San Carlos, lo que también tuvo que efectuarse en Valencia y Granada el día 6, y en Zaragoza, Valladolid y Salamanca el 7. En Barcelona, por el contrario, no ocurrió nada anormal.

Ya he dicho en otro capítulo las principales causas que mantenían ese espíritu de agitación en la masa escolar. Además de ellas, existían otras no menos interesantes, que de no corregirse, harán que subsista con la República el mismo malestar, la misma predisposición a la algarada y al desmán. En primer término, es innegable que en las Facultades existe un divorcio moral entre discípulos y profesores; para que tal estado de cosas cese y aquéllos se sientan identificados con éstos, es indispensable que los escolares se convenzan de que quienes les enseñan lo hacen consagrándoles por entero su vida: el profesor debe ser algo más que el señor que de vez en cuando explica la lección, pregunta, aprueba y suspende. En segundo lugar, hay que procurar que el alumno sienta cariño por el centro docente; para ello es necesario encuentre en las aulas, luz, higiene y comodidad, evitándose el hacinamiento que jamás puede ser fuente de afectos, ni de simpatías, ni de compañerismo. En las Academias militares se supo resolver estos problemas de orden moral, al punto de que todos, absolutamente todos los que pasamos por ellas, recordamos con cariño —no obstante, la rígida disciplina a que estuvimos sometidos— el tiempo que duraron nuestros estudios; en cambio, los abogados, los médicos, los farmacéuticos, etc., a pesar de la mayor libertad de que gozaron, no guardan el menor afecto a los edificios donde se transformaron de niños en hombres, y rara vez a sus compañeros y profesores.

Durante el día 6 no ocurrió nada anormal en los centros docentes de Madrid, ni en sus inmediaciones; pero la presencia en las calles del señor Unamuno dio lugar a pequeños incidentes que, ante el temor de que pudieran repetirse y revestir gravedad, obligaron al Gobierno a tomar el acuerdo de invitarle a regresar a Salamanca, donde le estaba aguardando su interesante cátedra.

Para la delicada misión de darle conocimiento de la resolución del Gobierno, designé a un comisario, modelo de corrección, que a las ocho en punto de la mañana del día 7 le visitó. El señor Unamuno aceptó sin protesta la orden, y rápidamente preparó su pequeño equipaje; al pasar por la Administración del hotel pidió la factura, mas cuando le iba a ser entregada, cambió de parecer, y dijo: "¿Por qué voy a ser yo el que pague mi estancia en Madrid, si, después de todo, he venido invitado? Que la paguen los que me han traído". Y sin más explicaciones torció la boina con que cubría su cabeza, colgó la cayada del brazo y subió en el automóvil que la Dirección de Seguridad había puesto a su disposición para mayor comodidad. Una pequeña avería del motor retrasó el viaje y le decidió a parar en Peñaranda para almorzar, lo que hizo con buen apetito. Cuando terminó, dijo a los agentes que le acompañaban: "Esto de ser perseguido político, no deja de tener sus ventajas, como por ejemplo, la de no pagar". Y se salió de la fonda, dejando a los policías que abonasen su comida. Yo he admirado siempre más que la sabiduría del señor Unamuno, su franqueza y humorismo.

Aquella misma tarde se efectuó el entierro del cadáver del panadero Crespo sin el menor incidente, debido, principalmente, al buen juicio de los obreros afiliados a las organizaciones de la Casa del Pueblo, que no quisieron secundar a un pequeño núcleo de anarcosindicalistas y comunistas que se unieron al fúnebre cortejo con ánimo de provocar disturbios.

ACTIVIDADES REPUBLICANAS, SINDICALISTAS Y ANARQUISTAS.—A primeros de mayo aún no estaba montado el "aparato" de mi servicio secreto, no obstante lo cual ya contaba con algún que otro agente que me facilitaban interesantes informaciones, tanto de lo referente a los propósitos inmediatos que abrigaban los elementos republicanos, como a los de los directores de la C. N. T., que ya había iniciado la "gimnasia revolucionaria" en diversos puntos de España. La U. G. T., aunque en menor escala, también provocó algunas huelgas.

El día 26 de abril recibí una nota del confidente C..., que textualmente decía: “Los republicanos y algunos militares tratan de preparar un movimiento con el fin de implantar la República. Parece que no han llegado a un acuerdo completo, siguiendo las gestiones para conseguirlo". Ésta fue la primera noticia que, con fundamentos de absoluta garantía, se recibió en la Dirección de Seguridad sobre los proyectos de los conspiradores. No mucho tiempo después supe que el comandante Franco con su compañero Burguete había realizado un viaje a Zaragoza en busca de ciertas colaboraciones, y que de Lérida fue un jefe a la misma capital para sondear el estado de ánimo del profesorado de la Academia General Militar; de otras guarniciones también me llegaron noticias, aun cuando poco precisas. De Barcelona me dijeron que el capitán Alejandro Sancho actuaba con gran intensidad entre determinados elementos, pero no en sentido republicano, sino más bien en el comunista.

Al mismo tiempo que todo esto tenía lugar, se me comunicaba de París un informe, del cual son los siguientes párrafos:

"España, sin la Dictadura, abre sus puertas a los emigrados políticos italianos; sobre todo a los republicanos. Esto les alienta y hace desaparecer de su actitud la pequeña sumisión que les obligaba a observar el temor de ser echados hacia otros países menos hospitalarios. El pacto entre los republicanos italianos y los republicanos españoles (obra personal de M. Aurelio Natoli), será completamente explotado en lo sucesivo. M. Natoli irá seguramente a España en el momento de las elecciones, no sólamente para hacer propaganda, sino también para preparar allí el terreno en favor del derecho de asilo... En la concentración antifascista de París se cree que España está aún al principio de un movimiento que irá creciendo siempre, y que si la monarquía no es arrastrada por él, deberá, en todo caso, orientarse hacia los gobiernos democráticos".

"Cuando fue organizado el movimiento catalán de Maciá, se estipuló en Mentón, en la villa de Blasco Ibáñez, un pacto de alianza entre emigrados italianos y españoles. Por ese pacto, los italianos concedían su concurso material a la expedición; si ésta hubiera triunfado, el movimiento antifascista italiano habría tenido en España un apoyo material y financiero sin condiciones".

"Aunque la empresa de Maciá no tuvo entonces ningún éxito, se ha firmado hoy día un nuevo pacto entre italianos y españoles, bajo los auspicios de la Liga Italiana de los Derechos del Hombre, presidida por Luis Campolonghi. Del lado español, los negociadores han sido los señores Miguel de Unamuno y E. Ortega y Gasset; del lado italiano, M. Campolonghi; del lado francés, M. Víctor Basch, Presidente de la Liga de los Derechos del Hombre en Francia, israelita de origen húngaro. Antes de firmar, M. Basch ha consultado y ha sido autorizado por sus compañeros de la rúe de Cadet. Entre los elementos de la Concentración antifascista se dice que los dos negociadores españoles son muy diferentes como carácter, temperamento y cultura".

"El pacto actual es más amplio y más completo que el de Mentón: en este último se hablaba únicamente del concurso material de los italianos; en el otro se sientan las bases de una alianza entre los dos países, a realizar después de la caída del fascismo italiano. Los españoles se comprometen a aportar su concurso más amplio a los italianos en cuanto sean dueños del gobierno de su país. El concurso financiero del asunto ha sido examinado, así como el problema de la prensa. Con este motivo ha vuelto a ponerse sobre el tapete el nombre de M. Dubarry, de la *Volonte"*.

"M. Campolonghi, a su regreso de Hendaya, no ha ocultado su satisfacción por el acuerdo y por las noticias de España. Los Comités revolucionarios —ha dicho— trabajan muy activamente organizados y enlazados entre ellos. Las izquierdas francesas siguen muy atentamente el movimiento español".

De Portugal me avisaron asimismo de ciertos manejos de un doctor llamado Alfredo Gisado, que al parecer había estado en España algunos meses antes como Delegado del Comité Republicano Democrático. Las relaciones de los republicanos españoles con esta organización databan del año 1926, época en que los revolucionarios portugueses contaban con gran cantidad de armas y bombas. Antonio María Silva y algunos militares constituían en dicha fecha la plana mayor de los demócratas[(67)].

La agitación obrera durante el mes de mayo no fue intensa, pero sí muy significativa. El 11 estalló una pequeña huelga de mosaístas en Barcelona; el 14, en Bilbao, hubo una colisión entre mujeres huelguistas y "esquiroles" de la fábrica de hoja de lata "Rochelt"; el mismo día, por castigo impuesto a un obrero, holgaron los mineros de una explotación propiedad de la "Sociedad Duro Felguera"; el 16 se produce otra huelga en una mina de Oviedo; el 17 abandonan el trabajo 1.250 obreros del "Sindicato Minero de Puertollano" y se resuelve un conflicto del "Ramo de Construcción" en Gerona; el 20 se declara una huelga de trabajadores agrícolas en Jimena de la Frontera, otra en la "Sociedad Vasco leonesa", de Santa Lucía (León), y paran en Bilbao los talleres de "Herrero y Zubiría"; el 21 estalla una pequeña de albañiles afiliados a la U. G. T., en Madrid (obras del número 73 de la calle de Zurbano); el 26 otra, también en Madrid, de canteros y marmolistas, y el 29 abandonan el trabajo los obreros de la mina "Rosa", de La Carolina, y los agrícolas de Escacena (Sevilla), y Campillo (Málaga). Con ser todo esto muy interesante, lo fue mucho más en el orden sindical cierto "Pleno" celebrado en Cataluña en la segunda quincena de abril, de la que tuve referencia exacta en los primeros días de mayo.

[(67)] Posteriormente debieron enfriarse mucho las relaciones entre republicanos españoles y demócratas portugueses, por el recelo que inspiró a éstos ciertas manifestaciones sobre "iberismo" hechas por algunas personalidades republicanas. Los lusitanos viven con la preocupación constante, absolutamente infundada, de que abrigamos propósitos anexionistas.

¿Tuvo por objeto dicha reunión suavizar las asperezas que existían entre los grupos anarquistas "Amar al Arte" y la C. N. T., por desacuerdos con el director de la publicación ácrata *Revista Blanca,* para lograr una aproximación de los dirigentes del Sindicato Único a la F. A. I.? Ésta fue la primera referencia que se me dio; mas luego tuve una completa información, de la que, por considerarla de sumo interés, voy a procurar dar un extracto.

El día 1° de abril, el Comité Nacional de la F. N. D. G. A. de España[68], dirigió una carta circular a los Regionales (al de Portugal también), de la que copio a continuación algunos de sus más interesantes párrafos:

"Queridos camaradas, salud: descontando el entusiasmo momentáneo que nos causó la caída de la tiránica Dictadura, nos encontramos agobiados en el trabajo de reorganización, y decimos "entusiasmo momentáneo", porque para nosotros toda forma de gobierno más o menos suave seguimos considerando que son los mismos con diferentes collares, blancos o negros, todo es lo mismo; esto quiere decir que la única consecuencia que podemos esperar de este cambio de situación es que nos dejen en libertad a nuestros queridos compañeros condenados infamemente y demás presos, sin que ello sea motivo de que nosotros claudiquemos de nuestros principios *ni procedimientos empleados en nuestra actuación pasada y que fueron a la práctica, no sólo creemos que deben subsistir en el presente, sino que nuestra labor tiene que ser más extensa".*

"...es mucho lo pasado para que tan fácilmente nos olvidemos de tanta barbaridad; en una palabra, somos y seremos los mismos de seis años atrás con la sola diferencia que renacemos con más fuerza y que *deben de*

---

[68] Federación Nacional de Grupos Anarquistas, creada en un Congreso clandestino celebrado en Valencia en julio de 1927, al que asistieron representaciones de Francia, Bélgica, Holanda, Alemania y Portugal. Anteriormente, sus militantes, aunque en minoría, invadían los Sindicatos de la C. N. T. y a veces consiguieron imponerse, por contar en ellos con los llamados "Grupos de Acción", al que pertenecían elementos que vivieron a expensas de las organizaciones sindicales, percibiendo de 60 a 80 pesetas semanales, que justificaban con agresiones, atentados personales y atracos, estos últimos para arbitrar fondos con que atender a las necesidades del Comité Pro-Presos, aun cuando, en realidad, nunca percibió éste ni un real del fruto de los golpes afortunados. Al cesar el terrorismo por el advenimiento de la Dictadura, desaparecieron los "Grupos de Acción", que después del Congreso de Valencia volvieron a constituirse con el nombre de "Legión Roja".

funcionar nuevamente nuestras armas para eliminar toda la mala semilla que había brotado entre nosotros: éstas son nuestras primeras cuentas a liquidar y después imponer nuestra autoridad a la burguesía para que no *masacre* nuestros cuerpos en los talleres y fábricas; ...de todas las declaraciones (se refieren a las del presidente del Consejo), la única que nosotros aprovechamos y por el momento ponemos a la práctica, es la de "calmar los espíritus", y si lo hacemos es para no malograr la libertad prometida de nuestros queridos presos; cuando tengamos de nuevo éstos a nuestro lado, será cuando habrá llegado el momento, una vez organizados, de actuar bajo *la acción directa;* para ello contamos con la "Legión Roja", que estamos organizado, y que será de efectos positivos en cuanto actúe. No se trata más que de unificar todos los grupos de acción que antes actuaban independientes y formar esta "Legión", que estará dirigida por un Comité elegido entre ellos mismos, el cual se encargará de facilitarles armas y medios necesarios *para las comisiones que se les encarguen".*

"... creemos una verdadera tontería la polémica que están sosteniendo los camaradas Pestaña y Peiró; nosotros no opondríamos reparos a que la C. N. T. funcionara a la luz del día... por esto queremos que esta otra fuerza, netamente de acción revolucionaria, o sea la "Legión Roja", esté al margen de toda "legalidad", ni supeditada a las autoridades de arriba".

"Relacionado con este asunto y otros más importantes, hemos convocado un Pleno a celebrar los días 17 y 18 del corriente, al que asistirán un delegado del Comité de cada Sindicato, así como también delegados de las Regionales que cuenten con medios para ello... Los temas presentados hasta ahora para discutir son los siguientes: Situación actual de la C. N. T.; Actuación a seguir; Legalidad y pactos políticos; Comités paritarios; Comité Pro-Presos; Legión Roja; Federación Ibérica".

Como consecuencia de la carta que antecede, concurrieron a Barcelona bastantes delegados, aun cuando no todos los que se esperaban, por haber existido desacuerdo entre los organizadores; pues, mientras unos eran partidarios se celebrase el Pleno a todo trance, otros, en cambio, opinaban debían esperarse los efectos de la amnistía, para que pudieran asistir los libertados. Por fin, dando un carácter local a la reunión, se celebraron dos sesiones en las inmediaciones de Blanes los días fijados, con la asistencia de representaciones de la C. N. T., Federaciones Regional y Local de Pro-Presos y la F. N. D. G. A.

Como sucede siempre en todos los Plenos, la mayor parte del tiempo se invirtió en liquidar cuestiones personales, y en el que nos ocupa, especialmente, los antagonismos entre los partidarios de Pestaña y Peiró. Se acusó al primero de que, sin autorización expresa, fue a rogar al ministro de la Gobernación la aprobación de los estatutos de la C. N. T., y al segundo, de que, con ánimo de llevar a ésta por caminos espinosos, contrarios al sentir de la organización, se había prestado a firmar un manifiesto con los políticos catalanes, olvidando el verdadero espíritu ideológico del Sindicato Único. La discusión sobre este punto revistió caracteres tan violentos —los partidarios de Pestaña fueron los más enérgicos impugnadores—, que Peiró llegó a anunciar su retirada de la vida activa, sin perjuicio de explicar, cuando lo creyese oportuno, su conducta.

Con la oposición tenaz de la F. N. D. G. A. se acordó la entrada en la legalidad de la C. N. T. como fórmula para que cesase la clausura que pesaba sobre los Sindicatos y pudiera organizarse la propaganda; pero siempre que el funcionamiento "legal" fuera aparente, para lo cual se decidió llevar una contabilidad oficial y otra clandestina, sin la cual no podrían mantenerse ni el espíritu ni los procedimientos peculiares del Sindicato Único.

Se examinó también el resultado de la amnistía concedida por el Gobierno Berenguer en su relación con los penados sociales, conviniendo en que ningún beneficio les había reportado, acordándose iniciar una activa campaña en su favor hasta conseguir la libertad de todos, momento en el que se podría convocar un Congreso Nacional para solventar los problemas pendientes, especialmente el de la "Federación Ibérica", sobre el que se estimó no convenía resolver sin estudiar detenidamente las organizaciones extranjeras.

Al tratarse de la cuestión política y de las proposiciones recibidas, especialmente de "Acción Catalana", la discusión tomó otra vez caracteres violentos por la actitud de los anarquistas; mas, al fin, se decidió que cabía colaborar en aquellos casos "de protesta por injusticias cometidas por los Gobiernos". Con posterioridad a este Pleno, los directivos de la C. N. T. apoyaron a los elementos de la extrema izquierda catalana, dándoles el triunfo en las elecciones.

Se acordó asimismo imprimir nuevos sellos, con objeto de recaudar fondos para el Comité Pro-Presos, que se hallaba en muy difícil situación económica, e intensificar la acción de los delegados sobre los afiliados a los Sindicatos, poco dispuestos siempre a la cotización.

Por último, el Comité de la C. N. T. recomendó mucho a la F. N. D. G. A. no se cometieran actos de violencia hasta tanto no fueran puestos en libertad los presos sociales.

No se habló nada de los Comités paritarios, ni tampoco del asunto de la *Revista Blanca.*

Terminado el Pleno, y ya en el terreno confidencial, Ángel Pestaña se lamentó de que los "Grupos de Acción" convertidos en "Legión Roja" se obstinasen en actuar al margen de la organización, lo que forzosamente habría de llevarles de nuevo a situaciones análogas a otras de tristes recuerdos. "Yo, igual que todos —dijo—, ansío que nos devuelvan nuestros presos; pero, por otro lado, he de manifestar con toda sinceridad que temo verles en la calle, pues se repetirían actos de violencia que en estas circunstancias podrían sernos perjudiciales. Y no es que haya cambiado de parecer, sino que creo es necesario no precipitarse y esperar la oportunidad para evitar los grandes males que nos acarreó no haberlo tenido en cuenta en las actuaciones pasadas". Peiró, una vez más, justificó su inteligencia con los políticos de "Acción Catalana" por haberle ofrecido su apoyo en favor de los presos sociales y la colaboración de hombres de acción, entre ellos de los indultados de la causa de las "Costas de Garraf", y añadió: "Aun cuando la C. N. T. debe ser apolítica, momentáneamente puede ser útil la cooperación con los políticos; mas si llegara a producirse un cambio de régimen, entonces sí que convendría romper todo pacto e ir a la implantación del sistema social que nosotros propugnamos". Se habló asimismo de Magriñá y José Jiménez, ambas figuras principales en la F. N. D. G. A., organizadores de la "Legión Roja" y futuros directores de un semanario ácrata que se titularía *El Sembrador* o *El Productor,* y también de cierta entrevista que unos de aquellos días tenían acordada con el doctor Aiguadé y el señor Nicolau d'Olwer, para tratar del apoyo solicitado por éstos en asuntos electorales, a cambio de ciertas concesiones.

Por último, entre algunos se comentó la carta que el comunista Arlandís acababa de recibir de Andrés Nin, en que le anunciaba su próximo regreso a España para emprender una activa campaña en pro del régimen implantado en Rusia, de la que había sido expulsado. También se afirmó que en fecha próxima llegaría de Francia Joaquín Maurín.

A primeros de mayo supo, por tanto, el Gobierno, que los elementos republicanos trataban de buscar la colaboración de los militares para un movimiento; supo también los pactos acordados con determinados elementos extranjeros; tuvo asimismo conocimiento de cuáles eran los verdaderos propósitos de la C. N. T. y de los trabajos realizados acerca de ésta por la extrema izquierda catalana, entonces sin inteligencia con los directores del republicanismo español.

CAPÍTULO IX

Nuevas preocupaciones

OTRO VIAJE A BARCELONA.—Tres motivos principales me obligaron a salir para Barcelona el 14 de mayo: saber qué había de cierto en lo referente a determinados manejos preparatorios de un atentado; ultimar algunos detalles del servicio policíaco con motivo del viaje de los reyes a Cataluña, e intentar de nuevo ponerme al habla con Alejandro Sancho, oficial que tanto el presidente del Consejo como yo estábamos muy interesados en apartar de unas actividades que juzgábamos podrían serle funestas.

En Madrid, un confidente de absoluta solvencia, me había dicho:

—El Comité Pro-Presos de Cataluña se ha dirigido al Nacional, que reside actualmente aquí, reiterando el envío de 2.500 pesetas necesarias para un "asunto" que no puede manifestar por escrito hasta que esté "resuelto". Lo excesivo de la cantidad ha hecho dudar a los miembros del Comité Nacional de si se tratará de un timo, pues todo cabe esperarlo de tales sujetos; de no ser así, suponen que proyectan algún atentado. ¿Contra quién? Se ignora: lo mismo puede ser la víctima una alta personalidad, que los directores de los penales del Dueso, Figueras o de la cárcel de Barcelona. Suprimido el Rey, es indudable que la Monarquía no podría sostenerse, y como consecuencia de ello caeríamos en un caos que es muy probable que pudiera aprovecharse para dar al traste con el régimen burgués; por otra parte, es de notar que constantemente se están recibiendo quejas del trato que se da a los presos y detenidos en los establecimientos citados, quejas que no han podido hacerse públicas en el periódico *El Despertar* por haberlo impedido la censura. Apunto hechos sin inclinarme a una u otra hipótesis. El Comité Nacional, por la clase de individuos que lo componen, acude siempre a estas llamadas; sin embargo, en esta ocasión, de la cantidad solicitada, sólamente se han remitido doscientas pesetas, autorizando al de Cataluña para que disponga de 4.000 sellos de cotización que le tiene enviados, a razón de veinticinco céntimos cada uno.

Mis gestiones —teniendo en cuenta que la realización de los 4.000 sellos daba tiempo sobrado para actuar— se encaminaron primeramente a averiguar si el supuesto atentado iba dirigido contra los funcionarios del Cuerpo de Prisiones que me habían indicado. No existía la menor sospecha; es más, el director de la cárcel de Barcelona, sin descartar otros propósitos, dijo: "No estaría lejos de la verdad la opinión sustentada por mí y por otras personas de que haya podido emplearse (la cantidad solicitada) en la adquisición de tarjetas para pedir la amnistía al Gobierno, con objeto de aumentar y hacer de proporciones colosales el montón de ellas, según dijo el ministro de justicia y Culto". En vista del resultado expuesto, se hizo preciso practicar otras averiguaciones en Barcelona.

El día 15 por la mañana, tan pronto llegué a la Ciudad Condal, me puse al habla con un individuo, conocido mío, que me prestó excelentes y desinteresados servicios durante el tiempo que fui director de Seguridad. Este sujeto vivió algún tiempo muy en contacto con los elementos entre los cuales se proyectaban agresiones y atentados.

—En efecto—me dijo—, hay algo; ignoro si por propia iniciativa del grupo que lo prepara o bajo instigaciones de cierto sector político catalán. Los atentados realizados en Barcelona no siempre germinaron en el cerebro de hombres de gorra y alpargata: el que mandó matar a Layret, no hizo más que dar una lección; pero, desgraciadamente, como se dice en castellano, nadie escarmienta en cabeza ajena. Me comprende, ¿verdad?... Pues bien, el que lleva la dirección de ese "asunto" es un anarquista afiliado al Sindicato Único que pertenece al gremio del "vidrio"; se llama...[69]. Sin embargo, mi impresión es que no encuentran hombres: hace días se esperaba la llegada de unos individuos de Francia. Sé que se ha pedido dinero, pues estas cosas originan muchos gastos, y, además, a los ejecutores hay que pagarles bien; porque quienes toman parte en un hecho de esta naturaleza se juegan la vida, que una cosa es matar a un desgraciado obrero esquirol y otra a un señor de esos que va muy bien guardado con policías.

—¿Así, que el elegido es un pez gordo?—le pregunté.

—Y tan gordo: es el Rey. Ahora bien, no se preocupe demasiado; yo le tendré al corriente de lo que haya. Desde luego, le anticipo que el "golpe" no creo llegue a darse, pues no es empresa fácil. Lo único que le pido es que por ahora no diga nada a la Policía; se estropearía mi gestión... Es conveniente dejar hacer.

—Pero ¿y si por no tomarse alguna medida el hecho llega a realizarse?—le dije con cierta escama.

—No tenga usted preocupación de ningún género; lo sabrá todo con tiempo suficiente: confíe en mí. Además, ¿qué pruebas podrían ahora aportarse contra unos y otros para que el juez los procesase? Ninguna; absolutamente ninguna. En cambio, si el asunto "fragua", es posible puedan cogerse pistolas, bombas y quizá algo más importante.

---

[69] Razones que no se ocultarán al lector me impiden dar este nombre y algunos otros, a lo menos por ahora.

Me separé del buen hombre, decidido a dejar el asunto en sus manos, y así se lo hice presente al jefe superior. Este aprobó mi resolución, puesto que de alguien era preciso fiarse, y más fácilmente nos orientaría bien un sujeto que tenía relaciones efectivas con los "pistoleros" que unos agentes de Policía, por muy inteligentes que fueran, que al ponerse en acción, por fuerza tenían que inspirar sospechas. Mi decisión no me pesó: pocos días después tuve noticias de que, como consecuencia de una violenta discusión, que a poco termina en sangrienta reyerta, lo del atentado había quedado aplazado.

Aquella tarde cambié impresiones con el general Despujol y el coronel Toribio, ultimando los detalles del servicio que debía prestarse con motivo del viaje regio, conviniendo en que mandaría a Barcelona personal de la Brigada de Investigación Social de Madrid y algunos automóviles.

A la mañana siguiente salí para Tarragona, con objeto de revistar la plantilla de Vigilancia y el destacamento de Seguridad, regresando por la tarde acompañado del gobernador civil, señor Salvadores, que iba a Barcelona a conferenciar con el capitán general sobre una excursión que el Rey tenía en proyecto hacer a aquella provincia.

Las gestiones realizadas personalmente por el coronel Toribio para facilitarme una entrevista con Alejandro Sancho, no dieron resultado favorable; según me dijo, le habían asegurado que en aquellos días se hallaba ausente de Barcelona. ¡Parecía que la fatalidad se oponía sistemáticamente a que pudiera celebrar una conferencia con el simpático y bravo capitán de Ingenieros, de quien guardaba un agradable recuerdo!

Aquella noche salí para Madrid, pues tenía que asistir al banquete de gala que se daba en Palacio el día 17, con motivo del cumpleaños del Rey.

COMUNISTAS Y MASONES.—Fue la segunda quincena de mayo de gran labor de investigación.

En primer término, tuve noticias de que los elementos comunistas de Bilbao volvían a agitarse y trataban de buscar apoyo en cierto Centro soviético de Amberes, al parecer sin conseguirlo. Este Centro, según mis averiguaciones, era uno instalado en el número 16 de la calle de Jesús, bajo el nombre comercial "Agence Technique pour la Belgique de la Représentation Commerciale de la U.R.S.S.", que tenía dos subagencias, la "Furnes Shipping" y "Kennedy Hunter". Unas gestiones encargadas en Vizcaya a cierto agente extranjero, fracasaron; éste, por miedo o lo que fuese, confesó a los comunistas la misión que le había sido confiada. Afortunadamente —la Providencia está no pocas veces al quite— me enteré a tiempo, porque en un registro hecho en el domicilio de uno de los más significados agitadores de Bilbao, se encontró una carta donde todo quedaba al descubierto; no obstante este contratiempo, la policía de dicha localidad pudo llevar a efecto un importante servicio, siendo uno de los detenidos nuestro infiel confidente.

Por otra parte —en Andalucía cundía el malestar en el campo—, supe que en la provincia de Córdoba se proyectaba quemar las cosechas a partir de los primeros días de junio. En Sevilla, Málaga y Granada, la C. N. T. excitaba a los obreros a buscar pretextos para la huelga, pretextos que, como es lógico, no tardaron en encontrar.

Otros elementos que mostraron una gran actividad fueron los "masones". Esto, para mí, constituyó una gran sorpresa. Yo creía de buena fe que las "logias" habían casi desaparecido de España; para conspirar no las estimaba necesarias en estos tiempos. Reconozco que me equivoqué de medio a medio; es más, llegó a mis manos, a los pocos días de hacerme cargo de la Dirección de Seguridad, un folleto francés en el que se daban los nombres de las más destacadas personalidades de la masonería española, y lo dejé arrinconado, puede decirse que sin leerlo. Dos razones principales me mantuvieron largo tiempo en esa creencia: el conocimiento que tenía de que apenas se vendían en la Península distintivos y emblemas y el saber positivamente que las logias Africanas —muy en auge antes del año 23— no encontraron puntos de relación más que en Tánger y algunas ciudades del Marruecos francés. Cuando yo salí de África, en el mes de febrero, puedo asegurar que la masonería de Larache, Arcila y Alcazarquivir —último baluarte en aquella Circunscripción— había desaparecido. Por lo visto, al morir allí las logias, renacieron en España.

Cierto es —me decía yo— que la masonería parece tomar incremento en todos los períodos revolucionarios de los pueblos, y quizá ello sea la razón de su resurgimiento en España actualmente. Pero no obstante esta realidad, insisto en que no alcanzo a comprender la razón de su existencia, y menos por qué, al asociarse unos hombres, cualesquiera que sean los fines que se propongan, tienen que someterse a prácticas las más de las veces ridículas y extravagantes. Me imagino el mal rato que pasarían los "venerables hermanos" de la logia de Almería el día que, por un excesivo celo del jefe de Vigilancia de aquella capital, se vieron obligados a ir a la Comisaría luciendo por las calles sus mandiles y otros atributos entre la algazara popular.

Tomaba a broma lo grotesco, olvidando que el poder oculto que movía a los miembros de la masonería española era algo muy serio.

Posteriormente, cuando por imperiosa obligación de mi cargo estudié la intervención de las logias en la vida política de España, me di cuenta de la enorme fuerza que representaban, no por ellas en sí, sino por los poderosos elementos que las movían desde el extranjero: los judíos.

UN ANÓNIMO INTERESANTE.—A finales de mayo, un buen día, entre otros varios, recibí un anónimo, que por las interesantes manifestaciones que se me hacían juzgo oportuno darlo a conocer: fue uno de los pocos que se libró de ir al cesto de los papeles. Es indudable que los que lo escribieron —hay que suponer, por la redacción, que fuera más de una persona— estaban muy bien informados, pues poco me costó comprobar las actividades revolucionarias de casi todas las personas que se citaban. Respecto a la colaboración de los socialistas, los hechos posteriores han demostrado que los denunciantes tenían una clara visión del porvenir.

El anónimo, que venía escrito a máquina y dirigido al cargo —no a mi nombre—, decía así:

"Muy señor nuestro y de toda nuestra consideración: una razón sentimental que no viene al caso explicar, pero que existe, nos impulsa a ponerlo al corriente de algunos asuntos que nos barruntamos que ni usted ni el Gobierno están enterados: la Policía, en los asuntos políticos, suele estar tocando el violón. No eche al cesto de los papeles esta carta, toda verdad, que una medida de buen juicio nos impide firmar con nuestros verdaderos nombres, aun cuando ni por un momento hemos dudado de su discreción y caballerosidad; ¿pero quién nos dice que a pesar del "Personal y Reservado" que pensamos poner en el sobre no cae en manos de uno de tantos funcionarios de su Secretaría particular? Como verá, no ignoramos el funcionamiento de los altos centros oficiales, lo que seguramente le hará sospechar que no hemos vivido muy alejados de ellos. Así es.

"Después del anterior pequeño preámbulo (que hemos juzgado indispensable), pasamos a decirle lo siguiente: Los seis años y pico de Dictadura han cambiado radicalmente la espiritualidad del pueblo español, que hoy se siente divorciado de la Monarquía y busca en vano otro acomodo: ¿República? ¿Socialismo? ¿Comunismo? Lo que sea: todo menos lo existente, que está visto no puede subsistir sin ir dando tumbos de tirano en tirano, que, ¡voto a Satán!, no es agradable para quienes poseen verdadero concepto de lo que es civismo y liberalidad.

"De lo dicho se han dado cuenta los republicanos de abolengo y los que sin serlo han sabido cambiar de frente a tiempo y quedar en primera fila, para lo cual se necesita no poca, habilidad. También saben esto los socialistas y comunistas, aun cuando, desde luego, no son tanto de temer: unos, por carecer de la necesaria cultura y preparación; otros, por esto mismo y por infundir a la sociedad verdadero pánico. Son, pues, los republicanos la fuerza realmente de consideración que puede oponerse al actual régimen, vinculado en un hombre... (La crudeza del juicio me obliga a suprimir el final del párrafo.)

"Saben de sobra las primeras figuras republicanas que por sí solas nada o casi nada pueden, y ello les ha inducido a hacer una labor de atracción, procurando atraerse a su campo los militares y marinos descontentos (que son legión), porque ellos tienen el poder de la fuerza bruta; a los socialistas, no obstante el peligro que representan, porque ellos tienen el poder de las grandes masas; si preciso fuera no tendrían inconveniente en pactar con los del Sindicato Único y aún con los del Libre, donde podrían encontrarse elementos muy útiles para un momento revolucionario. Desde luego, desechan toda colaboración con los políticos catalanes, incluso con los de filiación republicana, porque estiman que, como siempre, han de ir a lo suyo, ¡al separatismo!, y esto no sentaría bien en el resto de España.

"Ahora vamos a lo que importa. Aunque usted no lo crea, pese a la labor de Berenguer en el Ministerio de Buenavista, están contra la Monarquía casi íntegro el Cuerpo de Artillería, una buena parte del de Ingenieros y bastantes jefes y oficiales de otras Armas, incluso de Carabineros y la Guardia Civil. Y para que no crea hablamos de memoria, ahí van unos cuantos nombres prestigiosos: los generales don Pancho Aguilera (decimos Pancho porque así le llamamos sus buenos amigos), don Miguel Cabanellas, Artiñano, Queipo de Llano, López Ochoa, García Moreno, Riquelme (injustamente pasado a la reserva después de una campaña heroica y una labor honrada en Marruecos) y el célebre piloto del "Plus Ultra", Ramón Franco, a quien el pueblo español quiere como a un ídolo... Podríamos dar más nombres, muchos más, aunque por hoy nos contentamos con los expuestos. De la Marina le citaremos al capitán de corbeta D. Ángel Rizo, al que siguen una multitud de oficiales jóvenes.

"No ignoramos que Berenguer sigue los mismos pasos de su compañero Primo de Rivera en lo de proteger a los socialistas. Cumplimos nuestro deber para con usted y el Gobierno advirtiéndoles que los socialistas aceptarán cuanto se les dé; ahora bien, llegado el momento, se irán del brazo del republicanismo si tiene probabilidades de vencer.

"Ya sabe nombres y actitudes. Réstanos decirle que de todo esto y de mucho más se ha hablado en casa de D. Miguel Villanueva, ¡el ilustre prócer riojano y cacique eterno de Haro (Logroño)! D. Miguel Villanueva viene a ser algo así como el timonel que conduce la barquichuela revolucionaria camino de la República.

"Podemos asegurar a usted que hay optimismo entre ellos, mucho optimismo. Nosotros, sin dejar de sentirlo, nos hallamos invadidos por una gran preocupación, que es la siguiente: Si la primera República con aquellos hombres de primera categoría vivió un año, ¡y cómo vivió!, ¿qué será ahora en que el partido pasa por una verdadera crisis de mentalidades?

"Cumplido nuestro deber de españoles y republicanos conscientes, cumpla usted el suyo. Vigile la propaganda entre los militares y marinos sobre todo; pues sin el apoyo del Ejército y la Marina, hoy por hoy, no puede haber República. No queremos una República que tenga por madre una *militarada.*

Hasta otra ocasión (si se presenta), le ofrecen sus respetos

Rinconete y Cortadillo.
25-V-930."

CAPÍTULO X

ENTRE HUELGAS, UN VIAJE EN AVIÓN Y UNA CONFERENCIA

AGITACIÓN SINDICAL.—En los primeros días del mes de junio, una Comisión de jóvenes, que dijeron formar parte del Comité revolucionario de la "Federación Radical-Socialista", se avistaron con los elementos más destacados de la C. N. T. en Madrid, con objeto de solicitar el apoyo de todas las organizaciones obreras afectas a dicha entidad para la ejecución de un movimiento que, según manifestaron, tenía por fin inmediato la instauración de la República; para ello existía el propósito de declarar una huelga general, en la que tomaría parte la U. G. T., huelga que comenzaría pacífica, y a las pocas horas, doce todo lo más, adquiriría caracteres de gran violencia. Afirmaron los comisionados que, además de toda la masa obrera y militantes comunistas, contaban con un crecido número de jefes y oficiales del Ejército.

Pretendió la referida Comisión que la Regional de la C. N. T. designase un delegado con amplios poderes para formar parte del Comité revolucionario; mas como los componentes de ésta, por acuerdo en un "Pleno" que poco antes tuvo lugar, tenían prohibido celebrar pactos con elementos políticos, cualesquiera que fuesen su filiación y propósitos, sin antes consultar con el Comité Nacional para que a su vez lo hiciera a todos los Regionales, contestaron que se hallaban en la imposibilidad de complacerles, y que, por tratarse de un asunto de tal trascendencia, era conveniente se dirigieran al citado Comité, que era el único con facultades para tomar en consideración la propuesta.

Según mis informes, los directores en Madrid del Sindicato Único estimaron poco viables y hasta descabellados los propósitos de los que se decían representantes de la Federación Radical-Socialista, tanto más cuanto que contaban como elemento principal de fuerza con la U. G. T., poco de fiar en un movimiento de dicha índole, por lo bien que iban en el machito con la Monarquía: sus cabezas principales disfrutando de envidiables prebendas y los más modestos militantes manejando a su antojo los conflictos sociales desde los retribuidos cargos de los Comités paritarios, creados por la Dictadura exclusivamente para ellos.

A los anarcosindicalistas, pese a las activas propagandas de Nicasio Álvarez de Sotomayor, espíritu por demás inquieto, les parecía mejor, mucho mejor, la táctica de agitación sindical iniciada en todo el territorio nacional, que hacía ir al Gobierno de cabeza, con lo cual nada tenían que agradecer a otras organizaciones, ya sociales, ya políticas, que al fin y al cabo, sobre no ser de su ideología, los dejarían abandonados cuando les conviniera.

—A los anarcosindicalistas —decía uno de ellos— ¿qué nos importa que haya Monarquía o República? A nosotros lo único que nos interesa es que desaparezca el odioso régimen burgués; que el Estado deje de ser un tutor del hombre trabajador, libre y consciente, que en la actualidad se encuentra bajo la coacción constante de unos tricornios armados de máuseres, y de lo que es todavía más temible, de unos asalariados que bajo el ridículo disfraz de unas severas togas ocultan el inhumano Código penal, que les permite, en nombre de una ley absurda, con la beatitud de un confesor, mandar a los que se rebelaron contra la injusticia al patíbulo o a las tristes e inmundas celdas de un presidio. Nosotros, ni queremos República, ni queremos Monarquía: nuestro ideal es el Comunismo libertario.

¡Así pensaban en el mes de junio de 1930 —salvo contadas excepciones— las más destacadas figuras del anarco sindicalismo español!

La C. N. T. había trazado su plan, que se llevaba a cabo con matemática precisión: una vez era la solicitud de unas determinadas bases de trabajo, a todas luces inaceptables; otras el sentimiento de solidaridad con los afiliados de otras capitales; en tal ocasión la libertad de un detenido, más que justificadamente reducido a prisión... Y no faltó también —como en la huelga general de Sevilla— la vil infamia de achacar a la fuerza pública un maltrato de obra que no existió más que en la mente de un malvado; mas cuando la "fiera" corre o ruge —me refiero a la que cita Blasco Ibáñez en el último párrafo de su popular obra *Sangre y Arena*—, no cabe más que cruzarse de brazos y encomendarse a Dios...

No he de negar que comenzó el mes de junio bajo los mejores auspicios: resolución favorable, antes de estallar, de la huelga de tranviarios de Bilbao; de la de vidrieros de la misma localidad; de la de obreros agrícolas de Almodóvar del Río; de la de mineros de Mieres; del conato de la "Siderúrgica del Mediterráneo", en Sagunto; de la de canteros y marmolistas de Madrid...; quizá alguna más que ahora no recuerdo. Pero la tranquilidad duró poco. Veamos:

El lunes, 23, estalla la huelga general en Sevilla con caracteres violentos, tomando como pretexto la falsa noticia de que una obrera "aceitunera" había fallecido a consecuencia de malos tratos de que la hizo víctima la fuerza pública. ¡De nada valieron los trabajos realizados por las autoridades para conjurar el conflicto y pruebas aportadas para demostrar lo infundadas de las afirmaciones lanzadas por los perturbadores! La huelga duró cuatro días.

El 26, inopinadamente, por solidaridad con los obreros de Sevilla, se declara la huelga general en Málaga, que persiste hasta el 29, no obstante haberse hecho público lo injustificado del pretexto en que se fundamentó aquélla.

El 27, en Granada, por análogos motivos que en Málaga, se registran paros parciales, coacciones y algunos reprobables excesos; estos paros dan por resultado el día 29 el abandono total del trabajo por los obreros del ramo de construcción, anormalidad que dura un par de días.

El 28, en Bilbao, para agravar la situación creada por una huelga que mantenía desde hacía algún tiempo el ramo de construcción —no hubo, a mi juicio, otro motivo—, dejan de entrar en los turnos el 75 por 100 del personal de Altos Hornos; pero, afortunadamente, la falta de ambiente les hizo reintegrarse al trabajo al día siguiente.

El 29, en Igualada, se declara por el Sindicato Libre una huelga en todo el ramo de construcción. En Valencia, la C. N. T. agita a la masa obrera para llevarla a la huelga general, sin conseguirlo.

El 30, se trata de provocar paros generales en Barcelona, Zaragoza y Sevilla.

Aparte estos conflictos, todos de relativa importancia, hubo otros, entre los que puedo citar como de mayor escándalo, aun cuando fue completo el fracaso, la huelga de propietarios de *taxis* planteada el día 4, en Madrid, que sólo duró veinticuatro horas.

Casi todos los conflictos provocados en este mes lo fueron por Sindicatos afectos a la C. N. T., que persistía en su táctica de activa agitación, es decir, en su procedimiento de practicar la "gimnasia revolucionaria". Era indudable que esta actuación llevaba a las filas de la Confederación mucho elemento joven y levantisco, con grave perjuicio de otras organizaciones más moderadas. La que, con notable diferencia, sufrió más pérdida de afiliados, fue, desde luego, la U. G. T.; eso que en muchas localidades, como en Sevilla, por ejemplo, sus Sociedades secundaron a los anarcosindicalistas.

Ahora bien, los directores del Sindicato Único sostenían el criterio de que teniendo bien disciplinadas las masas, en un momento dado podían provocar un paro de carácter general y paralizar la vida de la nación, llevándola de hecho a una situación revolucionaria a la que no podría hacer frente el Gobierno. Esta creencia no diré que sea absurda, pero sí me atrevo a afirmar que es equivocada. Los conflictos obreros, exclusivamente obreros, que no cuentan con la asistencia de la opinión pública, fracasan irremisiblemente, y hasta me atrevo a asegurar que son tanto más fáciles de dominar cuanta más extensión se les da. Esta misma creencia tenían formada el presidente del Consejo y ministro de la Gobernación, quienes, aparte de la contrariedad que les producían los constantes conflictos por la intranquilidad que llevaban a la vida nacional, no les concedían mayor importancia, pues con la Policía gubernativa y la

Guardia Civil había más que sobrado para contener los desmanes de las masas sin tener que recurrir a medidas de extremada violencia.

Cuando las huelgas generales son complemento de movimientos de carácter político, no se puede hacer una afirmación tan categórica.

En la conferencia que sostuve con Ángel Pestaña en Barcelona —de la que ya he dado una breve reseña en otro capítulo— le expuse mi punto de vista respecto al resultado siempre desfavorable para la masa obrera de los paros de carácter general, y él, con su gran experiencia de muchos años de agitador, no me negó la razón; lo que sucede es que los conductores de las organizaciones de trabajadores, aun convencidos de la ineficacia, esgrimen ante ellas y las autoridades poco expertas, como argumento poderoso y definitivo, el de la huelga general. Lo raro es que después de tantos fracasos, no se hayan dado cuenta las verdaderas víctimas del engaño.

La actividad de la C. N. T. no se limitó a provocar huelgas en distintos puntos de la Península, sino que sus elementos directores quisieron ir más allá en su acción de propaganda, y, a tal fin, acordaron celebrar una especie de Congreso o Asamblea en Madrid a finales de mes, para lo cual citaron a los delegados de las diversas entidades regionales y locales para el día 27; pero bien sea por temor a que la reunión no se autorizase o al de que la agitación adquiriese en alguna localidad caracteres de violencia no previstos y como represalia la Policía los tomase como rehenes de la mejor calidad —puedo asegurar no se pensó en ello—, el caso es que llegó la fecha señalada y los designados no comparecieron.

Fue para mí una gran contrariedad que ese Congreso o Asamblea no se llegase a celebrar, porque tenía casi la absoluta seguridad de que entre los "delegados" hubiera venido a Madrid una persona de toda confianza que me hubiese facilitado interesantes informaciones. A pesar de todo, pude saber, por un agente secreto, que el Comité o Comisión Nacional Pro-Presos tenía preparado un manifiesto en el que se atacaba con gran violencia al Gobierno, y especialmente al Presidente, por no haber concedido la amnistía de la suficiente amplitud para que quedasen incluidos en ella los procesados en el sumario que fue llamado "de las bombas del Puente de Vallecas". En la tirada de tal manifiesto parece que estaban comprometidos, Nicasio Álvarez de Sotomayor, Adolfo Barea Pérez y Antonio Paulet García, redactado contra la opinión del antiguo Comité e incluso de la Federación Anarquista Ibérica.

UN VIAJE EN AVIÓN Y UNA CONFERENCIA IMPREVISTA.— El día 11, para satisfacer los deseos de algunos buenos amigos riojanos, aprovechando que ya la Corte se hallaba de regreso de su estancia en Barcelona y la tranquilidad era absoluta, solicité autorización para acompañar en su *sesquiplano* al comandante Gallarza, que había sido invitado para asistir a las fiestas de San Bernabé, patrón de Logroño, ciudad que hasta hace muy poco consideré como mi patria chica adoptiva. El viaje careció de importancia oficial, aun cuando, como es lógico, aproveché algunos ratos libres para informarme de lo que pudiera ocurrir por aquella guarnición, de la que con tanta insistencia se me hablaba en las confidencias. Era allí público y notorio que se hacía labor revolucionaria entre la oficialidad del Ejército, labor que llevaban con escaso éxito tres capitanes de Infantería y uno de Artillería, quienes, salvo uno de ellos, me eran perfectamente conocidos; sólo el que parecía no estar enterado, o no quererse enterar, era el general gobernador, más atento a sus problemas particulares que a los inherentes a su cargo, lo que permitía a los conspiradores actuar con completa libertad.

No faltaban tampoco en la población civil personas dedicadas activamente a la propaganda republicana, personas que, salvo contadas excepciones, carecían de arraigo y prestigio. Entre éstas figuraba un zascandil —a quien no quiero hacer honor de citar— que he conocido militando en todos los campos políticos, incluso ¡cómo no! en el dictatorial en los momentos aquellos en que aún resonaba en todos los rincones de España el eco de la salva de aplausos con que fue recibido en la estación del Mediodía el general Primo de Rivera cuando fue llamado por D. Alfonso para encargarse del Poder; luego, convencido de que la Dictadura no lo empleaba, se pasó a la oposición.

Al día siguiente, a media mañana, salimos del aeródromo de Recajo, aterrizando poco tiempo después en el campo eventual de Alfaro, desde donde nos dirigimos a Rincón de Soto, lugar en que se hallaba de temporada la familia del comandante Gallarza, con la que almorzamos. Sobre las dos y media, bajo un respetable aguacero, despegamos, y a eso de las cinco dimos vista al campo de Prat de Llobregat. Minutos después tomamos tierra.

El coronel Toribio, que tuvo la atención de irme a esperar acompañado de su secretario particular, tan pronto salté del aparato, me deslizó al oído lo siguiente:

—Mi general: le tengo preparada una agradable sorpresa.

—¿Cuál?—le pregunté con vivacidad.

El coronel Toribio me cogió de un brazo y muy discretamente me separó del grupo de aviadores y marinos que rodeaban el avión. Cuando tuvo la seguridad de que nadie podía oírnos, se expresó en esta forma:

—¿Tiene usted algo interesante que hacer esta tarde?

—Nada; absolutamente nada.

—Pues bien, si quiere puede celebrar una conferencia ¿con quién dirá usted?... con Alejandro Sancho; me ha dado el número de su teléfono para que le avise el sitio y hora.

No he de negar que la noticia, por lo inesperada, me dejó como vulgarmente se dice: "de una pieza". En seguida, repuesto del asombro, le pregunté a Toribio con cierta desconfianza:

—¿De veras? ¿Está usted seguro? ¿No nos dará esquinazo?

—Creo que no. Estoy en que él también tiene interés en cambiar impresiones con usted.

—Puede decirle que vaya a Jefatura esta misma tarde de siete y media a ocho.

—El sitio me parece que no le va a gustar.

—Entonces, mejor será en un café céntrico, pues no hay tiempo para ir al Tibidabo ni a otro lugar fuera de la ciudad.

—La idea del café, me parece aceptable.

—La Granja Royal, que está en la calle de Pelayo y muy cerca de la plaza de Cataluña, reúne buenas condiciones: tiene unas mesas en el fondo muy a propósito para charlar tranquilamente y pasar desapercibido; ahora en verano, a esas horas, no suele haber mucha concurrencia; es asunto que tengo bien estudiado desde hace tiempo. ¿Qué le parece?

—El sitio, excelente. En cuanto les deje a ustedes, le telefonearé, pues me ha dicho que esperaría hasta las seis y media.

—Bien; dígale que a las siete en punto en la Granja Royal, en las mesas del fondo. No le cito para más tarde porque a las ocho o poco más quiero hablar con la Dirección general para que me den noticia de las novedades ocurridas.

Después de saludar al personal del aeródromo, tomamos el automóvil y salimos para Barcelona. ¡Camino infernal! impropio del campo de aterrizaje de la segunda capital de España. Durante el trayecto hablamos de cosas indiferentes. Dejamos a mi compañero de viaje en un hotel de las Ramblas y luego me dirigí al domicilio de mis padres. Rápidamente me cambié de traje y me eché a la calle.

Llegué a la plaza de Cataluña veinte minutos antes de la hora fijada. Para hacer tiempo, me dediqué a pasear y ver los escaparates de los comercios de la calle de Pelayo, a tal hora muy concurrida. Poco después de las siete entré en la Granja Royal, y directamente, atravesando el bar, me dirigí al departamento del fondo. Sentado junto a la segunda mesa de la derecha, dando frente a la entrada, se hallaba Alejandro Sancho, que me vio antes que yo a él. Como movido por un resorte, se puso en pie y me saludó con la fina corrección en él característica, que tanto contribuyó a granjearle el aprecio de sus jefes y el cariño de sus compañeros. No es, por tanto, de extrañar, que quienes como el general Berenguer y yo le conocimos en campaña y habíamos podido apreciar sus condiciones y sus méritos, nos obstinásemos en separarle de un camino que, a nuestro juicio, podría ocasionarle serios contratiempos.

Alejandro Sancho había cambiado mucho en pocos años, no sólo en cuanto a ideas, sino también físicamente: le encontré más delgado que nunca, pálido, demacrado, la mirada triste, y al darle la mano me produjo la sensación de que estaba febril. El joven que tenía delante distaba mucho de aquel chico jovial, nervioso, todo optimismo, que en la tarde del 20 de agosto de 1924, se arriesgó a ir conmigo de Ceuta a Tetuán en un automóvil, por entender que "la buena amistad bien merecía sacrificar la seguridad que proporcionaba el ferrocarril"[(70)].

Después de las preguntas de rigor entre dos buenos amigos que no se habían visto desde hacía mucho tiempo, nos sentamos a la mesa. Para él —según dijo— constituía una gran satisfacción poder conversar conmigo largo rato; yo le recordaba la época más feliz de su vida, época en que sólamente le interesaban las líneas telefónicas, los heliógrafos y "aquellos bravos Ingenieros de la Red que tanto heroísmo derrocharon en el período aciago y nefasto del catastrófico repliegue"; entonces no tenía jamás un céntimo en el bolsillo, pero dormía como un lirón: desconocía lo que eran preocupaciones. En cambio ahora, trabajaba mucho, ganaba con exceso para satisfacer sus necesidades, casi podía decir que vivía con holgura; pero, por desgracia, le faltaba la salud, "¡la salud que es la mejor fortuna!": estaba enfermo; mas no quería hablar de sus males, porqué no recordándolos, se hacía la ilusión de que no los padecía.

Por casualidad, por verdadera casualidad, se había enterado de que en otra ocasión que estuve en Barcelona traté de verle, pero nadie le dijo entonces una palabra; le preocupaba lo ocurrido, pues era incapaz de cometer una incorrección y menos conmigo. Aquella mañana le habían avisado mi llegada, preguntándole si no tendría inconveniente en tener una entrevista; en el acto dijo que sí. Por cierto que la pregunta le fue hecha en forma algo misteriosa, lo que le hizo suponer que el coronel Toribio se había contagiado del medio ambiente policíaco, donde todo es secreto... a voces. Me rogó le perdonase por haber hecho un juicio tal vez aventurado; mas no podía remediarlo, le reventaban los policías y si le apuraban mucho hasta los guardias civiles y carabineros, eso que su suegro —un buen señor— era coronel de la Benemérita. No concebía unos hombres que tuvieran por oficio perseguir a los demás... Esto que acababa de decir hasta cierto punto se daba de puñetazos con su carrera y con su actuación

---

[(70)] Debo advertir que a finales de agosto de 1924 era una temeridad ir por carretera de Ceuta a Tetuán, sobre todo después de retirado el servicio de protección. Los trenes circulaban custodiados por una sección de Infantería y dos ametralladoras.

en África: "allí también perseguíamos a los hombres"; pero aquello era otra cosa. El atavismo era una fuerza tan brutal como la inercia.

Sancho hablaba de prisa, casi atropelladamente, y se fatigaba; tenía que hacer frecuentes pausas. Aproveché una de ellas para decirle:

—No sabe las ganas que tenía de echar un largo párrafo con usted. Basta decirle que desde hace algún tiempo es la preocupación constante del general Berenguer y la mía.

—¿Yo?—preguntó con extrañeza.

—Sí, usted, amigo Sancho—le repuse con aplomo.

—¡Caramba, mi general! me deja de una pieza. Además ¿me recuerda el general Berenguer?

—Mucho. Me ha hablado varias veces de la rapidez con que instalaba las comunicaciones en el Cuartel General, durante las operaciones.

—Es verdad, y constituye un orgullo para mí que el general recuerde... Para que las transmisiones funcionaran era preciso hacer verdaderos milagros, pues cuando tenía teléfonos faltaban conductor y pilas, y viceversa... Pero lo que no entiendo es eso de que yo sea la preocupación constante del general Berenguer y de usted.

—No se alarme; el asunto no tiene importancia. Tal vez sea que yo también, como el coronel Toribio, me haya contagiado "del medio ambiente policíaco", como usted dice.

—Mi general, no vale devolver las pelotas —me contestó en tono festivo.

—No, amigo Sancho; no lo tome en ese sentido, pues sólo he querido repetir una frase de usted que me ha hecho gracia. En fin, vamos al grano...

—Eso; muy bien. A ver...

—Pues bien —le repuse—, hágase cuenta de que no se halla frente al director de Seguridad, ni aun siquiera de un general. Aquí somos simplemente dos buenos amigos, en que uno de ellos, que soy yo, tiene mucho interés en no perder el afecto del otro, que es usted.

—Pues este amigo, mi general —contestó señalándose a sí mismo— también abriga los mismos deseos.

—Tanto mejor. Vamos al asunto: desde que me hice cargo de la Dirección de Seguridad, en distintas ocasiones han llegado hasta mí noticias de que usted se dedicaba a determinadas actividades poco compatibles con su carrera; pues los que pertenecemos al Ejército, aunque accidentalmente estemos separados de la profesión, como lo estamos ambos ahora, no podemos olvidar que en el fondo de nuestro baúl se halla el uniforme, que, a pesar de la naftalina, tenemos que airear de vez en cuando para que no se apolille, y quizá para que no nos olvidemos de lo que somos. De usted se me ha dicho, unas veces por confidentes, otras por informadores espontáneos, y las más por los mismos policías, que se halla en inteligencia y colabora con elementos políticos y sociales avanzados, enemigos del régimen... ¿Republicanos?, ¿sindicalistas?, ¿anarquistas?, ¿comunistas?, no lo sé, pues en este punto concreto no ha existido acuerdo en las informaciones.

Sancho me escuchaba atentamente, y, tras breves sonrisas despectivas, hacía signos negativos con la cabeza. Yo proseguí, sin hacerle caso:

—Quiero ser absolutamente sincero, y por eso quizá mi exposición resulte a veces cruda, desagradable: le ruego tenga la paciencia de escucharme hasta el final. Unos le hacen a usted metido en los manejos republicanos; otros, en inteligencia con los directivos del Único, y dicen que, para captarse las simpatías de los trabajadores, reparte dinero entre ellos; no falta quien asegura que su actuación es francamente anarquista y que se halla afiliado, aun cuando con otro nombre, en la F. A. I.; por último, también me han afirmado que mantiene inteligencia con elementos comunistas extranjeros y que incluso tenía el proyecto de hacer un viaje para ponerse de acuerdo con ellos con el fin de provocar un movimiento; hasta se me ha llegado a decir que le había sido facilitada cierta cantidad...

Alejandro Sancho dio un respingo y violentamente me atajó, diciendo:

—Eso es falso, mi general; ¡absolutamente falso! Le doy mi palabra de honor.

—Así lo he creído yo y así lo ha creído también el general Berenguer; mas el caso es que ha corrido la especie, y toda especie deja flotando algo en el ambiente; ya sabe el dicho: "Calumnia, que algo queda". Es más —y lo que voy a decirle prueba el buen concepto que nos merece—, cuando se recibieron los primeros informes referentes a usted, no los tomamos en consideración; pero se ha insistido tanto, tanto, que la verdad —no quiero mentirle— hemos llegado a dudar, y esa duda es la que nos ha impulsado a celebrar esta conferencia, fracasada no una, sino varias veces. Ni al general Berenguer, ni a mí, ni a nadie, le importan las ideas que cada cual pueda tener; ahora bien, lo que importa —de ser cierto que se ocupa en determinadas actividades políticas o sociales— es que usted, oficial del Ejército en activo, se dedique a meterse en asuntos que a nosotros, los militares, nos están vedados por numerosas disposiciones antiguas y recientes: precisamente el haberse separado el Cuerpo de oficiales de su verdadero cometido, dejándose arrastrar por las malditas Juntas de Defensa al terreno de la política, nos ha traído la odiosidad de la población civil. Existe además de esta consideración de orden disciplinario, otra de orden ético que fácilmente ha de comprender.

Sancho escuchaba atentamente al mismo tiempo que valido de un pequeño lapicero hacía anotaciones en una servilleta de papel que le había dejado el camarero con el servicio. Proseguí:

—Ha de desengañarse usted que nosotros, acostumbrados a un ambiente donde el honor es la principal divisa, creemos que todos los sectores de la sociedad son lo mismo, y por eso, cuando un militar se mete en política o actúa en el campo sindical, o abandona su moral rígida o fracasa estrepitosamente: he aquí el caso lamentable de Oscar Pérez Solís, náufrago en la sociedad; en cambio, vea usted cómo triunfa, aún en el destierro, Francisco Maciá... Pero vamos a concretar. Mi objeto es hacerle a usted estas preguntas: ¿Tienen algo de verdad las confidencias recibidas? En caso afirmativo ¿cabe que esperemos de usted una rectificación de conducta? No olvide, al contestarme, mi sinceridad.

Mi amigo se dispuso a la réplica; y despacio, meditando bien las palabras, habló así:

—El asunto por usted planteado, me ha cogido tan de sorpresa, que me veo en el caso de improvisar la contestación, lo que me contraría extraordinariamente, no porque abrigue propósitos de insinceridad, no; sino porque su exposición, tan bien meditada y razonada, merece respuesta análoga. Yo, mi general, no soy republicano, ni sindicalista, ni anarquista, ni comunista, como tales palabras se entienden vulgarmente; pero tengo un íntimo concepto de lo que debe ser la Justicia, y al enfrentarme con la vida, veo cuánto dista mi Justicia de la Justicia y me rebelo, no contra nadie particularmente, sino contra el orden social tal como está establecido. El contraste de las "Justicias", es el postulado —valga la frase científica— sobre el que se asienta todo el concepto filosófico de la sociedad ideal que yo concibo, que no es vana quimera, porque yo soy un ser real y esa sociedad la vivo y practico en mí mismo.

Alejandro Sancho hizo una pequeña pausa, tomo aliento y siguió:

—Yo entiendo, mi general, que en principios de humana equidad, todo hombre a quien la fatalidad tiene la ocurrencia de traer a este pícaro mundo, al hallarse por fuerza del destino convertido en elemento de una sociedad que ha de exigirle desde un traje para tapar lo que la Naturaleza no consideró prudente ocultar, hasta la vida si es preciso, por razones que las más de las veces no le interesan directa ni indirectamente, tiene derecho indiscutible a que esa misma sociedad, por lo menos, le ponga en condiciones de poder satisfacer como es debido sus necesidades más apremiantes, redimiéndole del cautiverio de los más osados o de los que tuvieron la dicha, por azar de la fortuna, de nacer entre blondas de seda. Mas esto, nuestra sociedad no lo tiene en cuenta, y al no tenerlo, forzosamente aparecen las dos castas odiosas: la de los explotados y la de los explotadores: ¡He aquí la gran injusticia! ¡He aquí el principio del malestar mundial!... Yo creo que sería posible otro orden social: a cada uno lo que le corresponda con arreglo a sus necesidades y a su trabajo. Estimo que conseguir lo que digo, prácticamente no sería difícil; mas estimo que la Monarquía no podría darlo, ni tampoco la República: por eso no soy monárquico ni republicano. No he de negar que admiro el sentido humano de las doctrinas de Marx y de Engels: veo en el socialismo actual un camino, en el sindicalismo un medio, en el comunismo una solución, aunque imperfecta. Lo que acabo de manifestar es todo lo que de mí puede decirse; todo lo demás es falso, completamente falso. Y ahora vamos a lo que más gracia me ha hecho: ¿yo convertido en un vulgar militante anarquista? Eso tiene mucho de grotesco, aun cuando la noticia no me extraña: de los policías lo espero todo, absolutamente todo por justificar un servicio o hacerse acreedor a un premio... Y usted, mi general, espérelo también, pues me consta de una manera positiva que la lealtad de los hombres de "la placa tras de la solapa" deja mucho que desear; yo puedo decirlo solemnemente, sin temor a equivocarme: los policías le venden a usted y no por ideal; algún día lo comprobará. Por hoy no puedo ser más explícito; no quiero caer en el repugnante oficio de los confidentes.

Alejandro Sancho se hallaba muy excitado. Quise variar la conversación para distraerle y no pude conseguirlo: se había propuesto dejar bien aclarada su actitud.

—Es cierto desde luego —continuó— que en algunas ocasiones he socorrido a obreros míos que se han quedado sin trabajo; les he dado lo que he podido, pero no con ánimo de captar adeptos, sino porque me satisface practicar la caridad sin bombos ni platillos: no soy como las damas de nuestra burguesía, que pretenden remediar los males sociales con funciones benéficas, procurando olvidar a sus propias víctimas entre las carcajadas de una astracanada de Muñoz Seca. Es cierto también que, por causas directamente relacionadas con mis asuntos profesionales, he tenido que hablar varias veces con significados militantes del sindicalismo y en no pocas ocasiones he estado de acuerdo con ellos en lo referente a orientaciones ideológicas. En resumidas cuentas: soy un enemigo de nuestra organización social, económica y política; pero al mismo tiempo no olvido que soy capitán de Ingenieros. Así pienso hoy, y la expuesta ha sido mi norma de conducta hasta el presente; del porvenir no puedo hablar... ¡Tantas vueltas puede dar el mundo!

—Por lo tanto, amigo mío, puedo asegurarle al Presidente que no ha actuado ni actúa en ningún campo político antimonárquico.

—Puede usted afirmarlo.

Nuestra conversación derivó por otros derroteros, deduciendo en fin de cuentas que el estado un tanto delicado de salud de Alejandro Sancho había sido aprovechado por algunos elementos para llevarle al campo revolucionario, y que si de momento nada habían conseguido, estaban a punto de alcanzarlo.

Otra sorpresa para mí, fue venir en conocimiento de que simpatizaba con el regionalismo catalán, pues entendía que la centralización en un Estado como el nuestro, era realmente perniciosa para la prosperidad nacional, ya que faltaba el estímulo de las regiones trabajadoras a las que no lo eran, lo que, según él, se conseguiría con un régimen de amplia organización federal. Mi amigo razonaba así:

—Por ejemplo: Andalucía abandonada a sí misma, no tendría otro remedio para poder subsistir que seguir el ejemplo de Cataluña y las Vascongadas. Castilla mismo variaría de una manera radical, y Madrid, capital hoy de España, dejaría de ser madriguera de políticos de profesión e intelectuales de "doublé", incapaces aquéllos de dotarnos de leyes de orientación moderna y éstos de escribir una obra original o montar una industria. Después de tantos siglos, siguen los quesos manchegos amasándose con las manos, como en tiempos del estudiante pastor Crisóstomo.

El tiempo volaba, y yo, muy a pesar mío, tenía la precisa obligación de ir a Jefatura. Volví a insistir sobre su actitud y recibí análoga respuesta. Después le pregunté si le molestaría que en alguna ocasión acudiese a él en solicitud de informes sobre los problemas políticos y sociales de Cataluña, contestándome que estaba por completo a mi disposición. Por último, ya en la puerta de la Granja, le hice la siguiente pregunta, que no niego tuvo todos los caracteres de un atraco:

—¿Así que puedo confiar que los informes suyos serán siempre absolutamente sinceros?

—Siempre. Mas si por razones que no puedo prever, las circunstancias me obligasen a pasar del campo idealista al de la acción, lo sabría usted, mi general. ¿Qué más quiere de mí?

—Un abrazo.

El bullicio callejero ahogó nuestras últimas palabras de despedida, corteses, cariñosas si cabe, aunque no salidas del corazón como en otras ocasiones. Una vez más maldije la Política, destructora de afectos, amistades, familias... Así terminó la entrevista con Alejandro Sancho.

Al día siguiente, a las seis y diez minutos de la tarde, tomábamos tierra Gallarza y yo en el aeródromo de Cuatro Vientos. Una hora después extendía esta ficha para mi archivo privado:

SANCHO SUBIRATS (ALEJANDRO).—*Capitán de Ingenieros. Oficial culto, trabajador e inteligente.—Conferencié con él en Barña, el* 12-6-30 *a las* 19 *horas.—Individuo predispuesto a ser atraído por elementos revolucionarios.—Observación discreta ordenada personalmente al coronel Toribio.*

CAPÍTULO XI

Lo que ocurrió en el mes de julio

LA SITUACIÓN POLÍTICA.—La contrariedad que produjo al general Berenguer la imposibilidad de una inmediata convocatoria de Cortes, fue en parte compensada por la satisfacción que le causó la acogida que el pueblo catalán dispensó a la familia real durante la jornada de finales de mayo al 4 de junio en que regresó a Madrid: en todas partes reyes e infantes recibieron muestras de respeto, de cariño y agasajos; de Lérida mismo, donde se sabía que laboraban mucho y con éxito los republicanos, especialmente entre el elemento militar, el Presidente sacó una impresión francamente satisfactoria. Tales optimismos debieron influir en su ánimo para decidirle a derogar pocos días después de la llegada a la Corte —el 9, si mal no recuerdo— el real decreto de septiembre del 23, que prohibía el uso de las enseñas regionales.

No obstante lo dicho, la labor revolucionaria, especialmente la que se llevaba a cabo desde la tribuna del Ateneo Científico, cada vez arraigaba más en el ambiente, llegándose a extremos de tal escándalo, que el Gobierno se vio precisado a suspender las disertaciones en dicho Centro el 13 de junio, suspensión que duró escasamente dos semanas, merced a gestiones realizadas por el entonces presidente de la Junta de gobierno, Sr. Azaña, quien expuso al general Marzo que, próximo ya a finalizar el ciclo de conferencias, procuraría imponer su influencia para que, dentro del régimen de libertad tradicional en la "docta casa", no se repitieran ciertos excesos.

No obstante los ofrecimientos del Sr. Azaña, las cosas siguieron igual. Los oradores, sistemáticamente, se dieron a la tarea de atacar con violencia al régimen monárquico y personas que lo representaban, excitando el espíritu, de por sí sectario y pasional, del auditorio. En una ocasión, para no desvirtuar el abolengo liberal de la Sociedad, se permitió el acceso a la tribuna a persona de otra ideología, pero sus buenos deseos se estrellaron ante la actitud poco consecuente y hasta hostil del público que llenaba la sala.

Yo estudiaba cuidadosamente los efectos de la propaganda, y me daba cuenta perfecta de los progresos que en el alma popular hacían las predicaciones antimonárquicas: las personas reales eran recibidas en los espectáculos públicos con frialdad; los periódicos extremistas cada vez tenían más lectores... ¡Sólo yo me sé los malos ratos pasados con motivo de la presencia del príncipe de Asturias en la plaza de toros! Es cierto que nunca faltaron al Rey aplausos en la calle; mas no he de negar, en honor a la verdad, que el escaso número de entusiastas contrastaba con la multitud que le veía pasar impasible: los aplausos hacían más palpable el abandono en que iba quedando.

Del resultado de mis observaciones di constante cuenta al presidente del Consejo y ministro de la Gobernación, y no he olvidado que en cierta ocasión en que aquél trató de refutar mis pesimismos, hube de decirle:

—Desengáñese, mi general, que hoy rasca usted a cualquiera en la ropa e inmediatamente aparece la punta de un gorro frigio.

Esta frase, que en varias ocasiones repetí ante otras personas, llegó a Palacio.

El 18 de junio salió el Rey para París y Londres, y el 22 celebró en un aristocrático hotel de aquella capital una conferencia con don Santiago Alba, que fue comentada por los periódicos extremistas con toda la violencia compatible con la censura; pues los republicanos consideraban ya al ex ministro de Estado como cosa propia. Tengo la sospecha, aun cuando no puedo asegurarlo, que la entrevista esa fue preparada por iniciativa del general Berenguer.

El 11 de julio marcharon la Reina e infantes a Santander, adonde llegó el Rey el 21 por la mañana, saliendo poco después en automóvil para Madrid. El 23, a las 15,30, emprendió el viaje de regreso al Palacio de la Magdalena.

Durante el mes de julio los republicanos dejaron de actuar intensamente en Madrid; en cambio, en provincias, especialmente en la parte de Levante y Norte, la actividad fue extraordinaria, y así lo hicieron presente los gobernadores civiles. Se siguió trabajando a la oficialidad del Ejército y también de la Marina, logrando hacer bastantes prosélitos entre los jóvenes.

Una de las guarniciones sobre la que más se presionaba era Zaragoza. Constantemente recibía noticias, por mis agentes secretos, de que llegaban a ella agitadores de Madrid, Lérida y provincias del Norte. Esa activa propaganda motivó mi viaje a la capital de Aragón el día 5, sin que me fuera posible adquirir informes muy concretos, porque tanto la Policía como el gobernador civil —que lo era un coronel de Artillería en situación de reserva— estaban bastante desorientados; por otro lado, el general que accidentalmente ejercía las funciones de capitán general, me dio informes hasta cierto punto tranquilizadores. La impresión que saqué como consecuencia de mis investigaciones, fue la de que allí se había trabajado sin gran éxito a la oficialidad de los Cuerpos activos; de la Academia Militar ni me preocupé: eran de una absoluta garantía tanto el general director como el jefe de Estudios.

Por análogos motivos fui a Valladolid el día 24, en donde tanto el capitán general como el gobernador civil me dieron todo género de seguridades de que allí la tranquilidad era absoluta y que por el momento no existía el más leve motivo de alarma.

De la Marina nadie se había preocupado; mas un hecho casual puso en guardia al Gobierno. Ocurrió de la manera siguiente: por una carta que sin duda su autor trató de mandar "suplicada", y por olvido incomprensible puso en circulación con sólo el sobre oficial (no cabe sospechar lo hiciera intencionadamente), el comandante de un buque, cuyo nombre no hace al caso, se enteró de ciertos manejos, que dio a conocer a sus jefes, y éstos a la Policía; en dicha carta se daban algunos nombres de personas complicadas. Con las consiguientes dificultades, pudo hacerse alguna labor de investigación de bastante interés. Los comprometidos no eran exclusivamente oficiales; la propaganda también había hecho prosélitos entre las clases subalternas.

El malestar que siempre se produce en los organismos de disciplina militar cuando una parte de sus componentes recela de la otra, el pleito que entonces existía entre el Cuerpo General y los llamados Auxiliares, y, por último, la existencia de algunos —muy escasos— simpatizantes con el comunismo en la marinería, crearon una situación delicada en la Escuadra y Departamentos navales, al que se prestó gran atención desde el primer momento. Afortunadamente, el tacto de las autoridades superiores de la Armada conjuró los peligros y no hubo que lamentar el más insignificante incidente desagradable.

En el mismo mes se señaló un aumento considerable de simpatizantes con la República entre el personal técnico de los Cuerpos de Correos y Telégrafos, especialmente en Cataluña, en donde se publicaba una revista de cierto matiz profesional, pero francamente revolucionaria, que inspiraba un telegrafista que era a su vez redactor o colaborador de *Solidaridad Obrera.*

ATENTADOS EN PROYECTO.—Como consecuencia de una pertinaz y violenta campaña iniciada por *El Diluvio* contra el director de la cárcel celular de Barcelona, celebró una Junta el grupo anarquista titulado "Los Caballeros del Ideal", adoptando el acuerdo, por mayoría, de secuestrarle, salvo el caso de que el Gobierno, haciéndose eco de las denuncias del referido periódico, le relevase inmediatamente; mas esta decisión no fue del agrado de los exaltados, que, convencidos de las dificultades de llevarlo a cabo, convocaron nueva reunión, que tuvo lugar el sábado, 19 de julio, en la cual se resolvió asesinarle. Para designar al ejecutor se efectuó un sorteo, correspondiéndose a un "pistolero" muy conocido de la Policía.

Tan pronto me enteré de lo que se tramaba, di orden de que fuera detenido el referido sujeto, al mismo tiempo que puse todo lo que sabía en conocimiento del director general de Prisiones, que a la sazón lo era D.

José Betancort. Afortunadamente, el coronel Toribio, hábilmente secundado por la Brigada Social a sus órdenes, adoptó medidas que dieron al traste con los propósitos de "Los Caballeros del Ideal".

No puedo creer que en la Redacción de *El Diluvio* se abrigase el propósito de armar una mano criminal, pero esa fue la consecuencia de la campaña de que hizo víctima al director de la cárcel de Barcelona. La pasión política o la animosidad contra personas que ejercen cargos públicos no pocas veces se llevan a extremos de tal violencia por parte de determinada Prensa, que dan frutos como el que acabo de relatar. La crítica razonada, serena y sensata, purifica la administración pública, y por eso es necesaria; mas la otra, procaz, basada en mentiras, calumnias e infamias, no puede conducir más que al crimen odioso y repugnante cuando hiere el cerebro anormal de un desdichado o el sentimentalismo de la muchedumbre sin freno.

Aún no se había conseguido abortar el proyecto de atentado que acabo de relatar, cuando llegó a mi conocimiento —y casi al mismo tiempo al del general Despujol— de que una señora, muy conocida en Barcelona por haber frecuentado el trato de altas personalidades en otra época, acababa de hacer proposiciones a determinados elementos para asesinar a D. Francisco Cambó a cambio de crecida suma, pues, según ella, la importancia de la víctima la merecía. Pero dio la casualidad de que uno de los individuos que formaba parte de la entidad a que dicha señora se dirigió era persona relacionada conmigo y agente leal, dándole orden de que siguiera "el asunto" hasta poder actuar yo con pruebas. El Sr. Cambó se encontraba en aquellos días en el extranjero, no obstante lo cual fue advertida persona de su intimidad para que adoptase las medidas de precaución que considerase prudentes.

La señora aludida celebró varias entrevistas con los elementos a que he hecho mención para concretar detalles, mas de la noche a la mañana manifestó que el "asunto Cambó" no interesaba, aunque sí otro de mayores vuelos, cual era un vasto movimiento revolucionario que, iniciándose en Andalucía, debía extenderse rápidamente a todo el resto de España, para lo cual se necesitaba del apoyo de todas las masas obreras. Este cambio de frente me hizo sospechar que la tal señora no obraba por cuenta propia.

Continuaron las negociaciones con diversas alternativas hasta mediados de agosto, que cesaron por no haber vuelto a comparecer la agente.

LOS COMUNISTAS, SINDICALISTAS Y ANARQUISTAS ACTÚAN.—Los escasos elementos comunistas que padecíamos, animados por el ambiente cada vez más hostil al régimen, dieron señales de mayor actividad. Tenía la seguridad de que Gabriel León Trilla había marchado a Rusia y que su compañero José Bullejos Sánchez no se encontraba en España; Joaquín Maurín y Andrés Nin, a pesar de sus propósitos de repatriarse, todavía se hallaban en el extranjero. Sin embargo, a primeros de julio supe, por un confidente, que Bullejos se encontraba actuando en Norte, posiblemente en Vizcaya; supe también que tenía propósitos de trasladarse a Madrid para organizar sus fuerzas dispersas y proseguir la activa campaña de agitación, iniciada por un tal Marino, entre el personal de la dependencia mercantil afiliado a una Asociación de carácter comunista, no muy numerosa por cierto, domiciliada en una casa de la calle Augusto Figueroa. La Asociación a que me refiero trataba de presentar a los patronos una propuesta de mejoras, consistente, en principio, en un aumento de salarios que comenzaba en cien pesetas mensuales a los dependientes de catorce años de edad, hasta llegar a un "tope mínimo" de quinientas pesetas a los que pasasen de los veintitrés.

A los pocos días de recibir el informe del confidente, tuve la evidencia de que Bullejos se hallaba en Madrid y buscaba contacto con los elementos revolucionarios, que en aquellas fechas no hacían ascos a nadie. Mientras tanto, unos ferroviarios que dirigían el periódico —apenas conocido— *El Norte Sindical,* se dedicaban con gran ardor a organizar dos "células" de las llamadas de "Empresa" en la Compañía de Caminos de Hierro del Norte, y ni qué decir tiene que lo consiguieron.

El día 20, en una casa de campo de las inmediaciones de Leganés, se reunieron representantes del Comité Ejecutivo del Partido Comunista, de la Juventud y células, con objeto de tomar acuerdos; a esta reunión no asistió Bullejos por temor a ser delatado, pero sí Adame Misa, un extranjero muy conocido, un estudiante y otros significados militantes; en total, unos veinte. Presidió la reunión Marino. Antes de entrar en lo que pudiéramos llamar "orden del día", se dirigieron duras censuras al Comité Ejecutivo por la poca escrupulosidad con que se administraban los escasos recursos que ingresaban, censuras que los del Comité rechazaron enérgicamente, entablándose una violenta disputa en la que se llegó a las manos. Con este motivo se dejó para nueva ocasión tratar del apoyo al movimiento revolucionario, de la manifestación que deseaban celebrar el 1° de agosto y demás asuntos.

El día 28, ya calmados los espíritus, volvieron a reunirse para expulsar a los que censuraron al Comité y tratar de las cuestiones pendientes; entre ellas figuraron: reanudar la publicación de *Mundo Obrero;* dar cuenta de los trabajos de organización en Toledo, Aranjuez y Mora; desistir de la manifestación de 1° de agosto, y, por último, sumarse a todo movimiento revolucionario, ya fuera de carácter republicano o sindical. Adame dio los más favorables informes de la situación en Andalucía para la ejecución de los planes del Partido.

En cuanto a los sindicalistas, sus gestiones durante el mes de julio fueron encaminadas, en primer término, a continuar la táctica de huelgas y a conseguir el traslado del Comité Nacional de la C.N.T. a Madrid, donde pensaban tirar el periódico *Solidaridad Obrera.* Es indudable que estos propósitos obedecían a estar más en contacto con el Comité revolucionario y restar elementos a la U.G.T., en cuyos Sindicatos existían bastantes militantes anarcosindicalistas, especialmente entre los albañiles y similares.

Las huelgas más importantes que estallaron durante el mes fueron las siguientes:

El día 2, la de fogoneros de barcos en Santander, que duró hasta el 9; la de los obreros del ferrocarril de Rivas al Santuario de Nuria, en la provincia de Gerona, que se resolvió también el 9, y las de veinticuatro horas, con carácter casi general, en Rentería y Pasajes.

El día 10, pararon los rastrilladores de esparto en Cieza, y el 11 los obreros de una mina en Langreo, huelga que no se resolvió hasta el 18.

El 17, en Málaga, el Sindicato de Ferroviarios Andaluces acordó ir al paro; pero, afortunadamente, se conjuró el conflicto.

Los anarquistas españoles refugiados en Francia tampoco permanecieron inactivos. El 27 se celebró en Perpignán un mitin para oponerse a la extradición de los fugados del penal de Figueras, Pons y Blanco. A este acto asistieron una docena de mujeres y unos ciento cincuenta hombres, de los cuales sólo cuatro o cinco eran franceses. Durante el acto, en el cual se pronunciaron discursos de gran violencia, se repartieron periódicos y hojas redactadas en español, francés e italiano.

Ese mismo día fue sorprendido un "Pleno" en las inmediaciones de París, del que dio cuenta nuestro embajador, en la forma siguiente:

"Desde hace algunos días venía siguiendo con gran sigilo esta Prefectura de Policía ciertos preparativos en los medios anarquistas. Estos trataban de la celebración de una gran reunión clandestina que debía tener lugar este domingo, encaminada a tratar de una próxima acción en España. La magnitud aparente de la reunión decidió al prefecto, habiéndolo así anunciado, a adoptar medidas extraordinarias, movilizando numerosas fuerzas de Policía para realizar el servicio de sorprender a los anarquistas que deberían congregarse fuera de París. Efectivamente, esta tarde, cuando estaban en los bosques de Vigneux, cerca de Villeneuve-Saint-George, 64 anarquistas, deliberando sobre la próxima campaña a realizar en España, las fuerzas de Policía los coparon, deteniendo a todos, 54 españoles y 10 franceses; entre los primeros hay algunos expulsados. En la reunión se trataba de la organización de agitación en España y de atentados en España y alguno en Francia, así como de la coordinación con elementos revolucionarios españoles. Todo este período último, tanto en confidencias tenidas por directas como en las que la Prefectura recibía, se apercibía movimiento en este medio anarquista español y trasiego de individuos procedentes de Bélgica, por lo que se concentró atención especial".

"Como resultado de las investigaciones, ha podido concretarse que los anarquistas detenidos en Vigneux trataban de organizar acción, habiéndose anunciado entre ellos que los libertarios de Perpignán y Toulouse están llevando a cabo propagandas activas a fin de agrupar todos los anarquistas españoles del Mediodía de Francia, y una vez esto realizado, ir haciéndoles entrar en España individualmente, dirigiéndolos, entre otras poblaciones, a Barcelona, Sevilla, Cádiz, Málaga y Zaragoza, con objeto de preparar campaña revolucionaria. Entre los anarquistas detenidos se encuentran siete que ya habían sido expulsados y que serán entregados a los Tribunales por quebrantamiento de decreto; otros trece, cuyas expulsiones serán decretadas inmediatamente; otros dos, cuyas expulsiones, decretadas ya, no habían podido ser notificadas por no encontrárseles, serán asimismo expulsados".

A este servicio de la Policía francesa, a mi juicio, se le dio una importancia excesiva. Según otros informes, el verdadero objeto de la reunión era dar cuenta a los anarquistas de las gestiones realizadas por el C.P.P. (Comité Pro-Presos) para celebrar en Madrid un gran mitin en favor de una amnistía por delitos sociales, al que intentaban asistir S. Faure, H. Rhyner, Oh. Malato y algún otro. Me afirmaba en esta opinión, no sólo la absoluta solvencia en estos asuntos de la persona que me dio el informe, sino el haber sabido poco después que se habían dirigido con anterioridad al N.P.P. (Nacional Pro-Presos) pidiendo con toda urgencia relación detallada de todas las causas, y especialmente de las del asesinato de Dato, bombas del Puente de Vallecas y las seguidas contra Shum y Elías García.

Mas no eran sólo dos comunistas, sindicalistas y anarquistas los que hacían cuanto podían por mantener la agitación en la masa obrera; también los socialistas procuraban fomentar el espíritu revolucionario en la U.G.T., lo que no era obstáculo para que estuvieran constantemente solicitando favores, que nunca les fueron negados, incluso sacrificando otras organizaciones que, como la Confederación Nacional de Sindicatos Libres, jamás provocaron un conflicto que no estuviera plenamente justificado. Esta norma de conducta, que hasta cierto punto inspiré, fue totalmente equivocada. Los socialistas... ¡Los socialistas! fueron los enemigos que con más encono atacaron al general Berenguer después de la caída de la Monarquía.

Las condescendencias con la U.G.T. provocaron cierto malestar en los "Libres". A calmar el justo enojo de dichos Sindicatos obedeció el viaje que hice a Barcelona el día 26. Y ya que de ellos hablo, voy a copiar los últimos párrafos de una carta que me remitió uno de los principales directivos, por los que se verá cómo enjuiciaba la Confederación de Sindicatos Libres .lo que entonces estaba ocurriendo. Decían así:

"...y a propósito de los *separatistas,* he de añadir que su actuación en Sabadell, apoyada por el "Único", dará por resultado la huelga general en Cataluña, a instigación de Luis Companys y otros sujetos por el estilo.

"Por si todo esto fuera poco, no faltan agentes que, en nombre de entidades financieras, se hallan muy interesados en jugar con las oscilaciones de la peseta. Supongo que a estas horas le habrá informado el señor gobernador de que le manifesté habíamos recibido proposiciones encaminadas a crear conflictos y producir alborotos, con la promesa de que seríamos secundados por el Sindicato Único abriéndonos un ilimitado crédito económico para llevar adelante el propósito. ¿No cree usted que estas mismas proposiciones habrán sido hechas a otras entidades?

"...Aquí, en España, no interesa el comunismo, sino el derrumbamiento de la Monarquía. Los republicanos, y los que con ellos simpatizan y a ellos se suman, son los perturbadores más eficaces. Y bien sabe Dios que no aludo a los republicanos sinceros, sino a los de última hora y de cálculo de mejor acomodo. No se le habrá escapado que estos días acaba de organizarse en Vizcaya el partido republicano autonomista; ya aquí contábamos con el de igual nombre. En Madrid tienen ustedes una legión de caballeros, todo lo respetables que se quiera, pero que, con una inconsciencia o una malicia que no he de calificar, se dedican a la tarea de relajar todos los vínculos sociales, quitar prestigio a la autoridad y asestar puñaladas al prestigio y a la economía de nuestro país. ¿Qué necesidad tienen ustedes de ir a buscar lejos los vínculos y las complicidades que tienen al alcance de la mano?"

¡Así hablaba un sindicalista! ¿Para qué comentarios?...

El día 30, aprovechando un automóvil que nos entregó la Hispano Suiza, regresé a Madrid, pasando por Lérida y Zaragoza. En ambas poblaciones, al menos aparentemente, la tranquilidad era absoluta.

CAPÍTULO XII

Lo que sucedió en agosto

UN VIAJE RÁPIDO POR EL NOROESTE DE ESPAÑA.—Comenzó el mes de agosto con bastante apariencia de tranquilidad, lo que me permitió hacer algunos viajes a las capitales cercanas a Madrid para inspeccionar sus plantillas de Policía gubernativa y de paso enterarme de la propaganda revolucionaria.

A mediados de mes recibí unos informes confidenciales en los que se me afirmaba que los trabajos llevados a cabo por los republicanos entre el personal de la Armada, del Departamento de Ferrol, marchaban por muy buen camino, siendo cada vez mayor el número de oficiales y clases comprometidos.

Para obtener una impresión personal, decidí hacer un recorrido por los puertos del Norte; puse como pretexto "oficial" mi deseo de seguir la labor inspectora que me había impuesto desde que me encargué de la Dirección de Seguridad. A tal efecto, salí en automóvil de Madrid el 15 por la mañana con el propósito, que realicé, de visitar León y Astorga e ir a pernoctar a Lugo.

Al día siguiente, 16, marché a Ferrol. Inmediatamente de llegar fui a visitar al capitán general del Departamento, que en aquella época lo era el almirante Magaz; éste me dio la impresión de ser persona recta, competente y enérgica. Nuestra entrevista versó única y exclusivamente sobre la propaganda revolucionaria: yo llevaba en mi carpeta datos bastante interesantes y alguna relación de comprometidos. El no desconocía y no dejaba de estar al tanto de los trabajos que se realizaban para soliviantar al personal a sus órdenes, aunque desde luego me aseguró nada había que pudiera alarmar; además, los barcos estaban todos ellos mandados por jefes de absoluta confianza y muy cuidadosos de la disciplina. No ignoraba que uno, destinado en una Comandancia de Marina de Galicia, se significaba mucho por sus ideas extremistas; mas entendía —y así opinaba yo también— que mientras por su conducta no se hiciera acreedor a una sanción, no era oportuno *tomar* medida alguna contra él, pues cada cual, en su fuero interno, podía pensar como le diera la gana. La propaganda, según él, sólo encontraba ambiente entre la gente joven, lo que coincidía con mis informes y atestiguaban relaciones que conservaba en mi poder.

Cerca de una hora duró mi conversación con el marqués de Magaz, con quien posteriormente mantuve una frecuente correspondencia, por la que pude apreciar una vez más el tacto, buen sentido y ecuanimidad de este almirante.

Cuando abandoné la Capitanía del Departamento, marché a saludar al gobernador militar en visita de cortesía, pues a pesar de mi destino civil, no olvidé nunca, mientras fui director de Seguridad, el respeto y subordinación que debía a los que eran jefes míos en el Ejército. Después de comer salí para La Coruña, disfrutando por primera vez en mi vida del delicioso paisaje que ofrece aquella costa de vegetación rica y exuberante, orgullo de sus pobladores y admiración de quienes la visitan.

Tan pronto llegué a La Coruña vino a saludarme el gobernador civil, señor Maraver, en aquellos días muy preocupado con el incremento que, especialmente en la capital, tomaba la C.N.T., dedicada de lleno a una acción perturbadora que encontraba gran ambiente entre los obreros, acción perturbadora que pocos días después dio sus frutos lanzando a una huelga poco tranquilizadora a todo el ramo de construcción. Ocurrió esto el día 20.

Después de una extensa conferencia con el señor Maraver, celebrada en el mismo hotel en que me hospedaba, me dirigí a la Capitanía General, donde fui inmediatamente recibido por el general Artiñano, al que conocía por haber sido jefe mío en el Regimiento de Bailén, allá por el año 1909. El general Artiñano veía la situación política francamente mal, al punto de que con su gráfica expresión de lenguaje, me dijo:

—Desengáñese usted, amigo Mola, que la Magdalena no está para tafetanes. Esto se va, y se va al c... Yo no sé si hay razón o no; pero el caso es que cada día es peor el ambiente contra la Monarquía. Desde luego a mí, como autoridad militar, sé a lo que me obliga el deber y lo cumpliré.

El general Artiñano, indiscutiblemente, tenía una clara visión de la realidad.

De madrugada salí para Oviedo con ánimo de visitar las cuencas mineras, Gijón y luego salir para Santander con objeto de dar cuenta al presidente del Consejo del resultado de mi rápido viaje y especialmente de mi entrevista con el almirante Magaz; pero a mi llegada a la capital de Asturias, el general Berenguer, por conducto de su secretario particular, teniente coronel Sánchez Delgado, me indicó la conveniencia de que me trasladase aquel mismo día a Madrid, adonde él iría también, al siguiente, en automóvil.

—¿Ocurre algo extraordinario?—pregunté.

—Sí, que el ministro de Hacienda ha dimitido—me contestó.

—¿Por qué causa?

—Por la nueva baja que ha experimentado la cotización de la peseta.

En efecto, la libra se había ofrecido en Londres por encima de 46.

Aquella tarde tomé el expreso en Gijón, sin casi haber tenido tiempo de ocuparme de la situación social ni aun siquiera de la Policía, que se hallaba en un estado lamentable de abandono debido a la falta de personal y pocas condiciones del comisario que actuaba de jefe. A la mañana siguiente estaba en Madrid. El Presidente llegó por la tarde.

La crisis se resolvió en el Consejo de ministros que se celebró el 19, pasando el señor Wais a ocupar la cartera de Hacienda y Rodríguez de Viguri a la de Economía. La cotización de la peseta mejoró notablemente.

AMENAZA NUEVAMENTE EL TERRORISMO.—A mi regreso de Asturias, el día 18, me encontré con una carta procedente de Barcelona que me alarmó. Me la enviaba un sindicalista que, por su seriedad y conocimiento de las cuestiones sociales, era persona cuyos juicios, la más elemental prudencia aconsejaba tomar en consideración. La carta abarcaba varios extremos; en su parte más interesante decía así:

"A nuestro juicio (la situación) es bien crítica y difícil. Seguramente no la ignorará usted, y, por nuestra parte, ya hemos dado conocimiento de cuando sucede y puede suceder lo mismo al señor gobernador que al señor jefe de Policía".

"Será conveniente, no dar a ello publicidad y en cambio simular desde las altas esferas oficiales una absoluta tranquilidad y confianza en la situación, que evite pánicos desagradables; pero no debemos incurrir en el peligro de creer en esa tranquilidad que, aparentemente, se declare".

"En Barcelona hemos llegado ya al momento de las "coacciones" a la luz del día. Es cierto, que Jefatura ha tomado medidas y que han sido detenidos algunos individuos que, con la única arma que puede rehacer a los anarquistas, la de la coacción y la agresión, han dado ya fe de vida. Y observe usted, imparcialmente, que esas detenciones, que tienen su origen en denuncias formuladas repetidamente por elementos patronales y por la misma prensa diaria local, se refieren siempre a individuos del Sindicato Único, que no pueden alcanzar las antiguas cotizaciones, más que volviendo a imperar por el terror".

"Detenciones que han de quedar seguidamente sin efecto, alientan más que entorpecen esa actuación de amenaza y de terror de los elementos anarquistas".

"Y no hemos de detenernos en esas coacciones ya registradas; es que, en Barcelona, ya se están organizando las "bandas" y ya hay más de un centenar de individuos viviendo de lo que ha de volver a ser el "terrorismo".

"No es esto sólo. Nuestra gente sabe y ve cómo (en Manresa por ejemplo) elementos del Único, con Pestaña a la cabeza, se reúnen clandestinamente cuando lo tienen por conveniente en parajes tan conocidos como el bosque "A cal Sañés" y el denominado "El Suaña". Es decir, que la reorganización de las "bandas" es pública y de ello hacen incluso ostentación para ir preparando el campo y sembrando el terror en los espíritus pusilánimes. Y sin embargo, seguimos viendo cómo lo mismo Pestaña que Peiró y sus secuaces, gente toda bien conocida y de la que hemos de ir publicando sabrosos antecedentes, actúan con toda tranquilidad, organizan las comisiones que han de llevar a cabo las coacciones a las puertas mismas de las fábricas e incluso de los domicilios particulares de los amenazados".

"Peligroso, muy peligroso es sin duda el intento de organización comunista que, por ahora, no ha pasado de intento casi frustrado; pero no lo es menos el hecho cierto de que los anarcosindicalistas se decidan a hacer resurgir el terrorismo. No le sorprenda, pues, que llame incesantemente su atención acerca de estos hechos tan graves, que han de traer demasiado pronto, días luctuosos si no se les pone freno a tiempo".

¡De nuevo aparecía en Cataluña la amenaza del terrorismo! Mi comunicante no exageraba. Así me lo confirmó el coronel Toribio, a quien comisioné para que, si no tenía inconveniente, se pusiera al habla con Alejandro Sancho, a fin de solicitar su opinión, lo que a mí me era imposible efectuar personalmente, porque otros asuntos de gran importancia me reclamaban de momento en Madrid y en algunas capitales del Norte.

Toribio se avistó con Alejandro Sancho, que no se mostró todo lo sincero que yo hubiera deseado. En primer lugar mintió asegurando que no mantenía relaciones con la C.N.T.; después afirmó ignoraba los propósitos terroristas, en los que decía no creer; por último, divagó sobre lo que llamaba la "absurda organización político-social actual". La burguesía, según él, lejos de tender una mano llena de "humanismo" al proletariado, trataba de explotarle cada vez más, llevándole a extremos de desesperación; el encono era ya tan grande, que no cabía un *statu quo.* Se imponía la lucha con todas sus consecuencias. El "arbitraje oficial" era una farsa, un comedero más inventado por la Dictadura para tener contentos a los socialistas; la "huelga" un sistema débil si no iba acompañada de la "coacción", que a veces no bastaban para ejercerla unos buenos puños. No habría paz social mientras subsistiese el capital, causa de todas las desdichas contemporáneas. Y terminó diciendo:

—He aquí mi opinión, a la que he de añadir lo siguiente: la Monarquía se derrumbará; tras de ella, si viene la República, desaparecerá también, y entonces es fácil que salga para los trabajadores españoles el sol de la Justicia. ¡La hora de la liberación se acerca!

La conferencia de la Granja Royal y las manifestaciones anteriores, me hicieron ver claramente cuál era la actitud de Alejandro Sancho. Decidí no molestarle más.

UN VIAJE A SANTANDER Y BILBAO.—El día 20 recibí una información en la que se decía que en San Sebastián habían coincidido significadas personalidades del partido republicano y algunos destacados elementos catalanes, invitados previamente por aquéllas. En la información se aseguraba también que unos y otros habían celebrado una conferencia, adoptando como consecuencia de ella un programa sobre la forma que en lo sucesivo debía desenvolverse la propaganda, sin que de momento se pudieran concretar detalles por la reserva que guardaban los asistentes al acto. En esa forma y con tan escasos pormenores recibí la primera noticia del que fue llamado después "El Pacto de San Sebastián".

Dos días más tarde, llegó a mi poder otro informe en el cual se daban algunos detalles de la conferencia, obtenidos por mediación de persona bien enterada. La reunión se había celebrado en el Casino republicano y a ella concurrieron, entre otros, los señores Alcalá Zamora, Lerroux, Azaña, Sánchez Román, Sasiaín, Ortega y Gasset (D. Eduardo), Carrasco Formiguera y Aiguadé; éstos últimos eran los "destacados elementos catalanes". En esa reunión quedó acordado emprender una activa campaña para derribar la Monarquía, aprovechando el malestar que se dejaba sentir en todos los órdenes de la vida nacional, aceptando todas las colaboraciones revolucionarias, fueran o no republicanas. Los catalanes —que iban muy bien aleccionados— sólo accedieron a prestar su concurso sobre la base de que, si llegaba a implantarse la República, ésta habría de reconocer a Cataluña su personalidad y dar satisfacción completa a sus aspiraciones, que no concretaron, lo que dio origen a bastantes reparos del señor Lerroux, conocedor mejor que nadie de la forma de proceder de los elementos extremistas catalanes. "Según me dicen —terminaba el informador— todo ha quedado prendido con alfileres, no obstante lo cual ellos se las prometen muy felices".

Di cuenta de estos hechos al ministro de la Gobernación y presidente del Consejo, pero, a decir verdad, en aquella ocasión ni ellos ni yo concedimos gran importancia a los acuerdos, tanto es así que el 23 acompañé al general Berenguer a Santander, donde estaba reunida parte de la Escuadra, que entonces, a pesar de los optimismos del almirante Magaz y del mismo ministro, vicealmirante Carvia, me tenía muy preocupado.

Llegamos el 24 por la mañana a Santander. Celebré varias conferencias con el gobernador civil, señor Díaz Caneja, que era persona de un tacto, energía, laboriosidad e inteligencia verdaderamente notables; él me confirmó en mis sospechas sobre la actitud de algunos elementos de la Marina, pero ni uno ni otro pudimos concretar "hechos" que pudieran servir de punto de partida para futuras actuaciones.

Por la tarde vino a saludarme al hotel donde me hospedaba don Gregorio Villarías, republicano de convicción, al que me unía muy buena amistad. Proyectamos una excursión rápida a Santoña, población a la que guardo gran afecto desde que preparé el batallón expedicionario de Andalucía que llevé a Melilla en los tristes días del año 21. Aproveché el paseo para explorar su estado de ánimo respecto a la situación política y le encontré invadido de un franco optimismo. Según me manifestó, había ingresado hacía poco en el partido radical-socialista y trabajaba en la provincia por conseguir aumentar el número de afiliados. "Sigo a Marcelino Domingo —me dijo— porque entiendo que de todas las primeras figuras del republicanismo, él es el más serio, el más sensato y el mejor orientado". He de advertir con toda sinceridad —aun cuando hoy los acontecimientos políticos le han alejado de mí— que he admirado siempre en el señor Villarías su reconocida buena fe, sensatez y excelente patriotismo: lo que decía, lo sentía de corazón.

Al anochecer, al regreso de Santoña, me enteré de que en Córdoba había estallado, casi por sorpresa, la huelga de albañiles, alentada por la C. N.T.

Al día siguiente, 25, en vista de que mis gestiones en Santander no daban resultado práctico alguno, decidí trasladarme a San Sebastián, haciendo noche en Bilbao, con ánimo de inspeccionar las obras que se llevaban a cabo para instalar una sección montada de guardias de Seguridad; mas una confidencia que juzgué interesante, recibida en el correo del 26, determinó mi regreso inmediato a Madrid. La nota, que directamente me envió el agente secreto, decía:

"En reunión celebrada por directivos partidos republicanos y socialistas en San Sebastián, se acordó la adquisición de armas para U.G.T. y C.N.T.; dos jefes militares han sido comisionados para la compra. Importa mucho celebremos entrevista por tener noticias interesantes que no puedo confiar al correo".

El 27, por la mañana, estaba en Madrid.

UNA CONFERENCIA Y VARIAS HUELGAS.—Aquella noche —la de 27— a la hora convenida, nos encontramos el confidente y yo en el mismo lugar de otras veces: en la calle del Cisne, frente a la iglesia de San Fermín. Era un sitio seguro por el escaso tránsito y, además, muy cerca de mi domicilio, lo que me permitía acudir a las entrevistas sin necesidad de hacer uso del automóvil oficial. Después de un breve cambio de impresiones, el agente secreto me habló así:

—Lo de San Sebastián ha sido asunto de importancia, porque, al parecer, se ha conseguido una inteligencia con los separatistas catalanes, que hasta ahora no habían querido saber nada de los "republicanos castellanos". Hecho el convenio, el movimiento revolucionario acordado podrá adquirir mayores vuelos, toda vez que, por mediación de Companys, que es el abogado, buscarán la colaboración del Sindicato Único, lo que conseguirán seguramente, no obstante presumir los directores de él de ser apolíticos: eso del "apoliticismo" de la Confederación son cuentos para distracción de incautos. Pero hay más: me consta por un buen amigo, metido en la Casa del Pueblo, que el partido republicano radical-socialista intenta la huelga general hacia el 1° de octubre, día más o menos, para lo cual se han dirigido a los socialistas, comunistas y anarquistas solicitando su cooperación. Besteiro y Largo Caballero no quieren jaleos, pero están apretando mucho Indalecio Prieto y De los Ríos, sin duda porque chupan menos que los otros. Si consiguen meter a los socialistas en el "ajo", claro está que arrastrarán a la Unión General de Trabajadores, pues todo es uno y lo mismo. Los comunistas desde luego han contestado que sí y los anarquistas, mejor dicho, los afiliados a la Confederación Nacional, esperan instrucciones del Comité Nacional que, como usted sabe, reside en Cataluña.

Luego prosiguió:

—Como consecuencia de la reunión de San Sebastián, dos militares han hecho gestiones en algunas fábricas de armas de Guipúzcoa para la compra clandestina de pistolas, pero tengo entendido —la noticia es de buena fuente— que han dado en "hueso"; sin embargo, parece que ahora andan pensando adquirirlas en "blanco"[71], lo que va a serles todavía más difícil, pues por lo visto necesitan un número crecido. Si esto tampoco diera resultado —que no lo dará— se harían gestiones en Francia o Bélgica y se entrarían de contrabando, bien por las fronteras, bien por el mar: no olvide usted que Micó es republicano y tiene barcos.

En verdad que las noticias, aun cuando interesantes, no justificaban mi urgente llamada a Madrid; pero al "colaborador" se le habían acabado los recursos... Esto era todo.

Al día siguiente di cuenta al ministro de la Gobernación de la conversación sostenida la noche anterior y algunos detalles más que me proporcionó el jefe de la División de Investigación Social. El general Marzo concedió a la información una extraordinaria importancia. Realmente la tenía, aunque todos procurásemos inyectarnos fuertes dosis de optimismo.

Mientras tanto, la agitación social seguía en toda España, aun cuando sin graves alteraciones de orden público hasta el día 30, en que la huelga que los albañiles sostenían en Córdoba se extendió al ramo de construcción y otros oficios, y la Guardia Civil se vio precisada a

---

[71] Armas sin afinar, pavonar y pasar por el banco de pruebas; carecen de marca y numeración. Su venta y circulación está prohibida.

intervenir haciendo uso de sus armas. Como resultado de las colisiones ocurridas entre los huelguistas y la fuerza pública, hubo que lamentar, entre otras bajas, un sargento de Seguridad herido por arma blanca y dos guardias contusos de pedrada.

El mismo día declararon el paro los obreros de la fábrica de boinas de Elósegui, en Tolosa, y los pescadores de San Sebastián y Pasajes.

El 31 salí para la capital de Guipúzcoa, con el fin de continuar mi interrumpido viaje por el Norte.

CAPÍTULO XIII

La tormenta amenaza

EL FINAL DE MI VAJE POR EL NORTE.—El día 1° de septiembre llegué a San Sebastián, donde la gente parecía estar más atenta a las diversiones propias de una playa de moda que a las tenebrosas conspiraciones políticas. Allí apenas eran conocidos los acuerdos de la famosa reunión del 17 de agosto, a la que, por otra parte, no se concedía gran importancia, incluso entre algunos republicanos: por lo visto la brisa marina no sólo amortiguaba los efectos de un sol abrasador, sino que también refrescaba el caldeado ambiente revolucionario. Los agentes secretos eran los únicos que se mostraban, sin excepción, firmes en sus juicios de que estaba acordado un movimiento para fecha próxima.

En la guarnición reinaba tranquilidad. De algún barco de guerra se habían destacado elementos para ponerse de acuerdo con los primates republicanos y ofrecer su apoyo personal. Era lo único que podían ofrecer.

Las huelgas de la provincia seguían su curso, y, en parte, no se resolvían por las intransigencias patronales. Fui testigo de una conversación telefónica bastante violenta entre el gobernador civil, señor Santaló, y uno de los principales propietarios que tenían planteado conflicto con sus obreros por obstinarse en adoptar una actitud poco condescendiente.

Aquel día se comentaba mucho en las tertulias políticas los incidentes de un mitin "upetista" celebrado el anterior en el teatro "Rosalía", de La Coruña, en el que habían tomado parte los señores conde de Guadalhorce, Calvo Sotelo y Primo de Rivera (José Antonio), con motivo del cual hubo protestas y altercados en los que tuvo que intervenir la fuerza pública. Lo que sucedió a estos señores allí y en alguna otra población —de la que tuvieron que salir poco menos que a uña de caballo—, como lo ocurrido a otros antes y después de tales sucesos, demuestra el espíritu de intolerancia de nuestro pueblo, o, mejor dicho, la falta de educación política, la carencia de un sentimiento verdaderamente liberal, principio básico para que pueda subsistir un régimen democrático. Y es lo triste y doloroso que son aquéllos que más blasonan de liberalismo los menos transigentes, y así ha podido darse el caso de que cierto diputado de las Cortes Constituyentes, de los que más de "izquierdismo" presumen, haya dicho en los pasillos del Congreso, sin recibir un abucheo general, que en España lo que se debiera gritar ahora era: "¡Muera la Libertad! y ¡Viva la República!"

La Policía de San Sebastián, debido a la incompetencia y poco espíritu del comisario, funcionaba detestablemente, al punto de que era ella la última en enterarse de los sucesos. Cuando la inspeccioné, únicamente encontré dos agentes que supieran darme noticias de algún interés sobre los asuntos sociales; de orden político, nada, absolutamente nada. La documentación, fiel reflejo del jefe... Confiar en elementos como éste —que, por desgracia, abundaban— era ir al fracaso y al descrédito.

El día 2 celebré varias conferencias de escaso interés, y el 3 pasé algunas horas en Pamplona, donde tuve un extenso cambio de impresiones con el gobernador militar, general Gil Yuste. Allí el estado de la guarnición era admirable.

Al día siguiente, di por terminadas mis gestiones y regresé a Madrid.

CONFIDENCIAS Y MEDIDAS DE PRECAUCIÓN.—En el mes de septiembre funcionaba ya con toda regularidad el "aparato" del servicio secreto. Casi diariamente recibía informaciones de Madrid y Barcelona, y periódicamente de las principales capitales de provincia. El movimiento revolucionario lo seguí muy de cerca; puedo asegurar que los acontecimientos no sorprendieron al Gobierno: todo se avisó con tiempo.

A mi regreso de San Sebastián, por la División de Investigación Social se me facilitó la nota siguiente:

"El Comité Nacional de la C.N.T., sin contar con la aprobación de los Regionales, pacta con elementos republicanos y militares, al objeto de llevar a cabo un movimiento revolucionario para derribar la Monarquía. Este Comité ha designado, para que le represente en Madrid, tres delegados: Salvador Quemades Barcia, que mantiene contacto con las juventudes radicales; Mauro Bajatierra Morán, que lo mantiene con los militares, y Rafael Vidiella Franch, con los republicanos federales. Entre los militares se señalan los comandantes de Aviación Franco y Romero.

"La organización (C.N.T.) tiene proyectado celebrar en esta Corte un Congreso y una Asamblea. En el Congreso seguramente se iniciarán los disgustos que existen en el seno de los organismos regionales, suponiéndose que en la Asamblea será destituido el Comité Nacional, fundamentando esta resolución en haber pactado con elementos políticos, sin recurrir al *referéndum* de los Comités Regionales, lo que está prohibido, según los acuerdos tomados en los "plenos" de la Confederación.

"El Comité Regional de Cataluña está descontento con el proceder del director del penal de Figueras, y se supone tratan de tomar represalias en su persona, que pudiera ser el asesinato".

Al general Berenguer contrarió extraordinariamente que el comandante Romero, a quien él distinguía y profesaba antiguo afecto, anduviese metido en esos trotes; para evitarle compromisos que tal vez pudieran acarrearle un serio contratiempo, pensó en alejarle de Madrid, contando previamente con su asentimiento: el compañero de Franco aceptó un mando en un apartado destacamento de Aviación.

Un agente informador que actuaba en Cataluña me facilitó la referencia que, *ad pédem litterae,* copio a continuación:

"En estos días han estado en Barcelona el comandante Franco, acompañado de otros dos militares llamados Sandino y Lacacy; éstos fueron esperados por el capitán de Ingenieros Sancho, encargado de las obras del puerto franco, quien les condujo a una clínica de obreros establecida en las cercanías del Paralelo, en una de cuyas habitaciones interiores les esperaban unos catorce o diez y seis individuos sindicalistas y separatistas, entre los que se encontraban Carbó y Peiró. Puestos al habla, se trató de dar forma práctica a la colaboración de los elementos militares en el movimiento obrero y republicano, nombrándose, después de larga discusión, Comisiones ejecutivas de unos y otros sectores, recayendo la de los militares en los señores Sandino, Franco y Sancho".

Del efecto que me produjo la conducta del capitán Sancho, no quiero ni hablar; pero no tardé en darle una lección, para que aprendiese de mí cómo debía corresponderse a una antigua, desinteresada y buena amistad.

Di cuenta al ministro de la Gobernación, con todo género de detalles, de las confidencias e informes recibidos. El general Marzo concedió a unas y otros extraordinaria importancia; hubo cambio de impresiones con el Presidente —que ya se hallaba de regreso—, y, desde luego, se acordó que, sin dar la voz de alarma, se tomasen algunas medidas de precaución, con objeto de que los acontecimientos, de producirse, no nos cogieran, como vulgarmente se dice, "en calzoncillos". Prevenir es siempre conducta prudente.

Después de mucho reflexionar sobre la extensión y características del probable movimiento revolucionario y tener en cuenta que en España las ciudades importantes ejercen una decisiva influencia sobre la población rural, se llegó a la conclusión de que todo acto de sedición o rebeldía que pudiera producirse, si se conseguía dominarlo en aquéllas, podía darse por abortado. Sentada esta hipótesis, se convino en tener preparada en las provincias la concentración de la Guardia Civil sobre las capitales y pueblos o nudo de comunicaciones más importantes, comisionándoseme para que dirigiera a cada gobernador una carta en ese sentido, quedando encargada la Dirección de Seguridad de preparar el trabajo.

No me pasó desapercibido —y así ocurrió— que tal determinación podía herir susceptibilidades de otros organismos; mas mi obligación era obedecer, y obedecí.

He aquí, como ejemplo, la carta que se dirigió al gobernador civil de Palencia:

"Mi distinguido amigo: Con objeto de tenerlo todo previsto para un caso de alteración de orden público, de acuerdo con el presidente del Consejo y ministro de la Gobernación, me voy a permitir pedirle unos datos para saber en todo momento la fuerza disponible con que podemos contar en un caso dado y darle algunas instrucciones para tener allanadas *a priori* las dificultades que puedan presentarse.

"Yo, que ya he sido testigo presencial de bastantes algaradas y hasta de algún movimiento revolucionario, tengo el convencimiento de que en España, a lo menos por ahora, contando con la Policía, fuerzas de Seguridad y como reserva la Guardia Civil, hay suficiente para cortar todo acto sedicioso o de rebelión; lo que hace falta es anticiparse a los acontecimientos y desde el primer momento contar con un núcleo de Guardia Civil que inspire respeto. Por otra parte, la experiencia demuestra que esos movimientos sólo adquieren gravedad en las capitales de provincia y cuando más en algún pueblo importante. Por lo que se refiere a la de Palencia, el problema es sencillo, por cuanto que en caso de alteración de orden público podría concentrarse la Guardia Civil en la forma siguiente: un destacamento en Venta de Baños y el resto en la capital, para atender la población y, en caso necesario, reforzar Valladolid. En vista de lo expuesto, le agradeceré que proceda con arreglo al plan que voy a indicarle a continuación:

"Primero. Puesto de acuerdo con el jefe de la Comandancia de la Guardia Civil, y como *idea de propia iniciativa de usted,* le requerirá para que en un plazo relativamente breve proponga un plan de concentración de todas las fuerzas del Instituto en la capital y localidad citada, utilizando los medios más rápidos y sobre la base de prescindir únicamente de aquellos destinos que fueran indiscutiblemente indispensables; para ello habrá de partirse de la fuerza en revista en primero del corriente.

"Segundo. Estudio de la situación de toda la fuerza en época normal; fuerza que pudiera concentrarse a las doce horas de recibir la orden; la que se tendría a las veinticuatro horas y tiempo que se tardaría en la concentración total.

"Tercero. Estudio de alojamientos para toda la fuerza y ganado, y utensilio que sería necesario pedir al Ejército en el caso de que la Comandancia no contase con el suficiente. Debe evitarse alojar la Guardia Civil en cuarteles ocupados por tropas, pues los guardias lo prefieren así.

"Una vez hecho cuanto le digo, me enviará a mí personalmente todos los datos en forma de estados lo más lacónicos posible, para por esta Dirección hacer el plan general y dar cuenta al ministro de la Gobernación. Todos los antecedentes que le pido conviene estén en mi poder antes del día 20 del actual.

"Si usted creyera que era conveniente atender a otros puntos, no dude en indicármelo, pues, como gobernador civil, sabe mejor que nadie las necesidades de la provincia.

"Sin otro particular por hoy, y rogándole la más absoluta reserva sobre el origen y motivos de estas medidas de previsión, que no son otros que los expuestos en mi carta anterior, se despide de usted atento s. s. y buen amigo, q. e. s. m., *Emilio Mola.* 8 de septiembre de 1931".

Aun cuando todas estas cartas se enviaron con el carácter de *personales* y *reservadas,* las instrucciones en ellas contenidas llegaron bien pronto a conocimiento del Comité revolucionario.

No era sólo de Madrid y Barcelona de donde recibía noticias dando por seguro el movimiento revolucionario: los agentes secretos de Bilbao, Valencia, San Sebastián, Logroño, etc., cuando no la misma Policía, cada vez iban concretando más detalles. A continuación copio, a título de curiosidad, algunos informes que me fueron facilitados en aquellos días.

DE BILBAO: "Los partidos republicanos, aliados con otros elementos antidinásticos, preparan un movimiento revolucionario que se producirá antes del día 5 de octubre, iniciándose en Madrid, con apoyo del Ejército, secundándoles las guarniciones de las principales capitales, entre éstas Bilbao, donde dicen los republicanos cuentan con la ayuda de los militares inferiores a coronel".

DE VALENCIA: "Por la Junta Militar Republicana se remitió una circular a distintas guarniciones, pidiéndoles su cooperación para un movimiento de dicho carácter, no contestando ninguna entidad militar afecta a esta Región; pues en Játiva, que quiso hacer ambiente el teniente coronel A., recibió una verdadera repulsa. Le consta también al que informa que en Tarragona, al leerse dicho documento, se significó en su apoyo el oficial I., y también se acordó rechazar el requerimiento".

DE SAN SEBASTIÁN: "Por elementos de altura se han celebrado reuniones en determinados días del mes de agosto próximo pasado, en esta capital y en el café titulado "Guría", acudiendo a las mismas en plan de clientes, para cambiar impresiones y tomar acuerdos, los siguientes señores: Ortega Gasset, Sánchez Román, Santiago Ballesteros, Miguel Maura, Ramón Franco, Joaquín del Moral, Ángel Galarza, Indalecio Prieto y el juez Abarrátegui. Con todos estos señores está muy compenetrado y lleva la voz cantante un tal Honorato de Castro; este señor blasona ante la "peña" de que la Policía no sospecha de él. El señor Ortega Gasset, Sánchez Román y Honorato de Castro, con el señor Asúa y un tal Aguado, tratan de levantar el elemento escolar en el mes de octubre, para que sirva de acto preparatorio a los fines que persiguen.

"He comprobado que uno de los militares que trató de adquirir armas clandestinamente en una fábrica de Guipúzcoa fue el comandante de

Aviación señor Franco. Las armas tratan de comprarlas actualmente en Francia; posiblemente en Hendaya".

De Logroño: "Después del mitin pro-presos celebrado el 24 de agosto, fueron llamados los oradores por el abogado D. Jesús Ruiz del Río, el cual los llevó a su despacho, donde les habló de los acuerdos tomados en San Sebastián. De ello, lo más importante es lo siguiente: No concurrir a las elecciones y consultar con los Comités del partido comunista, del socialista y de la C. N. T. Al efecto se nombraron tres comisiones, que fueron las encargadas de llevar a cabo estas consultas, que se han realizado por los señores Domingo, Prieto y Albornoz. Hacer la revolución política para fines del mes de octubre próximo, aprovechando el licenciamiento de la quinta que está en activo. Esto no quiere decir —razonaba el señor Del Río— que no contemos con el Ejército, pero mientras menos tropas veteranas, mejor. Tenemos preparados muchos uniformes militares —siguió diciendo— para mezclarnos con las tropas, si llega el caso de que parte del Ejército se ponga al lado del Rey, lo que no creemos, pues el movimiento lo queremos hacer en cuarenta y ocho horas a lo más. "Luego si contáis con el Ejército, ¿para qué buscar la colaboración de los comunistas y sindicalistas?"—preguntó uno de los allí reunidos—. "Pues porque no podemos tener absoluta confianza en todos los jefes y generales, y, si llega el caso, con las fuerzas obreras podremos triunfar, dándoles a ustedes las garantías que han pedido"—contestó—[72]. "¿Qué garantías piden los anarcosindicalistas y comunistas?"—insistió el mismo de antes. "Nosotros —repuso Del Río—, les hemos ofrecido puestos en las Cortes Constituyentes que la República convocará a los tres meses de proclamada; los representantes vuestros nos piden que señalemos el programa mínimo en la política económico-social y la disolución del Somatén, de los Sindicatos Libres y Católicos; en lo referente a lo primero, está en estudio, sobre lo demás hemos llegado a un acuerdo. Los comunistas y anarquistas sólo nos prestan su colaboración, a cambio de reconocerles legalmente sus partidos, siempre que el cambio de régimen se opere de una manera revolucionaria. Conozco el fundamento de estas condiciones (comenta en su informe el confidente, que era anarquista), y es que ellos lo que quieren es que se produzca el hecho revolucionario, para una vez en él llevar la revolución por otros derroteros distintos a los de una república burguesa". "¿Y los socialistas?"—insinuó otro—. "Indalecio Prieto —replicó Del Río— está con nosotros completamente identificado; cuenta con los socialistas y trabajadores de

---

[72] Los allí reunidos eran: unos anarquistas y otros sindicalistas.

U. G. de Vizcaya; el Comité ejecutivo del Partido Socialista y de la U.G.T. del resto de España no pueden contestar hasta que se celebre el Congreso de los organismos citados, pero Indalecio Prieto cree que es cosa hecha, y más cuando sepan tendrán más de un puesto en el Gobierno provisional". "Y de armas, ¿faltarán?"— volvió a preguntar el más entrometido—. "No —contestó Del Río—, pues los comunistas y anarcosindicalistas tienen bastantes, pero para esa fecha tendremos muchas más, porque saben ustedes que el comandante Franco se ocupa de esto y contaremos con todas las que necesitemos". Al día siguiente, Del Río añadió que en los pueblos pequeños los republicanos y elementos obreros se limitarían a declarar la huelga general y tirar cuatro tiros para alborotar, con el fin de que las fuerzas que en los mismos existan no puedan desplazarse a las grandes poblaciones".

A mediados de septiembre sabía perfectamente el Gobierno la tormenta que se le venía encima. En esa fecha obraba en mi poder una relación de militares y marinos comprometidos que pasaba del centenar; entre ellos figuraban algunos generales, incluso que eran gentiles hombres. Mas el carácter bondadoso del general Berenguer era un obstáculo para la adopción de medidas preventivas de garantía; tan sólo en muy contados casos, y ante hechos intolerables denunciados por las autoridades como graves, se impuso alguna sanción gubernativa sin importancia. Quizá no creyera que el Cuerpo de oficiales, al cual había tratado con excepcional cariño desde que se hizo cargo del Ministerio del Ejército, le volviese la espalda en momentos difíciles. Sabía, eso sí, que el comandante Franco, por su modo de ser ególatra y rebelde, no era posible esperar permaneciese inactivo en caso de un movimiento: por eso trató de anularle. ¿Cómo? He aquí sus órdenes:

—A Franco vigílelo —me dijo una mañana en su despacho—; vigílelo, procurando causarle las menores molestias. Llegado el movimiento, si se produce inopinadamente, o días antes, si logramos saber la fecha con precisión, lo detiene usted con cualquier pretexto, para evitar tome parte en él, pues sería para mí una gran contrariedad verme obligado a proceder contra ese chico, que es capaz de cualquier tontería.

Algunas semanas después, providencialmente apareció el pretexto y fue detenido, lo que explicaré con todo detalle a su debido tiempo.

El 24, uno de nuestros más leales agentes secretos daba al jefe de la División de Investigación Social una confidencia, que se me pasó al día siguiente, 25, en una nota que decía así:

"Ratifica el informador cuanto tiene dicho en relación con el movimiento revolucionario con el fin de implantar la República. No obstante las dudas que se le indicaron en relación con la cooperación al mismo de elementos del partido socialista, se afirma en que, si no todo éste, importantes y significados elementos están comprometidos en el proyectado movimiento. Asimismo, asegura que la parte militar será dirigida por cinco generales, de los que no tiene otras noticias que las de ser concurrentes al Ateneo Científico y Literario. Este movimiento se trató de iniciarlo el 27 de los corrientes, pensando que el Gobierno tendría concentrada su atención en la Asamblea republicana organizada para el día 28, y obrar por sorpresa. Desacuerdos sobre la fecha de actuar, hizo se aplazara la indicada para el movimiento, siendo hoy el plan acordado como sigue: Arreglar todos los conflictos sociales que en la actualidad existen; declarar la huelga general en toda España, y antes de que transcurran veinticuatro horas de este paro, echar las tropas con que cuenten a la calle. Caso de haber un paro de veinticuatro horas sólo en Madrid, nada tendrá que ver con el proyecto revolucionario, toda vez que será únicamente para hacer presión sobre el Gobierno en relación con la solicitada amnistía de presos político-sociales. Existen muchas probabilidades de que se sume a este movimiento la C.N.T., pues ya han hecho saber los dirigentes que "considerándose fuerzas revolucionarias, les prestarán su apoyo". Antes de iniciarse estos hechos, se tirará un manifiesto que circulará secretamente entre los comprometidos, del que tendremos un ejemplar con la posible antelación".

EL LEVANTAMIENTO DE LA CENSURA Y LA PROPOGANDA POLÍTICA.—No obstante las noticias poco satisfactorias que a diario daba al Gobierno —y que algunos ministros creían eran exageraciones policiales—, el general Berenguer, firme en su propósito de volver cuanto antes a la normalidad, decidió levantar la censura de Prensa, lo que se realizó a mediados de mes, salvo en Bilbao y Barcelona, que se retrasó algunos días a consecuencia de las huelgas planteadas. Y para que el lector se dé cuenta de la buena fe que animaba al Gobierno, basta saber lo que se les ordenaba a los gobernadores civiles en la circular número 75 del Ministerio de la Gobernación de fecha 19 de septiembre, de la cual es el siguiente párrafo: "...procederá a recoger la tirada (de los periódicos) si aparecen en ellos artículos o sueltos tratando de cuestiones *definidas bien como delitos* en la Circular de la Fiscalía del Tribunal Supremo inserta en la *Gaceta* de ayer, poniéndolos a *disposición de la autoridad judicial inmediatamente"*. ¡Nada se dejaba, por tanto, al arbitrio gubernativo! Pero la rectitud en el proceder, la sinceridad y espíritu de concordia, no las reconoce la opinión pública cuando se halla envenenada por la pasión: así ocurrió entonces.

Al mismo tiempo que la libertad de Prensa, se concedió con gran amplitud la de propaganda política; mas los elementos antimonárquicos con sus excesos y los que no lo eran con su pasividad, crearon un ambiente de coacción impropia de un pueblo culto, lo que dio lugar a que se repitieran con lamentable frecuencia sucesos tan reprobables como los ocurridos en La Coruña el 31 de agosto, de los que voy a citar un par de ellos que en este momento se me vienen a la memoria.

El día 7 fueron agredidos en Valladolid el doctor Albiñana y algunos amigos que le acompañaban, los cuales habían ido a dicha capital para asistir a una fiesta organizada por la Unión Monárquica y el Partido Nacionalista en honor del Ejército. En esa misma fecha eran apedreados en Lugo los señores Calvo Sotelo y Primo de Rivera (José Antonio), así como el hotel Méndez Núñez en que se hospedaban, dando lugar a que interviniera la fuerza pública, la cual, al ser también agredida, se vio precisada a disparar, haciendo tres heridos.

Como consecuencia de los últimos hechos que acabo de relatar, hubo protestas contra las autoridades, protestas que degeneraron en una huelga general de cuarenta y ocho horas el día 22, con repercusión en Santiago y otros puntos de Galicia. La huelga de Lugo se reprodujo el 26.

Lo censurable en todos estos sucesos es que los verdaderos inductores tuvieron buen cuidado de operar sin dar el pecho, y tal vez alguno de ellos debiese a la Monarquía su nombre político y hasta su desahogada posición.

La hostilidad que encontraban los propagandistas simpatizantes con el régimen establecido y especialmente los afiliados a la Unión Monárquica Nacional —nuevo nombre de la Unión Patriótica— se trocaba en simpatía para los republicanos y socialistas. Figuras destacadas de estos partidos iban de un éxito en otro mayor. ¿Realmente España había dejado de ser monárquica? No lo sé, no puedo afirmarlo; pero así parecía. Desde luego la animosidad contra el Rey era un hecho evidente; esa animosidad se iba extendiendo a todas las personas y organismos que tenían más o menos relación con él. Su propia familia fue objeto de ataques groseros incluso en Centros que presumían ser la flor y nata de la intelectualidad, de la cultura...

¿Cuántos fueron los actos de propaganda política en el mes de septiembre? Muchos, muchísimos, de los que sólo uno —al menos que yo recuerde— tuvo carácter monárquico: me refiero al celebrado en el teatro Alkázar el día 14, donde hablaron, entre otros, los señores Dimas Madariaga y Ramiro de Maeztu. De propaganda republicana hubo un banquete en Torrelavega el 7, en el que pronunciaron discursos los señores Ortega y Gasset, Albornoz, Unamuno y Recasens; el 18, en el frontón Betis, de Sevilla, dio una conferencia el señor Alcalá-Zamora durante el cual atacó a la Dictadura y dijo no tenía confianza en las elecciones, que aseguró se harían sin garantías; el 22, en el Cinema Europa, de Madrid, celebró un acto el Partido Socialista en el que hablaron Saborit y Besteiro; en Sevilla, ese mismo día, el señor Albornoz calificó las futuras elecciones de "diversión estratégica"... Pero el acto "cumbre" fue el que tuvo lugar en la plaza de toros de Madrid —al que se llamó "mitin de solidaridad republicana"—, en el que tomaron parte los señores Martínez Barrios, Azaña, Marcelino Domingo, Alcalá-Zamora y Lerroux.

A propósito de este mitin, he de hacer constar que tuve noticias, por conducto muy autorizado, de que los elementos del Ateneo de Divulgación Social, integrado por anarquistas, anarcosindicalistas y comunistas —éstos últimos muy molestos por haber sido detenido Bullejos con otros significados militantes—, intentaban aprovechar la salida del público que asistiera al acto para provocar alborotos y cometer todo género de desmanes, lo que traté de evitar y evité —con la aprobación del ministro de la Gobernación— realizando un verdadero alarde de fuerzas [73]. ¡Ojalá se hubiera hecho lo mismo con ocasión del entierro de las víctimas del hundimiento de una casa de la calle de Alonso Cano!

La intensa campaña emprendida por los republicanos y socialistas minaba indiscutiblemente los cimientos del régimen, mas con ser mucho lo que con ella se lograba, no era lo que producía los mayores socavones; tal tarea corría de cuenta de algunas de las primeras figuras políticas de la Monarquía, que en su ambición de escalar el Poder o hacer méritos por si "lo temido" ocurría, lejos de apoyar con sinceridad al Gobierno, procuraban ponerle todas las dificultades posibles, adoptando posturas de más o menos encubierta censura. Verdad es que D. Alfonso no tuvo habilidad para atraerse al Ejército, pero no es menos cierto que anduvo todavía más desafortunado en saberse rodear de consejeros leales, y así no es de extrañar, que en los difíciles momentos porque se atravesaba en el mes de septiembre, celebrasen una reunión en Hendaya los señores conde de Romanones, marqués de Alhucemas, Alba y Villanueva para sentar el criterio de que las elecciones municipales y provinciales debían preceder a las de diputados a Cortes, criterio que hicieron prevalecer los dos primeros al constituirse el Gabinete Aznar, y ¡así salió ello! Tengo la seguridad de que en el desconsolador destierro, el ex Rey, al meditar, al repasar recuerdos de los últimos años de su reinado, se le aparecerán esos dos hombres como una pertinaz pesadilla, zumbándole en los oídos la doble voz del marqués muerto en vida, al mismo tiempo que, en el espacio,

---

[73] Esta exhibición de fuerzas fue aprovechada por un orador para decir que el Gobierno tenía ametralladoras escondidas y dispuestas a hacer fuego. Las ametralladoras no salieron, entre otras razones, porque los sirvientes, pertenecientes a la Guardia Civil, desconocían su manejo.

como un espectro grotesco, danza la triste figura del conde vivo hasta más allá de la muerte... Si me fuera permitido, lanzaría la iniciativa de que la República rindiese un homenaje de gratitud a estos dos ilustres políticos españoles, que tanto contribuyeron a su advenimiento. Lo digo sin ironía.

LA AGITACIÓN SOCIAL EN SEPTIEMBRE.—Si activa fue la propaganda política en el mes de septiembre, no lo fue menor la agitación social; sólo los comunistas en Madrid se mostraron algo desorientados con la detención de José Bullejos.

Los conflictos sociales, provocados en su mayor parte por la C.N.T., menudearon, teniendo que intervenir en algunos la fuerza pública, afortunadamente sin graves consecuencias. Hubo huelgas graves de carácter general —además de las ya mencionadas de Lugo y Santiago— en Barcelona, San Sebastián, La Coruña, Orense, Pontevedra, Rentería y Pasajes; parciales en algunas minas de Asturias, Cádiz, Bilbao, Málaga, Granada, Tarrasa y Alcoy.

Respecto a la labor que se hacía por los elementos comprometidos en el movimiento revolucionario para atraerse a todas las organizaciones obreras, es buena prueba la carta de fecha 27 que recibí de un afiliado al Sindicato Libre, de la que copio a continuación sus párrafos más interesantes, por los que verá el lector, de paso, las andanzas en que se metió Alejandro Sancho.

Habla en primer lugar, mi comunicante, de un individuo, perteneciente a la logia del Gran Oriente Catalano-Balear, que en aquellos días salió para Ginebra con objeto de asistir a una conferencia a la que debían también concurrir, entre otras, dos personas procedentes de Madrid. Luego dice:

"Se conoce que se trabaja con una gran actividad, porque hace pocos días un individuo, elemento militar, colocado en el puerto franco de Barcelona, en la Sección de arenas, que antiguamente formó parte, cuando la Dictadura, como vocal de la Comisión del Motor, (le doy todos esos antecedentes porque no recuerdo bien el nombre, aunque me parece recordar que me dijeron llamarse Sancho) habló con un afiliado nuestro que es presidente de la Federación Nacional de la Industria Textil y Fabril, anunciándole que los elementos de izquierda, tanto políticos como anarquistas y comunistas, habían visto con gran simpatía la actitud adoptada por la Confederación Regional absteniéndose, con su pasividad, de intervenir en ningún sentido en el movimiento del ramo de construcción [74], asegurándole que, de mantenerse aquella actitud, si como esperaban triunfaba el movimiento revolucionario, que tan próximo estaba, se nos guardaría el debido respeto".

"Dicho individuo continuó diciendo que para el movimiento revolucionario, tantas veces aludido, se cuenta con buena parte de la Aviación, Artillería, bastante de Caballería y un núcleo importante de la Marina. Todos estos datos los podrá usted comprobar mejor que nadie. También se dijo que se ha llegado a ¡la coincidencia absoluta entre los políticos de izquierda y que además tienen asegurada su colaboración en él, de anarquistas y comunistas, para los que es de capital interés la sustitución del régimen: es en lo esencial que coinciden estos últimos elementos con los políticos "burgueses": sustitución de la Monarquía por la República. Por todos los datos que yo tengo, se deduce terminantemente que la persona que ha concitado todos los odios y contra la que principalmente se dirigen unos y otros es contra Don Alfonso, y si aún no se ha perpetrado ningún atentado, es porque quizá creen que sin llegar a él saldrán airosos de la empresa a la que con verdadero tesón se han entregado".

"Que el fin revolucionario se persigue, es irrebatible. Un día antes de que los anarquistas decidiesen ir al arreglo en lo del "Fomento de Obras y Construcciones", un elemento comunista, llamado Rodríguez, que aunque aparece al margen, goza de indudable influencia entre aquéllos, se entrevistó con destacados compañeros de las Juntas directivas de los diferentes Sindicatos y Servicios Públicos (gas y electricidad), que pertenecen en su totalidad a nuestra organización, haciéndoles la proposición de que por parte del comunismo se reconocería públicamente en su prensa oficial a los Sindicatos Libres como entidades obreras con las que precisa contar para toda acción de conjunto en favor de los intereses de los obreros y de la causa revolucionaria, a cambio de que dichos Sindicatos tomasen el acuerdo de secundar el movimiento general que se iba planteando, con la excusa de prestar solidaridad a los huelguistas del Ramo de Construcción, y que en el fondo no era otra cosa que un movimiento neta y esencialmente revolucionario. Nuestros compañeros se negaron a ello diciendo que sometidos a la disciplina de la Confederación Nacional de Sindicatos Libres, no seguirían más norma de conducta que la

---

[74] La huelga del Ramo de Construcción de Barcelona, sin ser aceptada por los Libres, fue secundada ante el temor de ser víctimas de agresiones de los afiliados al Único, tratando con ello de evitar choques sangrientos entre ambas organizaciones.

que señalara ésta, y que cualquier acto de represalia que contra ellos se adoptase para coaccionar su libertad, sería reprimido en la misma forma que se produjese, porque estaban dispuestos a no someterse a autoridades ajenas o extrañas a las conscientes y responsables de nuestra organización. Se estaba dispuesto por los comunistas a parlamentar con la propia Confederación, siempre que las Juntas directivas asegurasen la simpatía a tales gestiones. Pero nosotros estimamos improcedente todo parlamento que no fuese precedido de una declaración de que se nos había ofendido antes injustamente. La relación, por este motivo, se ha suspendido".

En los días que yo recibí esta carta, andaban por Madrid Ángel Pestaña, Eusebio Carbó y Pedro Massoni, con objeto de estudiar nuevamente el traslado de *Solidaridad Obrera,* entonces muy boyante por haberse incautado el primero de los citados, de las tres quintas partes (15.000 pesetas) de los fondos de los Sindicatos de Manresa, no sin que antes mediasen discusiones bastantes violentas.

En estas condiciones entramos en el mes de octubre, en el que no faltaron preocupaciones, sobresaltos y medidas adoptadas con oportunidad.

CAPÍTULO XIV

PROSIGUE LA LABOR REVOLUCIONARLA

LA SITUACIÓN EN LOS PRIMEROS DÍAS DE OCTUBRE.—El mitin celebrado en la plaza de toros de Madrid a finales de septiembre colmó el optimismo de los republicanos y demás elementos que se les habían unido para acabar con la Monarquía. De tal estado de cosas, parecía no se daban cuenta los jefes de las principales fuerzas políticas afectas a ésta, pues si bien es cierto que los propugnadores del sistema dictatorial seguían con ahínco su propaganda, más lo efectuaban en defensa del procedimiento de gobierno que implantó el general Primo de Rivera, que del régimen que representaba D. Alfonso. Sin embargo, justo es reconocer en ellos que fueron los únicos que demostraron entusiasmo y valor, ya que después de los fracasos obtenidos en Galicia —fracasos muy relativos y que con tacto y prevención de las autoridades se hubieran podido evitar—, se lanzaron nada menos que a Bilbao, donde los elementos perturbadores contaban con el máximo poder.

Como son datos curiosos, voy a copiar parte de dos notas que en aquellos días me enviaron dos agentes del servicio secreto que allí funcionaba, por las que verá el lector las "buenas ideas" que abrigaban los elementos extremistas, animados, desde luego, por los que no lo eran. Helas aquí:

"Síguese asegurando con insistencia que la llegada de los propagandistas de la U.M. ocasionará disturbios, pues los elementos antidinásticos, especialmente los republicanos y comunistas, piensan oponerse a la celebración de los actos anunciados para el día 5, por medios violentos. Los comunistas, sindicalistas y obreros vascos, realizan trabajos para ir a la huelga general el sábado, día 4, como protesta al anunciado viaje de los de la U.M. y adhesión a los obreros de Lugo y Santiago".

"... Éstos (unos conocidos anarquistas y comunistas) y una porción más, cuyos nombres iremos conociendo, los veo casi a diario; tienen pistolas automáticas y siempre están buscando motivos para huelgas con el solo objeto de armar camorra; ayer mismo (30 de septiembre) el Ibáñez llevaba una de marca belga. Para mañana tenemos que reunimos y tomar acuerdos sobre el viaje que la Prensa de ayer anuncia de los de la U.M.N., pues todos los de la Juventud quieren preparar un atentado y evitar que estos señores entren en Bilbao, y si entran procurar que ya en el teatro en que hablen o en el hotel donde se hospeden atentar contra ellos y hacer una barbaridad".

No obstante los trabajos del gobernador civil, señor Cabrera, la U.G.T. acordó la huelga general por veinticuatro horas, la que se inició el sábado, día 4, celebrándose a pesar de ello el mitin el 5, sin ocurrir incidentes y con selecta concurrencia. Ya de madrugada hubo una colisión entre los huelguistas y la Guardia Civil, de la que resultaron un muerto y varios heridos, colisión que sirvió de pretexto para que el paro se prolongase hasta el 7.

La descomposición, provocada por unos y alentada por otros, daba sus frutos con indiscutible quebranto del régimen, y lo que era peor, de la economía nacional y del concepto exterior. Un día se resuelven las huelgas de Santiago, Pontevedra y Orense, pero estalla otra en Túy; al siguiente son los estudiantes de Barcelona los que se creen en el deber de no entrar en clase so pretexto de las medidas adoptadas con el señor Maciá; luego es en Bilbao, y en Valencia, y en Vitoria, y en Logroño, y hasta en Málaga donde ocurren paros de carácter marcadamente revolucionario... Sucede esto en momentos en que el Gobierno se halla preocupado con cierta agitación que se nota en los Cuerpos de Correos y Telégrafos que, impacientes por las mejoras que anhelan, andan en trabajos para provocar un grave conflicto: una huelga general.

Sin embargo, el peligro de un movimiento revolucionario extenso parecía conjurado en los primeros días de octubre: sin duda las cosas no estaban lo suficientemente preparadas o no se consideraba oportuno el momento. Mientras tanto, se dictaban instrucciones para hacer fracasar toda revuelta y se intensificaba la labor de investigación secreta. Los confidentes, cada vez más en contacto con la organización revolucionaria, me daban referencias de inestimable valor: por ellas me enteré de que en agosto habían acudido a San Sebastián, para ponerse de acuerdo con el Comité revolucionario, Progreso Alfarache y Rafael Vidiella, delegados de la C.N.T.; por ellas me enteré también de que la Asamblea de la C.N.T., que estaba anunciada para el día 15, quedaba suspendida a causa del movimiento preparado para la segunda decena del mes; por ellas supe quién trajo a Madrid, desde Bilbao, los paquetes de impresos que contenían el discurso que Indalecio Prieto pronunció en el Ateneo Científico y Literario; por ellas vine en conocimiento de ciertas gestiones realizadas para arbitrar recursos acudiendo a capitalistas correligionarios, grandes especuladores y hasta Bancos con la garantía de determinados propietarios; por ellas llegué a saber cómo iban a adquirirse las armas, que se encargarían de alijar el consignatario Micó y su amigo Marco Miranda... A pesar de todo, faltaba mucho por averiguar.

La carta que copio a continuación, que con carácter circular remití a todos los gobernadores con fecha 3 de octubre, indica, aparte su finalidad de hacer un cómputo de las fuerzas obreras, cómo se apreciaba la situación en aquellos días. Esta carta y todas las que dirigí a las autoridades civiles mientras fui director de Seguridad, fueron antes aprobadas por el presidente del Consejo y ministro de la Gobernación. Decía así:

"Mi distinguido amigo: De las informaciones recibidas durante el mes de septiembre, del estudio de la génesis y desarrollo de los principales conflictos sociales, de la observación sobre la actividad y orientación de los partidos políticos extremos, y, por último, del ambiente recogido durante mis últimos viajes, he formado un juicio personal de la situación político-social, que creo de mi deber exponer a usted, pues quizá le sea interesante, rogándole al mismo tiempo tome con el mayor interés la investigación que al final de esta carta le encargo.

"La situación es difícil; pero afortunadamente el conocimiento que tenemos de ella permite hacer frente a cualquier conflicto y que haya tiempo de tomar medidas para evitar sorpresas desagradables. Es indudable que el odio a la Dictadura ha traído como secuela un agudizamiento del republicanismo español, hoy incrementado con los eternos descontentos y con cuantos sufrieron los rigores del régimen excepcional. La nación, indiscutiblemente, odia la Dictadura, aun cuando, desgraciadamente, el proceder de las masas parece la está llamando a voces.

"Por mucha saliva que gasten los directores del republicanismo en asambleas y mítines y por excesiva que sea la producción de las rotativas a su servicio, nada han de poder si no cuentan con elementos de acción; estos elementos, que juzgo indispensables para el éxito de un movimiento, son los siguientes: el Ejército, la Marina y la masa obrera.

"Respecto al Ejército y Marina, puede afirmarse hoy que no ha llegado todavía el momento para temer que las guarniciones, ni aún los barcos, se sumen al movimiento revolucionario que pueda provocarse; es más, de seguir las cabezas exaltadas del republicanismo haciendo alardes de antimilitarismo, cada vez estará más segura la lealtad del Ejército y de la Marina al régimen actual, pues tan preclaros aspirantes a la gobernación del Estado, no han sabido ver cuál es el verdadero problema de los Cuerpos armados. No se excluye con lo dicho la posibilidad de algún chispazo aislado que, como es lógico, no tendría más consecuencias que el escándalo consiguiente y poner al Gobierno en trance de emplear procedimientos de corrección tan dolorosos y lamentables como necesarios [75].

---

[75] La cuestión militar la trataba con cierto pesimismo en la minuta que le leí al general Berenguer, pero éste juzgó más acertado no dar cuenta de la verdadera

"La masa obrera, y en particular las organizaciones integradas por anarquistas, anarcosindicalistas y comunistas, son materia propicia a la revuelta y a la acción, no porque les interese un cambio de régimen "monárquico-burgués" por otro "republicano-burgués", sino porque rotos los diques que mantienen el estado social actual y sumida la nación en el caos de la revolución, saben perfectamente lo difícil que sería volver las masas a la disciplina, y, como por otra parte, a través de la crisis, sólo las organizaciones obreras habrían ganado en fuerza y prestigio, el momento sería llegado de instaurar un régimen proletario... Realmente parece mentira que hombres de experiencia y cultura hayan caído en la tentación de ir a buscar el apoyo de la C.N.T. para hacer la revolución; mas, desgraciadamente, así es.

"El régimen de imparcialidad que se impuso el Gobierno actual al ocupar el Poder, permitiendo la tolerancia de propaganda política y social, la libertad y asociación en todos los órdenes y la neutralidad ante el desarrollo de las organizaciones obreras, ha permitido a la Dirección General de Seguridad estudiar la evolución y orientación de cada una de ellas y hoy ya, el Gobierno, con pleno conocimiento de causa, está en condiciones de resolver ante la realidad, marcando el plan a seguir.

"Confederación Nacional del Trabajo, Unión General de Trabajadores, Confederación de Sindicatos Libres y Sindicatos Católicos, son las asociaciones obreras más importantes de España. De todas ellas, la primera, tiene bien definida su actitud: "acción directa", "revolución", "vida al margen de la ley" y como final el "comunismo" o la "anarquía". Por natural instinto de conservación, la sociedad tiene que aprestarse a defenderse; el Gobierno por su parte puede contribuir de una manera casi decisiva a esta acción apoyando —dentro de una neutralidad oficial— a las organizaciones que, sin hacer renuncia de sus reivindicaciones, aspiren a mantenerse dentro de la legalidad, al mismo tiempo que dificulte con los medios que tiene a su alcance el desenvolvimiento de las que, como la C.N.T., quieren a todo trance vivir fuera de ella. La acción del Gobierno merece detenida meditación y no se hará esperar.

"Para mayor ilustración de usted he de advertirle que la C.N.T. está adquiriendo, sobre todo en Cataluña, gran incremento y hasta es posible que durante la huelga sostenida en Barcelona con la Sociedad "Fomento de Obras y Construcciones" haya habido elementos "burgueses" que han

---

situación, que entendía era susceptible de mejorar rápidamente por la acción personal de los capitanes generales y por la simpatía que él creía inspiraba a la oficialidad.

simpatizado con los obreros, debido sin duda a creer que la generalización de dicha huelga podría ser el primer cartucho quemado de una revolución que traería la República y con ella la satisfacción de sus aspiraciones catalanistas (autonomía o separatismo), ya que es público hoy que en la reunión celebrada en agosto en San Sebastián, se acordó de plano resolver lo que ellos llaman "problema catalán" si la República llegaba a ser un hecho. La Unión General de Trabajadores no es fácil pueda ser arrastrada a un movimiento revolucionario, dirigido por la C.N.T., y respecto a la Confederación de Sindicatos Libres y Sindicatos Católicos, es indudable que han de apoyar al Gobierno.

"Ahora bien, para saber en todo momento la fuerza efectiva de unas y otras organizaciones en toda España, que han de servir de base al Gobierno para marcar una orientación bien definida, es decir, para ejercer la "acción de Gobierno" a que antes he aludido, urge que en esa provincia se haga un estudio lo más completo posible de las asociaciones obreras, indicando el número de Sociedades, su significación y masa global; y para facilitar el examen por esta Dirección, le ruego tenga la bondad de ajustar el referido estudio al formulario que le incluyo.

"Sin otro particular por hoy y rogándole me dispense la extensión de esta carta se despide etc., etc."

ABORTA UN MOVIMIENTO REVOLUCIONARIO.—Desde hacía algún tiempo, como ya he dicho anteriormente, preocupaban las andanzas del comandante Franco, no porque se le creyera apto para dirigir una sublevación, pues para ello le faltaba inteligencia, prestigio y otras condiciones indispensables; pero sí se le consideraba capaz de tomar parte en cualquier movimiento revolucionario, ya fuese republicano, sindicalista o comunista: la cuestión era dar satisfacción a sus sentimientos de despecho, reavivar la popularidad y hacer olvidar con un gesto simpático a la galería el fracaso de la última expedición que intentó realizar. El Gobierno, por su parte, quería a todo trance evitar que el peso de la ley pudiera caer sobre el piloto del "Plus Ultra".

Seguir a Ramón Franco en sus correrías era trabajo harto difícil, pues contaba con muchos medios y más amigos para esquivar la acción de la Policía; sin embargo, el servicio secreto me permitió en no pocas ocasiones conocer sus propósitos y sus hechos, algunos de los cuales eran del calibre de los que se mencionan en el siguiente informe de la División de Investigación Social:

"En Lérida, en un almacén de maquinaria agrícola, propiedad de don Francisco Arqués, sito en el número 36 de la calle de Fernando, de dicha población, el comandante Franco sostuvo con éste y otro individuo, cuyo nombre se desconoce, de unos veinticuatro años, artesano, con domicilio en Tremp, una conversación sobre la provisión de armas, o mejor dicho, sobre el modo de adquirirlas, en la que el artesano citado, que parece era el encargado de ello, expuso las dificultades de comprarlas al por menor en Éibar, en donde, en cambio, si se pedían de 50.000 para arriba, la operación sería más fácil porque los industriales de dicha zona podrían improvisar una fabricación clandestina para servir el pedido. Franco contestó que no había dinero para tanto, y entonces el joven desconocido les convenció, y así quedó acordado en principio, de que lo más conveniente era adquirirlas en Saint-Etienne.

"El tal Arqués tiene un hermano banquero en el mismo Lérida, el cual, cuando estaban conversando sobre esto, entregó sin explicaciones a Franco un fajo de billetes que éste se guardó sin decir una palabra.

"También se dijo en dicha conversación que lo que importaba por el momento era la adquisición por lo menos de 200 pistolas, suponiendo el informante, dada la fecha en que esto sucedía —primeros de septiembre— , de que lo que se trataba era de armar a los dependientes de comercio, para asaltar el local social del Sindicato Libre por el despojo de que fueron víctimas en tiempos de la Dictadura.

"El comandante Franco, en sus conversaciones, alardea de haber fabricado bombas de mano con la colaboración de su suegro y cuñado, y cree el informante que esto pudiera tener relación con manifestaciones hechas por..., con domicilio en..., el cual, lamentándose de que en estas revueltas unos cobraban o manejaban fondos a placer y otros no hacían más que sacrificarse, afirmó, que aún no le habían pagado a él quinientos metros de mecha facilitados, con algunas cantidades de dinamita, para la fabricación de bombas".

A mí, personalmente, antes del 15 de diciembre, Franco me inspiraba una viva simpatía, pues, como buen patriota, no olvidaba que tanto él, como Gallarza, como Loriga, como Jiménez, como Iglesias, como Ruiz de Alda, habían conseguido hacer llegar el nombre de España, lleno de gloria, a los más apartados rincones del mundo, y así se lo hice presente en cierta ocasión que acudió a mí con objeto de que intercediese para que no se pusieran obstáculos a la venta de una obra de la que era autor. Estas razones de orden romántico y el interés que el jefe del Gobierno demostraba por él, me indujeron a poner de mi parte todo lo posible para disuadirle de su conducta, recurriendo en primer término a la buena amistad que me unía con su hermano, el director de la Academia General Militar, quien me aseguró procuraría atender mis requerimientos, aun cuando desconfiaba del éxito de su gestión. Esto ocurría a raíz de hacerme cargo de la Dirección de Seguridad.

Me consta que no fui el único que hice trabajos en ese sentido y me consta también que otros no obtuvieron resultados más satisfactorios. Mientras tanto, el comandante Franco, con toda libertad iba y venía, celebraba reuniones, despotricaba en público, hacía propaganda revolucionaria, concurría a actos políticos, gestionaba la adquisición de armas, etc. Así se llegó al final de la primera decena de octubre, en que un agente secreto, de absoluta garantía, me dio cuenta de que en Cataluña, determinados elementos republicano-separatistas, algunos militares y los directores de la C.N.T., faltos de confianza en los acuerdos de la conferencia celebrada en San Sebastián, habían adoptado la resolución de lanzarse por su cuenta al movimiento, con arreglo a un plan de gran "envergadura" —como ahora se dice— concebido por Alejandro Sancho. Para ello se provocarían motines y huelgas en varias poblaciones de importancia y acto seguido estallaría el verdadero movimiento, que se pensaba apoyar en una línea que comprendiera Bilbao, Logroño, Zaragoza, Calatayud, Teruel, Sagunto y Valencia, quedando entregada Andalucía a la exaltación obrera que la explosión revolucionaria habría de producir. Cortadas las comunicaciones, obligado el Gobierno a atender a muchos puntos y aislada Cataluña del resto de España, quedaría dueña de sus destinos, y ya no quedaba más trabajo que armar al pueblo, para lo que bastaba asaltar la Maestranza y Parque de Artillería de Barcelona, en donde abundaban los fusiles, municiones y otros artificios de guerra. El castillo de Montjuich se consideraba desde luego inexpugnable.

Estas revelaciones del confidente me parecieron fantásticas; mas dio la casualidad que pocas horas después de haberme sido comunicadas —en la madrugada del 9— supe por el coronel Toribio que en Barcelona se había celebrado una reunión clandestina —creo, no puedo asegurarlo, que en un café denominado "Oro del Rhin"— en la que quedó convenido lanzarse desde luego al movimiento. En el telegrama cifrado me daba una relación de algunos comprometidos que luego, en conferencia telefónica, me amplió; entre éstos figuraban, aun cuando no concurrieron a la reunión, Alejandro Sancho y Ramón Franco.

Previa consulta al ministro de la Gobernación, di orden al coronel Toribio para que procediera a la detención de todas las personas que me indicaba en su telegrama, incluso del capitán Sancho, a quien personalmente o por conducto de un funcionario de su absoluta confianza debía avisar inmediatamente para que se pusiera en salvo, advirtiéndole, que "así pagaba yo las deslealtades de los amigos"; pero que si lejos de atender mis indicaciones se mantenía en su actitud o pretendía tomar el tren de Zaragoza [76] procediera a su detención sin más contemplaciones. Esto se lo dije en conferencia telefónica cifrada, que yo mismo desde mi despacho le transmití al mismo tiempo que daba a la Sección de Orden Público el telegrama oficial para su registro y curso.

El jefe superior del Barcelona, bondadoso y subordinado como siempre, dio cumplimiento a mi encargo, al que contestó Sancho diciéndole, que "en cuestiones de ideología no podía admitir consejos y que, además, era mayor de edad para saber a qué atenerse". Al día siguiente, según me informaron, fue detenido en la estación; antes lo habían sido otras personas.

Respecto al comandante Franco, aun cuando tenía instrucciones especiales como he dicho, no quise proceder contra él y aproveché la estancia en Madrid de su hermano para quemar el último cartucho: ambos cenaron juntos la noche del 10. Pero dio la casualidad que en la madrugada del 11 me enteré de que el diario *Política,* de Córdoba, publicaba una declaraciones suyas, en las que se mostraba entusiasta partidario de la República, extendiéndose en consideraciones de orden histórico para venir a parar a la época actual, calificando de audaces y arbitrarios a los generales Primo de Rivera y Martínez Anido; por último decía que la Dictadura arruinó la Hacienda y destrozó al Ejército, en el que sembró el nepotismo... He aquí un pretexto. ¿Qué hacer? Por la mañana, al salir de su domicilio, se le comunicó la orden de detención.

Como sabía cómo se las gastaba el famoso aviador, encargué al jefe de la División de Investigación Social recomendase a los agentes el mayor tacto, discreción y paciencia al realizar el servicio, y a tal punto extremaron las consideraciones, que vino a la Dirección de Seguridad solo en su automóvil, sin llevar siquiera la compañía, siempre molesta, de un funcionario.

De cómo correspondió a estas atenciones de mis subordinados, no quiero ni hablar. La entrevista conmigo se deslizó, eso sí, en términos extremadamente corteses e incluso, pasada la nervosidad de los primeros momentos, me manifestó que así como fue improcedente su detención en tiempos de la Dictadura, en esta nueva ocasión reconocía estaba justificada. Puede suponer el lector la impresión que me produciría leer, días después, en el *Heraldo de Madrid,* unas declaraciones suyas pletóricas de desconsideración e ironía a propósito de la conversación que

---

[76] Esta indicación obedecía a que Sancho, designado jefe militar del movimiento, pensaba situarse en el centro de la línea Bilbao-Zaragoza-Valencia para dirigir.

sostuvo conmigo, olvidando las atenciones de que le había hecho objeto manteniéndole en mi propio gabinete de trabajo hasta que el capitán general dispuso de él; luego se le autorizó a que antes de ingresar en Prisiones, pudiese entrar en una librería para adquirir novelas con que entretenerse.

Las detenciones practicadas en Barcelona fueron las suficientes para hacer abortar el movimiento, eso que, no obstante la rapidez con se procedió, ya la Policía no pudo dar con algunas de las personas que figuraban en mi telegrama cifrado, por haber llegado a conocimiento de ellas antes que al del jefe superior, quedando entonces comprobada la sospecha que se tenía de que las claves estaban en poder de los revolucionarios, sospecha que se abrigaba desde que *Solidaridad Obrera* publicó el texto íntegro de un telegrama dirigido por el gobernador civil, general Despujol, al ministro de la Gobernación. Inmediatamente se procedió a cambiarlas.

Para orientar a los gobernadores, el mismo día 11, les dirigí la siguiente carta:

"Mi distinguido amigo: Como continuación a mi carta circular del día 3 del corriente y confirmación al telegrama cifrado que cursé en la tarde de ayer, he de manifestarle lo siguiente:

"Aun cuando subsiste el pacto entre los republicanos y la C.N.T. (Sindicato Único) para llevar a cabo un movimiento revolucionario, bien sea porque aquéllos no se consideran debidamente organizados todavía o el momento no lo estiman oportuno, parece ser que no se deciden, por ahora, a la acción; en cambio, los elementos del segundo, por ser más impulsivos, por considerar que cuentan ya con masas lo suficientemente fuertes y disciplinadas, o quizá también —y esto es lo más seguro— por temor a que el resultado poco satisfactorio para ellos de las huelgas recientemente terminadas y el desenlace poco claro de las pendientes les reste fuerza, han acordado provocar inmediatamente una huelga general en toda España de carácter violento.

"Afortunadamente, la Dirección General de Seguridad ha tenido conocimiento oportuno del acuerdo —que se tomó en una reunión celebrada el día 8 en Barcelona— y he dado orden de detener inmediatamente al Comité ejecutivo, que lo componen conocidos anarquistas y sindicalistas, todos ellos afiliados a la C.N.T., a más de otros elementos que, sin ser obreros, simpatizan, apoyan y colaboran en el movimiento.

"Por lo que a esa provincia se refiere, interesa estar muy atentos a las actividades de la C.N.T. y especialmente de sus elementos directores, procediendo inmediatamente a su detención tan pronto se tenga sospecha fundada de que agitan a la masa obrera, sin esperar a que la huelga se produzca, bien entendido de que, dadas las órdenes que se han circulado por los directores, no cabe esperar soluciones de concordia de asambleas ni reuniones que no han de servir más que de pretexto para ganar tiempo y asegurar el éxito del movimiento. Procederá asimismo a la detención inmediata de todos los individuos que lleguen a esa de otra provincia afectos a la C.N.T., por tenerse noticias de que el Comité ejecutivo ha comisionado afiliados que van a dar instrucciones y formar juicio personal sobre la disposición de las masas.

"Puedo añadirle que, además de las armas cortas que muchos poseen clandestinamente, el Comité Nacional ha dado 5.000 pesetas y el Regional de Cataluña de tres a cuatro mil, contando con un stock de pistolas y bombas que es posible puedan caer en manos de la Policía por conocerse el paraje aproximado donde se encuentran; sin embargo, el número de pistolas no debe ser grande, toda vez que se tomó el acuerdo de asaltar las armerías e incluso algo se ha hablado de algún Parque de armamento que deben creer poco vigilado. A evitar estos desmanes obedecen los telegramas cifrados que en el día de ayer pusimos el ministro de la Gobernación y yo.

"Mas como pudiera ser que llegada la hora se pensase en otros actos de fuerza, conviene a su vez tener estudiado el plan, para ponerlo inmediatamente en ejecución, de protección de Bancos, cárceles, telégrafos, teléfonos e importantes conducciones eléctricas, etc. No deben olvidarse las casas-cuarteles de la Guardia Civil, que podrían ser objeto de agresiones por parte de los amotinados.

"Respecto a otras organizaciones distintas de la C.N.T., me atengo por hoy a lo dicho en mi carta anterior, advirtiendo que el juicio que expuse sobre la U.G.T., el Sindicato Libre y los Católicos en relación con la C.N.T., no implica que dichas organizaciones dejen de laborar por conseguir en todo momento las reivindicaciones que consideren justas; este extremo es muy interesante para que la autoridad, con juicio sereno, estudie los conflictos por ellas planteados antes de proceder.

"Para terminar sólo me resta decir que existe la sospecha, sospecha muy fundada, de que las claves de "Gobernación" y "Policía" son conocidas de algunos oficiales de Telégrafos de ideas avanzadas y por eso es necesario emplearlas lo menos posible hasta tanto sean reemplazadas por otras, pudiendo mientras tanto usar con carácter transitorio la "Clave F.C. de Policía" de las plantillas que la tengan, pues la tirada que de ellas se hizo fue muy limitada.

"Sin otro particular por hoy etc., etc.

"P.D.—Para su conocimiento le manifiesto que han sido detenidos los siguientes significados individuos: D. Ramón Franco Bahamonde (comandante de Infantería); D. Alejandro Sancho Subirats (capitán de

Ingenieros); D. Luis Companys Jover (abogado); don Francisco Eserich Gonzalvo (oficial de Telégrafos); Tomás Tussó Temprado, Ángel Pestaña, Emilio Granier Barrera, Sebastián Ciará Fardo, Juan Lluhí Vallescá y Manuel Sirvent Romero, todos ellos complicados, más o menos directamente, en el movimiento revolucionario".

Los verdaderos efectos del golpe dado en Barcelona no los supimos hasta algunos días después, en que los confidentes fueron suministrando detalles de las conversaciones y comentarios que se hacían en los medios anarcosindicalistas y separatistas. Preocupaba seriamente, sobre todo en los primeros, la rapidez con que los acuerdos llegaron a conocimiento de la Policía: "indiscutiblemente —decían— hay traidores". Unos desconfiaban de los otros.

El fracaso sirvió de pretexto a los elementos anarquistas para atacar con mayor ahínco a los Comités directores de la C.N.T. Según ellos, éstos pactaban a espaldas de la organización y trataban de conducirla a un movimiento político, en que los obreros serían la carne de cañón, y luego ¿para qué? ¿Para derribar un monarca y poner un presidente? ¡Era demasiada burla!

El malestar que por estas causas se produjo en el seno de la Confederación, trascendió y se hizo público. Ángel Pestaña se creyó en el caso de salir al paso de lo que se decía y de lo que se murmuraba; aprovechó una carta recibida de un camarada, para publicar el día 23 un extenso artículo en *Solidaridad Obrera* negando toda inteligencia con los elementos políticos; el artículo era un modelo de cinismo y habilidad; calificaba de "caricatura del ridículo" que los anarquistas y sindicalistas se lanzaran a la calle al grito de "¡Viva la República!", pero al mismo tiempo afirmaba que la C.N.T. podía y debía ayudar cualquier intento de transformación del régimen jurídico y social de España. El *leader* sindicalista hacía juegos malabares con las ideas, las palabras y su propia conducta.

Ignoro si Ángel Pestaña consiguió su objeto dentro de la organización; pero a mí no podía convencerme: conservaba en mi poder demasiadas pruebas, que aún deben figurar en los archivos de la Dirección de Seguridad.

Para terminar, diré: que rota toda relación de cordialidad con Alejandro Sancho, el coronel Toribio ordenó se practicara un registro en el despacho donde aquél trabajaba, dando por resultado el hallazgo de unas "Bases" de marcado sabor comunista, sobre las que, según él, debía "estructurarse" el futuro Estado español.

CAPÍTULO XV

De cómo finalizó el mes de octubre

HUELGAS, REUNIONES Y COMENTARIOS.—Fracasado el movimiento que tenían preparado los separatistas catalanes de acuerdo con la C.N.T. pareció alejado el peligro de un alzamiento republicano de grandes vuelos; el mismo general Marzo, siempre pesimista, se mostró en aquéllos días más animado. Sin embargo, todos seguían laborando.

La labor de agitación sindical no cesó un momento: hubo huelgas de mayor o menor importancia en Sevilla, Málaga, Murcia, Huelva, Badalona y otros puntos, casi todas ellas provocadas por la C.N.T. Esa agitación, la labor demoledora de cierto sector de Prensa, así como la especulación organizada por determinadas entidades especializadas —de la que estuvo al tanto el Gobierno— produjeron una baja considerable en nuestra divisa monetaria, que afortunadamente reaccionó a finales de mes.

Después del día 11 los que con mayor descaro actuaron fueron los elementos anarquistas y comunistas; unos y otros, cuyo centro principal radicaba en el Ateneo de Divulgación Social[77], criticaban a los republicanos, motejándoles de "mansos", por no haber coronado el gran éxito del mitin del 29 de septiembre con una manifestación espontánea que les hubiera permitido a ellos poner en ejecución su programa: provocar una grave alteración de orden público. Pero no desistieron de sus propósitos, acordando aprovechar cualquier circunstancia favorable para organizar algaradas que pusieran a la autoridad gubernativa en trance de actuar con rigor, para minar así el prestigio de ella y debilitar al Gobierno, falto de apoyo de Prensa y de la asistencia de la masa ciudadana, que contemplaba impasible el desmoronamiento del régimen.

En la actitud de irreducible rebeldía de anarquistas y comunistas hay que buscar el origen de los tristes sucesos ocurridos un mes más tarde con motivo del entierro de las víctimas de la catástrofe de la calle de Alonso

---

(77) Aun cuando los comunistas concurrían al Ateneo de Divulgación Social, su oficina estaba instalada en un hotelito de la Guindalera, que fue descubierto por la Policía el día 20, incautándose de numerosos documentos que una vez examinados me confirmaron en el juicio que tenía formado de su deficiente organización y lamentable situación económica. Fue el que acabo de mencionar uno de los más interesantes servicios prestados por la División de Investigación Social en aquella época.

Cano, sucesos que, como se verá a su debido tiempo, dieron lugar a una huelga general tan inoportuna como injustificada.

El órgano de los comunistas, *Mundo Obrero*, inició entonces una campaña de rabiosa propaganda que, por los conceptos vertidos en sus artículos, caía siempre dentro de la última circular del fiscal de S.M.; mas para evitar la recogida de las ediciones se hacía el envío a provincias dos o tres fechas antes de su aparición oficial. Los ejemplares que reglamentariamente debían remitirse al Gobierno Civil, llegaban a este Centro cuando ya el número hacia varias horas se hallaba en la calle. Burlando de tal manera la ley, se evitaba el secuestro de las ediciones denunciadas.

Un hecho verdaderamente casual puso a la Policía sobre la pista de la imprenta en que se tiraba dicho semanario, y pudo hacerse con una edición íntegra —más de 6.000 ejemplares—, la que fue intervenida, no por capricho mío, como se dijo, sino en cumplimiento de una orden del gobernador civil, perfectamente justificada. Estas medidas y otras análogas, tomadas siempre dentro de lo que la ley de Imprenta disponía, daban motivo a enérgicos ataques contra el Gobierno por parte de los periódicos revolucionarios, precisamente los mismos que meses después, ya instaurada la República, aplaudieron medidas de suspensión y otras de carácter gubernativo tomadas contra colegas considerados como no afectos al nuevo régimen.

La cuestión de Prensa dio lugar a varias conferencias entre el presidente del Consejo y yo, sin que pudiéramos hallar una fórmula para evitar, dentro de lo legislado, los abusos de ciertas publicaciones, que no sólo apelaban a procedimientos parecidos a los del portavoz oficial del Partido comunista, sino también a informaciones tendenciosas o notoriamente falsas. El general Berenguer llegaba siempre a la misma conclusión: era necesario un Estatuto de Prensa, pero tal estatuto debía ser votado por las Cortes, pues a él le repugnaba utilizar el recurso de los decretos-leyes.

El alejamiento del peligro de un alzamiento republicano de grandes vuelos, no implicaba ni mucho menos pasividad en sus elementos directores. En Madrid eran frecuentes los cambios de impresiones y conciliábulos en los domicilios de los señores Alcalá-Zamora y Villanueva; en el Ateneo Científico y Literario se celebraban reuniones a las que concurrían afiliados de provincias y comisionados de las guarniciones. El Gobierno observaba la actuación revolucionaria con tranquilidad, por tener el convencimiento de que era de todo punto imposible el triunfo de un movimiento, aún en el caso de que tomasen parte en él algunos elementos del Ejército. Que el general Berenguer y sus compañeros de Gabinete estaban en lo cierto, se demostró en el mes de diciembre, ya que fueron rotundos los fracasos de las sublevaciones de Jaca y Cuatro Vientos; esta última auxiliada por un alzamiento casi general de la masa obrera.

Ahora bien, es preciso reconocer que el alto mando militar se hallaba muy al margen de la labor que se hacía entre la oficialidad, casi puede decirse que vivía completamente desligado de ella; no es de extrañar, por tanto, que todos los informes que en aquellas circunstancias enviaron los capitanes generales al ministro, a requerimiento de éste, fueran en extremo satisfactorios; pero justo es reconocer también, que tanto los gobernadores militares como los jefes de Cuerpo, salvo muy contadas excepciones, ¡y tan contadas!, por evitarse quebraderos de cabeza, hacían por no enterarse de las cosas, conducta que alentaba a los conspiradores, que, a decir verdad, ni eran los más ni, mucho menos, los mejores. Y no es que la oficialidad, en su inmensa mayoría, fuera de arraigadas convicciones monárquicas, no; lo que sucedía es que en el ánimo de ella imperaba el criterio de que el Ejército debía mantenerse alejado de las contiendas políticas.

En las provincias se constituyeron Comités en los que, por regla general, sus componentes actuaban al dictado de alguno que, más osado, se instituía en jefe, alegando su amistad con tal o cual personaje de Madrid. La Dirección General de Seguridad iba, poco a poco, dándose cuenta del progreso de la ola revolucionaria, pero la absoluta legalidad en que quería desenvolverse el Gobierno, los optimismos de los políticos monárquicos que más o menos directamente prestaban apoyo, y, sobre todo, el deseo reiteradamente expresado por el conde de Xauen de no recurrir a medidas coercitivas por las que pudiera tachársele de dictador, ataban las manos de la Policía. No he de negar que a fuerza de ver la indiferencia con que unos y otros recibían mis informes, yo mismo llegué a creerme sugestionado por las noticias que me facilitaban confidentes y subordinados, y a ratos tuve el convencimiento de que mis pesimismos eran injustificados; sólo con alguno que otro amigo de mi absoluta confianza solía explayarme, haciéndoles partícipes de mis presentimientos respecto a la vida limitada, que por lo que iba viendo, restaba a la Monarquía. Y conste que no creía ni en la eficacia de las huelgas generales, ni menos en la de un golpe de carácter militar en que hubiera de actuarse en serio; pero sí que, poco a poco, el medio ambiente iría haciendo el vacío, asfixiando al régimen, hasta caer en una nueva dictadura o en unas Cortes constituyentes, soluciones ambas que nos llevarían a la República, como, con clara visión de la realidad, dijo el señor Lerroux poco tiempo después. Lo que no pude sospechar nunca, ni creo lo sospechara nadie, es que la caída de la Monarquía se hallaba tan próxima.

Una de las ciudades en que la actuación revolucionaria adquirió en aquellos días más intensidad, fue en Bilbao. En ésta desempeñaba las funciones de presidente del Comité provincial el señor Aldasoro, abogado amigo de Indalecio Prieto. El servicio secreto me hizo saber que en la noche del 23 se había celebrado una reunión en el Casino Republicano con asistencia de algunos delegados de la C.N.T., reunión que fue presidida por el citado señor, quien manifestó que la "cuestión era cosa de días y precisaba estar preparados". Los sindicalistas, algo desconfiados, hicieron presente que ellos no podían lanzarse a tal aventura si antes no se les proveía de "los utensilios necesarios", pues ir a una revolución sin estar bien provistos de armas y municiones para luchar, era actuar de conejos de Indias, a lo que no estaban dispuestos. A esto contestó Aldasoro que, en efecto, así lo entendía también, pero que tales entregas no se juzgaba conveniente hacerlas hasta el momento oportuno, y que él mismo sería el encargado de extraerlas del punto donde se hallaban depositadas y repartirlas; añadió, además, que el 26 esperaba un delegado de Madrid con instrucciones concretas.

Un día antes de esta reunión, o sea el 23, tuvo lugar otra en Baracaldo, a la que concurrieron elementos socialistas y de la U.G.T. En ella, un tal Lacort, que acababa de llegar de Madrid, manifestó que el Partido Socialista y la Unión General de Trabajadores se habían adherido a las izquierdas y que, por tanto, era preciso secundar el movimiento, pues, según lo pactado, tanto el Partido como la organización obrera estarían representados en la República por dos ministros. Dos días después hubo nuevo cambio de impresiones, al que asistió un individuo llamado Estévez, que reiteró lo dicho por Lacort, agregando que acababa de recibir un telefonema en el que le comunicaban que el movimiento quedaba aplazado, debido a la traición de un general, que había dado cuenta al Gobierno de todo. No sé si existió tal telefonema; lo que sí puedo asegurar es que no hubo tal delación.

No cabía duda, después de estas confidencias fidedignas y de otras análogas que se fueron recibiendo, de que el intento de provocar un movimiento revolucionario seguía en pie. El general Marzo volvió a mostrarse pesimista; más pesimista que nunca...

En octubre se empezó a ejercer vigilancia sobre determinadas personas, más con ánimo de que se dieran cuenta de que la Policía estaba enterada de sus manejos, que de impedirlos; pues la acción de investigación directa no podía llegar ni a los domicilios, ni aun a los locales reservados a los revolucionarios en el Ateneo Científico y Literario. La vigilancia de personas servía a su vez para disimular el trabajo, cada vez más difícil, de los confidentes.

Al iniciarse las "vigilancias", desapareció Indalecio Prieto; pero a los pocos días fue delatado por una señorita, a la que produjo gran contrariedad mi manifestación de que no consideraba existiesen motivos para detenerle en aquella ocasión, no obstante lo cual consideraba muy interesante el informe que me daba, que procuré comprobar, lo que me resultó relativamente fácil por estar su refugio en uno de los barrios extremos de Madrid. En esto demostró el señor Lerroux mejor sentido, pues cuando se ocultó, a raíz del movimiento de diciembre, lo hizo instalándose en el corazón de la capital. Cuando Indalecio Prieto se dio cuenta de que la Policía no ignoraba su escondite, hizo un viaje a Bilbao, y al regreso reanudó su vida ordinaria. Éste y el señor Jiménez Asúa fueron los únicos socialistas que estuvieron sujetos a vigilancia; el último, por cierto, muy contados días por razones especiales.

OPINIONES DE UN AFILIADO AL SINDICATO LIBRE.—La creencia, injustamente generalizada, de que en la Confederación de Sindicatos Libres de España sólo encontraban amparo los "pistoleros", me induce a exponer un cambio de impresiones que sostuve con uno de sus más significados afiliados. Tuvo lugar la entrevista en mi despacho oficial una de aquellas tardes del mes de octubre en que la agitación revolucionaria parecía estar a punto de dar el estallido.

Mi visitante se expresó de esta manera:

—Los momentos son graves; realmente graves. Es preciso obrar rápida y eficazmente manejando con acierto la ley, ya que sólo con ella, actuando con energía, puede defenderse y encontrar sólido prestigio el Poder público. Hay que evitar toda dejación del principio de Autoridad, pues en otra forma se desconcierta a los buenos y se anima a los malos. La bondad es siempre interpretada por los extremistas como debilidad.

"Voy a exponer unos hechos para demostrarle que por lo menos en Barcelona, donde la agitación sindicalista violenta tiene su foco principal, las autoridades no siguen las normas de conducta que son indispensables para conservar su prestigio. Me voy a referir única y exclusivamente al conflicto de "La Matalgraff", de Badalona: es un caso de actualidad. Esa huelga se viene sosteniendo porque los del Sindicato Único no quieren que allí compartan los jornales con ellos, como buenos hermanos, los obreros pertenecientes a nuestra organización, y a tal punto se muestran irreducibles en sus pretensiones y en su animosidad contra nosotros, que han llegado incluso a intentar el paro general, que el peso de nuestras masas ha hecho fracasar. Sin embargo, posiblemente se repetirá la intentona para coadyuvar al firme propósito que parece existir de provocar una huelga en toda España. Ahora bien, ¿qué medidas se han tomado contra tal actitud? Ninguna; y digo ninguna, porque entiendo no merecen ese calificativo los "pasteleos", "la vista gorda" ante las coacciones, las detenciones que inmediatamente se dejan sin efecto y la "tolerancia" con gentes conocidas que van armadas hasta los dientes... Nosotros hemos extremado la prudencia, mas nuestra prudencia no ha podido impedir que fuera objeto de agresión —que le costó la vida— uno de nuestros afiliados; afortunadamente, cuando ya herido trató de defenderse, tuvo la suerte de dar en tierra con su agresor. ¿No es bochornoso que esto ocurra? Pues es más bochornoso todavía que anden comprometidos en este juego significados políticos que a su vez alientan y apoyan a los huelguistas e incluso les facilitan locales para sus Asambleas.

"El Único no ceja en sus persecuciones contra nosotros: ¡de nada ha valido nuestra actitud en la pasada huelga! Su procedimiento de imponerse por el terror contrasta con nuestra actitud de extremada corrección. Ellos, al margen de la ley; nosotros, siempre dentro de ella. ¿Quién vence? El obrero pacífico no quiere lucha, y va a sumarse a los que se imponen por el terror; el que no lo es, vive mejor en el ambiente de la fuerza bruta; los que restan, se suman al que más ofrece... He aquí el porqué de tener hoy tanta preponderancia la C.N.T. Para colmo de desdichas, los Comités paritarios resuelven los pleitos con desesperante lentitud; el obrero toca más pronto las ventajas de la "acción directa". De todos es sabido cómo administra los fondos sociales el Sindicato Único, aunque eso no les importa; desde el momento que pagan el sello de la cotización, dan por perdido el dinero: no les interesa... Pero a la autoridad sí le interesa, ¡ya lo creo que le interesa! Mientras la recaudación se haga por el procedimiento de los sellos, jamás habrá posibilidad de ejercer una verdadera fiscalización en la contabilidad, jamás se sabrá concretamente en qué se emplea el numerario. Si el Gobierno se decidiera a imponer que las cotizaciones se hicieran por medio de recibos unidos a un talonario con sus matrices correspondientes, el Sindicato Único dejaría de ser lo que es, pues entonces sería algo más difícil emplear dinero en pagar "hombres de acción" y otras atenciones inconfesables.

"La Confederación Nacional del Trabajo tiene estudiada perfectamente la forma de poder paralizar el trabajo de un gran sector industrial en un momento dado; para ello usa del sistema de la sindicación por "ramos". Ahora, no contenta con haber implantado este plan en los oficios que pudiéramos llamar libres, trata de llevarlo a los de servicios públicos: he aquí por qué vienen luchando desde hace tiempo por conseguir sea aprobado el reglamento del "Ramo de Transportes", que comprende todo el arte rodado: tranvías, "metro", autobuses, "taxis", pompas fúnebres, carros de toda clase, etc. ¿Cuál es la idea que persigue? La comprenderá usted fácilmente: abarcando todos los oficios de un "ramo", pueden ponerse al frente del Sindicato y mangonearlo elementos no profesionales; elementos que, por no sufrir directamente las consecuencias de los "paros", se hallan siempre dispuestos a provocarlos; la paralización del trabajo en un "ramo" trae consigo, además, la de otras industrias que, sin pertenecer a él, le están directamente relacionadas: es casi como la maquinaria de un reloj, que al detenerse una rueda se para por completo. Refiriéndome especialmente al caso concreto del "Sindicato de Transportes" —por ser el que más graves trastornos puede producir—, si únicamente se autoriza la organización por oficios, les será menos fácil provocar conflictos injustificados de carácter general, tanto por las dificultades de inteligencia entre las Directivas, como porque no será probable se hagan dueños del gobierno de los distintos Sindicatos los profesionales de la revuelta y los grupos anarquistas, que, hoy por hoy, son los que llevan la voz cantante en el Sindicato Único.

—No se me ocultan las dificultades que en la actualidad habría de encontrar el Gobierno para dejar sin efecto lo ya hecho; pero esas dificultades, ante el caso particular de los transportes, entiendo que no existen: hay en las leyes armas más que suficientes para impedirlo, y no recurriendo a disposiciones de la Dictadura, sino a otras anteriores. Existe, del tiempo en que fue ministro de la Gobernación don Abilio Calderón, un real decreto o real orden—en este momento no lo recuerdo bien—en que se ordena que los Sindicatos relativos a servicios públicos sean precisamente de "Empresa", es decir: tranvías, sólo tranviarios; ferrocarriles, sólo ferroviarios, etc. Por tanto, la doctrina legal es la de impedir la asociación federada en ellos. He aquí una disposición que en defensa de los principios del orden social conviene mantener a toda costa; una disposición que es preciso aplicar inexorablemente, revisando los casos en que por desconocimiento o debilidad hayan dejado de aplicarla los gobernadores civiles, faltos en su mayoría del conocimiento de la legislación, cuando no mal asesorados.

"Y vamos a la denominada "acción directa". A toda costa debe mantenerse la Organización Corporativa, no obstante haberse fundado para dar satisfacción a los socialistas: ésta es la verdad. Creados por la Dictadura esos organismos o instituciones públicas para la regulación de la vida del trabajo y encauzamiento de los conflictos sociales que se denominan Comités paritarios, a ellos deben someterse todas las asociaciones o entidades de carácter sindical que tengan por base la defensa de los intereses de clase; por consiguiente, los Sindicatos que se hayan creado o se creen consignando en sus reglamentos la firme voluntad de ejercer la "acción directa", oponiéndose a la jurisdicción de los organismos paritarios, están tan fuera de la ley como una sociedad que se fundase, de cualquier género y para cualesquiera fines, advirtiendo en sus estatutos que no habría de someterse en ningún caso a los Tribunales competentes. La "acción directa" es, a mi juicio, un "acto contrario a la ley" que la autoridad no debe admitir ni tolerar. No se me oculta que gobernar es transigir; pero transigir no es claudicar.

"Si a los del Único se les quita la bandera revolucionaria de la "acción directa", que sólo sirve para cazar incautos y debilitar el Poder público, su fracaso es inminente. ¿A qué conduce la "acción directa"? A la huelga ilegal con su acompañamiento de coacciones y demás excesos, todo ello delictivo; pero perseguir únicamente a los individuos es absurdo, pues los individuos son los que menos interesan: hay que ir contra la propia organización. ¿Cómo? El vigente Código Penal —que por lo visto se empeñan todos en olvidar— nos dice: "Cuando los individuos que constituyen una entidad o persona jurídica o formen parte de una Sociedad, Corporación o Empresa de cualquier clase, cometieren algún delito con los medios que las mismas les proporcionaren, en términos que resulte cometido a nombre y bajo el amparo de la representación social o en beneficio de la misma entidad, los Tribunales, sin perjuicio de las facultades gubernativas que corresponden a la Administración, podrán decretar en la sentencia la suspensión de las funciones de la entidad o persona jurídica, Sociedad, Corporación o Empresa, o su disolución o supresión según proceda"[(78)]. ¿No es posible obligar a que los señores fiscales velen con mayor celo por el cumplimiento de lo legislado, que es mucho y bueno, y exciten a los jueces para que muchos delitos que se vienen perpetrando tengan oportuna sanción y no exclusivamente en el autor de los mismos?

"Consecuencia inmediata de la "acción directa" es la presentación a los patronos de "bases ilegales"; las exigidas recientemente por el Ramo de la Madera son un ejemplo: reconocimiento del Sindicato y delegados de taller; éstos con facultades para hacer cuanto les venga en gana, incluso para ordenar despidos, despidos que siempre recaen sobre los no afiliados... ¿Por qué —repito— no se persigue a las entidades que suscriben esas bases, cuya ilegalidad y "revolucionarismo" se aprecia en todos los momentos de su actuación? Podrá argüirse ingenuamente que en los reglamentos no aparece de ordinario ningún principio reñido con la ley; ¿pero es que acaso el reconocimiento de los Sindicatos no lleva consigo aparejada la de los estatutos? ¿Y no es en los estatutos donde se detallan las funciones de los delegados y demás pormenores a los que el patrono queda sujeto? Los del Único son maestros en el arte de burlar las leyes; para ello no les faltan buenos abogados.

[(78)] Esta cita del Código Penal la hizo también en una carta que me escribió con fecha 11 de octubre, que conservo en mi poder aún.

"La cotización dentro de las fábricas y talleres es otro extremo muy interesante; si se impide, están perdidos. Voluntariamente, sin la presión de los delegados, ni un 10 por 100 cotizaría, pues serían escasos los afiliados que se molestasen en ir al domicilio social a entregar semanalmente su cuota... Vea usted cómo, dentro de los preceptos legales, sin recurrir a medidas de excepción, se puede hacer no poco eficaz por la causa del orden y en beneficio del propio proletariado, que viene sirviendo sistemáticamente de carne de cañón a los que de la explotación de las reivindicaciones obreras viven".

Estos argumentos los repetía una y otra vez mi visitante, para quien la C.N.T. constituía una obsesión. Y lo extraordinario del caso es que así pensaban todos los directores de la Confederación de Sindicatos Libres de España, de esa organización obrera que en toda la época de mi gestión jamás planteó un conflicto injustificado y a la cual la opinión pública, extraviada por tendenciosas campañas, considera todavía como madriguera que fue de asesinos y "pistoleros"... Tan verdad es lo que digo como falsa la creencia, hoy generalizada, de que el Sindicato Libre fue creado por el general Martínez Anido. Cuando éste se encargó del Gobierno Civil de Barcelona, ya existía dicha organización obrera y tenía la hostilidad implacable del Sindicato Único; la razón de tal hostilidad hay que buscarla en la divergencia de criterios sobre la forma de actuar. Si el público hubiese prestado alguna atención a las campañas de *Unión Obrera* y *La Protesta,* hubiera sabido cómo se fraguaron muchos atentados sociales y hasta quiénes fueron sus autores.

CAPÍTULO XVI

Sobre la intensa labor revolucionaria con que empezó el mes de noviembre

LAS ACTUACIONES DE LA POLICÍA Y DEL COMITÉ REVOLUCIONARIO.—En los primeros días de noviembre el servicio de información se intensificó todo lo que permitieron los elementos empleados y las posibilidades económicas; éstas, muy reducidas, porque me obstiné en no utilizar recursos extraordinarios, para que jamás pudiera recaer sobre mí ni tan siquiera una leve sospecha de falta de integridad en la administración de fondos, ya que tenía el convencimiento de que el resultado positivo de los servicios no podía responder al sacrificio pecuniario. Sabía, eso sí, que tanto al presidente del Consejo como el ministro de la Gobernación, les inspiraba absoluta confianza; mas ello no bastaba a mi interior satisfacción: quería a todo trance evitar que si fracasaba —lo que consideraba lo más probable dadas las circunstancias por que atravesábamos— no hubiese una persona, ni una sola, que pudiera hacer esta pregunta: "¿Y cómo y en qué ha invertido ese director de Seguridad el dinero que se le ha dado?" Ese temor me tenía cohibido, pues por encima de todo, absolutamente de todo, estaba mi reputación de honradez, única ejecutoria de mi apellido modesto.

Creo que el señor Galarza Gago, que tanta actividad desplegó en perseguirme y atropellarme desde sus inexpugnables fortalezas de la Fiscalía General de la República y Dirección de Seguridad, pese a sus juicios aventurados y tendenciosos sobre el empleo que se hizo de las cantidades consignadas para material moderno de protección, juicios impropios de un caballero, pues no fue nunca práctica entre éstos atacar a quien no pudiera defenderse; el señor Galarza Gago, repito, se habrá convencido de la absoluta austeridad con que administré durante mi gestión como director general de la Policía española. Podría extenderme en otras consideraciones y comparar mi actuación con la de mi perseguidor, harto más discutible; pero lo dejo para cuando llegue ocasión oportuna. Sigo, pues, el interrumpido relato de lo ocurrido en noviembre de 1930.

Tan extraordinaria como la labor del servicio de información secreto lo fue la del personal técnico de las plantillas del Cuerpo de Vigilancia. Justo es reconocer que, salvo contadas excepciones, pusieron a contribución su esfuerzo facilitando, entre otros, datos bastantes completos de los funcionarios, tanto civiles como militares, significados como comprometidos o simplemente simpatizantes con la República; también daban los elementos que sin pertenecer al servicio del Estado, por su posición social, se consideraban interesantes. Por lo extensas de las relaciones, era indiscutible que un gran sector de opinión pública se desviaba de la Monarquía. ¿Cuál era la razón? A mi juicio, sencillamente el anhelo de paz; la forma de gobierno era lo de menos. La constante agitación en que se vivía cansaba y preocupaba seriamente. Las principales cabezas del republicanismo ofrecían orden, respeto para todos y solución a los problemas vitales; la Monarquía daba la sensación de que sólo podía conseguir lo primero, y ello por medio de un régimen constante de excepción, es decir, de una dictadura más o menos disfrazada. La inmensa mayoría del pueblo español guardaba del Gobierno Primo de Rivera un recuerdo poco grato, lo que era lógico dadas las características de nuestro temperamento individualista y rebelde.

Contribuía a ese desvío la acción intensamente perturbadora con que el Comité revolucionario sabía actuar; acción perturbadora llevada a efecto por una intensa propaganda que los elementos monárquicos no podían o no querían contrarrestar: todo lo dejaban a la gestión del Gobierno, al que tampoco prestaban asistencia. Así iba creciendo la bola de nieve que aprisionaba en su centro al Palacio de Oriente, símbolo del régimen secular que agonizaba. Se podía ser profeta sin temor a equivocarse.

En los primeros días de noviembre la actuación revolucionaria se dejaba sentir principalmente en Bilbao, Valencia, Sevilla, Barcelona y, de modo especial, en Madrid. El lugar de reunión, trabajo y relación con las provincias del referido Comité era el Ateneo Científico y Literario, centro vedado a toda intervención de gobierno por consideraciones de orden político que no quiero discutir. Bilbao, Valencia, Sevilla, Barcelona y Madrid eran, pues, las capitales a las que había que atender preferentemente, y así se hizo.

REUNIÓN EN BILBAO Y CONTRABANDO EN IRÚN.—De Bilbao me avisaron que el día 1 por la mañana se habían reunido los jefes sindicalistas, comunistas y republicanos para tratar sobre la orientación del movimiento. Durante la discusión de pormenores, Manuel Fernández Vallejo, delegado de la C.N.T. en el Norte de España, insistió sobre la necesidad de proveer de armas a los elementos obreros, a lo que contestó Fermín Solozábal, presidente de la Juventud republicana — que en dicha reunión llevaba la voz cantante—, no se entregarían hasta el momento oportuno, previa la declaración formal del número exacto de hombres con que contaban, pues no era cosa de repartir pistolas a tontas y a locas; también se hicieron cábalas sobre la fecha del movimiento, dándose como probable la del lunes, día 10, en que inopinadamente se harían estallar huelgas generales en Valencia, Zaragoza, Sevilla, Bilbao y Barcelona, sin contar, desde luego, con la Unión General de Trabajadores, porque, por lo visto, en aquellos momentos, se dudaba de su cooperación; por último, se habló de la próxima llegada, procedente de Madrid, de Indalecio Prieto, que iría con instrucciones definitivas y concretas.

Por otro conducto supe que las armas que se habían adquirido en Francia iban entrando poco a poco por Irún. El Somatén informó asimismo tenía noticias de buen origen de estarse organizando una expedición en Saint Jean Pied-de-Port, que, según sus sospechas, debía entrar por Valcarlos.

Ambas informaciones fueron transmitidas a los gobernadores civiles de Guipúzcoa y Navarra, no obstante lo cual las pistolas y correspondientes municiones siguieron entrando sin la menor dificultad por Irún, hasta que fue descubierta en Hendaya, por los franceses, una expedición, quizá la última. ¿Cómo es posible que conociendo la primera autoridad civil de Guipúzcoa la existencia del contrabando, y contando Irún con un servicio abundante en personal, de Aduanas, de Carabineros y de Policía pudieran entrar sin el menor tropiezo paquetes y más paquetes de armas y municiones? ¿Misterio? ¡No! Tuve entonces la sospecha, y hoy tengo la seguridad absoluta, de que el contrabando pudo realizarse porque lo protegía algún funcionario, cuyo nombre no era desconocido en la Dirección General de Seguridad. ¿Quién? Ni lo recuerdo, ni hace al caso; pero desde luego debe constar en los archivos de la División de Investigación Social, como también se hallará en ellos la matrícula de cierto automóvil que, por la especial condición de su propietario, gozaba de excepcionales privilegios. Contra la deslealtad de los funcionarios, contra la poca delicadeza de quien por ser lo que es recibe trato de favor, no caben más que medidas severas administradas rápidamente; mas ¿podía hacer eso el Gobierno del general Berenguer, falto de todo apoyo y asistencia? Yo, sinceramente, creo que no.

EL PANORAMA REVOLUCIONARIO EN VALENCIA.—Mientras tanto, ¿qué pasaba en Valencia? Población de abolengo republicano, con masas en toda la provincia hábilmente dirigidas por personas cuyos nombres, a fuerza de oírlos, me eran ya familiares, ejercía una decisiva influencia sobre Alicante y Castellón de la Plana; además, en ninguna otra guarnición los revolucionarios contaban con tantas asistencias militares. Cierto confidente llegó a insinuarme la sospecha de que hasta el capitán general, señor Pin Ruano, no se hallaba al margen de tales manejos, lo que juzgué absurdo, pues dicho general, como ya he dicho, sentía especial simpatía por los procedimientos dictatoriales, al punto de que fue él la única autoridad que me propuso la conveniencia de recurrir a la intervención de la correspondencia de determinadas personas; mas, si realmente el agente secreto no se equivocó, no cabe duda que el general Pin Ruano fue un hábil jugador con dos barajas.

La actuación revolucionaria en Valencia adquirió, antes de mediar el mes, caracteres tan poco discretos, que los proyectos de movimiento llegaron a ser del dominio público.

En el orden sindical, Antonio Fernández Bailén, más conocido por "Progreso", regresó a Barcelona el 8, después de haber circulado órdenes del Comité Nacional de la C.N.T. para que se resolvieran sin pérdida de tiempo todos los conflictos parciales, con objeto de preparar rápidamente la huelga general que debía dar al traste con la Monarquía. El estudio de los resultados de la "gimnasia revolucionaria" daba por descontado el éxito: masas perfectamente organizadas; subordinación incondicional a los elementos directivos; espíritu de rebeldía de hondas raíces; fuerte corriente de opinión simpatizante... ¿Qué más cabía pedir?

Por aquellos días unos patronos denunciaron al gobernador civil que el 11, precisamente el 11, se habían extraído del polvorín militar de Paterna cinco camiones (?) con algunas armas y granadas de mano, interviniendo en esta operación —por lo visto de acuerdo con oficiales de Artillería— el conocido propagandista Fernando Varela, que se hallaba en tal época procesado por los conceptos delictivos emitidos en un mitin. En las primeras horas de la madrugada del 14, recibí por el hilo directo un telegrama de la misma autoridad, que decía así: "Por confidencias que en este momento me comunican un prestigioso comandante de la Guardia Civil con coronel dicha fuerza, parece inmediato un movimiento republicano con ramificaciones en Madrid, Valencia y otras capitales, en el que resultan complicados algunos elementos de diversas guarniciones militares, y entre ellas las de Madrid y Valencia, con apoyo Aviación; sobre este asunto, y también respecto confidencia polvorín Paterna, objeto mi telegrama veinticuatro horas de ayer, acabo conferenciar capitán general, estimando ambos, previas informaciones de momento, que no aparecen justificadas referidas confidencias, las que insisto transmito sin darles por ahora otro valor que el informativo; sin embargo, continuaré información y adopto medidas preventivas". ¡La tempestad parecía próxima a desencadenarse! El Gobierno estaba sobradamente sobre aviso y esperaba...

El general Pin Ruano negó rotundamente se hubieran extraído armas, granadas de mano ni otros artificios del polvorín de Paterna; pero el caso es que meses después de proclamada la República fue descubierto un depósito de tales elementos. ¿Procedían de Paterna? Algunos periódicos comentaron el hallazgo y hasta se permitieron lanzar determinadas insinuaciones; pero en seguida se hizo el silencio. Quizá una investigación hubiese sido interesante para colocar a cada cual en el lugar que por su lealtad mereciera; quizá ella hubiera descubierto las razones por las cuales el capitán general de Valencia negó el hecho sin previamente haber ordenado una minuciosa investigación.

ASPECTO POLÍTICO-SOCIAL EN SEVILLA.—En Sevilla, la acción verdaderamente revolucionaria marchaba por otros derroteros. En la cárcel, Manuel Adame Misa, procesado por delitos de índole social, había montado una oficina desde la que manejaba los elementos obreros en franca derrota hacia el comunismo. Desde su encierro provocaba conflictos y organizaba huelgas.

El conde de San Luis tropezaba con el criterio legalista de un director de prisión que no veía medio reglamentario de evitar lo que parecía absurdo. Por fin se envió al tal Adame a otra población, donde siguió laborando, aunque con menor resultado práctico.

La agitación obrera en esta provincia —y casi puedo asegurar que en Cádiz, Málaga y Córdoba ocurría lo mismo— estaba al margen de la efectuada por el Comité revolucionario de Madrid, pues en ella los republicanos, influidos por un atavismo de templado espíritu musulmán, esperaban pacientemente a que fueran otros los que le pusieran el cascabel al gato.

UN “PLENO” EN BARCELONA.—En cuanto a Barcelona, la acción coaligada de los republicanos y separatistas era intensísima, dándole extraordinaria fortaleza el compromiso adquirido por los directores de la C.N.T. a espaldas de la organización. Para convencer éstos a los Comités Regionales, convocaron el "pleno" que tuvo lugar los días 3 y 4, sin lograr su objeto, pues los delegados de provincias sostuvieron inflexiblemente el criterio de que en tales cooperaciones el elemento proletario, sobre no obtener resultado práctico alguno, era el único que salía con las manos en la cabeza. Así, pues, se acordó en firme no promover huelgas generales ni parciales que facilitasen la labor revolucionaria preparada por los republicanos y sostener igual criterio en toda colaboración solicitada, cualquiera que fuese el partido político que la interesase; sin embargo, el confidente, en su nota sobre este asunto, decía: "No obstante lo expuesto, los "Regionales" (Comités) no se fían mucho del "Nacional" —en el que ha entrado ahora Francisco Arín Simó—, por creer capaces a los que lo forman de venderse si les hacen proposiciones de algún provecho".

Habría sido verdaderamente desconcertante para personas poco versadas en estos asuntos, el contrasentido de que mientras legales representantes sindicales tomaban acuerdos por un lado de no cooperación, por otro anduvieran significados afiliados en inteligencia con las Juntas provinciales republicanas; ello indicaba que los Comités sólo ostentaban una autoridad oficial, siendo los mismos individuos de siempre los que llevaban la voz cantante y los verdaderos directores de la masa obrera perteneciente a la organización. De nada servían, por tanto, los acuerdos de los "plenos" si Pestaña, Carbó o Peiró, en Cataluña; los hermanos Palomares, en Valencia; Adame, en Sevilla; Fernández Vallejo, en Vizcaya; Barea, en Madrid, etc., deseaban cosa distinta.

Los trabajadores sindicados en las organizaciones afectas a la C.N.T. tenían que soportar, además del poder patronal, la tiranía brutalmente despótica de los más osados, de los que habían hecho de la organización obrera su pedestal y su medio de vida.

LA ACCIÓN REVOLUCIONARIA EN MADRID.—En la Corte la actividad revolucionaria no se daba punto de reposo. Diariamente concurrían al Ateneo Científico y Literario delegados de provincias para dar impresiones y recibir órdenes. Por momentos se hacía más difícil la labor informativa, pues el Comité se mostraba reservado incluso con los mismos comprometidos; las versiones recogidas en las tertulias de "La Cacharrería" carecían de la autoridad necesaria para formar un juicio exacto sobre los inmediatos propósitos y otros que eran indispensables para proceder policialmente con acierto. Y no era sólo en el Ateneo donde se actuaba; también se discutía, se hacían pronósticos y se buscaban prosélitos en el Colegio de Abogados, Academia de Jurisprudencia y otros centros tanto culturales como de recreo. A pesar de todo ello, el Gobierno podía hacer frente a la situación con los elementos con que contaba; pues una cosa es sentirse revolucionario en el café o en la logia, y otra muy distinta echarse a la calle o al campo a combatir por una opinión política, que la mayoría de los que la sustentan la llevan en el alma prendida con alfileres. En la fogosidad de un discurso, el orador se deja arrastrar por el torrente impetuoso de la verborrea y lo ofrece todo, lo primero la vida; pero luego, la realidad se impone: son las balas argumentación demasiado seria y convincente para tomarlas por "sport", que no otra cosa es la revolución para un buen número de los que participan en ella.

Lo que acabo de decir no son suposiciones infundadas, sino historia vivida por mi propia familia, donde no faltaron rebeldes y cabecillas que supieron dar su sangre y su vida por el bello ideal de la Libertad, pese a la traición o defección de quienes debían acompañarles en la aventura. Pero a falta de tales ejemplos, algo lejanos, también contaba con mi propia experiencia; me refiero a la adquirida el 1° de junio de 1917: ¡El amanecer de las Juntas de Defensa!... Aquel maldito sindicalismo de la oficialidad que, sobre constituir un baldón, sólo acarreó desdichas para el Ejército. Y refiriéndome a hechos más recientes, diré: que en Barcelona, cuando el golpe de Estado del 13 de septiembre, salvo muy contados comprometidos —entre los cuales se encontraba el general López Ochoa—, los demás hubieran dejado al marqués de Estella en la estacada de haber opuesto el Gobierno del señor García Prieto la más leve resistencia, pues jefe hubo que no compareció hasta estar la situación resuelta, por habérsele olvidado a la cocinera —según dijo— despertarle oportunamente.

Sobre mediados de mes, el jefe de la División de Investigación Social me facilitó una nota, extracto de la conversación sostenida por un funcionario con uno de los más significados elementos del anarco sindicalismo, en la que decía textualmente lo que sigue:

"Asegura el informador que se preparan dos movimientos para proclamar la República. El primero tratan de iniciarlo el 20 del actual los socialistas, republicanos y militares. De no efectuarlo éstos, estallaría el segundo a final de mes, estando comprometidos la C.N.T., militares y técnicos, entendiéndose por tales abogados, médicos, etcétera. Se hacen gestiones para aunar estas dos corrientes sediciosas: los socialistas propusieron que vinieran a Madrid representantes de la C.N.T., y como se negaran a ello, sale para Barcelona una delegación con objeto de tratar la forma del acuerdo. En un centro republicano que existe en la Guindalera, se ha formado un grupo con personal de Comunicaciones; éste, una vez armado, se encargará de la plaza de la Cibeles al iniciarse el movimiento. En los primeros días de la semana entrante se esperan armas cortas para proveer a todos los grupos. Vendrán en un camión, en cajas, simulando material de construcción; dicho camión parará delante de una obra, y allí irán los jefes de grupo para hacerse cargo de ellas. La dirección de este asunto la lleva Adolfo Barea Pérez. A su debido tiempo podrá señalar el informador el sitio en que ha de hacerse el reparto".

La fortuna no me acompañó en el asunto de las armas, que fueron paseadas por Madrid sin el menor tropiezo y repartidas con el mayor descaro; únicamente cayeron en nuestro poder unas docenas de pistolas "Demon" de las adquiridas en Hendaya. Muchos de los lugares en que se repartieron los supe cuando ya había pasado la oportunidad; a otros quizá se hubiese llegado a tiempo si consideraciones de índole especial —que estimé siempre absurdas— no hubieran impedido el acceso de la Policía a determinados centros culturales, donde se hacía de todo menos cultura.

Otro informador me envió aviso de que el comandante Franco, cuando le conviniese, desaparecería de Prisiones Militares.

Un confidente que actuaba en el Ateneo facilitó las siguientes noticias:

"El Gobierno provisional lo constituirán, entre otros: Lerroux, en Estado; Marcelino Domingo, en Instrucción pública; Indalecio Prieto, en Fomento; Fernando de los Ríos, en Gracia y Justicia; Alcalá-Zamora, se reserva la Presidencia y la cartera de Marina.

"Está comprometido el general Villabrille, quien dijo el otro día en el Ateneo que en Burgos no podía hacer nada, y que pedía se le mandase a Bilbao.

"La Marina está muy bien para el Gobierno; pero en cambio, en el Ejército, aun cuando no cuentan con núcleos importantes, están en inteligencia con bastantes oficiales aislados".

En aquellos días el número de generales, jefes y oficiales de que tenía conocimiento se hallaban comprometidos, excedía algo de los doscientos.

CAPÍTULO XVII

Una huelga general en Madrid

LA CATÁSTROFE.—El 12 de noviembre, un accidente desgraciado de consecuencias dolorosas, tanto por las víctimas que ocasionó como por las complicaciones que de él se derivaron, interrumpió la vida normal de la capital de España, y me acarreó durante varios días serias preocupaciones.

En la calle de Alonso Cano se edificaba una casa de varios pisos, cuya construcción hallábase muy adelantada; correspondía esa casa al número 36 de la citada calle. Aquella mañana, a poco de iniciarse el trabajo, se produjo el derrumbamiento de la parte trasera, quedando aprisionados entre los escombros varios obreros, de los cuales cuatro tuvieron la desgracia de perecer.

Tan pronto tuve conocimiento del hecho, me personé en el lugar del suceso, donde ya el Servicio de Bomberos se hallaba trabajando con la intensidad, brío y arrojo que, sin excepción, es peculiar de esos funcionarios municipales, para quienes parece es desconocido el instinto de conservación.

A mi llegada ya estaba montado por las fuerzas de Seguridad el conveniente servicio de orden para mantener a distancia a la muchedumbre de curiosos; los heridos leves se habían conducido a la Casa de Socorro del distrito y los reporteros de la Prensa madrileña, diligentes como siempre, llenaban sus *carnets* con los datos y noticias suministrados por los testigos presenciales. Muy poco después concurrieron el alcalde, marqués de Hoyos, y el gobernador civil, que en aquellas fechas lo era el conde del Valle de Suchil.

Los comentarios, como es lógico, versaron sobre las causas de la catástrofe y la frecuencia con que ocurrían hechos de esa naturaleza. Era opinión unánime de que se trataba de una obra de las llamadas "de especulación" —primera vez que oía ese calificativo aplicado a edificaciones—, o sea que en el deseo de obtener del capital empleado el mayor interés, los cálculos se hacen al límite que tolera la resistencia de los materiales, y éstos se utilizan de la peor calidad. Por desgracia, ese deseo desmedido de lucro existe y no es exclusivamente privativo de los propietarios, sino de cuantos negociantes intervienen en la edificación. Las censuras eran unánimes, especialmente para el arquitecto, que quizá no fuera el más responsable. Desde luego, los menos indignados eran los obreros, que consideraban lo ocurrido como uno de tantos accidentes propios del trabajo, en los cuales la principal circunstancia que interviene es la fatalidad. Me permito esta observación para hacer resaltar que se hallaba muy lejos del ánimo de los operarios directamente interesados, por lo menos en aquellos momentos nadie lo apreció, adoptar determinaciones de protesta; pero es el caso que no pensaban del mismo modo otros elementos, más atentos a la revuelta que al trabajo.

Permanecí allí un buen rato para ver si los bomberos lograban extraer las cuatro víctimas que quedaban aún entre los escombros, que ya suponíamos eran cadáveres; mas como el tiempo pasaba sin conseguirlo, abandoné el lugar del siniestro y fui directamente al Ministerio de la Gobernación para dar cuenta al general Marzo de cuanto había ocurrido.

EL ENTIERRO DE LAS VÍCTIMAS.—Pasó el 13 sin el menor incidente, y se fijó para las primeras horas de la tarde del 14 la conducción de los cuatro cadáveres desde el Depósito judicial, sito en la calle de Santa Isabel, hasta el cementerio del Este. El señalamiento del itinerario fue determinado, si mal no recuerdo, por la Casa del Pueblo, de común acuerdo con el Ayuntamiento. Era propósito de aquélla formaran en el acompañamiento el mayor número de trabajadores, con objeto de hacer una imponente manifestación de duelo. No creo que los organizadores tuvieran otro propósito del que acabo de exponer.

Tan pronto se tuvo conocimiento de lo acordado en la Dirección General de Seguridad, se dictaron las instrucciones convenientes para el servicio de orden público, que a indicaciones del jefe superior de Policía, coronel Marzo, se montó bastante reforzado, pues existía el precedente escandaloso de lo ocurrido con motivo de otro acto análogo: el entierro de las víctimas de la catástrofe de la fábrica de "Floralia". Se establecieron por esta razón fuertes retenes de guardias de Seguridad en la glorieta de Atocha, plaza de Cánovas, inmediaciones del Banco de España y Ministerio de la Gobernación; este último con carácter de reserva.

No he de negar —y hubiera sido lo más acertado— que tuve el propósito de hacer un alarde de fuerzas análogo al que realicé el día 29 de septiembre con motivo del mitin republicano de la plaza de toros; pero el temor a la crítica injusta y siempre mortificante de un gran sector de Prensa, me indujo a ser parco en el empleo de la Guardia Civil. Además, la asistencia de las primeras autoridades —alcalde y gobernador— y de las personalidades más destacadas del partido socialista y U.G.T., parecían suficiente garantía para que no ocurriera nada desagradable. En esto me equivoqué de medio a medio.

Las órdenes que tenía respecto al itinerario a seguir por la comitiva eran terminantes: calle de Santa Isabel a desembocar en la glorieta de Atocha; paseo del Prado hasta la plaza de Castelar; desde este punto, por la calle de Alcalá, directamente al cementerio. Esas mismas órdenes se transmitieron a los jefes de las fuerzas, a quienes se recomendó la mayor prudencia en la actuación, no exenta de energía si las circunstancias la demandaban. Para mayor seguridad en la interpretación, se dispuso que el comisario general estuviera siempre a la vista del entierro; que el coronel de Seguridad, señor González Dichoso, se situase junto al retén del Banco de España y el teniente coronel, señor Flores, con el de la plaza de Cánovas. Estos retenes tenían por especial misión la de impedir el acceso hacia la Puerta del Sol de la comitiva, el de la plaza de Cánovas, por la Carrera de San Jerónimo, y el del Banco de España, por la calle de Alcalá.

Cuando a las dos y media de la tarde pasé por la plaza de Castelar, en dirección a mi domicilio, observé en el paseo del Prado, principio de Recoletos e inmediaciones del palacio de Comunicaciones, bastantes grupos de obreros, algunos acompañados de mujeres y chiquillos, en actitud completamente pacífica: ¡Nada hacía sospechar lo que iba a ocurrir poco después!

Faltarían pocos minutos para las cuatro cuando recibí un aviso del gabinete telegráfico de la Dirección de Seguridad manifestándome que el entierro había salido del Depósito judicial sin incidentes, pero que al llegar a la plaza de Cánovas habían surgido algunos a consecuencia de que unos grupos de obreros se obstinaban en que el cortejo fúnebre subiera por la Carrera de San Jerónimo para pasar por la Puerta del Sol, sin que hasta aquel momento se tuviesen noticias de que hubiera ocurrido colisión alguna entre los elementos indicados y la fuerza pública.

Inmediatamente me eché a la calle y tomé el primer *taxi* que encontré. Minutos después me hallaba en la Dirección de Seguridad; allí estaban el jefe superior de Policía y el gobernador civil, que hacía unos instantes había llegado. El conde del Valle de Suchil, sofocadísimo, se expresó como sigue:

—Vengo de la plaza de Cánovas con el encargo de rogar a usted acceda a que el entierro pueda subir por la Carrera de San Jerónimo y pasar por la Puerta del Sol. Allí han quedado el alcalde, Besteiro y otros calmando los ánimos.

—¿Pues qué pasa?—le pregunté.

—Algo muy desagradable que voy a concretar en pocas palabras. Salimos del Hospital General sin el menor contratiempo, pero al llegar a la glorieta de Atocha, un grupo numeroso de obreros impidió que la comitiva continuara su camino, porque uno de los féretros no llevaba corona como los demás; acto seguido se nombró una Comisión para que se encargase de adquirir una, lo que nos obligó a detenernos un buen rato. Por fin, antes de lo que lógicamente era presumible, hubo corona y proseguimos la marcha. A poco de esto, cuando íbamos ya por frente al Museo de Pinturas, se nos presentó otro grupo solicitando que el entierro pasara por la Puerta del Sol, a lo que el marqués de Hoyos y yo contestamos que ese no era asunto de nuestra competencia, sino de la de usted.

—¿Mía? Yo no he fijado el itinerario, ni tengo nada que ver con eso: no está, pues, en mis facultades cambiar el recorrido.

—Nosotros creíamos que sí —me repuso—; pero, en fin, voy al caso: Los solicitantes parecieron conformarse y nada más ocurrió hasta llegar a la plaza de Cánovas; allí fuimos de nuevo abordados por otro grupo que, en forma descompuesta, insistía en ir a todo trance por la Carrera. ¡En vano los que íbamos en la presidencia del duelo tratamos de disuadirles!. Todo eran gritos, improperios y amenazas... Entonces fue cuando yo me ofrecí a venir a la Dirección de Seguridad para recabar su autorización: del mal, él menos. Creo sería una medida prudente complacerles.

—Pero, señor gobernador, ¿cómo voy a variar un itinerario que no he señalado? Además, ¿sabe usted el peligro que representa el paso de esa muchedumbre por la Puerta del Sol, exponiéndonos a que los elementos revoltosos que vayan mezclados con el duelo se empeñen en obligar a que los comercios cierren, y, ante la natural resistencia, rompan lunas de escaparates, asalten automóviles, vuelquen tranvías y cometan todo género de desmanes? Ni yo puedo autorizar ese cambio del recorrido ni, aunque tuviera atribuciones, lo haría... Créame que son sumamente arriesgadas las tolerancias.

A este punto de nuestra conversación habíamos llegado, cuando el jefe superior —que se hallaba presente y reforzaba con su opinión mis argumentos— recibió recado de que el retén de guardias de Seguridad había sido arrollado y el entierro marchaba ya por la Carrera de San Jerónimo.

La noticia me produjo la indignación natural: yo era una autoridad que tenía conciencia de su deber. Ni podía consentir el incumplimiento de las órdenes dictadas, ni menos él atropello de la fuerza pública, por cuyo prestigio debía velar.

Inmediatamente di instrucciones al jefe superior para que saliera el retén del Ministerio de la Gobernación e impidiese que el entierro pasase por la Puerta del Sol, bien haciéndole cambiar de dirección a la altura de la calle Nicolás María Rivero, o si no se llegaba a tiempo para conseguirlo en este punto, obligar a que marchase por la calle de Sevilla, para que en ambos casos, por Alcalá, se dirigiera lo más directamente al cementerio.

Apenas cursadas las órdenes anteriores, supe por el jefe superior que la fuerza pública había sido agredida a pedradas y tiros, viéndose precisada a defenderse usando de sus armas. Estas noticias fueron confirmadas posteriormente por el marqués de Hoyos y comisario general desde el Hotel Ritz, donde se habían refugiado.

Con motivo de los incidentes expuestos, el fúnebre cortejo, ya muy desorganizado y reducido, siguió por el paseo del Prado en dirección a la plaza de Castelar. Entonces dispuse que el jefe superior fuera personalmente a observar su marcha y adoptase sobre el terreno las medidas conducentes al mantenimiento del orden.

Reconstruyamos los hechos. A partir del momento en que el gobernador civil abandonó la presidencia del duelo, los ánimos se excitaron extraordinariamente, debido a la presión ejercida por un grupo de revoltosos que iban decididos a provocar disturbios: eran los mismos que se vieron defraudados por la presencia de la Guardia Civil y la sensatez del público que concurrió al mitin del 29 de septiembre. Los más decididos, entre gritos y amenazas, cogiendo las bridas de los caballos que tiraban de los coches fúnebres, trataron violentamente de romper la línea de guardias; éstos procuraron —junto con algunas personas que formaban en la presidencia del duelo— convencer a inductores e inducidos para que depusieran su actitud de rebeldía. ¡Todo fue inútil! ¡De nada valió la prudente y correcta actitud de los guardias! La fuerza pública fue arrollada y agredida con piedras; no satisfechos con este atropello, se disparó contra ella. ¿Qué cabía hacer? Ante tales hechos, el uso de las armas de fuego no sólo está justificado, sino prevenido en los reglamentos. La fuerza pública se limitó a cumplir con su deber.

A los primeros disparos se produjo una gran confusión, que aprovecharon los conductores de los coches para tomar de nuevo el paseo del Prado y los organizadores de la refriega en hacer el mayor número posible de víctimas. La plaza de Cánovas quedó en unos momentos despejada de público y materialmente cubierta de cascotes y adoquines; del suelo fueron recogidos dos muertos y algún herido... El Cuerpo de Seguridad tuvo bastantes lesionados, entre ellos un oficial grave.

Posteriormente, los elementos dispersos se dedicaron a cometer algunos desmanes, especialmente a volcar carros con materiales de construcción; sin embargo, pudo evitarse que los revoltosos hicieran del centro de Madrid campo de sus fechorías.

No tardé en saber el lugar donde se había tramado todo. Un confidente, por teléfono, me señaló, entre otros, como principal promotor de los disturbios, a Nicasio Álvarez de Sotomayor, elemento destacado del Ateneo de Divulgación Social, y me aseguró que en los locales de este centro se había convenido el plan.

Previa la conformidad del ministro de la Gobernación, ordené la clausura de dicho Ateneo; mas cuando la Policía llegó a él, ya había sido sacada la mayor parte de la documentación y unos cuantos socios se disponían a llevarse el resto. A Nicasio Álvarez de Sotomayor no fue posible detenerle: prudentemente había adoptado la resolución de ocultarse. ¡Esas actitudes decían bastante!...

Los sucesos causaron en las tertulias de "La Cacharrería" del Ateneo Científico y Literario gran regocijo, pues daban pie para hacer en determinados periódicos una enérgica campaña de protesta, como así sucedió.

Aquella noche se reunió en sesión extraordinaria el Comité central de la Federación local de Obreros de la Edificación, y acordó declarar la huelga en los oficios afectos a ella a partir del 15, sábado, y terminarla a las cinco de la tarde del lunes, 17. Como era de esperar, las conclusiones adoptadas fueron: solicitar la destitución del jefe que mandaba las fuerzas en la plaza de Cánovas; pedir a los poderes públicos una subvención para las familias de los obreros muertos e indemnización para los heridos; y, por último, exigir la inmediata libertad de los detenidos.

Por la Casa del Pueblo se acordó después hacer la huelga de carácter general, excluyendo los servicios públicos.

LA HUELGA.—Madrid es una población poco madrugadora. Debido a ello en las primeras horas del día 15 no se notó nada extraordinario, y, a decir verdad, fueron muchos los obreros que concurrieron al trabajo, no obstante las órdenes de la Casa del Pueblo. El comercio, casi en su totalidad, abrió las puertas.

A eso de las nueve se iniciaron las primeras coacciones en los barrios extremos, y poco a poco el paro fue extendiéndose; pero hasta cerca del mediodía la acción perturbadora no se dejó sentir en el centro de la ciudad: grupos de modistillas y dependientes de comercio, en alegre camaradería con estudiantes, hicieron cerrar los establecimientos de las principales calles, tales como la Gran Vía, Alcalá y Carrera de San Jerónimo. Algunos tranvías fueron apedreados y no tardó en reducirse la circulación, que cesó por completo en las primeras horas de la tarde.

Hubo, como es natural, incidentes a granel, aunque ninguno de ellos revistió importancia, y se practicaron bastantes detenciones.

La intensidad de la huelga alarmó, tanto por las derivaciones insospechadas que pudiera tener como por la falta de civismo que se notaba en la masa neutra; además, no era un secreto para nadie que existían determinados elementos —los anarquistas y comunistas— muy empeñados en agravar la situación; sin embargo, los republicanos, aunque simpatizantes con todo lo que significase protesta, no quisieron prestar a la huelga su concurso, o por lo menos pareció no lo prestaban. ¿Cuál fue la causa de esta actitud? Indudablemente, no perder la confianza de un gran sector de opinión que les era indispensable para sus fines ulteriores. Hay que reconocer que el Comité revolucionario procedió con extremada habilidad; mas es posible que tal determinación fuera adoptada contra el criterio de algunos de los que lo componían.

Las noticias confidenciales que durante el día fui recibiendo me obligaron a prevenir al Gobierno para que se adoptasen medidas respecto al abastecimiento de la ciudad y se tuvieran dispuestos equipos técnicos para atender, en caso necesario, a las fábricas y centrales de gas y electricidad. Tanto en el Ministerio de Economía, como en el Ayuntamiento, como en el Gobierno Civil, se trabajó con gran intensidad. Sobre la Dirección de Seguridad recayó un servicio abrumador: eran constantes las peticiones de fuerza; todo vecino se creía con derecho a tener una pareja de guardias en la puerta de su casa. De haber contado con los ejércitos de Jerjes, es posible hubiera podido atender todas las demandas; de otra manera, no.

El esfuerzo principal lo dirigí a garantizar el normal funcionamiento de los servicios de agua, luz y comunicaciones. La protección a depósitos, canales, registros de distribución, fábricas, centrales, estafetas, transformadores, conducciones de energía, etc., absorbían toda la fuerza pública y aun así quedaba mucho por asegurar debidamente. Sólo quien ha pasado por ese trance, sabe el esfuerzo que se necesita exigir a los Cuerpos de Vigilancia, Seguridad y Guardia Civil para garantizar esos escasos servicios, y los ratos de amargura e intranquilidad que pesan sobre quien tiene la responsabilidad de su funcionamiento. Afortunadamente, la conducta prudente del personal obrero me evitó mayores contrariedades.

Durante la noche del 15 al 16 se estudió la forma, de acuerdo con la Empresa, de establecer el servicio del "Metro". De madrugada quedó todo dispuesto y a primera hora de la mañana montada la protección, funcionando los trenes con toda normalidad, con absoluta garantía de que nada desagradable podía ocurrir, ni al personal encargado del movimiento, ni a los viajeros. Por la imperiosa necesidad de dar descanso a la fuerza, la circulación se suspendió a las once de la noche".

El 16, domingo, a no ser por la falta de tranvías y escasez de automóviles, la población no daba sensación de estar en huelga. Todos los trabajos en esa jornada fueron encaminados a asegurar el abastecimiento para la siguiente, procurar que el comercio abriese y la circulación se reanudase.

En el espíritu público se inició el domingo una consoladora reacción que repercutió principalmente en la Cámara de Comercio, de la que, después de una laboriosa Junta general, vino a visitarme una comisión con objeto de darme cuenta habían acordado abrir los establecimientos a la mañana siguiente; sólo solicitaba que se les protegiese contra las coacciones. Les contesté en esta forma:

—Agradezco en nombre del Gobierno la resolución de ustedes, y con objeto de complacerles ordenaré se monte un servicio reforzado de vigilancia; pero me es imposible situar una pareja de guardias en la puerta de cada tienda. A la fuerza pública se le darán instrucciones de obrar con energía, ya que no estoy dispuesto a tolerar abusos ni desmanes de ningún género. Los que provoquen incidentes desagradables que se atengan a las consecuencias, pues yo, por deberes imperiosos del cargo que desempeño, debo velar por la libertad del trabajo y el prestigio de la Autoridad. Ahora bien, es preciso que todos, absolutamente todos, cumplan también su deber de ciudadanos y mantengan su derecho con dignidad y valor, para que no se repita el caso vergonzoso del sábado, en que un grupo de media docena de modistillas se bastó y sobró para obligar a cerrar los comercios de la Gran Vía y otras calles. El ejercicio del derecho de ciudadanía tiene peligros para todos y hay que hacer frente con gallardía a ellos: ¡figúrense lo que sucedería si en estos momentos el régimen "diese un vuelco"! ¿Quién sería la primera víctima? Seguramente yo; pues las masas, ciegas de pasión, verían en mí al responsable de los lamentables sucesos del viernes, provocados premeditadamente por un grupo de anarcosindicalistas y comunistas...

¡Qué ajeno estaba yo al hacer esas manifestaciones que pocos meses después, un Gobierno, al cual serví con devoción, iba a dejarme en el mayor desamparo, por no tener el valor de arrastrar la responsabilidad de sus resoluciones, contribuyendo con su conducta a que se desatasen contra mí las iras populares y purgase mi lealtad con cerca de ocho meses de prisión y las consecuencias de un proceso tan absurdo como inicuo!

Cuando la comisión de la Cámara de Comercio abandonó mi despacho recibí la visita del ministro de Economía y del gobernador civil, que venían con la pretensión de que colocase una pareja de guardias en cada tahona durante la noche para asegurar la elaboración del pan, lo que era materialmente imposible en aquellas circunstancias, dado el enorme servicio que pesaba sobre las fuerzas de Seguridad y Guardia Civil.

Al día siguiente abrió el comercio; se intensificó poco a poco la circulación; se trabajó en algunos sitios y cesaron las coacciones. Madrid, a media tarde, recobró su aspecto normal: la huelga había terminado.

CONSECUENCIAS Y COMENTARIOS.—Los sucesos de la plaza de Cánovas y la huelga que a ellos siguió dieron origen a derivaciones de orden político, enseñanzas muy interesantes y medidas de prudente previsión, que voy a exponer brevemente.

En el orden político, he de señalar que lo ocurrido, sobre impresionar al Gobierno le produjo gran contrariedad, pues dificultaba el plan trazado: llegar con los menores tropiezos a las elecciones generales, acordadas para el 1° de marzo en el Consejo celebrado en Palacio el día 13. La Prensa desafecta al régimen —que en aquella época la constituían ya casi todos los periódicos que se publicaban en Madrid— aprovechó la ocasión para imprimir a sus campañas un tono de mayor violencia, quebrantando la autoridad del Gabinete, cada vez más divorciado de la opinión pública, poco dada entre nosotros a enjuiciar y discurrir por su propia cuenta: de ahí el poder que en nuestro pueblo tiene el periódico, al que no siempre guían móviles honrados y patrióticos, sino el sectarismo particular de una ideología.

También he de hacer constar que lo ocurrido durante la huelga creó al general Marzo, dentro del Gobierno, una situación de aislamiento y de falta de identificación con sus compañeros que, unida a la hostilidad implacable de dos periódicos monárquicos, determinó su salida del Gabinete pocos días después. Se le achacaba no haber puesto los medios necesarios para evitar la extensión que adquirió el paro en el tráfico rodado; el de tranvías especialmente.

En el orden social—como era de presumir—por espíritu de solidaridad, se declararon huelgas en Barcelona, Alicante, Granada, Reus y otros puntos de menor importancia, fracasando rotundamente la proyectada en Sevilla. Con motivo de ellas se produjeron incidentes de más o menos gravedad, especialmente en la primera, en que la pasividad en reprimir los desórdenes, dio lugar a que un núcleo de revoltosos quemase autobuses, volcase tranvías, apedrease establecimientos y cometiese otros excesos que dejaron bastante mal parado el principio de autoridad. En esta huelga los elementos del Libre ofrecieron su incondicional apoyo al gobernador civil, quien, ante el temor de que el conflicto degenerase en lucha de sindicatos, optó por no aceptarlo.

Ahora bien, la forma rápida, casi inopinada, en que fue declarada la huelga general en Madrid, en protesta de unos sucesos provocados premeditadamente por elementos enemigos irreconciliables de la U.G.T., era asunto que merecía un sereno estudio, pues demostraba que los directivos de la Casa del Pueblo no tenían sobre las masas de sus organizaciones el ascendiente necesario para poder responder de su actitud en un momento determinado: las habían impulsado demasiado y se les iban de las manos.

Muiño, en una de las varias entrevistas que sostuvo conmigo en aquellos días para solicitar la libertad de determinados detenidos, se expresó en esta forma:

—Desde luego no cabe achacar abuso a la fuerza pública, que se mantuvo correcta y prudente hasta que fue agredida; pero los obreros, impresionados por los sucesos y excitados por quienes produjeron los disturbios, que por lo que soy y represento no puedo delatar, no se hubieran avenido a razones de templanza: la huelga se declaró, porque de hecho estaba ya declarada... No cabe ante actitudes concretas, oponerse al deseo general. ¿Qué más hubieran deseado los que provocaron el conflicto? La influencia no debe malgastarse en asuntos que, al fin y al cabo, no tienen importancia; además, por encima de todo está la vida de la organización.

Estas consideraciones hechas con indudable sinceridad, me hacían ver claro lo que podía esperarse del trato de favor de que eran objeto, desde los tiempos de la Dictadura, el Partido Socialista y la Unión General de Trabajadores.

Por lo que directamente me afectaba, he de hacer constar que los acontecimientos desarrollados y el estado de agitación en que vivíamos, hizo ver al Gobierno la necesidad de aumentar los efectivos de las fuerzas de Guardia Civil y Seguridad, ya que se sustentaba el criterio de no emplear el Ejército en alteraciones de orden público más que en casos de extremada gravedad. Al mismo tiempo se pensó en dotar al segundo de los citados Cuerpos —a título de ensayo— de material moderno, análogo al utilizado por las Policías de otros países, con objeto de evitar el uso de sables y pistolas; para ello se otorgó el oportuno crédito.

El estudio del indicado material me obligó a ponerme en relación con varios centros extranjeros —especialmente norteamericanos y alemanes— con lo que adquirí el convencimiento de que la violencia en los procedimientos de represión está en razón directa con el ambiente democrático de los sistemas de gobierno; más claro: a más soberanía popular, mayor crueldad de métodos. Nada quiero hablar de que existen naciones en que el agente de Policía es un ser con prerrogativas de inviolabilidad.

Después de meditarlo mucho, habida cuenta los deseos del Gobierno, opté por adquirir elementos de transporte, "defensas" de goma y granadas lacrimógenas a base de *cloroacetofenona,* producto irritante y completamente inofensivo. Estas granadas se asignaron a una sección de 25 guardias escogidos, que hacía algún tiempo había creado, la que luego, bajo la égida del señor Galarza Gago, fue considerablemente reforzada, recibiendo el nombre de "Compañía de Asalto".

En cuanto a organización de servicios para casos de graves alteraciones de orden público, nada, absolutamente nada útil había preparado en la Dirección de Seguridad; existía sólamente un trabajo, ya anticuado, de la época del señor Millán de Priego: todo tuvo que improvisarse bajo los efectos del conflicto. Para evitar que el caso se repitiera, dispuse la elaboración de un plan de servicios, lo más completo y detallado posible. Fue un trabajo lento y laborioso que constaba de una Memoria descriptiva con un cuadro de órdenes, completada por un plano en escala 1: 20.000, en el que tenían representación toda clase de edificios públicos y privados que convenía custodiar, así como las redes de conducción y distribución de agua, luz, electricidad, comunicaciones, etc.

Ignoro si mis sucesores lo habrán continuado, pues es condición muy de nuestra Administración no aceptar las iniciativas de quienes nos precedieron en los cargos, aunque en nuestro fuero interno las juzguemos acertadas.

CAPÍTULO XVIII

MOMENTOS CRÍTICOS

NOCHES DE TEMORES.—Los sucesos referidos en el capítulo anterior distrajeron un poco a la Policía de sus investigaciones sobre los manejos del Comité revolucionario, entregado a una febril actividad; los mismos confidentes adoptaron, en los días de la huelga, una postura de sospechoso retraimiento, bien porque la anormalidad les inspirase recelo o porque ante el temor de un éxito de la rebeldía, consideraran prudente no arriesgarse. Tal conducta no me causó sorpresa, pues conocía de Marruecos estas significativas fluctuaciones del servicio de espionaje: a los confidentes se les puede exigir una lealtad relativa, jamás que sean héroes; en muchas ocasiones, ni lo uno ni lo otro, por lo cual es absurdo depositar en ellos gran confianza.

Ante el temor de que el servicio fracasase en momentos que juzgaba extremadamente críticos, tuve que recurrir a llamar personalmente a unos y procurar que la División de Investigación Social se pusiera en contacto con otros, lo que costó algo conseguir. Fueron aquellas, para mí, horas de gran angustia por el temor al ridículo que iba a correr si, después de tantos desvelos, me veía precisado a decir al Gobierno: "Ustedes perdonen: no sé nada de nada".

La nueva toma de contacto con los agentes del servicio secreto fue muy oportuna, como inmediatamente voy a demostrar.

Sobre las seis de la tarde del 18, recibí una información que textualmente decía:

"Confidencia de C... Augura el cooperador, que el movimiento revolucionario de que él se viene ocupando, se iniciará antes de cuarenta y ocho horas en Madrid. Representan a la C.N.T. en el Comité revolucionario los significados anarquistas Adolfo Barea Pérez, Félix Rodríguez Bartolomé y Antonio Paulet García, los cuales mantienen contacto con los republicanos y militares (generales, cree). Insiste en que en Correos y Telégrafos existe un núcleo de funcionarios comprometidos de mucha importancia. Con relación a las armas que anunció en la última información, se encuentran en una estación próxima, y desde ella serán conducidas a Madrid para su distribución, descargándose en algún centro o casa de confianza; pues debido a la vigilancia que se ejerce en las obras, por los sucesos de estos días, temen que las autoridades se den cuenta de ello. En la expedición vienen armas cortas y largas".

No se había terminado de poner en limpio la anterior referencia cuando por otro conducto recibí la siguiente nota: "Confidencial y reservado. Para las noches del 18 al 19 ó del 19 al 20, se tiene preparado un movimiento revolucionario que ha de iniciarse en un regimiento que se aloja en San Francisco el Grande [(79)], movimiento que no se ha realizado en estos días por haberse hospedado en dicho cuartel fuerzas que han llegado de Alcalá. El Comité de huelga, o, mejor dicho, del movimiento revolucionario, lo forman Fernando de los Ríos, Ángel Galarza y Balbontín, con dos generales. Los obreros comprometidos son: Adolfo Barea, Félix Rodríguez y un tal Paulet. Al Ateneo de Madrid deben llegar armas desembarcadas en una estación cercana de la línea de Goya. En Correos y Telégrafos hay un grupo de consideración comprometidos".

La coincidencia en ambas confidencias de puntos esenciales, la circunstancia de ser los informadores individuos de muy distintas clases sociales y la seguridad absoluta que, sobre no conocerse, militaban dentro del ambiente revolucionario en campos diferentes, me llevaron al convencimiento de que el movimiento iba a estallar. ¿Qué hacer? Antes de tomar ninguna medida creí de mi deber poner en antecedentes al Gobierno, que a tales horas se hallaba reunido en Consejo. Me trasladé, pues, al edificio de la Presidencia.

Al entrar sólo me vieron unos policías de la ronda del Presidente. En el piso principal me salió al encuentro un portero que, por rara excepción, no me conocía; le advertí quién era y le manifesté mis deseos de ver al ministro de la Gobernación con urgencia.

—Imposible —me dijo—. Los señores ministros se hallan reunidos en Consejo y hay orden terminante de no molestarles.

La negativa del guardián no me sorprendió; casi puedo asegurar que la esperaba. Pregunté entonces por Luis Berenguer —secretario y hermano del Presidente— y pasé a su despacho. En pocas palabras le expuse lo que sabía, así como mis deseos de hablar con el general Marzo. Me acompañó a la sala inmediata a la de Consejos —con gran sorpresa del celoso portero—, donde esperé a que él, personalmente, pasase el recado.

A los pocos momentos apareció el ministro dando las últimas chupadas a un puro agonizante. Le puse en antecedentes de todo. Cuando hube terminado, entró de nuevo en el salón de Consejos para salir poco después acompañando al Presidente, a quien leí las confidencias, expuse mi criterio y las medidas que pensaba adoptar, que fueron todas ellas aprobadas.

[(79)] En este punto concreto, el informador se equivocaba. En el cuartel de San Francisco tenía su alojamiento el regimiento de León, al frente del cual se hallaba el coronel Sanz de Larín, jefe de sólido prestigio, gran energía y absoluta lealtad.

Al despedirme, el general Marzo, señalando con el pulgar de la mano derecha por encima del hombro hacia atrás, donde quedaban, tras la puerta, sus compañeros, me habló en esta forma:

—Esos señores que quedan ahí dentro se sienten muy optimistas y no quieren dar importancia a estas cosas. Yo, por el contrario, estimo que los momentos actuales son para tomarlos muy en serio, pues el movimiento si no es hoy, será mañana o pasado, pero será. Tal vez traten de justificar actitudes y propagandas. Sin embargo, el disgusto nos lo dan, ¡ya lo creo que nos lo dan!

Hizo una pequeña pausa y prosiguió:

—El optimismo no excluye, llegado el caso, la crítica, como ha sucedido con motivo de la pasada huelga. Tanto es así, que el otro día, me vi precisado a referirles el comentario de cierto inglés que por primera vez asistió a una corrida de toros, quien, ante las consideraciones de unos, los gritos de otros y los consejos dados al espada por los inteligentes, dijo: "Por lo visto, el que menos entiende de toros es el torero". También para ellos, el que está más en ayunas en cuestiones de orden público, es el ministro de la Gobernación.

De vuelta en la Dirección de Seguridad, di noticia de cuanto ocurría al capitán general, el cual ordenó se adoptasen medidas de precaución en cuarteles y Parque de Artillería; por mi parte dispuse servicio extraordinario en las Comisarías, aumenté la observación sobre los elementos revolucionarios más destacados, reforcé los turnos normales de Seguridad y establecí núcleos de Guardia Civil en las plazas y calles más importantes.

Pasó la noche sin el menor incidente, y, como era de esperar, al otro día, los periódicos de oposición venían tomándonos el pelo... ¿Acertamos? ¿No acertamos? No lo sé; pero me remito a la nota que llegó a mis manos en la madrugada del 21, que decía así:

"Confidencia de C... Manifiesta que aún ignora las causas que hicieron desistir del movimiento que debía llevarse a efecto la noche del 19, suponiendo fueran las precauciones tomadas. El levantamiento asegura que está aplazado, pues las órdenes eran que, de no efectuarlo antes del 20, se esperara nueva orden. Sabe que están comprometidas fuerzas militares y la plantilla de Prisiones militares. El mecánico Rada, con un grupo de consideración que capitanea, se encargará de libertar al comandante Franco; hay otros grupos capitaneados por Luis Caballero Montalbán, Adolfo Barea Pérez, Miguel y Serafín González Inestal, Feliciano Benito Anaya, Mariano Fuentes Ruiz, uno apellidado Pinilla, otro Castro —del que se sabe es propietario de un taxímetro— y el profesor de matemáticas del Ateneo de Divulgación Social. Las juventudes republicanas están dirigidas por D. Manuel Azaña. Las armas, dice, no han llegado, pero se esperan; las últimas instrucciones son que se recogerán por medio de contraseñas".

Precauciones análogas se adoptaron dos o tres noches más durante el mes de noviembre.

EL COMANDANTE FRANCO SE FUGA DE LAS PRISIONES MILITARES. —Además de lo dicho por el confidente C... algún otro apuntó la posibilidad de que el comandante Franco se fugase de las prisiones de San Francisco. Todos ellos coincidían en señalar que sería de acuerdo con Pablo Rada y el personal destinado de plantilla en ellas, lo que parecía un tanto extraño; sin embargo, de tales informaciones se dio cuenta, como era natural, a las autoridades correspondientes. En esta ocasión, como en otras muchas, los confidentes no se equivocaron.

En efecto, a las cinco y media de la madrugada del día 25, recibí un aviso transmitido por el gabinete telegráfico de la Dirección, participándome acababan de avisar de Capitanía General, de que al practicar la requisa de la madrugada, el oficial de guardia había notado la desaparición de Ramón Franco y del ex comandante Alfonso Reyes, condenado a varios años de presidio por un delito de malversación. El telegrafista de servicio me manifestó asimismo que, según informes por él recogidos, la evasión debió efectuarse por una de las ventanas de la capilla, inmediata a las celdas de dichos presos, pues aparecían serrados los barrotes de la reja correspondiente.

La noticia me irritó más que por el hecho material de la fuga y sus consecuencias, por juzgar el proceder poco digno de un jefe del Ejército, máxime habiendo aceptado la compañía de un individuo de las condiciones morales del ex comandante Reyes. Esto quizá no lo comprendan muchos, pero yo sí y conmigo cuantos estén convencidos de que el uniforme y las divisas no lo son todo en el militar. Un jefe del Ejército descolgándose por una cuerda como un vulgar maleante después de asaltar un piso, es algo que no me cabe en la cabeza.

Desde que se tuvo conocimiento de la evasión de Franco, se puso en actividad toda la Policía, resultando infructuosas cuantas gestiones se practicaron para dar con él, no obstante tenerse el convencimiento, como se comprobó después, de que no había salido de Madrid. Y, aunque fracasé en mi empeño, no he de negar que hice cuanto pude por hallarle, en primer término, porque el Presidente tenía especial interés en impedir que tomase parte en el movimiento revolucionario si se producía, para evitar pudiese caer en manos de los Tribunales militares, precisados quizá a imponerle sanción irreparable, ya que se daba por descontado que haría honor a la popularidad de su apellido, y que trataría de borrar el gesto poco airoso de su fuga de las Prisiones de San Francisco con el heroico del sacrificio. Jamás se pensó en que el piloto del "Plus Ultra" fuera capaz, ante el fracaso, de huir como un conspirador de opereta.

En cuanto a conducta gallarda, hay que reconocer que la única figura digna de respeto en las dos sublevaciones que precedieron a la República, fue el desventurado capitán Galán, que supo sufrir los rigores de la ley con la misma entereza con que organizó y dirigió su desdichada aventura. Yo, aun reconociendo la rectitud con que procedió el tribunal que le juzgó y la justicia del fallo dictado, me descubriré siempre respetuoso ante el recuerdo del hombre que murió con la misma bizarría con que se lanzó a la rebelión.

Franco, no satisfecho con haber quebrantado el sagrado deber que la disciplina le imponía, hizo algo más reprobable aún: dirigió al general Berenguer una carta soez, falta de consideración y respeto. ¡Así correspondió al proceder noble, generoso y caballeresco de quien en aquellos momentos era jefe del Ejército y presidente del Gobierno!

La fuga del famoso aviador llenó de júbilo a los elementos revolucionarios. Mientras tanto, el juez por un lado y la Policía por otro buscaban una explicación lógica de los hechos. Aparentemente, Franco salió de la celda y abrió la del ex comandante Reyes; en seguida, valiéndose de una llave a propósito, penetraron en la capilla y entre ambos procedieron a serrar uno de los barrotes de la endeble reja; luego, utilizando una cuerda que al primero le había sido facilitada por alguno de sus cómplices, se descolgaron. En la calle, les aguardaba Pablo Rada con un automóvil, que con los faros encendidos impedía que el centinela pudiera ver la evasión. ¡Bonito episodio para una película policíaca! Pero ¿puede asegurarse que la fuga se efectuó en la forma relatada...? Yo no me atrevo a contestar.

El escondite de Franco fue conocido de muchas personas que le tuvieron en relación con el Comité revolucionario; es más, mantuvo contacto con el *Heraldo de Madrid,* llegando en su cinismo a enviar varios artículos, de los cuales, uno se publicó. A que siguiera el escándalo que esto significaba, se opuso el ministro de la Gobernación, con la protesta airada del periódico.

Franco, su compañero de evasión y el mecánico Rada, permanecieron ocultos hasta la madrugada del 15 de diciembre, que se presentaron en el aeródromo de Cuatro Vientos para tomar parte en el movimiento revolucionario.

CRISIS Y CAMBIOS DE MANDO.—El aislamiento en que el general Marzo se encontró dentro del Gobierno a partir de la huelga general de una parte, y de otra, las campañas de prensa que contra él se hacían, especialmente por periódicos de tan marcada tendencia derechista como *La Nación* y *ABC,* le colocaron en una situación difícil. Yo oía comentarios de unos y otros e incluso me permití solicitar algunas opiniones.

Una mañana, después de despachar con él, seguro de que cumplía un deber de amigo, le expuse con toda lealtad cuál era mi juicio sobre su situación; al mismo tiempo le indiqué la conveniencia de que explorase el ánimo del presidente del Consejo, lo que me ofreció hacer aquel mismo día. Y, en efecto, tan pronto salí yo del Ministerio de la Gobernación, se dirigió al de Buenavista, donde celebró con el conde de Xauen una detenida conferencia, que se desarrolló en términos de gran cordialidad, como no podía menos de suceder dado el cariño que ambos generales se profesaban. En dicha entrevista quedó planteada la crisis, que se hizo pública el día 26.

La situación creada por la salida del Gobierno del general Marzo, se resolvió de la forma siguiente: D. Leopoldo Matos, de Fomento pasó a Gobernación; D. José Estrada, ministro de Gracia y Justicia, ocupó la cartera de Fomento, y D. Joaquín Montes Jovellar, que hasta entonces había sido subsecretario de Gobernación, fue designado para la de Gracia y Justicia.

Por ser de ritual, asistí a la toma de posesión de don Leopoldo Matos, a la que concurrió también el ministro dimisionario, cambiándose entre ambos breves frases llenas de emoción. Momentos después, el general Marzo, acompañado de su ayudante y secretarios, abandonó el Ministerio, siendo yo el único funcionario que le acompañó hasta la puerta. Cuando me dirigía a la Dirección de Seguridad en el coche oficial, le vi por la Carrera de San Jerónimo: iba andando, con paso reposado, confundido entre el público, camino de su casa...

El general Marzo, a pesar de la época agitada en que actuó, no despertó ni odios ni rencores. Los que servimos a su inmediación, le recordaremos siempre con cariño, pues fue hombre recto en el proceder, austero como administrador, leal para los amigos y afectuoso con todos; pero la política no tiene entrañas. Días después de su salida de Gobernación, aún insistía uno de los periódicos antes citados, diciendo: "Con los sinceros respetos que a todo hombre de buena voluntad deben sugerir estos hombres de voluntad óptima, pero de absoluta inadaptación a los menesteres de gobierno, hay que ver en la reiteración de sus fracasos algo más que una serie de calamidades adversas. Más sensato será pensar que si hay un Ministerio en que los técnicos tengan algo que hacer de provecho para el interés público, ese Ministerio es el de la Gobernación". Y luego añadía: "El nuevo titular dice, con evidente razón, que conviene estar perfectamente informado de la vida social y política de España. Y el lector de buena fe, ante palabras tan certeras, puede exclamar con aparente lógica: "Ah, ¿pero es que hasta aquí, en el Ministerio de la Gobernación, no se sabía el estado político y social en cualquier momento...? ¡Pues ahora me lo explico todo...!"

¡Ojalá las cosas hubieran sido así! Mas fue el caso que no tuvo mejor fortuna en su gestión quien le sustituyó, eso que era persona de larga práctica política; y es que dada la forma en que el espíritu revolucionario había prendido en el alma del pueblo español, lo mismo daban "ministros neutros" —título del artículo del que acabo de copiar dos párrafos—, que ministros "técnicos": Los hechos lo demostraron más tarde.

Al día siguiente de posesionarse de la cartera de Gobernación el señor Matos, presenté mi dimisión; pero no pude darme el gustazo de verme como el general Marzo, paseando sin preocupaciones por las simpáticas calles de Madrid. El Destino me tenía reservada una dura prueba; sin duda, como dicen los musulmanes, "estaba escrito".

Coincidiendo casi con esta crisis parcial, hubo un cambio de autoridades en la capital de Cataluña. El infante don Carlos, a pesar de su bondad y simpatías, por su carácter retraído, no supo captarse a la sociedad barcelonesa, misión principal que el conde de Xauen estimó debía desempeñar en aquella Capitanía General; esto, unido a los deseos reiteradamente manifestados por el general Despujol de abandonar el Gobierno Civil de Barcelona, que sólo malos ratos, preocupaciones y amarguras le proporcionaba, y al criterio sustentado por el Presidente y algunos ministros de evitar que personas de la familia real ejercieran mandos en momentos en que por la intensa agitación política y social pudieran verse obligadas a tomar medidas de rigor, determinó la designación de D. Carlos para el cargo de inspector general del Ejército y la del general Despujol para la Capitanía de Cataluña. Gobernador civil fue nombrado don José Márquez Caballero, magistrado de aquella Audiencia, persona de gran competencia, reconocido prestigio y conocedor de Cataluña.

La designación del señor Márquez Caballero para el Gobierno Civil de Barcelona tuvo laboriosa tramitación, pues se deseaba encontrar un hombre que estando perfectamente enterado de los problemas político-sociales de dicha provincia y contando con el beneplácito de los elementos de orden, en cambio no fuera esclavo de ellos, ya que es sabido en política nada se da ni se cede sin interés usurario. El elegido debía reunir, además de las condiciones expresadas, la de ocupar una posición social o cargo lo suficientemente elevado para que su propia personalidad realzase la muy importante de gobernador civil de aquella provincia, y, por último, la de una completa lealtad al Gobierno, que necesitaba saber, en todo momento, "la verdad" de lo que ocurriese en Barcelona, sin disimulos ni parcialidades.

Cerca de dos meses duraron las gestiones para encontrar la persona *ad hoc.* El coronel Toribio hizo elogios tan cumplidos, concretos y encomiásticos de Márquez Caballero, que él más que otro alguno fue quien inclinó el ánimo del Presidente en favor de dicho señor. El nombramiento quedó acordado en firme a raíz de un viaje que hice a Barcelona a mediados de octubre, pero se mantuvo el secreto —creo que incluso para el propio interesado— hasta el momento oportuno.

Es de mi deber hacer resaltar la influencia decisiva que en este nombramiento tuvo el coronel Toribio, porque poco después, el nuevo gobernador, ante la presión de determinados elementos locales, hizo algunas gestiones para conseguir su relevo: ¡Contrastes de la vida!

A la entereza con que el general Berenguer y yo defendimos al jefe superior de Barcelona en aquellas circunstancias, debió el pundonoroso coronel no se cometiera la iniquidad de echarle por la borda, sacrificando a las complacencias políticas toda una vida de austeridad, honradez y hombría de bien, características bien poco frecuentes en quienes han desempeñado aquella Jefatura de Policía... Pero más vale no hablar; con ello me evito el mal gusto de remover un estercolero y doy paz a unos cuantos muertos.

CAPÍTULO XIX

Dos incidentes desagradables

EL DISGUSTO DE LOS PERIODISTAS.—Desde hacía una temporada venía recibiendo constantes quejas, especialmente del jefe superior, coronel Marzo, respecto a la conducta poco discreta de los reporteros que prestaban servicio de información en la Dirección de Seguridad. Yo mismo había observado que, con el pretexto de mejor desempeñar su cometido, se distribuían por las diversas dependencias, e incluso penetraban en el gabinete telegráfico, causando molestias que el personal soportaba pacientemente por ese temor que en los centros de la administración española inspiran siempre quienes disponen de las columnas de los periódicos; pero la verdad, jamás creí que el afán informativo o deseo de servir a la causa de la publicación que les enviaba, llegase al extremo de hacer olvidar a tal cual de ellos la corrección con que era lógico correspondiesen a la hospitalidad, siempre cordial, que se les dispensaba. He de sentar por anticipado, en honor a la verdad, que los que así procedían eran los menos; mas también, justo es reconocer, que no cabía en las medidas de régimen interior hacer excepciones.

Por varios conductos se me había advertido que entre los informadores de la Dirección existían elementos encargados de hacer determinadas investigaciones que interesaban a los revolucionarios y hasta se me facilitaron los nombres de algunos de ellos. Por mi parte, me había dado perfecta cuenta de que no todos interpretaban las declaraciones que de tarde en tarde les hacía, ante la insistencia de sus requerimientos, con aquella fidelidad que correspondía a la corrección exquisita, sinceridad de expresión y buena fe que ponía siempre en mis conversaciones informativas, siendo prueba evidente de cuanto digo que, no muchos días antes del incidente que voy a referir, uno de ellos me aconsejó fuera parco en palabras durante mis entrevistas con sus compañeros si quería evitarme serias contrariedades, pues no todos eran capaces de hacer aprecio de las atenciones que se les guardaban. Pero hay más todavía: una noche me dio cuenta el coronel Marzo de haber sorprendido a un reportero en el pequeño pasillo que daba acceso a la puerta reservada de mi gabinete de trabajo, en momentos que yo mantenía una conferencia con el comisario Rodríguez Chamorro, jefe de la División de Investigación Social; en otra ocasión, el señor Maqueda se quejó de que otro había tratado de engañar a su secretario, para hacerse con un documento del que se estaban sacando algunas copias.

Así las cosas, llegó el 26 de noviembre. Aquella tarde varios agentes secretos comunicaron que se habían ya circulado las órdenes para la ejecución del movimiento revolucionario, y algunos lo señalaban para la madrugada próxima. Desde las primeras horas de la noche todo el alto personal de la Dirección se hallaba en sus puestos, y en la Sección de Orden público la actividad era extraordinaria.

Los periodistas, bien fuera porque el movimiento inusitado despertara su curiosidad o bien porque se hallaban tan enterados como nosotros de lo que se temía, el caso es que se repartieron "estratégicamente" por todo el edificio, al punto de que era imposible entrar o salir de los despachos y dependencias sin ser observados por ellos.

Debido a esta intolerable fiscalización, me vi precisado a una ridícula maniobra para que pudiera llegar a mi despacho el capitán general, el ayudante del general Berenguer y el secretario de la Presidencia. El primero venía para ponerse de acuerdo conmigo respecto a medidas preventivas y otros detalles; el segundo, para dar cuenta al Presidente de dichas medidas, y el tercero, para enterarse del resultado de una conferencia que, entre doce y una de la madrugada, debía celebrar.

Esta conferencia era interesantísima. Se trataba nada menos de un cambio de impresiones con dos significados elementos revolucionarios que, por razones que no son del caso, habían ofrecido facilitarme el plan completo de la rebelión y ampliar detalles sobre cierta información recibida durante la tarde, en la que se indicaban como seguros movimientos de carácter militar en Lérida y Jaca; pero no pude avistarme con ellos ante la imposibilidad de que entrasen en la Dirección de Seguridad sin ser vistos por los reporteros, de quienes eran conocidos, eso que la espera se prolongó hasta muy cerca de las tres de la madrugada. Para colmo, un detenido, que el jefe superior tuvo necesidad de interrogar, hubo de someterlo previamente a la curiosidad ajena.

Ante el fracaso de la entrevista y lo ocurrido con el detenido, el jefe superior me indicó la conveniencia de hacer comprender a los periodistas que su conducta rebasaba los límites de la más benévola tolerancia. Yo lo entendí así también y le rogué que, en la forma más correcta posible, les invitase a permanecer en la dependencia que les tenía asignada, donde, no obstante lo manifestado por alguno de ellos, no carecían de *confort,* teléfono, recado y máquina de escribir, papel, sobres, etc. La iniciativa fue, pues, del coronel Marzo; la determinación, mía.

La orden fue cumplida, e inmediatamente, previo un cambio rápido de impresiones, se retiró de la Dirección, por considerar que se les había ofendido con mi justa, lógica y necesaria determinación.

Al día siguiente, en algunos periódicos, se comentó con viveza y falta de ecuanimidad lo ocurrido la noche anterior, no obstante lo cual en el transcurso de la mañana se me presentó una comisión solicitando una rectificación de conducta. ¿Qué cabía hacer? Entendí que dignamente no podía transigir: la razón estaba por completo de mi parte.

Por la tarde, en carta firmada por tres de ellos, se me notificó la resolución de no comparecer más por la Dirección de Seguridad. Sólo *El Debate* y el *ABC* desaprobaron la conducta de los reporteros, obligando a los suyos a seguir concurriendo a las horas de costumbre.

A partir del incidente que acabo de relatar se desataron las plumas contra mí. La campaña de Prensa se sostuvo apasionada e implacable: fui presentado como hombre feroz y sanguinario que no quería saber de leyes, y así fue creándose el ambiente de hostilidad que tuvo su momento álgido en los desagradables sucesos de la Facultad de San Carlos los días 24 y 25 de marzo.

El calvario que sufrí después lo debo en gran parte a ciertos periódicos que, en represalia por lo ocurrido, no tuvieron el menor escrúpulo en fomentar odios y rencores contra mí, inventando absurdas patrañas e incluso incitando al atentado personal...

Las columnas de los periódicos al servicio de la pasión es arma formidable; pero es más formidable todavía el tesón y el concepto del propio espíritu y honor cuando no existe en una vida un solo hecho por el que pueda sonrojarse, ya que sobre todas las críticas y sobre el abrumador peso de los folios de un proceso, donde no siempre resplandece ecuánime la justicia, está la conciencia del individuo, que es el juez más severo de sus propios actos. La mía me dicta que siempre procedí digna, correcta y legalmente: no tengo de qué arrepentirme, y menos de haber indicado a unos señores cuál era su puesto.

¿UN ATENTADO...?.—Fueron los últimos días de noviembre y primeros de diciembre de gran emoción. Sobre las preocupaciones, cada vez mayores que pesaban sobre mí, un agente de Barcelona indicó la conveniencia de estar muy prevenidos, pues nuevamente un grupo de ácratas habían mantenido conversaciones sobre la oportunidad de un atentado. Estas inspiraciones eran siempre sugeridas por elementos residentes en el extranjero, con la sola diferencia de que entre éstos la víctima elegida era sistemáticamente el Rey y aquí se estimaba como más práctico y viable asesinar al presidente del Consejo.

En el caso que nos ocupa, el señor Quiñones de León, prevenido por la Policía francesa, me dio el nombre y circunstancias de un individuo comprometido, que cayó en manos de nuestros agentes tan pronto entró en España por Port-Bou; se apellidaba Pros Badía; era conocido en el campo anarquista por Imbert Henry, y existían antecedentes de él en los archivos de la Dirección de Seguridad. He de advertir que entre esta clase de gentes es corriente el uso simultáneo de varios nombres, con lo cual la identificación se hace en extremo difícil.

Independientemente del sujeto mencionado, en Barcelona se actuaba con gran entusiasmo, al punto de que antes de finalizar noviembre se llegó a un perfecto acuerdo, quedando convenido "suprimir" al general Berenguer. Uno de los organizadores del golpe escribió a un amigo una carta, de la que posteriormente llegó a mi poder una copia, que en su parte más esencial, decía así:

"Los hombres de acción del anarquismo militante, por nuestra pasividad, estamos dando la sensación de que no existimos. Nunca mejor que ahora para dar señales de vida. La Monarquía española se va y vendrá la República (república burguesa), con lo que la Idea no irá ganando nada. No hemos de esperar de otro régimen capitalista ni más tolerancia, ni aun siquiera un porvenir de mayores probabilidades para el éxito libertario, pero sí podemos hallar los ejecutores el aplauso y aún el apoyo de la España revolucionaria (las actuales circunstancias nos favorecen). Por esa parte nuestras vidas casi podemos asegurar que estarán garantizadas: los domicilios de los conspiradores serán lugares seguros de refugio para librarnos de las iras de los esbirros en los primeros momentos, que son los de mayor peligro: el "sillín" moderno es incómodo y la "argolla" demasiado dura (acuérdate del Nano); preferible es el "estornudo" de la "báscula"[(80)]. Si los ácratas aprovechamos la confusión que produzca el atentado al realizarse, podremos llegar a ser los amos e imponer nuestras doctrinas. Ahora bien ¿cuál es el mejor golpe? El Borbón va demasiado custodiado y será víctima segura de las iras del pueblo al estallar la revolución. ¿Para qué exponernos? En cambio, el dictadorzuelo Berenguer es relativamente fácil y el pánico que su muerte produzca entre los demás ministros nos ha de permitir actuar con desembarazo después. Por estas razones le hemos sentenciado. Cinco compañeros han recibido esta gloriosa misión (que la fortuna les favorezca). ¡Muera el tirano! ¡Viva la Anarquía, que representa la libertad de la Humanidad consciente! Tu compañero de acracia..."

El 30 de noviembre, el agente aludido perdió todo contacto con los organizadores del complot, lo que me produjo la zozobra que es de suponer; pero afortunadamente un hecho inesperado y providencial desbarató los planes de los asesinos.

[(80)] Entre los *apaches* se denomina "el estornudo" el momento de caer la cuchilla de la guillotina; según mis informes, esto es debido a que el ruido que produce se asemeja al del molesto movimiento espasmódico.

El 2 de diciembre, un periodista llamado Joaquín Llizo, disparó su pistola en presencia del general Berenguer en el momento en que éste, en el edificio de la Presidencia, se disponía a tomar el ascensor para asistir al Consejo de ministros que estaba anunciado para aquella tarde.

Si mal no recuerdo, el suceso se desarrolló en la forma siguiente:

Sobre las cinco de la tarde entró en el edificio de la Presidencia el periodista Llizo y permaneció en el salón del piso bajo, sin que su presencia inspirase la menor sospecha, ya que era conocido de sus compañeros e incluso de algún policía.

Al poco rato empezaron a llegar los ministros. Cuando entró el señor Montes Jovellar, Llizo preguntó a uno de los presentes: "¿Es ése el Presidente?" Se le contestó negativamente.

A las cinco y veinte llegó el general Berenguer que, como de costumbre, fue rodeado por los periodistas; en dicho momento, Llizo, que se había situado inmediato y frente a él, sacó una pistola y levantando en alto el brazo, hizo un disparo, cuyo proyectil dio en la cornisa del salón. El Presidente, sin perder la serenidad, le preguntó:

—¿Qué pensaba usted hacer?

—Ésta es—repuso Llizo—una demostración enérgica e incruenta de protesta del régimen que representa vuecencia.

Los allí presentes detuvieron al autor del disparo. El general Berenguer se limitó a decir:

—Señores: esto no tiene la menor importancia. No puede ser más que la obra de un perturbado.

Inmediatamente tomó el ascensor.

Lo ocurrido circuló por Madrid como un reguero de pólvora. Acto seguido empezaron a llegar personalidades a la Presidencia para saludar al general y protestar del vandálico acto.

Yo recibí la noticia a los pocos minutos, hallándome en mi despacho oficial, disponiendo fuera inmediatamente conducido el detenido a la Dirección, donde le interrogué a poco de llegar.

¿Quién era Llizo? Que yo sepa un redactor de *El Sol* y al mismo tiempo un empleado de 6.000 pesetas en la Compañía Arrendataria de Tabacos; luego apareció como un hombre un tanto excéntrico, y, por último, el doctor Marañón nos descubrió que se trataba de un caso grave, al punto —copio declaraciones suyas de aquellos días— que estaba buscando una ocasión para aconsejar a la familia que le recluyera en un manicomio. Siento diferir del sabio doctor: Llizo tenía tanto de loco como yo de obispo. El hecho por él realizado es más propio de quien tiene pleno juicio de la responsabilidad que de un irresponsable. Esto no quiere decir, ni mucho menos, que apuntara al Presidente y diera en el techo. No.

Aquella mañana, el diagnosticado de perturbado por el doctor Marañón, había salido tranquilamente de su casa y en el "Continental Metro", de la Glorieta de Bilbao, depositó una carta para don Félix Lorenzo, director de *El Sol,* con la indicación de que fuera entregada a las "cinco y media de la tarde". Esta carta decía así:

"Mi querido director: Un motivo esencial de delicadeza hacia la profesión me obliga a dimitir mi puesto de redactor de ese periódico.

"No es que yo vaya a realizar nada indigno. Pero sí lo sería el ponerme hoy en contacto con varios periodistas sin decirles que no estoy entre ellos como compañero, porque a ampararme en ellos, es decir, en la profesión, equivaldría mi silencio.

"Tengo la esperanza de volver junto a usted, junto a ustedes. Alas por lo pronto remito adjunto mi *carnet* y hasta mis tarjetas. Sólo conservo una, en la que tacho la línea que dice "Redactor de *El Sol".*

"Ojalá no haga la fatalidad que aquella esperanza no deje de cumplirse. Para todos los de esa Casa abrazos míos, y usted reciba otro de su muy agradecido e incondicional, *Joaquín Llizo.*

"Miércoles, 2 de diciembre de 1930. A las once de la mañana".

Después de depositar la anterior misiva en el "Continental Metro", vagó por Madrid y comió en un restaurante; más tarde paseó y permaneció largo rato por los alrededores de la Presidencia, sin que nadie haya podido averiguar si meditó sobre siniestros designios o se dedicó a reflexionar sobre la tontería que en fin de cuentas había decidido cometer: es posible que hiciera lo uno y lo otro. Lo que Llizo ignoraba entonces es que con su resolución iba a dar al traste con el complot más peligroso urdido contra la vida del general Berenguer.

En la Policía se da gran importancia a los documentos que se le intervienen a los delincuentes, sin que la experiencia haya hecho comprender que cuando un individuo presume que va a ser detenido lleva sobre sí los papeles que estima conveniente caigan en poder de la Justicia. Llizo no podía ser una excepción, y llevaba en la cartera la siguiente nota:

"Declaro mi propósito de realizar una demostración enérgica e incruenta contra el capitalismo delincuente, personificado en uno de sus más caracterizados representantes. Entiéndase por capitalismo delincuente el explotador del trabajo y usurpador del poder político. Con un simulacro de violencia, demostraré precisamente mi repugnancia por la violencia, ya que podré y no querré consumarla; pero ese mismo simulacro probará mi resuelta actitud contra la iniquidad. No se busque a mis cómplices, que ninguno se oculta. Conmigo tiene complicidad toda la opinión sana y valerosa del mundo entero. Aspiro a la justicia y a la libertad igualitarias".

Cuando hube terminado algunas diligencias sobre este suceso —las indispensables para dar un avance de opinión personal—, me trasladé a la

Presidencia, siendo recibido en el acto por el Consejo de ministros, al que di cuenta de las investigaciones practicadas hasta el momento y expuse mi punto de vista. Se trató de la jurisdicción que debía intervenir en el asunto, imponiendo el Presidente su criterio de que fuera la ordinaria. Mi presencia allí duró escasamente diez minutos.

A mi regreso a la Dirección recibí una comisión de periodistas que iban a interesarse por su compañero, rogando se le facilitase cuanto pidiera. Poco después llegaron dos señores que, si mal no recuerdo, pertenecían a la Redacción de *El Sol;* uno de ellos me hizo presente la consternación de todos por el lamentable incidente, y me habló del desequilibrio mental de Llizo, debido, en parte, a causas de carácter íntimo, al extremo de que días antes —según me aseguró— había manifestado estaba dispuesto a hacer una barbaridad.

Llizo fue trasladado aquella misma noche a la cárcel a disposición del juez de guardia, en calidad de incomunicado. Esta determinación, adoptada con arreglo a mis atribuciones, dio origen a vivas protestas en algunos periódicos, que calificaron la prudente medida de precaución como un acto de tiranía. Y es de notar que estos mismos periódicos fueron los que meses más tarde hallaron razonables y hasta justificadas las prolongadas detenciones gubernativas e incomunicaciones mantenidas durante días y más días sobre personas honorables, víctimas del celo policíaco de un soñador de conspiraciones.

Llizo salió de la cárcel al proclamarse la República, merced al amplio decreto de amnistía que concedió el Gobierno provisional al hacerse cargo del Poder.

Dos días después del incidente que acabo de relatar recibí la siguiente nota de Barcelona:

"De lo que le dije sobre un *hecho concreto* no hay nada ya. Me aseguran que en una temporada no se podrá llevar a cabo, porque después de lo ocurrido se habrán redoblado las precauciones y no es práctico caer sin gloria ni provecho víctima de los polizontes que rodean al *sentenciado,* que irán ahora prevenidos. Creo que ese disparo al aire (así dicen los periódicos) ha sido providencial. Uno de los designados es de la industria del vidrio y ha trabajado en una fábrica inmediata a la plaza de España (no recuerdo en este momento el nombre)".

El coronel Toribio, por conducto del cual recibí la información anterior, puso de su puño y letra a continuación:

"¿Es cierto que el Presidente va todas las mañanas, a las diez, a Palacio, siguiendo el mismo itinerario? ¿Es cierto que un día a la semana cena en la casa del duque de Alba, situada en lugar poco transitado? A pesar de lo que dice R..., conviene estar prevenidos".

Como es lógico, se adoptaron precauciones.

CAPÍTULO XX

En vísperas de la revolución

CONFIDENCIAS FIDEDIGNAS.—El día 27 de noviembre, muy temprano, llegó a mi poder una carta que decía así:

"Muy señor nuestro: La pasada noche hemos estado esperando hasta muy avanzada hora su indicación para visitarle, ignorando los motivos de no haberla recibido, que suponemos ajenos a su voluntad. De todos modos, queremos cumplir nuestros compromisos para con usted advirtiéndole:

1° Están dadas las órdenes para el movimiento, pero no fijada la fecha.

2° Se cuenta desde luego con elementos militares en Madrid, Valencia, Logroño, Huesca y Jaca. Hay generales comprometidos.

3° Tomarán parte en el movimiento estudiantes, la Unión General de Trabajadores, la Confederación Nacional del Trabajo y los comunistas (dispersos).

4° Se han repartido algunas armas y se distribuirán más.

5° Franco, está, desde luego, en Madrid.

6° Indalecio Prieto desconfía de un comandante, amigo suyo, que dice es confidente. De no ser esto cierto, conviene mantener el equívoco para poder operar nosotros con más desembarazo.

Avisaremos lo que sepamos de nuevo.

Suyos affmos., ..."

La misma mañana, el jefe de la División de Investigación Social me entregó una extensa información, que, en síntesis, decía:

Primero. Que había sido nombrado por el Comité revolucionario el Gobierno provisional, integrado por el señor Alcalá-Zamora, que actuaría de presidente, desempeñando a su vez las carteras de Ejército y Marina; Carner, la de Hacienda; Maura, la de Gobernación; Lerroux, la de Estado; Prieto, la de Fomento; Largo Caballero, la de Trabajo; Domingo, la de Instrucción pública; Fernando de los Ríos, la de Gracia y Justicia. Quedaba por cubrir la de Economía.

Segundo. Que dicho Gobierno tenía ya tirados el programa, proclamas y manifiesto al país, para hacerlos circular en momento oportuno; pero que necesitaban concentrarse todos sus componentes en un punto determinado, indicándose como más probables Valencia o Bilbao, por contar en estos puntos con elementos marítimos que, en caso preciso, podrían facilitarles la fuga.

Tercero. Que no obstante el acuerdo de reunirse en una localidad, se había considerado conveniente que Indalecio Prieto marchase a Bilbao para ponerse al frente de todos los elementos del Norte, donde él tenía decisiva influencia.

Cuarto. Que en Navarra se contaba con los nacionalistas, habiendo recibido instrucciones un tal Andasáriz, que provisionalmente se encontraba domiciliado en el piso segundo, del número 7 de la calle Ríos Rosas, de esta capital.

Quinto. Que el capitán Galán, condenado y amnistiado por haber tomado parte en el *complot* de la noche de San Juan, actuaría en Jaca con paisanos armados y tropa.

Sexto. Que en Valencia se confiaba mucho en la guarnición. En este punto, además de la huelga general, se esperaba el levantamiento de los huertanos, a los que secundarían los de Murcia y campesinos de Alicante; todo ello preparado por Alejandro Valera. Actuaban también con intensidad Ricardo Samper, Sigfrido Blasco, Marco Miranda, el armador Mico y Pascual Tomás (éste como jefe de los socialistas).

Séptimo. Que la adquisición de armas largas no había podido efectuarse porque don Juan March, a quien se pidió dinero y lo llegó a ofrecer, fue dando largas al asunto sin determinarse a cumplir su promesa.

Octavo. Que el plan consistía en la declaración de la huelga general revolucionaria, procurando el desgaste de la Guardia Civil y Seguridad, lo que obligaría a que tuviera que emplearse el Ejército, siendo ese el momento de entrar en acción los elementos antimonárquicos del mismo.

Noveno. Que por mediación de un coronel de Artillería, amigo del señor Alcalá-Zamora, se había hecho llegar a los Cuerpos de esta Arma un escrito en el cual se les invitaba a no permanecer neutrales ante el movimiento revolucionario, en el cual iban a tomar parte otras fuerzas del Ejército. Y que a cambio de esa cooperación, se les ofrecía:

a) Anulación del Real decreto de la Dictadura que les obligó a romper su compromiso de escala cerrada.

b) Reintegración en el acto a la situación de Cuerpos y organismos que existían en 1° de septiembre de 1926.

c) Autorización inmediata para la formación de tribunales de honor, con objeto de juzgar a los que no habían defendido con calor la tradición y prestigio del Arma, y

d) Promesa de que las Cortes republicanas, al tratar del Ejército, se ocuparían del Arma de Artillería, dándole la preponderancia debida, y que al mismo tiempo resolverían los problemas internos pendientes.

Décimo. Daba nombres de bastantes jefes y oficiales, especialmente de las guarniciones de Barcelona, Valencia y Lérida.

Aquella mañana di cuenta detallada de los anteriores informes al Presidente y ministro de la Gobernación, a los que, tanto uno como otro, concedieron gran importancia: las fuentes de donde procedían —que ellos no ignoraban— eran autorizadísimas.

El Presidente, que, como se sabe, era además ministro del Ejército, tomó algunas disposiciones, lamentándose ante mí de que un bravo oficial como Fermín Galán, a quien él había amnistiado, hubiera sido también víctima de las predicaciones revolucionarias.

—Si usted quiere—le insinué—, puedo escribirle.

—¿Es amigo suyo?—me preguntó.

—Amigo íntimo, no; pero en cierta ocasión, allá por agosto del 24, con motivo de un incidente con el general Serrano, en que a éste le sobraba la razón, intervine y, merced al cariño que me dispensaba el general, pude lograr que el asunto se resolviera satisfactoriamente. Con posterioridad, cuando se levantó el cerco de Dar-Accoba, vino a felicitarme por la defensa, y me dijo que jamás olvidaría el señalado favor que le había hecho en Cudia Mahafora, pues aquello, de no mediar mi acertada intervención, hubiera terminado de muy mala manera. "A tiros", dijo él. Le repito a usted —recalqué al Presidente— que toda la razón estaba de parte del general Serrano Galán, que presumía de conocerse el terreno palmo a palmo, nos metió en una aventura de la que no salimos descalabrados por milagro.

—Bien, pues si usted lo cree oportuno, escríbale—me repuso.

Aquella misma tarde, de mi puño y letra, le puse la siguiente carta[81]:

Madrid, 27 de noviembre de 1930.

Señor don Fermín Galán.—JACA.

Mi distinguido capitán y amigo: Sin otros títulos para dirigirme a usted que el de compañero y el de la amistad que me ofreció en agradecimiento por mi intervención en el violento incidente de Cudia Mahafora, le escribo.

Sabe el Gobierno y sé yo sus actividades revolucionarias y sus propósitos de sublevarse con tropas de esa guarnición: el asunto es grave y puede acarrearle daños irreparables. El actual Gobierno no ha asaltado el Poder, y a ninguno de sus miembros puede echársele en cara haber tomado parte en movimientos de rebelión: tienen, pues, las manos libres

---

[81] Esta carta no es copia exacta de la que le remití, pues al ponerla en limpio hice algunas pequeñas correcciones que, desde luego, en nada variaron el sentido de la misma.

para dejar que se aplique el C. de J.M. inflexiblemente, sin remordimiento de haber sido ellos tratados con menor rigor. Eso, por un lado; por otro, recuerde que nosotros no nos debemos ni a una ni otra forma de gobierno, sino a la Patria, y que los hombres y armas que la Nación nos ha confiado, no debemos emplearlos más que en su defensa. Le ruego medite sobre lo que le digo, y, al resolver, no se deje guiar por un apasionamiento pasajero, sino por lo que le dicte su conciencia.

Si hace algún viaje a Madrid, le agradecería tuviera la bondad de verme. No es el precio a la defensa que de usted hice ante el general Serrano, ni menos una orden; es simplemente el deseo de su buen amigo, que le aprecia de veras y le abraza,

EMILIO MOLA

S/C., Zurbano, 37, 1°, *centro. Si me escribe, hágalo a mi domicilio.*

Esta carta, que tengo la absoluta seguridad que llegó oportunamente a poder del capitán Galán, no mereció los honores de una contestación: por lo visto había olvidado ya el señalado servicio que le presté en Cudia Mahafora.

Las noticias que recibía en aquellos días de las principales capitales de España eran inquietantes, pero de ninguna parte se me decía la fecha exacta del movimiento. Lo que más asombro nos producía, tanto al general Berenguer como a mí, era la alianza de los republicanos con los más extremistas grupos proletarios, sobre la que existían informaciones tan interesantes como la siguiente, procedente de Valencia:

"El agente don Francisco Más, afecto a esta División (la de Investigación Social), me comunica que en aquella capital hay un grupo dirigido por Antonio Plá Barreda, anarquista, al que, entre otros, pertenecen los también anarquistas José Margelí, Amadeo Palomares, Mayordomo, Cebrián, Manuel Fernández y un tal José, apodado "El Pepet", cuñado del Castellar que fue ejecutado por el asesinato de un sacerdote. Estos individuos siguen las inspiraciones del significado republicano y teniente de alcalde de Valencia, Marco Miranda, a los que además protege facilitándoles trabajo y cuanto necesitan, al extremo de haber colocado al Plá en el Matadero municipal.

"Dada la índole social de los componentes de dicho grupo e influencia que ejercen sobre los obreros del Sindicato Único, sus objetivos son de los más radicales, y para el caso de ocurrir en aquella ciudad sucesos como los acaecidos en Madrid y Barcelona, su plan es intervenir desde el primer momento, dando a la acción tal virulencia que sorprenda a la fuerza pública y puedan hacerse dueños de la situación. Para ello harán uso de pistolas y bombas de mano que parece tienen en abundancia —aunque esperan nuevas remesas— y de un cuchillo u hoja cortante, con la que, en el momento oportuno, puedan cortar la tripa a los caballos montados por la fuerza, para inutilizarlos, pues en la última reunión que han celebrado, comentando los sucesos de Madrid, trataron de lo poco expertos que han estado sus compañeros".

En cuanto a Madrid, teníamos noticias diarias sobre las reuniones del Comité, y con más detalles de las personas que, tanto de la capital como procedentes de provincias, iban al Ateneo Científico y Literario para ponerse al habla con los elementos directores de la revolución. El servicio secreto nos daba nombres y detalles; por él vinimos en conocimiento —aun cuando con algún retraso— de los repartos de armas y bombas hechos en sus locales; por él supimos la inteligencia con el anarquista Barea, y más tarde —cuando éste, por temor a ser detenido, dejó de concurrir— su sustitución por un abogado llamado Castillo, asesor de la C.N.T. en la localidad.

Lo que sucedía con el Ateneo era intolerable; pues un centro que por su carácter cultural percibía una subvención del Estado y al que se le guardaron todo género de atenciones, ni debió ser el refugio de los conspiradores, ni lugar de ocultación y reparto de armas, ni menos punto en que se fraguara el escrito de protesta que se dirigió a la Liga de Derechos del Hombre. Mas, a pesar de todo, el ministro de la Gobernación, señor Matos, mantuvo el criterio de no tomar ninguna medida contra él hasta estallar el movimiento, e incluso me ordenó montase un servicio de protección del edificio, a requerimiento de la Junta directiva, ante el temor de que sus socios fueran molestados por los llamados "Legionarios", que no creí nunca abrigasen el propósito, que aquéllos les achacaban, de tener preparado un asalto.

Por otra parte, repugnaba al general Berenguer adoptar medidas gubernativas con los militares que se sabía estaban comprometidos; y, si alguna vez, ante el escándalo de los hechos, se vio obligado a intervenir llamando a uno u otro a su despacho, bastó la promesa que le hicieran de apartarse de las luchas políticas, para no tomar con ellos ninguna resolución, dándome orden de que les suprimiera la discreta vigilancia a que estaban sometidos: así pudo ocurrir que alguno tomase parte sin el menor obstáculo en la sublevación del 15 de diciembre. En provincias, los separados de sus destinos, como medida de previsión, no llegaron a sumar media docena.

Lo triste del caso es que aún no sea tiempo de poder decir muchas cosas, que harían caer por tierra ídolos y personajes cuya actuación ni fue clara, ni honrada, ni decente. La República, en sus primeros pasos, jaleó a los que olvidando sus deberes de soldados pusieron sus rencores al servicio de la revolución, y, en cambio, no supo apreciar lo que vale la lealtad de los leales; de aquellos que creen que la espada sólo debe estar al servicio de la Patria y permanecer en ciega obediencia al Poder legal constituido, llámese como se llame.

CONVERSACIONES, COMENTARIOS Y ACTITUDES.— Obsesionaba al general la fecha de las elecciones, mejor dicho, poder llegar a ellas sin grandes tropiezos; dominar la situación hasta entonces, sin que las circunstancias obligasen a tomar medidas de violencia, que le repugnaban. De este asunto hablábamos muchas veces, y siempre le decía:

—Si pasamos la primera quincena de diciembre sin que el movimiento se produzca, podremos descansar tranquilos cerca de un mes, pues sabido es que en España las fiestas de Navidad, Año Nuevo y Reyes tienen tal arraigo en las clases sociales, altas, bajas y medianas que son tregua obligada para todas las actividades, incluso las revolucionarias. Después de esas fechas, entraremos en una época de gran agitación, que se hará mayor durante el período electoral, en el cuál la prensa revolucionaria ha de desatarse en una campaña violenta y agresiva, de la que cabe esperar cualquier cosa. Ahora bien, todo alzamiento en que no intervenga el Ejército será dominado con facilidad; pero si algunos núcleos de éste se ponen de parte de los revolucionarios, entonces el aspecto del problema variará extraordinariamente.

Yo meditaba largos ratos sobre la posibilidad de una rebelión militar, y, desde luego descartaba, por absurda, la hipótesis de que los contingentes que pudieran tomar parte en ella fueran numerosos. Un movimiento local también lo juzgaba difícil, pues, pensando con lógica, no parecía fácil que un grupo de oficiales levantasen en armas a las clases de segunda categoría, cuyo porvenir tenían asegurado, y menos a unos soldados a quienes sólo interesaba cumplir lo más tranquilamente posible los pocos meses que duraba el servicio en filas. En la época de los "pronunciamientos" del siglo pasado, la cosa variaba, ya que por regla general se ofrecía a los sargentos el ascenso a oficial y a los cabos y soldados el inmediato licenciamiento, en circunstancias en que el servicio militar tenía una duración hasta de ocho años, plazo de tiempo sobrado para tomar parte en una o más campañas. He de reconocer que me equivoqué, pues, con una facilidad incomprensible, los oficiales sublevaron las tropas de Jaca y Cuatro Vientos; aunque bien es verdad que entonces los rebeldes solían batirse con denuedo, lo que no ocurrió en los recientes alzamientos, ya que, a los primeros disparos, se inició la desbandada o flamearon banderas blancas.

No obstante la situación difícil, ni el Presidente ni el ministro de la Gobernación quisieron trascendieran sus preocupaciones, y por ello no es de extrañar que éste dijera en el banquete de las Diputaciones: "ni pasa, ni pasará nada", y el primero pusiera especial empeño en que las cartas circulares que yo dirigía a los gobernadores civiles, sin ocultar la realidad, no tuvieran un sabor demasiado pesimista. La misma prensa monárquica procuraba tranquilizar a sus lectores, no ocultando los peligros del momento; tanto es así, que él propio ABC, el día 9 de diciembre, se expresaba en esta forma: "Las horas que vivimos en España pueden ser muy decisivas. No creemos vivir sobre un volcán, ni aceptamos la hipótesis de ambientes tan anormales como se sueña y se desea por los enemigos de las instituciones y del orden; pero es innegable que no estamos libres de amenazas contra el sosiego y de intentonas que no serían sólo contra la forma de gobierno, sino contra el régimen social".

Mi última carta circular a los gobernadores civiles, en aquel período, llevó fecha del 30 de noviembre. En ella les exponía la situación social y política nacional, comentaba especialmente el fracasado movimiento de Barcelona y señalaba la necesidad de seguir muy de cerca las actividades de la C.N.T., que era la organización obrera que más me inquietaba, aconsejando impidieran la constitución de los Sindicatos por "Ramos" en los servicios públicos, de acuerdo con lo establecido para la provincia de Barcelona en el real decreto de 3 de noviembre de 1922 (*Gaceta* del 4), es decir, casi un año antes del golpe de Estado del general Primo de Rivera; luego añadía: "Otro punto interesante, que no conviene olvidar, es exigir el cumplimiento por parte de las Sociedades de los artículos 10, 11 y párrafo 1.° del 12 de la Ley de Asociaciones del 30 de junio de 1887; debiendo advertirle que aun cuando el párrafo 3.°, en relación con el 1.° del artículo 10, no aparece muy claro, es indiscutible —y así opina la Asesoría de esta Dirección— que la autoridad podrá en todo momento exigir le sean exhibidos los libros de contabilidad para inspeccionarlos..."

Terminaba la parte dedicada a la cuestión social diciendo: "Por último, es de sumo interés se proceda con la mayor energía, deteniendo a los promotores e instigadores de huelgas injustificadas, llegando incluso a la clausura de los centros obreros que las alienten, sin esperar a que los conflictos se agraven o extiendan, pues está ya plenamente demostrado que la C.N.T. no tiene, hoy por hoy, otro anhelo que practicar lo que pudiéramos llamar "gimnasia de agitación", para captar adeptos y estudiar la capacidad de disciplina de la masa obrera. En cuanto a la U.G.T., Confederación de Sindicatos Libres y Sindicatos Católicos, especialmente con los segundos, que están en muy buena disposición con respecto al Gobierno, es preciso observar una mayor transigencia".

Luego entraba a tratar de la cuestión política, haciendo presente la inteligencia de los primates del republicanismo con la C.N.T.; la posibilidad de que no estuvieran exentas de sinceridad, "de momento", las declaraciones hechas por Ángel Pestaña en la carta abierta publicada en *El*

Sol del 24, aun cuando era innegable que dicha organización aprovecharía "cualquier revuelta para actuar con toda energía en beneficio propio", y apuntaba mi duda sobre la neutralidad, en tal caso, de la U.G.T.

A continuación reseñaba los trabajos acerca del Ejército y la agitación provocada entre el personal técnico subalterno del Cuerpo de Correos, donde era sabido se estaban constituyendo ciertos Comités, con finalidad poco definida.

Yo dudo que en ninguna otra época hayan estado los gobernadores civiles tan al tanto de la situación general como en la época en que fui director de Seguridad.

LA CONFERENCIA DEL 7 DE DICIEMBRE.—La situación político-social me preocupaba tanto, que indiqué al ministro de la Gobernación la conveniencia de una conferencia presidida por él con los gobernadores civiles de las principales provincias, para que, exponiendo cada uno su opinión, él formase un juicio lo más completo posible y, de común acuerdo todos, se adoptase un criterio definido y concreto en cuanto a la forma de actuar en lo sucesivo ante las eventualidades que pudieran presentarse.

Don Leopoldo Matos aceptó mi iniciativa, y el día 7 de diciembre nos reunimos, por mañana y tarde, bajo su presidencia, el subsecretario, los gobernadores civiles de Barcelona, Valencia, Sevilla, Bilbao, Zaragoza y yo. En esta conferencia estuvimos de acuerdo todas las autoridades gubernativas en cuanto a la situación, pero no así en los procedimientos a emplear, pues el señor Márquez Caballero —creyendo de buena fe los ofrecimientos que le hicieran en Barcelona los representantes de la C.N.T. de actuaren lo sucesivo dentro de la ley— sostuvo un punto de vista exageradamente legalista, poco a propósito para mantener a raya las orientaciones sindicales, punto de vista, a juicio de todos los demás, inadecuado en las difíciles circunstancias en que nos encontrábamos.

Consecuencia de la falta de unanimidad, fue que el ministro adoptase la resolución de estudiar por sí mismo los problemas planteados, para dictar después las normas a seguir. En estas condiciones nos sorprendió el movimiento revolucionario del 15 de diciembre.

Antes de dicha fecha —el día 9— estalló en Valencia una huelga general de carácter violento que se inició por la agresión a unos guardias de Seguridad —uno de ellos recibió tres balazos—, que al defenderse causaron la muerte al sindicalista Santiago García Rodríguez, elemento de acción conocido y secretario del Sindicato Metalúrgico, afecto a la C.N.T. El pretexto de la huelga, que alentaron los periódicos *El Pueblo* y *Acción Proletaria,* fue la concesión por el gobernador civil de unas autorizaciones para uso de armas a determinados individuos de los pertenecientes a la empresa de los Astilleros.

Ante el fracaso de la conferencia referida, pues fracaso fue que de ella no saliese un plan a seguir de ejecución inmediata, me creí en el caso, visto lo ocurrido en Valencia, de elevar al ministro un informe en el que exponía el proceso de todas las huelgas generales ocurridas en aquella época y al mismo tiempo indicaba las medidas que, a mi juicio, debían ponerse en práctica inmediatamente para acabar con tal estado de cosas. Con ello, por lo menos, mi conciencia quedó tranquila.

MEDIDAS DE PREVISIÓN.—Se ha dicho y repetido que los acontecimientos sorprendieron a las autoridades; que el Gobierno no adoptó ninguna medida de previsión. Yo declaro solemnemente que esto no es cierto.

Quien vivió el ambiente nacional de aquella época, no puede ignorar que el espíritu revolucionario lo invadía todo, absolutamente todo, desde las más bajas a las más elevadas clases sociales. Obreros, estudiantes, funcionarios del Estado, industriales, comerciantes, rentistas, hombres de carrera, militares y hasta sacerdotes tuvieron su representación en él alzamiento de diciembre, que constituyó el principio del fin de la Monarquía. Ante un movimiento de tal índole, no cabían disposiciones para impedirlo, sino medidas para dominarlo. He aquí lo que se hizo para ello:

A primeros de noviembre existía ya en Gobernación un plan completo de concentración de la Guardia Civil en las capitales y puntos importantes de cada provincia; se hallaba previsto a su vez la fuerza de este Instituto que debía ser trasladada fuera de la demarcación de sus Comandancias e incluso se contaba con casi todo el efectivo del Tercio de Marruecos para ser empleado en el territorio nacional. Un telegrama circular o una simple indicación telefónica a los gobernadores, bastaba para iniciar el movimiento.

En las capitales de provincia, los jefes de Policía poseían relación de las personas más destacadas, tanto por su significación antimonárquica como por sus actividades sindicales. Los gobernadores civiles tenían autorización para, iniciado el movimiento revolucionario o ante su inminencia, ordenar las detenciones preventivas que juzgasen oportunas.

Los elementos pertenecientes al Comité revolucionario y cuantos más o menos directamente estaban en contacto con ellos, eran objeto de una rigurosa vigilancia. A la circulación por carreteras y vías férreas también se dedicó especial atención.

En el orden militar, me consta que el ministro tenía prevenidas a las primeras autoridades de los peligros y personal que andaba en inteligencia con los revolucionarios; me consta asimismo se tomaron medidas de precaución en los cuarteles y parques de armamento, e incluso tengo entendido se dictaron algunas instrucciones sobre la conducta a seguir en caso de que se declarara el estado de guerra. Para devolver la tranquilidad al Cuerpo de Artillería —que era el más significado por su desafecto al régimen—, el general Berenguer puso a la firma del Monarca, el 30 de noviembre, un decreto restableciendo en toda su eficacia e integridad el párrafo 3.° del apartado a), caso cuarto de la Base 10 de la ley de 29 de junio de 1918, origen de la ruptura entre el marqués de Estella y la oficialidad artillera. Con dicho real decreto pensó el conde Xauen quitar el principal pretexto a ésta para simpatizar con la revolución.

Durante la primera quincena de diciembre, mi contacto con los gobernadores civiles fue constante, y tanto al Presidente como al ministro de la Gobernación daba cuenta inmediata de cualquier noticia o confidencia que creía de interés. Al primero iba a verle casi todas las noches después de cenar, independientemente de la conferencia que celebraba con él todas las mañanas, sobre las diez.

Yo permanecía en mi despacho oficial hasta muy avanzada la madrugada; luego me retiraba a descansar. Ni qué decir tiene que dormía casi siempre en la Dirección de Seguridad.

¿Se pudo hacer más? Sí; pero ello era preciso salirse de la legalidad constitucional en que el Gobierno quería actuar y actuó, lo que no fue óbice para que los directores de la campaña política antimonárquica presentasen a éste como una nueva dictadura, que, arrogándose toda clase de atribuciones, negaba el ejercicio del más elemental derecho y hacía sufrir al pueblo la opresión de la tiranía. Y así, al calor pasional de la propaganda, fueron naciendo rencores y creándose odios que más tarde debían degeneraren lo que no es preciso recordar.

La Historia en su día, con ánimo sereno, enjuiciará a todos, especialmente a quien rigió los destinos de España en aquella época, y seguro estoy de que habrá de reconocer en el general Berenguer bondad, honradez, buena fe, culto a las leyes y espíritu liberal; en los demás, deseos de acertar para merecer el aplauso de sus conciudadanos y la gratitud de la Patria, a la que en primer término están obligados gobernantes y gobernados. Así será...

EMILIO MOLA VIDAL
Madrid, febrero de 1932.

FIN

NOTA DEL EDITOR

La palabra "Fin" que preceda a estas líneas no pone término las "Memorias" del general Mola, sino tan sólo a esta primera parte; parte dedicada, como el lector curioso ha podido comprobar, a hacer un estudio crítico de la Policía española y a exponer cómo tuvo conocimiento del estado político-social de la Nación en aquellos días en que ya se masticaba la tragedia, tragedia que anunció con toda claridad al Gobierno, advirtiéndole de lo que iba a ocurrir.

Pero el interés crece enormemente en el volumen que seguirá (ya se está imprimiendo), titulado: TEMPESTAD, CALMA, INTRIGA Y CRISIS.

Iniciase esta segunda parte del relato con la sublevación de Jaca. ¡Qué diferencia de la realidad de este luctuoso hecho al reflejo que de él tuvo el pueblo! En su narración fidedigna podrá verse por la primera vez con todo género de detalles los motivos gracias a los cuales pudo llevarse a cabo y las causas de su fracaso; podrá leerse también una crítica de este apasionante suceso, tan valiente como imparcial. Y los proyectos que abrigaba el capitán Galán, evidenciados gracias a numerosos documentos conocidos por el autor de algunos de los cuales se procurará insertar copias fotográficas; y la verdad de lo ocurrido en el seno del Gobierno con motivo del juicio sumarísimo, con lo que podrán desvanecerse muchas de las fantasías que sobre este desdichado asunto han circulado; y una conferencia telefónica sostenida entre el general: Berenguer y el Rey a propósito de los sucesos que iban transformando la Nación en un volcán, conferencia de que fue único testigo el autor; y verá nacer con ojos atónitos (que nada maravilla tanto en estas cuestiones como la verdad desnuda) el movimiento revolucionario del 15 de diciembre, movimiento del cual el autor previno al Gobierno, así como de que los socialistas y la U.G.T., en Madrid, no lo secundarían, razón por la cual no fueron detenidos el día 14 ni Fernando de los Ríos ni Largo Caballero. Trataron algunos elementos de atentar contra la vida de este último por la defección de la U.G.T.

También sabrá el asombrado lector, por este libro, los trabajos del señor Lerroux para preparar otro movimiento "presidido con mayor acierto", y en prueba y evidencia de ello podrá saborear muchos e interesantísimos documentos originales de este señor, y llegados a manos de quien ahora los saca a luz por obra y gracia de la deslealtad de algunos amigos de aquél. Y la conferencia que tuvo con el general Sanjurjo en la casa donde él se hallaba oculto y adonde éste acudió. Y la intriga que inició el conde de Romanones, de acuerdo con el marqués de Alhucemas en los propios salones de Palacio, con la honorable intención de derribar al Gobierno Berenguer. Y el apoyo que el Rey prestó a esta intriga, que el sagaz lector podrá calificar a su antojo.

Y la vida de los emigrados en París. Y las actuaciones del Servicio Secreto (¡de sensacional interés!). Y la crisis de febrero. Y el fracaso de los planes de Romanones y Alhucemas. En fin: cien hechos más, tan distintos unos de lo que se sabe, tan reveladores otros de la verdadera "psicología" de muchos "prohombres", y tan edificantes todos, que de no ir acompañados de documentos absolutamente irrebatibles, creería leerse una nueva "historia de los sucesos contemporáneos".

Hasta pronto, pues, amigo lector.

JUAN BAUTISTA BERGUA
1932

JUICIOS DE LA PRENSA SOBRE “LO QUE YO SUPE...”

"MARTE", del 14 de enero, 1933:

"El general Mola ha escrito una interesante obra, que acabamos de ver expuesta en las librerías, titulada LO QUE YO SUPE... Son las Memorias de su paso por la Dirección General de Seguridad. Es un trabajo de aproches para la historia de los Gobiernos Berenguer y Aznar, y cuanto relata es producto de lo que él vivió en aquellos últimos días del régimen monárquico.

En la bibliografía de un libro de ese género no cabe hacer un estudio crítico cuando el historiador es sincero y refleja la situación política y social del país. Se podrá o no estar conforme con lo acaecido, pero los hechos hay que acatarlos porque así sucedieron.

Muéstrase don Emilio Mola escritor correcto, deleitando las narraciones que hace y aportando prueba documental. Se observa un desapasionamiento poco común en los escritores que hasta ahora han enjuiciado la labor de los últimos Gobiernos monárquicos, y apenas se deja entrever una ligera queja por no ser comprendido ni lealmente secundado.

Comienza el libro por su llamada a Madrid, abandonando Larache, donde ejercía funciones militares, y sigue con sus impresiones de las personas que trató, los viajes efectuados, las confidencias recibidas, el estudio del comunismo, las actividades republicanas, las indisciplinas y preocupaciones, la acción del terrorismo, el funcionamiento de la Censura, el aborto de un movimiento revolucionario, las huelgas y comentarios de Prensa, la evasión de Franco, las conversaciones y actitudes de personajes políticos, sus relaciones. con los gobernadores civiles y ministros... En fin, todo cuanto, en el orden que se relacionaba con la Dirección General de Seguridad, él tuvo obligación de conocer y de cuidar.

Auguramos un buen éxito de librería, porque a cuantos interesa la suerte de España y quieran hablar de la época prerrevolucionaria, han de documentarse en su lectura.

Es éste, según nuestras noticias y según nota del editor, el primer volumen de los tres que forman "Memorias de mi paso por la Dirección General de Seguridad". El segundo abarcará desde la sublevación de Jaca a la caída del Gobierno del general Berenguer, dedicándose el tercero a todo lo ocurrido en la actuación del Gobierno Aznar.

Este primer volumen, con precio de seis pesetas, si no ha hecho una edición grande, tendrá que reimprimirse. Más despacio le hemos de hacer algunas acotaciones."

"EL CRONISTA" (de Málaga), del día 18 de enero, 1933:

"Como luminosa ráfaga entre sombras, acaba de aparecer en el horizonte de la actualidad nacional la primera parte de las Memorias del director de Seguridad en la época, de interesantísima transición, del Gobierno Berenguer.

El libro es algo notable y emocionante. Es la primera vez que vemos a un hombre público esgrimir la verdad serena y desnuda y lanzarla sobre los convencionalismos de siempre.

Con una gran ponderación, el general Mola ha demostrado, también, que es una elevada mentalidad, lo qué causará gran sorpresa a los que lo habían catalogado como un militarote de viejo cuño.

Cuando Mola estudiaba el Bachillerato en Málaga, era siempre matrícula de honor, lo que se nota perfectamente leyendo su obra, que es la obra de un gran patriota y de un gran ciudadano, con raro valor para decir las más grandes verdades en medio de una gran sencillez.

El libro, que será muy comentado en todas partes, tendrá en Málaga, también, infinidad de lectores."

"INFORMACIONES", del 21 de enero, 1933:

"Con el título de LO QUE YO SUPE..., ha publicado el general Mola un interesante libro de Memorias del tiempo en que estuvo al frente de la Dirección General de Seguridad en los últimos meses de la Monarquía. No se trata de una obra literaria, naturalmente, sino de una relación de hechos que tienen ya carácter histórico, pero que hasta su publicación eran desconocidos para la mayor parte de los españoles.

El general Mola, militar de buena reputación profesional, lograda en la campaña de Marruecos, y hombre cuya austeridad nadie ha puesto en duda, pone de manifiesto con plausible sinceridad, aunque sin propósito de censura para nadie, y menos que para nadie para el jefe del Gobierno que le dio el cargo, las torpezas y las flaquezas con que el Poder público, conociendo lo que se tramaba, permaneció prácticamente en estado de pasividad e indefensión que permitieron asaltarle fácilmente. Junto a lo que hemos visto después, pero que sin dificultad podía preverse, los escrúpulos "jurídicos", o, mejor dicho, "procesales", de aquellos gobernantes, revisten un carácter de simpleza que sería sospechosa si no nos mereciera más respeto su moral que su inteligencia. Ese concepto del Estado neutral, del Gobierno impasible ante los embates de una revolución que había de producir incalculables estragos, ya se ha visto que era una especie de anzuelo lanzado por los propios revolucionarios y tragado con unción verdadera por los encargados de defender la sociedad contra los que intentaban trastrocarla.

El libro del general Mola enseña, además, la razón de que contra los sindicalistas, anarquistas y perturbadores de toda laya que se enmascaran con un rótulo "avanzado" o de izquierdas, haya de proceder con contemplaciones. Se trata de los camaradas y colaboradores de entonces, y es preciso tener con ellos cierta obligada indulgencia. Como también se comprende el mecanismo de la distribución de armas y municiones para las operaciones subversivas; la práctica se adquirió en aquel tiempo, y no será fácil olvidarla a los que entonces se aplicaron a ella.

Libro muy interesante, al que no habría perjudicado omitir contra determinadas personas vivas y muertas ciertos juicios que son sinceros, pero en algunos casos injustos y en otros inoportunos, cuando todavía la pugna entre los principios revolucionarios y los contrarios no está resuelta, y los distingos y reservas que en la lejanía del tiempo no tendrían sino un alcance de crítica histórica, ahora sólo sirven para irritar y desunir a gentes cuyas rivalidades y divisiones absurdas son la causa principal de todo lo que estamos padeciendo."

"A B C", del día 1 de febrero, 1933:

"El espíritu crítico de cualquier español de esta hora, mediatemente sensible a los sucesos nacionales, no se sacia nunca de buscar en los antecedentes inmediatos del cambio de régimen la explicación de muchas cosas que permanecen inexplicables aun en su misma aparente evidencia. La sencillez y espontaneidad de aquella jornada del 14 de abril, según los progenitores de la República, que, enardecidos, las cantaban como la auténtica originalidad del naciente régimen, comenzó bien pronto a desdibujarse entre nubosidades de la interpretación y de la exégesis. ¿Qué había ocurrido en España el 14 de abril? Durante unos días-muy pocos-, el caso se presentaba recortado en unos contornos de claridad estricta: la República se había "filtrado desde lo posible a la realidad en un instante; se la había encontrado de pronto, ahí, sin más, desnuda de toda grandilocuencia", como escribiera en los días de rosicler José Ortega y Gasset. El cual, en su exaltación ufana por lo precioso del hallazgo, difería para más adelante la obligación de meditar sobre la génesis de aquellos días, "texto denso, profundo y anónimo, que irradia enseñanzas en todas direcciones". Pero este aplazamiento fue más breve de lo que podía presumirse, y el propio profesor insigne lo cancelaba casi a las pocas horas al romper, con autoridad insuperable, el fuego de lo que él mismo llamó la rectificación de la República. Desde aquel momento no ha habido español, con una pluma en la mano y con algunas cosas que aducir, que no haya comparecido con su artículo, con su ensayo, con su libro, con su aportación de cualquier clase a este juicio contradictorio, del cual se intentan sacar unos rayos de luz que esclarezcan aquella área histórica, en cuyo centro se halla la peripecia que parecía tan espontánea y tan sencilla y está tan ensombrecida por los humos de la controversia.

El general Mola, último director de Seguridad de la Monarquía, es uno de esos españoles con cosas que contar y, según el estilo que revela, con buena pluma para contadas. En su libro LO QUE YO SUPE.., acaso no haya revelación sensacional alguna ni sugestiones nuevas acerca de la política de aquellos desdichados meses; tal vez abunden-aunque ello, por razón de oficio, esté justificado-las referencias comineras respecto al régimen interior y servicios de la Policía; y de seguro sobran graves acusaciones contra el general primo de Rivera, que pueden ser vestigio de la aversión con que trataron a la Dictadura sus sucesores en los cargos públicos. Lo que sí hay, con testimonio largo de pruebas, es uno de aquellos haces de luz, a que antes aludí, proyectados sobre la génesis del I4 de abril y sobre su presunta espontaneidad. A la luz de estas páginas, en efecto, se observa con claridad cómo se preparó, con qué amplia libertad, de movimientos, con cuánta colaboración de complejísimos coadyuvantes en el Poder y fuera de él, la supuesta espontaneidad del I4 de abril. El general Mola, con minuciosidad, que en la síntesis de estas Memorias es reflejo de la admirable actividad desplegada por él en aquellos meses de incesante investigación, relata con amenidad, que a veces se transfigura en poder de emoción, las andanzas de los revolucionarios de toda categoría, azacaneados en la faena de encontrar, sin escrúpulos ni cautela, para el "golpe" cualquier alianza y toda suerte de desenfadados compromisos. Desde la "jornada vergonzosa" de Madrid, con motivo de la conferencia de Sánchez Guerra en el teatro de la Zarzuela, hasta las vísperas de Jaca y Cuatro Vientos-en donde el libro termina para continuar en otro volumen que ya se anuncia-, el autor nos presenta el cuadro completo de España enfebrecida de aquel período. El problema catalán y el universitario, el de la propaganda comunista, la influencia masónica y judía, evidentes en la preparación revolucionaria, todo lo que actuó en la calle o sutilmente a través de aquellos meses, podrá no representar novedad para la noción general del lector, pero tiene en este libro la prueba detallada que se infiere de un certero y eficaz servicio de confidencias, vertido a sus Memorias por el general Mola hasta el límite que la discreción le permite.

Cuando se ha acabado de leer LO QUE YO SUPE..., se confirma de manera incontrovertible algo que tampoco representa hallazgo de novedad; a saber: que lo que supo el alto funcionario policíaco acerca de la preparación revolucionaria era cuanto había que saber y cuanto los dos

Gobiernos a los que servía el general Mola supieron con exacta puntualidad. "No obstante-escribe el autor-la penuria en que me vi obligado a desenvolver mi actuación, no hubo hecho de importancia que sorprendiese al Gobierno; el movimiento de Jaca fue avisado el 27 de noviembre; el día I5 de diciembre, con bastantes horas de anticipación; otros-como el preparado en Barcelona en el mes de octubre-se consiguió abortasen. La sorpresa de las elecciones del I2 de abril no era cuenta mía."

Irónicas palabras que condensan la tesis de este libro, que no por ser de Memorias deja de tener su tesis, profundamente aleccionadora. "La sorpresa de las elecciones del I2 de abril no era cuenta mía." Es verdad. Esa va a la cuenta de todos y cada uno de los españoles, armados en aquel día de su papeleta electoral formidable, y allá cada cual con su conciencia, ufana o re mordida, ante las resultas de su respectivo sufragio encendido de pasión. Por imponderable y sutil, la prevención de aquella contingencia trascendental escapaba a las artes policíacas del general Mola, pero no debiera haber escapado al sentido político de los hombres, como aquel ministro de la Gobernación que, con ternura paternal para los revolucionarios, ordenaba al director de Seguridad la especial protección del Ateneo de Madrid, en donde estaba el centro de todas las conspiraciones contra la Monarquía. A la cuenta de hombres tales endosa también el general Mola, con razón suficiente, la responsabilidad de aquella sorpresa. Es para el autor un descargo que acaso le había sido discernido ya en justicia por la opinión, pero cuya prueba documental en el libro LO QUE YO SUPE.., preserva del fácil olvido el escándalo y el escarmiento de la faena memorable.. .-Luís de Galinsoga."

"LA NACIÓN", del día 11 de febrero de I933:

"Hace ya tiempo-y aunque no sea mucho, sí lo es en este vertiginoso caminar de las cosas españolas-que se ha publicado el libro del general Mola, en que este bravo militar, de limpia historia africana, relata su paso por la Dirección General de Seguridad. No queremos, ni debemos, esperar un día más sin acusar recibo de esta obra, tan importante para enjuiciar el fin de la Monarquía constitucional, y decimos solamente acusar recibo porque la obra no termina y el autor anuncia, para época próxima, la aparición de la segunda parte. Esperemos este momento, que entonces, y sólo entonces, dedicaremos a la labor del general la crítica leal que deben inspirar a todo español los actos, por equivocados que sean, de los españoles que han derramado su sangre por la Patria.

El general Mola, y esto sí lo hemos de recoger en este brevísimo comentario, es un hombre del viejo régimen, un hombre liberal, que, como los gobernantes de entonces-y como la mayoría inmensa de los gobernados-, no vio llegar la revolución.

Al Rey don Alfonso le hace el general Mola, en el prólogo de su obra, el reproche de "que no supo o no quiso darse cuenta de que las instituciones han de marchar, por seculares que sean, al ritmo de los tiempos", siendo así que el ritmo de los tiempos es muy otro del que el general Mola creía al escribir esas palabras, y que si la Monarquía cayó fue, precisamente, porque los regímenes liberales y parlamentarios están desapareciendo del mundo, que los soportó durante siglo y medio.

Pero el general Mola, que ha sufrido su propio error, y que, no podemos olvidarlo, a pesar de ser injusto con el general Primo de Rivera, y de haber sido uno de los elementos de Gobierno que al combatir la obra de la Dictadura se combatió a sí mismo, y causó, indudablemente, sin quererlo, enorme daño a España; el general Mola, repetimos, ha sido y es un bravo militar, y ha dado su sangre por su bandera, lo que nos basta en su día para enjuiciar su obra con el respeto debido, y hoy, para señalar en su libro estimables méritos de literato y de historiador y un principio de evolución doctrinal, orientado a la verdad política y social del porvenir."

TEMPESTAD, CALMA, INTRIGA Y CRISIS

EMILIO MOLA

A PROPÓSITO DEL LIBRO "LO QUE YO SUPE..."

Cuando me decidí a lanzar al público el primer tomo de mis Memorias, hice el firme propósito de no sostener respecto a él, ni a los que habían de sucederle, polémicas de ninguna clase. Mi conducta obedecía al deseo de que la opinión, después de conocerlos y enterarse de cuanto de ellos pudiera decirse, juzgase libremente.

Voy, empero, por primera y última vez, a valerme de la ocasión que me brinda la publicación de TEMPESTAD, CALMA, INTRIGA Y CRISIS para contestar, siquiera sea con brevedad, a cuantos pública y privadamente se han dirigido a mí con motivo de juicios, comentarios, informes u omisiones relativos a dicho primer tomo. Quiero contestar a todos, incluso a los que no se han comportado con la corrección que es práctica corriente entre personas bien educadas.

Empiezo:

En primer lugar he de decir que las referencias confidenciales e informes policíacos insertos en el libro LO QUE YO SUPE... —como los que figuran en el presente— han sido elegidos de mi archivo particular de entre los que tenía la absoluta seguridad no podían ser desmentidos en su parte esencial, lo cual no excluye la posibilidad de un error de orden trivial, de nimio detalle.

En el caso concreto del informe que figura en las páginas 196 y 197 de la primera edición, lo de menos es si un señor recibió o, por el contrario, dio determinada cantidad para la adquisición de armas y si pagó o no el importe de unos metros de mecha para la fabricación de bombas; lo importante es que la reunión se celebró y en ella un jefe del Ejército, en activo servicio, con cargo palatino para posesionarse del cual hubo de prestar juramento solemne, se dedicaba en aquella época —primeros de septiembre de 1930— a unas actividades impropias de su carrera y especial situación.

* * *

Sabido el valor que cabe dar a los documentos publicados procedentes del servicio secreto, me resta por decir lo siguiente: que cuanto afirmo rotunda y terminantemente por mi cuenta, sin hacer salvedades y distingos, lo mantengo íntegro en todos sus puntos, y, si es preciso, lo demuestro.

Reconozco debe ser desagradable para algunos revolucionarios verse hoy descubiertos en su doble juego de poner una vela a Dios y otra al diablo; pero no deben preocuparse: ¡Fueron tantos!...

* * *

No fue fracaso policíaco el que un individuo a quien se acusaba de haber cometido una importante estafa consiguiera refugiarse en el extranjero, pues la Dirección de Seguridad no tuvo la culpa de que los perjudicados —con los cuales sostuve una o dos conferencias antes de hacerse público el hecho— se negaran a presentar la correspondiente denuncia, por creer viable un arreglo amistoso.

Respecto a la desaparición y "destrucción" —esto último lo añado yo por mi cuenta— del sumario que con tal motivo se estaba instruyendo, es asunto que algún día puede volver a estar sobre el tapete; pero hoy, desde luego, no. Ésta es la razón por la cual he preferido callar en las presentes circunstancias.

* * *

La idea que me impulsó a escribir LO QUE YO SUPE..., está expuesta con toda claridad en el prólogo de la obra; no fue, por tanto, la de defender la gestión del Gobierno Berenguer. Hago resaltar en el libro, eso sí, no se procedió en ninguna ocasión dictatorialmente y explico la razón de algunas determinaciones que con posterioridad han sido criticadas.

Estimo que no soy el más llamado a decir si el conde de Xauen acertó o no; lo que sí debo hacer constar es que si erró, no debe culpársele a él solo, sino también al país, que, salvo un reducido sector, clamaba por ser gobernado con espíritu liberal y respeto absoluto a las leyes votadas por las Cortes de la Monarquía. Los que duden de lo que digo, pueden entretenerse en repasar las colecciones de los periódicos de aquella época, y es muy posible que únicamente encuentren uno, "La Nación", que mantuviese siempre el criterio de que era imprescindible seguir los procedimientos puestos en práctica por la Dictadura.

* * *

Salgo al paso de quienes dicen demuestro animosidad hacia el general Primo de Rivera. No. Le juzgo según mi leal saber y entender, alabando lo que estimo bueno y censurando lo que creo malo. Para concretar más, diré: que el marqués de Estella, como caballero, como militar y como ciudadano, merece todos mis respetos; como político también, a pesar de sus errores. Hay que convenir que, para ser un gobernante improvisado, lo hizo muchísimo mejor que otros que lo eran de profesión. Pero tendría que haber ido de desacierto en desacierto, sin conseguir más éxito que el de la pacificación de Marruecos, y sería lo suficiente, ¡tan inmenso es!, para que se le hubiera perdonado todo lo demás y se venerase su memoria.

No creo que a quien así piensa se le pueda tachar de tener animosidad hacia el general Primo de Rivera. Yo, por fortuna, no pertenezco a la especie del hombre-camaleón (que cambia de color según las circunstancias) y estoy hoy donde estuve siempre. No les ocurre lo mismo a muchos que fueron delegados gubernativos, afiliados al somatén y "upetistas", que han tenido la gran habilidad de "enchufarse" en el nuevo régimen y alguno incluso ha conseguido trepar hasta el sillón codiciado de un Gobierno provinciano. Estos sí que, por regla general, se afanan en demostrar animosidad hacia quien les protegió creyéndoles honrados, decentes y leales.

El hombre-camaleón no es exclusivo de la fauna ibérica, pues se da en todos los climas; pero en el nuestro, por desgracia, se produce con una superabundancia que rebasa los límites de lo tolerable y entra en el campo de lo vergonzoso.

Por último, creo de mi deber hacer algunos comentarios al notable artículo que con el título "Escuela de orden" publicó el culto escritor Ramiro de Maeztu en el "A B C" correspondiente al 19 de enero.

Ante todo he de decir que Ramiro de Maeztu encuentra en mi libro materiales que, manejados con la habilidad propia de su talento, le llevan a sentar una tesis acertada. Para llegar a lo que él pretende, hace resaltar mi falta de preparación, interpreta torcidamente un juicio y juzga equivocado otro.

Desde luego Ramiro de Maeztu tiene sobrada razón para afirmar que al encargarme de la Policía estaba desorientado e ignoraba lo que más debía interesarme. De ello no tuve la culpa, pues bien claro manifesté al general Berenguer, al contestar su primer telegrama, que era lego en asuntos policiales. Acepté el cargo por obediencia, por gratitud debida y por afecto; por no querer traicionar esos sentimientos me hundí con él, y, a pesar de lo sufrido, no me pesa.

Pero si le doy la razón en lo de mi desorientación e ignorancia, no puedo hacer lo propio respecto a la interpretación que da al juicio "de que las instituciones, por seculares que sean, han de marchar al ritmo de los tiempos", con lo cual no quise expresar "que el mal dependía de no haber dado aún más empleos a los revolucionarios", sino que un régimen, sea el que fuere, no puede obstinarse—so pena de perecer—en vivir en perpetuo "statu quo", negando realidad a estados efectivos de la conciencia pública o inhibiéndose de ellos. Y en este punto no me negará Ramiro de Maeztu que la Monarquía, efecto de la atracción irresistible que sobre ella ejercía lo tradicional; de la repugnancia de sus hombres a todo avance legislativo que implicase pérdida de prerrogativas en determinadas clases sociales; de la indecisión en resolver problemas que era preciso acometer de frente, y por otras razones de muy diversa índole, fue perdiendo popularidad primero, prestigio después y más tarde se la llegó a odiar. Creo, sin embargo, que es preferible el "statu quo" perpetuo a ciertas audaces experiencias que hemos conocido recientemente. Al buen entendedor...

Respecto a que me engaño al afirmar que "el espíritu revolucionario lo invadía todo". No me engaño; no. Buena prueba de ello es que el día 12 de abril votaron por la República obreros, empleados, comerciantes, militares, capitalistas, sacerdotes, guardias de Seguridad, alabarderos, criados de Palacio, aristócratas y, ¡pásmese, Sr. Maeztu!: hasta ex ministros de la Corona.

Y termino:
Sobre LO QUE YO SUPE..., ni una palabra más.

EMILIO MOLA

PRÓLOGO

Ya está en tus manos, lector, la segunda parte de las Memorias de mi paso por la Dirección General de Seguridad: *TEMPESTAD, CALMA, INTRIGA Y CRISIS.*

Este libro, sin perder el carácter policíaco del titulado *LO QUE YO SUPE...*—que te recomiendo leas para coger el hilo de los sucesos que voy a referir—, por imperativo de las circunstancias, entra de lleno en el campo de la política. No sé si esto será de tu agrado, pues me presumo que a estas alturas ya debes andar un si es no es cansado de tanto profesional de la "cosa pública" obstinado en sacrificarse por hacer la felicidad de los que no lo somos; pero lo he juzgado indispensable, porque mis actividades al frente de la Dirección de Seguridad van íntimamente ligadas a los acontecimientos políticos de aquella época, y porque quiero desvanecer de una vez para siempre muchas de las cosas que entonces se dijeron—y que luego se han mantenido—a sabiendas de que se faltaba abiertamente a la verdad. Ya de paso, te enterarás también de cómo unos hombres, que se creían expertos en el arte de gobernar, por satisfacer ambiciones individuales, precipitaron el derrumbamiento de aquello que tenían la inexcusable obligación de defender.

La labor que me he impuesto, dada la proximidad de los hechos, tiene mucho de espinosa, pues ya dijo un clásico español, historiador por más señas, que "es muy sabido y muy antiguo en el mundo el odio a la verdad, y muy ordinario padecer trabajos y contradicciones los que la dicen, y más aún los que la escriben"; mas como a su vez también es cierto que "genio y figura, hasta la sepultura", y yo desde muy joven me impuse la ingrata obligación de decir las verdades a secas—lo que me ha costado en la vida no pocos disgustos y sinsabores—, y no creo es tiempo ya de rectificar esta condición de mi carácter, máxime estimándola noble y honrada, me resigno gustoso a las contrariedades que pueda proporcionarme decir las cosas como fueron, pues, a cambio de ellas, tengo el convencimiento de que las conciencias rectas, los "espíritus no maleados"—como diría Ramiro de Maeztu—habrán de aplaudirme, como lo han hecho con motivo de la publicación de mi otro libro.

Aun cuando para el que me conozca, o sin conocerme haya leído mi producción anterior, resulte ocioso repetir conceptos ya expresados, he de insistir una vez más para advertir que en las páginas que siguen sólo ha de hallarse "un relato absolutamente sincero, una narración hecha con juicio sereno, sin pasión y sin rencores". Y precisamente para que la afirmación que acabo de hacer sea efectiva y el comentario no traspase en ningún caso los límites que a mí mismo me he impuesto, dejo a tu libre albedrío, lector, el enjuiciar los hechos en aquellas ocasiones en que la pluma pudiera correr el peligro de imponerse a la voluntad.

En sucesos de otro orden, tu fino instinto te hará ver que existen episodios en mi relato por los que paso como sobre ascuas, dando la impresión de querer dejar en la penumbra hechos concretos, que forzosamente, por deberes inherentes al cargo que desempeñaba, he de conocer a fondo y hasta poseer una copiosa prueba documental. Ello es cierto, y me anticipo a decírtelo. Mi conducta discreta en estos casos no obedece, como alguien pudiera sospechar, al deseo de que prospere el equívoco, pues procuro, siempre que me es dado hacerlo, ser lo suficientemente explícito para que tal no ocurra, y menos para que lo omitido pueda tomarse como pretexto de insidia; pero no se te ocultará que no son los actuales momentos los más a propósito para desnudar ídolos, máxime disponiendo, los que pudieran verse en cueros, de resortes extraordinarios para reducir a la impotencia o aniquilar a quien tuviera la osadía de realizar tamaño desatino. Además de esta consideración—que reconocerás es de capital importancia para mí—existe, de otra parte, el deseo de reservar materiales por si algún día—que puede llegar—me da la ventolera de insistir con mayor amplitud sobre el mismo tema.

No esperes encontrar en este libro literatura, ni aun siquiera un estilo correcto. Y no es que yo no sea amante de la primera y desdeñe el segundo; nada de eso: es que no sé. Mi buen deseo al escribir sólo ha podido alcanzar el límite mínimo de una redacción clara—así lo creo yo—pero mis esfuerzos para ir más allá han resultado siempre estériles. ¡De nada me ha servido andar toda la vida a cuestas con los clásicos y devorar las producciones de nuestros más eximios escritores contemporáneos! Hecha esta confesión—por cierto, nada grata para mí—, únicamente resta encomendarme a tu benevolencia, lector.

EMILIO MOLA VIDAL

CAPÍTULO PRIMERO

LA SUBLEVACIÓN DE JACA

ALGUNOS ANTECEDENTES.—Al finalizar la primera decena de diciembre —sin dejar de seguir de cerca las actividades revolucionarias de los republicanos— dediqué mi mayor atención al problema social, envenenado por la C.N.T., que llegó a provocar huelgas de características tan graves como la planteada en Valencia el día 9, en la que encontró la muerte el conocido sindicalista Santiago García Rodríguez.

A decir verdad, me preocupaba casi más que la labor de agitación de la C.N.T., la pasividad que notaba en el Ministerio de la Gobernación, no obstante las manifestaciones poco tranquilizadoras hechas por los gobernadores civiles que habían asistido a las dos reuniones celebradas bajo la presidencia del señor Matos: el 7 de diciembre. El tiempo se perdía lastimosamente sin adoptar medidas para contener los progresos disolventes de los anarcosindicalistas e impedir la desmoralización pública, que tan prolongado período de agitación iba produciendo. A mi juicio, era de todo punto imposible seguir sin adoptar una enérgica resolución inmediata; una resolución que no cabía hallarla dentro del cuadro de leyes en vigor, dictadas para la vida normal de la nación y para otros tiempos. El general Berenguer también participaba de mi modo de pensar.

La falta de una orientación clara, definida y concreta hacía que las autoridades gubernativas obrasen con criterios distintos y hasta se llegaran a sugestionar aceptando como sinceros los ofrecimientos de los directores de la C.N.T. sobre sus deseos de actuar dentro de la legalidad, e incluso creyeran en la posibilidad de que, con ciertas modificaciones, aceptasen el arbitraje de los Comités Paritarios.

Márquez Caballero, el gobernador de Barcelona, era quizá el más aferrado a esas ideas. Su actuación para conseguir tales propósitos llegó a producir ciertas inquietudes en las débiles organizaciones de la U.G.T. y en el Sindicato Libre, a tal punto, que, con fecha 9, Ramón Sales me dirigió una carta, de la cual son los párrafos siguientes:

"Ante todo, he de suplicarle que sinceramente nos diga si es el propósito del Gobierno dar acceso a los Comités Paritarios a los Sindicatos Únicos, aun a pesar de que éstos continúan negándose despectivamente a intervenir en tales organismos. Por nuestra parte, y así lo hemos hecho oficialmente público, no hay inconveniente alguno en que, con la grave responsabilidad y con la impopularidad que lleva consigo el ser defensores y colaboradores de la Organización Corporativa, compartan con nosotros los del "Único" esa impopularidad y responsabilidad. En mano del Gobierno está la modificación de la ley Corporativa para dar acceso a los Sindicatos Únicos. Pero hágase de una vez y claramente o acábese, si así se prefiere, con la Organización Corporativa. Todo menos esta difícil situación en que nos coloca el gobernador civil tratando y pactando con los huelguistas y con los dirigentes del anarco-sindicalismo públicamente, dando lugar a que de ello puedan jactarse desde su diario *Solidaridad Obrera,* cuando no es la misma autoridad gubernativa la que lo hace público en notas oficiosas, desde las que se confirma la supuesta desconsideración de los Poderes públicos hacia los Sindicatos Únicos al no tenerlos en cuenta para la constitución de los Comités Paritarios.

Al propio tiempo, mientras estamos sosteniendo la dura batalla que supone la huelga de Artes Gráficas planteada por los elementos anarcosindicalistas y comunistas que integran el Sindicato Único de aquel ramo, con la ayuda de los contados socialistas de aquí, y mientras las coacciones se suceden, dirigiéndose especialmente contra las imprentas donde se trabaja para nosotros, el gobernador no sólo liberta a todos los individuos promotores, directores y mantenedores del conflicto, sino que los recibe y les autoriza asambleas para levantar el espíritu de los huelguistas e inicia tratos para llegar a soluciones a espaldas del Comité Paritario y contra los que han sabido sostenerse en el trabajo.

Y me permito preguntarle, no sólo en nombre propio, sino en el de todos los compañeros que me siguen y que no hemos dudado un momento en jugárnoslo todo en favor del orden y del espíritu de la Organización Corporativa, decididos a servir de fuerte dique de contención contra comunistas y anarcosindicalistas (más hoy, después de su inteligencia con republicanos, separatistas y socialistas), si el señor gobernador liberta a todos los promotores y dirigentes del pasado movimiento revolucionario y preparadores de los que han de sucederle; si concede también la libertad a todos los que sostienen las huelgas mediante la coacción y la amenaza; si además recibe afectuosamente a esos elementos perturbadores, ofreciéndose para solucionar los conflictos a su agrado, saltando sobre los organismos adecuados; si se erige en denunciador de que el Poder público obró desconsideradamente contra los Sindicatos Únicos, no teniéndolos en cuenta al constituir los Comités Paritarios; si permite que los mismos que de continuo le visitan sigan injuriando a diario a los que se niegan a secundar las huelgas, al mismo tiempo que a las instituciones armadas (como hizo a diario el periódico de Pestaña *Acción* y ahora recomienza *Solidaridad Obrera*), ¿cuál ha de ser el camino que nosotros debemos seguir?"

En punto tan agudo la cuestión social, no es de extrañar a ella dedicara mi mayor actividad, aun sabiendo que el movimiento revolucionario se hallaba "al caer", lo que no me producía gran inquietud, estando todo previsto para atajarlo con seguridades de éxito.

Respecto a los proyectos de Galán, conocidos con suficiente anticipación por el general Berenguer a quien directamente interesaban como ministro del Ejército, no cabía más que esperar el fracaso, bien porque mi carta del 27 de noviembre[1] le hiciese desistir de ellos, o porque, de realizarlos, la falta de asistencias le llevaran al ridículo. Jamás sospeché, ni sospechó nadie, que los acontecimientos pudiesen degenerar en tragedia.

En realidad, no se concibe cómo un hombre que sabía algo de guerra y de las dificultades para mover tropas, pudo lanzarse a una empresa tan descabellada. Si se hubiera propuesto exclusivamente dar el escándalo, cabía el gesto dada la proximidad de la frontera; pero no: Galán pensó en serio que con un núcleo de soldados y otro de paisanos, ambos relativamente pequeños, podría imponerse a España. En tales condiciones, la aventura sólo podía durar hasta el momento de enfrentarse con el primer destacamento de tropas regulares. Y así sucedió.

Lo absurdos que desde el primer momento se juzgaron los proyectos revolucionarios de Galán no determinaron en el general Berenguer la decisión de tomar ninguna medida de carácter gubernativo; sin embargo, tengo entendido que advirtió oportunamente al capitán general. Yo, por mi parte, nada dije al personal de Vigilancia de aquella plantilla, pues sentía recelo respecto a su conducta y desconfiaba de su discreción: los informes que tenía de tales funcionarios no eran satisfactorios. Con posterioridad, una persona de absoluta garantía, comentando los hechos ocurridos, se expresaba en esta forma:

"Por otra parte, la Policía, jugando y permitiendo el juego en La Unión hasta las ocho de la mañana, llegando a haber partidas en las que se cruzaban hasta tres mil pesetas. Ya ves cómo estaba la Policía que no se había dado cuenta de los sindicalistas llegados el día de la Purísima y de que celebraban reuniones en el hotel de Mur, en la habitación donde vivía el teniente de Artillería".

Pero lo verdaderamente inexplicable es que el gobernador militar de la plaza, que tanto por indicaciones que debió recibir de la superioridad, como por lo que en la guarnición venía ocurriendo desde hacía algún

---

[1] Inserta en mi obra LO QUE YO SUPE...

tiempo, y que para él no era un secreto, dejase, con su pasividad y falta de celo, que la sublevación se consumase.

Era frecuente, por desgracia, entre nuestros generales y jefes de Cuerpo hacerse los sordos y los ciegos ante las faltas militares, por no tomarse la molestia de corregirlas; y así, paulatinamente, fue cundiendo la indisciplina en los cuadros de oficiales y aumentando el desprestigio del Ejército, dando lugar la primera a frecuentes actos de rebeldía y otros hechos lamentables que no quiero ni recordar, y el segundo, a que se acentuase el despego del elemento civil, convirtiéndose en animosidad. Y para que el lector vea que, en el caso concreto de Jaca, la parcialidad no guía mi pluma, ahí van unos párrafos de la carta que un venerable vecino de dicha plaza escribió, a raíz de los trágicos sucesos, a un general residente en Madrid:

"Lo sucedido se esperaba de un momento a otro. Toda la responsabilidad es de las autoridades.

Figúrate un regimiento con un coronel que, como un cadete, está haciendo el amor a la hermana de C...; unos tenientes coroneles en el mismo como don E...; otro siempre de compadrazgo con los tenientes y persiguiendo modistillas, y luego M... (aquí el nombre de un jefe muy significado por sus ideas revolucionarias antes y después de la proclamación de la República). De comandantes, R....y otro que está "curda" siempre. Para colmo, ese capitán Galán, comunista, en relación constante con los Sindicatos de aquí, reuniéndose públicamente con ellos. "El Relojero", entrando constantemente en el cuartel, donde con mucha frecuencia se encontraba proclamas sindicalistas.

También había en Artillería un teniente que se gloriaba de no ser militar, y de nada le importaba nada, haciendo viajes frecuentes a Francia y siempre de conferencias con Galán, y faltando de la fonda de Mur muchas noches, que suponían las pasaba en ciertas casas, y ahora resulta que estaba con los artilleros fabricando o cargando bombas de mano.

Une a esto que, según F..., ya le dijeron al general este verano la propaganda que se hacía en los cuarteles, y más en el regimiento, a lo que contestó que "no le pusieran discos". También apercibieron al coronel, y éste contestó que precisamente Galán era el que con más cariño le saludaba. Había un teniente M... que todos sabían era un loco, y, sin embargo, dados los escándalos, nada...

A mí me dijo "El Relojero" hace unos días que del 5 al 10 de este mes sería la gorda".

Juzgue el lector ahora de mi comentario anterior sobre el gobernador militar y vea si era posible que tal estado de cosas, del dominio público, pasase desapercibido a los funcionarios de Vigilancia, y si hacía bien en desconfiar; debiendo advertir, para mayor ilustración, que uno de los agentes se exhibió por las calles, durante todo el día 12, luciendo un enorme pistolón pendiente de un cinto puesto sobre la americana.

A pesar del origen de absoluta garantía de la confidencia del 27 de noviembre, la fecha de la sublevación de Jaca nos sorprendió a todos. Decir otra cosa sería no ser sincero.

Veamos cómo se desarrollaron los acontecimientos.

LA SUBLEVACIÓN[2].—Serían próximamente las doce y media del día 12 —acababa de regresar del Ministerio de la Gobernación— cuando recibí la visita de un jefe de Telégrafos; venía a un asunto del servicio, que ya no recuerdo, el cual se ultimó en pocos momentos. Nuestra conversación derivó después hacia la situación política, harto complicada, añadiendo él, como comentario, que más lo iba a estar si se repetían hechos como los que aquel mismo día estaban ocurriendo en Jaca.

—¿Qué pasa en Jaca?—interrogué con curiosidad.

—Pero ¿no lo sabe usted?—me contestó extrañado.

—Ni una palabra, señor mío—le repuse, con evidente sinceridad.

—¡Ah, pues es interesante! Precisamente el barón de Río Tovía está en estos momentos en Gobernación dando cuenta al ministro. Verá usted: hace un rato hemos tenido noticias en la Central, procedentes de una estación inmediata a Jaca, de que allí se ha producido un movimiento de carácter militar, sin que se sepa en estos momentos, ni su extensión, ni su finalidad. Lo cierto es que desde esta mañana a primera hora Jaca está incomunicada y los trenes han sido detenidos. Desde luego, ninguno de éstos ha llegado a Huesca.

Con el interés que es de suponer inquirí más detalles, que aquel señor no pudo darme. Inmediatamente vino a mi memoria la confidencia y la carta, sin contestación, a Fermín Galán.

—Y el Presidente, ¿tiene conocimiento de esto?—le pregunté.

—Lo ignoro—repuso—. Sólo sé, como le he dicho, que el director general de Comunicaciones ha ido a dar cuenta al ministro de la Gobernación.

Sin perder un instante, dándole cumplidas excusas, despedí a mi visitante; pedí el coche y salí para el palacio de Buenavista.

---

[2] No pretendo hacer un relato de los sucesos, pues es asunto que no me pertenece. He de referirme exclusivamente a lo que yo viví de ellos por razón de mi cargo, añadiendo algunos indispensables comentarios sobre hechos y personas.

En el despacho de secretarios me encontré con el barón de Río Tovía. Cambié con él breves palabras: sabía casi lo mismo que yo.

Esperando turno para ver al Presidente había bastantes personas; por ello juzgué que nuestra antesala iba a ser larga. No teníamos tiempo que perder. Hablé con el teniente coronel Sánchez Delgado, secretario particular de aquél, diciéndole que los dos directores generales necesitábamos ser recibidos inmediatamente para un asunto de carácter grave y urgentísimo. Sánchez Delgado entró en el despacho y a los pocos instantes salió, indicándonos que podíamos pasar.

Tras los saludos de rigor, el barón de Río Tovía y yo expusimos al conde de Xauen las noticias imprecisas que teníamos sobre Jaca. Por mi parte, le añadí algunos nombres de jefes y oficiales dudosos de dicha guarnición y otros de quienes, a mi juicio, cabía esperar absoluta lealtad.

El Presidente, sin perder su calma habitual, hizo llamar al subsecretario, que en aquella fecha lo era el general Goded. Éste se presentó a los pocos momentos; traía en la mano algunos expedientes sujetos con sendas cintas de los colores nacionales: asuntos de puro trámite, según manifestó.

El general Berenguer le habló así:

—Goded: oiga usted lo que dicen estos señores.

Río Tovía repitió el "disco". Al terminar, el Presidente preguntó al subsecretario:

—¿Qué opina usted de lo que acaba de oír? Parece algo raro todo esto, ¿verdad?

—No, mi general —repuso sin vacilar, con la viveza en él característica—; no me sorprende la noticia. Está el ambiente tan envenenado, que puede esperarse todo, absolutamente todo.

Le cité a Galán y le di el nombre de otro jefe muy significado.

—Éste —dijo el general Goded— está en Madrid, o, por lo menos, estaba hace un par de días; el otro no sé. Pero, en fin, ¿ha comunicado usted con el capitán general de la quinta región?

—No —contestó—; mas podemos hacerlo ahora mismo.

Se llamó a Zaragoza, y a los pocos instantes estaba el ministro en comunicación con el general Fernández Heredia.

Por lo que oí de la conversación, pude deducir que éste también se hallaba ya enterado de algo, habiendo hablado con Huesca, donde, por lo visto, tampoco sabían grandes cosas. Creí entender asimismo que el general Las Heras, gobernador militar de dicha plaza, tenía el propósito de salir, o había salido ya, en automóvil para Jaca, con objeto de informarse.

Los generales Berenguer y Goded cambiaron algunas impresiones. En seguida empezaron a tratar del plan a realizar para reducir lo antes posible a los sublevados, si se confirmaban plenamente las noticias sobre el alzamiento.

Así las cosas, parodiando al que fue mi profesor de latín en el Instituto de Gerona, que afirmaba que los Mandamientos de la Ley de Dios eran once en vez de diez, dije al barón de Río Tovía:

—Amigo mío: "El undécimo, no estorbar". Vámonos.

Nos despedimos de los generales, y juntos abandonamos el Ministerio del Ejército.

Cuando llegué de nuevo a mi despacho pedí comunicación con el gobernador civil de Huesca, quien me confirmó de un modo oficial la existencia de una sublevación militar en Jaca, pero sin poderme precisar detalles que fueran desconocidos por mí. Entonces le indiqué la conveniencia de enviar en un automóvil dos agentes de Vigilancia para que se informasen de lo que allí sucedía y regresaran inmediatamente, pues interesaba saber con precisión el carácter y extensión del movimiento. Quedó en hacerlo.

Ignoro las razones que tuvo dicha autoridad para no comunicar al ministro de la Gobernación aquella misma mañana, tan pronto tuvo la primera noticia, lo que estaba ocurriendo en la plaza fronteriza. Con su incomprensible silencio pudo dar lugar —si el capitán Galán hubiera sido más experto en la conducción de tropas— a que los revolucionarios llegasen antes a Huesca que las fuerzas procedentes de Zaragoza, y entonces los acontecimientos hubiesen revestido, probablemente, mayor gravedad.

Tan pronto terminé de hablar con la primera autoridad civil de Huesca lo hice con la de Lérida, preguntándole insistentemente si ocurría algo anormal en la capital; la tranquilidad, según me afirmó, era allí absoluta. Esta noticia me quitó de encima una gran preocupación, pues, por referencias llegadas a mi conocimiento con anterioridad, tenía vehementes sospechas de que existía inteligencia entre el capitán Galán y algunos elementos de la guarnición catalana, pese al recibimiento verdaderamente extraordinario dispensado a la familia real meses atrás, y que tanto contribuyó al optimismo del general Berenguer.

Acto seguido tuve una conferencia con Díaz Caneja, gobernador civil de Zaragoza —ya enterado de lo que ocurría—, el cual me dio satisfactoria impresión del estado de la capital, en la que todavía no era del dominio público lo que estaba sucediendo. Si mal no recuerdo, le indiqué se informase sobre la situación en Calatayud, población en la que, según mis noticias, contaba con algunas asistencias el capitán Sancho para el movimiento que pensó dirigir un par de meses antes, el cual, como ya expliqué en mi libro LO QUE YO SUPE..., hizo abortar la Policía.

Mi labor no paró ahí. También me puse en comunicación con otros gobernadores, especialmente de las provincias del Norte, y adquirí el convencimiento de que la rebelión de Jaca era un movimiento aislado, lo que facilitaba extraordinariamente la acción del Gobierno para sofocarla.

Aquella tarde, a poco de dictarse, tuve conocimiento de las medidas adoptadas por el ministro del Ejército: fuerzas de Zaragoza organizadas en dos pequeñas columnas, una por carretera, en automóviles, y otra en ferrocarril, marcharían a Huesca, punto desde el cual debía iniciarse el avance sobre Jaca, al mismo tiempo que otra procedente de Pamplona, con algunos elementos de Vitoria, lo haría por el Canal de Berdún, para cerrar el paso de Canfranc, pues se suponía que los rebeldes, en su huída —que se daba por segura—, tratarían de ganar la frontera por ese punto. La concepción de conjunto de la maniobra militar no podía ser más acertada.

Como medida complementaria de precaución, se ordenó la salida para Zaragoza de un regimiento de Madrid y de algunas tropas de Cataluña. De Logroño, no obstante la proximidad al lugar de los sucesos, no se sacaron fuerzas, por ser una de las plazas que con mayor éxito habían trabajado los elementos revolucionarios.

Pese a las medidas de previsión adoptadas por los sublevados incautándose de las comunicaciones telefónicas y telegráficas, quedó libre el hilo de la frontera, por el que no dejaron de recibirse noticias que tuvieron al Gobierno al tanto de los propósitos del capitán Galán y de los movimientos de sus huestes. También de Huesca facilitaron impresiones sobre el desarrollo de los acontecimientos.

Primero se supo que durante la madrugada, un grupo de oficiales y paisanos, capitaneados por Fermín Galán, habían sublevado las tropas de la plaza, reduciendo violentamente a prisión a los jefes, capitanes y subalternos que no quisieron sumarse a los rebeldes, y también al gobernador militar, general Urruela; luego se tuvo noticia del triste fin de una pareja de Carabineros, que se negó a ser desarmada, y de la agresión de que había sido objeto la Casa-cuartel de la Guardia Civil, en la que perdió la vida el sargento comandante del puesto; más tarde llegaron a conocimiento del Gobierno detalles de la salida de los revolucionarios en dirección a Huesca, que lo efectuaron organizados en dos columnas, una por carretera, en camiones y automóviles ligeros requisados, y otra en un tren militar; y, por último, se confirmaron los rumores que circulaban desde por la tarde, sobre la detención de los agentes de Vigilancia enviados a Jaca por el gobernador civil y encuentro de los rebeldes con el pequeño destacamento que acompañaba al general Las Heras, como consecuencia del cual resultaron, entre otras bajas, muerto el capitán de la Guardia Civil, señor Mínguez, y herido el propio general.

La tarde fue de preocupación, pues dadas las escasas fuerzas con que se contaba en Huesca para hacer frente a los rebeldes, se temía, muy fundadamente, que los sublevados, no obstante su desorganización, llegasen a conseguir entrar en ella. Para dificultar el acceso a la población se ordenó interceptar la carretera y cortar la vía férrea.

No ignoro que esta medida ha sido comentada desfavorablemente por el ex capitán Sediles, jefe de la expedición del tren militar, a quien sin duda molestó no poder proseguir la marcha aquel día con las mismas comodidades que lo hizo hasta la estación de Riglos. ¿Qué quería entonces? ¿Que le dejaran el camino expedito para llegar a Huesca y reducir la guarnición haciendo uso del "guante blanco" (sic) que ya había ensangrentado las calles de Jaca y la carretera de Anzánigo? ¡Vive Dios, que era demasiado pedir! Por lo visto el ex capitán Sediles desconoce que la destrucción de vías férreas, túneles, puentes, viaductos y, en general, la de toda clase de obras de fábrica está ordenada en los reglamentos de los ejércitos del mundo entero cuando se trata de impedir o dificultar los movimientos del enemigo; y como enemigo, no de otra forma, debía considerar el Mando militar a los sublevados de Jaca. Si éste siempre hubiera cumplido con su deber, como lo hizo en aquella ocasión, no dejándose arrastrar por sentimentalismos suicidas, es probable no se hubiesen sufrido muchos reveses en la guerra y no hubiéramos tenido en la paz que convivir con compañeros de honorabilidad dudosa y delincuencia probada, y algo mejor sería el concepto que la población civil tendría de la moral del Cuerpo de oficiales, con lo cual mucho iría ganando en simpatía, afecto y cariño, que buena falta le hacen... Mas volvamos al hilo de nuestro relato.

Para mayor contrariedad, el capitán general de Zaragoza, con una pasividad impropia de la rapidez que exigían las circunstancias, no terminaba de organizar las columnas y ponerlas en marcha. Mientras tanto en la capital de Aragón, donde ya era del dominio público lo que sucedía, se notaba cierta agitación en los medios obreros, a tal punto, que el gobernador civil, en repetidas conferencias telefónicas, me apuntó el temor de que, de demorarse mucho tiempo la salida del tren militar, nos encontrásemos con una desagradable sorpresa: que el personal de la Compañía se negase a conducir el convoy. Todo dependía de la actitud que en sus deliberaciones adoptasen los directivos de los correspondientes Sindicatos(3).

---

(3) Las vacilaciones de los directivos de la U.G.T. en Zaragoza fueron debidas, en parte, a no recibir instrucciones de la Casa del Pueblo de Madrid. Una orden de

Las impresiones que recibía del gobernador de Zaragoza las transmitía directamente al Presidente, el cual se hallaba reunido con los ministros en su despacho de Buenavista.

Ignoro el efecto que mis apremios produjeron, así como las medidas adoptadas como consecuencia de ellos; sólo sé que, ¡por fin!, entrada la noche, salieron las dos columnas, que se calculó no podrían llegar a su destino hasta pasada la medianoche.

Entretanto, ¿qué sucedía en el resto de España? Aparentemente nada. En Madrid, el Comité revolucionario actuaba intensa e impunemente; el Gobierno, por su parte, se ponía en guardia, ante posibles acontecimientos, declarando el estado de guerra en la 5.ª Región militar y disponiendo se estableciera la previa censura de Prensa en todo el territorio nacional. Por lo demás, los graves sucesos parecían no interesar a la opinión pública: los teatros y cines, al completo; los cafés, concurridísimos como nunca; las calles céntricas, llenas de vida y bullicio...

CONFIDENCIAS.—Por la noche hice un recorrido por determinados barrios de la capital, sin notar la menor anormalidad. A mi regreso, el comisario jefe de la División de Investigación Social me entregó dos notas informativas facilitadas por los confidentes C... y L... El primero actuaba en los medios anarquistas y el segundo en el Ateneo Científico.

Las notas decían así:

"*Confidencia de C...*—Con motivo de los últimos sucesos surgieron divergencias entre político-militares y los elementos de la C.N.T.; debido a ello, éstos no tienen instrucciones de ninguna especie, relacionadas con el movimiento iniciado en Jaca, hasta el extremo de que en un cambio de impresiones celebrado esta noche era desconocido para los componentes de la C.N.T. y Federación de Grupos Anarquistas de esta Corte.

El informador mantiene relaciones personales con significados republicanos, y por ellos sabe: que se han repartido pistolas entre los grupos republicanos, republicano socialistas y estudiantes; que cuentan con la Aviación, un carro de asalto y los fusiles de Cuatro Vientos, que serán entregados al pueblo; que la Aviación se propone bombardear Palacio. Dice que entre los comprometidos figura un oficial apellidado G..., que asegura contar con una Compañía; asimismo supone comprometido y dirigente al jefe del personal de Cuatro Vientos y a un tal Fuster, el abogado Carlos Castillo, Sánchez Negrete y Tomás Rada".

---

paro procedente de ésta hubiera sido en el acto secundada, no sólo por los obreros ferroviarios afectos a la U.G.T., sino también por los de la C.N.T., poniendo en grave aprieto al Gobierno.

"*Confidencia de L...*—Un individuo elegantemente vestido consiguió el día de ayer llevarse en un autobús a una veintena de jóvenes, la mayoría estudiantes, con dirección a Jaca; este individuo se decía representante del capitán Galán, de guarnición en dicho punto, prometiéndoles proporcionarles armas antes de la llegada para que entraran en el cuartel, donde decían tener todo preparado.

Los elementos directivos de esta capital, entre ellos un teniente coronel de Artillería y un teniente —éste parece ha estado ya preso—, se opusieron a la salida, por considerar que era cosa descabellada; pero sólo consiguieron que desistieran unos ocho o diez.

Ayer, durante el día, han procurado por conferencias telefónicas que los dirigentes de Zaragoza los detuvieran, impidiéndoles continuar el camino; pero no saben si lo habrán conseguido. Varios de los expedicionarios son componentes del equipo de *rugby* de la F.U.E."

De estas confidencias di conocimiento al general Berenguer y al ministro de la Gobernación.

Poco después me informaron que el día 8, lunes, en un coche conducido por Luis Dupuy, habían salido con destino a Jaca el estudiante comunista Ramón Martínez Pinillos, acompañado de Manuel Carnero, Arellano y otros; que en la mañana del 10 se hallaban en dicho punto el ingeniero Cárdenas (don Fernando), los abogados Rico Godoy y Rodríguez Américo, así como el médico Capella Bustos, significados todos ellos como revolucionarios; y por último, que el 11, jueves, habían salido para igual destino, acompañando al señor Casares Quiroga, el periodista Graco Marsá y un tal Pastoriza. Estos últimos fueron los únicos señalados oportunamente por la Policía de Zaragoza, aun cuando yo no tuve conocimiento hasta después de haber estallado la revolución.

Según he sabido posteriormente, el señor Casares Quiroga llevaba la misión de impedir que el movimiento se produjera antes del 15; pero, por circunstancias especiales, el aviso no llegó al capitán Galán hasta después de haber sublevado las tropas. Lo que sí sé es que la conducta de dicho señor ha sido enjuiciada muy duramente por alguno de los que tomaron parte en la rebelión e incluso lo ha hecho público en periódicos y libros. Es ese asunto a liquidar entre los comprometidos; por eso apunto el hecho sin entrar en su fondo. A mí no me interesa.

CAPÍTULO II

EL FRACASO DE LA REBELDÍA Y ALGUNAS REVELACIONES DE INTERÉS

LO OCURRIDO EN CILLAS.—Las columnas procedentes de Zaragoza llegaron a Huesca de madrugada. Acto seguido el jefe de ellas ordenó se ocuparan posiciones convenientes para oponerse al avance de los rebeldes. Desde ese instante el movimiento podía darse por fracasado.

No cabía suplir con el valor personal del jefe los lazos de la disciplina rotos por la rebelión. El espíritu de unas tropas sublevadas —que pueden tener el aliento de la ilusión momentánea de una aventura inesperada— forzosamente tenía que reaccionar ante la realidad, pues el convencimiento de que se está al margen de la ley deprime a la masa; faltaba, además, la preparación moral adecuada e indispensable que conquista los corazones y conduce al sacrificio por el ideal; no hubo tampoco orden, que es la base principal del éxito en toda operación militar; y, por último, la heterogeneidad de los elementos que componían la expedición constituía su peor enemigo.

Galán se dejó llevar del impulso de su carácter rebelde; pero por la inexperiencia de sus pocos años, por el desconocimiento que tenía de la psicología de las multitudes y por la falta de práctica que proporciona el mando de efectivos de cierta importancia en operaciones de guerra, vio desvanecerse en pocos instantes sus optimismos, Y luego, sobrecogido ante el contratiempo que ocasionó, en parte, con su imprevisión y falta de condiciones como jefe de columna, no tuvo siquiera una iniciativa con objeto de contener la desbandada, ni un acto de energía para con aquellos oficiales que se apresuraron a abandonarle, ni dio una orden encaminada a organizar el repliegue sobre Jaca. El mismo, en la ofuscación de los primeros momentos, se dejó arrastrar por el alud de los fugitivos; mas luego recapacitó... Describiré, aunque sea a grandes rasgos, el proceso de aquella jornada.

Parecía lógico que quienes abrigaban el propósito de sublevarse e iniciar una acción militar de amplios vuelos, como la proyectada por los rebeldes de Jaca, acción militar cuyo éxito estribaba principalmente en la sorpresa y rapidez de los movimientos, tuvieran estudiados los distintos problemas, resueltas *a priori* las dificultades y adoptadas las medidas para hacer frente a las incidencias con objeto de que, llegado el momento, todo se deslizase sin grandes tropiezos; sin embargo, el capitán Galán y sus colaboradores, ayunos de lo que constituye lo más elemental de la técnica logística, dejaron los detalles de conjunto a la improvisación, dándose el caso, para ellos fatal, de que sublevadas las tropas sin dificultad durante la madrugada, no pudieran emprender la marcha hasta las primeras horas de la tarde, y, a pesar de la tardanza, en condiciones verdaderamente desastrosas: la tropa sin racionar, los vehículos recargados con exceso y careciendo de los elementos de respeto indispensables (me refiero, principalmente, claro está, a la columna que marchó por carretera).

Una organización tan detestable forzosamente tenía que traducirse en un promedio de velocidad reducido y en un excesivo porcentaje de averías; tan es así, que en la primera hora de marcha el recorrido efectuado casi no llegaba a los nueve kilómetros, o sea poco más de la décima parte del total de la distancia a Huesca, detalle suficiente por sí solo para apagar el optimismo de todo jefe con medianos conocimientos sobre arte de la guerra.

Como era natural, por unas y otras incidencias, la expedición se retrasó, al punto de llegar al poblado de Ayerbe —a unos veintidós kilómetros de Huesca— ya entrada la noche, donde hubo necesidad de hacer un alto para repartir un bocadillo y abastecer de gasolina, operaciones ambas que se hicieron con excesiva lentitud.

Dadas ya las dos de la madrugada, se reanudó la marcha en condiciones aún peores, por ir la tropa aterida de frío, cansada, y los automóviles con más exceso de carga, por haberse sumado a la columna los sublevados del batallón de La Palma, obligados a abandonar el tren en la estación de Riglos. Esta fuerza iba a las órdenes del entonces capitán Sediles.

Al amanecer del 13, sábado, la columna se hallaba a poco más de diez kilómetros de Ayerbe, en las proximidades del santuario de Cillas, punto en el que se dieron cuenta de que a poca distancia tenían emplazadas las tropas leales. En este momento la oficialidad comprende el mal paso dado; los optimismos se desvanecen y se inician las discusiones entre unos y otros. Por fin, Galán, después de tomar algunas disposiciones para combatir, se decide a mandar a los capitanes García Hernández y Salinas con la misión de invitar a las fuerzas afectas al Gobierno se sumen a ellos, lo que efectúan, olvidándose premeditadamente de que éstas cuentan con un jefe que las manda. Como es natural, ambos capitanes son detenidos y, ante el fracaso de la gestión, amenazan con que los rebeldes romperán el fuego. El jefe de la columna, convencido de que los sublevados no han de someterse sin resistencia, adopta su decisión: intimidar.

A los primeros disparos contestan los rebeldes con un vivo tiroteo, que es ineficaz por el desconcierto y falta de mando. Acto seguido, al estallar la primera granada, como no podía menos de suceder, se inicia la desbandada.

Contados oficiales se ponen al frente de sus unidades; algunos de ellos son los primeros en acudir a los autos para huir. Galán ve impasible la derrota, con la que se desvanecen sus ilusiones, algo más ambiciosas de lo que el vulgo cree. A requerimientos de unos amigos, sube al estribo de un automóvil y huye también... Mas pasada la primera impresión, recuerda a sus compañeros García Hernández y Salinas; supone el peligro que pueden correr, y resuelve salvarles.

Horas después, el alcalde de un pueblecito de la montaña daba cuenta de que se le había presentado el jefe de la rebelión, y de Jaca avisaban la llegada de la columna de Pamplona sin el menor contratiempo.

El movimiento había fracasado.

JUICIOS DE UN REPUBLICANO.—En confirmación de cuanto he expuesto relativo a la forma deplorable que en orden a técnica militar procedieron tanto el capitán Galán como sus colaboradores, ahí van unos párrafos que escribió un mes después de la sublevación (el 16 de enero) uno de los paisanos que tomaron parte en la marcha sobre Huesca y fue testigo de lo ocurrido en Cillas. Respecto a la ideología de éste no cabe discutir: basta saber que acompañó al señor Casares Quiroga en el viaje que hizo de Madrid a Jaca.

El paisano a que aludo, dijo así:

"El fracaso del movimiento arrancó de nuestra torpeza en actuar, de la lentitud de nuestra marcha. El programa era llegar a Huesca por sorpresa, antes de que se hubieran enterado de nuestra sublevación; apoderarnos de la ciudad y obligar a seguirnos a los dos regimientos que la defendían. Huesca era, pues, nuestra primera meta. Casi podemos decir nuestra meta definitiva. Pero, en vez de tardar en camiones cuatro horas, como debíamos haber tardado, empleamos en el recorrido de los ochenta y siete kilómetros que separan las dos poblaciones, diecinueve horas, dando tiempo a las fuerzas de Zaragoza, a pesar de la lentitud con que acudieron (salieron de Zaragoza a las siete y media de la noche, llegando a Huesca a la una), a ocupar Huesca, a cortar la carretera en Cillas y a tomar posiciones verdaderamente privilegiadas.

¿Por qué os retrasasteis?, se nos preguntará. ¿Erais tan ciegos que no veíais el peligro? Casi todos los paisanos nos dimos cuenta del peligro de nuestro retraso, pero el mando no lo veía lo mismo que nosotros. Los militares se dejaban dominar por la idea de que el Gobierno no encontraría fuerzas que sacar contra los republicanos; el encuentro con el general Las Heras al frente de la Guardia Civil en Anzánigo parecía abonarles, y, en último caso, eran los responsables de la dirección militar del movimiento.

La requisa de camiones en Jaca se hizo bastante mal. La gente se resistía a entregarlos; otros suplicaban a Galán, por necesitarlos. En fin, se reunieron menos camiones de los necesarios; se les llenó de hombres y de municiones hasta donde se pudo, y las averías se fueron sucediendo unas tras otras, durante todo el trayecto. Si en vez de requisar camiones nos incautamos de los fondos de los regimientos, y sencillamente los contratamos, hubiéramos llegado a Huesca en cuatro horas. El exceso de caballerosidad en este sentido tuvo buena parte de culpa en nuestro desastre.

"Las batallas se ganan por piernas", decía Napoleón, y nosotros perdimos la nuestra por falta de piernas, es decir, de camiones que marcharan ligeros, sin la sobrecarga de hombres y municiones que llevaba la columna. Tampoco se pensó entonces en el tren; un tren militar nos hubiera llevado en tres horas a Huesca, donde nadie supo nada del pronunciamiento hasta las dos de la tarde. Parece absurdo que la idea más simple, el detalle más pequeño en un momento de actuación decisiva, pueda cambiar los destinos de un pueblo; y, sin embargo, es así. Pudimos triunfar y no triunfamos, y nuestra derrota ocurrió por meros detalles, por nimios defectos.

Huesca era nuestra primera meta. Huesca nos daba toda clase de posibilidades: dos regimientos más, multitud de paisanos, artillería que no poseíamos, y una zona de influencia que nos haría dueños de todo el Alto Aragón, parte de Navarra y parte de Cataluña. La ocupación de Huesca por las fuerzas revolucionarias suponía haber cortado la línea de Cataluña en Tardienta y el ferrocarril de Canfranc; haber inutilizado la carretera general de Bujaraloz; amenazar Zaragoza, Cataluña y Navarra al mismo tiempo, contando con un ejército de unos dos mil hombres. En una palabra, haber realizado la revolución.

El movimiento, pues, tenía tantas probabilidades de triunfo como es casi imposible obtener en una acción de esta clase. Porque en realidad lo único imposible de prever, lo único absurdo, fue lo que sucedió: que una fuerza en camiones tardara diecinueve horas en recorrer ochenta y siete kilómetros, cuando cualquier fuerza de Caballería los hubiera recorrido en diez, sin mucho cansancio.

Aun después de la llegada a Ayerbe, en vista de nuestra excesiva tardanza, pudimos salvar el movimiento cambiando el objetivo de nuestra acción: tomando la carretera de Tardienta para cortar toda comunicación entre Zaragoza y Huesca e interceptar la línea de Cataluña, o marchando, por la de Barbastro, sobre Monzón y Lérida. Pero la falta en el mando de una visión clara de la realidad nos hizo continuar sobre Huesca.

No sé ciertamente si hubiéramos podido ganar la batalla en Cillas, pero creo que no. El espíritu de las tropas era malo; no porque se sintieran menos republicanas que la víspera, sino simplemente por el estado de cansancio y de agotamiento en que se hallaban. Durante toda la mañana de la sublevación había estado lloviendo sin descanso; llevaban los capotes-mantas y los uniformes empapados; habían comido un mal rancho antes de salir de Jaca; toda la noche siguiente en camiones, hacinados, sin poder dormir, azotados por el viento helado de Aragón, sin más alimento que un trozo de pan y unas rodajas de salchichón que les había distribuido el Centro Republicano de Ayerbe. Los grandes peligros acobardan a los timoratos, pero cuando van acompañados del hambre, del frío y de la falta de sueño, no hay nadie que se sienta valiente. Y nuestros soldados, que durante la sublevación y el encuentro de Anzánigo dieron muestras del mayor arrojo y entusiasmo, se desbandaron en Cillas cuando vieron cercana la muerte.

También aquí nos perjudicó la excesiva delicadeza de Galán, al no llevarse los fondos de los regimientos. Nosotros, ni política ni humanamente podíamos caer sobre los pueblos como una plaga; íbamos, pues, buscando lo que nos quisieran dar, y este sistema resulta ineficaz cuando es preciso alimentar a ochocientos hombres que tienen que batirse. Si nuestras tropas hubieran comido y bebido en Ayerbe, otro muy distinto hubiese sido el resultado del encuentro de Cillas. No creo que hubiéramos triunfado; las fuerzas que teníamos enfrente eran muy superiores y ocupaban magníficas posiciones; pero al menos nos hubiéramos retirado ordenadamente, marchando en dirección a Tardienta o hacia Barbastro, sembrando el espíritu de la revolución con nuestra presencia y nuestros hechos".

EL 13 DE DICIEMBRE EN MADRID.—Aquella mañana, como de costumbre, fui al palacio de Buenavista sobre las diez. Cuando llegué, el ministro y el general Goded hacía largo rato que se hallaban conferenciando; sin temor a equivocarme puedo asegurar que el tema casi único de la conversación versó sobre el movimiento militar de Jaca, que por las últimas noticias recibidas podía darse por terminado.

En la Secretaría, donde se hallaban reunidas varias personas —en su mayoría jefes del Ministerio—, se comentaba con viveza lo ocurrido, lamentando unos y otros la frecuencia con que de algún tiempo atrás se venían sucediendo alzamientos de carácter militar, que no sólo llevaban el desasosiego a la población civil, sino que creaban al Ejército una atmósfera de antipatía y desprestigio de la que España resultaba la primera víctima. "Nosotros —decía no sé quién— debemos estar al margen de toda bandería política; limitarnos exclusivamente a nuestra profesión, donde hay mucho por hacer; laborar para que renazca la paz dentro de la colectividad y, con ella, el compañerismo hoy deshecho, y la disciplina ultrajada con tanto conato sedicioso. Las rebeldías de los que mandan, sobre todo si no se castigan con rigor, alientan a los que obedecen a realizarlas también, con lo que no podemos ir más que al caos. Y no hay que olvidar, señores, que un Ejército fuerte es la garantía de la tranquilidad interior y del respeto en el exterior; bien entendido que el poderío militar no se mide única y exclusivamente por el número de fusiles y cañones, sino por la coordinación de los factores morales, de la cual son base: la subordinación de los cuadros, el imperio de la ley y el aprecio de los ciudadanos".

Quien así hablaba tenía razón: la oficialidad del Ejército no podía seguir siendo la pesadilla nacional. Era preciso acabar de una vez con tal estado de cosas.

Cuando entré en el despacho del ministro, el general Goded estaba hablando por teléfono sobre movimientos de fuerzas, asistencia a heridos y alojamiento de tropas. Supuse por ello, sin que nadie me lo dijera, que el otro conferenciante debía ser el general Fernández Heredia.

El conde de Xauen oyó con atención el extracto que le leí de las noticias recibidas: rumores de huelga general en algunas poblaciones para el día 15, lunes; tranquilidad en la Casa del Pueblo y agitación en otros medios sindicales; gran actividad política en el Ateneo Científico y seguridad de que en él se habían distribuido armas y guardado algunas bombas, introducidas clandestinamente en una de las dependencias por la puerta de la calle de Santa Catalina; referencias sobre el carácter de la rebelión de Jaca, que, por la ideología del jefe y la presencia allí del ingeniero Cárdenas y el estudiante Pinillos (comunistas), cabía sospechar no fuera precisamente republicano, aunque en principio lo pareciera.

Sobre lo ocurrido en las inmediaciones de Huesca aquella mañana cambiamos breves palabras, confirmándome las noticias que yo directamente había recibido. Le pregunté si se instruía juicio sumarísimo, contestándome que en este punto el Código de Justicia militar estaba bien claro, y que, aun cuando como ministro podía ordenarlo, quería dejar en completa libertad al capitán general, que era la autoridad judicial en la Región.

De regreso en la Dirección tuve noticias, aunque vagas y de un origen un tanto dudoso, de que iban a salir determinados delegados del Comité revolucionario con órdenes concretas para provocar lo antes posible un movimiento de carácter general; pero ni se me precisó fecha, ni la calidad y cantidad de los elementos designados. También se me habló de que estaba distribuyéndose un manifiesto al país, sin que el confidente que lo aseguraba pudiera dar detalles de su contenido, por no haberlo visto.

Con los informes facilitados al general Berenguer y los recibidos posteriormente fui a Gobernación sobre las doce y media, indicándole al ministro la conveniencia de clausurar el Ateneo Científico, aunque fuera por unos días; la necesidad de detener gubernativamente a los señores que componían el Comité revolucionario, para hacer abortar, como en Barcelona meses atrás, el movimiento que se nos venía encima; y por último, lo prudente que sería concentrar lo antes posible en Madrid un par de centenares de guardias civiles, por lo que pudiera suceder.

El ministro aprobó sin reservas esto último, puso bastantes reparos a lo primero y se opuso a las detenciones: pesaba mucho en su ánimo, de un lado, el efecto que pudiera producir en el extranjero una medida de ese rigor contra el centro cultural; de otro, la personalidad de D. Niceto Alcalá-Zamora, ex ministro y abogado, a quien estaba unido por vínculos de estrecha amistad. Según él, era preferible intensificar las "vigilancias" y no proceder a tomar resoluciones extremas hasta que aparecieran hechos concretos e indubitables; hasta que no hubiera una justificación plena. No insistí en mis indicaciones: él tenía la responsabilidad; a mí sólo me tocaba obedecer.

Por la tarde todos mis esfuerzos fueron encaminados a que los agentes del servicio secreto apurasen todos los procedimientos informativos para concretar los propósitos inmediatos del Comité revolucionario; mas como siempre ocurre en los momentos difíciles, no fue posible establecer contacto con algunos de ellos; precisamente con los que parecían estar mejor situados en los medios que nos interesaban.

De Huesca recibí constantes referencias dando cuenta de los detalles del encuentro de Cillas, así como de las declaraciones de las clases y soldados hechos prisioneros, que, dicho sea es honor a la verdad, eran poco favorables para la oficialidad, con la única excepción del capitán Galán. Por el mismo conducto supe que se procedía a instruir juicio sumarísimo contra varios oficiales y clases, entre los que figuraban los capitanes García Hernández y Salinas, éste hijo del jefe de Estado Mayor de la Capitanía General de Zaragoza. ¡Amargo trance para un pobre padre!

Por la noche, después de cenar, fui a ver de nuevo al Presidente, que me recibió en sus habitaciones particulares del Ministerio; con él se hallaba su secretario, el teniente coronel Sánchez Delgado. Hablamos, ¡cómo no!, del asunto del día. Aquél se mostró más comunicativo que por la mañana, facilitándome algunos detalles del proceso de la rebelión y de la conducta de los sublevados, detalles que, como el de la forma violenta en que se practicó la detención del general Urruela, conducido por las calles de Jaca en paños menores, yo ignoraba.

En el trascurso de la conversación me enteré de que durante la única conferencia celebrada por él con el capitán general de Zaragoza —que tuvo lugar a media mañana— había notado en éste cierta depresión de ánimo, por lo que se vio obligado a indicarle que si su gran amistad con el jefe de Estado Mayor —que, como ya he dicho antes, se veía en el triste caso de tener un hijo comprometido en la rebelión— constituía un obstáculo para poder actuar con independencia, quedaba autorizado para darse de baja con objeto de dejar el camino expedito al nombramiento de otro general que pudiese desenvolverse con absoluta libertad, y que, en respuesta a esta indicación, le había manifestado el general Fernández Heredia, que ni esa razón de índole sentimental ni otra alguna le impedirían cumplir con su deber, por doloroso que fuera.

Supe también que por la tarde casi todos los ministros, ávidos de noticias, habían pasado por el palacio de Buenavista para enterarse personalmente del desarrollo de los acontecimientos, preguntando algunos de ellos la misión que correspondía al Gobierno en relación a las derivaciones más o menos graves que pudiera tener el juicio sumarísimo que se estaba instruyendo. Para dar satisfacción a los interesados se estudió detenidamente el Código de Justicia militar, y, para mayor garantía de acierto, se hizo comparecer al general asesor del Ministerio (del Cuerpo Jurídico), quien informó que todo, absolutamente todo, era de la exclusiva competencia de la autoridad judicial, sin que cupiese al Consejo de ministros intervención alguna; en confirmación de ello, leyó una real orden dictada en época del general López Domínguez, en la que se disponía clara y terminantemente que el capitán general no sólo no tenía que dar cuenta al Gobierno de la sentencia, sino que debía ordenar la ejecución de los fallos en los casos de pena de muerte, con la única obligación de participarlo después.

Doy estos detalles de las manifestaciones del general Berenguer aquella noche, ante personas que éramos de su absoluta confianza, para hacer resaltar lo infundadas de ciertas versiones circuladas a raíz de ser pasados por las armas los capitanes Galán y García Hernández, y que tanto se esgrimieron durante la activa campaña electoral de poco después por los elementos antimonárquicos. Puedo asegurar, sin temor a ser desmentido, que no se celebró en todo el día 13 de diciembre Consejo de ministros y que, por lo tanto, es absolutamente falsa la versión circulada de que hubo una votación entre los miembros del Gabinete, en la que unos se manifestaron en favor y otros en contra de aconsejar la gracia de indulto, como lo es también la de que el Rey en persona hiciera determinadas indicaciones por teléfono; pues mal se compagina esa actitud que se le atribuye con la conversación que sostuvo aquella misma noche con el Presidente, de la que fui, por casualidad, el único testigo. No se olvide que por la tarde se ignoraba aún la presentación del capitán Galán, principal responsable de aquellos sucesos, y que hasta la mañana del domingo, día 14, no se constituyó el Consejo de guerra para ver y fallar la causa.

La conversación a que acabo de referirme tuvo lugar en la siguiente forma:

Serían aproximadamente las once y media de la noche cuando dieron aviso de que el Rey deseaba hablar con el jefe del Gobierno. Este me indicó le acompañase, por si durante la conferencia le hacía alguna pregunta de detalle relacionada con mi gestión. Ambos pasamos al dormitorio; el teléfono oficial se hallaba instalado sobre una mesita inmediata a la cabecera de la cama. El general Berenguer se sentó en una silla y yo me acomodé en una butaquita, inmediato a él.

Después de las obligadas frases de cortesía, a instancias de don Alfonso, el Presidente hizo un relato de los sucesos conocidos hasta aquella hora, con una firmeza y precisión que no parecía producto de la memoria, sino más bien tomado de un escrito que fuera leyendo al mismo tiempo que hablaba; sólo se detenía ante interrupciones del soberano que, por las contestaciones, deducía se lamentaba de la gravedad de los hechos.

Conocí entonces algunos detalles interesantes que ignoraba; entre ellos los siguientes: que poco después de las ocho de la noche, desde Ayerbe, había comunicado el general Dolía (jefe de las fuerzas de persecución) al general Goded, para que se lo hiciera saber al ministro, que, según le acababan de participar en aquellos momentos, el capitán Galán se había presentado al secretario del Ayuntamiento de un pueblo no muy lejano, disponiendo en el acto fuera conducido al Cuartel general de la columna; que hora y media más tarde, en una nueva conferencia —esta vez sostenida con el propio ministro— comunicó que ya tenía allí, en Ayerbe, al capitán Galán, rogándole al propio tiempo le indicase lo que debía hacer con él, a lo que contestó el general Berenguer se lo manifestase al capitán general, que suponía debía estar a tales horas en Huesca, o próximo a llegar. Parece ser que Dolía no pudo ponerse al habla con el general Fernández Heredia y volvió a pedir comunicación con el Ministerio del Ejército para decírselo al Presidente, ordenándole éste lo enviase a Huesca, que era el punto donde se hallaban los demás detenidos.

Nada habló el general Berenguer con el Rey respecto a si el jefe de la rebelión iba a ser o no incluido en el juicio sumarísimo, quizá porque en este punto no cabían dudas, ya que el Título XIX del Código de Justicia militar estaba perfectamente claro, y, a mayor abundamiento, existía el bando del capitán general declarando el estado de guerra, que era concreto y terminante.

Don Alfonso preguntaba y preguntaba. El Presidente, agotados los temas, repetía detalles ya dichos. Por fin, después de un largo párrafo de aquél, el general se expresó así:

—Ya comprendo, señor, que estará vuestra majestad entristecido; lo estamos todos. No me extraña que reciba muchas presiones, y me doy cuenta de su estado de ánimo; pero es el caso que todavía se está actuando, y nada se puede anticipar sobre el fallo del Consejo de guerra, a quien el

Gobierno quiere dejar en completa libertad de acción... ¡Ojalá, como vuestra majestad dice, el Tribunal no encuentre motivos para sanciones graves!... Buenas noches, señor... Gracias, señor.

Así terminó la conferencia. Ahora el lector juzgue sobre el abismo que existe entre la realidad y lo que la pasión inventó.

Cuando volvimos al comedor íntimo, donde nos aguardaba Sánchez Delgado, detallé mi entrevista de la mañana con el ministro de la Gobernación y la negativa de éste, contraria a mi propuesta, de proceder a la detención del Comité revolucionario; le hice también presente que, según las últimas informaciones, era inminente un movimiento de carácter general y la posibilidad, un tanto remota, de que abortase si nos anticipábamos.

Fuimos estudiando las diversas personalidades comprometidas y la participación de cada una en la actuación revolucionaria, especialmente en la propaganda entre la oficialidad del Ejército, y me autorizó a practicar varias detenciones. Se convino en respetar a don Alejandro Lerroux, pues por su edad, su historia republicana y su temperamento de batallador leal merecía todas las simpatías del general Berenguer; quedó asimismo acordado no proceder contra Largo Caballero y demás elementos socialistas, salvo Indalecio Prieto, por haberme asegurado aquella tarde persona de absoluta confianza que la U.G.T., en Madrid, no secundaría el movimiento, como así sucedió[4].

Queda, pues, bien explicado el por qué se dictó orden de prisión contra determinadas personalidades republicanas; cómo nació esta determinación y las razones que impulsaron a no proceder contra otras. He de advertir al mismo tiempo, que horas antes, por mi propia iniciativa, no obstante considerárseles de escasa significación, había ya dispuesto la detención de los señores Galarza y Albornoz, designados por el Comité para dirigir la huelga en una de las provincias del Sudeste, no sabía a punto fijo si Albacete, Murcia o Alicante.

Minutos después de la una de la madrugada llegué a la Dirección. En el acto llamé al jefe de la División de Investigación Social y le di instrucciones para que inmediatamente procediese a la detención de los señores Azaña, Maura y algún otro que ahora no recuerdo; al señor

---

[4] No ignoro que existen elementos muy interesados en que esclarezca este punto; pero no lo juzgo todavía oportuno. Diré, sin embargo, que el Gobierno actuó los días 13 y 14 con la "casi absoluta seguridad" de que la Casa del Pueblo de Madrid no se sumaría al movimiento.

Alcalá-Zamora, por respeto a sus años, se le dejaría en su domicilio hasta por la mañana.

A los pocos momentos salieron los agentes. Me encerré en el despacho y me dediqué a leer las últimas informaciones...

UNA CONFERENCIA INESPERADA.—No quisiera equivocarme, pero es muy probable que anduviesen muy próximas las tres de la madrugada cuando inició un intermitente repiqueteo el timbre del teléfono particular.

—¡Caray! ¿Quién llamará a estas horas?—me dije para mis adentros.

Cogí el micrófono y pregunté. Una voz de hombre respondió. En seguida me dio su apellido: era persona conocida. Me invitaba a una conversación. Se trataba de un asunto urgente y no consideraba oportuno confiarlo a la discreción del "automático". Le contesté que le esperaría en mi despacho, pero no le satisfizo la indicación. Entonces me ofrecí a ir a su casa, lo que le pareció de perlas. Quedamos en ello.

—¿Dónde vive usted?

—Búsquelo en la guía de abonados de la Telefónica —me dijo—; así tendrá la garantía de que soy yo quien le habla y no es víctima de una "encerrona".

Colgué el micrófono; recogí los papeles del día que estaban sobre la mesa; miré la dirección que precisaba y me puse el abrigo y el sombrero. Al salir del despacho dije al fiel ordenanza a mi servicio:

—Nicolás: buenas noches; voy a casa. El coche, mañana, a las nueve en punto.

La noche era —como decía una canción de la guerra carlista— "de puro invierno, fiera expresión"; la Gran Vía estaba desierta; en la parada, un *taxi* con el chofer encerrado dentro y profundamente dormido; me costó Dios y ayuda despertarle. Trayecto largo y sector de población desconocido para mí.

El "auto" paró frente a la puerta del número indicado. Al pagar noté que se entreabría el portillo de la entrada, lo que me evitaba explicaciones al sereno; crucé la acera rápidamente.

—¿Don Emilio?—me preguntó misteriosamente una sirvienta entrada en años que, situada detrás de la puerta, apenas asomaba la cabeza.

—El mismo—repuse a tiempo que trasponía el umbral.

—Sígame—ordenó.

Ambos cruzamos el zaguán y nos instalamos en el ascensor, que se detuvo en un principal con honores de tercero. La doméstica abrió la puerta del piso y me condujo al despacho del dueño de la casa a lo largo de un alfombrado pasillo.

—Siéntese—me dijo—. El señor, saldrá en seguida.

La estancia era amplia y fría, a pesar de un soberbio radiador que se conservaba aún templado; varias librerías repletas con volúmenes manoseados y en desorden; una gran mesa de despacho, estilo americano, llena de papelotes; cómodo tresillo tapizado de cuero y varios butacones; elegante lámpara de pie en un ángulo, con dibujos heráldicos en su pantalla de pergamino; varios cuadros al óleo y un pastel distribuidos por las paredes, que no considero oportuno detallar; profusión de retratos de políticos o, por lo menos, a mí me lo parecieron: gabinete de hombre laborioso y de buen gusto.

Por una puerta lateral, discretamente disimulada, apareció mi amigo —le llamaremos así—, enfundado en un largo batín [5].

—¡Oh, querido Mola! —exclamó abriendo los brazos, amenazándome con un apretón que yo esquivé discretamente—. ¡Cuánto siento haberle molestado! Pero ya comprenderá que dada mi actual "postura política", mi situación en la "acera de enfrente", no era oportuno ir a su despacho de la Dirección, y menos a horas tan intempestivas; la gente es suspicaz y podrían creer lo que no es. Perdón y mil veces perdón...

—¡Por Dios!, de nada. He venido encantado; estoy siempre a su disposición—le repuse.

—Muy amable y agradecidísimo a su deferencia. Siéntese y charlemos. Verá usted: me han enterado esta noche, a última hora, en una tertulia de correligionarios, que la aventura de Jaca, obra de unos exaltados, va camino de tener un epílogo que puede ser trágico, pues esos chicos que han caído prisioneros van a ser juzgados en juicio sumarísimo... ¿Es eso cierto?

—No lo sé, aunque lo supongo. Si se cumple lo que dispone el Código de Justicia Militar, desde luego.

—Usted no debe ignorarlo, amigo Mola. Sea sincero conmigo.

—Está equivocado. Es asunto ése que no es de mi jurisdicción.

—¡Bah! Yo sé, y lo sabemos todos, que Berenguer no tiene secretos para con usted.

---

[5] Cuando por primera vez hice el relato de esta entrevista, puse el nombre y los apellidos de mi interlocutor; pero después, al llegar a conocimiento de éste tenía el propósito de escribir un libro explicando mi gestión como director de Seguridad, me envió recado, por mediación de tercera persona, de que, si bien no ponía obstáculos a que publicase los detalles de nuestra conferencia de aquella madrugada, me rogaba no diese su nombre. Cumplo gustoso el encargo.

—Esa es una opinión muy generalizada, que desde luego le aseguro que no se ajusta a la realidad. El Presidente no me dice jamás una palabra de lo que no me afecta directamente; es persona muy discreta.

—Vamos a suponer que sea así. ¿Es verdad que han detenido también al capitán Galán?

—Creo que se ha presentado espontáneamente; sin embargo, oficialmente no me han dicho nada.

—¡Qué desgracia! ¡Él ha sido el alma de todo! Y usted, ¿qué opina de todo lo ocurrido?

—¿Qué voy a opinar? Que ha sido un grave disparate.

—¡Un grave disparate! Verdad. Pero hay que evitar que se consume otro mayor: que alguno de esos chicos sea fusilado; que la loca aventura tenga un desenlace irreparable... ¿Qué piensa hacer el Gobierno?

—¡Ah!, eso lo ignoro; es más, no veo, si es cierto que se instruye juicio sumarísimo, que el Gobierno tenga nada que hacer.

—¡Cómo!—exclamó un tanto fuera de sí—. Tendrán que dar cuenta de la sentencia y, en Consejo de ministros, aprobarla o no; mejor dicho, aconsejar o no los indultos, en el caso de que haya condenados a muerte.

—Me parece —le repuse con la tranquilidad del que pisa terreno firme— se equivoca usted. Eso es en los casos de Consejos de guerra ordinarios; en los de carácter sumarísimo, no.

—Bien; vamos a dar por sentado que tenga usted razón. Pero ¿no cree, querido Mola, que si el Gobierno lo desea puede intervenir? No me diga que no. Sumarísimo fue el procedimiento seguido en Málaga el año 23, y recordará usted que García Prieto, con un espíritu liberal que le enaltece, evitó que fuera fusilado el jefe de la rebelión: todo es querer. Mas vamos a lo que interesa ahora. De momento hay que arrancar de la muerte a los sentenciados, si los hay, a la última pena, que luego ya vendrá la amnistía, o lo que sea. ¿Es justo matar a unos hombres por haber defendido un ideal? Cristianamente, no; lógicamente, no; humanamente, no; jurídicamente, casi me atrevo a decir que tampoco.

—Triste es, en verdad, como me decía un amigo esta tarde, que en los asuntos políticos tenga siempre la razón el vencedor; pero en el orden militar no se puede transigir por ciertas cosas... Yo soy el primero que me compadezco de la situación de esos oficiales.

—Bien, muy bien; no esperaba menos de usted. Créame que no vale la pena de una sola gota de sangre más ni este régimen podrido, ni el mamarracho de don Alfonso con toda su parentela. ¡Hay que evitar a todo trance la ejecución de una sentencia fatal! A ello debemos contribuir todos los hombres de corazón. Para conseguirlo es preciso que alguien (y ese "alguien" nadie puede ser mejor que usted) vaya hoy mismo, a primera hora, a cada uno de los miembros del Gobierno y les ruegue, les suplique, les implore, de rodillas si es preciso, que sean magnánimos, que perdonen... Y si eso no basta, rompiendo toda etiqueta, marche a Palacio y diga al Rey: "Señor, la salvación de vuestra corona está en la vida de esos desgraciados: perdonadles..."

Esto lo decía exaltado, fuera de sí. Con su actitud parecía querer hacer olvidar el efecto del disparate que acababa de proponerme.

Mi contestación fue la siguiente:

—Ante todo cálmese, don...; la calma es la base de toda reflexión. Hablemos serenamente. En primer lugar da usted por sentados dos hechos: uno, el del procedimiento sumarísimo, que ignoramos; otro, el de unas sentencias graves, que aún no existen y son muy problemáticas. Sobre estas hipótesis, razonable la primera y aventurada la segunda, me pide unas gestiones inmediatas y desde luego prematuras; mas vamos a suponer por un momento que lo que teme es una realidad. ¿Cómo puedo yo, pobre de mí, dar los pasos que me propone? ¿En qué cabeza cabe que un funcionario subordinado va a tomar la iniciativa de una petición de indulto, habiendo tantos personajes, autoridades y corporaciones que pueden hacerlo y, es más, que deben hacerlo? ¿Por qué he de ser yo, ajeno a todo lo ocurrido, quien ha de ir a pedir, incluso de rodillas?... ¿A título de qué voy a permitirme llegar hasta el Rey con una súplica que envuelve una amenaza? Si tan preocupado está, ¿por qué no lo hace usted, que tiene más nombre, más autoridad, más edad, más posición?

—Bien lo lamento, pero no me es posible: soy republicano y casi conspirador....

No puedo explicar el efecto que me produjo la contestación; sólo diré que estuve a punto de olvidar el respeto a la casa ajena. Me limité a sonreír irónicamente. Él quedó unos momentos callado; luego, como la cosa más natural del mundo, me preguntó:

—Y en Madrid, ¿se han tomado algunas medidas?

—¿Aquí? ¿Por qué? No hay ningún temor respecto a los Cuerpos de esta guarnición.

—No es eso. Me refiero a detenciones de personalidades —insinuó como no dando importancia al asunto.

—Vamos, que esta noche no da una en el clavo —le dije en tono de broma, al mismo tiempo que me ponía en pie.

Cambiamos breves palabras de despedida. Ya en la puerta del piso insistió, con aire de protección:

—No olvide mi ruego. La República se lo tendrá en cuenta, si lo hace.

—Gracias —le repuse secamente.

La sirvienta cuarentona que me guió al entrar, me acompañó hasta el portal.

La calle estaba solitaria, mal alumbrada y orientada al Norte. El Guadarrama enviaba un gris que afeitaba. Anduve unas cuantas manzanas sin encontrar un alma; por fin percibí el farol de un sereno, al que me acerqué.

—¿Zurbano, hacia dónde cae? —pregunté.

—Buena caminata le espera al señorito —me repuso al mismo tiempo que me indicaba el itinerario que debía seguir.

Cuando llegué a mi domicilio eran las cinco de la madrugada.

CAPÍTULO III

DESPUÉS DEL FRACASO...

DE CÓMO TERMINÓ EL MOVIMIENTO DE JACA.—A las nueve y minutos del día 14, sin apenas haber descansado, llegué a la Dirección de Seguridad. Poco después se me presentaba el jefe de la División de Investigación Social, comisario D. Prudencio Rodríguez Chamorro, para darme cuenta de las detenciones practicadas y de las que no habían podido realizarse.

Entre las primeras figuraban las de los señores Maura, Alcalá Zamora, Galarza y Albornoz. Aquél, detenido durante la madrugada en su domicilio, por cierto mostrando una gran contrariedad, al extremo de calificar de "grave error" la medida; y es justo reconocer que para estimarlo así tenía sus razones, ya que, según he sabido después, se había comprometido a impedir se cometieran atropellos en las personas de los ministros al ser detenidos en la madrugada del 15 por orden del Comité revolucionario, en el momento de estallar el movimiento en Madrid[6]. Tal preocupación pesaba sobre el señor Maura, que durante el día envió varios recados a D. Leopoldo Matos —o, por lo menos, de parte suya dijeron iban los que llegaron con las embajadas— advirtiéndole que era de todo punto necesario, para evitar dolorosas consecuencias, su libertad inmediata. El señor Alcalá-Zamora, detenido por la mañana, calificó duramente la determinación con él adoptada, solicitando de los agentes que practicaron el servicio le autorizasen a oír misa, a lo que gustosos accedieron, "pues, aun cuando republicano —dijo—, soy católico". Galarza y Albornoz lo habían sido en las primeras horas de la noche del 13, en Alicante.

El señor Azaña no pudo ser detenido, por haberse ocultado en el domicilio de un amigo, y análoga prudente determinación adoptaron otros, que, sin pertenecer al Comité revolucionario, actuaban en medios sindicales y estaban también directamente comprometidos.

La mañana transcurrió en Madrid tranquila. Durante ella se celebró en Huesca la vista del proceso sumarísimo, de cuyo fallo tuvo noticia el

---

[6] Según manifestaron los mismos comprometidos, entre ellos el señor Prieto en artículo publicado en "El Liberal" de Bilbao el 10 de febrero siguiente, la idea de detener a los ministros no cristalizó ante el riesgo de que alguno resistiera a entregarse y sucumbiese.

Presidente por el general asesor del Ministerio del Ejército, sobre las doce, hora en que de ordinario se celebraba la misa los días festivos en el palacio de Buenavista, a la que solían concurrir varios ministros y algunos generales.

A las tres de la tarde, poco más o menos, el gobernador militar de Huesca, por conducto del teniente coronel Sánchez Delgado, dio cuenta por teléfono al general Berenguer de que el fallo respecto a los capitanes Galán y García Hernández había sido cumplido. Hasta las siete no se recibió el telegrama oficial del capitán general participando la celebración del Consejo de guerra, sentencia recaída, dictamen del auditor, aprobación por la autoridad judicial y ejecuciones. Con el Presidente se hallaban a esas horas varios ministros. Todos, sin excepción, sintieron profundamente que las circunstancias gravísimas de los hechos les impidieran adoptar una determinación de piedad para quienes la ley castigaba con sentencia irreparable. Ningún Gobierno, entiéndase bien, ningún Gobierno con recto sentido del deber y la responsabilidad hubiera podido aconsejar la gracia de indulto. La conducta del Gabinete del marqués de Alhucemas, con motivo de la rebelión de Málaga el año 23, fue una manifestación de cobardía y de desvergüenza, que nos hubiese acarreado serios disgustos en el Ejército de no haber sobrevenido el golpe de Estado del 13 de septiembre; por eso no debe citarse como ejemplo[7]. No ignoro que el señor Ossorio y Gallardo dirigió una carta al jefe del Gobierno aconsejando no fuera cumplido el fallo, lo que basaba en argumentos de orden político; pero no se me oculta, dado su claro criterio, él sabía de antemano que en aquellos momentos no podía ser tenido en cuenta su consejo, que no era posible tomarlo en consideración.

Después, restablecida la situación en Jaca, como era lógico, se procedió a instruir el proceso ordinario, y poco a poco fueron cayendo en manos de las autoridades los elementos más o menos complicados directamente en la rebelión que no pudieron ganar la frontera francesa.

---

(7) Ya escrito este libro han tenido lugar los sucesos del 10 de agosto. El general Sanjurjo, jefe de la rebelión de Sevilla, fue condenado a muerte e indultado. El caso es distinto: en Sevilla no se derramó una sola gota de sangre; en Jaca y en Málaga, sí. Pasar por las armas al general Sanjurjo hubiera sido monstruoso. Aparte estas consideraciones, muy de tener en cuenta, somos muchos los que entendemos que la conducta del regente Espartero, al ordenar el fusilamiento del conde de Belascoaín, fue menos cruel que la clemencia que se tuvo con el héroe de Beni-Salem y Alhucemas recluyéndole en el penal del Dueso. ¡Los hombres de honor prefieren perder la vida a sufrir ciertas vejaciones!...

Uno de los primeros detenidos fue D. Santiago Casares Quiroga. Por cierto que a los diez o doce días, por mediación del comisario Martín Báguenas, solicitó de mí un empleado de ferrocarriles apellidado Sol —que tengo entendido después ha desempeñado cargos de gran importancia con la República— fuera traído a Madrid dicho señor, por no haber tomado parte en lo de Jaca y, en cambio, ser uno de los firmantes del manifiesto revolucionario, y que, dado su delicado estado de salud, se le condujese con las comodidades posibles; petición que se atendió en todo aquello que de la Dirección de Seguridad dependía. Las últimas detenciones practicadas fueron: el 19, en Almería, Antonio Capella Bustos, y el 20, en las inmediaciones de Tan-asa, José Rico Godoy y Joaquín Rodríguez Américo, merced todas ellas al celo desplegado por unos cuantos funcionarios de la División de Ferrocarriles, hábilmente dirigidos por el jefe de la misma.

COMENTARIOS.—El fusilamiento de los capitanes Galán y García Hernández únicamente produjo impresión en las filas revolucionarias; en la nación, de momento, no. Es más, por mis investigaciones posteriores, realizadas especialmente entre el elemento militar, saqué la impresión de que en un gran sector de opinión no se encontró justificada la benevolencia de que hizo objeto el Consejo de guerra al capitán Salinas, de Artillería, máxime siendo del dominio público que ni él ni García Hernández habían llegado a las filas leales como "parlamentarios", sino para solicitar de los compañeros se sumasen a la rebelión, siendo prueba de ello sus palabras al llegar a la línea avanzada y la obstinación en no querer presentarse al jefe de las fuerzas. Las preguntas que con ligeras variantes hacían los que así opinaban eran las siguientes: "¿Cómo habiendo hecho ambos lo mismo se les ha condenado a distintas penas? ¿Es que acaso vale más la vida de un artillero que la de un infante? Y con los elementos civiles que les han impulsado a la rebeldía, ¿qué piensa hacer el Gobierno?..." Entiendo que los que de tal modo razonaban —que no fueron pocos— sufrían un grave error. El capitán García Hernández se sublevó con sus fuerzas; Salinas, no: la responsabilidad de uno y otro era diferente. En cuanto a los hombres civiles, el delito tenía otro aspecto muy distinto.

Ignoro si haber aconsejado el indulto hubiera sido o no una medida política, pues todavía es pronto para enjuiciar; lo que sí puedo afirmar es que no lo hubiese sido en orden a la ética militar. El fusilamiento de los dos capitanes contuvo a los elementos comprometidos del Ejército en el movimiento de pocos días después —así lo han reconocido los mismos revolucionarios—, evitándose nuevas escenas de dolor no sólo antes, sino tal vez aun después de la proclamación de la República. Basta dar un vistazo a Portugal, donde fue abolida la pena de muerte: las sublevaciones se vienen sucediendo sin interrupción; el número de víctimas que han ocasionado es ya incalculable. La disciplina militar es algo sagrado, y la amenaza que representa un piquete de ejecución ha sido, es y será uno de sus más firmes puntales, mientras no se haga el milagro de convertir los hombres en ángeles, pese a las teorías quiméricas de algunos juristas que, enfrascados en asimilar tópicos modernistas de Derecho, no han tenido tiempo de asomarse a la realidad.

He dicho antes, y repito ahora, que el fusilamiento de los capitanes Galán y García Hernández no produjo, de momento, impresión en la nación. Esto es absolutamente cierto. Veamos cómo cambió el estado de la conciencia pública.

Días después de ocurridos los hechos, pero bastantes días después, se inició una activa propaganda para realzar la memoria de los fusilados y hacer odioso el Gobierno. Para ello se esparcieron a los cuatro vientos en conferencias, mítines, Prensa y publicaciones clandestinas, toda clase de leyendas, embolismos, falsedades y patrañas respecto a la forma como fueron juzgados los jefes de la sublevación de Jaca, propaganda que, dado el carácter impresionable, infantil y un tanto romántico de nuestro pueblo, fue creando un estado de opinión hostil a determinados ministros, y especialmente al presidente del Consejo, al mismo tiempo que las figuras de Galán y García Hernández ascendían rápidamente a la categoría de héroes, para culminar en la de mártires.

Estimo natural, lógico y hasta justo que quienes se sentían más o menos identificados con la actitud de los rebeldes, tratasen de rendir un tributo de cariño y admiración a las víctimas por la causa; mas lo que no puede tener el asentimiento, la aquiescencia, la aprobación de los espíritus rectos, es que para conseguir ese objeto, que no discuto fuera noble, se recurriera a la infamia y a la calumnia. Si en política el fin justifica los medios, y éstos pueden ser de la índole de los que en tal ocasión se emplearon, hay que convenir que para actuar en ella se necesita poseer un concepto un tanto elástico de la moral, que no se adapta a todas las conciencias.

Fue doloroso, es cierto, el resultado del Consejo de guerra celebrado en Huesca con motivo del proceso sumarísimo, cuya sentencia fue ratificada en el de oficiales generales que tuvo lugar en Jaca pocos meses después, que calificó los hechos de *rebelión militar,* previsto en el artículo 237 del

Código de Justicia Militar y penado en el siguiente[8]; pero quienes cometieron el grave delito no ignoraban las funestas consecuencias que podría acarrearles su conducta.

Yo no conocía al capitán García Hernández, pero sí a Fermín Galán. Por eso no me considero autorizado para hablar del primero.

Ya dije en mi libro LO QUE YO SUPE... cómo hice amistad con Fermín Galán cuando aún era teniente. Le tuve siempre por oficial valiente, honrado, digno, de temperamento inquieto y muy vanidoso. Esta cualidad, mal administrada, le llevó a la rebeldía.

Su intervención personal en un combate le hizo considerarse incluido en uno de los casos del reglamento de la Orden de San Fernando. Él, como todos los que hemos intervenido directamente en la guerra, soñaba con la "laureada". La superioridad no estimó méritos suficientes, y juzgando este criterio como un acto personal del marqués de Estella, a la sazón presidente del Consejo y jefe del Ejército de Marruecos, se declaró enemigo del dictador, lo que le llevó a tomar parte en el complot llamado "de la noche de San Juan". Cuando el conde de Xauen ocupó el Poder fue amnistiado, e inmediatamente vino a Madrid, practicando gestiones para que fuera revisado su caso particular, advirtiendo —creo que al propio general Berenguer— que si se le daba esa satisfacción abandonaría sus

---

[8] Art. 237. Son reos del delito de rebelión militar los que se alcen en armas contra la constitución del Estado, contra el Rey, los Cuerpos colegisladores o el Gobierno legítimo, siempre que lo verifiquen concurriendo alguna de las circunstancias siguientes:

1.ª Que estén mandados por militares, o que el movimiento se inicie, sostenga o auxilie por fuerzas del Ejército.

2.ª Que formen partida militarmente organizada y compuesta de diez o más individuos.

3.ª Que formen partida en menor número de diez, si en distinto territorio de la nación existen otras partidas o fuerzas que se proponen el mismo fin.

4.ª Que hostilicen a las fuerzas del Ejército antes o después de haberse declarado el estado de guerra.

Art. 238. Los reos de rebelión militar serán castigados:

1.° Con la pena de muerte el jefe de la rebelión y el de mayor empleo militar, o más antiguo, si hubiere varios del mismo que se pongan a la cabeza de la fuerza rebelde de cada Cuerpo y de la de cada compañía, escuadrón, batería, fracción o grupo de estas unidades.

2.° Con la de reclusión perpetua a muerte los demás no comprendidos en el caso anterior, los que se adhieran a la rebelión en cualquier forma que lo ejecuten y los que, valiéndose del servicio oficial que desempeñen, propalen noticias o ejecuten actos que puedan contribuir a favorecerla.

ideales políticos. El Consejo Supremo de Guerra y Marina desestimó de nuevo la petición, y entonces volvió a conspirar.

¿Pero cuáles eran las ideas políticas de Fermín Galán? Un fajo de cuartillas que fueron halladas a raíz de la sublevación, quizá hilvanadas muchas de ellas la noche misma del movimiento, dan una orientación. ¿Pensó Galán en ser uno de tantos revolucionarios o sus ambiciones iban más allá? Sus proyectos de decretos y bandos no dejan lugar a dudas.

Daré a conocer algunos de los interesantes documentos a que he aludido en el párrafo anterior, sin añadir por mi parte comentario alguno. El lector juzgará.

LOS ÚLTIMOS ESCRITOS DE GALÁN.—La casualidad trajo a mis manos una copia; los originales aún existen. El carácter de letra irregular y los innumerables tachones (que pongo en cursiva y entre paréntesis) indican claramente fueron redactados en momentos de gran nerviosidad; ellos nos descubren la personalidad de Galán, sus propósitos y sus ambiciones[9]. Empecemos:

DECRETOS Y BANDOS

"Por el presente decreto vengo en disponer:

Artículo único. Se concede *(una)* amnistía general *(de)* a todos los presos o sujetos a procedimiento por delitos políticos y sociales, debiendo (*proceder los directores de Prisiones a la inmediata libertad de los reclusos)* los directores de Prisiones dar cumplimiento a lo dicho con la máxima urgencia.

Dado en ..."

–

"Por el presente decreto vengo en disponer: Artículo único. (*Se declara)* El periódico diario "..." (*órgano oficial de la revolución)* dedicará (*una de sus)* las páginas que sean precisas a "Diario Oficial de la revolución" *(inse),* donde se insertarán los decretos y notas orientadoras que sean dadas por el mando supremo de la revolución.

Dado en ..."

–

[9] Por no cansar al lector, publico sólo una parte de los documentos encontrados. En reproducción fotográfica van dos cuartillas referentes a decretos y bandos y otra que es el comienzo de un manifiesto al país.

“Dadas las circunstancias actuales que requieren una unidad de mando firme y segura sin subdivisiones que puedan perturbar *(tanto al desenvolvimiento de las cosas como)* la unidad de doctrina (*que nos inspiró)* que nos inspira el desenvolvimiento racional de las cosas *(se acuerda),* con la clara visión que de ellas tenemos (*vengo en disponer, con la visión clara que de ellos tenemos)* vengo en disponer:

Artículo 1.° Quedan concentrados en mi autoridad todos los poderes (*del Estado hasta)* de la revolución (*fundiéndose en mi persona los mandos de jefe).*

(Dado a del Ejército revolucionario y la Presidencia del Poder Ejecutivo El Presidente del Poder Ejecutivo.)

(Dado en.)

(El Presidente del Poder Ejecutivo.)

Como Presidente del Poder Ejecutivo,

Dado en ...

–

"Artículo 1° *(único).* Serán castigados con la pena de muerte sin formación de causa:

a) Todo aquel que entorpezca de un modo o de otro, conspire o haga armas contra el régimen naciente.

b) Todo aquel que (*atente a)* trate de cambiar por sí mismo el orden existente atentando contra la vida de personas y la seguridad de las cosas.

c) Todo aquel que saque al exterior plata, oro o *(valores de todo género, incluidos tanto los esp)* o riqueza de todo género, incluidos los valores *(preciosos)* específicos o artísticos.

Art. 2° Las Juntas revolucionarias constituirán bajo su superior inspección un Tribunal revolucionario, que conocerá y castigará, auxiliado por la Guardia Nacional, de cuantos delitos se comprenden en el artículo anterior.

(Art. 3° *Recomiendo a aquellas Juntas.)*

(Art. 3° *Encargo a todas las autoridades revolucionarias se prev.)*

(Art. 3° *Aquellas Juntas revolucionarias que)*

Art. 3° Castigaré con todo rigor cualquier abandono o lenidad que encuentre en el cumplimiento de este bando por parte de las autoridades revolucionarias.

Dado ..."

–

“Por el presente decreto vengo en disponer lo siguiente:

Artículo *(único)* 1° Queda en completa libertad la Prensa para proceder a la publicación de cuantas informaciones tenga por conveniente, sin las trabas de ninguna de las leyes promulgadas *(por el régimen para)* los Gobiernos monárquicos.

Art. 2° *(Ser)* obligación particular de cada Asociación regional de la Prensa *(local)* la constitución de un Tribunal profesional que juzgue los actos de los periodistas que *(lesionen la verdad real lesionen)* con sus informaciones lesionen la dignidad *(de la Prensa y rectitud)* y honrada rectitud de los órganos *(Prensa)* de opinión.

Art. 3° Mientras las actuales circunstancias duren serán castigados con severas penas *(aquellos),* además de quedar suspendida la publicación, aquellos periodistas y periódicos que *(den noticias)* anticipen noticias sobre el movimiento de nuestras tropas o traten del desarrollo futuro de los planes militares de la revolución.

Dado en ..., a ... de ..."

Art. 2° Independientemente de la profunda reorganización *(de la)* que en su día sufrirá *(la función)* función directiva orientadora y cultural de la Prensa en interés de la Nación y de su auténtica y total independencia en el cumplimiento de su *(en la misión social)* elevada misión social *(será),* de momento, y como *(un)* aspecto a conservar en el futuro, será".

–

"Por el presente decreto vengo en disponer:

Artículo 1° Queda suspendida la Guardia Civil en sus funciones especiales y declarada Cuerpo activo del Ejército.

Art. 2° Hasta tanto se proceda a la *(re)* organización de los servicios armados *(de los servicios de vigilancia en general)*, los jefes de los Tercios de la Guardia Civil concederán licencia trimestral a todas las clases e los individuos *(de la Guardia civil)* de los suyos respectivos, así como a los *(oficiales, percibiendo unos y otros)* jefes y oficiales, excepto los de cargos administrativos, percibiendo *(unos y otros)* todos el total de los actuales devengos que disfrutan.

Art. 3° En cada cuartel central quedará un destacamento de cincuenta hombres, al mando de dos oficiales y un capitán, como jefe encargado de la custodia de los documentos, caja, efectos, etcétera, y guardia del edificio.

Art. 4° El armamento sobrante de los Tercios será entregado *(a la mayor brevedad)* en los Parques regionales de Artillería más próximos, bajo declaración responsable.

Art. 5° Queda terminantemente prohibido el vestir de uniforme a todos los jefes, oficiales, clases e individuos de la Guardia Civil mientras duren las presentes circunstancias.

6° *(Del cumplimiento de este decreto.)*

Cualquier negligencia *(o debilidad)* que encontrare en el cumplimiento de lo que todo en este decreto se dispone, haré juzgar a los *(respon)* jefes de Cuerpo y a los responsables como incursos en el artículo 1° del apartado A del Bando en vigor para el mantenimiento del orden.

Dado en ..."

–

"(Por el presente.)

Vengo en disponer:

Artículo único. Hasta tanto se proceda a la *(reorganiz)* nueva organización de los servicios de vigilancia, la Guardia de Seguridad pasará a depender *(de la)* en cada localidad de la Junta local revolucionaria, que utilizará sus servicios en la forma que estime conveniente para *(el)* la causa de la revolución.

Dado en ..."

–

"Por el presente decreto vengo en disponer:

Artículo *(único)* único. El personal de *(los servicios de vigilancia)* encargado de los servicios de Policía pasará a depender íntegro, en cada localidad, de la Junta local revolucionaria *(quien lo utilizará)*, quien *(lo)* utilizará sus servicios especiales en la forma que estime conveniente para la causa de la revolución.

(Art. 2° De igual.)

(Dado.)

Dado ..."

TRABAJO E INDUSTRIAS

Comités de productores:

Por el presente decreto vengo en disponer: Hasta tanto se den las leyes generales *(que han de)* para la organización del nuevo régimen económico:

Artículo 1° En cada taller, tienda o fábrica; en cada industria, con carácter general, se procederá a la constitución de un Comité *(presidido)* de productores *(presidido por un técnico)*, precisamente presidido por un técnico *(o persona cuya aptitud o persona reconocida)*, o, de no existir éste *(por la naturaleza reducida de la producción)*, por persona de reconocida aptitud profesional, el cual se hará cargo *(de la)*, como Comité director, de la dirección y administración de la industria *(regulando el trabajo de modo)*, así como de sus medios de producción correspondiente.

Art. 2° Los *(personal)* parasitarios que pudieran ser actualmente los beneficiarios de trabajo de los demás *(no deberá ser abandono)* serán atendidos *(región mientras el acaparamiento de)* debidamente por los Comités de productores hasta tanto las leyes generales antes dichas para estructuración del nuevo régimen económico les asignen *(puesto en los indica)* sus puestos correspondientes, si *(por su aptitud)* por la edad pueden desempeñarlo *(o en su defecto que por o bien si por edad),* que en caso contrario podrán acogerse a la ley general de pensiones sociales.

Art. 3° Los Comités de productores procurarán a toda costa que la producción no cese, organizando el trabajo de manera que *(quede)* puedan quedar libres los voluntarios para alistarse en las filas del Ejército revolucionario *(o pertenecer a las de la)* o como pertenecientes a la Guardia Nacional *(como),* llenar sus cometidos especiales.

Art. 4° *(Aquellos proletarios que no formen en las filas de la revolución y que se).*

Dado en ..."

–

[(10)] Hemos de insistir sobre los fatales efectos que representaría *(la anormalidad para las econo)* para la colectividad *(el de la paralización de la pro el entorpecimiento)* la paralización de la producción. Conociendo *(la mayoría consciente de)* la consciencia que sobre el particular tienen los *(más destacados elementos)* más de los elementos productores, es poco cuanto los esfuerzos de todos hagan por encauzar esta corriente a los fines *(de tantísima importancia para el éxito de la colectividad)* del mejor y más humano desenvolvimiento *(de tal revolución)* revolucionario. *(Piénsese que el asalto a la fábrica y la conquista vio y la).* Piénsese, ante todo, en la necesidad de contar con el técnico y con el (*pequeño*) burgués inteligente que *(por su aptitud se ponga)* las circunstancias le hagan ponerse *(al)* ... [(11)], momento continuidad de la producción en manos tuas de todo género de los Comités productores es laborar por la suave y rápida transición *(y la entrada próxima en la normalidad que todos deseamos de momento delicado por que atraviesa)* que vivimos camino de una próxima e inmediata normalidad, que a todos *(la ha de atender con)* ha de prodigar sus beneficios.

Reciba cada productor esta exhortación como si a cada uno personalmente me dirigiera en el tono más sentido y fraternal. *(Piensa, ininteligible; lo demás tachado)* que cada uno piense en sí mismo y en los suyos, particularmente en sus hijos. La expresión de ellos, que *(ha)* un día pudiera ser angustiosa, sin solución viable alguna para darles un *(trozo de pan)* simple pedazo de pan *(trasci segu)* tendría seguramente más que esta nota para poner ante sí la necesidad indispensable e imperativa de realizar un esfuerzo colectivo para que la economía conserve lo que tiene de vital

---

[(10)] Estas cuartillas no van encabezadas con ningún título.
[(11)] Falta la cuartilla número 2 y sigue la número 3.

y la producción no cese en ningún momento, por grandes que sean las conmociones que pueda *(lleva)* traer consigo la revolución.

Así lo espero de todos, dándome esta *(este)* fundada esperanza de la conciencia de *(cada uno)* la mayoría más fuerza para castigar sin contemplaciones de ningún género a aquellos que con sus desmanes entren de lleno en el bando promulgado para el mantenimiento del orden, que a todo precio haré cumplir.

Que la comprensión de todos permita el desenvolvimiento nacional y el éxito definitivo de la revolución.

EJÉRCITO Y MARINA

"Por el presente decreto vengo en disponer lo siguiente:

Artículo 1° Se crea la Guardia Nacional, como garantía del orden interno de las conquistas a realizar por la revolución.

Art. 2. *"(Podrán pertenecer podrán constituir los miembros que admitirá en sus filas la expresada Guardia habrán de ser serán precisamente hombres.)* Sólo podrán pertenecer a la expresada Guardia *(aquellos ciudadanos que vivan del producto de su trabajo legítimo de su trabajo de sus profesiones liberales pequeños burgueses)* las profesiones liberales y el proletariado, en el sentido más amplio de pequeños burgueses que trabajen por sí mismo y *(trabajadores)* asalariados.

Art. 3° Cada Junta local revolucionaria formará un destacamento de la Guardia Nacional correspondiente, en la proporción por habitantes que se expresa a continuación:

De 100 a 5.000 habitantes, de 12 a 120.
De 5.000 a 10.000, de 120 a 250.
De 10.000 a 25.000, de 250 a 400.
De 25.000 a 50.000, de 400 a 500.
De 50.000 a 100.000, de 500 a 600.
De 100.000 a 200.000, de 600 a 700.
De 200.000 a 300.000, de 700 a 800.
(De 300.000 en adelante, de 800 a 2.000.)
De 300.000 a 400.000, de 800 a 900.
De 400.000 en adelante, de 900 a 2.000.

Art. 4° El armamento para los guardias nacionales revolucionarios será facilitado por los Parques Militares más próximos al lugar interesado.

Art. 5° *(El mando de lo)* Los mandos de la Guardia Nacional *(serán excepto en la ciudad excepto en las poblaciones de gran extensión),* como serán civiles *(y se dejan)* habiendo un *(solo mando)* mando regional *(integral que estará)* que estará presidido por un técnico militar, jefe u oficial revolucionario. El mando subalterno será el subteniente. Cada 100 hombres serán mandados por un subteniente popular. *(Cada 400 por un capitán popular con subteniente ayudante popular, asimismo ayudante.) (Con la).* Los grupos de *(más de)* tres o más subtenientes serán mandados por un capitán popular. De no alcanzar esta cifra, el subteniente más caracterizado asumirá el mando. Los grupos de seis o más subtenientes serán mandados por un comandante popular, con un capitán por cada tres subtenientes. Si no alcanzase esta cifra, el capitán más caracterizado lo ejercerá".

–

(Y ya que de estos extremos hablamos, para que la opinión tenga la orientación precisa que siguen del sur del respeto al desarrollo militar de los acontecimientos). Nos interesa hacer constar de manera concluyente que, dentro *(del orden)* la clase militar llamada a sufrir en su día una honda y radical transformación, no tiene puesto activo en *(este movim)* el Ejército revolucionario más que *(aquellos empleos que desde)* los empleos de capitán a soldado. *(Si pudiera decirse Este movimiento en En lo)* que a lo militar se refiere, este movimiento es un movimiento esencialmente de capitanes.

Los empleos superiores al de capitán *(con toda consideración),* por representar en general *(en su totalidad a salvo la)* ideas y prejuicios bien diferentes a como sienten y piensan el núcleo moderno de los capitanes, no pueden ser tenidos en cuenta en su aspecto de colaboración activa. Son numerosas las adhesiones de jefes recibidas, y aun teniendo en cuenta lo que valen, el mando superior de la revolución *(las acep),* al aceptarlas, se reserva el empleo de aquéllos que estima más capacitados y a la altura del momento, para confiarles mando de unidades revolucionarias.

Por lo que respecta a los coroneles y generales *(este mando su),* el mando supremo del Ejército revolucionario declara *(que prescinde totalmente)* de *(antemano)* terminantemente que rechaza cualquier colaboración que se le ofrezca. De modo absoluto puede decirse que cada general o coronel de los que las circunstancias hagan *(revolu)* situación frente a la Monarquía, es un *(revolu)* rebelde ocasional, que si útil por lo que encierra de valor negativo para el Ejército gubernamental, es inútil para el Ejército revolucionario. De inteligencia anquilosada la mayoría, y sin más preparación humanista que las ideas que tomen en cualquier momento de cualquier parte, son en el fondo engendros de tiranos *(etucráticos),* seres autocráticos por educación, que no sienten ni pueden sentir más que aquello que satisfaga a su *(vani)* soberbia vanidosa e a *(suveni)* o a su ambición personal. La revolución ni los necesita ni los quiere".

RELIGIÓN

"[12] ... el supuesto de que la concepción natural estuviese construida, no podríamos, evidentemente, obligar a que la aceptaran personas que por su educación, desde su más temprana edad, viven bajo los auspicios de una fe forzada en el sobrenaturalismo del pasado.

Urge la labor *(llevar a cabo)* separar *(lo que los fenómenos afectan a la vida psicofonológica de lo que)* lo que de los fenómenos del universo afecta a la vida psicofonológica del hombre de aquello que sólo tiene relación con lo *(que podríamos llamar vida psicorracional. Indudablemente, para el hombre, si no hay el rayo, por ejemplo, posee propiedades sobrenaturales sin estragos una vez que el genio. Para el hombre).* Para el hombre bárbaro, el rayo, por ejemplo, posee propiedades sobrenaturales *(sin embargo, una vez que el fenómeno);* tales propiedades son dictadas por el temor que ante el fenómeno sienten. Sin embargo, una vez que *(logra desentrañarlo la naturalidad de el)* el fenómeno logra ser desentrañado en el tiempo, la vida psicofonológica ya no se inquieta su vida; la sobre naturalidad se aleja. La naturalidad del fenómeno sólo interesa ya a la vida psicorracional; esto es abstractamente, intelectualmente individuo en cuanto *(lo que con)* se construya la síntesis científica *(de los fenómenos de la)* del universo en concepción elaborada por un naturalismo filosófico riguroso, no puede negarse que *(la vida la fenomenología)* el misterio que anida en la fenomenología universal causa de que la vida psicofonológica se inquiete y atribuya a poderes sobrenaturales la razón de cuanto existe, se alejará y la vida psicorracional, la razón por sí misma se acercaría serenamente inquisitiva al universo, atraída por la naturalidad magnífica de la energía juega en sus múltiples formas creadoras y destructoras. La imagen de un cuadro no podrá ser concebida más que al lado de la imagen de un destructor en el nuevo naturalismo fenomenológico, y en síntesis, las ciencias religiosas no serán necesarias para la satisfacción vital psicofonológica, y sí sólo la razón pura con espíritu de investigación, con ansias de conocimiento. Con esa avidez que sigue la trayectoria milenaria del pensamiento en pos de la identificación del medio universal adonde la conciencia en su formación ha ido naciendo, penetrará serenamente, como decimos (*sin temor alguno instintivo),* en la naturalidad con que la energía actual se manifiesta. La ley de la casualidad energética naturista, netamente científica, a la energía de movimiento, identificará al hombre con el universo, a la vez que la síntesis

---

[12] Falta la primera cuartilla.

apropiada le enseñará cuál es su puesto en el Cosmos. La idea de la creación especial de la índole dogmática religiosa se perderá en los siglos.

No habrá lugar a religión de ninguna clase, tan perniciosa para el bien humano, por la atomización que hace de los hombres al identificarlos con la abstracción de un Dios, atomización que paradójicamente impide la práctica de la paternidad por ser el egoísmo individual predominante, aquí la salvación, antagónico con el ejercicio predominante de la generosidad que se predica como moral.

Grandes han de ser la paz y bienestar que reportarán las convicciones naturalistas a la Humanidad, por la desviación inevitable que traerán de identificar la libertad de la vida de cada uno con la libertad y la vida de los demás, en círculo cada vez más generoso y amplio, más sincero y universal. Las ciencias religiosas tienen un profundo carácter instintivo de conservación vital. Aquí debe buscarse la razón de que perduren tantos siglos *(la idea de Dios).* Los instintos individuales la sostienen vitalmente, admitiendo o haciendo caso omiso de toda especulación. La vida mecánica que toda religión adopta casi recién implantada evidencia las raíces instintivas en que toma cuerpo.

(Por otra parte). Los hombres necesitan una generalización que les identifique vitalmente, a satisfacción, con el mundo circundante, abstracto, de un medio universal. Cuando esta generalización se enseña auténticamente, como ocurre en nuestra época, la vida entra en confusión. Por lo que a la concepción natural se refiere, se comprende que no podremos lograr una implantación tan benéfica, por sus consecuencias humanas y sociológicas, hasta tanto con la nueva organización de la enseñanza las nuevas generaciones no vayan consolidando la síntesis que oportunamente se elaborará, comprensiva de la unidad del todo a base de la diversidad casual de las modalidades de una misma energía universal *(con fundamentos electrónicos),* mientras esta labor se desarrolla es un deber humano de la revolución el respeto a la creencia. El tiempo, con el transcurso de varias generaciones, hará que el naturalismo científico adquiera un valor neto y quede incorporado al pasado el sobrenaturalismo *(de la religión)* instintivo de la religión.

La revolución, pues, no combatirá ninguna idea religiosa.

Todo argumento sagrado o delegación de la divinidad cae por tierra después del fracaso viviente de veinte siglos de Cristianismo, después del anquilosamiento opresor de la Iglesia; después de su triste historia; después de su ceguera ante el mundo nuevo que nos abre la ciencia; después de ser incapaz para evolucionar a tenor de los tiempos. No hay ninguna razón que ampare el respeto a la Iglesia como entidad político-económica-religiosa. Su futura organización estará a merced del talento comprensivo de sus tingentes y de la caridad piadosa de los creyentes. Doblemente debemos advertir, con la sinceridad que caracteriza nuestra conducta, pues si bien ningún sacerdote será *(abandonado) (mutuamente antes de ser separado)* abandonado, que por tanto la revolución le proporcionará trabajo útil para que satisfaga a sus necesidades vitales como hombre, y como sacerdote *(también),* ningún obstáculo será para nosotros aquel que quieran presentarlo los altos dignatarios de la Iglesia como una política defensiva. Firmemente aseguramos que entonces la Iglesia será aplastada y deshecha *(y sólo el sacerdote, como célula libre que fiel a sus sentimientos)* y sólo el sacerdote podrá ejercer, como célula libre, en bien de sus creyentes y fiel a sus sentimientos, no vacila en seguirlos amparados en la ayuda y protección en los que necesiten de su auxilio".

DOCUMENTO DE GALÁN

BANDO

"Artículo primero. Serán castigados con la pena de muerte sin formación de causa:

a) Todo aquel que entorpezca de un modo o de otro, conspire o haga armas contra el regimen naciente.

b) Todo aquel que trate de cambíar por sí mismo el orden existente, atentando contra la vida de personas y la seguridad de las cosas.

c) Todo aquel que saque al exterior plata, oro o riqueza de todo género, incluídos los valores específices o artísticos.

Art. segundo. Las Juntas revolucionarias constituirán bajo su superior inspección un Tribunal revolucionario que conocerá y castigará, auxiliado por la Guardia Nacional..."

DOCUMENTOS DE GALÁN

FERMÍN GALÁN
CAPITÁN

MANIFIESTO

"Al país:

Huelga hablar, españoles de las causas que nos han impulsado a resolver por la fuerza el problema planteado entre la Monarquía y la Nación. Todos conocéis la gestación de esta pugna estúpida cuyos orígenes se encuentran vinculados al mermado derecho político que erigió la Restauración…."

DOCUMENTOS DE GALÁN

DECRETO

"Dadas las circunstancias actuales, que requirea una unidad de manda firme y segura, sin subdivisions que puedan perturbar la unidad de doctrina que nos inspira el desenvolvimiento racional de las cosas con la clara visión que de ellas tenemos, vengo en disponer:

Artículo primero. Quedan concentrados en mi autoridad todos los poderes de la revolución.

Como Presidente del Poder Ejecutivo...–Dado en..."

CAPÍTULO IV

EL MOVIMIENTO DEL 15 DE DICIEMBRE EN MADRID

LA VÍSPERA.—Durante la tarde del 14, el servicio secreto y el de numerosos agentes distribuidos por cafés, bares y otros lugares de tertulia, donde entre el comentario frívolo y el chismorreo insustancial suele deslizarse la noticia interesante, me llevaron al firme convencimiento de que el movimiento general, de algún tiempo esperado, estallaría en la madrugada próxima, aun cuando sin la cooperación de la U.G.T. en Madrid, lo que me indicaba anduve acertado al proponer al Presidente la conveniencia de no molestar a Fernando de los Ríos, Jiménez Asúa, Largo Caballero y otros conspicuos socialistas, que habían colaborado más o menos directamente con el Comité revolucionario[13].

Los elementos extremistas, entre quienes tenía situados buenos informadores, achacaban a Largo Caballero la actitud de sensatez de la U.G.T., al punto de que en cierta reunión se trató de comisionar a dos individuos para que fuesen a entrevistarse con él a fin de obligarle a circular las órdenes de huelga, recurriendo incluso al asesinato si se negaba a complacerles. Todo esto no pasó de proyecto[14].

Dadas las noticias, cada vez más alarmantes, que por el hilo directo comunicaba al señor Matos, fue adquiriendo la convicción de que no habían sido inoportunas las detenciones de los señores Alcalá-Zamora y Maura, y hasta me permito asegurar que olvidó la contrariedad que tal determinación le produjera aquella mañana al enterarse, que, dicho sea de paso, a pesar de su absoluta identificación con el jefe del Gobierno, no

---

[13] Durante el Congreso del partido socialista y U.G.T. celebrado a finales del verano último, se discutió con bastante apasionamiento la conducta observada por determinadas personalidades de uno y otra, tanto la víspera del 15 de diciembre como durante este día y sucesivos. El lector puede hallar lo que en las distintas sesiones se dijo, repasando los periódicos de aquellas fechas. No es pleito en el cual deba meterme, pero sí he de repetir que a mí se me dieron nuevas seguridades, durante la tarde del 14, de que la U.G.T. no secundaría el movimiento en Madrid.

[14] Sobre la reunión citada poseía una extensa información: lugar en que se celebró, individuos que asistieron a ella, asuntos tratados, puntos de vista expuestos, etc. Dada la persona que la facilitó, merecía absoluto crédito. Por no tenerla en la actualidad en mi poder y no recordar algunos detalles esenciales de la misma, desisto de dar un resumen más completo.

trató de disimular ante mí. Tan concretas eran las confidencias, que incluso me autorizó para proceder inmediatamente contra Sánchez Guerra (hijo), Indalecio Prieto y Marcelino Domingo. El primero había ido como delegado del Comité revolucionario a Barcelona; el segundo, con igual carácter, a Bilbao; el tercero se hallaba en Madrid, vigilado de cerca por agentes de la División de Investigación Social. También se ordenó el arresto del general López Ochoa, de quien se supo abrigaba el proyecto de trasladarse a Lérida para ponerse al frente de la guarnición.

La actuación de la Policía con motivo de estos servicios sólo censuras merece: ni hubo interés en practicarlos, ni aun siquiera se cubrió el expediente en forma decorosa. Un suspicaz podría haber sospechado sin gran esfuerzo que, ante el temor de que la revolución triunfase, los funcionarios comisionados optaban por no crearse enemigos entre quienes pudieran tener la sartén por el mango a los pocos días; yo iba más allá. Es desagradable para mí tener que hacer este comentario; pero la obligación que me he impuesto de ser sincero, me obliga a ello.

La de Barcelona dejó escapar en los primeros momentos al general López Ochoa y no supo dar con el señor Sánchez Guerra, no obstante haber indicado una elevada personalidad, que en aquellas circunstancias ejercía un importante cargo, el lugar aproximado donde se encontraba oculto (acera de los pares de la ronda de la Universidad o de la de San Pedro, no recuerdo bien). En dicha población habían sido detenidos el día anterior el capitán García Miranda —de historial poco recomendable—, dos tenientes de Infantería y un redactor del diario *La Nau,* llamado Molíns Fábrega, a los que se les ocuparon varios ejemplares de unas hojas escritas a máquina tituladas "Instrucciones a la Oficialidad de los Voluntarios de la República" y "Ejército Republicano". Esta última parecía proceder de una Junta central con residencia en Madrid.

La de Bilbao no actuó con mejor fortuna. Sobre las seis de la tarde hablé personalmente por teléfono con el secretario del Gobierno Civil de dicha capital, señor Donoso-Cortés, que ejercía interinamente las funciones de gobernador por hallarse con permiso en Córdoba el propietario, y le di orden de detener a Indalecio Prieto, indicándole incluso el lugar en que se encontraba en aquellos momentos bajo la vigilancia de dos agentes. Mas ¡cuál no sería mi sorpresa al comunicarme el propio secretario, media hora más tarde, que Indalecio Prieto había conseguido burlar la vigilancia de la Policía!... Exigí explicaciones, que, aunque dadas con aparente sinceridad, no me convencieron: ¿torpeza?, ¿incapacidad?, ¿desidia de los funcionarios de Vigilancia?... ¡No! Allí hubo más que todo eso. ¿Cómo es posible que quien anduvo todo el día sin esquivar la observación policial ni aun siquiera mostrar la menor suspicacia, desapareciera a los pocos momentos de mi conversación? Indudablemente no faltó la discreta advertencia. ¿Quién la hizo? Entre el señor Donoso-Cortés —después gobernador civil con la República— y la Policía de aquella plantilla debe estar la clave del enigma. No cabe sospechar del personal de Teléfonos: tuve buen cuidado de ser cauto durante mi conferencia.

Inmediatamente de ocurrir lo que acabo de relatar, me puse al habla con Córdoba, y rogué a D. Francisco Cabrera, gobernador civil de Vizcaya, se pusiera inmediatamente en camino para Bilbao, pues la más elemental prudencia aconsejaba cesase en el mando de la provincia el señor Donoso-Cortés. La conducta poco diáfana de éste trascendió a la calle, lo que dio lugar a críticas y comentarios poco favorables, que el interesado quiso apagar amenazando con presentar una querella por calumnia.

Pero veamos lo ocurrido en Madrid. Marcelino Domingo, también vigilado durante el día, hizo "mutis" en la calle del Príncipe cuando los agentes que le seguían acababan de recibir la orden de detención. Según sus declaraciones, se les perdió entre la multitud (?). Fue entonces cuando me di cuenta de que la deslealtad me asediaba; pero ello no era más que el prólogo del doloroso calvario que el Destino me tenía reservado.

De provincias recibí noticias contradictorias. Unos gobernadores acusaban la seguridad de huelga, otros la posibilidad y no pocos afirmaron que, salvo algo imprevisto, podían anticipar no ocurriría nada. Todos, o casi todos, especialmente el de Lérida, donde yo temía un movimiento militar, fueron advertidos convenientemente; si en alguna provincia no se adoptaron las debidas precauciones o los acontecimientos sorprendieron, la culpa no puede atribuirse a la Dirección de Seguridad.

Sobre las siete de la tarde recibí una extensa información, en la cual se afirmaba: que durante la madrugada del 15 se produciría un movimiento militar en Madrid, en el que tomarían parte fuerzas del cuartel de la Montaña y quizá algunos elementos no combatientes de los alojados en el Pacífico; que el acto inicial lo provocaría el regimiento de Artillería acantonado en el Campamento de Carabanchel. Uno de los confidentes señalaba asimismo que al alzamiento cooperarían elementos civiles, entre quienes se habían distribuido buen número de armas cortas en el Ateneo Científico y Literario, en algún centro de enseñanza oficial y en el domicilio social de la F.U.E.

Ante tan graves noticias, di orden de acuartelamiento a la Guardia Civil, doblé el turno de servicio del Cuerpo de Seguridad y dispuse que todo el personal del de Vigilancia estuviera aquella noche en sus puestos; al mismo tiempo telefoneé al capitán general para que me enviase un jefe u oficial de absoluta confianza.

Sobre las ocho se presentó en la Dirección de Seguridad un capitán de Estado Mayor, a quien puse al corriente de todo, advirtiéndole, que aun cuando algunos detalles de las confidencias —bombardeo del Palacio Real desde Carabanchel, marcha sobre Madrid, etc.— me parecían exagerados, cumplía mi deber poniéndolo en conocimiento de la autoridad militar para que adoptase las medidas que juzgase oportunas. El oficial comisionado tomó nota escrita de mis manifestaciones y partió para Capitanía General.

En la ciudad no se notó en las primeras horas de la noche nada anormal. Los turnos de obreros panaderos, gas y electricidad, entraron con puntualidad al trabajo; no se recogió entre ellos ni un rumor, ni un comentario sobre lo que se preparaba.

Unas confidencias recibidas aproximadamente a las once indicaban como lugares sospechosos el Hotel Florida y una casa de huéspedes de la calle de San Bernardo, llamada Pensión Ruiz, dando resultado negativo el registro practicado en el primero, mas no así el realizado en la segunda, donde fueron halladas algunas pistolas marca "Demon" y detenido un capitán de la E.R. de Infantería, al que se acusaba de estar enterado del reparto de armas hecho en dicha pensión(15).

La noche trascurrió tranquila, sin que el servicio apreciase nada de anormal hasta las cinco y media de la madrugada, en que un comisario, acompañado de varios agentes, y uno y otros pertenecientes a la División de Ferrocarriles, sorprendieron en la plaza de España a un grupo de unos treinta o cuarenta individuos, al parecer estudiantes, que al reconocer a los policías se dispersaron, no sin que unos cuantos de ellos tratasen de hacer resistencia, dando en el suelo con el comisario, que se vio precisado a usar de la pistola para defenderse. Durante la refriega se recogieron docena y media de armas cortas y se practicaron bastantes detenciones; por cierto que dos de los fugitivos fueron detenidos dentro del cuartel de la Montaña, donde, por lo visto, creyeron hallar amparo. Este incidente y la rara casualidad de hallarse las puertas del cuartel abiertas a esas horas me produjeron cierta preocupación, pero me tranquilicé cuando supe que los propios militares habían cooperado a la detención de dichos sujetos.

---

(15) Días después, practicado nuevo reconocimiento en el Hotel Florida, se hallaron varias pistolas de diversos calibres y buen número de municiones, por cuyo motivo fue detenido el propietario del establecimiento. También se encontraron algunos documentos de interés, entre ellos unas cartas del Sr. Domingo, solicitando determinadas cantidades.

Este servicio lo llevó a cabo el activo e inteligente comisario don Pedro Aparicio.

Con posterioridad a los hechos referidos, tuve conocimiento de que el designado para sublevar las fuerzas alojadas en el cuartel de la Montaña era el teniente coronel señor Mangada, perteneciente a la guarnición de Jaca, que se hallaba accidentalmente en Madrid. Este jefe parece ser anduvo aquella madrugada por los alrededores del mencionado cuartel, sin atreverse a entrar, según me dijeron, por no haber comparecido otras personas que debían acompañarle. Ignoro lo que haya de cierto en lo que acabo de exponer, que sólo consigno a título informativo y con las naturales reservas.

LAS PRIMERAS NOTICIAS.—Serían aproximadamente las siete menos cuarto de la mañana cuando, hallándome en mis habitaciones particulares de la Dirección con objeto de asearme y dar tiempo a que hicieran la limpieza del despacho, sonó el timbre del teléfono oficial. Era el telegrafista de guardia, que se expresó así:

—Le molesto a usted, señor director, para comunicarle que, según me dicen de la Central del palacio de Comunicaciones, han llamado repetidas veces a Cuatro Vientos para comunicar, como de ordinario se hace, el parte meteorológico y han contestado con cierta guasa que hoy no les interesaba, pues tenían otras cosas más importantes que atender. Yo, antes de avisarle, he pretendido hablar por teléfono, y, aunque la línea está expedita, nadie contesta. Presumo que algo anormal debe ocurrir allí.

—Bien —repuse—; insista usted en las llamadas, y al mismo tiempo póngame en comunicación con el capitán general y luego, inmediatamente, con el jefe del Gobierno.

Capitanía General contestó en seguida, poniéndose al aparato el jefe de servicio, por estar descansando el general; le participé lo que acababa de saber. Momentos después hablaba con el presidente del Consejo.

A las llamadas de la Dirección contestaron por fin del aeródromo diciendo "que no molestasen más, pues no pasaba nada", y no mucho después el propio capitán general me advertía que, según le acababa de comunicar el comandante militar del campamento de Carabanchel, se le había presentado un ordenanza de Aviación, muy excitado, participándole haberse sublevado la guarnición de Cuatro Vientos.

Mientras tanto en Madrid reinaba la normalidad más absoluta.

LO QUE OCURRIÓ EN CUATRO VIENTOS.—He de ser parco en el relato de la sublevación y más parco todavía en el comentario. Existieron en ella hechos que el pudor de la discreción no ha divulgado y que mi pluma no acertaría a exponer sin acompañarlos de acres censuras; me obligan a proceder así, más que otras razones, el culto que rendí siempre al compañerismo y guardé a la disciplina. Hay actitudes de violencia que no pueden jamás justificarse, ni aún a pretexto de idealismos políticos, de los que entiendo el Ejército debe permanecer alejado.

Según notas que conservo en mi archivo, la rebelión se produjo en la forma siguiente:

Próximamente a las seis de la mañana, sin obstáculo alguno, a pesar de mi advertencia de la noche anterior, llegaron a Cuatro Vientos dos automóviles en los que iban el general Queipo de Llano, los comandantes Hidalgo de Cisneros, Pastor y Roa, el capitán Gil y algunos oficiales más[(16)]. Sin dificultad les fue franqueada la valla por el centinela, y una vez dentro desarmaron al oficial de guardia y apresaron a los de servicio, que se hallaban descansando en sus habitaciones, recluyendo a todos los que se negaron a secundar el movimiento en los calabozos. Al poco tiempo llegó otro automóvil con Ramón Franco, el mecánico Rada y el ex comandante Reyes, todos ellos bastante contrariados por no haber encontrado en el sitio convenido el núcleo considerable de paisanos que esperaban.

Sometida la guardia de prevención —que no opuso la menor resistencia— y levantada la tropa haciéndola creer se había proclamado la República, ordenaron al radiotelegrafista de servicio cursase a todos los aeródromos el siguiente despacho: "Proclamada la República en Madrid, toque diana". Éstos fueron los primeros actos de los revolucionarios.

Inmediatamente después los oficiales comprometidos acudieron a preparar los aparatos; mientras tanto, el teniente Collar, al frente de dos camiones ocupados por tropa, marchó al polvorín de Retamares para proveerse de bombas. La operación fue fácil, pues la guardia no intentó siquiera hacer resistencia, como sin resistencia se entregaron también las dos compañías de Ingenieros que se alojaban en la estación, que se sumaron con incomprensible docilidad a los rebeldes.

Más tarde, sorprendidos en la carretera unos carros del regimiento de Húsares de Pavía, que iban al campo de tiro a poner los blancos para un ejercicio, les fueron intervenidas las cajas de municiones que llevaban, las

---

(16) Se me ha censurado mucho que, conociendo las actividades revolucionarías del general Queipo de Llano, no le tuviera sujeto a estrecha vigilancia. A eso he de contestar que dicho señor estuvo vigilado hasta poco antes del movimiento, en que, una mañana, el presidente del Consejo, después de una entrevista con dicho general, me ordenó suprimiera la observación directa que ejercía sobre él, pues, como no tenía motivos para dudar de su sinceridad, ya que le creía un perfecto caballero, daba por ciertas las manifestaciones que le había hecho, de que sus frecuentes visitas a la casa del señor Alcalá-Zamora eran debidas únicamente a que éste estaba escribiendo un prólogo para una obra de que era autor.

que les vinieron a los revolucionarios como anillo al dedo, por ser muy reducida la dotación del aeródromo. Al propio tiempo el comandante Roa hacía tirar en la imprenta del establecimiento unas proclamas redactadas por él mismo.

La inesperada llegada a Cuatro Vientos de varios autobuses con mecanógrafas, escribientes, personal de talleres y bastantes oficiales —que, según el plan acordado, debieron ser detenidos por otros elementos en el puente de Segovia— hizo temer a los revolucionarios que la tropa, al darse cuenta del engaño, les abandonase con la misma facilidad con que se había puesto a su lado; pero esta preocupación duró poco, pues no hubo el menor intento de restablecer la disciplina, y así lo reconoce el general Queipo de Llano en un artículo publicado en *La Libertad* del 8 de abril siguiente, en el que hace el siguiente comentario: "... unos ochenta jefes y oficiales, a los que hubiese sido sumamente sencillo adueñarse del aeródromo si al llegar a éste hubieran querido imponer su autoridad ya que su defensa estaba encomendada a elementos que les estaban subordinados". Sin embargo, como medida de precaución, se tomaron las azoteas de algunos edificios y se dispuso un servicio de seguridad, del que se encargó el teniente coronel Puig, que también figuraba entre los sublevados.

A partir de las ocho y media volaron sobre la ciudad varios aparatos con objeto de lanzar las proclamas y observar la actitud del vecindario, cuyos tripulantes, al regresar sucesivamente al aeródromo, dieron noticias poco tranquilizadoras a los jefes de la rebelión: la vida en Madrid era absolutamente normal; circulaban "autos", camiones, tranvías y personas, como de ordinario; los trenes salían y llegaban a sus horas; el trabajo no parecía haberse interrumpido; sobre Cuatro Vientos marchaba una fuerte columna...

Las primeras impresiones no descorazonaron del todo a los rebeldes, que ya habían distribuido unos cuantos cientos de fusiles entre el paisanaje simpatizante que allí se encontraba, en su mayoría estudiantes y afiliados a los Sindicatos afectos al Ateneo de Divulgación Social —anarquistas, sindicalistas y comunistas—; pero después, cuando aterrizó Ramón Franco, lleno de pesimismo y cargado con las bombas con que se remontó, por no haberse atrevido a lanzarlas sobre el Palacio Real, en vista de que las plazas de Oriente y de la Armería estaban llenas de niños jugando, cundió el desaliento. Fue entonces cuando comprendieron todos que la aventura no podía proseguirse y optaron los más comprometidos por huir a Portugal.

Esta decisión no debió trascender a la tropa, pues, ya en el aire los fugitivos, fue rechazada a tiros una patrulla de Caballería enviada por el general Orgaz, para invitar a los rebeldes a que depusieran su actitud, lo que dio lugar a que se hicieran algunos disparos de cañón sobre el aeródromo, disparos que determinaron la inmediata dispersión de los paisanos y de algunos soldados. Los restantes se entregaron sin la menor resistencia.

Antes de la una de la tarde el movimiento pudo darse por definitivamente sofocado.

LO QUE PASÓ EN MADRID.—Tan pronto el Mando militar confirmó las sospechas que le transmití por teléfono, dispuso se preparase y saliese para Cuatro Vientos una columna a las órdenes del general Orgaz, con objeto de invitar a los rebeldes a que depusieran su actitud o actuar por la fuerza en el caso de no atender este requerimiento. No podía procederse de otra forma.

En la Dirección nos dedicamos a prepararlo todo para hacer frente a lo que pudiera ocurrir dentro del casco de la población, donde los sublevados contaban con algunos elementos simpatizantes capaces de aprovechar el estado de alarma para intentar producir algaradas e incluso forzar al paro.

Independientemente de los trabajos de previsión puramente policíacos, ofrecí mi concurso y el de todos los elementos a mis órdenes al capitán general, solicitando éste, como único auxilio, dos camiones con guardias civiles, que se hallaron a su disposición en el propio edificio de la Capitanía General a los pocos minutos de haberlos pedido; lo que fue prueba de la perfecta organización del servicio de transporte, a pesar de los escasos medios con que contábamos.

Puede afirmarse que el vecindario no se enteró de la sublevación hasta que los aviones arrojaron las proclamas; pero, a decir verdad, nadie dio importancia al suceso, ni se observó el menor síntoma de inquietud, y menos de simpatía por el gesto: las proclamas se leían con indiferencia, cuando no con desdén; en las tertulias, incluso las de los lugares frecuentados por gente trabajadora, los comentarios eran desfavorables; la circulación no se interrumpió un momento, y sólo a media mañana se notó algún retraimiento entre el elemento femenino que a esas horas invade las calles céntricas. El pueblo madrileño, con su despreocupación y serenidad ante la amenaza, puso un sello de elevado civismo al ambiente desagradable de aquella jornada.

Los ministros, avisados a primera hora de sus respectivos departamentos, acudieron inmediatamente a los despachos oficiales y luego al Ministerio del Ejército, donde se acordó la declaración del estado de guerra en Madrid, que más tarde, a consecuencia de noticias recibidas, especialmente de las provincias del Norte y Levante, se hizo extensivo a todo el territorio nacional.

Estuve en comunicación constante, durante toda la mañana, con la Secretaría particular del general Berenguer, desde donde se me informaba minuciosamente de cuanto ocurría en las inmediaciones de Carabanchel; yo, a su vez, lo hacía de Madrid y del resto de España.

Sobre las diez y media un jefe acompañó a la Dirección de Seguridad al comandante de Aviación señor Sandino, con orden de que fuera conducido a Prisiones militares, por suponérsele complicado en el movimiento, aunque ignoro la misión que se le tenía confiada, ya que no concurrió a Cuatro Vientos. Procuré cambiar las menos palabras con él, para evitarle una conversación enojosa, pues sobradamente sabía por el general Balmes, a la sazón jefe de la Sección de Aeronáutica, que no ignoraba sus andanzas y tratos con elementos sindicalistas, a los que fue arrastrado por Ramón Franco.

Próximamente a la una menos cuarto de la tarde me informaron del palacio de Buenavista que había sido ocupado Cuatro Vientos sin novedad y que en aquellos momentos se dedicaban fuerzas de la Guardia Civil a perseguir a los fugitivos que andaban desperdigados por los campos. Con la venia del ministro de la Gobernación se redactó una nota oficiosa que fue distribuida profusamente, por agentes en "motos", en los distintos distritos de la capital, con toda la profusión que permitió la capacidad reproductora de una máquina multicopista. Los ejemplares de la referida nota el público se los disputaba y leía con bastante más avidez que horas antes lo habían sido las proclamas revolucionarias del comandante Roa.

Antes de abandonar el despacho para irme a comer, un amigo que me servía de elemento de enlace con cierto "revolucionario" a mi servicio, me entregó una copia del manifestó republicano lanzado a la opinión por el Comité; venía de puño y letra del confidente, que por cierto se hallaba muy nervioso al escribirlo, o dispuso de poco tiempo para copiarlo: era casi indescifrable. Este interesante documento, que no llevaba firmas, ordené se quemase en las primeras horas de la tarde del 14 de abril, junto con otros que no lo eran menos y que hoy siento no haber conservado, ya que el individuo que me proporcionó ese escrito, a quien no faltó nunca una espléndida remuneración, ha sido de los que con más encono me han atacado después de saber, claro está, no quedaba rastro de "lo suyo". Mas un día, haciendo limpieza de papeles, ¡oh, casualidad!, apareció otro ejemplar del referido manifiesto, de los que días más tarde se repartieron ya impresos. Ahora bien, no respondo que ambos fueran exactamente iguales, pues al hacer memoria me parece recordar que el primero tenía algunos párrafos menos pulidos de estilo.

El manifiesto, que conservo en mi poder, dice así:

"¡Españoles!

Surge de las entrañas sociales un profundo clamor popular que demanda justicia y un impulso que nos mueve a procurarla.

Puestas sus esperanzas en la República, el pueblo está ya en medio de la calle.

Para servirle, hemos querido tramitar la demanda por los procedimientos de la ley, y se nos ha cerrado el camino. Cuando pedíamos justicia, se nos arrebató la libertad; cuando hemos pedido libertad, se nos ha concedido como concesión unas Cortes amañadas, como las que fueron barridas, resultantes de un sufragio falsificado, convocadas por un Gobierno de Dictadura, instrumento de un rey que ha violado la Constitución, y realizadas con la colaboración de un caciquismo omnipotente.

Se trata de salvar a un régimen que nos ha conducido al deshonor como Estado, a la impotencia como Nación, y a la anarquía como Sociedad.

Se trata de salvar una dinastía que parece condenada por el destino a disolverse en la delicuescencia de todas las miserias fisiológicas.

Se trata de salvar a un rey que cimienta su trono sobre las catástrofes de Cavite y Santiago de Cuba, sobre las osamentas de Monte Arruit y Annual; que ha convertido su cetro en vara de medir y que cotiza el prestigio de su majestad en acciones liberadas.

Se trata, por los hombres del pasado y del presente, de una cruzada contra los hombres del porvenir, para estorbar la acción de la justicia popular, que reclama enérgicamente las responsabilidades históricas.

No hay atentado que no se haya cometido, abuso que no se haya perpetrado, inmoralidad que no haya trascendido a todos los órdenes de la Administración Pública, para el provecho ilícito o para el despilfarro escandaloso.

La fuerza ha sustituido al derecho, la arbitrariedad a la ley, la licencia a la disciplina. La violencia se ha erigido Autoridad y la obediencia se ha rebajado a la sumisión. La incapacidad se impone donde la incompetencia se inhibe. La jactancia hace veces de valor, y de honor la desvergüenza.

Hemos llegado, por el despeñadero de esta degradación, al pantano de la ignominia presente. Para salvarse y redimirse no le queda al país otro camino que el de la revolución.

Ni los braceros del campo ni los propietarios de la tierra, ni los patronos ni los obreros, ni los capitalistas que trabajan ni los trabajadores ocupados o en huelga forzosa, ni el productor ni el contribuyente, ni el industrial ni el comerciante, ni el profesional ni el artesano, ni los empleados, ni los militares, ni los eclesiásticos..., nadie siente la interior satisfacción, la tranquilidad de una vida pública jurídicamente ordenada, la seguridad de un patrimonio legítimamente adquirido, la inviolabilidad del hogar sagrado, la plenitud de vivir en el seno de una Nación civilizada.

De todo este desastre brota espontánea la rebeldía de las almas que viven sin esperanza, y se derrama sobre los pueblos que viven sin libertad. Y así se prepara la hecatombe de un Estado que carece de justicia y de una Nación que carece de Ley y de Autoridad.

El pueblo está ya en medio de la calle y en marcha hacia la República.

No nos apasiona la emoción de la violencia culminante en el dramatismo de una revolución; pero el dolor del pueblo y las angustias del país nos emocionan profundamente.

La revolución será siempre un crimen o una locura dondequiera que prevalezcan la justicia o el derecho, pero es derecho y es justicia donde prevalezca la tiranía.

Sin la asistencia de la opinión y la solidaridad del pueblo, nosotros no nos moveríamos a provocar y dirigir la revolución. Con ellas salimos a colocarnos en el puesto de la responsabilidad, eminencia de un levantamiento nacional que llama a todos los españoles.

Seguros estamos que para sumar a los nuestros sus contingentes se abrirán las puertas de los talleres, de las fábricas, de los despachos, de las Universidades, hasta de los cuarteles, porque en esta hora suprema todos los soldados, ciudadanos libres son, y todos los ciudadanos, soldados serán de la revolución al servicio de la Patria y de la República.

Venimos a derribar la fortaleza en que se ha encastillado el Poder personal, a meter la Monarquía en los archivos de la Historia, y a establecer la República sobre la base de la Soberanía Nacional, y representada en una Asamblea Constituyente. De ella saldrá la España del porvenir y un nuevo Estado inspirado en la conciencia universal, que cree para todos los pueblos un Derecho nuevo ungido de aspiraciones a la igualdad económica y a la justicia social.

Entretanto, nosotros, conscientes de nuestra misión y de nuestra responsabilidad, asumimos las funciones del Poder Público con carácter de Gobierno provisional.

¡Viva España con honra! ¡Viva la República!

Niceto Alcalá-Zamora, Alejandro Lerroux, Fernando de los Ríos, Manuel Azaña, Santiago Casares Quiroga, Indalecio Prieto, Miguel Maura Gamazo, Francisco Largo Caballero, Marcelino Domingo, Álvaro de Albornoz, Luis Nicoláu D'Holwer, Diego Martínez Barrios".

Este documento, que el fracaso de la intentona revolucionaria le mantuvo recluido en la clandestinidad, es en la hora presente de un inestimable valor. Meditando sobre él y recordando lo sucedido desde que quienes lo suscribieron ocupan el Poder, se deducen provechosas enseñanzas, que servirían de mucho si nuestro pueblo fuera un poco más reflexivo y un poco menos desmemoriado; pero desgraciadamente no hay que esperar rectificaciones de conducta: el atavismo, la situación geográfica y el clima ejercen una despótica tiranía sobre el carácter de la raza.

Una persona de absoluta seriedad, de quien los acontecimientos políticos me han distanciado bien a pesar mío, me aseguró entonces, que por los miembros del Comité revolucionario se hicieron varios modelos de manifiestos, aceptándose como más enérgico, vibrante y acomodado al momento el redactado por el señor Lerroux. Ya sabe el lector a quién, sin grave riesgo de equivocarse, puede atribuir la paternidad del documento.

AQUELLA TARDE.—Aun cuando circuló con gran insistencia el rumor de que, después del descanso del mediodía, la U.G.T. provocaría el paro, no sucedió así; mis informadores secretos y los funcionarios que tenía destacados en la Casa del Pueblo coincidieron, con rara unanimidad, en afirmar que las organizaciones obreras de carácter socialista no tomarían parte, en Madrid, en actos de revuelta, lo que me permitió dar al Gobierno la seguridad de que, salvada la situación en Cuatro Vientos, no surgiría ninguna nueva complicación, lo cual facilitaba la labor de hacer frente, sin la coacción de la amenaza local, a la ola revolucionaria que por momentos invadía España... Los anarquistas, sindicalistas y comunistas, únicos verdaderamente interesados en provocar la huelga, se encontraron sin dirección; sus figuras principales, impulsadas por Franco, habían concurrido al aeródromo aquella mañana y luego sólo les quedó el tiempo preciso para buscar refugios seguros que les evitasen el desagradable encuentro con la Policía.

Tal seguridad se tuvo en Madrid de que el movimiento revolucionario de por la mañana no podría tener nuevas derivaciones; tal ambiente de tranquilidad se respiró durante toda la tarde; tal deseo tuvieron todas las clases sociales en mostrarse indiferentes ante lo ocurrido, que pocos días he visto por esas calles de Dios la animación, el bullicio, la alegría, el ir y venir del anochecer de aquel 15 de diciembre, que si nació bajo auspicios de tragedia y derivó más tarde hacia el grotesco desenlace de una "astracanada", por fortuna le vimos desaparecer dejándonos la sensación, siempre agradable, de la supremacía de la cordura sobre la insensatez.

CAPÍTULO V

El movimiento de diciembre en provincias

La extensión del movimiento revolucionario el primer día. Coincidiendo con la sublevación de Cuatro Vientos estallaron huelgas generales en diversos puntos de la Península, iniciadas en algunas localidades por actos de violencia de extraordinaria gravedad. Estos fueron dirigidos por los propios republicanos en inexplicable contubernio con los más rabiosos elementos disolventes; aquéllas provocadas por las masas sindicales que habían sido requeridas por el Comité revolucionario o que espontáneamente le ofrecieron su cooperación. Ni que decir tiene que los comunistas, sindicalistas y anarquistas se pusieron a la cabeza de las revueltas, y en cuanto a los socialistas, salvo en Madrid, tampoco quedaron atrás.

No entra en mis propósitos hacer un relato detallado del movimiento en las diferentes localidades, aun cuando cuento con un archivo bastante completo, pues ello me obligaría no sólo a salirme del objeto de este libro, sino también a darle una extensión inadecuada. Por dichas razones he de limitarme simplemente a bosquejar el proceso revolucionario y facilitar tal cual pormenor interesante, para mejor ilustración del lector.

Merced a las medidas preventivas adoptadas por los gobernadores civiles, que, salvo contadas excepciones, se ajustaron a las reglas que les habían sido dictadas de orden del Gobierno, por conducto mío, en cartas confidenciales, se logró, además de mantener incólume el prestigio de su autoridad, conseguir que las huelgas generales, aun en las provincias más afectadas, alcanzasen a un limitado número de localidades, no obstante la gran propaganda, larga preparación, deseos del Comité revolucionario y tiranía de los directivos de los Sindicatos pertenecientes a las organizaciones obreras comprometidas. Dichas medidas, celosamente secundadas en casi todas partes por el personal de la Policía, determinó que el movimiento adquiriese un carácter progresivo —pues fueron escasas las poblaciones en que el paro se inició en la madrugada del 15, como estaba convenido— y permitió al Gobierno hacer frente a la situación con relativo desahogo, trasladando fuerzas de un foco extinguido a otro que se iniciaba, con lo que se pudo alcanzar la normalidad en menos tiempo y sin los estragos que en un principio se temieron.

A pesar de que el movimiento, como ya he indicado anteriormente, no tuvo la extensión ni la energía que sus directores se propusieron, en algunos puntos, pocos por fortuna, la explosión revolucionaria se inició con actos de tal naturaleza que me creo en el caso de relatar, aunque sea someramente, los dos más importantes. Ocurrieron éstos en San Sebastián y Gijón.

La bella capital de Guipúzcoa fue testigo de uno de los episodios más reprobables de las jornadas revolucionarias de diciembre, como si el Destino hubiera querido sellar con sangre, en su propia cuna, el famoso pacto del 17 de agosto; pero lo más triste del caso es que lo ocurrido pudo haberse evitado, ya que la Policía, torpe o poco celosa en otras ocasiones, anduvo en ésta lista y diligente, proponiendo al gobernador civil medidas de prudente precaución, que no fueron aceptadas, de las cuales tuve conocimiento por informes reservados que el comisario jefe de la plantilla de Vigilancia me remitió posteriormente, en descargo de su responsabilidad(17).

"Propuse al entonces gobernador civil de esta provincia —dice el comisario en su escrito de fecha 17 de enero— no sólo la detención de los elementos comunistas y sindicalistas dirigentes de las organizaciones de esta capital, sino también la de don Fernando Sasiaín, don Manuel Andrés, don José Bago, don Eduardo Campoamor y otros; el primero, presidente del Centro Republicano; el segundo, director del diario *La Prensa,* y los restantes, componentes de la Junta republicana, consiguiendo sólamente que el gobernador llamase a su despacho a los señores Sasiaín y Andrés. Mas en la conversación que sostuvieron —y yo ignoro— debió quedar completamente convencida la repetida autoridad de que los expresados no tomarían parte en acontecimiento político de ninguna especie, toda vez que no recibí orden alguna en el sentido por mí indicado(18).

---

(17) El primero se recibió y fue facilitada copia al presidente del Consejo y ministro de la Gobernación, el 25 de diciembre; el segundo lleva fecha del 17 de enero.

(18) Del informe fecha 25 de diciembre —que conservo en mi poder— son los datos que doy a continuación:

"Manuel Andrés Casaus.—Individuo de acción sumamente peligroso, que se vanagloriaba de, en los días tristes de la semana sangrienta de Barcelona, haber... (La gravedad del hecho me obliga a suprimir las siete palabras con que termina el párrafo.)

"Al juez militar se le han facilitado los siguientes elementos de prueba: plan de ataque al Gobierno Civil, con indicación de los puntos y horas en que se habían de realizar, escrito de puño y letra del mencionado Andrés; cartuchos de dinamita, mechas y detonadores encontrados en su domicilio; 2.750 cartuchos máuser, incautados en su garaje, como asimismo otros diversos cartuchos de rifle; relación detallada del itinerario que siguió al salir huyendo de San Sebastián, así como cuanto habló con las diversas personas que conversaron con él, a las que

A pesar de todo —prosigue el informe— en la noche del 14 de diciembre, desde las ocho horas hasta las cinco y media del día 15, ordené la detención de los dirigentes comunistas y sindicalistas en número de diecisiete, entre ellos los significadísimos Jesús Miguel Martín, Salomón Pérez Juanes, Diego Zarco Esperidión, Marcial Zabaleta Martínez, Ignacio Villar Azcárate y Rufino Pastor Pastor"[19].

El caso es que sobre las seis y media de la madrugada, después de cortadas con inexplicable facilidad las comunicaciones urbanas e interurbanas, se presentó en la Comisaría de Vigilancia, sita en el edificio del Gobierno Civil, un individuo preguntando si se hallaba detenido determinado sujeto. El inspector de guardia—que en aquel momento se

---

expuso diversos extremos de los hechos ocurridos en aquella capital; los casquillos de su pistola encontrados en el patio del Gobierno Civil; casquillos que, por pertenecer a un revólver marca "Colt", corresponden al que le fue ocupado al detenerle, ya que los demás pertenecen a pistolas francesas marca "Demon"; el testimonio de diversos individuos que a las tres y media de la mañana le vieron entrar en el Centro Republicano manifestando a los allí reunidos que era la hora de marchar a realizar el plan de asalto..."

"José Bago Lecosias.—Perteneciente a distinguida familia de esta capital; subdelegado de Medicina en la provincia y bienquisto en todas las esferas de la misma, quiso en la mañana de los tristes sucesos alejar toda sospecha y para ello acudió a la Casa de Socorro, siendo, con el médico de guardia en la misma y el doctor Maeso, el que auxilió a los heridos que al indicado Centro fueron conducidos.

"Para demostrar su participación se comprobó: ...Por la declaración de tres empleados de teléfonos, que uno de los que, pistola en mano, se presentaron en dicha Central y cortaron los cables fue el doctor don José Bago..."

"Eduardo Campoamor Rodríguez.— Reconocido como uno de los que, en unión del doctor Bago, repartieron pistolas en el Centro Republicano a las tres o tres y media de la madrugada..."

[19] Ya en prensa este libro he recibido la visita del señor Santaló, gobernador civil de Guipúzcoa en la fecha de los sucesos. Durante esa visita hablamos de lo ocurrido en San Sebastián antes y después del 15 de diciembre, y le mostré el informe—firmado por el comisario—del cual he copiado los párrafos anteriores.

El señor Santaló negó que él se opusiera a la detención de los señores indicados, afirmando que, por el contrario, dio carta blanca para que se procediera al arresto de cuantas personas juzgase conveniente la Policía para hacer abortar el movimiento.

Tengo al señor Santaló por un cumplido caballero, e igual concepto me, merecía el comisario (ya fallecido). Y como es difícil en las actuales circunstancias esclarecer los hechos, me limito a exponer, además de la verdad oficial, la referencia del ex gobernador.

había hecho cargo del servicio—le contestó lo ignoraba, indicándole volviese un poco más tarde, despidiéndose el visitante con gran cortesía; mas al llegar a la puerta, a una voz suya, hizo irrupción en el patio un grupo de unos veinticinco individuos que, sin mediar palabra, la emprendieron a tiros contra los guardias de Seguridad y demás funcionarios, matando al sargento, don Emilio Montero, e hiriendo a varios. Afortunadamente no faltó entereza a los agredidos y los asaltantes fueron rechazados sin lograr sus propósitos—que no eran otros que los de apoderarse del Gobierno Civil—, asesinando durante su huida, en la plaza de Guipúzcoa, al guardia ciclista Modesto López, que casualmente pasaba por dicho lugar. ¡Fue este crimen digno epílogo de la hazaña!

El desconcierto que el episodio relatado produjo entre los elementos revolucionarios, a cuyos directores les faltó el tiempo para ponerse en salvo, y las medidas policíacas inmediatamente adoptadas, impidieron que la huelga estallase en la capital, donde el espíritu público, algo indeciso en los primeros momentos, reaccionó favorablemente al ser declarado el estado de guerra.

Para que el lector se dé cuenta de la importancia del golpe intentado, basta decir que durante el día 15 la Policía se incautó de las siguientes armas, municiones y efectos: 64 pistolas "Demon", cuatro revólveres, una escopeta, 13 cajas de cartuchos de pistola, 249 de calibres distintos a los de las cajas anteriores, 286 de escopeta (36 con bala), 3.564 máuseres, 23 cápsulas de calibre 44 y siete de rifle, cuatro cajas de balas explosivas, dos paquetes de perdigones zorreros, 19 bombas de mano, 41 cartuchos de dinamita, una caja de detonadores, 62 cargadores, seis rollos de mecha, cuatro carretes de alambre de espino, dos rollos de cuerda, dos hachas y tres automóviles.

Los sucesos en Gijón se desarrollaron en otra forma, y las consecuencias, si bien de menor importancia momentánea, fueron un aviso alarmante del porvenir que nos esperaba si al fin triunfaba la revolución y las hordas incultas, intoxicadas por los extremismos destructores, podían, siquiera fuera por espacio de unas horas, sentirse dueñas de la situación... Los lamentables acaecimientos que se iniciaron al finalizar la primera decena de mayo siguiente, que hablen por mí.

Durante la tarde y primeras horas de la noche del 14, cumpliendo órdenes de Madrid, las directivas de los Sindicatos afectos a la U.G.T. y a la C.N.T. de la provincia de Oviedo circularon avisos para que los obreros no entrasen al trabajo el día 15, pues iba a declararse un movimiento de rebeldía en toda España. A pesar de lo sumisas a las organizaciones sindicales de las masas de proletarios en aquella región, el cansancio producido por las continuas huelgas a que habían sido lanzadas, sin otro resultado práctico que la disminución de los ingresos en sus hogares y la desconfianza que las gentes iban teniendo en los políticos de toda laya, pusieron freno al entusiasmo revolucionario, dando por resultado inmediato que el paro no adquiriese la importancia que los agitadores deseaban.

En Gijón, efecto de la mayor proporción de elementos forasteros y preponderancia de la C.N.T., fue donde la huelga adquirió mayor extensión, aprovechándose los agitadores de esta circunstancia para mantener la alarma en el vecindario e iniciar las perturbaciones, sin las cuales el movimiento carecía de matiz revolucionario. Fácil fue, por las razones expuestas y por la débil acción de los funcionarios de Vigilancia, unida a la pasividad de las fuerzas de Seguridad, impulsar las turbas a que tratasen de quitar la lápida que, colocada en la fachada de la iglesia de los jesuitas, daba el nombre de Primo de Rivera a una de las calles de la ciudad, y más fácil todavía, conseguida la primera parte, hacer que unos cuantos profanasen el templo, y haciendo gala de su incultura y salvajismo, amontonasen en el centro de la nave bancos, reclinatorios, imágenes, cuadros y efectos del culto y les prendiesen fuego. Para colmo, hubo uno de aquellos desdichados —no otro nombre merece el autor de la hazaña— que quiso llevarse la palma del sacrilegio y se dirigió al tabernáculo para profanar la Sagrada Forma... Un disparo inopinado le hizo caer de bruces, sin vida, al pie del altar.

Este suceso produjo un movimiento de pánico en aquella taifa de desalmados, que huyeron despavoridos.

Ya en la calle, la oportuna llegada de la Guardia Civil dispersó a los que, profiriendo blasfemias, que sonaban a aullidos de fieras, esperaban contemplar el doloroso espectáculo de ver cómo las llamas se señoreaban del edificio. ¡Lástima grande que los guardias civiles, terminado este episodio, no la hubiesen emprendido a palos con el oficial de Seguridad que, al frente de algunos de sus subordinados, fue testigo presencial e indiferente de tanto desafuero!

En el resto de España estallaron huelgas generales en las capitales siguientes: La Coruña, Huelva, Jaén, León, Logroño, Navarra, Salamanca, Santander, Vizcaya, Zamora y Zaragoza. En este último punto el movimiento prendió el mismo día, con incidentes bastante desagradables, en algunos pueblos ribereños del Ebro; en Santander, el acto inicial de los revoltosos fue buscar la cooperación de las fuerzas alojadas en el cuartel de Infantería, dando lugar a una colisión de la que resultaron dos paisanos muertos.

Huelgas parciales hubo en otras varias capitales, siendo las de mayor extensión las que se produjeron en Barcelona y Valencia.

Lo QUE OCURRIÓ DESPUÉS DEL 15.—A partir del martes, día 16, la intensidad del movimiento fue decreciendo, salvo en las provincias de Alicante y Zaragoza, en que la huelga se extendió a los pueblos de mayor población obrera. El 20, del intento revolucionario sólo quedaba un recuerdo triste y desagradable en quienes pusimos siempre el cariño de la Patria por encima de todo, pues la víctima principal entre todas las víctimas había sido el amor de nuestros amores: ¡España!

El Gobierno, firme en su propósito, que era inexcusable obligación, de restablecer el imperio de la ley ante el desorden, procedió con energía no exenta de ecuanimidad, y convencido como estaba de su justificado proceder, quiso buscar en la opinión pública, harta de intranquilidades y zozobras, el aplauso por su conducta; a este deseo obedecieron las notas que diariamente daba a la Prensa de la marcha de los acontecimientos, en las que no faltó nunca ni precisión ni sinceridad, notas que eran compendio de las facilitadas por los gobernadores de las provincias y por la Dirección de Seguridad.

Sería para mí tarea fácil hacer un relato detallado de los sucesos ocurridos en aquellos días, pues para ello me bastaría copiar los informes que telegráficamente enviaban los gobernadores civiles al Ministerio de la Gobernación y los que por escrito remitieron después los jefes de la Policía gubernativa; pero razones ya expuestas me obligan a ser parco en detalles. Al lector le basta con saber que en todos los hechos nacidos de la revuelta resalta el impulso cobarde de los agitadores, que luego de hecho el daño procuran ponerse en salvo; la obediencia inconsciente de las masas —inconsciencia en razón directa con la incultura—, a las que se hizo creer en utópicas reivindicaciones; el arrepentimiento tardío ante el desmán, y la conducta leal y prudente, a la par que enérgica, de la fuerza pública. Citaré, no obstante, algunos hechos.

El capitán general de Valencia, ante la actitud obstaculizadora de los concejales republicanos, se vio precisado a ordenar la detención de quince de ellos; en Avilés hubo necesidad de destituir y procesar al alcalde por haber hecho causa común con los revoltosos; en Callosa del Segura, Elche, Elda y Monóvar los grupos interrumpieron las comunicaciones telegráficas y telefónicas; en Novelda levantaron la vía férrea, teniendo que ser reparada por fuerzas de la Legión, que, desembarcadas en Algeciras, se dirigían a Alicante; en Aspe atacaron a la Guardia Civil, hiriendo a un oficial y tres guardias, a cambio de tres paisanos muertos y ocho heridos; en Torrelavega fue acorralada una pareja de la Benemérita, consiguiendo desarmar a uno de ellos, logrando el otro imponerse a tiros... ¿Para qué decir más? Mientras tanto, en Barcelona los caudillos, entre ellos el señor Sánchez Guerra (hijo), se esfumaban; Indalecio Prieto, pasajero en una gasolinera, luchaba estérilmente con una galerna para ganar la costa francesa, viéndose precisado a regresar a Bilbao, de donde se ausentó pocos días después por itinerario más seguro y menos molesto; Azaña y Marcelino Domingo se ocultaban prudentemente en Madrid; Lerroux, el martes de madrugada, sin recurrir a disfraces ni otros ardides, que sin duda consideró impropios de su venerable figura política, abandonó su domicilio, dirigiéndose al de un íntimo correligionario; sólo Largo Caballero y De los Ríos no interrumpieron su vida ordinaria, tal vez porque creyeron que, por no haber declarado la huelga en Madrid, estaban exentos de responsabilidad.

Pero es el caso que, por haberse solidarizado estos dos últimos con el manifiesto lanzado a la opinión, del que ya se habían hecho responsables los señores Alcalá-Zamora y Maura, el juez instructor, general Lombarte, se vio en la precisión de ordenar su ingreso en la cárcel. Ocurrió esto en la tarde del 19, causando la medida penosa impresión en la Casa del Pueblo; tanto es así, que la Sociedad de embaldosadores, que tenía anunciada y autorizada una velada artístico-literaria, se creyó en el caso de suspenderla, fijando en la tablilla de avisos un anuncio que textualmente decía: "Por causas de fuerza mayor, queda suspendida la velada hasta nuevo aviso.—*La Directiva*".

Tal determinación y las protestas airadas de algunos elementos impulsivos me hicieron temer en los primeros momentos pudiera producirse un paro sin previo aviso; pero bien pronto tuve conocimiento de que los elementos directores habían optado por no tomar resolución en ese sentido, tanto por la falta de ambiente como por el temor de que el Gobierno, harto de contemporizaciones con quienes a un trato de excepcional favor habían correspondido aliándose con los revolucionarios, les clausurase el centro madrileño donde se administraban muchos intereses y se vivía, a su amparo, estupendamente bien. "Los socialistas —me dijo en aquellos días un inteligente cooperador— conservan a través de las razas y las generaciones el espíritu judío, siempre dispuesto a la traición, de su progenitor Carlos Marx".

El procesamiento de Largo Caballero, por su calidad de miembro del Consejo de Estado —cargo que graciosamente le había otorgado el general Primo de Rivera— elevó automáticamente la categoría del tribunal juzgador al más alto del fuero militar —el Consejo Supremo del Ejército y Marina—, lo que daba más garantías de integridad y acierto en el fallo; claro es que no se pudo jamás sospechar que un ilustre abogado —monárquico sin rey y con gato republicano— se aprovechase de ciertas disensiones familiares para obtener escandalosas complacencias, y menos que un jefe de Gobierno las tolerase dejándose llevar de la influencia que sobre él ejercía un ex presidente del Consejo —conde, por más señas—, que antepuso a la defensa de sagrados intereses los de su fabuloso capital, transigiendo con las exigencias de los procesados..., "por si las moscas". De todo ello hablaré en momento oportuno.

MEDIDAS DE GOBIERNO.—Se ha achacado a la Dirección General de Seguridad desconocimiento de la verdadera situación de España e imprevisión. Esos juicios son absolutamente inexactos.

Como ya dije en mi libro LO QUE YO SUPE..., el Gobierno estuvo informado en todo momento de cuanto preparaban los elementos revolucionarios, y desde octubre se hallaban en poder de los gobernadores civiles instrucciones concretas —todo lo concretas que cabía darlas *a priori*— sobre la forma de proceder en el caso de que la revolución estallara. Si en alguna provincia los acontecimientos sorprendieron, no fue por culpa de aquél, ni menos de la Dirección General de Seguridad, que día por día comunicaba el resultado de sus investigaciones, jamás rectificadas por los hechos.

La primera medida del Gobierno, una vez que tuvo la seguridad de que el movimiento general se produciría, fue advertir a los elementos revolucionarios de que sus planes eran conocidos; aprovechó para ello la extensa nota que, dando cuenta de los sucesos de Jaca, entregó a la Prensa de Madrid y comunicó a los gobernadores civiles después del Consejo celebrado el día 14. De ella son los siguientes párrafos[20]:

"Lo dicho —el relato de la rebelión y su desenlace— bastaría para que la opinión pública quedara imparcialmente informada; pero conviene añadir algo más, con objeto de que no la sorprendan las salpicaduras que acaso traiga consigo la actitud de ciertos elementos, propicios siempre a aprovechar para sus fines cualquier estado de inquietud y apasionados hasta el punto de no comprender que estos movimientos fracasan totalmente cuando su iniciación ha podido atajarse y su proceso es conocido. Todas las noticias que se tienen sobre la abortada sedición coinciden en afirmar que el chispazo de Jaca debía ser el comienzo de una subversión general, a base de huelgas revolucionarias apoyándose en levantamientos republicanos, que el Ejército había de contemplar con pasividad. Bien a las claras está la equivocación padecida: el elemento

---

[20] Podrá parecer algo tardía la advertencia, toda vez que el movimiento estaba acordado para el 15; mas se contaba que las redacciones de ciertos periódicos se apresurarían a ponerla en conocimiento de los elementos interesados. Que en este punto no se andaba equivocado, lo demuestra que la parte transcrita dio origen a titubeos en algunas poblaciones y al retraimiento absoluto de las organizaciones comprometidas en otras.

militar, obedeciendo a imperativos esenciales de su misión, ha repudiado el papel que sin fundamento se le asignaba".

"Por su parte el Gobierno, consciente de sus obligaciones, no andará remiso en cumplirlas, y enterado de cuanto se trama, quiere hacer constar que dispone de medios sobradísimos para establecer la tranquilidad, sea cualquiera la medida en que intente perturbarse. Los Tribunales actuarán, interviniendo lo mismo cuando se trate de fallar los sangrientos episodios acaecidos que al enjuiciar la conducta de sus inductores; la ley, aplicada serenamente, le bastará para arreglar la situación".

Ya el día 14, como medida preventiva, se había acordado la clausura del Ateneo Científico y Literario, lugar que no sólo era centro de propaganda y reunión del Comité revolucionario, sino punto en el que se habían repartido armas y guardado bombas, de todo lo cual tenía yo conocimiento por varios ateneístas de absoluta confianza. Sobre la conducta observada por el más importante sector de la "docta casa" —a la que el Estado subvencionaba espléndidamente— no quiero hacer el menor comentario; pero sí he de decir que lo que allí se permitió por los Gobiernos —excepto el dictatorial— no se hubiera tolerado por ninguno del mundo.

Una vez iniciado el movimiento, el Gobierno, consciente de su deber, resolvió atajarlo. Para ello dispuso la concentración de la Guardia Civil en las localidades convenientes (plan preparado desde octubre); ordenó la clausura de todos los centros cuyos asociados hubieran tomado parte activa en la revuelta; se instó a los gobernadores civiles, que no habían puesto en práctica las instrucciones dictadas, para que detuviesen gubernativamente a todas aquellas personas sospechosas de inducir, alentar o ser partícipes en el movimiento, y dio órdenes para que todo conato sedicioso fuera sofocado en el acto.

Para reforzar la guarnición de Valencia, que el gobernador consideró escasa dada la actitud de la población rural de la provincia, se acordó enviar una de las banderas de la Legión que guarnecían Melilla; y para suplir la fuerza del Tercio móvil de la Guardia Civil, que hubo necesidad de enviar a otros lugares, se dispuso la venida a Madrid de otra bandera de Ceuta, la cual, en vista del cariz que tomaban los acontecimientos en la provincia de Alicante, tuvo que enviarse a este punto desde Alcázar de San Juan. El desplazamiento de estas fuerzas de Marruecos fue tomado como un nuevo motivo para atacar duramente al Gobierno, atribuyendo a aquéllas, para excitar más los ánimos, excesos de toda clase, absolutamente falsos, pues tanto la oficialidad como la tropa se comportaron, lo mismo en Valencia que en Alicante, con una corrección admirable, mereciendo los más encomiásticos elogios de las autoridades y elementos de orden de dichas poblaciones.

También se dijo entonces por los directores del movimiento revolucionario que la traída de esas tropas al territorio nacional constituía un insulto al pueblo español, porque se había pretendido dar igual trato a los habitantes de España que a los rebeldes del Rif y Yebala[(21)].

La actitud revolucionaria de la C.N.T. se aprovechó para disolver sus Sindicatos, lo que constituía una verdadera necesidad[(22)], toda vez que en muchas provincias se habían aprobado los estatutos sin fijarse los gobernadores civiles que figuraban en ellos cláusulas y principios manifiestamente en pugna con la legislación vigente.

La disolución obedeció, pues, a dos motivos principales: primero, anular en aquellos momentos de conmoción la actividad de unas sociedades obreras de carácter francamente revolucionario; segundo, adoptar el Gobierno una situación legal que le facilitase, al permitir la reorganización de ellas, la tarea de obligar a que los nuevos reglamentos se ajustasen estrictamente a lo que debían ser, ya que era absurdo que estando establecida en España la Organización Corporativa hubiera entidades domiciliadas en el territorio nacional que preconizaran como táctica única la "acción directa", y más absurdo aún que sentasen como principios generales a seguir inspiraciones recibidas de las organizaciones extranjeras, de las cuales la C.N.T. era filial, pues ello representaba para el Estado una merma en su soberanía, que ningún gobernante consciente de su misión podía admitir, por muy liberal que el sistema teóricamente pareciese.

Por último, para dar ocasión a que los que habían recibido armas pudieran desprenderse de ellas, se dictó por la autoridad militar un bando invitando a la entrega sin represalia de ninguna clase, bando que no dio el resultado que se esperaba, en primer término, porque la cantidad de las distribuidas no debió ser grande, y en segundo, porque los maleantes, que fueron los más favorecidos por los revolucionarios, las necesitaban para

---

(21) Algunos de los hombres que integraron el Comité revolucionario no han sido consecuentes consigo mismos, ya que, formando parte del Gobierno que ocupaba el Poder cuando el movimiento del 10 de agosto, hicieron venir de África varias unidades de Fuerzas Regulares Indígenas (en su mayoría moros), para batir a los sublevados de Sevilla. Los periódicos que en diciembre de 1930 pusieron el grito en el cielo, en agosto de 1932 callaron.

(22) Esa "necesidad" fue uno de los puntos más discutidos, a instancia mía, en la conferencia de gobernadores celebrada en el Ministerio de la Gobernación el día 7 de diciembre. Véase mi libro LO QUE YO SUPE...

sus fechorías, tanto es así, que no pocas de ellas han sido utilizadas en los atracos y agresiones que con tanta prodigalidad se han repetido desde algún tiempo a esta parte.

CAPÍTULO VI

ALGUNOS COMENTARIOS SOBRE EL MOVIMIENTO REVOLUCIONARIO

MI OPINIÓN PERSONAL.—Desde la reunión celebrada el 17 de agosto en la capital de Guipúzcoa, conocida vulgarmente por "el pacto de San Sebastián", quedó acordado provocar un movimiento revolucionario con objeto de implantar la República; movimiento que, por diversas causas, conocidas por mí algunas e ignoradas otras, se fue demorando hasta mediados de diciembre, en que se produjo, a mi juicio, más para satisfacer deseos de ciertos elementos extremistas que por creer los directores llegado el momento de poderlo realizar con éxito. Me inducen a pensar así las siguientes consideraciones:

Primera. No he supuesto nunca a los hombres de probada experiencia revolucionaria —y de ellos había varios en el Comité— tan insensatos que creyeran de buena fe que una huelga general, asistida por otras colaboraciones problemáticas, era lo suficiente para derribar el régimen monárquico, tanto más cuanto que en aquella época, si bien al Gobierno le faltaban asistencias estimables, el Rey contaba todavía con un importante sector de opinión, no obstante la campaña de rabiosa difamación que contra él se venía haciendo, y que más tarde dio sus frutos.

Segunda. Por poco perspicaces que fueran los elementos del Comité —y lo eran mucho—, debían comprender que la mayor parte de sus manejos y propósitos eran conocidos del Gobierno, pues las "vigilancias" a que estaban sometidas diversas personalidades eran bien ostensibles, y, sobre serlo, a sus manos llegaron órdenes reservadas cursadas desde el Ministerio de la Gobernación y Dirección de Seguridad a las autoridades de provincias, faltando, por lo tanto, el principio fundamental en que se basa el éxito de todo golpe de audacia: la sorpresa.

Tercera. Que sobradamente sabían los directores de la proyectada revolución no era el general Berenguer hombre que cediese su puesto sin resistencia al primer conato sedicioso, como lo cedió el marqués de Alhucemas el año 23 ante la actitud airada del capitán general de Cataluña.

Cuarta. El disgusto cada vez más acentuado que los frecuentes aplazamientos produjo entre los elementos más impulsivos, que eran los que realmente manejaban masas de espíritu revolucionario, al punto de que estuvo por romperse en varias ocasiones la inteligencia entre éstos y el Comité, como lo demuestran el acuerdo tomado en Barcelona en la primera decena de octubre, que dio lugar a la detención del capitán Sancho y otros comprometidos, así como las discusiones sostenidas entre socialistas y anarcosindicalistas en Madrid con motivo de la huelga general de noviembre, durante la cual tanto se movieron Adolfo Barea Pérez, Feliciano Benito Anaya y el comunista Pinillos, lo que pueden atestiguar, entre otros, los socialistas De los Ríos y Rufino Cortés, el republicano Maura y el radical-socialista Galarza, que en la noche del 17, cuando recibió la visita de los de la C.N.T. se hallaba en su domicilio con el capitán Galán y otras personas, las cuales se vieron precisadas a intervenir para calmar los ánimos[23].

Quinta. Tampoco podía pasar desapercibido a las personas del Comité que para hacer la revolución "verdad" lo primero que se necesitan son armas en abundancia, no solucionando el problema unos cuantos cientos de pistolas importadas del extranjero, y menos las bombas rudimentarias fabricadas en Madrid bajo la dirección de unas cuantas personas —a las cuales conozco perfectamente—, tan poco versadas en estas cuestiones, que ignoraban podían haberse construido más fácilmente de menor volumen y mayor poder destructor. Y para que el lector sepa que no perdí la pista a tales artefactos, ni aun después de haber cesado en la Dirección de Seguridad, diré que muchas de las que destruyeron registros de la Telefónica durante la huelga del verano de 1931, ya en plena República, fueron las mismas preparadas para el movimiento contra la Monarquía.

No ignoro que los elementos revolucionarios contaban con que se les facilitarían armas, municiones y granadas de mano del Ejército, e incluso que el capitán Galán se comprometió a mandar algunos fusiles de Jaca a Vizcaya; pero ¿es que acaso ellos no sabían, por precauciones adoptadas especialmente después de la denuncia confidencial hecha al gobernador civil de Valencia, que las autoridades estaban advertidas, y que iba a ser en extremo difícil la extracción y transporte del armamento, máxime estando la mayor parte de la oficialidad al lado del Gobierno?

No sé si los señores que componían el Comité se harían las reflexiones poco optimistas que yo acabo de exponer en los párrafos anteriores, aun cuando es de suponerlo, tanto por su perfecta información y experiencia como por la actitud pasiva de los socialistas en Madrid; pero si no fue así, y convencidos de que iban a alcanzar el triunfo lanzaron las masas a la calle, preciso es convenir que se acreditaron de tener la inocente picardía de cierto cazador, que se sentaba pacientemente a la orilla del mar, por ser el lugar de donde menos era de esperar saltase la liebre.

---

[23] Datos tomados de un informe confidencial facilitado por un anarquista.

LAS COLABORACIONES.—Los hombres que integraban el Comité revolucionario militaban en campos políticos diversos; algunos de ellos hasta meses antes habían sido monárquicos. Es indiscutible que los trabajos del referido Comité fueron encaminados a establecer es España una República; pero es asimismo indiscutible que muchos de los que se prestaron a colaborar en el movimiento no iban con esas miras. No se quiso o no se supo elegir.

No haber querido o no haber sabido elegir constituyó un grave error, como lo fue ofrecer a determinadas clases sociales más de lo que en la hora del triunfo podía darse. De haber procedido con mayor cautela, la República hubiera llegado igualmente, ya que el espíritu público, desde algún tiempo, venía desviándose de la Monarquía; sin embargo, hubiera llegado sin un lastre enojoso, que ha sido foco de dificultades para el nuevo régimen e incluso en algunos momentos lo ha puesto en peligro.

Republicanos, radicales-socialistas y socialistas acordaron en San Sebastián derribar la Monarquía y solicitaron la colaboración de la izquierda catalana, que les fue ofrecida por algunos elementos de ella a cambio de lo que todos sabemos. A San Sebastián acudieron también, aunque no tomaron parte en la deliberación, representantes de la C.N.T. (anarquistas, sindicalistas y anarcosindicalistas); luego se admitió el apoyo de los comunistas... En esa mezcla de elementos fueron incluidos los odiados "pistoleros", que el partidismo, la parcialidad, la conveniencia y otras causas atribuyeron única y exclusivamente a fauna del Sindicato Libre: esto pudo hacerse por la ignorancia que tiene el público de tales asuntos. Nadie, absolutamente nadie, puede negar cuanto digo, pues todo ello va claramente expuesto en mi libro LO QUE YO SUPE..., tantas veces citado en el principio del presente, y quedará más patente en lo que me queda por decir.

Verdaderamente, es incomprensible cómo personas de orden buscaron el apoyo de organizaciones que por sus ideales y táctica sindical no podían contentarse con un simple cambio de régimen; mas así fue. Es posible que ya se contase con ello, y, en ese caso, justo es reconocer que la sinceridad brilló por su ausencia en unos y otros, lo que quizá sea práctico y hasta bien visto en el campo de la política, pero no en un terreno de leal cooperación.

La acción revolucionaria se extendió hasta buscar asistencias en el personal de los organismos del Estado, especialmente en el Ejército y la Marina, olvidando que la disciplina en éstos es preciada joya que conviene guardar intacta para asegurar la eficiencia de la complicada máquina guerrera, más necesaria de lo que un gran sector nacional cree, máxime en aquellas circunstancias en que ya se dibujaba en el horizonte político internacional el peligro de un nuevo conflicto europeo[24].

No he de negar que las predicaciones hallaron eco en parte de la oficialidad de mar y tierra, especialmente entre los que creyeron encontrar un medio de colmar sus ambiciones insatisfechas o habían sido objeto de sanciones, las más de las veces justificadísimas. Todo esto tiene una explicación, hasta cierto punto humana; lo que no la tiene, y merece las mayores censuras, es valerse de los medios que como depósito sagrado puso en manos del Cuerpo de oficiales la Nación para la defensa de su integridad territorial y soberanía, con objeto de ser empleados en favor de banderías políticas, de las que debe estar ausente la colectividad militar. Pero si además, como ocurrió en las sublevaciones de Jaca y Cuatro Vientos, abusando de la confianza de la tropa, se pone a ésta fuera de la ley con engaño, la conducta de quienes así proceden entra de lleno en una calificación que, por lo severa, no quiero ni nombrar.

La neutralidad del elemento armado ante las contiendas políticas es la buena doctrina. Esta buena doctrina en España se ha olvidado con demasiada frecuencia; pero hay que convenir que de ordinario fueron personas extrañas a los organismos castrenses las que, explotando el espíritu romántico de éstos, les indujeron a tomar parte en las luchas, para luego proceder contra ellos, so pretexto de extirpar un militarismo que se cultivó para apoyarse en él. ¡Caro han pagado el Ejército y la Marina estas colaboraciones! No recuerdo una sola ocasión en que después de haber defendido una causa política no hayan tenido uno y otra que lamentar la pérdida de alguno de sus fueros y prerrogativas, bajo el aplauso unánime

---

[24] Sobre la posibilidad de una nueva guerra hablé entonces con diversas personas, entre ellas con el duque de Maura, con quien recuerdo traté de las dificultades que España podría encontrar para mantener su neutralidad en el caso que estallase un conflicto armado con repercusiones en el Mediterráneo. Dichas dificultades habían sido ya apreciadas por la Dictadura, y a ellas fue debido el incremento que trató de dar a la Marina de guerra y el artillado moderno de determinadas bases navales.

Recuerdo que en la conversación con el duque de Maura me expuso su criterio —que yo juzgué muy acertado— de que los pueblos, ante problemas de esa índole, no deben dejarse arrastrar por las "simpatías" hacia uno de los grupos beligerantes, sino por sus "conveniencias" particulares. Tal fue la conducta, durante la pasada guerra europea, de Italia, primero; de algunos estados balcánicos, después, y, por último, de los Estados Unidos.

del elemento civil, envenenado por los mismos que los impulsaron a la aventura.

Las dos rebeliones militares ocurridas con ocasión del movimiento de diciembre obedecieron a una misma idea —derribar el régimen monárquico—, aunque con dos orientaciones distintas. La de Cuatro Vientos fue con el fin de implantar la República; la de Jaca, tengo motivos para sospechar que iba más allá: bastaba conocer el temperamento del jefe de ella, examinar los interesantes documentos que he dado a conocer, y, posteriormente, haber sido testigo de la actuación de los que con él sublevaron las tropas.

El éxito de la rebelión de Jaca es probable hubiese traído la República; pero de lo que no cabe la menor duda es de que ésta hubiera tenido que luchar en primer término contra el capitán Galán, hombre poco propicio, por su arrojo y ambiciones, a dejarse arrebatar el primer puesto en el nuevo régimen. Los que le conocían a fondo saben, aunque digan lo contrario, que no me equivoco.

También halló el Comité revolucionario apoyo en algunas autoridades y entidades patronales, especialmente en Cataluña, donde se estimaba que el cambio de régimen traería aparejada la concesión de la autonomía administrativa, primer jalón de otras más importantes.

A propósito de cuanto acabo de exponer, ahí va cierto párrafo de la carta que un obrero, con cargo relevante en una organización sindical, me escribía desde Barcelona el 18 de diciembre. Decía así:

"Únicamente en algunas poblaciones de la provincia, donde las propias autoridades municipales han coadyuvado al movimiento huelguístico (Tarrasa, Sabadell, Rubí, son ejemplos evidentes), se logró el paro, más político que social, ya que es de advertir, como hay pruebas, de que en muchas fábricas, talleres, cafés, comercios, etc., se cerró con la protesta de los propios obreros o empleados. Pero no hay que olvidar que el conflicto tenía un marcado matiz político, y que, por consiguiente, todos los patronos y los ediles de tendencia separatista, republicana o de catalanismo extremista, veían con simpatía la maniobra que secundaban con habilidad".

He expuesto el momento en que se constituyó el Comité y la forma como fue extendiendo su acción; pero falta algo muy importante por detallar: la génesis del proceso revolucionario.

En la conciencia pública existe la creencia de que el advenimiento de la Dictadura fue la causa inicial del despego del pueblo hacia la Monarquía, y su excesiva duración la consecuencia lógica del exacerbado estado de rebeldía después de su desaparición. No hay que ser tan simplista cuando se trata de investigar.

Las conmociones en España han obedecido siempre a sugestiones exteriores, las más de las veces íntimamente ligadas a la política internacional del momento. Ésta, sin embargo, no ha tenido arte ni parte en la presente ocasión en nuestras cosas; mas ello no es óbice para que también haya existido la causa externa: el odio de una raza, transmitido a través de una organización hábilmente manejada. Me refiero concretamente a los judíos y a la masonería. Ello es lo básico; todo lo demás ha sido circunstancial.

Lo que acabo de decir, hace algunos años hubiera producido hilaridad; hoy es posible que se tome en serio, pues se ha escrito mucho sobre el particular, y se lee más.

Parecerá raro que existan ciudadanos que se presten a tales manejos. Desgraciadamente, en los pueblos hay hombres para todo, desde el que da su hacienda y su vida por la Patria hasta el que encuentra en traicionarla un placer: escala de matices compleja e inexplicable, que se inicia en la abnegación y el ideal para finalizar en la codicia y la perversidad. Buenas y malas pasiones.

¿Qué motivos racionales existen para que los españoles concitemos el odio de los descendientes de Israel? Tres fundamentales; a saber: la envidia que les produce todo pueblo con patria propia; nuestra Religión, por la que sienten aborrecimiento inextinguible, ya que a ella atribuyen su dispersión por el mundo; el recuerdo de su expulsión, que no fue, como se afirma, por el capricho de un rey —hay que decirlo claro—, sino por la imposición popular. ¡He aquí los tres vértices de triángulo masónico de las logias españolas! Sobre ellos, enmascarándolos convenientemente, aparecen los lemas siguientes: Libertad, Igualdad y Fraternidad[25].

---

[25] A partir de la proclamación de la República la masonería ha adquirido un gran desarrollo en España. Un verdadero alud de funcionarios públicos ha caído sobre las logias en solicitud de ingreso, por creer que así se librarían de las persecuciones que en nombre de un revolucionarismo absurdo han practicado la mayoría de los gobernantes. Gran número de generales y jefes del Ejército han acudido también a engrosar las filas del Gran Oriente y la Gran Logia Española, para acreditar su republicanismo y tener la seguridad de no ser separados de sus destinos.

El aumento de afiliados ha sido tan grande que incluso se ha constituido en Madrid una sección femenina (Rito de Adopción), bajo la dirección y patronato de la Respetable Logia "Condorcet", número 13 de la Federación, y bajo los auspicios y obediencia del Superior Consejo del Grado 33 para España y sus dependencias. Esta logia, denominada "Reivindicación" número 1, quedó

LAS CAUSAS DEL FRACASO.—Ya he apuntado con anterioridad mis dudas sobre la confianza que en el éxito del movimiento tuviera el propio Comité revolucionario, así como las causas que yo estimo le impulsaron a no retrasarlo nuevamente; sin embargo, no creo que dos o tres meses más tarde las cosas se hubieran desarrollado con la perfección necesaria para lograr una franca victoria, ya que el optimismo de los unos, la falta de experiencia de los otros y la imprevisión de todos les llevó a no ser minuciosos en la preparación y a despreciar un factor importante en todo proceso de esa índole: las defecciones.

Don Alejandro Lerroux, en carta dirigida a un correligionario a los pocos días del fracaso, le decía: "Ha habido, por lo que se ve ahora, precipitación y desorganización, y acaso equivocado concepto del valor de ciertos concursos... Pero, en fin, "perdiendo se aprende", y hemos de ver pronto si la experiencia ha servido de algo".[26] El señor Lerroux pone el dedo en la llaga. En ese "equivocado concepto del valor de ciertos concursos" entran los que se ofrecieron y luego, llegada la hora, no respondieron.

Sentado que fue deseo de los revolucionarios que la Marina permaneciese en actitud pasiva, dada la situación especial de la misma, tanto más cuanto que poco podía influir en la solución de un pleito que debía resolverse tierra adentro, al "aparato" revolucionario le fallaron otros importantes resortes: la masa obrera en muchos lugares y el Ejército en todos, menos en Cuatro Vientos. Lo de Jaca, por razones ya expuestas, no

---

inaugurada en la solemne tenida (sesión) del 18 de junio del año próximo pasado (5932 de la cuenta masónica).

Para satisfacer la curiosidad del lector, diré que el decorado de las logias femeninas difiere bastante de las destinadas a hombres. La Cámara —que así se llama la estancia donde se verifican las tenidas— es un rectángulo tapizado de rojo. Uno de los muros menores se denomina clima o región de Europa; el muro opuesto, clima o región de Asia; la pared de la izquierda, conforme se entra, clima o región de América; la de la derecha, clima o región de África. El dosel se coloca en la región de Asia, y el local se alumbra con cinco lámparas sostenidas por trípodes egipcios y por los cinco rayos luminosos de la estrella que se halla colocada en el centro del dosel.

Por no hacer excesivamente larga esta nota omito dar más detalles de la instalación y otros datos interesantes sobre las ceremonias.

[26] Esta carta corrió de mano en mano, y, como ocurre casi siempre, no faltó el indiscreto que se permitió sacar una copia para remitírsela a un íntimo, que a su vez lo era mío.

lo considero como episodio que formase parte integrante del movimiento; mas para que mi opinión no se juzgue aventurada, ahí van unos conceptos de la circular que con fecha 24 de diciembre remitió el jefe del partido republicano radical a sus amigos de provincias, uno de cuyos ejemplares se le ocupó al vecino de Logroño Jesús Ruiz del Río, al ser detenido por la Policía algunos días después. "Le supongo informado —dice el señor Lerroux— de que la sublevación de Jaca nada tenía que ver con nuestro plan, y que fue una lamentable anticipación ambiciosa, cruelmente pagada por sus valientes iniciadores. Alcalá-Zamora llegó a decirme a mí que parecía una maniobra abortiva. No lo era en la intención, pero así resultó".

De la defección obrera tuvo excepcional importancia la actitud en Madrid de las organizaciones afectas a la U.G.T., que en aquella fecha comprendían a la mayor parte de los trabajadores de la capital. ¿Por qué tal actitud estando el Partido Socialista comprometido en el movimiento? No lo sé, aunque lo sospecho: la repetida falta de confianza en el éxito. Lo cierto es que por los elementos directores no se dio la orden de huelga, a pesar de tener conocimiento exacto de la fecha y saber que habían sido cursadas las órdenes a provincias; pero lo más singular del caso es que me consta positivamente que la noche del 14, mientras un afiliado a la Casa del Pueblo me afirmaba reiteradamente que ellos no irían al paro —como así lo hicieron—, algunos elementos ofrecían a los anarcosindicalistas la declaración de la huelga general con todas sus consecuencias. El joven abogado Castillo García-Negrete, Barea, Benito Anaya, Falomir y otros que ya he olvidado, todos ellos con más o menos puntos de contacto en la C.N.T., no me desmentirán[27].

Del Ejército diré que existía un núcleo de jefes y otro más importante de oficiales comprometidos, y que algunos habían ofrecido la cooperación al frente de sus unidades; pero el rápido y ejemplar desenlace de la rebelión de Jaca frenó muchos ímpetus e incluso no faltó quien, ante supuestas represalias, cantó el "yo pecador" a todo pulmón, lo que no fue obstáculo para que, meses más tarde, ya victoriosa la República, se presentase inmediatamente a hacer valer sus méritos revolucionarios. ¡Tengo la desgracia de ser poseedor de tantos secretos...!

En Madrid hicieron causa común con los socialistas bastantes militares; en provincias no digamos. Sin embargo, justo es reconocer hubo algunos que, fieles a los compromisos adquiridos, acudieron al lugar que

---

[27] Es muy probable que los ofrecimientos hechos a los anarcosindicalistas a última hora fueran para calmar los ánimos y librar a Largo Caballero del atentado que estuvo en proyecto.

se les había designado; entre ellos puedo citar el caso de un general que desapareció de su residencia oficial el 13, a la que regresó cuatro días más tarde, después de haber permanecido esperando una oportunidad para intervenir encerrado en el pabellón del capitán ayudante de uno de los Cuerpos de cierta guarnición del Norte.

A dicho capitán —de cuya falta de lealtad no quise dar cuenta al Gobierno— le escribí advirtiéndole conocía su proceder y aconsejándole cambiase de conducta, contestándome a vuelta de correo, al parecer muy agradecido; mas luego, ya proclamada la República, formó parte del Comité local de destinos, y, sin duda, en reciprocidad a lo que con él hice, dejó sin colocación, so pretexto de tener ideas monárquicas, a todos los jefes y oficiales que sabía me eran afectos y no quisieron meterse en conspiraciones. Así paga el diablo...

En confirmación de cuanto he expuesto sobre defecciones, voy a copiar otros comentarios del señor Lerroux, insertos en la circular del 24 de diciembre ya citada. "Porque no habiéndose aplazado la fecha de nuestra iniciativa —dice—, el fracaso de aquel hecho —la rebelión de Jaca— y el fusilamiento de sus jefes hizo vacilar a muchos; la huelga general no estalló y la bravura de los aviadores en Madrid tampoco sirvió para nada como acto inicial. Parte de la Junta fue detenida el viernes[28]. Algunos se escondieron, de acuerdo. Otros se asustaron".

Sin sorpresa, sin organización adecuada, con equivocado concepto del valor de los concursos, la revolución no podía más que hundirse en el fracaso.

EL PESIMISMO DE LOS REVOLUCIONARIOS.—Vencido el movimiento, en toda España cundió el desaliento entre las huestes revolucionarias, al punto de que las organizaciones locales quedaron en su mayoría disueltas; los mismos miembros del Comité no encontraban medio adecuado de ponerse en contacto entre sí y con las provincias, ni de saber lo que había pasado. En las tertulias madrileñas se discutía acaloradamente; las palabras gruesas contra los socialistas y otros elementos rebasaban los límites de la buena educación. Todos los días recibía informaciones a granel que reflejaban el decaído ánimo del bloque revolucionario; como nunca menudearon los ofrecimientos de personas que deseaban formar parte del servicio secreto, que a duras penas podía sostener, por la escasez de recursos.

---

[28] Los primeros detenidos en Madrid lo fueron en la madrugada del domingo. Lerroux se equivoca al afirmar que las detenciones se practicaron el viernes.

Fue por entonces cuando se organizó, con dependencia directa de la Secretaría de la Presidencia, la partida de confidentes que actuó en el extranjero, con centro en París, partida que pasó más tarde —al constituirse el Gabinete Aznar —a formar parte del "aparato" de la Dirección de Seguridad.

El ambiente de pesimismo de aquellos días en el campo revolucionario exacerbó el odio contra el Rey, y, entre los más exaltados —desde luego que no eran los del Comité—, germinó una idea: asesinarle. Nunca como entonces estuvo D. Alfonso más expuesto a ser víctima de un atentado brutal, ni en condiciones de más precaria defensa, a pesar de los esfuerzos que realicé para poner su persona a cubierto de todo acto de violencia.

El peligro era grande, pues no se trataba de un acto preparado en medios libertarios, de los que me era fácil adquirir información fidedigna; sino de un hecho elaborado en lugares a los que era difícil el acceso a mis agentes, hecho que podían cometer personas desconocidas de la Policía y con entrada libre en todas partes.

Mientras unos cuantos rumiaban el crimen, desde su voluntario encierro D. Alejandro Lerroux, sereno, con método, sin precipitaciones, trabajaba por reorganizar los elementos dispersos de la revolución y decidía un plan. He aquí el pensamiento del veterano republicano:

"El martes —día 16— me dirigí a los amigos presos, ofreciéndome a constituirme en la cárcel para compartir su mala suerte. Me lo prohibieron, rogándome me pusiera al frente de todo para contener el decaimiento, mantener la reorganización y proseguir la obra. Como esos encargos no se pueden rechazar sin deshonor, lo acepté, y he procurado saber de los amigos la verdadera misión que me asignan: lo que se puede hacer.

Así, pues, lo primero que necesito es saber lo que hay en este todo que me han encargado. Y por eso estoy realizando esta investigación revestido de los poderes que me han dado, hasta que, como se espera, en enero se decrete la libertad de nuestros amigos.

Es evidente que Monarquía y Gobierno han sufrido un quebranto grande con esta sacudida. Podrá pasar lo de Jaca como una aventura loca. Lo de la Aviación en plena capital, volando horas sobre el Palacio Real, amenazado de bombardeo, que no se realizó porque la nobleza y la bravura se equilibraron, fue una revelación de cómo está España puesta en pie contra la Monarquía. Pues es preciso no dejarles paz ni reposo, y mientras se coordina un nuevo golpe, presidido con mayor acierto, tratar de asfixiarles por la intranquilidad y por la agitación acudiendo a todos los recursos.

Así será impulsada la Monarquía a la Dictadura más cruel y bárbara o al recurso de las Constituyentes, caminos ambos de la República".

Coincidiendo con este escrito, que fue enviado por diversos procedimientos a los delegados de provincias, se lanzó un nuevo manifiesto, más enérgico, si cabe, que el del día 15, en el cual, después de execrar la Monarquía y sus hombres, se hacía un llamamiento a todas las fuerzas comprometidas para actuar de nuevo en el momento que "los responsables de la dirección revolucionaria" lo ordenasen[(29)].

LA SITUACIÓN DEL GOBIERNO DESPUÉS DE LOS SUCESOS.—Pese a la opinión de Lerroux y a lo que muchos creen, la situación del Gobierno quedó robustecida después del fracaso del movimiento revolucionario. Aparte la Prensa de orden, que sin distinción de matices aplaudió la conducta enérgica del general Berenguer y sus ministros, recibieron éstos ofrecimientos de apoyo de numerosas entidades, Corporaciones y elementos políticos, que juzgaban debía ponerse a España por encima de todo; tampoco faltaron alientos del exterior. Del Ejército no fueron pocos los que, habiendo "coqueteado" con los revolucionarios, e incluso colaborado con ellos, ante el temor de represalias que jamás se pensaron, acudieron presurosos a "degollar la ternera"; los socialistas, como niños que han hecho una travesura de la que están arrepentidos, repetían en todos los tonos el "yo no he sido"; la C.N.T., siempre tan dispuesta a los procedimientos violentos, gastaba las antesalas de los Gobiernos civiles para lograr fuera levantada la clausura que pesaba sobre sus Sindicatos; los comunistas no daban señales de vida, pues incluso el propio Manuel Adame Misa no conseguía inscribir un solo afiliado en la organización de la que se había erigido en único jefe[(30)]; y, por último, los estudiantes, que constituían la inconsciente vanguardia revolucionaria, como se hallaban en vacaciones y no sentían la necesidad de buscar pretextos para justificar la no entrada en clase, permanecían tranquilos... Todo hacía sospechar una era de paz, o, por lo menos, una tregua lo suficientemente larga que permitiese llegar a las elecciones generales sin grandes tropiezos.

[(29)] Además de los escritos aludidos tuve en mi poder otros varios del Sr. Lerroux. En todos ellos, casi con las mismas palabras, se lamentaba de lo ocurrido y excitaba a sus correligionarios a no desmayar.

¿Cómo vinieron esos documentos a mis manos? Es muy sencillo: salvo los ocupados al abogado Del Río, los demás, en su mayoría copias, me fueron entregados por elementos a mi servicio que actuaban en diversas poblaciones. Tampoco faltaron amigos desleales.

[(30)] Me refiero al llamado "Comité de Reconstrucción de la C.N.T. Revolucionaria", filial de C.N.T., aunque de orientación comunista.

El Gobierno no sospechaba entonces que serían las intrigas elaboradas al calor de las elecciones por algunos monárquicos las que iban a dar nuevos alientos a los revolucionarios y precipitar el derrumbamiento del régimen.

CAPÍTULO VII

VIAJE DE INFORMACIÓN

LOS MOTIVOS DEL VIAJE.—Finalizaba el mes de diciembre cuando una mañana, hallándome ordenando las notas para ir al Ministerio de la Gobernación, recibí la visita de un amigo que venía a solicitar de mí ciertas tolerancias para un centro en aquellos días clausurado. Era este amigo, que poco antes había pasado del campo monárquico al republicano, liberal de abolengo, culto, discreto, aunque un tanto vehemente cuando discutía; yo le profesaba verdadero afecto. Nuestras conversaciones derivaban siempre al terreno de la política, en la que él actuaba desde muy joven; solíamos coincidir en algunos puntos y estábamos disconformes en otros.

Aquella mañana, después de solventar satisfactoriamente el asunto que le interesaba, tratamos de la cuestión palpitante: el fracaso de la revolución.

A su modo de ver, la derrota era sólo relativa, pues tras ella se había avivado el sentimiento republicano del país, harto de soportar una forma de gobierno que se veía precisada a vivir en perpetuo régimen de excepción: Dictadura tras Dictadura.

—Cierto —decía— que el movimiento ha sido sofocado esta vez; pero late el espíritu de rebeldía contra lo existente tanto aquí como en provincias; ¿qué, si no, representa esa manifestación de automóviles que diariamente se hallan a la puerta de la cárcel a la hora de visitas? ¿Que la llegada constante de gentes de todas partes que vienen con el único y exclusivo objeto de estrechar la mano de los presos políticos?... ¿No expresa ello un estado del sentimiento nacional más que significativo, arrollador? La realidad es ésa.

A su juicio, la Monarquía estaba en liquidación. La Monarquía, política, social y fisiológicamente, debía considerarse terminada; en este punto estaba de acuerdo con Ossorio y Gallardo. Sin embargo, no creía pudiese prosperar la República en aquellos momentos, ya que el desbarajuste que el cambio de régimen originara, forzosamente, por instinto natural de defensa, habría de provocar en el país una reacción de las clases conservadoras, que traería como consecuencia una dictadura; esta dictadura, más tarde, dejaría paso franco a una nueva República, consolidando definitivamente la forma de gobierno dentro de unas normas jurídicas modernas. El proceso político sería análogo al de Francia.

Consideraba muy interesante el estado de conciencia de la juventud, alimentada con la literatura de postguerra procedente de Rusia. Se daba el caso paradójico de que en familias burguesas, de abolengo monárquico, los hijos militaban no ya en el campo republicano, sino en el socialista, y muy particularmente en el comunista. Era muy significativo observar la biblioteca de cualquier joven estudiante, llena de libros relativos a los llamados credos libertadores, a los que no llegaba, a los que no podía llegar la censura de Prensa, el arma más poderosa de que disponían los Gobiernos. Y así, saturándose de lecturas de esa índole, la intelectualidad de la nueva generación seguía su rumbo, adquiriendo un espíritu incompatible con los sistemas de gobierno que podía ofrecerle un régimen monárquico, por muy democrático que quisiera ser.

Ante hechos tan evidentes —afirmaba— eran inútiles las transigencias, ni menos las violencias. La Monarquía se hundiría, a pesar de los esfuerzos de sus hombres: políticos reaccionarios y generales fracasados.

Parte de esta conversación se desarrolló camino del Ministerio de la Puerta del Sol, hasta donde tuvo la amabilidad de acompañarme. Momentos después me hallaba con D. Leopoldo Matos y le daba cuenta de lo que mi amigo había manifestado.

—Es muy interesante todo eso —me dijo—; pero claro está que cada cual cuenta las cosas a su modo, desde un punto de vista subjetivo, en el que influye poderosamente el ambiente de la ciudad en que se vive; sin embargo, Madrid no es España. Convendría, a pesar de todo, tener la impresión en este momento de otras poblaciones, apreciada por persona que, estando al detalle de la situación, pueda formar juicio, libre de las influencias locales. ¡Si usted quisiera...!

—Yo pensaba —le dije—, aprovechando la calma de estos días, ir a Barcelona. De allí puedo traerle información.

—Barcelona es, sin duda, un punto interesante —repuso—; pero ¿y Valencia, Bilbao, Zaragoza, Sevilla...?

—Si le parece bien —le apunté—, puedo hacer un rápido recorrido en automóvil pasando por Zaragoza, Lérida, Barcelona y Valencia; luego ir a Sevilla y más tarde a Bilbao.

—Bien; muy bien —contestó satisfecho—. Dígaselo al Presidente, y, si está conforme, emprenda el viaje cuando guste.

Esto ocurría el 26 de diciembre. A las seis de la madrugada del 28 salía para Zaragoza.

ZARAGOZA Y LÉRIDA.—Sobre las once llegué a la capital de Aragón. En el *hall* del hotel me esperaba el gobernador civil, a quien previamente había puesto en antecedentes del viaje. Acto seguido comenzó nuestro cambio de impresiones.

Según Díaz Caneja, en Zaragoza, como en todas partes, se había dominado el movimiento; mas se hallaba latente el espíritu revolucionario, dispuesto a manifestarse en la primera ocasión. La Confederación persistía en su táctica de siempre; los socialistas no se quedaban atrás. La calma era aparente. No había, por otra parte, que hacerse grandes ilusiones respecto a una eficaz reacción de los elementos de orden, como siempre, impasibles ante los progresos de la ola demagógica, que no otra cosa era el espíritu de la revolución, disfrazada de un republicanismo sentimental. No era éste el aspecto peor de la cuestión: observaba tibieza o falta de confianza en otros elementos en que la energía constituía su mayor poder. Era indispensable que tuviera un cambio de impresiones con el capitán general.

Ambos nos dirigimos a Capitanía.

El general Fernández Heredia nos recibió en el acto. Le encontré muy preocupado. Indudablemente pesaba mucho sobre su ánimo la gran propaganda que se había hecho entre la oficialidad de la guarnición. Quise deducir —aunque no me lo dijo claramente— que no estaba muy seguro de poder contar con todos en el caso de tener que reprimir un nuevo movimiento como el de Jaca. Únicamente la Academia General Militar parecía al margen completamente del apasionamiento político. El ambiente era cada vez más hostil al régimen, y ello hacía que el porvenir se presentase preñado de incertidumbres. Realmente era poco grato ejercer mando en tales condiciones.

Charlamos un buen rato de cosas indiferentes y, por fin, abandonamos la Capitanía General. Ya en el coche, dije a Díaz Caneja:

—Sabe, querido amigo, que he encontrado a ese señor muy pesimista.

—Así es —repuso—, y por eso yo tenía especial interés en que usted hablara con él. Su estado de ánimo es un síntoma poco halagüeño.

Almorzamos, y luego hice tiempo en el *hall* del hotel, en espera de un agente secreto que, procedente de Bilbao, debía haber llegado aquella mañana.

A las tres, harto de aguardar, decidí reanudar el viaje. Cuando iba a tomar el coche se interpuso una mujer que manifestó ser de Logroño y conocerme. Cambié con ella algunas palabras de cortesía, y muy disimuladamente, sin que nadie se apercibiese, deslizó en mi mano un sobre, reducido a la más mínima expresión por veinte dobleces, al mismo tiempo que me decía:

—Ramón está en la cárcel. Me ha dado esto para usted.

Ya en la carretera me puse a leer. La carta decía así:

"Respetado señor: Le escribo desde la cárcel de esta población, en la que estoy detenido por supuesto comunista. Ruego haga lo posible por sacarme sin dar a conocer mi verdadera personalidad, pues desconfío de todos.

Hablé en Santander con Pedro Sánchez, camarero de la Alianza (pertenece a los grupos anarquistas), y dijo que se cursan órdenes para que los estudiantes empiecen a promover algaradas el 7 de enero; que habrá otro movimiento en febrero y que probablemente Franco y otros irán por vía aérea a Madrid; que como los socialistas han fracasado o traicionado el movimiento, ahora lo haremos los comunistas y anarcosindicalistas de acuerdo con los republicanos (nosotros, con vistas a la revolución social).

A mi llegada a Bilbao he sabido que el comandante abogado T. P. invitó a comer el día 26 a Manuel Fernández Vallejo (como sabe, destacado individuo de la C.N.T.); hablaron de próximos acontecimientos, quejándose éste del engaño de que fueron objeto los comunistas y anarcosindicalistas de allí, por no haber recibido ni una sola pistola; díjole el otro no hubo tiempo, por la precipitación de Galán, y que además no hacían falta, pues contaban con que se sublevarían 30 regimientos, que luego se sintieron "socialistas", pero que en el próximo movimiento se procederá en otra forma. He sabido también que el gobernador desconfía del secretario, que, desde luego, ha estado en inteligencia con los revolucionarios, así como de dos policías que ya conoce usted. En el Gobierno Militar hay también un capitán de acuerdo con T.P. (me consta).

De París me dice un íntimo de Carlos Esplá que se va a proceder a una intensa campaña de agitación por medio de la Prensa y manifiestos, empezando por decir que Galán y García Hernández fueron fusilados ilegalmente, por presión del rey sobre Berenguer, por mediación del ministro Rodríguez de Viguri, al cual tienen mucha hincha, por creerle un republicano traidor. Que los refugiados andan muertos de hambre. Que también han dicho que si es necesario, se hará un atentado a todo "hule" (textual).

Tan pronto me saque de la cárcel le procuraré nuevas noticias.

Con todo respeto le saluda, *Ramón"*.

Esta carta fue de una gran importancia, pues, sobre confirmar ciertas sospechas, no pasaron muchos días sin que se hiciese una infame campaña contra el jefe del Gobierno, dando como seguros hechos ocurridos en un Consejo de ministros que, como habrá visto el lector, no se celebró; sin embargo, la calumnia dio óptimos frutos revolucionarios.

Entre dos luces llegué a Lérida. En el Gobierno me encontré a las autoridades civil y militar.

Según ambas, allí el espíritu público había reaccionado mucho y la situación era buena. Merced a las medidas preventivas adoptadas no ocurrió más incidente desagradable que el de la noche del 13: tres individuos que en la calle de Anselmo Clavé infundieron sospechas a un vigilante nocturno, y al acercarse éste para identificarles le hicieron varios disparos, acudiendo inmediatamente fuerzas de Policía y Guardia Civil, que detuvieron a dos y encontraron varias pistolas marca "Unión", cápsulas, cargadores, bastantes empaques de arma corta y cajas de municiones vacías. Por averiguaciones posteriores se supo que un grupo de unos ciento cincuenta individuos se congregó en las inmediaciones del Campo de Marte, en el cual, dentro de una casilla deshabitada, se distribuyeron armas; dicho grupo tenía, al parecer, el propósito de escalar las murallas del castillo principal, alojamiento del regimiento de La Albuera, y obligar a los jefes, oficiales, clases y soldados a sublevarse. Los disparos de la calle de Anselmo Clavé sembraron el pánico entre los conspiradores.

Lérida, según ambos gobernadores, no podía constituir preocupación alguna para el Gobierno.

A las diez de la noche entraba en Barcelona.

BARCELONA.—El 29 lo dediqué por completo a conferencias con el capitán general, gobernador civil y jefe de Policía.

La situación en la ciudad condal no fue inquietante durante la huelga, ni lo era en aquellos días, toda vez que unos cabecillas del movimiento habían sido detenidos oportunamente, y otros, los más, adoptaron en los primeros momentos la prudente resolución de ocultarse, que es medida práctica y de buen juicio para quienes no tienen que guiarse por los dictados de su propio honor y espíritu. Ésta era, después de todo, la táctica empleada siempre por los políticos revolucionarios. Allí sólo eran de temer los anarcosindicalistas, dispuestos en cualquier momento a la revuelta con todas sus consecuencias.

La disolución de los sindicatos pertenecientes a la C.N.T. no había dado los frutos apetecidos, ya que las Juntas directivas, en su mayoría, tuvieron la precaución de poner en salvo la parte más interesante de la documentación, por lo cual les era posible actuar en la clandestinidad, cotizando en fábricas y talleres, con la aquiescencia tácita o expresa de los patronos, unos por creer que así se evitarían posibles disgustos en el porvenir, otros por estimar contribuían con ello a fomentar el desarrollo de una fuerza que el día de mañana podría facilitar el advenimiento de la República y ver satisfechos sus deseos regionalistas.

Allí no ignoraba nadie que los delegados catalanes que tomaron parte en las deliberaciones de San Sebastián habían puesto como condición *sine qua non* para colaborar en el Comité revolucionario, el reconocimiento, si el éxito coronaba el esfuerzo, de la "personalidad política de Cataluña", frase un tanto confusa que permitía balancearse entre el programa autonómico de los elementos moderados de la Lliga y la total independencia, aspiración del grupo extremista capitaneado por Maciá.

En cuanto al Ejército, no preocupaba lo más mínimo. Los pocos significados revolucionarios estaban presos y en manos de los jueces; los demás simpatizantes, sobradamente conocidos, se guardarían muy bien de hacer pinitos.

Tan halagüeña apreciaba la situación el general Despujol que no había tenido inconveniente en decretar la libertad de casi todos los detenidos no sujetos a proceso.

El día 30 me ocupé en relacionarme con determinados elementos del campo sindical y del servicio secreto. Por ellos vine en conocimiento de algunas cosas interesantes.

En primer lugar me informaron de que se estaba preparando un atentado contra el Rey.

El designado como jefe del grupo ejecutor era un anarquista catalán que residía en Francia, llamado E.S.M. Este individuo contaba con la colaboración de otros dos, apellidado R. uno de ellos. Los tres trabajaban en una fábrica de papel, donde, al parecer, se habían conocido. Del primero se tenían datos en la Dirección de Seguridad: estuvo empleado durante el año 1921 en las oficinas de la Compañía del Gas Catalán y formó parte de los "grupos rojos" de San Martín, emigrando a la vecina República en marzo o abril de 1926, para librarse de la cárcel por su intervención en determinados asuntos sociales. Ya acordado el viaje a España, para ultimar detalles, se les avisó lo demorasen en vista de la vigilancia que se ejercía en la frontera y la actividad que contra los grupos anarquistas desarrollaba la Policía en Barcelona, como consecuencia del movimiento revolucionario[(31)].

También supe que cerca de Port-Bou existía preparada desde hacía dos meses una expedición de pistolas procedentes de una conocida fábrica francesa; dicha expedición, ante las dificultades que se encontraban para hacer el alijo por tierra, se había pensado introducirla por Rosas o La Escala, con la complicidad de ciertas personas, de las cuales se me dieron pelos y señales.

Los trabajos de investigación realizados con este motivo me pusieron sobre la pista de otras gestiones que se estaban llevando a cabo en Valencia, por un conocido republicano, para introducir un contrabando de armamento, contrabando que tengo la vehemente sospecha que en parte pudo alijarse por un sector bastante abrupto de la costa de Castellón. ¿Cómo? No lo pude averiguar; lo que sí aseguro es que no fue por

---

[(31)] Este atentado —que no tenía relación con el que se planeaba en Madrid— no llegó a vías de ejecución, por haber tenido conocimiento los anarquistas complicados de que la Dirección de Seguridad estaba al tanto de todos los pormenores.

negligencia mía ni de los funcionarios que envié allí con objeto de impedirlo.

Por último —esto quizá sea lo que más interese a los espíritus aficionados a lo peliculesco— se me dio la confidencia de que en cierta tertulia de señoras dadas a las "drogas" y otros raros placeres, en la cual, para evitar la monotonía del sensualismo, se celebraban extravagantes sesiones de espiritismo, alternadas con otras de sugestiva ruleta, se estaba tratando de recaudar fondos entre los concurrentes con el fin de organizar una banda de hombres de acción —léase "pistoleros"— que asaltasen la cárcel de Madrid y pusieran en libertad a los detenidos políticos, a cambio de obtener de ellos la promesa previa y solemne de que, si la República llegaba a triunfar, se legislaría: primero, otorgando el voto a las mujeres; segundo, concediendo el derecho al divorcio; tercero, determinando la investigación de la paternidad; cuarto, prohibiendo la vida en comunidad de los individuos pertenecientes a las Órdenes religiosas; quinto, reglamentando el juego, y finalmente, declarando libre el comercio de estupefacientes, pues, según ellas sostenían, tanto el hombre como la mujer eran dueños de hacer de su capa un sayo al llegar a la mayoría de edad.

Según informes que tuve con posterioridad, parece ser que se desistió de tan atrevida empresa por no haber reunido la cantidad necesaria para reclutar la banda de asaltadores, ya que los caballeros concurrentes a la tertulia, que eran, en fin de cuentas, los llamados a "sudar" las pesetas, convencieron a las autoras de la iniciativa que harto hacían con dejarse ganar y pagar a buen precio las demás distracciones, de las cuales todos disfrutaban.

CASTELLÓN y VALENCIA.—Llegué a Castellón poco después de las doce del día 31. En esta población no había ocurrido nada interesante. Bastó que el gobernador militar metiese en la cárcel a unos cuantos significados republicanos para que los demás se mantuvieran en una actitud de extremada prudencia, no obstante las continuas excitaciones que desde Valencia hacía don Fernando Valera Aparicio, empleado del Catastro, masón y teósofo.

A éste, que desde algún tiempo atrás venía realizando una activa propaganda revolucionaria por toda la provincia, le llamaban por aquellos pueblos "el San Vicente Ferrer republicano". Con haberle adjudicado tan pomposo sobrenombre, sus correligionarios se consideraban satisfechos y no se creían obligados a más. A juicio de las autoridades, Castellón era una balsa de aceite, y lo seguiría siendo.

A la caída de la tarde estaba en Valencia, donde el panorama político presentaba muy distinto aspecto: rebeldía latente, pasiones enconadas, entusiasmo entre los enemigos del régimen e indiferencia en quienes no lo eran. ¡La revolución marchaba!...

Para colmo de desdichas, el gobernador civil, señor Amado, había tenido que ausentarse bajo la forma legal de un permiso, en tanto se tramitaba su dimisión, que se vio obligado a presentar a consecuencia de la enconada campaña de que se le hizo víctima por ciertas concesiones a la Sociedad de los astilleros, amenazada de toda clase de violencias por parte de los anarcosindicalistas con el beneplácito de los republicanos, encargados en aquella época de envenenar los problemas sociales.

El señor Amado se había visto no sólo atacado por la Prensa y extremistas de unos y otros matices, sino falto de asistencia por parte de los elementos de orden, monárquicos inclusive, sin duda por creer estúpidamente que las transigencias y contemplaciones con el enemigo era la mejor forma de dominarle, sin darse cuenta de que las debilidades con el adversario han sido y serán siempre el procedimiento más rápido y seguro de acrecentar su moral.

Por el motivo expuesto se hallaba encargado del Gobierno Civil el presidente de la Audiencia, persona que, a pesar de su capacidad y buena voluntad, ni conocía a fondo la situación política y social, ni le era posible proceder con la autoridad y el desembarazo que al propietario. Menos mal que estaba al frente de la Policía gubernativa el comisario don Mariano Molina, hombre de gran experiencia y muy versado en toda clase de actividades sindicales.

Según los informes que recogí la misma tarde de mi llegada, aquello estaba mal, francamente mal, pues los elementos republicanos lo invadían todo, desde el Ayuntamiento de Valencia hasta las más insignificantes organizaciones campesinas de la provincia, con fuertes núcleos de simpatizantes entre la clase trabajadora y los funcionarios del Estado. Entre éstos formaban en cabeza los militares —especialmente artilleros— y los catedráticos.

En Valencia dominaba la C.N.T., con la gran ventaja para su actuación, sobre las organizaciones de otras provincias, de que no existía mezcla de elementos extraños, por lo que el anarco sindicalismo se manifestaba allí en toda su pureza ideológica, lo que robustecía la solidaridad de sus afiliados, y para mayor cohesión contaba con Prensa propia y unos directivos de capacidad, acción y prestigio probados. Por si todo ello fuera poco, los periódicos desafectos a la Monarquía alentaban los más reprobables extremismos, sin darse cuenta del peligro que tal conducta implicaba, lo que les daba un ardite, pues, como decía un conspicuo republicano y amigo mío: "Aquí lo importante es que todos caven, siembren, rieguen y escarden, que las papas ya veremos quién se las come".

De nada servía que mis subordinados, no pocas veces exponiendo la vida, detuviesen a tales o cuales agitadores, como sucedió entonces con uno de los Palomares, Medina González y Jaén Peris, ya que inmediatamente aparecían nuevos tipos dispuestos a actuar con mayores bríos, que se traducían en planteamientos de huelgas injustificadas, coacciones y propósitos de atentados. La misma disolución de los Sindicatos no ocasionó allí trastornos de importancia: a los pocos días andaban los directivos practicando gestiones para establecer una Sociedad de cultura, especie de Ateneo de Divulgación Social, que les sirviera de seguro refugio. Para atajar el mal hubiera sido necesario medidas rigurosas de excepción, que el Gobierno, dada la política que se había impuesto, no quería emplear.

A la excitación de la masa obrera, provocada por la actividad de los agitadores profesionales y elementos políticos, había que unir el malestar producido por la crisis de trabajo que se iniciaba, especialmente en Sagunto, donde la Siderúrgica del Mediterráneo languidecía por falta de pedidos.

El ambiente en los Cuartos de banderas y estandartes no era favorable. Existían algunos jefes y bastantes oficiales comprometidos; y aun cuando durante el movimiento revolucionario no hubo ni el menor asomo sedicioso, ni siquiera tibieza en el cumplimiento del deber, era evidente que en la guarnición se conspiraba; pero ¿podía temerse algún chispazo como los de Jaca y Cuatro Vientos? Desde luego, no; faltaban el caudillo local y los hombres decididos a secundarle. Allí toda la fuerza se iba por la boca; palabrería, que ha pretendido suplir siempre la falta de arrojo. Eso sí, se hablaba y comentaba con el mayor descaro, incluso en los sitios públicos. Puedo citar el caso concreto de un coronel que dijo en plena tertulia del café, a voz en grito, que la intentona, "afortunadamente" se reproduciría en seguida, y que en el Norte se habían repartido ya armas y municiones en gran cantidad.

Y entretanto, ¿qué hacía el capitán general? Nada, absolutamente nada; es decir, algo peor: confiarse a cierto jefe de Infantería, que daba la casualidad era uno de los más significados conspiradores de la región.

También en Valencia, ¡cómo no!, se notaba intranquilidad entre el elemento estudiantil, intranquilidad alentada por una parte del profesorado, que hacía así honor a la nómina y cumplía el sagrado deber de enseñar convirtiendo el aula en tribuna de mitin, lo que entusiasmaba a los chicos, a quienes era más grato oír las disertaciones políticas del catedrático que dar las lecciones como un papagayo, sistema arcaico de enseñanza que aún tenía muchos adeptos en tiempos de la Monarquía. No sé si la República, en su ansia de renovación, habrá desterrado el procedimiento cultivador de la memoria, que, según afirmaba Napoleón, "es la inteligencia de los brutos".

Como resultado de las últimas disertaciones, andaban los afiliados a la F.U.E. —la vanguardia renovadora— preparando algaradas para tan pronto se reanudasen las clases. El rector, en vez de imponer su autoridad en el claustro y en los estudiantes, cubría el expediente dando cuenta de sus temores al gobernador. No existía concepto del cumplimiento del deber. ¡Así iba todo!...

Al día siguiente, 1 de enero, visité al capitán general, que se levantó de la cama, donde le tenía recluido un fuerte "gripazo", para recibirme. No me dijo nada que no supiera; yo, en cambio, le facilité algunos datos de interés para él. Dicho señor estaba, como vulgarmente se dice, "en la higuera".

Por la tarde, después de comer, salí para Madrid. Durante el viaje aguanté uno de los más formidables temporales que registra la historia de mi accidentada vida. A las nueve de la noche estaba en el despacho de la Dirección de Seguridad.

Tenía grandes deseos de pasar, aunque no fueran más que unas horas del primero de año, en Madrid. ¿Motivo? Quizá un poquito de vanidad: entraba en vigor el Reglamento de la Policía Gubernativa, por el que tanto me había interesado y que tantas dificultades tuve que vencer hasta verlo en la *Gaceta.*

Era el citado Reglamento un guía para todos, en el que se imponían deberes y se garantizaban derechos; un freno para el propio director general; con él se acababan el favor, la influencia y el capricho que habían prevalecido hasta entonces. Anularlo fue la primera medida de quien me sustituyó en el cargo. El imperio de la arbitrariedad es indiscutiblemente un sistema, pero un sistema malo, que intranquiliza la conciencia del que lo ejerce. La mía no ha tenido que reprocharme jamás un acto de despotismo.

El mayor acierto en aquel Reglamento fue la creación de la Sección de Justicia, con una plantilla de letrados que tenían la delicada misión de asesorar al director y limitar la influencia personal de su volición. Era la garantía de todos.

En el acoplamiento de los nuevos servicios, pasó a la Sección de Justicia el comisario de primera don Prudencio Rodríguez Chamorro, jefe de la División de Investigación Social; para ésta designé al de igual categoría, don Santiago Martín Báguenas, policía recto, honrado y de valer, que compartió conmigo los sinsabores de los tres meses y medio últimos de la Monarquía y posteriormente las amarguras de la persecución. Sirvan estas líneas de sincero testimonio de agradecimiento al funcionario modelo en todos los órdenes, que tan cara ha pagado su lealtad.

RESUMEN.—Aquella noche redacté un detallado informe de lo que había visto y oído durante el viaje. Buenas y malas impresiones: de todo un poco. Sin embargo, de momento nada que temer; me lo confirmaba, además, uno de los más audaces confidentes, individuo que frecuentaba el trato de significadísimos republicanos.

La nota informativa facilitada por el intermediario que se entrevistó de madrugada con él decía textualmente:

"Dice L... que la gente anda muy revuelta propagando todo género de invenciones por las tertulias de los cafés para glorificar el gesto y la memoria de los caídos, pero sin que pueda observarse reacción organizada que ofrezca cuidado.

Entre los militares continúa el choque de opiniones por lo sucedido, sin que tampoco haya tomado cuerpo de actuación el descontento de los mal avenidos con el Gobierno y la Monarquía.

Opina que es muy difícil rehacerse para apoyar otra intentona en organizaciones serias, y dice que los que a toda costa anhelaban la revolución están que trinan por la represión desarrollada contra los sindicatos de la C.N.T."[32].

---

[32] Los viajes a Sevilla y a Bilbao no pude realizarlos. La situación política me impidió salir de Madrid.

CAPÍTULO VIII

La cuesta de enero

Propósitos y realidades.— Dominado el movimiento de diciembre, imposibilitada la organización revolucionaria de un nuevo golpe inmediato y asistido el Gobierno del concurso de numerosos elementos de orden, se afirmó en su resolución de celebrar las elecciones generales el 1° de marzo, para desembocar definitivamente en la legalidad constitucional y privar a los enemigos del régimen monárquico de uno de los argumentos que con mayor insistencia esgrimían.

No se les ocultaba al presidente del Consejo y a los ministros que para llevar a feliz término esta interesante parte de su programa político tendrían que luchar con grandes dificultades, pues, a decir verdad, los que más propugnaban por unas Cortes eran los que menos ganas tenían de ir a los comicios ante la perspectiva, si no de un fracaso rotundo, que era difícil, de no conseguir el número de diputados suficiente para poder realizar con éxito una política de constante obstrucción, que agotase rápidamente los gobiernos y nos llevase al caos o a una nueva dictadura, soluciones ambas inmejorables para los propósitos de los revolucionarios, obsesionados en derribar la Monarquía, aunque con ello peligrase la seguridad o sufriese gran quebranto la economía nacional.

Tal como se presentaban las cosas, el Gobierno no habría de encontrar sólo obstáculos en los sectores antimonárquicos, sino también en los que no lo eran, por la ambición desmedida de algunos primates que se obstinaban en conseguir para sus amigos el mayor número de actas, sin darse cuenta de que los tiempos no estaban para componendas y encasillados. Existían además los llamados "constitucionalistas", que abogaban por unas Cortes constituyentes; pero no fueron éstos ni los republicanos, sino aquéllos, los que fraguaron la intriga que hizo caer al Gabinete Berenguer, llevándonos a unas elecciones municipales que resultaron fatales a la Monarquía.

Con arreglo al programa trazado, a primeros de año empezó a darse suelta a los detenidos gubernativos complicados en el movimiento, quienes tan pronto en la calle, prosiguieron con mayor encono la campaña subversiva, que con indiscutible habilidad inspirara Lerroux desde su encierro, valiéndose de toda clase de procedimientos, entre los que figuraba, en primer término, el de una profusa literatura clandestina plagada de insidias, calumnias y falsedades, que la mayor parte de la gente creía a pie juntillas, aumentando la rebeldía de unos y la indiferencia de otros. Podría copiar, aún ahora, algunos párrafos de *La Gaceta de la*

Revolución y de *El Murciélago* para que la opinión, ya serena, juzgase; pero el respeto que me debo a mí mismo y un sentimiento de caridad hacia quienes los escribieron me lo prohíbe. La política —como decía el general Marzo— no tiene entrañas.

Ya avanzado el mes de enero se resolvió el llamado "pleito de los alcaldes de real orden" —una de las innumerables chinitas puestas al Gobierno por ciertos políticos monárquicos—, disponiéndose que los municipios que no fueran capitales de provincia podrían designar libremente sus alcaldes, sujetándose con ello al espíritu, todavía interpretado con más amplitud, de la ley Municipal de 1877, que restaba tal facultad a los pueblos cabeza de partido judicial, y a los que, sin serlo, tuvieran determinado número de habitantes.

El señor Cambó y el conde de Romanones fueron los que hicieron más hincapié, para que el Gobierno diese esa nueva prueba de imparcialidad. Que el jefe de la Lliga sustentara ese criterio, me pareció lógico, ya que en Cataluña fue siempre donde con más pureza se hicieron las elecciones; pero que el conde, maestro en toda clase de enjuagues electorales, lo pidiese también, no lo entendí hasta que unos días después provocó la crisis y... "enseñó el plumero".

La absoluta sinceridad con que quería proceder el general Berenguer para que el resultado de las elecciones expresase el verdadero sentir del pueblo español queda reflejada en el penúltimo párrafo de la nota entregada a la Prensa por el ministro de la Gobernación, señor Matos, después del Consejo del día 21. Decía el tal párrafo:

"Por encima de todo coloca el Gobierno el deber que a su conciencia se impone de presidir esta obra de reconstrucción del organismo político español, de modo que garantice un normal funcionamiento para lo futuro, con la colaboración de todos los elementos que, libres de apasionamientos insensatos, consideren esencial la pacífica convivencia, dentro de la ley, sin detrimento de la sustentación y defensa de las más opuestas opiniones; y por ello no ha de limitar las garantías de su imparcialidad a lo que queda dicho, sino que en todo el curso del proceso electoral quiere dar, y dará, una tan absoluta impresión de esa imparcialidad. Pondrá en juego el Gobierno, con inflexibilidad y sin reparos, toda la suma de garantías que la ley Electoral ofrece para que sea respetado el derecho del elector, fuere el que fuere, y aún habrá que ampliarlas, mediante la extensión de la fe notarial, para que nadie se vea privado de ella y estudia también la instauración de procedimientos de identificación de la personalidad del elector que impida toda mistificación o suplantación a este respecto".

Sobre lo expuesto existía la promesa formal por parte del Gobierno de levantar el estado de guerra, restablecer las garantías constitucionales, suprimir la censura de Prensa y autorizar la más amplia propaganda. Pero no es el campo de la política terreno apropiado para que germinen, dando frutos de paz, la sinceridad y buena fe; sino que, por el contrario, cada fuerza adopta la postura que más conviene a sus miras partidistas, justificándola con pretextos que nunca faltan, aunque algunas veces se den de puñadas con los principios sustentados y puedan producir grave daño a la patria. Y así ocurrió, que primero unos y después otros de los interesados en que no hubiera Cortes adoptaron la resolución de no concurrir a las elecciones, dificultando el propósito del Gobierno de celebrarlas.

Desde luego no era un secreto que los partidos republicanos se abstendrían de ir a la lucha, aun cuando, que yo sepa, no hicieron pública su decisión hasta el 30 de enero. Respecto a los socialistas, había sus dudas, ya que unos eran partidarios de concurrir y otros no; sin embargo, la presión ejercida en favor de la abstención por los elementos en inteligencia con el Comité revolucionario, a quienes se tenían ofrecidas carteras y concesiones en materia legislativa, no podía por menos de rendir sus frutos. Para tratar de la conducta a seguir se celebraron reuniones en la Casa del Pueblo los días 23 y 25, dándose la referencia de que reservaban la resolución definitiva hasta que se reuniese la asamblea integrada por los Comités nacionales del Partido y de la Unión General de Trabajadores, lo que debía tener lugar a primeros de febrero.

En cuanto a los constitucionalistas, don Melquiades Álvarez, que entre ellos llevaba la voz cantante, sostenía el criterio de adoptar actitud análoga a la de los republicanos y socialistas, por entender que no podrían, sin agravio para sus propias convicciones, prestarse a constituir la oposición parlamentaria, declarando públicamente el acuerdo de no acudir a las elecciones después de la comida que celebraron en el Hotel Ritz el día 28, a la que concurrieron, además del citado, los señores Sánchez Guerra (don José), Burgos Mazo, Bergamín y Villanueva.

¿Cómo, sin saberse oficialmente la actitud de los republicanos y socialistas, acordaron en firme abstenerse los constitucionalistas? No lo sé; pero es de suponer que don Miguel Villanueva, que mantenía estrechos contactos con el señor Alcalá-Zamora y compañeros de Comité, informase a sus correligionarios de lo que los antidinásticos pensaban hacer.

No he de negar que la resolución de los constitucionalistas contrariara grandemente al Gobierno, el cual se vio en el caso de poner las cartas boca arriba, facilitando una nota a la Prensa, en la noche del 29, para que la opinión pública, con criterio imparcial, juzgase. De ella son los interesantes párrafos siguientes:

"Parecía lógico que quienes se manifiestan deseosos de exigir las responsabilidades de gestión durante el período dictatorial, se aprestasen a procurar sus representaciones en Cortes, donde pueden aquéllas demandarse; que quienes niegan la crisis de los antiguos partidos políticos, aprovecharan la ocasión para demostrar que aún conservan arraigo en la opinión y fe en sus ideales; y que, en suma, los que todo lo critican, se decidiesen al fin a reconstituirlo todo por la única vía en que es posible hacerlo legalmente. Sin embargo, se propaga como panacea de todos los males el criterio de la abstención, comprensiva en los elementos ácratas y aún circunstancialmente, por despecho, en los participantes de los intentos revolucionarios, pero totalmente inconciliable con los sectores propiamente políticos, desde el partido socialista, de ideología colectivista, hasta los republicanos, demócratas y liberales, de ideología burguesa.

No quiere el Gobierno penetrar el fondo de los móviles de esa propaganda abstencionista, cuyo éxito se cifra en hacer imposible la actuación de un Parlamento, lo cual derivaría necesariamente a la gobernación sin él. Lo que sí importa al Gobierno es hacer constar una vez más su imparcialidad en la contienda electoral, ya que no estando vinculado a ningún grupo político, no siente preferencia alguna. Por ello no ha de rehusar aquellas garantías de sinceridad que se estimen indispensables para asegurar el triunfo de quienes obtengan el voto popular, cualesquiera que sea su filiación política y su condición social: amplitud de la elección de alcaldes por sus Ayuntamientos; extensión de la fe notarial; automático nombramiento de los magistrados del Tribunal Supremo que formen el Tribunal de Actas; levantamiento del estado de guerra; libertad de Prensa, de asociación y de reunión; aplicación rigurosa de todas las garantías que la ley establece. Toda otra iniciativa en esa orientación será examinada atentamente por el Gobierno, cuyo más ferviente deseo es garantizar unas elecciones con votación libre y resultado exacto. Así, quien se abstenga podrá invocar otras razones, pero no dar como pretexto la desconfianza en la actuación del Gobierno".

A pesar de tanta contrariedad el Gobierno seguía en su propósito de normalizar la vida constitucional yendo a las elecciones en la fecha fijada, pues entendía que, aun faltando la representación de importantes sectores políticos, era de imperiosa necesidad la actuación del Parlamento, ya que existían gravísimos y urgentes problemas que resolver, entre los que figuraban: presupuestos, cambios, Estatuto ferroviario, Confederaciones hidrográficas, régimen de concesiones hidroeléctricas, Estatutos municipal y provincial, revisión de disposiciones de las dictaduras militar y civil, responsabilidades de gestión, consorcios, enseñanza, Comités paritarios, etc., etc.

Se acordó levantar el estado de guerra, salvo en las provincias de Madrid y Huesca, en el cambio de impresiones que los ministros tuvieron en la tarde del día 25, dando la referencia oficial de que se hacían esas excepciones por haberse producido en ellas sublevaciones militares cuyos sumarios se hallaban en plena tramitación y estimarse conveniente que las autoridades del Ejército tuvieran una mayor preponderancia. Esto en cuanto a Huesca era cierto; ahora bien, por lo que se refería a Madrid influyeron otras causas: la primera de ellas, la agitación que se notaba entre el elemento estudiantil, constantemente incitado por los profesores desafectos al régimen.

Diariamente, por fútiles pretextos, se promovían algaradas llevando la intranquilidad a los barrios donde se hallaban enclavadas las Facultades y el agotamiento a la sufrida fuerza pública, que cosechaba, en premio a su paciencia y conducta prudente, insultos y ladrillazos a todo pasto; pero lo más lamentable era que las autoridades académicas, por desidia, cobardía o mala intención, informaban tendenciosamente al ministro de Instrucción pública, señor Tormo, haciéndole creer que los incidentes eran debidos al poco tacto del Cuerpo de Seguridad y a la parcialidad del de Vigilancia, por suponer dispensaba protección a determinados elementos y muy especialmente a cierto semanario inspirado por el doctor Albiñana, cuya venta trataban de impedir los afiliados a la F.U.E., lo que decía muy poco del espíritu liberal de que se creían árbitros[33].

De una parte la actitud poco consecuente y apasionada del señor Tormo en estos asuntos y de otra el recrudecimiento, a partir de las Pascuas de Navidad, de la campaña de que ciertos periódicos me hicieron víctima, creó en mí un estado de disgusto tan acentuado que en distintas ocasiones hice presente al general Berenguer y al ministro de la Gobernación los deseos de abandonar el cargo, para que lo ocupase persona de más comprensión política y de más simpatías en la opinión pública madrileña que yo; mas desgraciadamente no pude conseguirlo, por entender dichos señores debía bastar para mi interior satisfacción la confianza sin límites que ellos tenían depositada en mí.

Hubo un día en que me creí libre. Fue después de una conversación un tanto violenta que sostuve con el señor Tormo en el propio despacho del ministro de la Gobernación, con motivo de una intervención de la fuerza

---

[33] El Gobierno Berenguer no prestó apoyo alguno al doctor Albiñana, ni a la organización que dirigía, ni a su semanario. El doctor Albiñana, por su temperamento batallador, por el arraigo de sus convicciones y por su exaltado patriotismo, me era profundamente simpático; pero tuve que guardarme mi sentimiento íntimo la única vez que crucé la palabra con él mientras fui director de Seguridad.

pública; empero, el Presidente me repitió una vez más su absoluta identificación conmigo, y no pasó más.

La masa obrera, por temor a medidas de rigor o quizá en espera de acontecimientos, no provocó más conflictos de relativa importancia durante el mes que el de Artes Gráficas en Madrid, conflicto de aspecto puramente económico, el cual afectó principalmente a las grandes empresas, que fueron las que se negaron a aceptar las bases de trabajo impuestas por el Comité paritario, que era como decir Casa del Pueblo.

CONFIDENCIAS E INSTRUCCIONES.—A medida que fue avanzando el mes de enero, el servicio secreto concretaba actividades de los elementos revolucionarios, que, dicho sea de paso, iban reorganizándose con más rapidez de la que lógicamente cabía esperar.

De todas las confidencias, las más interesantes eran, sin duda, las que se referían al atentado preparado contra el Rey, que se hallaba en un compás de espera, debido a dificultades para la ejecución. Seguían en orden de importancia las que señalaban las relaciones, cada vez más intensas, de los republicanos con la Casa del Pueblo y un tanto frías con los anarcosindicalistas, al punto de facilitar aquéllos a éstos algunos auxilios económicos para hacerles olvidar su manifiesto disgusto por el desamparo en que se les dejó el día de Cuatro Vientos.

Una de las entrevistas celebradas por delegados republicanos y un representante de los grupos anarquistas —tal vez la primera de aquella etapa— tuvo lugar el domingo 28 de diciembre en terrenos de la Ciudad Lineal, la cual faltó poco para que fuera sorprendida por la Policía. En esta conferencia aseguraron al anarquista que disponían de dos automóviles preparados para introducir armas del extranjero; que contaban con pistolas, municiones, mil bombas e incluso una ametralladora. Con posterioridad dichos individuos dieron 500 pesetas para socorros a presos sociales y probablemente apuntaron la conveniencia de estar preparados para la segunda quincena del mes.

Según un informador muy bien situado en los medios revolucionarios, el movimiento podría producirse del 23 al 25 de enero. Estas fechas coincidían con las que señalaba un comunista de Bilbao. En cambio, en Valencia, entre los elementos ácratas, circulaba la especie de que se producirían acontecimientos importantes alrededor del 11.

Lo que no cabía duda es de que se estaba preparando un nuevo golpe, en el que se intentaba tomasen parte, además de los elementos ya sabidos, los ferroviarios, en aquella época un tanto disgustados por no haber conseguido de las Compañías ciertas mejoras exigidas con apremio.

La propaganda entre los ferroviarios era grande, pero había muchos que recordaban los estragos de la huelga del año 17 y no querían meterse en camisa de once varas. Para inclinarles a la colaboración se intentó organizar una manifestación que hiciera acto de presencia en la cárcel, la que se pudo hacer fracasar sin dificultad.

Se tenía exacto conocimiento de todos los que dirigían la conspiración. Pudieron tomarse medidas preventivas para dificultar los trabajos, mas el Gobierno no quiso se practicaran encarcelamientos gubernativos; le impulsaba a esta actitud la proximidad del período electoral, por entender que sería de mal efecto poner en libertad a mucha gente de una vez, lo que forzosamente tendría que ocurrir al entrar en vigor las garantías constitucionales. Y así, al amparo de las condescendencias de los hombres que ocupaban el Poder, obstinados en practicar una política de amplio espíritu liberal, mal comprendida por todos y peor agradecida por quienes actuaban al margen de la ley, fue aumentando el ambiente revolucionario que debía invadir el alma nacional y hacer cambiar radicalmente el rumbo de la Historia de nuestro país.

Una vez conocido el criterio del Gobierno, no me quedaba otra misión que prevenir. A este fin obedecieron las cartas-circulares que dirigí a los gobernadores civiles en 5 y 17 de enero.

He aquí la primera:

"Mi distinguido amigo: Nuevamente creo necesario ponerme en comunicación con usted para darle cuenta de cuál es el estado político-social de la nación en estos momentos, a fin de evitar que los acontecimientos —si llegan a producirse— le cojan desprevenido.

La situación actual es la siguiente: al desconcierto que se apoderó de los elementos revolucionarios a raíz del fracaso de mediados de diciembre, ha seguido una reacción de optimismo que ya está cristalizando en proyectos a realizar en fecha próxima, para ver de impedir a todo trance que se lleve a vías de hecho el firme propósito del Gobierno de verificar las elecciones de diputados el día 1 de marzo.

Según mis informes, primero se pensó por algunos en el atentado personal, pero este propósito, aunque no descartado todavía, ha dejado paso a la opinión de los que creen factible la realización de otro movimiento, que los confidentes fijan del día 15 al 25 del corriente. En este movimiento habrán de tomar parte, desde luego, los republicanos y elementos obreros que se significaron la vez pasada, y probablemente también los afiliados a la Casa del Pueblo de Madrid (Unión General de Trabajadores); cuentan, o creen contar, con los simpatizantes del Ejército (oficialidad y clases de segunda categoría), y quizá abriguen la esperanza de que se sumen otros de la Marina, especialmente de las clases subalternas.

Es algo difícil *a priori* determinar si ante las medidas de previsión desistirán de su empeño republicanos y obreros, pero lo que sí puede asegurarse es que si las autoridades militares toman las adecuadas medidas, como es de esperar, no se reproducirán lamentables sucesos como los de Jaca y Cuatro Vientos; y faltando el apoyo del Ejército, todo quedará reducido a simples algaradas, de tanta menor duración cuanto mayores sean los desafueros, pues forzosamente los elementos de orden, que son los más, han de reaccionar con gran energía. Ni qué decir tiene que Madrid —donde la actividad política va siempre a la cabeza— ha de dar la pauta.

Debo hacer constar, antes de pasar adelante, que durante el recorrido realizado recientemente por mí (Zaragoza, Lérida, Barcelona, Castellón y Valencia), he sacado la impresión de que la inmensa mayoría de la oficialidad ha comentado con general reprobación la locura de Jaca y el grotesco episodio del aeródromo de Cuatro Vientos.

Independientemente de lo dicho, pero relacionado directamente con el movimiento político, se percibe cierta agitación entre el elemento escolar-universitario: Madrid y Valencia forman a la cabeza. La agitación estudiantil piensa provocarse tan pronto como se reanuden las clases.

Se ha hablado mucho estos días en las tertulias —alternando con el reparto de una gran variedad de hojas clandestinas— de la constitución de un nuevo Gobierno provisional; mas nada ha podido comprobarse hasta ahora. Lo único que se afirma es que la figura de Sánchez Román ha adquirido excepcional importancia.

Conocida la situación, los acontecimientos no deben sorprender. Lo pasado ha enseñado a todos, y esta enseñanza ha de proporcionarnos los medios para evitar incidentes desagradables: precisa no perder el contacto con los elementos revoltosos, por mediación de terceras personas; que el servicio se preste bien en todo momento; tomar precauciones a la menor sospecha de alteración de orden público, en los Gobiernos civiles, centrales de telégrafos y teléfonos, así como en las Comisarías, pues el público sabe perfectamente que en ellas se guardan armas y municiones; adoptarlas también en los alrededores de las cárceles, caso de que existan presos políticos o sociales, y por último, mantener constante contacto con las autoridades militares, sirviéndolas con el mayor celo en todas las misiones que le sean encomendadas por las mismas y poniéndolas al corriente de aquellos asuntos que su buen juicio le dicte deben conocer.

Le prevengo que esta carta ha sido aprobada por el presidente del Consejo y por el ministro de la Gobernación.

Rogándole me acuse recibo, queda como siempre de usted atento s. s. y buen amigo, q. e. s. m., *Emilio Mola".*

La del 17 de enero decía así:

"Mi distinguido amigo: Siguiendo mi costumbre, de nuevo me dirijo a usted para ponerle al corriente, en términos generales, del juicio que tengo formado en la actualidad del estado político-social de España; de los proyectos que abrigan los elementos revolucionarios y, por último, de las medidas que conviene adoptar.

Impresión de conjunto.–...[34]

Es interesante hacer constar que los informes que las distintas autoridades militares han dado recientemente al general Berenguer, y los que por diversos conductos llegan a esta Dirección general, acusan que del Ejército nada hay que temer, toda vez que los simpatizantes con los republicanos son conocidos, se vigilan cuidadosamente sus actividades y no han de encontrar apoyo en la masa para todo aquello que implique acción de situarse al margen de la legalidad. Respecto al asunto de Aviación, del que con tanta insistencia se viene hablando en estos días, he de advertirle se trata de un pleito interno, que afecta a un núcleo relativamente reducido de oficiales, que no cuentan con el apoyo ni aun con la simpatía de sus compañeros de Armas. La Marina, por su especial servicio, escapa casi por completo a la investigación policial; pero las informaciones que el Gobierno recibe, tengo entendido son lo suficientemente satisfactorias para no sentir la menor inquietud. En cuanto a los que tomaron parte activa en los sucesos de Jaca y Cuatro Vientos, que se hallan en el extranjero, es indudable están en espera de que los acontecimientos les permitan regresar, no siendo presumible se aventuren a entrar en territorio nacional sin las consiguientes garantías de seguridad para sus personas.

El elemento obrero parece de momento apaciguado; sólo existen pequeños conflictos sociales en alguna que otra provincia, siendo muy significativa la actitud de cordura en que, ante los obligados despidos de la Siderúrgica de Sagunto por falta de trabajo, se mantienen los perjudicados. Además tengo la impresión de que los ferroviarios de M.Z.A., Norte y aun Oeste, no adoptarán actitud alguna de protesta, por poco que se les conceda, no obstante los trabajos que acerca de ellos se hacen. Por lo que se refiere a los Andaluces, es pleito más bien planteado por la Dirección de la Compañía, por no haber sido ésta atendida en ciertas peticiones. En la Casa del Pueblo de Madrid la vida se desliza normalmente, aun cuando es de presumir que sus afiliados no permanecieran neutrales en caso de un

[34] Para evitar repeticiones, omito el primer párrafo de este epígrafe, en el que daba cuenta de los trabajos y de las opiniones del señor Lerroux, ya transcritos en el Capítulo VI, añadiendo únicamente de nuevo que, según mis noticias, los revolucionarios andaban faltos de recursos, llegando a ser precaria la situación de algunos emigrados.

nuevo movimiento. De la C.N.T. puedo decir que en Madrid, en los momentos actuales, se halla distanciada de los republicanos, y en Vizcaya, aunque persisten las entrevistas, no hay hasta el presente acuerdo definitivo; la orden de suspensión oficial de sus Sociedades ha causado gran desconcierto, que habría sido mayor si en todas las provincias se siguiera actuando con el mismo rigorismo que en un principio para impedir a todo trance la cotización clandestina.

Sobre la C.N.T. he de hacer constar que es indispensable seguir ejerciendo una estrecha vigilancia y no dejarse seducir por lo que diga su portavoz, *Solidaridad Obrera,* pues no hay que esperar de sus elementos directivos que cambie la organización, ni el rumbo, ni los procedimientos, aun cuando se sigan publicando artículos como el editorial titulado "Interpretaciones erróneas y maliciosas", del día 14 del actual, del que entresaco los siguientes párrafos: "La organización obrera (se refiere a la C.N.T.) quiere y debe desenvolverse dentro de la legalidad". "La omisión de algunas juntas directivas —y eso por motivos ajenos a su voluntad— de no haber sometido y llevado en regla sus correspondientes libros, no puede en manera alguna suponer un deseo que nadie ha manifestado". "Y sostenemos que los Sindicatos quieren desenvolverse legalmente, porque además de que nunca fue propósito de sus dirigentes hacer lo contrario, así lo exigen los trabajadores. Así lo exige el fin para el cual fueron creados los Sindicatos. No se concibe tampoco que nadie desee sincera y lealmente semejante aberración". "Tan pronto como las circunstancias nos lo permitan, los Sindicatos cumplirán con los requisitos que determina la ley de Asociaciones, porque así lo desean los trabajadores; porque todos lo hemos deseado siempre...; y sobre todo, porque nunca nadie pensó en lo contrario". Indudablemente el que ha escrito tan intencionado artículo, o es de una candidez infantil o tiene un lamentable concepto de los que ejercemos de autoridades gubernativas.

Queda un último elemento: el comunismo. Nada nuevo he de añadir a lo ya consignado en otras ocasiones: sigue la propaganda intensa por medio del libro y del "cine". Sobre esta última, la Censura tiene orden de proceder con el mayor rigor.

Resumen.—A mi juicio, sin grandes temores de que los acontecimientos me rectifiquen, puedo afirmar:

Primero. Que al fracaso del movimiento revolucionario siguió un decaimiento que tratan de contener los directores, destacándose Lerroux como figura principal en estos momentos, aun cuando aparentemente lo sea Sánchez Román, por estar en completa libertad de acción. Lerroux sigue oculto.

Segundo. Que la frase de la carta de Lerroux que dice: "Lo primero que necesito es saber lo que hay en este *todo",* indica bien a las claras que además de decaimiento existe desorganización en el campo revolucionario, desorganización que ha de ser obstáculo que imposibilite la realización de un nuevo movimiento con probabilidades de mediano resultado. Es innegable que si por impaciencias o necesidades apremiantes de la organización revolucionaria se provocase otro, el fracaso sería de mayores proporciones que el anterior.

Tercero. Que la profusión con que hoy circulan hojas clandestinas obedece a un plan preconcebido para mantener la intranquilidad e impulsar a una nueva Dictadura o a unas Cortes constituyentes, "caminos ambos de la República", según los partidarios de este régimen.

Cuarto. Que los recursos escasean en el campo revolucionario.

Quinto. Que para otro movimiento, pese a los optimismos de los organizadores, les va a ser muy difícil hallar colaboración en el Ejército y Marina; y, respecto a la masa obrera, es probable se encontrasen con inesperadas sorpresas.

Sexto. Que se mantiene el propósito firme de provocar otro alzamiento, aun cuando quizá no en fecha tan próxima como en un principio se creyó; y

Séptimo. Parece alejarse, por ahora, el peligro del atentado de que hablaba en mi anterior.

Normas a seguir.— Las mismas que indicaba en mi carta circular número 1 (5 de enero), debiendo constantemente excitar el celo de la Policía para que no decaiga la labor investigadora, tanto respecto de los elementos republicanos como en cuanto se relaciona con las masas obreras, pues el conocimiento de sus respectivas actividades habrá de ofrecer el más eficaz medio de prevención. Asimismo conviene fijar la atención en los anuncios extraños que se publiquen en cierta Prensa, consignando en ellos cifras o signos poco comunes que llamen la atención, procedimiento que ya ha sido empleado con ocasión de los anteriores sucesos para indicar la fecha del movimiento.

De todas las informaciones que reciba le ruego me dé cuenta, como yo a mi vez lo hago, pues desde el punto de vista policial ninguna noticia, por absurda que parezca, es despreciable.

Esta carta circular, como las anteriores, ha sido aprobada por el presidente del Consejo y ministro de la Gobernación.

Rogándole acuse recibo, queda, como siempre, de usted atento s. s. y amigo, q. e. s. m., *Emilio Mola"*.

CAPÍTULO IX

LOS REVOLUCIONARIOS EN LA EMIGRACIÓN

LA INVESTIGACIÓN POLICIAL MÁS ALLÁ DE LAS FRONTERAS.—Desde que a raíz de los sucesos de diciembre no pocos comprometidos huyeron al extranjero, pensé, y lo hice presente al Gobierno, en la conveniencia de poner cerca de ellos un número de agentes secretos que me tuvieran al corriente de sus manejos y más de sus comentarios, ya que era lógico presumir se relacionaran con los elementos afines que habían quedado en España y en sus tertulias hablasen sin mayor recato de los nuevos propósitos y trabajos que se realizaban con vistas al "nuevo golpe, presidido con mayor acierto", cuya preparación se había encomendado al señor Lerroux.

Mientras los fugitivos de Cuatro Vientos permanecieron en Portugal, me tuve que conformar con la ampulosa y deficiente información que periódicamente me enviaba el inspector de Vigilancia agregado a la Embajada en Lisboa, funcionario que por ser demasiado conocido y carecer de la vivacidad necesaria para inquirir no podía hacer una labor de fondo; pero como supe que la estancia de los emigrados allí iba a ser corta, desistí de buscar colaboradores secretos y montar un "aparato" adecuado. Ahora bien, tan pronto tuve conocimiento de que Franco y demás compañeros iban con rumbo a Bélgica, aproveché el ofrecimiento espontáneo de cierto individuo residente en Bruselas para iniciar la organización de un servicio particular de investigación en el extranjero.

Este individuo tuvo habilidad para ponerse en seguida en contacto con los emigrados, a los que siguió en su viaje a París; más al poco tiempo de estar en esta capital, por exigencias de Quiñones de León, lo puse en relaciones con él y fue descubierto, hecho que me afirmó en el presentimiento de que en la Embajada o Consulado existía alguien que estaba en inteligencia o, por lo menos, simpatizaba con los emigrados. Fue en vano cuanto respecto a estas sospechas hice presente a nuestro embajador, que se obstinaba en porfiar que allí todos los funcionarios eran de tan absoluta y acreditada lealtad que quedaban fuera de toda suspicacia. Esto dio lugar a un diálogo postal entre él y yo de tonos algo vivos que, como otras veces, tuve que cortar para no contrariar al jefe del Gobierno y ministro de la Gobernación.

Aun cuando de confidentes conocidos no cabe esperar servicio de información útil, ya he dicho en otra ocasión que existen circunstancias en que también hacen su papel, pues su presencia en los medios que interesa observar desvía la atención de otros elementos empleados, e incluso facilita su gestión. Y así ocurrió entonces: el desenmascarado sirvió de tapadera al "aparato" montado por un funcionario de la Presidencia del Consejo, que inició su actuación en los primeros días de enero.

Los dos jefes del nuevo servicio no era fácil inspirasen sospechas a los emigrados, entre otras razones, porque uno de ellos era muy conocido por sus actividades republicanas, y éste avalaba al compañero; sin embargo, en honor de la verdad, he de decir que siempre juzgué que el valor positivo de sus trabajos no correspondía al enorme sacrificio económico que representaba su sostenimiento en París y el de los agentes de ambos sexos que decían utilizar. En varias ocasiones, cuando a la caída del Gobierno Berenguer todo el "aparato" pasó a depender directamente de mí, estuve tentado de suprimirlo y montar otro en plan más modesto; pero el ministro de la Gobernación, marqués de Hoyos, se opuso a ello.

También con motivo del funcionamiento de este servicio tuve que habérmelas con el celoso Quiñones de León, aunque, afortunadamente, el litigio fue de fácil arreglo, ya que tanto uno como otro de los jefes se negaron en absoluto a entendérselas con él, y menos a entrar por las puertas de la Embajada, pues ellos, según manifestaron, tenían algo más que perder que el pobre diablo traído de Bruselas.

Simultáneamente a esta partida actuó con carácter independiente una aventurera internacional, que me proporcionó un catalán amigo mío: era una mujer inteligente, que tenía verdadero temperamento de espía. Por ella me enteré de pormenores interesantes de la vida privada de algunos emigrados y me facilitó fotografías de documentos de importancia. Esta colaboradora, que trabajó casi por puro amor al arte, la tuve a mis órdenes hasta los primeros días de abril, en que encontró a un espléndido norteamericano que le ofreció llevarla a los Estados Unidos, "junto con una colección de cuadros viejos y perros raros". Pocos meses después me escribió desde Poughkeepsie, desengañada; me decía que los yanquis son muy distintos en su tierra, y me apuntaba el proyecto de regresar a París en cuanto encontrase ocasión oportuna. Luego no he sabido más de ella.

Independientemente de los confidentes dichos, Quiñones de León tenía los suyos, dirigidos por un ex policía francés, que se dedicaba con preferencia a los elementos ácratas; contaba a su vez con funcionarios facilitados por la Prefectura, los cuales ejercían el servicio de vigilancias personales e investigación política, dándole cuenta diariamente de los lugares en que habían estado los más significados y otros datos de muy escaso interés. Los policías franceses, lo mismo que los españoles, solían perder con frecuencia el contacto con los vigilados. Cada vez que esto ocurría —sobre todo cuando se trataba de determinadas personas— me hacían ir de cabeza entre unos y otros, porque siempre se relacionaban las desapariciones con supuestos propósitos delictivos de importancia.

Las confidencias las recibía directamente, a excepción de las de orden político que daba el embajador. Éstas eran enviadas al Ministerio de Estado, que las pasaba al de Gobernación, y luego venían a mí, generalmente con bastante retraso para ordenar la comprobación y adoptar, cuando procedía, las medidas de precaución convenientes.

Ya sabe, pues, el lector cómo estaba montada la investigación política más allá de las fronteras y cómo funcionaba, servicio que era completamente independiente del llamado de Asuntos Criminales Internacionales. Radicaba éste en una sección de la Dirección de Seguridad y se refería única y exclusivamente a los delincuentes internacionales, o a los que sin serlo eran perseguidos como reos de delitos puramente comunes y se hallaban incluidos en alguno de los casos determinados en los correspondientes tratados de extradición[35].

SITUACIÓN Y ACTIVIDADES DE LOS EMIGRADOS.—A partir de la sublevación de Jaca se refugiaron en Francia todos los que por haberse puesto fuera de la ley temían la acción de la Justicia. Después se les sumaron los internados en Mafra y, por último, otros que prefirieron el exilio voluntario a vivir ocultos en el territorio nacional, siempre expuestos a que un amigo necesitado o una amiga despechada les delatase por unas cuantas pesetas. Este fue el caso de Indalecio Prieto, quien, según me afirmó un confidente, hizo el viaje a Biarritz vestido de sacerdote, lo que he puesto siempre en tela de juicio, dada su fobia contra todo lo que oliese a sacristía. Después de todo, de ser cierto el hecho, que vuelvo a repetir pongo en duda, no sería el primero en nuestra historia política. El general carlista Francisco García, jefe de la división de Navarra, fusilado en Estella por Maroto el 18 de febrero de 1839, para ponerse en salvo, trató de atravesar el servicio de seguridad de la plaza la noche anterior a ser ejecutado utilizando la sotana, teja y manteo de un cura amigo suyo.

---

[35] La organización del servicio secreto en París tengo la casi absoluta seguridad no fue descubierta por los emigrados; me afirma en esta creencia haber sabido, no hace mucho, que uno de los elementos que con más intensidad actuaron ha encontrado buen acomodo entre los republicanos cuando más intensa era la persecución contra las personas que se significaron o ellos creían simpatizaban con el régimen monárquico. Mis sucesores sospecho han tenido peor fortuna. Ya terminado este libro, un buen amigo me escribió desde Francia advirtiéndome, "por si me convenís saberlo", que el encargado allí del servicio secreto era un próximo pariente de persona de la absoluta confianza del director de Seguridad. No considero oportuno dar el nombre ni más detalles.

La presencia de los revolucionarios españoles en París no fue del agrado de las autoridades francesas, máxime presumiendo se aprovecharían de la hospitalidad para seguir actuando. No es de extrañar, por tanto, que Mr. Chiappe excitase el celo de sus subordinados y que la actitud de éstos diese origen a ciertas protestas de los emigrados, como no es de extrañar tampoco la contestación que Mr. Laval dio a cierto diputado socialista francés que, a requerimiento de una Comisión de ellos, fue a visitarle para que cesase la vigilancia a que algunos estaban sometidos. En realidad, resultaba un tanto impertinente que unos extranjeros, amparados en el derecho de asilo, quisieran libertad de movimientos para provocar perturbaciones en una nación amiga: por eso no debió sorprenderles las advertencias que se le hicieron a Franco ni otras indicaciones, tan censuradas por alguno. Si allí no estaban a gusto, abierta tenían la frontera para irse con la música a otra parte. Éste era el criterio del Gobierno de la vecina nación.

Durante los primeros días de enero, la situación económica de los emigrados fue angustiosa; casi todos —tengo pruebas— tuvieron que recurrir a deudos y amigos para que les aliviasen de su triste situación; el mismo Indalecio Prieto se vio precisado a publicar en *El Liberal,* de Bilbao, artículos apremiantes. La falta de recursos hizo decaer el espíritu de la mayor parte de ellos, y se iniciaron las reconvenciones. Franco echaba en cara a Prieto la traición de los socialistas, a quienes acusaba de principales culpables del fracaso de Cuatro Vientos; Prieto le contestaba que una revolución no podía triunfar actuando como un repartidor de anuncios, arrojando papeles por todo Madrid en vez de bombardear Palacio y el cuartel donde se alojaba el regimiento de Covadonga. Unos y otros mantenían puntos de vista dispares; las discusiones a veces se agriaban en forma que parecía inminente una ruptura. Rada era quizás el que se mostraba más sereno ante la adversidad; hablaba poco y procuraba distraerse.

El 22 de enero el panorama varió por completo. Un antiguo redactor de *España Nueva* e interventor del Estado en la estación del Norte de Madrid, llamado Ruiz-Delgado, llegó a París con abundante dinero. Coincidiendo con este conductor de fondos estuvo también en la capital de Francia un tal Enrique Izquierdo, delegado del Comité revolucionario, oficial del Cuerpo Jurídico y funcionario del Ministerio de Trabajo, el cual, según me informaron, llevaba el encargo de poner en antecedentes a los expatriados de los trabajos que se realizaban para provocar un nuevo movimiento.

A partir de la visita de los citados señores el optimismo reinó entre los emigrados: se hicieron cábalas, se forjaron planes, menudearon las comilonas en "La Rotonde" y "Borras" y fue más asidua la concurrencia al café "La Napolitaine", en donde tengo entendido se les cedía una habitación interior para sus deliberaciones.

Con motivo del regreso de ambos comisionados dispuse la práctica de determinadas diligencias, pero los agentes encargados no quisieron o no supieron realizarlas como es debido. La crisis del régimen había minado todos los organismos del Estado, y la Policía no podía ser una excepción. Esto lo he dicho ya y he de repetirlo.

La primera manifestación de la actividad revolucionaria fue una reunión celebrada en la noche del 24, a la que asistieron unas treinta y siete personas entre militares y paisanos (entre éstos el catedrático Facio, Esplá, Ricardo Baroja, Ceferino Palencia y tres estudiantes). En esta reunión se tomaron acuerdos que cristalizaron en hechos inmediatos. El primero de ellos fue la desaparición de Franco el día 25, que nos trajo preocupados durante algunos días, pues nuestros confidentes apuntaban la sospecha de que hubiera ido a Viena para practicar determinadas gestiones. Nada pudo comprobarse. Lo que sí parece cierto es que buscaron el apoyo de los comunistas y socialistas franceses para emprender una activa campaña de descrédito contra Quiñones de León, que esperaban fuera a su vez amparada por el presidente de la Liga de Derechos del Hombre; esta campaña envolvía a su vez una protesta contra el Gobierno francés, por las facilidades que en elementos de Policía daba a nuestro embajador.

Los proyectos de aquellas gentes los concretaba uno de nuestros principales colaboradores en una información fechada en París el 28 de enero, la que, por su excepcional importancia, voy a copiar literalmente en su parte más interesante. Decía así:

"Toda la conspiración se desenvuelve en un ambiente de inmoralidad grande. Entre vino y mujerzuelas se desarrolla la vida de los revolucionarios.

El más peligroso de todos ellos, por ser hombre de acción, es Rada, quc no vacilaría en suprimir a todo el que le estorbe.

Por mediación de la masonería francesa se han puesto en relación con el comunismo ruso y están en tratos con la Delegación de los Soviets en Viena.

Las negociaciones se están tramitando rápidamente para un préstamo de cuatro millones de pesetas, a pagarlo con el triunfo de la República.

De estos cuatro millones de pesetas está acordado destinar millón y medio a constituir un depósito en un Banco extranjero, como garantía de que en el supuesto de no triunfar, los militares que tomen parte tendrán aseguradas sus pagas. Se va a hacer un *facsímil* del resguardo del depósito para mandarlo a los militares, que, según Franco dice: "Se juegan la vida, pero no el cocido".

Los otros dos millones y medio se destinan a la compra de armas. Unas seis ametralladoras se llevarán a Madrid, para que, adaptadas en motos, vayan a la cabeza de los obreros una vez declarada la huelga general; otras seis a Barcelona y ninguna a Bilbao, *porque ya están dentro*[36].

Dicen que en España están intactas todas las organizaciones, sobre todo en Asturias, Bilbao y Barcelona, donde son perfectas. Cuentan con casi todo el Cuerpo de Aviación, y, sobre todo, con los hermanos Burguete.

Que como disponen de sindicalistas decididos, han hecho saber a Saborit y Largo Caballero que cualquier indecisión la pagarán con la vida.

Que el primer acto a realizar será el incautarse del dinero de los Bancos, para pagar los cuatro millones de pesetas.

En Viena hay un hotel que se llama "Vien Back", En este hotel se han celebrado las primeras entrevistas, y debe hallarse actualmente el comisario de la Junta Central Revolucionaria.

La fecha del movimiento será el mismo día que se celebren las elecciones".

Los contactos con la masonería determinaron el ingreso de algunos emigrados en el Grande Oriente: uno de ellos fue Franco. Los elementos masónicos facilitaron a éste el acceso a determinada Sociedad para dar una conferencia, que fue suspendida por Mr. Chiappe.

El día 3 de febrero se notó la presencia de un nuevo emisario con noticias: era el comandante de Estado Mayor M.G. El recibimiento dispensado al nuevo huésped fue en extremo entusiasta, y las impresiones llevadas muy satisfactorias, a juzgar por la alegría que al día siguiente reinó en todas las tertulias.

El 5 se celebró una reunión magna, a la que asistió también el estudiante Pinillos, inseparable del ingeniero Cárdenas. Se cambiaron impresiones sobre probables acontecimientos; el estudiante, por su parte, hizo declaraciones concretas respecto a la colaboración eficaz que prestarían a la campaña de agitación los elementos de la F.U.E. tan pronto se levantara el estado de guerra en Madrid, promoviendo toda clase de alteraciones de orden público, sin que el cierre de las Universidades por un mes, acordado por el Gobierno, fuera obstáculo que entibiase tal decisión.

---

[36] Esta referencia coincidía con otra facilitada por un informador de Vizcaya, pero no obstante las investigaciones que se hicieron no pudo hallarse el menor rastro de tales ametralladoras. Supuse entonces, y sigo suponiéndolo hoy, que no entraron jamás tales armas en Bilbao.

El estudiante Pinillos criticaba las extensas parrafadas de la *Gaceta de la Revolución* y de *El Murciélago*: había que ser breve, concreto, agresivo y presentarlo en un "formato reducido" (textual). Blasonaba de conocer el arte de componer. Él mismo redactó unas cuartillas, de las que encargó se hicieran miles de ejemplares, llamando ladrón a D. Alfonso y asesino al general Berenguer; al final de un párrafo decía que matar al Rey no era un crimen, ni un delito, ni tan siquiera una falta: era una heroicidad. Estos impresos y otros análogos circularon profusamente entre los estudiantes, y hasta se pegaron en las fachadas durante el mes de marzo y primeros días de abril.

Franco, Rada y Esplá eran los que con más actividad actuaban y los que menos se franqueaban. Este se limitaba a decir, cuando le preguntaban algo, que ya estaba cercana la fecha de "la sacrosanta liberación de España".

Casi todos los españoles que pasaban por París procuraban buscar el contacto con los emigrados en "La Napolitaine". Allí concurrieron, entre otros, el tenor Fleta, Julita Fons y el agente cinematográfico Froilán Rey.

Este trasiego de personas retrajo un tanto a las principales figuras, las cuales trasladaron por algún tiempo sus conversaciones al café "Gramout". En esta tertulia se trató —por lo menos así me lo aseguraron— de una compra de armas en Hamburgo, que tengo entendido no llegó a realizarse.

Mediado el mes de febrero apareció en París D. Diego Martínez Barrios. Había estado refugiado en Gibraltar por espacio de una semana, acompañado de un tal Tejada, de Sevilla, con quien salió para Marsella el día 10 a bordo del "Mooltan", vapor de la línea Londres-Australia. Ambos fueron despedidos en el muelle por varios republicanos y masones y se procuró dar al acto cierta publicidad, sin duda para evitar que la Policía madrileña, buscando al primero, topase con el señor Lerroux, que estaba oculto en su domicilio desde hacía poco.

Al llegar Martínez Barrios a París, el centro de actividad se trasladó provisionalmente a los bajos de la Casa de Cataluña, situada en el boulevard Saint-Michel. Allí concurrían también algunos catalanes, uno de los cuales tuvo que salir precipitadamente para Barcelona por haber recibido un telegrama alarmante, que resultó confirmado al llegar a su domicilio: su mujer se había escapado con un dependiente, dejándole como recuerdo un par de cuernos cuidadosamente envueltos en papel de estaño, con una nota en catalán que decía: "Para que te consueles". Desde aquel día sus amigos le llamaron "El Bañas" (El Cuernos)[37].

Por aquella época hicieron un viaje a Bélgica el estudiante Pinillos y el aviador De la Roquette, en donde se entrevistaron con Maciá, Mir y otros, entre ellos un mecánico apellidado Lefèbre. Posteriormente marchó Franco, que permaneció dos días en Bruselas y tres en Berlín, dando los confidentes a este viaje extraordinaria importancia, por suponer había ido a hacer determinadas gestiones relacionadas con la adquisición de unos aviones; asunto que me aseguraron tuvo su origen en una visita que el 9 de febrero le hicieron dos agentes de una casa alemana constructora de aparatos de aviación.

Como detalle, diré que también frecuentaba las tertulias de los emigrados el ex comandante Reyes, el que se evadió de Prisiones Militares con Franco y luego tomó parte en la sublevación de Cuatro Vientos. Como se trataba de un delincuente vulgar, puesto que estaba extinguiendo condena por malversación, se pensó en pedir su extradición; pero tan pronto se iniciaron las primeras gestiones desapareció de Francia, lo que confirmó una vez más mis sospechas de que en la Embajada o Consulado existía alguien que no era leal.

Son realmente curiosos la serie de incidentes que se registraron en París con motivo de la presencia de nuestros emigrados, lamentables unos, ridículos otros, nacidos muchos de ellos del falso concepto de la libertad que les hizo sugerir su espíritu revolucionario o el medio ambiente español en los meses que precedieron al movimiento de diciembre. El público parisién, acostumbrado como ningún otro al cosmopolitismo de su bella capital, no acertaba a comprender ciertas actitudes, y las censuraba con acritud. La inteligente aventurera internacional de que antes he hablado, en una carta en que hacía un análisis crítico de las personas, terminaba con este comentario, que me hizo sonrojar: "Yo, señor, tenía otro concepto de vuestros compatriotas jacobinos. Reconozco que me equivoqué. Son unas pobres gentes incultas y pedantes".

Podría citar varios hechos, de los que tuve conocimiento por el servicio confidencial y aún por la propia Policía francesa, mas no quiero se me

---

(37) La infidelidad de la cónyuge del catalán citado es un hecho cierto: me fueron facilitados el nombre de él y algunos curiosos antecedentes de ella. Lo que ya no me atrevo a afirmar es que también lo sean los demás detalles que me dieron y consigno, pues aunque por mera curiosidad mandé practicar algunas averiguaciones, no quedé convencido de la absoluta veracidad del relato que sobre este asunto me hicieron dos personas de Barcelona.

Hago la salvedad en descargo de mi conciencia.

tache de agresivo; además, en algunos de ellos, quizá en los más interesantes, no intervinieron sólo hombres, y un sentimiento de delicadeza me impide relatarlos: no quiero incurrir en falta de galantería.

La actividad de los individuos refugiados en poblaciones inmediatas a la frontera fue casi nula, y su conducta siempre correcta; por lo menos, no tuve nunca conocimiento de incidentes desagradables. La situación económica de algunos de éstos, sobre todo en la primera época, revistió a veces caracteres trágicos, tanto que varios hicieron gestiones para regresar a España, ya que se les hacía imposible aguardar a que las Cortes promulgasen la esperada ley de amnistía.

Tal es, a grandes rasgos, lo que supe de los emigrados hasta finalizar el mes de febrero.

CAPÍTULO X

La situación en los primeros días de febrero

De cómo intenté dificultar la acción revolucionaria de la C.N.T.—De todas las organizaciones obreras, la que más me preocupó siempre fue la Confederación Nacional del Trabajo. El espíritu de sus reglamentos, la táctica sindical preconizada por sus directivos, la cohesión de las masas y el contar con elementos de los antiguos grupos de acción, eran factores que contribuían a darle una potencia revolucionaria efectiva y temible. El Poder público no tenía para defenderse más que una ley de Asociaciones anticuada y deficiente, aplicada con criterios muy diversos por las autoridades gubernativas, dándose con frecuencia el caso de autorizar estatutos que sentaban como medios para conseguir la finalidad social procedimientos en pugna con la legislación fundamental del Estado, lo que no era racionalmente admisible.

La disolución de las organizaciones afectas a la C.N.T., decretada por el Gobierno a raíz del movimiento de diciembre, fue un paso en firme que no dio los resultados esperados, sobre todo en Cataluña, por razones que ya he apuntado en un capítulo anterior; pero, no obstante ello, traté, aprovechando la reorganización de las Sociedades, de imponer un sistema que paulatinamente fuera reduciendo la actuación del Sindicato Único a lo que entendía debía ser, ya que no era lógico acogerse a los beneficios de una ley —la de Asociaciones— para actuar al margen de todas las demás.

El primer paso en el sistema ideado por mí fue el de unificar el criterio en cuanto a la aprobación de los reglamentos, y esto no había otra forma de llevarlo a cabo que centralizando el estudio de todos ellos, lo que podía efectuarse perfectamente dentro del plazo de ocho días señalado por la ley entre la presentación en el Gobierno Civil de los ejemplares reglamentarios y la constitución de la Sociedad.

No sería sincero si dijera que esta propuesta fue acogida sin reservas por el ministro de la Gobernación, quizá por considerar exagerados mis temores y quizá también por estimar no era grato cargar con una responsabilidad más sobre las muchas que ya pesaban sobre él; sin embargo, después de un forcejeo de varios días, previo un cambio de impresiones con el general Berenguer, me autorizó para que circulase a los gobernadores civiles las oportunas instrucciones, que, a pesar de estar fechadas el 30 de enero, no salieron hasta el primero de febrero. La carta circular en que se dictaban las nuevas normas fue la siguiente:

"Mi distinguido amigo: Con el fin de unificar cuanto se refiere a la tramitación de estatutos o reglamentos de Sociedades obreras, en lo sucesivo se centralizará el despacho de los mismos en el Ministerio de la Gobernación.

En su consecuencia, los elementos que integraban los suspendidos Sindicatos afectos a la Confederación Nacional del Trabajo podrán presentar en ese Gobierno Civil los nuevos reglamentos por los que hayan de regirse, que serán remitidos a dicho Ministerio para estudio y aprobación; el mismo trámite ha de seguirse con todas las Sociedades obreras que, a partir de esta fecha, traten de constituirse.

Para ello se tendrán en cuenta las instrucciones siguientes:

1.ª Presentados los Estatutos o Reglamentos en ese Gobierno, a los que suscriban la instancia pidiendo su aprobación se les expedirá el oportuno recibo, en el que se hará constar no pueden constituirse en Sociedad hasta que se les autorice expresamente a tal fin, cuidando de remitir con urgencia al Ministerio los dos ejemplares que se presenten.

2.ª Desde luego devolverá usted para modificación los Estatutos en los que deje de expresarse en forma concreta que la Sociedad actuará siempre dentro de los cauces legales.

3.ª Análoga medida tomará si en dichos Estatutos no se consignan claramente las cuotas, tanto ordinarias como extraordinarias, con que han de contribuir los asociados, determinándose en cuanto a las extraordinarias el momento en que hayan de exigirse y las causas por virtud de las cuales pueda verse obligada la Sociedad a imponerlas.

4.ª Asimismo obligará se indique no sólo el domicilio social, sino también, caso de disolución, cómo han de distribuirse los fondos o haberes sociales existentes, y quiénes estarán facultados para adoptar tal acuerdo.

5.ª No se cursarán para aprobación Estatutos de Sociedades que traten de constituirse por "ramos", pues sólo puede admitirse la sindicación por "oficios".

6.ª En lo sucesivo, las modificaciones que las Sociedades acuerden en sus Estatutos una vez aprobados éstos y constituidas aquéllas, serán sometidas a los mismos trámites señalados anteriormente, sin que puedan ser puestas en vigor hasta que se comunique su aprobación a los presidentes respectivos.

El señor ministro de la Gobernación —que ha dado su aprobación a estas instrucciones— me encarga le diga, que siempre que se trate de constituir una Sociedad que sea continuación de otra de las afiliadas a la Confederación Nacional del Trabajo que hubiera sido suspendida, se pida, únicamente a título informativo, el libro de actas, los administrativos y de fondos de la organización anterior.

Claro está que la práctica de lo expuesto ofrecerá algunas dificultades, por estar en la actualidad clausurados los Sindicatos; pero podrán obviarse constituyéndose en éstos un representante de la Sociedad acompañado de un delegado de usted para el acto de sacar los libros y presentarlos en el Gobierno Civil.

Reitero a usted que la presentación a que antes me refiero se hará "a título informativo", a fin de que pueda darse cuenta de las irregularidades con que los referidos libros eran llevados, y, más aún, de que ellos sepan nos encontramos dispuestos en lo sucesivo a ejercer la inspección que determinan las leyes.

Rogándole me acuse recibo de la presente carta, queda suyo atento s. s. y amigo, q. e. s. m., *Emilio Mola".*

Estas instrucciones no llegaron a ponerse en vigor. Al restablecerse las garantías constitucionales el día 7, con motivo de la apertura del período electoral, el ministro no se atrevió a seguir mi plan, del cual era el primer jalón la carta circular anterior, dictando una real orden reservada en la que disponía las aplicaciones estrictas de la ley de 15 de junio de 1880, sobre reuniones públicas; de la de 26 de julio de 1883, sobre policía de imprenta, y, por último, de la de 30 de junio de 1887, sobre Asociaciones, con lo que se reintegraba a los Gobiernos civiles la facultad de aprobar los reglamentos de todas las Sociedades.

Muy contrariado, con el convencimiento de que antes de un mes tendríamos más pujante que nunca a la C.N.T., cursé a los gobernadores el siguiente telegrama:

"Vistas las dificultades que en presentes momentos existen para centralizar el estudio de los Reglamentos y Estatutos de las Sociedades obreras, el ministro de la Gobernación ha dispuesto se atenga V.E. en cuanto a Asociaciones a lo dispuesto en la R.O.C. reservada de fecha 7 del corriente, quedando, por tanto, sin efecto instrucciones 1.ª, 3.ª y 6.ª de mi carta circular número 3, de 30 de enero, e indicaciones que se hacen en los tres últimos párrafos de la misma, quedando subsistentes las orientaciones marcadas en las instrucciones 2.ª, 4.ª y 5.ª Le saludo".

Conseguida la unificación de reglamentos e impedida la sindicación por "ramos", se hubiera ido inmediatamente a ejercer la inspección administrativa, que en la mayor parte de las provincias se tenía completamente abandonada, exigiendo a rajatabla el cumplimiento de las disposiciones dictadas sobre el particular, para impedir, en primer término, que los fondos sociales pudieran ser empleados en fines distintos a los consignados en los estatutos, y, como complemento, cambiar el sistema de cotización de sellos por el de recibos mensuales nominativos y numerados, con matriz en un talonario *ad hoc.* Todas estas medidas habrían evitado los abusos de los directivos, y con ellos la fuerza oculta y poderosa de la organización, pues sólo los muy versados en estos asuntos se dan cuenta de las cantidades verdaderamente fantásticas que se manejan en esos Sindicatos obreros y las que se emplean en atenciones inconfesables[38].

Si la sociedad actual, en uso de un perfectísimo derecho de defensa, no quiere verse arrollada por el sindicalismo proletario y sufrir la tiranía de su dictadura cruel, de la que es triste ejemplo la Rusia de hoy, ya puede ir tomando medidas para hacer frente al alud, que aún es tiempo; mas si por creer lejano el peligro o fiarse del gubernamentalismo de unas docenas de socialistas aburguesados no dan importancia a la amenaza, tal vez se vea algún día sorprendida por lo inesperado, en condiciones que no pueda remediarse, pues toda la masa obrera, por natural instinto de solidaridad con los suyos, con los verdaderos trabajadores, se sumará al movimiento, precipitando la catástrofe.

Conste que no temo al comunismo libertario —estado social preconizado por los anarcosindicalistas— por lo que en sí representa, por sus doctrinas, a las que no hay que negar, en teoría, un fondo de justicia humana; pero, prácticamente, ¿qué podría esperarse del sectarismo de sus apóstoles? ¿Qué de la incultura de las masas? ¿Qué del desenfreno pasional de todos? La religión escarnecida, la economía destrozada, la familia deshecha, la vida de los ciudadanos a merced de una taifa de desalmados, por única ley el capricho... ¡La patria en ruinas! He aquí el panorama.

Invito a todos a meditar serenamente.

EL MOMENTO POLÍTICO.—A las abstenciones de los republicanos y grupo constitucionalista —no obstante haber suprimido, como nueva

---

[38] En el libro "El Comunismo en España", de Mauricio Karl —seudónimo bajo el que se ocultan los nombres de dos personas que me son muy conocidas—, a propósito de las cantidades que manejan las Sociedades afectas a la C.N.T. se dice, entre otras cosas interesantes, algo sobre lo que conviene reflexionar detenidamente. Veamos:

"Hay que tener en cuenta —afirma— que en determinada época un solo Sindicato— ejemplo, el de Transporte, en Barcelona— recaudaba 90.000 pesetas semanales; unos cuatro millones al año. Ya sabemos que este Sindicato no es el más numeroso; pero, tomado como tipo, y multiplicado por diez —hay muchos más—, nos dará una cifra de cuarenta millones al año, solamente en la ciudad condal. Rebajemos esta cifra, dejándola reducida hoy a la mitad, y añadamos en sentido proporcional las cotizaciones de todos los Sindicatos Únicos de España; obtendremos una cifra fantástica, que lo mismo puede alcanzar a cincuenta que a ochenta millones. En la actualidad los ingresos pueden considerarse fabulosos".

prueba de imparcialidad, la aplicación del artículo 29 de la ley Electoral— hubo que añadir la de los socialistas, la cual se acordó en las reuniones celebradas durante los días 2 y 3 por los Comités Nacionales del Partido y Unión General de Trabajadores.

Las interminables sesiones de los elementos de dichos Comités hicieron se concibieran esperanzas respecto a una posible concurrencia a las elecciones; pero al conocer el resultado de la votación —cincuenta votos contra cuatro—, y más que nada el último párrafo de la nota publicada en el órgano central del partido obrero, en el que textualmente se decía: "La abstención tiene una alta significación de lucha, que explicaremos en el momento oportuno", se cayó en la sospecha de que más que a discutir la conveniencia o no conveniencia de tomar parte en las elecciones, lo que en ellas se había tratado era la forma práctica de prestar colaboración con las masas al movimiento que se estaba preparando, para quitarse de una vez para siempre la dolorosa espina de diciembre, que tan duros ataques y hasta amenazas les valió a los directivos de la Casa del Pueblo, de anarquistas, sindicalistas, comunistas y aún de los mismos republicanos.

Al Gobierno, y especialmente a su jefe, causó verdadera contrariedad esta actitud, pues se deseaba con verdadero interés la presencia en el Parlamento de los representantes de los trabajadores, primero, porque era indispensable contar con una oposición efectiva, y después, para que marcasen orientaciones e incluso cauces definitivos en la revisión que por fuerza habría de hacerse de toda la legislación social implantada durante la Dictadura, y muy principalmente de lo que afectaba a la Organización Corporativa, que, dicho sea de paso, no tuvo otro objeto que contentar a los socialistas y, de rechazo, a la Confederación Nacional de Sindicatos Libres; aunque éstos, a pesar del cariño que se dice les profesaba el general Martínez Anido, no pudieron conseguir ni un puesto en el Consejo de Trabajo, ni en la Comisión Interina de Corporaciones, ni disfrutar de una prebenda de las muchas que se distribuyeron a manos llenas entre los discípulos del venerable Pablo Iglesias. Pero no fue esto sólo, sino que, aprovechándose de su situación privilegiada, procuraron por todos los medios combatir a las demás organizaciones obreras, no pocas veces con resoluciones parciales e injustas.

A pesar de tanta sinrazón de los partidos políticos, el Gobierno seguía *ad pédem lítterae* su programa. En la reunión —que honores de Consejo no merece— celebrada la tarde del 4 en las habitaciones particulares del Presidente— de las que éste no podía salir a causa del recrudecimiento de una dolencia en los pies— se acordó levantar el estado de guerra en Madrid[39] y se leyó el borrador del preámbulo que debía preceder al decreto de convocatoria, en cuyo articulado se fijaban para el primero de marzo las elecciones generales, para el 15 las de senadores y la reunión de las Cortes el día 25 del mismo mes.

Coincidiendo casi con estos acuerdos se tomó el de cerrar las Universidades por un mes, a fin de evitar la actuación perturbadora de los estudiantes, alentados en su rebeldía por los de siempre, entre los que llevaba la voz cantante en Madrid el profesor y nuevo vocal del Comité revolucionario D. Honorato de Castro, quien, aprovechándose de su cargo, sacó de la Secretaría de la Universidad las direcciones de los estudiantes significados por su extremismo, con objeto de enviarles hojas clandestinas e instrucciones encaminadas a causar alteraciones de orden público en los pueblos de su residencia, con el santo propósito de dificultar las elecciones.

La extensa disposición firmada por el señor Tormo, en la que se justificaban y disponían las vacaciones extraordinarias, fue un documento desdichado. El ministro de Instrucción Pública, olvidando su papel, llegó incluso a fustigar en forma velada a las autoridades gubernativas y explícitamente al gobernador civil de Sevilla, cuya conducta, al reprimir cierto acto subversivo dentro de la Universidad de dicha capital, mereció los plácemes de todos los consejeros, salvo de él, defensor de un fuero acomodaticio e ilegal, por el que me extraña no haya salido en defensa con motivo de sucesos posteriores. Desde la publicación de tal disposición el señor Tormo se debió considerar dimitido; pero el deseo de todos de que el Gobierno no apareciese quebrantado en tan difíciles momentos, obligó a no dar a la crisis estado oficial.

El día 8 la *Gaceta* publicó el decreto de convocatoria y otro restableciendo las garantías contenidas en el artículo 13 de la Constitución, con lo que el Gobierno dio una prueba más de lealtad a la conducta que se impusiera ante la opinión pública al tomar el Poder; eso que pudo proceder de otra forma, pues, como expresaba en la nota oficiosa de la tarde anterior, cabía "escudarse en precedentes no recusables", a los que se avinieron en tiempos no lejanos los mismos políticos que para las elecciones de marzo de 1931 exigían una máxima libertad de propaganda y una honrada pureza de sufragio, lo que resumió el conde de Romanones en estas palabras: "Unas elecciones rabiosamente sinceras".

---

[39] En la quinta región (Zaragoza) ya lo había sido el día 4.

Creo conveniente recordar, para refrescar la memoria de los españoles, el texto de ambos decretos. El de convocatoria a elecciones generales decía:

"EXPOSICIÓN.—Señor: Propósito firme, que el Gobierno actual se impuso desde su formación, fue el de llegar a constituir un Parlamento que, enlazando con las Cortes anteriores a la última etapa, restableciera en su plenitud el funcionamiento de las fuerzas co-soberanas que son eje de la Constitución de la Monarquía española.

Y tanta trascendencia atribuye el Gobierno a esta labor, que al llegar el momento en que la obligada rectificación del censo le permite convocar al Parlamento, no ha regateado medio ni escatimado garantía para que el sufragio se pueda manifestar en toda su pureza, sin influjo que lo deforme ni corruptelas que lo falseen.

Complemento de la labor iniciada es la de suspender durante las próximas elecciones a diputados a Cortes la aplicación del artículo 29 de la ley de 8 de agosto de 1907, que equipara a la elección la proclamación de candidatos cuando ésta no alcanza a mayor número que los llamados a ser elegidos; modificación que se hace indispensable no sólo por la natural disminución que en los años transcurridos han sufrido las personas llamadas por la ley a tomar parte en aquella proclamación, sino por circunstancias políticas de momento, bien conocidas. Todo ello es necesario para que las futuras Cortes tengan la autoridad que demanda lo extraordinario de su empeño; extraordinario por el tiempo transcurrido desde el Parlamento anterior, por el número y gravedad de los problemas nacionales que exigen pronta y enérgica solución y, finalmente, porque las Cortes pueden acometer, como lo han proclamado gobernantes y expertísimos parlamentarios en fecha no lejana, la empresa de revisar nuestra legislación política, planteando la reforma de cuanto en la Constitución vigente puede requerir modificación dentro del marco de las instituciones fundamentales que constituyen su esencia.

El Gobierno, desligado de compromisos de partido, fiel tan sólo al mandato de honor que recibió de reinstaurar la normalidad constitucional, y consciente de que nada puede contribuir a ello tan eficazmente como la elección sincera de un Parlamento, se honra en proponer a Vuestra Majestad, por acuerdo del Consejo de ministros, el adjunto proyecto de decreto.

Madrid, 7 de febrero de 1931.—Señor: A L.R.P. de V.M., *Dámaso Berenguer Fusté.*

PARTE DISPOSITIVA.—Usando de la prerrogativa que me corresponde por el artículo 32 de la Constitución de la Monarquía, y de acuerdo con mi Consejo de Ministros, vengo en decretar lo siguiente:

Artículo 1.° Las Cortes del Reino se reunirán en Madrid el día 25 de marzo próximo.

Art. 2.° Las elecciones de diputados a Cortes se verificarán el día 1.° de dicho mes de marzo, y las de senadores se celebrarán el 15 del propio mes.

Art. 3.° Queda en suspenso la aplicación en las próximas elecciones de lo dispuesto en el artículo 29 de la ley Electoral para diputados a Cortes de 8 de agosto de 1907, con excepción de lo prevenido en el último párrafo de dicho artículo.

Art. 4.° Por el Ministerio de la Gobernación se dictarán las disposiciones convenientes para la ejecución del presente decreto.

Dado en Palacio a 7 de febrero de 1931.—ALFONSO.—El Presidente del Consejo de ministros, *Dámaso Berenguer Fusté*".

He aquí el decreto restableciendo las garantías constitucionales:

"EXPOSICIÓN.—Señor: La importancia que el próximo Parlamento ha de revestir ha sido causa de que el Gobierno extreme las garantías de sinceridad para la elección, en forma de que nadie pueda lícitamente dudar de la pulcritud con que el sufragio ha de emitirse. Pero las mismas consideraciones aconsejan abrir con toda amplitud los cauces de la propaganda electoral, a fin de que la exposición de los idearios políticos, base de toda votación de representantes en Cortes, no tropiece con más obstáculo que el obligadamente impuesto por el respeto a las leyes.

Libertad de emisión de pensamiento, con supresión de censura de Prensa; ejercicio del derecho de reunión y funcionamiento normal de las Asociaciones son los elementos o factores que en todo país contribuyen a formar la opinión, que, traduciendo el sentir nacional, ha de reflejarse luego en las urnas. Y deseoso el Gobierno de que estas fórmulas de normalidad política vengan a completar el cuadro de las resoluciones ya adoptadas, propone a Vuestra Majestad que se restablezcan, mientras dure el período electoral, a los fines expresados, las garantías contenidas en el artículo 13 de la vigente Constitución de la Monarquía española, sin que al hacerlo así desconozca la posibilidad dolorosa de que tal medida, encaminada a una propaganda lícita con vistas al sufragio, se convierta en instrumento de pasiones y rencores que aspiren a impedirlo: al Gobierno le basta con saber, para que el juicio de todos recaiga sobre la conducta de unos y otros, que cumple con su deber al no regatear en ningún momento del proceso electoral las garantías que reclama la preparación de unas Cortes llamadas a entender en cuestiones vitales para la nación.

Por las consideraciones expuestas se honra en proponer a Vuestra Majestad, de acuerdo con el Consejo de ministros, el adjunto proyecto de decreto.

Madrid, 7 de febrero de 1931.—Señor: A L.R.P. de V.M., *Dámaso Berenguer Fusté.*

PARTE DISPOSITIVA.—De acuerdo con mi Consejo de ministros, vengo en decretar lo siguiente:

Artículo único. Se restablecen en todas las provincias del Reino, mientras dure el próximo período electoral, las garantías establecidas en el artículo 13 de la Constitución de la Monarquía, quedando encargado el ministro de la Gobernación de dictar las resoluciones indispensables para la cumplida ejecución de esta medida[40].

Dado en Palacio a 7 de febrero de 1931.—ALFONSO.—El Presidente del Consejo de ministros, *Dámaso Berenguer Fusté".*

Publicados los decretos de convocatoria de Cortes y de restablecimiento de las garantías constitucionales, los prohombres políticos, incluso D. Santiago Alba, que se hallaba en París, se dieron a opinar, arrimando por lo general el ascua a su sardina, y la Prensa, casi en su totalidad, se desató contra los gobernantes y el régimen, realizando la campaña más violenta de difamación que he conocido en los días de mi vida. Ante tal estado de cosas, el Gobierno permanecía impasible, el Comité revolucionario se bañaba en agua de rosas y, como consecuencia, la Monarquía se tambaleaba, o, por lo menos, a mí me lo parecía.

En aquellos memorables días, que fueron, para los que estábamos en la Dirección de Seguridad, de intenso trabajo, el servicio secreto nos tuvo al corriente del proceso revolucionario, facilitando detalles de todas las iniciativas y gestiones, desde la solicitud de ciertos estimables concursos hasta los de las más elementales instrucciones cursadas a los representantes de provincias para que todo estuviera preparado. No me pasó inadvertida, por tanto, la entrevista celebrada entre el general Sanjurjo y el señor Lerroux, a requerimiento de éste, en su escondite de las

---

[40] El texto del artículo 13 decía así:

"Todo español tiene derecho:

"De emitir libremente sus ideas y opiniones, ya de palabra ya por escrito, valiéndose de la imprenta o de otro procedimiento semejante, sin sujeción a la censura previa.

"De reunirse pacíficamente.

"De asociarse para fines de la vida humana.

"De dirigir peticiones, individual o colectivamente, al Rey, a las Cortes o a las autoridades.

"El derecho de petición no podrá ejercerse por ninguna clase de fuerza armada.

"Tampoco podrán hacerlo individualmente los que formen parte de una fuerza armada, sino con arreglo a las leyes de su Instituto en cuanto tenga relación con éste".

inmediaciones de la plaza de la Villa, la que días después me confirmó el propio marqués del Rif en mi despacho, reseñándome los puntos esenciales de la conversación sostenida con el jefe de los radicales, quien solicitó una benévola neutralidad por parte de la Guardia Civil si se producía un nuevo movimiento, la cual el director general del benemérito Instituto se negó a ofrecer; tampoco ignoré las andanzas del automóvil M. 36.305, propiedad de D. Gonzalo de Figueroa, duque de las Torres, utilizado, entre otros menesteres, para conducir determinadas personas a la Ciudad Lineal con objeto de solicitar la colaboración de los anarquistas; supe también cuándo salieron de Francia y llegaron a Madrid ciertos carteles, con conceptos delictivos, para colocarlos durante el período electoral, muchos de los cuales cayeron, ¡por casualidad!, en poder de la Policía; se me avisó asimismo de las circulares enviadas a provincias por Honorato de Castro, entre otras una interesando la presencia de los respectivos delegados en la Secretaría de Alianza Republicana, O'Donnell, número 6, para recibir órdenes urgentes, por estimar el Comité que los acontecimientos se precipitaban... Puedo asegurar que nunca estuve mejor informado; sin embargo, lo que no me fue posible saber es dónde diablos se tiraban *La Gaceta de la Revolución, El Murciélago, El Republicano* y otro sinfín de hojas clandestinas que circulaban con tanta profusión como descaro.

Parecerá raro que con tan perfecto servicio de confidentes no se hiciera nada práctico. La razón es obvia: salvo muy contados funcionarios, que ponían en el desempeño de su cometido interés, inteligencia y entusiasmo, los demás se limitaban a cubrir el expediente. Y así pudo repetirse el caso de ordenar registros con resultado negativo donde se sabía positivamente que existían documentos de interés y aún armas, porque los agentes se limitaban a presentarse, hacer un rápido recorrido por las habitaciones, dar mil excusas por la molestia, y a despedirse cortésmente.

LA ACTITUD DEL PROLETARIADO.—En la Casa del Pueblo de Madrid no se notaban síntomas precursores de acontecimientos; los informes respecto a las de provincias no acusaban tampoco nada de interés. Las masas de la U.G.T. parecían al margen de las cuestiones políticas.

Los anarcosindicalistas se hallaban distanciados de los republicanos, por no considerarles capaces de nada serio y conveniente para ellos. A tal punto la ruptura era efectiva, que la F.A.I. ordenó la impresión de un manifiesto en Sevilla —en donde a la sazón residía el Comité Federal— justificando su actitud en términos violentos. Sólo en Valencia y Bilbao existía verdadera inteligencia entre los republicanos y las organizaciones de la C.N.T.; en la primera mantenía el fuego sagrado Sigfrido Blasco, y en la segunda, Aldasoro. No obstante esta cordialidad, se circuló con verdadera profusión, en uno y otro punto, una hoja autorizada por el Comité Nacional —que radicaba en Barcelona—, en la que se emitían conceptos como los siguientes: "Un movimiento que pretende renovar la vida del país ha de apoyarse necesariamente, imprescindiblemente, en el pueblo. Los burgueses republicanos saben esto, lo reconocen, se alían con una parte de la clase trabajadora en compromisos que llegan hasta darles participación —de triunfar— en la dirección de la vida nacional. Sin embargo, a ese pueblo sin cuya ayuda no hay triunfo, no se le pone en condiciones materiales de salir airoso en la contienda. Se le tiene miedo, un miedo profundo, y en los momentos en que sólo él es capaz de decidir el curso de los acontecimientos se halla inerme..." Luego añadía: "Pero es hora de que todos comprendamos que la posición de los elementos que representan a las fuerzas antimonárquicas, ni es la más prudente ni podemos estar continuamente pendientes de sus debilidades y desaciertos". Y, por último, terminaba: "La masa trabajadora debe comprender más que nunca la importancia de sus organizaciones de defensa y llegar a la conclusión de que no será posible ninguna transformación de la sociedad, que es nuestra directiva histórica, si no es apoyándose en los Sindicatos, y para el cumplimiento de los fines políticos y económicos comprendidos en la definición que su II Congreso dio en Madrid en 1919: Organización de la sociedad sobre la base de de la igualdad, de la libertad, de la justicia; es decir, del COMUNISMO LIBERTARIO".

En cuanto a los elementos obreros directivos del comunismo, alentados por el ambiente revolucionario y por la insistencia con que se requería su concurso, llegaron en su vanidad a creerse jefes de un importante partido político, cuando en realidad carecían de masas, de organización y de dinero. En confirmación de lo que digo basta recordar el registro practicado en la madrugada del 7 de febrero en una pequeña habitación que servía de albergue a un camarero apellidado Cañameras Alsina, donde radicaba la Oficina del Radio de Madrid (S.E. de la I.C.), en la que se encontraron, entre otros efectos, una máquina de escribir en mediano estado, una imprentilla de mano de tamaño de pliego, varios millares de hojas que no habían podido ser colocadas entre los afiliados, cuatro pistolas, ocho cargadores, sellos de cotización y otro de caucho. No obstante el escaso valor de los objetos, el servicio, desde el punto de vista policíaco, por la inteligente labor llevada a cabo por quien lo dirigió, puede reputarse como excelente.

A pesar de lo expuesto sobre la U.G.T., C.N.T. y comunistas, no dejaba un momento de observar a unos y otros, e incluso en mis informes a las autoridades recargaba un poco las tintas, para evitar el exceso de confianza que en no pocas ocasiones es causa de sorpresas desagradables.

UNA CARTA CIRCULAR A LOS GOBERNADORES CIVILES.—Compendio de la situación político-social de los primeros días de febrero es la carta que envié a los gobernadores el 6. Por ella se verá cuán al tanto se estaba de las actividades revolucionarias y qué difícil era que los acontecimientos cogieran a nadie desprevenido.

La carta a que aludo decía así:

"Mi distinguido amigo: Próximo a publicarse el Real decreto convocando las elecciones generales y abrirse, como es consiguiente, el período electoral, creo de mi deber exponerle el juicio que de la situación política tiene formada esta Dirección General, y especialmente el estado de la agitación revolucionaria en los momentos actuales, así como los proyectos que abrigan sus directores.

En primer lugar hay que consignar la importancia de la resolución adoptada el día 3 por las Comisiones ejecutivas de la U.G.T. y del Partido socialista, sumándose a la de los elementos republicanos y los llamados "constitucionalistas", tanto por la considerable cantidad de votantes que representan los que, por no estar interesados en la lucha, pueden entorpecer el tranquilo desarrollo de la votación, como por lo que su actitud descubre respecto a la inteligencia con los revolucionarios. Es más, la desproporción de los sufragios (50 contra 4) hace sospechar que las largas deliberaciones, más que discutir el tema concreto de la participación o abstención, se han dedicado al estudio de la situación presente y conducta a seguir ante los acontecimientos que puedan producirse en lo sucesivo.

Por otra parte la C.N.T., pese a la posición en que por doctrina aparentemente se coloca, también está dispuesta a sumarse a la menor revuelta, no para contribuir al cambio de un régimen burgués por otro de la misma índole, aunque con promesas de mayores libertades, sino sencillamente porque "aspira a la implantación de un régimen social sin propiedad privada y sin Estado", por procedimientos violentos, "por creer únicamente en la táctica revolucionaria para la consecución de sus objetivos"; éstas son frases copiadas literalmente de un artículo firmado por Nicasio Álvarez de Sotomayor, publicado en *Solidaridad Obrera* del 22 de enero último. Creo que la postura de dichos elementos es perfectamente diáfana: nos conviene a todos no olvidarla para evitar dolorosos desengaños.

Las demás organizaciones obreras nada pueden decidir en la situación de conjunto; cuando más, apoyadas debidamente por la acción gubernativa, llegarán a dificultar y hasta quizá equilibrar en algunas poblaciones a la masa de trabajadores comprometidos en la revuelta. Es interesante hacer constar que en el elemento ferroviario no se percibe por hoy otro anhelo que el de que sus aspiraciones sean prontamente satisfechas; pero sería expuesto aventurar profecías.

Los delicados conflictos estudiantiles, con la clausura de las Universidades, parecen conjurados de momento. En cuanto a la oficialidad del Ejército, los informes que se reciben de los mandos superiores son altamente tranquilizadores, sin que puedan ser objeto de preocupación los elementos sueltos —que los hay— simpatizantes con una nueva forma de gobierno. Por lo que se refiere a otras actividades de la vida nacional, no cabe ocultar que entre la intelectualidad y el comercio, especialmente en la primera, se acentúa la corriente de opinión republicana.

No quiero omitirle, por último, que la impresión que reina entre los emigrados no es en estos momentos optimista, tal vez por los apremios económicos que sufre la mayoría. De ello tengo absoluta seguridad[41].

Y hecho ya el boceto del ambiente político, me resta sólo darle cuenta de los últimos informes que me han proporcionado mis agentes secretos, informes que puedo resumir en la siguiente forma:

Primero. Decidido propósito de provocar un nuevo movimiento durante el período electoral, para lo cual, en las poblaciones que más han respondido los afines, incluso están ya designadas las personas que han de constituirse en Autoridad.

Segundo. Se indican las fechas del 15 al 25 de este mes; posiblemente se intentará antes; en último extremo, el 1° de marzo.

Tercero. El objeto inmediato del proyectado movimiento es obligar al Gobierno a declarar de nuevo el estado de guerra; después, impedir las elecciones; finalmente, ver si es posible derribar la Monarquía.

Cuarto. El movimiento aseguran empezará por las provincias Vascongadas y Cataluña, con el apoyo inmediato de la C.N.T., y lo han de secundar Madrid y otras poblaciones. El Comité de la C.N.T. está confeccionando un manifiesto que el próximo domingo, día 8, piensa mandar a provincias; y

Quinto. Tanto la C.N.T. como los comunistas, han exigido previamente entrega de armas.

Como en mis anteriores me tomé la libertad de hacerle algunas indicaciones acerca de las precauciones que a mi juicio convendría adoptar, nada le digo en ésta, pues el conocimiento detallado que usted tiene de lo que ahí pueda ocurrir suplirá ventajosamente cuantas previsiones pudiera sugerirle.

---

[41] Por el retraso con que recibí la información correspondiente, ignoraba todavía el 6 la llegada a París de los señores Izquierdo y Ruiz-Delgado.

De esta carta-circular, como de las anteriores, tienen conocimiento los señores presidente del Consejo de ministros y ministro de la Gobernación.

Rogándole acuse recibo, se reitera suyo atento, s.s., buen amigo, q.e.s. m., *Emilio Mola"*.

CAPÍTULO XI

La rebeldía del Ateneo Científico y Literario

Dos criterios distintos.—Ya dije oportunamente los motivos que impulsaron al Gobierno a clausurar el Ateneo Científico y Literario a raíz de los sucesos de Jaca. La medida, aunque las pasiones desbordadas la tacharon de dictatorial, estuvo por demás justificada: eran sus dependencias lugares seguros de conspiración y su tribuna cátedra inmune desde la que se atacaba con encono al régimen y a quien lo representaba.

Gozaba el Ateneo Científico y Literario de un fuero de excepción que le permitió ser no sólo foco de toda rebeldía, sino también parque eventual de armas de los revolucionarios. En virtud de ese fuero, incomprensible condescendencia que tuvieron todos los Gobiernos, salvo el del marqués de Estella, a los agentes de la autoridad gubernativa les estaba vedado el acceso a sus locales. El servicio secreto me informaba de cuanto allí ocurría, sin serme posible hacer nada; por eso no es de extrañar fuera yo, apoyado en la suspensión de las garantías constitucionales, quien con más vehemente insistencia solicitara su clausura. Pero fui yo también el que sostuvo con mayor tesón el criterio de que, al ponerse en vigor el artículo 13 de la Constitución, constituía un abuso mantenerla.

A propósito de la reapertura del Ateneo celebré con el ministro de la Gobernación varias conversaciones, encontrándole siempre poco dispuesto a complacerme: pesaba mucho sobre él la conducta observada por los socios de la "docta casa" en los meses que precedieron a los sucesos de diciembre esta conducta, poco consecuente con la benévola observada para con ella por el Gobierno Berenguer, que repuso a la Junta directiva destituida —con sobrada razón— por el del general Primo de Rivera, fue la que se detallaba en un informe que en los primeros días de febrero redactó la División de Investigación Social.

En dicho escrito, extenso y razonado, se hacía historia de toda la actuación revolucionaria desarrollada desde el advenimiento de la Dictadura hasta el momento de redactarlo, escrito que no copio íntegro, a pesar de su interés, por no repetir lo que ya es conocido; pero sí he de hacerlo de algunos párrafos, para que el lector juzgue imparcialmente y luego diga si hubo o no razón para proceder contra el Ateneo. Helos aquí:

"En este estado de excitación —dice, refiriéndose al ambiente que reinaba entre los ateneístas después del curso de conferencias celebrado durante la primavera y principios de verano— ocurren los sucesos de la plaza de Cánovas, cuando se verificaba el entierro de las víctimas de la casa derrumbada en la calle de Alonso Cano, y entonces, el 18 de noviembre, un asociado, el señor Ortega Gasset (don Eduardo), presentó en una asamblea la siguiente proposición: 1.° Protestar en masa todos los socios del Ateneo contra los atropellos de los ciudadanos por la fuerza pública. 2.° No elevar la protesta al actual Gobierno, por considerarle ilegal, fascista e hipócritamente tirano. 3.° Poner en conocimiento de las fuerzas demócratas internacionales (Liga de Derechos del Hombre, Partido radical-socialista, hermanos en ideas de Portugal, Italia, etcétera, etc.) de los atropellos de que es víctima el pueblo español por parte de sus Gobiernos. Esta proposición fue defendida por el señor Ortega y Gasset, quien al censurar al Gobierno dijo que estaba presidido por un jefe responsable de la catástrofe de Annual, amnistiado por un poder arbitrario, después de haber sido condenado por un tribunal legal y capacitado, siendo un "dictadorzuelo al estilo de Centroamérica". También en esta sesión habló el vicepresidente del centro anarquista de esta corte, Ateneo de Divulgación Social, Carmona, pidiendo se unieran los ateneístas a la protesta de ellos por la clausura de su centro, lo que consiguió por aclamación, igual que la proposición del señor Ortega. Finalmente, en esta sesión dijo el señor Álvarez del Bayo: "Nada de discursos ni distingos: la fuerza pública ha cometido una agresión a la que en breve responderemos en la calle". Esta reunión la presidía el procesado Ángel Galarga Gago, actuando de secretario el letrado anarcosindicalista Antonio Balbontín.

En este Centro se reunían peñas de elementos revolucionarios, algunos que ni siquiera eran asociados, como sucedía con don Antonio Bartolomé Más, catedrático de la Escuela de Comercio, quien se veía en él con los conocidos anarquistas Adolfo Barea Pérez y Gobain Soladana Soladana, habiendo estado procesado con el primero, por ocupación de bombas, en 1.° de octubre de 1927".

Sigue el informe dando una extensa relación de conspiradores, y luego añade:

"Uno de los primeros días del mes de diciembre fue visto por el agente que prestaba servicio en el exterior del Ateneo un joven que se apeó de un coche, en el cual quedó oculto el señor Álvarez del Bayo, entrando en el edificio con una maleta muy pesada, a juzgar por los esfuerzos que realizaba para poder subir con ella las escaleras, saliendo a poco sin llevar nada, volviendo a tomar el coche con el señor Del Bayo y desapareciendo;

se vino en conocimiento después que dicha maleta procedía de la casa de este último y que contenía armas que allí se repartirían..."[42].

Más abajo dice:

"En la noche del 13 de diciembre, al intentar un registro en el mismo —se refiere al edificio del Ateneo— no se pudo llevar a cabo, porque no obstante haber estado llamando repetidas veces, nadie quiso abrir la puerta, aprovechando, sin duda, estos momentos para ocultar, los que dentro estuviesen, aquellos efectos que pudieran perjudicarles; registro que se efectuó en la mañana del 14, entrando en el momento en que llegaban las mujeres encargadas de la limpieza, que dio por resultado, aun habiéndolo hecho a la ligera, dado lo extenso de las dependencias, encontrar una funda de pistola en un desván; en un salón de la planta baja donde se reúnen los miembros de la Directiva, un cargador de pistola con siete cápsulas, y en una Secretaría, dentro de un armario empotrado en la pared, un rifle de repetición de veinte tiros, de la fábrica nacional de Bélgica.

Clausurada por orden gubernativa esta asociación en 15 de diciembre, y suponiendo que no obstante haberse repartido allí armas, un nuevo registro concienzudamente hecho en estanterías de librerías y papeles pudiera dar algún resultado práctico, se procedió a nuevo registro, que duró los días 23, 24 y 25, también de diciembre último, que dio como fruto hallar en un cajón del local, llamado "biblioteca vieja", una pistola marca "Ideal", con funda y cápsulas; en el titulado "almacén número 1", estante número 213, detrás del mismo, dos revólveres, uno marca "Hammles", con cápsulas, y otro marca "Smitt-Wesson", también con funda y cápsulas, y una pistola marca "Star", con cargadores y cápsulas; en el estante número 214 se encontraron dos pistolas, una marca "F.N. Browning's", calibre 9 mm, con cinco cargadores con cápsulas, y además una caja con 21 cápsulas para esta pistola, y otra marca "Bayard", con su correspondiente cargador y seis cápsulas más. Todas estas armas, de las mejores marcas algunas, estaban bien cuidadas y en condiciones de ser utilizadas en el momento.

También se encontraron en este último registro varias hojas subversivas de todas tendencias, de las que clandestinamente se repartían antes de los sucesos".

---

[42] Según referencias que tuve después, parece ser que el joven que acompañó al señor Álvarez del Bayo fue el estudiante Ramón M. Pinillos, es decir, el mismo que tomó parte en el movimiento de Jaca con el ingeniero Cárdenas, Graco Marsá y otros.

No es extraño que el señor Matos, ante estos hechos —que conocía al detalle— se obstinase en mantener la clausura; pero quiso, antes de resolver en firme, exponer su criterio al general Berenguer, y a tal fin sostuvo con él una conferencia, de la que fui testigo. Al terminar, delante del Presidente me reiteró la orden de que el Ateneo permaneciese cerrado hasta que el Gobierno dispusiera.

No he de negar que tal resolución me contrariara, pues sospechaba, y no a humo de pajas, que iba a ser yo quien cargaría con el sambenito de la disposición ministerial. Y así fue, aunque justo es reconocer que cuando las cosas vinieron mal dadas y el primer fiscal de la República, señor Galarza, con una fobia y refinamiento más propio de ciertos anormales que de un hombre de leyes, quiso aplastarme bajo el peso de todos los procesos habidos y por haber, entre los que figuraba, ¡cómo no!, el del mantenimiento de la clausura del Ateneo, clasificado corno "delito contra la Constitución", don Leopoldo Matos se declaró valientemente único responsable.

La Junta de gobierno del Ateneo en mi despacho.—Serían próximamente las siete de la tarde del día 10 de febrero cuando recibí aviso de que en la sala de visitas aguardaba, para ser recibida por mí, una comisión del Ateneo Científico y Literario. En el acto la hice pasar al despacho.

Formaban dicha comisión don Amós Salvador Carreras y varios caballeros para mí desconocidos. Después de un saludo cortés y una presentación rápida, incluso de un señor que me manifestaron era notario, aunque no el objeto de su presencia allí[(43)], aquél tomó la palabra, expresándose en esta forma:

—Somos—dijo—la Junta de gobierno del Ateneo, que venimos a solicitar de usted nos sean entregadas las llaves de la puerta principal, de las que se incautó la Policía al clausurar nuestro domicilio social.

[(43)] Por un amigo del señor Salvador se me dijo días después que éste, en el momento de la presentación, me indicó claramente que el notario les acompañaba con el objeto de levantar acta de la entrevista. Si así fue, yo no me di cuenta de la advertencia, pues de haber sabido cuál era el objeto de la presencia del notario en mi despacho, me hubiera negado a tratar en esas condiciones con la Junta de gobierno. Creo que, en mi caso, cualquier autoridad hubiese hecho lo mismo.

—No sé—repuse—si las llaves que ustedes piden están o no en poder de esta Dirección, pues es ése un detalle del que no tengo conocimiento; sin embargo, cuando lo afirman, así será.

—Sí, sí... Nos consta de una manera positiva—repitieron varios de ellos.

—Bien. Pero es el caso que, existiendo la orden terminante del ministro de la Gobernación, de que el Ateneo siga clausurado, no creo oportuno entregarlas, ya que el hacerlo parece lleva consigo la autorización implícita de usar de ellas y, por lo tanto, de abrir las puertas cuando lo tengan a bien.

—No—repuso vivamente el señor Salvador—; no se trata de eso, aun cuando la persistencia de la disposición gubernativa constituye en estos momentos un abuso, sino de una cuestión de derecho, ya que las llaves son propiedad de la entidad y, por lo tanto, entiende la Junta que deben obrar en poder de ella.

—No voy a discutir—le contesté—si les asiste o no la razón, pues nuestros puntos de vista son distintos, distinta la manera de enjuiciar el asunto, y lógicamente no podemos llegar a un acuerdo; pero yo estimo que no está dentro de mis facultades acceder al requerimiento que me hacen, sino en las del ministro de la Gobernación, por cuyo motivo les ruego le vean y expongan sus deseos, y si él me autoriza, con mucho gusto les complaceré.

El señor Salvador, un tanto violento, insistió en esta forma:

—Nosotros venimos a pedir las llaves a usted. Ejercitamos un derecho donde y ante quien debemos ejercitarlo; no tenemos, por tanto, nada que ver con el ministro.

Esta contestación, más que nada por haber partido de una persona a la cual me unía una buena amistad, me causó el efecto de un latigazo; sin embargo, hice de tripas corazón e insistí —dirigiéndome expresamente a mi interlocutor— en que se tomaran la molestia de hablar con el ministro, y, de no estar dispuestos a ello, desistieran de su pretensión, "tanto más —le dije— cuanto que usted no ignora estoy haciendo gestiones con el mayor interés para que desaparezca la clausura que pesa sobre el Ateneo".

Calló don Amós Salvador y terciaron en la conversación los demás señores, manteniendo con insistencia los mismos puntos de vista. Mas uno de ellos, queriendo sin duda darme una lección, me soltó la siguiente andanada:

—Además, habiéndose publicado ya en la *Gaceta* el decreto restableciendo las garantías constitucionales, y con ellas, pudiendo ejercitarse sin restricciones el derecho de asociación y reunión, yo interpreto, y cualquier abogado lo interpretaría lo mismo, que debe cesar el cierre del Ateneo. Mantenerlo es faltar a la ley.

Ignoro la determinación que otro director de Seguridad hubiese tomado en mi caso; es lo más probable que su paciencia se hubiera agotado ante tal impertinencia. A mí me quedaba todavía una buena dosis, y repliqué cortésmente:

—Respeto el criterio de usted, como el que puedan tener todos los abogados; yo no lo soy, ni tengo por qué interpretar leyes cuando mi superior jerárquico, que es el ministro, me ordena una cosa. Estimo que el director general de Seguridad es un funcionario subordinado, un mero ejecutor de las decisiones de aquél, las que debe llevar a efecto sin comentarios. Así entiendo mi deber y así lo cumplo.

La conversación, llegada a este grado de tirantez, resultaba enojosa. Hice ademán de despedir a mis visitantes, pero entonces el notario dijo que iba a proceder a levantar acta; y con un desenfado que no quiero calificar se dirigió hacia la mesa, por lo visto con ánimo de escribir. Le contuve con un gesto, al mismo tiempo que le decía:

—Puede usted levantar todas las actas que le plazcan, pero aquí, en mi despacho, no. ¡Hasta eso podríamos haber llegado!

Ante mi negativa hubo un cambio de impresiones sobre el lugar donde la extenderían para traérmela enseguida a firmar.

—Por eso no se preocupen—les dije—. No pienso firmarla.

—Entonces le traeré a usted una copia...—manifestó el notario, ya casi fuera del despacho y con cierta sorna.

—¡No, por Dios!—le atajé con acento un tanto burlón—. ¡Tengo tantos papeles sobre la mesa!... ¿El acta? Sería uno más...

Así se desarrolló y así terminó aquella entrevista, de la que di cuenta inmediata al ministro de la Gobernación, que aprobó en todo mi proceder.

La conducta observada por la Junta del Ateneo en mi despacho demuestra bien palpablemente a qué grado de desprestigio había llegado el régimen monárquico en aquella época, que atribuyo, más que a condescendencias de quienes ejercían el Poder, a la falta de asistencia en que se veían por parte de la opinión pública, que anhelaba a todo trance un cambio de situación, sin duda por creer de buena fe que con ello España iba a convertirse en una nueva Arcadia. El desprecio hacia la autoridad era tan grande, que recuerdo haber presenciado en el Ministerio de la Gobernación una escena entre una comisión y el general Marzo, cuando éste aún era ministro, en que sólo les faltó a los que la componían maltratarle de obra, pues lo que es de palabra se despacharon a su gusto, y no en voz baja, sino a voz en grito. ¡Tal vez a estas horas aquellos buenos burgueses estén arrepentidos!

El *Heraldo de Madrid* del día 12, con el título "El acta notarial levantada en el despacho del general Mola", publicó un documento sobre el que no quiero hacer el menor comentario, para que libremente pueda hacerlos el lector. Decía así, en su parte esencial:

"En la villa y corte de Madrid, a 10 de febrero de 1931, ante mí, Juan Castrillo y Santos, etc., etc.

Comparecen don Amós Salvador, don Isidoro Vergara, don Manuel Martínez Risco, don Agustín Millares, don Honorato de Castro y don Miguel Moreno Leguía, mayores de edad, etc., etc.

Y me requieren para que me persone, acompañado de los señores requirentes, en el despacho del excelentísimo señor director general de Seguridad, para que presencie los hechos que sucedan ante mí y los haga constar en acta.

Por considerar a los señores requirentes con capacidad al efecto, acepto el requerimiento, y siendo las diecinueve horas y treinta minutos de este día, me constituí en el despacho oficial anteriormente citado, y el señor Salvador, después de hacer anunciar a la Junta de gobierno del Ateneo de Madrid, requirió cortésmente al excelentísimo señor director general de Seguridad para que le entregara la llave de la puerta principal del edificio de la Sociedad, recogida por la Policía en el momento en que por orden gubernativa fue clausurado el centro cultural en cuyo nombre hace el requerimiento. El notario infrascrito hizo saber al señor requerido su carácter de notario que presenciaría la entrevista para hacer constar en acta y en síntesis el resultado.

Otros señores de la Junta establecieron los términos del requerimiento en el sentido de concretar que no se trataba, como parecía deducirse de la respuesta del señor requerido, de plantear un problema relacionado de una manera inmediata con la reapertura del Ateneo, sino simplemente de la cuestión de hecho de recoger, previa entrega de la Dirección General de Seguridad, un objeto: la llave, del dominio de la entidad requirente, en un momento en que la propiedad de ese objeto está protegida por las leyes vigentes.

El señor director general de Seguridad, sin oponer ningún reparo a la presencia de mí, el notario, insistió repetidas veces, contestando a cada uno de los señores requirentes que le plantearan el problema al señor ministro de la Gobernación, porque el requerido es un mero brazo ejecutor; que respeta el criterio de los demás, pero no modifica el suyo, negativo del requerimiento; que ni es abogado ni entiende de leyes, y finalmente, que sólo en virtud de órdenes del señor ministro está dispuesto a devolver la llave.

Los señores requirentes hacen constar su deseo de que las manifestaciones precedentemente sintetizadas se reflejen en el acta. Entonces el notario que autoriza expresó al excelentísimo señor requerido su propósito de extender la correspondiente acta, invitándole a que, una vez extendida, escuchase la lectura y la firmara, si lo creía oportuno. Contestó que el autorizante podía llevarse el acta, porque el señor requerido, según manifestó, tenía muchos papeles sobre la mesa, y el acta, dijo, es un papel más.

Seguidamente me trasladé con los señores comparecientes a un local del Ateneo, accesible sólo por la calle de Santa Catalina, y redacté el acta que precede, que leí, previa advertencia, etc., etc."

EL ATENEO ABRE SUS PUERTAS Y LA POLICÍA LO CLAUSURA.— A primera hora de la mañana del día 11, es decir, al siguiente de haber recibido la visita de la Junta de gobierno, me avisó un ateneísta de que existía el propósito de abrir el Ateneo aquella misma tarde, a pesar de la prohibición gubernativa, y oponerse a que fuera clausurado de nuevo, incluso por la fuerza, en el caso, que juzgaban probable, de que la Autoridad se presentase con tal objeto. La noticia, que por la calidad de la persona que me la daba tenía todos los fundamentos de ser verosímil, la transmití en el acto al jefe superior de Policía, coronel Marzo, ordenándole tomase las medidas de precaución que juzgase convenientes para evitar se produjera el hecho denunciado.

Ignoro las disposiciones adoptadas, pues no era de mi incumbencia descender al detalle de un servicio de esa naturaleza; pero debieron ser insuficientes, pues como se verá, nadie impidió entraran por la puerta de la calle de Santa Catalina, no sólo los individuos de la Junta y personal de oficinas que tenía autorizados a requerimiento de don Amós Salvador, sino también un buen número de socios.

Serían próximamente las cuatro y media de la tarde cuando la Junta en pleno, con gran solemnidad, abrió la puerta principal que da a la calle del Prado. Rápidamente irrumpieron en el edificio varios centenares de personas que se hallaban en la calle, cafés y bares inmediatos, sin inspirar la menor sospecha —da risa decirlo— a los agentes de Vigilancia y guardias de Seguridad del distrito, que por aquellos lugares se hallaban de servicio.

Inmediatamente los ateneístas —entre los cuales figuraban no pocas mujeres— se trasladaron al salón de sesiones, donde la Directiva provisional y, en su representación, el presidente interino, don Amós Salvador, dirigió la palabra a los congregados declarando abierto el centro, y a continuación dio cuenta con todo género de detalles de las gestiones realizadas para lograr cesase la sanción que pesaba sobre el Ateneo, que si he de enjuiciar por ciertas informaciones periodísticas, entre lo que allí se dijo y la realidad mediaba un abismo. En el salón, apenas capaz para la gente reunida, reinaba un entusiasmo extraordinario; las interrupciones al orador, con vivas delictivos y mueras que no lo eran menos, se sucedían; una salva atronadora de aplausos acogía cada vez la frase "de aquí no nos echará ya nadie", latiguillo obligado de ciertos párrafos; las ateneístas eran, sin duda, las más entusiasmadas, que es condición de la mujer alentar a los hombres cuando los cree débiles...

Mientras tanto a la Dirección de Seguridad llegó el aviso de cuanto ocurría e inmediatamente ordené al jefe superior se presentase en el Ateneo, invitase a los socios a que abandonaran los locales y procediese de nuevo a su clausura. Todo ello me apresuré a comunicarlo al ministro de la Gobernación, quien aprobó e hizo suyas las medidas por mí adoptadas.

La presencia del coronel Marzo en la "docta casa" fue acogida con visibles y ruidosas muestras de hostilidad: insultos, denuestos, gritos subversivos y hasta amenazas. Inútil resultó la extremada corrección de que hizo alarde e inútiles las reiteradas indicaciones para que los socios depusieran su gesto de rebeldía y abandonasen el local pacíficamente. Los ateneístas, animados por la actitud irreductible de la Junta, se mostraban cada vez más agresivos. Hubo necesidad de requerir el auxilio de unas parejas de guardias de Seguridad y detener a los más significados por su desobediencia.

Por fin pudo ser desalojado y clausurado el edificio. Los detenidos fueron conducidos a la Dirección de Seguridad, donde se procedió a instruir rápidamente un atestado, que poco después se pasó al juez correspondiente junto con ellos, quedando en libertad tan pronto les tomó declaración.

Al mismo tiempo que el juez del distrito del Congreso tramitaba la denuncia presentada por la Jefatura Superior de Policía por desacato a la Autoridad, concurrieron al Juzgado de guardia varios socios del centro cultural, entre ellos el abogado señor Jiménez Asúa, donde formularon un escrito de denuncia, fundándose en que el Gobierno había incurrido en un delito de violación de la Constitución aparte del común de allanamiento de morada perpetrado por la fuerza pública.

LAS CONSECUENCIAS.—Al día siguiente, el ministro de la Gobernación fue interrogado por los periodistas sobre los sucesos de la tarde anterior, expresándose de esta manera:

—Ello es asunto que sigue normalmente su curso, sometido como está a la autoridad judicial. Es lamentable, realmente lamentable, este caso. Es, sencillamente, desconocer o no reconocer a una autoridad legítima que había suspendido el ejercicio de un derecho. Un concepto un poco raro del Ateneo, que no ha querido admitir el hecho jurídico de que, cuando una Sociedad está clausurada por la autoridad, nadie puede violentar este acuerdo. En la propia casa particular, cuando el Juzgado la clausura y la sella, nadie puede entrar a título de dueño. Las leyes tienen normas de alcance general; pero un derecho no puede ser tomado por la fuerza. En el orden particular, cuando se cree tener derecho a una propiedad, no se toma, sino que se acude a la forma normal del interdicto. Pero, en fin, en último término, yo creo que el caso no tiene gran importancia, que se solucionará, y se solucionará bien.

—¿Dificultará, sin embargo, la apertura del Ateneo?—preguntó un reportero.

—La ha retrasado, por lo menos—contestó el señor Matos.

No sirvieron de nada estas explicaciones. Los periódicos hostiles al régimen —que en aquella época, como he repetido ya, lo eran casi todos los que se publicaban en Madrid— arremetieron violentamente contra el Gobierno por lo ocurrido, y especialmente contra mí, "brazo ejecutor de sus decisiones", comentando con la mayor dureza no sólo la intervención de la fuerza pública, sino muy especialmente las manifestaciones que me atribuía el acta levantada por el señor Castrillo y otras que la piadosa intención de los informadores añadían para mayor efecto. ¿Qué cabía esperar de un señor que tenía a gala no entender de leyes? ¿Qué de un director de Seguridad que confesaba ingenuamente no leer la *Gaceta?* ¿Qué confianza podía inspirar a los ciudadanos una autoridad que desconocía el más elemental de los derechos y, lo que era peor, blasonaba de importarle un ardite? He aquí las consecuencias de haber traído a un cargo de tanta responsabilidad a un hombre cuyos únicos méritos consistían en haber mandado indígenas marroquíes... Periódico hubo que me culpaba de todos los conflictos a que el Gobierno había tenido que hacer frente.

La hostilidad implacable contra mí seguía, y, lo que era más triste, se me atacaba con injusticia, esgrimiendo falsedades y calumnias. Mi situación me impedía defenderme, aunque hubiera sido lo mismo: la opinión pública se hallaba ya envenenada; ésta, como el espectador de una obra teatral, veía la escena, pero no alcanzaba a descubrir el misterio de la tramoya.

Después de más de un año de aquellos sucesos, aún he tenido que ir a deponer en el sumario que tiene su origen en la denuncia del señor Jiménez Asúa: "¡DELITO CONTRA LA CONSTITUCIÓN DEL ESTADO!" Y esto después de haberse dicho y repetido que la Constitución de la Monarquía desapareció el día 13 de septiembre de 1923. Ahora bien; yo pregunto: ¿Cómo puede cometerse un delito contra lo que no existe?... Difícil es la respuesta. Lo más notable del caso es que al señor Matos y a mí se nos han pedido cuentas por haber mantenido la clausura del Ateneo en momentos en que, ya en vigor la Constitución de la República y sin que oficialmente estuviera en suspenso ninguno de sus artículos, la autoridad gubernativa tenía clausurados numerosos centros y prohibía los actos de propaganda de cuantas organizaciones no eran de un marcado carácter "izquierdista". Ha sido con motivo de estos hechos cuando he adquirido el convencimiento de que *no entiendo de leyes,* pues es indudable que los actuales gobernantes, en su mayoría hombres de "toga", no iban a cometer el abuso de saltarse a la torera la Constitución, que tengo entendido —no sé si diré un disparate, dada mi incultura en cuestiones jurídicas— es la ley fundamental del Estado. Para mí, la verdad, resulta más fácil digerir la *contracción* de Lorentz, las experiencias de Eötvös o el *continuo espacio-tiempo* de Minkowsky, tan íntimamente ligados con la complicada física filosófica de Alberto Einstein, que la actual interpretación de la legislación española.

CAPÍTULO XII

LA CRISIS DE FEBRERO

LA SITUACIÓN PARTICULAR DEL DÍA 13.—A las declaraciones de los principales personajes políticos que siguieron a los decretos de convocatoria de Cortes y restablecimiento de las garantías constitucionales, hubo que añadir la publicación de un manifiesto, firmado por los señores Ortega y Gasset (don José), Marañón y Pérez de Ayala, en el que hacían un llamamiento a los intelectuales para constituir una organización política que designaron con el nombre de "Agrupación al servicio de la República". Este manifiesto, que hicieron circular profusamente, tuvo excelente acogida por el prestigio de que gozaban en Madrid quienes lo suscribían.

La Agrupación al servicio de la República —según dijo un periódico— constituía una nueva fuerza frente a la Monarquía, que sus progenitores cimentaban en principios filosóficos y en la ética política de la postguerra: teorías y realidades.

En síntesis, el manifiesto decía: Que los momentos de crisis en que iban a decidirse los destinos nacionales les obligaban a salirse de sus profesiones para ponerse, sin reservas, al servicio de la necesidad pública; que el Estado español tradicional había llegado al último grado de descomposición, debido a sus propios vicios sustantivos; que la Monarquía no era más que una asociación de grupos particulares, que vivían parasitariamente sobre el organismo español, razón por la cual iba quedando sola, estimando era preciso sustituirla por una República salvadora. Pero que como era ilusorio esperar a que la Monarquía cediese galantemente el paso y sólo se rendiría ante una formidable presión de la opinión pública, ellos tomaban la iniciativa para constituir una agrupación, cuyos esfuerzos irían encaminados a movilizar toda la intelectualidad para formar un nutrido contingente de propagandistas y defensores de la República, agrupación que constituiría el organismo de avanzada que, actuando apasionadamente sobre el resto del cuerpo nacional, preparase el triunfo de aquélla en unas elecciones constituyentes llevadas a cabo con las máximas garantías de pulcritud.

Ya en un artículo titulado "Un proyecto", Ortega y Gasset había propuesto la reunión de una Junta magna que recogiera la representación de todos los que en España aspirasen a un nuevo Estado. Esta Junta o Parlamento espontáneo, que por cuestión de principios sería ajeno y hostil a lo vigente, debía constituir el órgano adecuado para dirigir, con entusiasmo máximo y violencia mínima, el cambio de régimen y los preliminares de la formación del futuro Estado, evitando las dificultades de lo que Mirabeau llamaba la simultaneidad del tránsito. Dentro de este movimiento hacia otra estructuración política de la Nación, defendía como única solución de suficiente profundidad histórica, la instauración de la República.

Según manifestaciones del mismo, hechas a un redactor del periódico barcelonés *La Rambla de Cataluña,* no podía procederse con fanatismos verbales, sino uniendo unas con otras las fuerzas sociales sobre las cuales debía sostenerse el nuevo Estado.

A lo expuesto había que sumar el proceder poco consecuente de la Junta de Gobierno del Colegio de Abogados ante ciertas medidas de orden adoptadas por la autoridad militar para evitar que en la Cárcel Modelo la afluencia de público pudiera, el día menos pensado, convertirse en motín que pusiese en un aprieto a las fuerzas del Ejército encargadas de su custodia, dando lugar a una intervención cuyas consecuencias no podían preverse.

Esta actitud del Colegio de Abogados la patrocinaba el propio decano, señor Ossorio y Gallardo, que en aquellos tiempos defendía con tesón un criterio de "juridicidad" poco acorde con su conducta posterior. Su instinto perspicaz y político le llevaba a tomar posiciones para el futuro.

La moción que la Junta de Gobierno del referido Colegio presentó a la Junta general extraordinaria celebrada el día 13, fue la siguiente:

"De algunos años a esta parte se advierte una hipertrofia en ciertos organismos gubernativos, con detrimento de las autoridades judiciales y con vulneración de las leyes que a todos los españoles debieran amparar".

Hacía luego historia de las supuestas ilegalidades cometidas en este sentido, refiriéndose al trato sufrido por los abogados presos en la Cárcel Modelo. Continuaba diciendo que las quejas de los defensores ante el Consejo Supremo del Ejército y Marina motivaron una intervención de éste, que no tuvo eficacia.

Luego añadía:

"La jurisprudencia del Tribunal Supremo tiene declarado que los bandos de los capitanes generales dictados en las provincias declaradas en estado de sitio deben estar arreglados a la legislación y sus disposiciones sólo valen cuando no se separen de las que taxativamente marque la ley de Orden público. Para combatir este criterio se dictó una real orden, en la que se dispone que los capitanes generales de las regiones en que se encuentre declarado el estado de guerra pueden, desde luego, y en uso de sus facultades, cuando consideren que ello ha de contribuir a sostener el orden público, adoptar aquellas medidas encaminadas a limitar la hora de visita de los presos. Es decir, que lo que pudo ser equivocación momentánea de una autoridad ha tomado carácter definitivo mediante una real orden.

El problema genérico que planteamos es, en síntesis, si España ha de vivir dentro o fuera del Derecho; concepto de vida o muerte para un pueblo, y que no tiene nada que ver ni con el desarrollo legal de los procesos (materia sobre la cual esta Junta, respetando a los Tribunales, jamás ha dicho una sola palabra) ni tampoco con las gestiones afectuosas y diligentes que algunos señores ministros —lo repetimos— han hecho en bien de algunos presos, porque el tema en cuestión no es el caso de unos particulares perseguidos, sino el caso de España".

Terminaba diciendo que la Junta de gobierno entendía que constituía deber del Colegio de Abogados hacer pública protesta contra los hechos denunciados y contra el sistema político de que eran reveladores.

La actitud hostil de algunos sectores políticos, la de los elementos citados anteriormente (intelectuales y Colegio de Abogados) e incluso las violencias de la Prensa desafecta, no hicieron variar tampoco en un punto el programa trazado por el Gobierno, que contaba con fuerza para imponer el orden y asistencias que consideraba sobradas, máxime sabiendo que, no obstante la actitud de los partidos de izquierda, no faltaban personas pertenecientes a ellos que, aparentando guardar los compromisos, se avenían a ser elegidos diputados, con lo cual no se carecería de una oposición en la Cámara, siquiera fuera insignificante.

Así las cosas, sobrevino la crisis. Referiré de ella lo que sé.

LA NOTA DE LOS LIBERALES.—En la tarde del 13, viernes, recibí una confidencia relacionada con ciertos disturbios que los perturbadores pretendían provocar con ocasión de los actos políticos del domingo, día 15, para obligar al Gobierno a una represión violenta o a la declaración del estado de guerra, todo ello con vistas a dificultar e incluso impedir las elecciones. Con este motivo, y para someter a su aprobación algunas medidas, llamé por teléfono al ministro de la Gobernación, que me contestó:

—De momento no tome usted ninguna determinación, pues, probablemente, ese día se suspenderán todos los actos de propaganda.

—¿Pasa algo?—pregunté extrañado por lo que acababa de oír.

—Sí—repuso—; ha surgido una maniobra de grandes vuelos.

—¿Crisis, entonces?

—Probablemente. De momento no puedo decirle más, porque es asunto que está todavía en tramitación; pero vaya esta noche a ver al Presidente y se enterará con detalles.

Me despedí del ministro y solicité comunicación con el secretario particular del general Berenguer, teniente coronel Sánchez Delgado, a quien pregunté si tenía alguna noticia extraordinaria.

—Sí, mi general, sí: que me parece que ha terminado para nosotros el calvario. Se trata de una nota de los "liberales". Con tal motivo, el general tendrá una conferencia con el conde de Romanones esta misma noche, y creo que a partir de este momento quedará planteada la crisis. Vente por aquí después de cenar.

—Desde luego iré.

No hablamos más. Una hora después llegaba a mi poder la copia de la nota, que decía así:

"Persistiendo en sus propósitos de marchar unidos en su campaña y dar el mismo matiz a sus manifestaciones, los señores conde de Romanones y marqués de Alhucemas se reunieron en el domicilio de éste, con el fin de concretar la respuesta que han de dar a sus correligionarios, que constantemente les preguntan si, dadas las circunstancias actuales, se proponen intervenir en la próxima lucha electoral; y manifestaron que, por estimar que la abstención hecha por los partidos de gobierno constituye un precedente funestísimo, que repetido podría significar la muerte del sistema parlamentario, perduran en el acuerdo de tomar parte en las elecciones convocadas, siendo su propósito el de ir a las Cortes únicamente para pedir en ellas la convocatoria de otras constituyentes y la disolución de las que se elijan en marzo, por entender que los graves problemas políticos, jurídicos, económicos y sociales que hoy están planteados en España no pueden ser encaminados y resueltos convenientemente y con tranquilidad para la Patria sin la intervención y el concurso de los sectores de la opinión que van a estar ausentes en el próximo Parlamento. Y así se lo comunicaron a sus amigos".

Sobre las once de la noche llegué al palacio de Buenavista. En la Secretaría particular se hallaban el capitán general de Madrid, don Federico Berenguer, su hermano don Luis y el teniente coronel Sánchez Delgado; en uno de los salones interiores sostenían una conferencia, hacía más de media hora, el jefe del Gobierno y el conde de Romanones.

Aquéllos me informaron de todo lo ocurrido, que, a grandes rasgos, era lo siguiente:

Por la tarde, el conde de Romanones y el marqués de Alhucemas habían llamado a don Leopoldo Matos para darle cuenta del documento que iban a entregar a la Prensa. Este, en el acto, fue a ver al general Berenguer y le expuso cuanto ocurría, acordando preguntar a Cambó qué actitud pensaba adoptar. El jefe de la Lliga Regionalista contestó que adoptaba la de ir a la abstención. Ante tales dificultades, que no podían ser vencidas de perseverar unos y otros en sus puntos de vista, el Gobierno tenía que presentar la cuestión de confianza.

Poco después salió el conde y todos nos apresuramos a ir a ver al Presidente, quien, por haberse agravado de su enfermedad de los pies, casi no podía andar. Le preguntamos noticias.

—Nada—contestó—: que estamos en crisis. Romanones cree que la postura de ellos es la acertada, pero el Gobierno no puede compartirla. He deducido, por lo que me ha dicho, que todo lo tienen hablado para gobernar: el almirante Aznar, presidente; él, a Instrucción Pública...

Dijo algún nombre más que ya no recuerdo.

Por indicación suya, pasamos al comedor íntimo, donde seguimos la conversación. Todos los allí reunidos no podíamos ocultar la alegría. Yo no niego que fue la de aquella crisis la única noticia agradable que recibí mientras duró mi gestión de director de Seguridad.

La tertulia se prolongó hasta la una de la madrugada, hora en que el general tenía por costumbre acostarse. Cuando llegue a la Dirección de Seguridad me entregaron la nota que aquella misma tarde la Secretaría política del señor Cambó había dado a la Prensa de Barcelona. Decía como sigue:

"Es notorio el concurso constante que tanto yo como las personas que comparten conmigo la dirección de una importante fuerza política, hemos venido prestando al Gobierno. Ante las elecciones legislativas de tanto tiempo anunciadas, nos limitamos a formular una petición de garantías de sinceridad electoral que en sus puntos fundamentales fueron sustancialmente aceptados.

A pesar de la otorgación de dichas garantías y casi coincidiendo con ellas, empezaron las declaraciones de abstención electoral que, después de alcanzar a todos los grupos revolucionarios, se extendieron a notorias personalidades monárquicas y gubernamentales.

Aun después de crearse tan delicada situación, entendimos, como entendemos hoy, que no debíamos abstenernos de participar en las elecciones, pero ante la declaración de los jefes de las dos únicas fuerzas del partido liberal que no se habían declarado abstencionistas, parece claro que el Parlamento que está convocado no tendrá de vida más que los pocos días que tarden el conde de Romanones y el marqués de Alhucemas en llevar a la práctica el propósito que expresan en su nota.

Y ante tal situación más vale, a mi juicio, afrontar desde ahora resueltamente el problema político, evitando los inconvenientes y los peligros notorios del régimen de interinidad a que daría lugar su aplazamiento.—*Francisco de A. Cambó*".

Extrañará quizá que antes de hacer público los jefes liberales su acuerdo diese la anterior nota el señor Cambó. Ello fue debido a que el conde de Romanones le advirtió el paso que él y su correligionario iban a dar.

LA CUESTIÓN DE CONFIANZA.—A la mañana siguiente, sobre las nueve, fue el Rey a visitar al general Berenguer y oficialmente quedó planteada la crisis. Poco después llegué yo al Ministerio del Ejército, y pasé a las habitaciones del Presidente tan pronto se marchó don Alfonso.

Hablamos largo rato, enterándome de que en seguida iban a empezar las consultas. Como es lógico, comenté la rara conducta de los jefes liberales, a mi juicio poco consecuente con la observada por el Gobierno, pues entendía que su actitud de última hora —indudablemente pensada desde hacía algún tiempo— debían haberla adoptado antes de publicarse el decreto de convocatoria, tanto más cuanto que ellos no desconocían lo sustancial del mismo, ni menos la postura adoptada por los demás partidos o agrupaciones. "Es esta —le dije— una maniobra inoportuna; una zancadilla más de las que tanto han desprestigiado a la Monarquía y a la que tan aficionados son nuestros viejos políticos". Y así era, en efecto. Es más, de haberse planteado la cuestión unos días antes, se hubiera evitado la campaña periodística de aquellas fechas, que tanto envenenó a la opinión pública y que luego se recrudeció con mayores bríos durante el segundo período electoral.

El general coincidía conmigo en cuanto a la inoportunidad del momento elegido; pero más ducho en las lides políticas —de las que ya había sido víctima en ocasión anterior— no le extrañaba, ni aun siquiera se permitía censurar, la mala pasada de aquellos dos personajes que invocaban unos principios que ellos, si realmente los sentían, no los practicaron jamás.

—Yo creo—decía—que habrá Gobierno mañana mismo, pues, como ya le dije anoche, el conde tiene incluso la lista de los ministros y hasta tengo entendido ha telegrafiado al almirante Aznar, que está en Cartagena, para que venga.

Dejé al Presidente cuando empezaron a llegar sus compañeros de Gabinete para cambiar impresiones.

Ignoro lo que en la reunión se trató; sólo sé que aquella misma mañana el Rey firmó el Decreto siguiente:

"EXPOSICIÓN.—Señor: Habiendo presentado la dimisión el Gobierno que preside, y siendo evidente que la resolución de la crisis puede influir en la anunciada convocatoria de Cortes, no parece aconsejable que el Gobierno que ahora cesa deje en pie en la integridad el acuerdo en tal sentido recabado y que como prueba de honrosa confianza obtuviera de Vuestra Majestad, ni cree oportuno comprometer en materia tan delicada el porvenir de quien haya de sustituirle. Como quiera que mañana ha de empezar con la designación de adjuntos prevista en el artículo 37 de la Ley de 8 de agosto de 1907, la serie de operaciones que constituyen el período activo de la elección, resulta obligado ordenar sin pérdida de momento que se aplacen dichos actos.

Fundado en tales consideraciones y de acuerdo con el Consejo de ministros, me honro en proponer a Vuestra Majestad el adjunto proyecto de Decreto.

Madrid, 14 de febrero de 1931.—Señor: A L. R. P. de V. M., *Dámaso Berenguer Fusté.*

PARTE DISPOSITIVA.— Artículo único. Quedan en suspenso los plazos señalados para las elecciones de Diputados y Senadores y convocatoria de Cortes a que se refiere mi Decreto de 7 de febrero corriente.

El ministro de la Gobernación adoptará las medidas conducentes a cumplir la ejecución de este Decreto.

Dado en Palacio a 14 de febrero de 1931.—ALFONSO.—El Presidente del Consejo de ministros, *Dámaso Berenguer Fusté".*

Este Decreto se cursó telegráficamente a todas las autoridades a las catorce horas. Con anterioridad se había notificado a los gobernadores civiles, también por telégrafo, el planteamiento de la crisis, rogándoles siguieran en sus puestos por "cuanto que el momento, aun no revistiendo gravedad—se les decía—, puede resultar delicado si intentan aprovecharlo para sus fines algunos sectores políticos extremistas".

Yo, registrado a las quince horas en el Ministerio de la Gobernación, recibí, sobre las cuatro, la orden que literalmente copio a continuación:

"Suspendido por Real decreto de esta fecha el de convocatoria de Cortes que puso en vigor el artículo 13 de la Constitución, el Gobierno ha acordado la suspensión de las reuniones públicas de carácter político, suspensión que puede fundarse no sólo en la facultad que confiere el artículo 5.°, número 5.°, de la ley de Reuniones, sino en la derogación del Real decreto que restableció la aplicación del artículo 13. En cuanto a Prensa, el Gobierno desea que no se ejerza la previa censura, continuando con arreglo a la Ley el régimen de recogida en caso de denunciarse".

¡Oh, manes de la paradoja! Fue constante obsesión de aquel Gobierno, que dieron en llamar "segunda Dictadura", ajustarse a las leyes, aún en los momentos más críticos y difíciles.

CAPÍTULO XIII

El proceso de la crisis

El día 14.—Tan pronto el Rey llegó a Palacio, después de haberle sido presentada la cuestión de confianza por el general Berenguer, hizo algunas citaciones.

Por la mañana recibió al duque de Maura, al marqués de Alhucemas y al conde de Romanones; por la tarde, al señor Sánchez Guerra, conde de Bugallal, Sánchez de Toca, Melquiades Álvarez, Villanueva y La Cierva. Don Santiago Alba, que se hallaba en París, dio su parecer por telégrafo.

Los políticos, incluso los dos que habían provocado la crisis, discrepaban en las soluciones, lo que demostraba desacuerdo y desorientación. Pese a la frase del conde de Romanones de "que era preciso no ser pesimista y abrir el pecho a la esperanza", los momentos eran difíciles.

Por la noche, después de cenar, fui a ver al Presidente, llevándole algunas notas relativas a las manifestaciones hechas por los consultados a la salida de Palacio; de ellas, las más interesantes fueron las de los señores Sánchez Guerra y Melquíades Álvarez. El primero dijo que se había limitado a exponer con claridad en la cámara regia su criterio sobre el momento político, añadiendo, que como la Historia tiene la coquetería de repetirse, una vez más comprobaba que "la realidad tiene más fuerza que la realeza"; el segundo manifestó había expuesto con toda franqueza que el momento era histórico y las circunstancias gravísimas, propugnando por la convocatoria de unas Cortes constituyentes, con un poder que estuviera por encima del real, única forma de resolver, sin que la gente pudiera llamarse a engaño, el conflicto planteado, con beneficio para los intereses de España.

El Presidente conocía perfectamente lo que cada uno había aconsejado al Rey, pues el ministro de Hacienda dimisionario, señor Wais, estuvo a última hora en Palacio con la misión expresa de enterarse del proceso de la crisis y transmitírsela; sin embargo, a pesar de la confianza que conmigo tenía, ni me habló de ella, ni yo le pregunté. Eso sí, estaba más jovial que otras veces, sin duda por la alegría de que daba muestras su hija haciendo proyectos sobre el porvenir lleno de tranquilidad que les aguardaba después de tantos meses de sinsabores, durante los cuales no faltaron, para colmo de angustias, los consabidos anónimos amenazadores que hicieron llegar hasta ella la perversidad y el cretinismo de algunos malvados.

Permanecí en el Ministerio del Ejército hasta muy cerca de la una de la madrugada. A mi salida, la impresión dominante en los mentideros políticos era la de que, evacuadas por don Alfonso las consultas protocolarias, encargaría la formación de un Gobierno de concentración monárquica, sobre la base de los liberales, al ex ministro de Marina y capitán general de la Armada don Juan Bautista Aznar, en el que entrarían tres ministros regionalistas designados por el señor Cambó.

Éste, a la salida para Madrid, había dado una interesante nota, cuyo texto íntegro me transmitió por teléfono el coronel Toribio. Decía como sigue:

"España, no desde ayer, sino desde hace algunos meses, da la sensación a propios, pero aún más a los extraños, de encontrarse en una situación pre revolucionaria.

Todos los elementos de disolución política y social actúan con desenfrenada actividad, y muchos de ellos, por no vivir otro mundo y no respirar otro ambiente que el que ellos mismos se forman, creen de buena fe que está llegando su hora.

El Gobierno del general Berenguer ha ido dando, cada vez más acentuada, la sensación de que no era él quien preveía y dirigía los acontecimientos, sino que era un simple juguete de ellos... y de los hombres que los provocaban y administraban.

El movimiento pre revolucionario español es mucho más superficial que profundo. Ofrece una intensidad mucho menor que la que debía producirse como corolario de una dictadura de más de seis años.

La inmensa, la inmensísima mayoría del país, ni quiere revolución, ni quiere dictadura, ni quiere que se vuelva al viejo régimen. Quiere, sencillamente, sentirse gobernado por una democracia verdad que no se espante ante el enunciado de ninguna reforma, pero que las examine cuidadosamente antes de aceptarlas; que no tolere coacciones ni violencias de nadie, ni de las masas obreras ni de las coligaciones autocráticas.

No hace muchos días hablaba yo con uno de los organizadores de la revolución portuguesa y me confesaba que en el momento actual, en que hay una potencia bárbara, como Rusia, que no piensa en otra cosa que en extender a los pueblos del Centro y Occidente de Europa la miseria de sus masas y el látigo de sus directores, no participaría en un movimiento revolucionario, que podría significar la pérdida de todas las esencias de refinamiento y de civilización que debemos a las influencias griega y romana.

Las masas sin ideales no resistirán nunca el empuje revolucionario de una minoría excitada. La revolución es como las víboras, que sólo se encuentran en los terrenos abandonados y yermos. Es con la acción ciudadana activa como se impiden los estallidos revolucionarios".

DÍA 15.—Por la mañana, muy temprano, me avisaron de que se habían circulado órdenes para que los agitadores callejeros provocasen algaradas con motivo de la suspensión de los actos políticos. Y, en efecto, aunque la tarde anterior se había procurado divulgar el acuerdo terminante del Gobierno y los periódicos matinales dieron todos la noticia, alrededor de las once acudió bastante gente a las puertas de los teatros donde aquéllos debían celebrarse, y tras de proferir algunos gritos, como obedeciendo a una consigna, se dirigieron a la Cárcel Modelo, originándose diversos incidentes que obligaron a la fuerza pública a dar varias cargas y practicar algunas detenciones, que inmediatamente quedaron sin efecto.

Mientras estos hechos ocurrían, el señor Cambó se entrevistaba con el Rey y el general Berenguer, bastante agravado de su dolencia, cambiaba impresiones en el salón amarillo del palacio de Buenavista con los ministros dimisionarios.

No obstante tener ya recogidos mis papeles, haber decidido despedir a gran parte de los que integraban el servicio secreto e incluso interesar el inmediato regreso de la misión especial que, presidida por el juez señor Alarcón, había enviado a Ginebra para ciertas investigaciones en las oficinas de la "Entente Internationale contre la IIIe Internationale" sobre los propósitos del "Komintern" en España[44], tuve que dedicarme intensamente a prevenir acontecimientos, ya que aquella misma madrugada, el jefe de la División de Investigación Social, me había hecho entrega de una extensa información, de la cual son los interesantes párrafos siguientes:

"El próximo jueves, 19, se iniciará un movimiento revolucionario. Se emplazarán unas baterías en el cerro de los Ángeles, y desde allí se bombardeará el Palacio Real. Se asegura contar para este hecho con toda la fuerza de Artillería, de oficiales para abajo, y con la Escuela de Tiro; también de Húsares de Pavía se dice que hay algo, pero debe ser muy poco.

Este movimiento está concentrado en don Alejandro Lerroux. Don Melquiades Álvarez y don Santiago Alba conocen la preparación y tienen dada su aquiescencia al señor Lerroux, aun cuando se esfuerzan por resolver la crítica situación con la menor violencia posible.

---

[44] En aquellos días la misión, en viaje de vuelta, se hallaba en París, en relaciones con determinada organización antisoviética para adquirir la "ficha" de un delegado de la G.P.U. que se decía había entrado en España con determinado fin. Esto, ni pudo comprobarse, ni creo fuera cierto.

Otro sector más extremista, desde los republicanos radicales-socialistas hasta comunistas y anarquistas, empujan a Lerroux al hecho con violencia, y entre sí comentan estar dispuestos a apoderarse de la nueva República si llega a proclamarse.

Por último, se ha hablado durante todo el día del viernes en el sentido de que unas constituyentes alejarían del movimiento revolucionario a los antiguos políticos y quizá a un sector considerable de militares. Como en este caso los libertarios por sí solos no pueden hacer un movimiento serio, es creencia de que por el momento nada pasaría".

Como esta información había sido facilitada por un significado anarquista que se hallaba en inteligencia con los republicanos, la juzgué de sumo interés y decidí ir personalmente a comunicársela al Presidente.

Entré en el Ministerio del Ejército poco más o menos sobre las doce y media. Minutos después llegó el Rey.

Mi entrevista con el conde de Xauen fue breve. Del desarrollo de la crisis no me dijo ni una sola palabra.

Por la tarde supe que don Alfonso había ofrecido el Poder a don Santiago Alba y que éste lo rehusó. Supe también que el conde de Romanones, en una conversación con los periodistas, había negado hubiera tenido, como se rumoreaba, una entrevista extraoficial con el Rey en la Casa de Campo; pero, en cambio, les dijo que se iba a intentar la formación de un Gobierno de "clara, franca y definida significación izquierdista", que convocaría unas Cortes "archiconstituyentes", y terminó mostrándose satisfecho por el paso dado, con el que juzgaba haber prestado un "positivo servicio al Rey y al Gobierno", librando al país de los trastornos que le amenazaban "durante la última semana del período electoral".

Como verá el lector, el conde, no obstante haber pasado toda la tarde con una nieta en una finca de su propiedad inmediata a la carretera de La Coruña y no haber hablado con nadie —manifestaciones que también hizo a los periodistas—, estaba perfectamente enterado de todo lo del momento y de lo que podría ocurrir.

Como nota de interés del día, citaré la declaración suscrita por don Julián Besteiro, Andrés Saborit y Wenceslao Carrillo, resultado de una reunión celebrada el día anterior por las Comisiones ejecutivas del Partido Socialista obrero y Unión General de Trabajadores, declaración a la que pertenece el siguiente interesante párrafo:

"Ambas Comisiones ejecutivas concuerdan unánimemente en la reiteración de la necesidad de poner un término a la crisis profunda por que atraviesa la vida nacional, abriendo un cauce amplio al desarrollo de la democracia en un régimen nuevo que no puede aspirar a una vida normal sino rompiendo decididamente con el pasado y emprendiendo resueltamente la obra de la nueva estructuración del país, bajo la forma de gobierno republicano".

DÍA 16.—El rumbo inesperado que como consecuencia de las consultas tomó el proceso de la crisis dio nuevos alientos a los revolucionarios y produjo preocupación en determinados sectores monárquicos. Se temía que los constitucionalistas pudieran tomar el Poder.

Durante la noche anterior, en las tertulias políticas se había comentado vivamente la situación y se observaba nerviosidad. No hay que olvidar que en Madrid todos los grandes problemas se plantean, desarrollan y resuelven alrededor de las mesas de los cafés, entre gritos y humo de tabaco. De los cafés pasan las opiniones a las redacciones de los periódicos; de éstas, a los rotativos, que las inyectan en el cerebro de los españoles, poco dados en su mayoría a discurrir por cuenta propia.

He oído a varios políticos hablar despectivamente de las tertulias de cafés y casinos; yo, por el contrario, las juzgué siempre de importancia. La experiencia me inducía a ello.

Por la mañana a primera hora, como de ordinario, fui a ver al Presidente para darle cuenta de las últimas noticias de provincias y de lo observado en Madrid. Asimismo, me permití decirle que convenía ir cuanto antes a una solución. El general me manifestó tenía la impresión de que por la noche habría Gobierno.

Cuando regresé a la Dirección supe que el Rey estaba celebrando una conferencia con el señor Sánchez Guerra. Posteriormente me informaron de que éste, al salir de Palacio, había sostenido el siguiente diálogo con los periodistas:

—Su Majestad el Rey—comenzó diciendo—me ha explicado con amplitud el curso de la crisis y me ha expuesto también el resultado de las consultas que, unas por comunicación directa y otras por medio de nuestra Embajada en París, ha celebrado con el señor Alba. Y hablando de España y de los momentos difíciles que vivimos—añadió—, el Rey, después de hablarme de cosas para mí inolvidables y decirme frases y conceptos que agradezco mucho y que han sido muy sinceros, me ha hecho el honor de encargarme de formar Gobierno. He dicho al Rey —siguió diciendo—que la confianza no puede otorgarse con cuentagotas y que ha de ser absoluta. Ahora voy a ver si cumplo el encargo de tratar de formar Gobierno, y si no, vendré a darle cuenta de mis gestiones. Soy un encargado *in pártibus* y voy a tratar de dar a España el Gobierno que creo necesita en estos momentos.

—¿Va usted ahora a visitar a algunas personas?—preguntó un periodista.

—Claro—contestó el señor Sánchez Guerra—. No a algunas, sino a muchas, y la primera al general Berenguer, como es de protocolo. Creo que es de protocolo; por lo menos lo era, y no creo haberme olvidado de ello.

—Y ¿desde luego el nuevo Gobierno convocará Cortes Constituyentes?

—¡Hombre!—dijo el señor Sánchez Guerra—. Me pide usted una cosa que forma parte de un programa de Gobierno que no se ha formado aún. ¿Qué duda tiene que hemos de tratar de eso, partiendo del punto de vista ya conocido? Yo soy hombre que me respeto mucho, y para merecer el respeto ajeno—añadió—siempre he creído que hay que comenzar por respetarse a uno mismo.

Momentos después de haber salido de Palacio el señor Sánchez Guerra, don Alfonso se dirigió al Ministerio del Ejército para conferenciar con el conde de Xauen. Luego se celebró un consejillo.

La actividad del señor Sánchez Guerra durante toda la mañana y primeras horas de la tarde fue extraordinaria: recados, visitas, conferencias, ofrecimientos... A las seis y cuarto volvió a Palacio a dar cuenta del curso de sus gestiones. Al salir ordenó al conductor del automóvil que le condujese a su domicilio, pero cuando iba por la calle Mayor, cambió de propósito y se dirigió a la Cárcel Modelo.

¿Qué motivos impulsaron al señor Sánchez Guerra a visitar los presos políticos? Se dijo entonces, y todo el mundo lo dio por cierto, que el veterano jefe del partido liberal conservador había ido a solicitar el apoyo de dichos señores e incluso a ofrecerles algunos puestos en el Gobierno que pensaba formar. Mis informes difieren en absoluto de esta versión. El señor Sánchez Guerra fue a la Cárcel Modelo a rogar a los directores del movimiento revolucionario aplazasen un "golpe" preparado para la madrugada siguiente— del que tuve conocimiento horas después, como se verá más adelante—, pues estimaba que, por patriotismo, era deber de todos no provocar conflictos hasta que estuviera resuelta la cuestión política. Si de paso hizo la otra gestión, yo lo ignoro.

¿Cómo se enteró don José Sánchez Guerra de los propósitos de los revolucionarios? No hay más que recordar las manifestaciones que aquella misma noche, o al día siguiente, hizo a los periodistas: "Mi decisión—dijo—fue consecuencia de cierta conversación que al salir de Palacio sostuve con mi hijo, que me acompañaba en el automóvil". No es raro tampoco que el señor Sánchez Guerra tuviera conocimiento de lo que se proyectaba antes que la Dirección de Seguridad, pues no hay que olvidar que su hijo don Rafael no sólo militaba en el partido republicano, sino que era elemento destacado entre los que dirigían la conspiración.

La opinión pública, ignorante de los proyectos revolucionarios, dio por sentado lo de la petición de apoyo y colaboración. Y juzgando sobre esta base, el paso del señor Sánchez Guerra, y más que nada ciertos detalles de su presencia en la Cárcel Modelo, que rápidamente circularon por Madrid, dieron lugar a vivos comentarios, en su mayoría desfavorables para el futuro jefe del Gobierno. Tanto entre los monárquicos como entre los republicanos se decía: "Entregan el Rey a sus enemigos". Los primeros protestaban con indignación; los segundos batían palmas y pedían más...

Aquella noche, en casi todos los mentideros, se daba por cierta la negativa de los presos políticos a colaborar con don José Sánchez Guerra, así como la de los señores Alba, Cambó, Marañón, Ortega y Gasset, Besteiro, Sánchez Román y Ossorio y Gallardo, a quienes afirmaban se les habían ofrecido carteras. Pero de todo lo ocurrido lo que más sensación produjo —aparte la visita a la Cárcel Modelo— fueron las declaraciones que, para justificar su actitud, hizo este último sobre que era equivocado resolver el problema político con un cambio de Constitución, y que él, cuando el Rey abdicase, empezaría a contemplar cuáles eran sus deberes.

Se rumoreaba también que, no obstante haber sido aceptados puestos en el Gobierno por el conde de Romanones y el marqués de Alhucemas, serían descartados, por estimar los constitucionalistas que el concepto que dichos señores tenían de las Cortes que deseaban convocar no coincidía con el suyo.

A última hora se daba por seguro que don José Sánchez Guerra a la mañana siguiente presentaría a don Alfonso, para su aprobación, una lista con los nombres de las personas que habrían de constituir el nuevo Gobierno y las bases fundamentales del programa a desarrollar, que, en síntesis, se suponía eran las siguientes:

Anulación de todas las disposiciones que siendo de la facultad del Poder legislativo fueron dadas por la Dictadura, entre ellas el Código penal y el Estatuto municipal. Decreto convocando elecciones para una Asamblea Nacional, con el carácter de Cortes Constituyentes; antes se celebrarían las municipales y provinciales; mientras tanto, se constituirían los Ayuntamientos y Diputaciones por un procedimiento automático con los concejales y diputados provinciales electivos que lo hubieran sido con anterioridad a 1932. Previamente, por medio de una carta dirigida por el Rey al jefe del Gobierno, o haciéndolo constar en el preámbulo del Decreto de convocatoria, el Monarca habría de declarar someterse a la voluntad nacional, acatando la resolución de las Cortes, las cuales no podría disolver en tanto no hubiesen cumplido su misión, ni separar libremente a sus ministros mientras funcionasen. Por último, no se efectuaría la ceremonia de la jura en la cámara regia, limitándose el jefe del Gobierno a prometer defender el dictamen de la Asamblea Constituyente y lealtad al Rey hasta que dicho dictamen se pronunciara.

Como verá el lector, las condiciones que se decía pensaban imponer a la Corona no podían ser más duras, no obstante lo cual yo creo las hubiera aceptado.

A medianoche recibí la confidencia sobre el proyectado movimiento, confidencia que me obligó a trasladarme inmediatamente a Capitanía General para prevenir a la primera autoridad militar sobre la necesidad de adoptar determinadas medidas de precaución, en evitación de algo que podría ser trascendental[(45)]. Afortunadamente amaneció sin que ocurriera nada de particular, si bien se comprobó que por los alrededores de la Escuela de Tiro, sita en el Campamento de Carabanchel, había merodeado gente sospechosa.

Para que el lector pueda apreciar la importancia de lo que se preparaba, voy a copiar la información complementaria que me facilitó al día siguiente la División de Investigación Social, información que tuvo su origen en la denuncia presentada por uno de los comprometidos.

"El movimiento revolucionario que debió llevarse a efecto en la noche del lunes, 16, al martes, 17 —decía la nota—, era cosa seria dada la circunstancia del momento político, ya que hasta el señor Sánchez Guerra habíase llegado a la Prisión Celular. Los comprometidos tenían que empezar en Getafe, y los paisanos (pues los de Getafe eran militares), republicanos y masa obrera, seguirían una vez oídos los cañonazos o vistos sus efectos. Se disponía de automóviles para el traslado de los jefes y de camionetas para llevar al paisanaje organizador con sus grupos a los distintos sitios, según procediera actuar.

Algunos delegados interpretaron la hora de concurrencia a la última reunión equivocadamente, pues debieron presentarse a las once y acudieron a la una —dos horas después—, no obstante lo cual, como se tenía la convicción de que secundarían al oír los cañonazos, se dispusieron a salir, y ya serían las doce, minutos más o menos, cuando allí mismo tuvieron la noticia de que Mola lo sabía todo; que había avisado al capitán general, con quien está identificado, y ambos habían tomado medidas de previsión que hacían imposible la sorpresa, y en consecuencia procedía pararlo todo. Después se ha sabido que el coronel de Getafe se había ya puesto al habla con unos pocos oficiales primero, y luego con los soldados

---

[(45)] El golpe preparado para la madrugada del 17 era el mismo que el servicio secreto señaló debía tener lugar durante la noche del 19, y del que ya he hablado anteriormente.

de la guardia y de otros servicios, con los cuales dio "Vivas al Rey" que fueron secundados, más que por la oficialidad, por la tropa, acto este último que algunos oficiales trataron de desvirtuar comentándolo casi en seguida, en el sentido de que, como el coronel era discrepante en política del señor Sánchez Guerra, y no estaba conforme con su designación, pretendía erigirse en dictador; pero esta maniobra no logró malbaratar el buen golpe del señor coronel.

También se supo que un sargento de la guardia del Palacio Real, guardia de esta noche que, según uno de los comprometidos, era *jamón* para el movimiento, había sido sorprendido cuando comunicaba con el exterior las medidas de previsión adoptadas.

Ahora se dice que Lerroux hizo conocer lo preparado a determinadas personas, para que el movimiento abortase.

Asimismo se asegura que la máquina del tren que en caso necesario hubiera de utilizarse para el servicio de Su Majestad tiene los pistones esmerilados, para que el escape de vapor determine la inutilización de la misma, o por lo menos una pérdida enorme de potencia.

Previene el informador la posibilidad de que cuenten los revolucionarios con un traidor de altura entre los servidores del Estado, pues de otra manera no se explica cómo a las doce de la noche pudieran tener noticias de las previsiones adoptadas por el capitán general y el director general de Seguridad[46].

Termina el presente informe adjuntando una hoja dirigida al país por el bloque revolucionario que debió repartirse el lunes durante el día, pero que no se hizo por haberse recibido tarde".

La hoja de referencia, de la que conservo el ejemplar, dice así:

(46) Creo sinceramente que no fueron las medidas adoptadas por el capitán general y por mí las que contuvieron el movimiento, sino la gestión realizada por el señor Sánchez Guerra en la Cárcel Modelo.

EL BLOQUE REVOLUCIONARIO, AL PAÍS

CIUDADANOS: El verdadero movimiento revolucionario ha llegado; no lo dejéis pasar con un gesto de cobardía.

Agrupaos, sea cual fuere vuestra idea política, bajo la única bandera que nos libertará de los tiranos: LA BANDERA ROJA DE LA REVOLUCIÓN.

A los que han hambre de pan y sed de justicia.

A la oficialidad y clases humilladas y tropa esclavizada.

A los obreros oprimidos.

A los estudiantes vejados y maltratados.

Al pueblo encadenado al yugo tiránico y déspota del reyezuelo que siembra la miseria para España.

A los hombres que sienten y piensan va este manifiesto, que nace del mismo pueblo.

¡Uníos rápidamente, porque el momento histórico de la revolución libertadora ha llegado!

Por vuestros hijos y vuestros hermanos que son maltratados en las cárceles.

Por Galán y Hernández, los héroes muertos...

Por la derrocación del rey tirano.

¡Por la libertad!

¡Obreros!

¡Estudiantes!

¡Campesinos!

¡Oficiales, clases y soldados!

¡Pueblo en general!,

¡¡¡VIVA LA REVOLUCIÓN LIBERTADORA!!!

EL COMITÉ

DÍA 17.—Por la mañana, el Presidente pudo, haciendo un verdadero esfuerzo, llegar hasta su despacho oficial. Allí me recibió.

Le expuse con toda sinceridad mi impresión sobre los momentos que vivíamos y la necesidad de que cuanto antes hubiera Gobierno, con plena autoridad, para hacer frente a lo que pudiera venir. El largo proceso de la crisis debilitaba la Monarquía y alentaba a sus enemigos. Estos eran los únicos que estaban en su papel. En cambio, los dos políticos causantes del conflicto se habían erigido en capitanes Araña, y toda su labor se reducía a hacer declaraciones a los periodistas. De seguir como estábamos no sería difícil se intentase un golpe de audacia que acarrease al Gobierno dimisionario nuevos sinsabores.

El general Berenguer, tan sereno, tan frío siempre, estaba realmente impresionado y no podía disimularlo. Su sonrisa habitual dejó por primera vez de dibujarse en su rostro. Veía como yo los peligros, y no estaba en su mano, por el momento, conjurarlos. Para colmo de contrariedades se hallaba imposibilitado hasta de ponerse en pie. ¡Triste situación!

—La otra noche, cuando estuvo aquí el conde de Romanones —me dijo—, le advertí si Alhucemas y él habían antes meditado bien sobre la gran responsabilidad que iban a contraer provocando la crisis. Me contestó que sí, y que no pasaría nada; pues ellos lo tenían todo dispuesto para gobernar: me dio hasta los nombres de los que serían ministros. Luego, ya ha visto usted: se ha tenido que tragar la lista. Si yo estuviera sano— añadió—, ya me hubiese movido; hubiera ido a ver a unos y otros para zanjar diferencias, para ponerles de acuerdo... Pero en el estado lamentable. en que me encuentro, ¿qué puedo hacer? Nada; absolutamente nada práctico. He aconsejado al Rey—prosiguió—que es preciso resolver; que urge buscar una solución. Sin embargo, yo comprendo que él se juega mucho en este pleito y que ha de meditarlo. Mientras tanto, no queda otro recurso, amigo Mola, que decir como los moros: "Dios proveerá"...

Dejé sobre la mesa la copia de una nota facilitada por el señor Alcalá-Zamora la noche anterior, en la que decía que el Gobierno Sánchez Guerra no era más que una etapa de la lucha emprendida; que republicanos y socialistas seguían en unión inquebrantable; que no querían colaborar ni siquiera como fiscales; y, por último, que persistían en su actitud revolucionaria.

El general pasó la vista por encima del documento y se limitó a decirme:

—Está bien.

No hizo otro comentario.

Momentos después entraba el Rey en Buenavista. La conferencia duró escasamente media hora.

A las doce y media llegó el señor Sánchez Guerra a Palacio. No había regresado el Monarca aún.

—Traigo—dijo a los periodistas—la lista del nuevo Gobierno, que facilitaré a la salida; claro es, si el Rey la aprueba.

Estas manifestaciones me las comunicaron desde la Comisaría de la Real Casa. En el acto se las transmití al secretario del Presidente.

Veinte minutos más tarde, el señor Sánchez Guerra, en la puerta del Príncipe, dirigiéndose a los reporteros, se expresó en estos términos:

—Apreciando en conjunto mis conferencias de ayer, de todas clases, diurnas, matutinas y vespertinas, saqué la impresión de que no podía hacer un Gobierno. Un Gobierno, sí, pero mío; ése podía haberlo formado el mismo día en que fui llamado y sin salir de la cámara de Su Majestad. Porque, aun sin ser jefe de nada ni de nadie, podía hacerlo y contaba con ofertas para ello; pero mi experiencia me dice que no era un Gobierno más lo que había de formar, sino que yo aspiraba a constituir el Gobierno que el interés de España requería, si tenía los concursos para ello. No los he tenido, y como no soy hombre que cierra los ojos a la luz, con la lista en el bolsillo he venido a declarar que declinaba y he declinado ante Su Majestad el encargo de formar Gobierno.

Hizo una pausa, y agregó:

—Me interesa hacer constar que yo salgo agradecidísimo al Rey, no sólo porque me ha hecho objeto de toda clase de consideraciones, sino que, por lo que toca a Cortes Constituyentes, no he encontrado en él ninguna dificultad. Repito que yo he podido formar un Gobierno, pero el que yo pensaba, no. Yo sacrificaba muchas cosas. El Rey creía que podría formar Gobierno. Yo también lo creí.

Por último, terminó diciendo:

—Mi consejo a Su Majestad ha sido que llame a don Melquíades Álvarez, por si él encuentra el concurso de las izquierdas que yo no he encontrado, acaso por razón personal. Y no es que yo sea un hombre de derechas: yo soy un hombre de filiación conservadora y parlamentaria.

Subió a su automóvil y desapareció, sin que le siguiera, como la noche anterior, la caravana de "taxis" ocupados por los periodistas.

¿Qué pasó en la cámara regia? Difícil es averiguarlo; pero no sería aventurado afirmar que el señor Sánchez Guerra no vio la posibilidad de incluir en la lista al conde de Romanones y al marqués de Alhucemas, en los que el Rey tenía señalado interés. Por esa misma razón se negó don Melquiades Álvarez, horas más tarde, a encargarse de formar Gobierno.

La crisis, de angustiosa, iba camino de convertirse en trágica. Así las cosas, surgió la solución.

¡La peor solución para la Monarquía!

CAPÍTULO XIV

LA SOLUCIÓN

GESTIONES PRELIMINARES.—Ignoro de quién fue la iniciativa, aunque lo que sí puedo afirmar es que desde por la mañana del 17 el ex ministro conservador don Juan de la Cierva inició determinadas gestiones encaminadas a procurar una solución en el caso de que, como ya se presumía, no llegase a cristalizar la formación de un Gobierno constitucionalista. Desde luego, estas gestiones debieron hacerse con conocimiento del Rey y hasta no sería aventurado asegurar que su intervención indirecta facilitase la concordia entre los jefes de los partidos monárquicos, distanciados unos de otros desde hacía tiempo, tanto por las luchas políticas como por las diversas actitudes mantenidas respecto a la Dictadura durante los años que ésta gobernó a los españoles.

No hay que negar la buena fe que guió a don Juan de la Cierva en sus trabajos de aquella fecha memorable; trabajos que si de primera intención fueron encaminados a preparar un acuerdo, después, ante el fracaso del señor Sánchez Guerra y la negativa de don Melquiades Álvarez, tuvieron que llevarse a vías de ejecución.

La primera noticia la tuve —si no recuerdo mal— por don Leopoldo Matos, que me llamó desde el Ministerio del Ejército en las primeras horas de la tarde para advertirme se había acordado el restablecimiento de la previa censura de Prensa, medida desde luego poco grata para un Gobierno "cadáver"; pero obligada, imprescindible, en aquellos momentos de confusión en que la pasión política dominaba al sentimiento de amor a la Patria. Respondía —como se dijo atinadamente en la correspondiente nota oficiosa— "a la campaña tendenciosa en ocasiones y de abierta rebeldía, que incluso con informaciones deformadas no sólo causa alarma en el espíritu público, sino que puede constituir una merma en la libertad de actuación de los partidos políticos y de los hombres públicos, lamentable y dañosa al interés nacional".

Luego de advertirme que las galeradas de los periódicos de la tarde ya debían ser llevadas a la Censura, que se ejercería en el Ministerio de la Gobernación, añadió:

—Y he de decirle, para restarle preocupaciones, se camina con rapidez hacia la constitución de un Gobierno, que quizá quede formado esta misma noche.

—¿Seguro?—le interrogué con intención de que me ampliase la noticia que acababa de darme.

—Casi seguro—contestó—; pero por teléfono no puedo darle más detalles.

Toda la tarde estuve pendiente de las idas y venidas de los personajes políticos, sin sacar nada en limpio.

A las siete y media, poco más, abandoné la Dirección para ir a la estación del Norte a esperar a la Reina, que llegaba en el rápido de Hendaya procedente de Londres. Tenía el propósito de hablar allí con el ministro de la Gobernación y satisfacer mi curiosidad, mas no pude hacerlo: el tren entró puntual en agujas y yo llegué con los minutos precisos para enterarme del servicio y colocarme en mi puesto. Después, a causa de los incidentes del recibimiento, tampoco me fue posible.

UNA REUNIÓN EN EL MINISTERIO DEL EJÉRCITO.—Cuando regresé a la Dirección —que ya serían muy cerca de las nueve— me enteraron de que habían concurrido al Ministerio del Ejército, y se hallaban en aquellos momentos reunidos con el general Berenguer, los siguientes señores: duque de Maura, marqués de Alhucemas, condes de Bugallal y Romanones, La Cierva, Wais y Beltrán y Musitu; éste en representación del señor Cambó.

Despaché los asuntos urgentes; cené acompañado del coronel Marzo, y acto seguido me dirigí al palacio de Buenavista.

En la explanada había gran concurrencia de automóviles, y en el zaguán, animadas tertulias de conductores. Arriba, en la Secretaría particular, el bullicio era extraordinario: ministros dimisionarios, políticos, militares, periodistas, fotógrafos y curiosos profesionales. Todos hablaban y comentaban. La expectación era enorme.

La impresión que en aquellos momentos tenía el teniente coronel Sánchez Delgado, era satisfactoria. Habían llegado a un acuerdo y estaban concretando los puntos del programa a seguir. Lo de la distribución de carteras estaba sin tocar todavía.

Para satisfacer la curiosidad del lector voy a dar algunos pormenores de la reunión de la cual salió el último Gobierno de la Monarquía.

El momento político fue considerado por todos de suma gravedad, así como que era deber inexcusable de los que se llamaban monárquicos acudir en socorro de la Corona.

Desde luego, uno de los puntos que más se discutió fue el orden en que debían celebrarse las elecciones. Opinaba el general Berenguer que primero debía irse a la de diputados a Cortes, con objeto de desembocar sin pérdida de tiempo en la legalidad constitucional para que la Nación se sintiese cuanto antes representada, por ser ése el anhelo reiteradamente expresado por la opinión pública. Efectuadas esas elecciones, en las que indiscutiblemente se obtendría una mayoría monárquica, aun realizándolas con la mayor pureza, el Gobierno no tendría que preocuparse ya de las provinciales y municipales; en cambio, empezando por éstas, a las que los elementos revolucionarios acudirían en tanteo, sería necesario librar tres batallas sucesivas. Si en las municipales obtenían los antimonárquicos un mediano éxito, irían a las otras en lucha cada vez más enconada, con la ventaja que representaba para ellos poseer fuerza en los Ayuntamientos, que tanto influyen en las votaciones de los distritos rurales; si, por el contrario, esas organizaciones fracasaban, levantarían en el acto la bandera de que el Gobierno no procedía con la sinceridad ofrecida e irían a la abstención. Era éste asunto que se había estudiado mucho durante su gestión anterior.

Prevaleció, sin embargo, el criterio contrario, del que hicieron cuestión cerrada los jefes liberales. Para ellos, los temores apuntados por el conde de Xauen eran infundados, ya que el pueblo español era devotamente monárquico. El ambiente republicano era exclusivo de las tertulias de algunos intelectuales madrileños; un estado de opinión puramente local, y más que local, de un reducido sector. Ambos tenían la experiencia de sus muchos años de actuación política. No pasaría nada, absolutamente nada.

En la distribución de carteras estuvo a punto de echarse todo a rodar. El general Berenguer quería a todo trance quedar fuera del Gobierno; le inducían a ello su delicado estado de salud, la campaña enconada que contra él hacía la Prensa y sus deseos de apartarse de la política[47]. Liberales y conservadores opinaban era la única persona, por su carácter neutral, capaz de mantener la armonía entre unos y otros: si no aceptaba la presidencia, no podría haber solución.

Por fin hubo transigencia por ambas partes: desempeñaría una cartera; mas en forma alguna la presidencia. Quedó designado para ministro del Ejército.

El general Berenguer propuso para presidente del Gobierno al duque de Alba, pero los liberales opusieron reparos. El conde de Romanones, apoyado por el marqués de Alhucemas, defendió la candidatura del capitán general de la Armada señor Aznar. Era hombre no significado en la política y de alta representación. Lo que no dijo el conde —aunque seguramente lo pensó— fue que Aznar, por carecer de criterio propio y por el afecto que le profesaba, sería un juguete suyo.

Para Gobernación, alguien indicó a Wais, que además contaba con el apoyo del Rey; pero el interesado se negó en redondo. No hubo forma de

---

[47] Yo le había oído decir al general Berenguer en repetidas ocasiones que jamás se prestaría a formar parte de un Gobierno de concentración.

convencerle: hombre perspicaz, preveía el fracaso. Se pensó entonces en Beltrán y Musitu; mas como ya había sido designado Ventosa para la cartera de Hacienda, se juzgó que dos puestos concedidos a regionalistas constituía una representación excesiva. El conde de Romanones indicó entonces a un íntimo amigo suyo: el señor Lladó. Este nombre fue recibido con discreta hostilidad, que recogió en seguida el marqués de Alhucemas. Quedó también desechado. Se habló de designar a un coronel o general que no se hubiera significado en política y fuera enérgico; si podía ser procedente de la Guardia Civil, mejor. Wais nombró al marqués de Hoyos, que, aunque militar ya retirado y palatino, había demostrado gran tacto al frente del Ayuntamiento de Madrid, captándose el respeto y las simpatías de las oposiciones. Esta candidatura halló ambiente, y fue designado. Se le envió un recado urgente.

Últimamente se habló de altos cargos, entre ellos el de director general de Seguridad. El marqués de Alhucemas propuso a don Carlos Blanco, que fue rechazado por su gestión desdichada cuando el golpe de Estado. El general Berenguer hizo cuestión personal que siguiera yo, al punto de unir su suerte a la mía. Los elementos conservadores apoyaron mi candidatura, y con gran contrariedad del marqués de Alhucemas y conde de Romanones, fui confirmado en el cargo sin previa consulta. Quedé, pues al frente de la Dirección General de Seguridad contra la opinión de esos dos señores. Bien pronto sufrí las consecuencias de su hostilidad.

Próximamente a las doce y media terminó la reunión. Entonces pasó al despacho el marqués de Hoyos, que acababa de llegar, notificándole el general Berenguer que había sido designado para la cartera de Gobernación.

Los políticos fueron saliendo poco a poco. Antes, unos fotógrafos solicitaron autorización para "tirar" unas placas, que fue negada, entre otras razones, por el lamentable estado en que se encontraba el conde de Xauen, tan lamentable que tuvo que ser conducido al despacho en una silla de ruedas que envió el duque de Alba, la cual, según oí decir, había pertenecido a la ex Emperatriz Eugenia.

Cuando el marqués de Alhucemas iba a tomar el ascensor, los periodistas le abordaron.

—Ha sido una reunión muy larga—dijo—. Hemos estado examinando la situación política de toda España y hemos acordado ponernos a disposición de Su Majestad por medio del general Berenguer.

—¿Han formado Gobierno?—preguntó un reportero.

—No; nada de eso. Únicamente lo que les acabo de decir. Nos hemos limitado a tratar algunos puntos concretos, pero nada más.

—¿Formará usted parte del nuevo Gabinete?—interrogó otro.

—No son ésos mis propósitos; pero en el caso de que fuera necesario, me resignaría.

El marqués de Alhucemas fue el primero que salió y el más explícito. Los demás se negaron a hacer manifestaciones.

Cuando el teniente coronel Sánchez Delgado y yo entramos en el despacho, ya no quedaba con el general más que el marqués de Hoyos y el señor Wais, a quien aquél estaba dando el encargo de ir inmediatamente a Palacio a comunicar al Rey el resultado de la conferencia. El ex ministro de Hacienda marchó en el acto.

—¿Está usted satisfecho?—me permití preguntar al conde de Xauen.

—Sí, en cuanto a la solución; pero siento con toda mi alma no poder dejar esto—dijo señalando la estancia—. A mí me hace falta reposo absoluto para curarme. Voy empeorando por días; hoy, ya ve usted, doy la sensación de un paralítico.

—¿Por qué no se ha negado rotundamente?—le dije.

—Porque sin mí no había Gobierno.

Cuando se despejó la Secretaría de gente extraña, lo condujimos a sus habitaciones, donde aguardaba el médico. Allí estaban sus hermanos y algunos íntimos, muy pocos.

Aprovechando un momento oportuno, le pregunté quién era mi sucesor.

—Usted mismo—repuso.

—¿Yo?

—Sí; usted.

Le hice ver que mi compromiso había terminado; el ambiente desfavorable que me rodeaba; la rabiosa campaña de Prensa de que era objeto; mi desconocimiento de la orientación política del nuevo Gobierno. El general, apoyado por el marqués de Hoyos, me replicó que no eran aquellos difíciles momentos los más a propósito para hacer un cambio de personas en la Dirección de Seguridad; que contaba con la confianza de todos; que sobre las conveniencias personales, estaban otras más importantes; que los ataques de la Prensa, eran fruto amargo al que tenía que hacerse toda persona que actuase en la vida pública... Repetí mis argumentos y mi decisión irrevocable de abandonar el cargo. Insistió rogándome que por lo menos siguiera hasta que se celebraran las primeras elecciones; después me dejaría en completa libertad.

—Además—añadió—, vea la situación en que me encuentro. Es un nuevo sacrificio que pido al buen amigo, al verdadero amigo...

El tono de súplica que puso en sus palabras; el recuerdo para mí inolvidable de que fue él quien guió mis primeros pasos en la carrera militar; quien me puso en condiciones de crearme un nombre dentro del

Ejército, me obligaron a acceder, aunque con la promesa solemne de que cesaría tan pronto se verificaran las elecciones.

—Entonces—me dijo en voz baja—, nos iremos los dos.

La tertulia se prolongó bastante rato. Del Ministerio fui a la Dirección, donde me aguardaban los jefes superior de Policía y el de la División de Investigación Social para darme cuenta de las últimas noticias.

SUCESOS DE LA NOCHE DEL 17.—Como ya he dicho, en el rápido de Hendaya llegó la Reina.

Desde mucho antes de la hora señalada pudo advertirse que se trataba de acoger la llegada de doña Victoria con una manifestación extraordinaria de simpatía.

El andén y las salas de espera resultaban insuficientes para contener el enorme gentío aglomerado en la estación del Norte. Las Infantas doña Beatriz y doña Cristina fueron acogidas con una enorme ovación que no cesó, para reproducirse con mayor brío, hasta la llegada del tren. Cuando éste se detuvo y apareció en la portezuela la Reina, los aplausos y vítores se intensificaron en forma indescriptible. Al descender del vagón, el público se abalanzó hacia ella, siendo impotentes las fuerzas de Policía para contenerlo. El marqués de Hoyos, algunos palatinos y yo formamos un círculo para evitar que los más cercanos llegaran a derribarla en el frenesí de su entusiasmo. El orden que marca la etiqueta palanciana quedó roto. La Reina, profundamente emocionada, rompió a llorar; a las Infantas también se les saltaron las lágrimas.

Al salir de la sala de espera el empuje de la gente fue tan enorme, que tuvimos que sujetarla para que no cayese al suelo. Hubo un momento que yo mismo perdí el equilibrio y sufrí algunos pisotones; menos mal que el marqués de Hoyos acudió en mi auxilio y pude levantarme sin sufrir mayores consecuencias.

Creo sinceramente que aquella exposición de entusiasmo fue espontánea. Allí vi personas de toda condición: altos y bajos; desde quienes cubrían su cabeza con el aristocrático sombrero de copa hasta los que calzaban la proletaria alpargata. Del sexo femenino había también toda la gama social. Si aquella multitud no era una nutrida representación del pueblo de Madrid, lo parecía.

En la explanada de la estación, el griterío era ensordecedor. Al ponerse en marcha los automóviles, se vio la imposibilidad material de que avanzaran rápidamente; y con una lentitud subordinada al número enorme de hombres y mujeres que le rodeaba, comenzó a andar el que conducía a doña Victoria.

En medio de una manifestación compacta avanzaron el coche de la Reina y los del séquito por el paseo de San Vicente y la calle de Bailén en dirección a Palacio. Frente a éste se congregó una multitud enorme.

Los Reyes se vieron precisados a asomarse a una de las ventanas de las habitaciones del Príncipe de Asturias, lo que dio origen a que tomasen todavía más incremento las demostraciones de cariño.

La Reina había sido objeto también de grandes aclamaciones en San Sebastián, Burgos y Valladolid. ¡Qué ajena estaba la pobre señora aquel día, que dos meses más tarde iba a seguir, en sentido inverso, la misma ruta, camino del destierro, entre silbidos, imprecaciones y anatemas!...

¡Triste condición! La masa humana es voltaria e inconsciente. La razón no es patrimonio de las multitudes: lo mismo acometen con irreflexiva pujanza contra lo inexpugnable, que huyen despavoridas ante el más insignificante obstáculo; lo mismo veneran a un falso ídolo, que crucifican a un Dios. No encontré justificados los aplausos de la noche del 17 de febrero, ni tampoco las demostraciones de odio del 15 de abril. La Historia es pródiga en ejemplos análogos, inmensamente más dolorosos. Por eso, a los hombres que llegan muy alto les conviene no olvidar lo que existe bajo ellos, y, por si acaso, vivir siempre en guardia.

Al cabo de un buen rato, la manifestación empezó a disolverse. Algunos grupos de jóvenes avanzaron por la calle del Arenal dando vivas a los Reyes. En la Puerta del Sol, los guardias salieron al paso para impedir siguieran hacia Alcalá; pero fue inútil: los manifestantes, poseídos de un ardor monárquico poco frecuente en aquellos tiempos, se rehicieron y en forma un tanto tumultuosa avanzaron camino de la Cibeles, sin encontrar al enemigo que parecían buscar. Sólo en un café de los que existen frente al comienzo de la Gran Vía hubo un individuo que se permitió protestar y a cambio recibió algunos sopapos; sus contertulios adoptaron la prudente resolución de callar. Estos grupos fueron dueños de la calle de Alcalá hasta las diez de la noche, hora de la cena; después aparecieron los del bando contrario.

Próximamente a las once, un grupo de unos trescientos individuos promovió un formidable escándalo en la Avenida de Pi y Margall, dando gritos de los que entonces se consideraban como subversivos. Cuando dichos manifestantes pasaban cerca de la calle de Chinchilla se apearon de un automóvil don Fernando Primo de Rivera y dos amigos que intentaron contrarrestar los vivas y mueras de aquéllos con otros contradictorios, siendo bárbaramente agredidos; y mal lo hubieran pasado de no haber acudido a tiempo fuerzas de Seguridad y policías, los cuales, sin embargo, no pudieron impedir que el coche fuera incendiado. Poco después renació la tranquilidad.

Mientras estos incidentes ocurrían, algunos elementos revolucionarios, a quienes llegaron noticias de que se trataba de constituir una nueva dictadura, empezaron a movilizar sus huestes.

Sobre la una de la madrugada se congregaron en la plaza de Santa Ana algunos pequeños corrillos, para recibir instrucciones, compuestos en su mayoría por conductores de automóviles. Poco después aparecieron Balbontín y Zarauz, quienes manifestaron que, vista la solución dada a la crisis, quedaba aplazado el movimiento, lo que permitiría efectuarlo con éxito seguro más adelante.

Durante esta entrevista vigilaron desde la entrada de la plaza del Ángel y calle del Prado dos "taxis", con objeto de anunciar la presencia de cualquier persona sospechosa.

La noticia de la suspensión fue criticada por algunos de los reunidos; éstos, además, se quejaron de que después de mucho ofrecer las armas no aparecían por parte alguna. A ello contestaron Balbontín y Zarauz que el movimiento se realizaría en plazo breve y que, desde luego, les serían entregados fusiles y bombas de mano, en momento oportuno, procedentes de dos cuarteles de la guarnición.

Coincidiendo con esta reunión se celebró otra en un café, presidida por Honorato de Castro, en la que se acordó reanudar con intensidad la confección de hojas clandestinas para proseguir sin tregua la campaña de difamación contra la Monarquía y sus hombres.

EL NUEVO GOBIERNO.—A la mañana siguiente, a las diez y cuarto, llegó a Palacio don Juan B. Aznar, y poco después salió diciendo que había recibido el encargo de formar Gobierno. Fue una visita de protocolo, pues todo había quedado convenido la noche anterior.

Poco antes de las doce y media empezaron a llegar al regio Alcázar los nuevos ministros para el acto de la jura. Faltaron los señores Ventosa, Gascón y Marín, vicealmirante Rivera y general Berenguer; el primero, por encontrarse en Barcelona; el segundo, porque fue designado posteriormente, según se dijo, a causa de la renuncia que hizo del ofrecimiento el señor Piniés; el tercero, debido a que su nombramiento no estaba acordado todavía; y, por último, el cuarto, por hallarse enfermo. Sin embargo, aquella misma mañana el Rey se trasladó al Ministerio del Ejército, en donde se efectuó la ceremonia de prestar juramento el conde de Xauen. La presencia del Monarca en las calles del recorrido fue acogida con vivas muestras de simpatía y se le hizo objeto de varias ovaciones.

El Gobierno, al que cupo la triste misión de despedir la Monarquía, quedó constituido como sigue:

Presidente, don Juan Bautista Aznar.

Estado, conde de Romanones.
Gobernación, marqués de Hoyos.
Fomento, don Juan de la Cierva.
Economía, conde de Bugallal.
Ejército, conde de Xauen.,
Justicia, marqués de Alhucemas.
Trabajo, duque de Maura.
Hacienda, don Juan Ventosa.
Instrucción Pública, don José Gascón y Marín.
Marina, don José Rivera.

El primer Consejo, con asistencia de todos los ministros, se celebró en el palacio de Buenavista la tarde del 19. En él se acordó hacer pública la siguiente

DECLARACIÓN MINISTERIAL.—"Es propósito decidido del Gobierno proceder rápidamente a la renovación total de Ayuntamientos y Diputaciones, eligiendo íntegramente las Corporaciones municipales y provinciales por sufragio universal, con arreglo a las leyes orgánicas anteriores a los Estatutos y sin perjuicio de lo que en su día se resuelva sobre éstos.

Luego de haberse constituido las Corporaciones locales procederá el Gobierno a la convocatoria de elecciones generales. No sólo por coincidir todos los miembros del Gobierno en que es necesario introducir modificaciones en la Constitución vigente, sino con el propósito de abrir, dentro de la legalidad, amplio cauce a todas las aspiraciones; las nuevas Cortes tendrán el carácter de Constituyentes.

Aprovechando las facilidades que la Constitución vigente da para ser revisada y modificada, sin que durante todo el tiempo que las Cortes consagren a tan importante labor, deba aplazarse la resolución legislativa de los grandes problemas que tiene España planteados, se arbitrará el procedimiento, en la determinación del cual espera el Gobierno contar con el concurso de todos para que sea posible y fácil la simultaneidad de la actuación de las Cortes, en funciones de Constituyentes, con su labor propia de Cortes ordinarias.

La trascendencia del cometido que se confiará a las nuevas Cortes exige que su elección se efectúe con tal suerte de garantías de sinceridad que nadie pueda buscar, en su ausencia, motivo para la abstención.

Pero si el Gobierno ofrece las máximas garantías para la lealtad en la contienda electoral y abre a todos los ideales el camino para alcanzar el triunfo dentro de las vías legales, está resuelto a no tolerar ni dejar impune la menor perturbación de orden público, que sólo puede expresar el propósito de imponer por la violencia la voluntad de una minoría, o el de causar, deliberadamente, un daño al país.

Entre los diversos problemas que han de atraer inmediatamente la atención del Gobierno figura, en primer lugar, el monetario. Convencido el Gobierno de que la única manera de contener la baja de la peseta y de librar la cotización de nuestra moneda de los vaivenes de los acontecimientos políticos y de las maniobras de la especulación, que se apoyan en ellos, está dispuesto a mantener resueltamente la política de pre estabilización, para que pueda estabilizarse de hecho, cuando la peseta haya alcanzado la revalorización que aún es posible, y para proceder, luego que funcione el Parlamento, a la estabilización de derecho, a un tipo que ofrezca las máximas garantías de que podrá ser mantenido sin causar perturbación en la economía española.

Con la revalorización y estabilización de la peseta está íntimamente ligada la política de austeridad en los gastos en todos los departamentos ministeriales, y singularmente en los servicios que tienen Cajas especiales, cuyos gastos, cubiertos con empréstitos, constituyen un déficit real en la Hacienda española, que precisa eliminar a toda costa.

Estima el Gobierno que, sin espíritu alguno de represalia, antes bien, con sentimiento de estricta justicia, debe revisarse la obra de los gobernantes de la Dictadura, pues a todos interesa, y de un modo especial a los que gobernaron sin ley y sin garantía, que sus actos de gestión sean revisados por el Gobierno o por el Parlamento, según sea la naturaleza de los mismos, a fin de que pueda exigirse, en su caso, las responsabilidades que procedan.

Sin perjuicio de examinar y resolver o proponer a las Cortes la solución procedente sobre temas tan importantes como el de revisión del Código penal, del régimen paritario, y, en general, de los decretos-leyes promulgados por la Dictadura, el Gobierno debe hacer desde ahora afirmación concreta de su criterio en relación con dos problemas de importancia capital: el de la revisión constitucional y el problema de Cataluña.

A las Cortes, actuando en funciones de Constituyentes, les someterá el Gobierno —sin que ello implique la eliminación de otras propuestas— la revisión de facultades de los Poderes del Estado y la precisa determinación del área de acción de cada uno.

Deseoso el Gobierno de dar, sin quebranto de las funciones esenciales de la soberanía del Estado, adecuada solución al problema de Cataluña, ofrece someter a las Cortes un proyecto en el que, para la determinación de funciones, se tome como base mínima la ponencia de la Comisión extraparlamentaria formulada en 1919, bajo la presidencia de don Antonio Maura, otorgando a la región plena autoridad en el ejercicio de las funciones que le sean atribuidas, evitando costosas y perturbadoras duplicidades de servicios.

Ofrece, igualmente, el Gobierno presentar un proyecto fijando las condiciones y garantías para que una o varias provincias puedan constituirse en región y las facultades que se les pueden conceder".

CAPÍTULO XV

JUICIOS Y COMENTARIOS

LA GÉNESIS, PLANTEAMIENTO Y SOLUCIÓN DE LA CRISIS COMO YO LOS ENJUICIO.—En los primeros momentos muchos atribuyeron el planteamiento de la crisis a cierta gestión de don Leopoldo Matos. Se dijo que éste, asustado por la abstención de los partidos antidinásticos y grupo constitucionalista y por la violencia de las campañas de Prensa, había ido a visitar al conde de Romanones para suplicarle adoptase una postura que obligase al general Berenguer a presentar la cuestión de confianza. Tengo motivos para afirmar, con grandes probabilidades de no equivocarme, que dicha gestión no existió; es más, el señor Matos era incapaz de realizarla.

Los motivos de la crisis fueron bien distintos. Sus orígenes hay que buscarlos mucho más atrás.

Es difícil penetrar en la conciencia de los hombres, y cuando de ello se trata, hay que proceder por observación y deducciones. He procurado observar y deducir, y como consecuencia he formado mi composición de lugar, que voy a exponer a continuación.

Cuando cayó la Dictadura, el Rey sabía que ningún partido político deseaba encargarse del Poder: las circunstancias eran difíciles. Por muchos elementos se había señalado al general Berenguer como único hombre capaz de presidir el Gobierno de transición entre aquélla y la legalidad constitucional, que se podría considerar como efectiva desde el instante en que funcionase el Parlamento. A partir de este momento se creía viable que los partidos políticos gobernasen; pero para gobernar era preciso contar en las Cortes con el número de votos neccsarios para obtener una decorosa mayoría.

Durante el período que pudiéramos llamar "pre legalista" (de febrero a diciembre), los liberales, conservadores y regionalistas dieron su apoyo al Gobierno a cambio de concesiones en los nombramientos de alcaldes, gobernadores y otros cargos. El conde de Romanones, celoso quizá de la preponderancia que en el Gabinete tenían los elementos no afiliados a su partido, y con vehementes deseos de tomar cuanto antes las riendas del Poder, recomendaba amigos suyos para todo, y lo hacía a veces, no en forma de ruego, sino de imposición. Recuerdo perfectamente que el general Marzo me enseñó cartas en las cuales se "exigían" determinados favores. Esta actitud poco consecuente del conde causó no pocos disgustos al entonces ministro de la Gobernación, que entendía que sin buena voluntad y transigencia por parte de unos y de otros no podría llegarse a una paz verdad dentro del campo monárquico, paz que fuera base de una colaboración leal, desinteresada y patriótica en el porvenir, indispensable a su juicio para hacer frente al empuje cada vez más poderoso de las huestes antimonárquicas, convertidas ya en fuerzas revolucionarias. Y no era sólo del campo liberal de donde partían exigencias, pues me consta que del conservador también. El general Berenguer no habrá olvidado seguramente cierta visita que recibió durante su estancia en una playa del Norte, en la cual se le hicieron indicaciones en el sentido de que cesase en la Subsecretaría de Gobernación el señor Montes Jovellar, por entender algunos jefes del partido a que éste pertenecía no les prestaba el apoyo a que se consideraban acreedores.

Así las cosas, llegó la época de preparación de las elecciones. Los liberales, a quienes por otra parte no inspiraba grandes simpatías el nuevo ministro de la Gobernación, señor Matos, se dieron cuenta de que no iban a ser los más favorecidos en ellas, y comenzó el disgusto.

Ahora bien, no era ciertamente correcto ponerse al lado de los socialistas y republicanos, adoptando análoga actitud; pero no faltan nunca en los profesionales de la política procedimientos hábiles para poner el obstáculo al adversario y que se estrelle; eso es tan corriente, que hasta se designa con una frase vulgar: *tender una zancadilla.* Las zancadillas políticas se justifican siempre con tópicos de patriotería. ¡El interés nacional sobre todo! Y no hay más interés que los egoísmos personales y partidistas.

Puesto a pensar y meditar serenamente, he llegado a sacar la consecuencia de que para provocar la crisis se contó con el beneplácito de alguien que estaba por encima de todos. Esto puede ser una apreciación equivocada, pero tiene sus fundamentos. Hagamos un poco de historia.

Al terminar el banquete que se dio en Palacio el día del santo de la Reina, pasamos todos los invitados, como era costumbre, al salón de las Columnas, donde se servía el café. Allí el Rey habló con unos y con otros y lo hizo también con el conde de Romanones, sosteniendo un largo diálogo que no me pasó desapercibido, y menos después de leer al día siguiente en los periódicos que a la salida había dicho a los periodistas:

—Nada de nada. Y ya saben ustedes (por algo somos viejos amigos) que cuando yo digo nada, quiero decir mucho.

Días después el conde volvió a Palacio, según dijo, para cumplimentar a don Alfonso y desearle un feliz año nuevo. A la salida, a preguntas de los reporteros, contestó sonriente:

—Nada de política. ¡Quién habla de eso en estos tiempos! La censura no lo permitiría. El discurso de Sevilla—agregó— será sólo una cosa íntima, entre amigos. No se pueden hacer discursos ahora.

A partir de esas dos conversaciones con el Rey cambia el conde de Romanones la línea de conducta que desde la caída de la Dictadura se había trazado, y aun cuando el 6 de enero en su discurso de Sevilla no deja entrever sus propósitos, veinticuatro horas más tarde manifiesta a los periodistas que nada podía decirles de orientación política, pero que se afirmaba cada vez más en su creencia de que no existía otro solución posible que la de un Gobierno a base de "elementos liberales" con una amplitud muy grande, en decir, dando en él entrada a otros, porque un Gabinete exclusivamente liberal no lo creía factible.

Dos fechas más tarde, el *Diario de Barcelona* publicaba una crónica en la que se hacía el siguiente interesante comentario:

"Existe en estos días, dentro del sector político que ocupan las fuerzas liberales, honda agitación. El señor conde de Romanones, de un lado, con la aquiescencia del marqués de Alhucemas, trabaja para llevar a la práctica el pensamiento de hacer las elecciones bajo la férula de un Ministerio nacional, tropezando, según parece, con máximos inconvenientes".

Desde este momento, la actividad política del conde de Romanones decrece aparentemente, hasta que, conocida la actitud de los constitucionalistas, hace nuevas declaraciones en el sentido de que el Rey, antes de resolver en definitiva y con arreglo a las exigencias del momento político, necesitaba consultar a todos los prohombres; luego añadió:

—De la visión política de los ministros (ellos mismos dicen que no tienen apego ninguno al Poder) y del patriotismo del jefe del Gobierno no puede esperar el Rey ni otra actitud ni otro consejo que el de que abra el período urgente de consultas a todos los jefes políticos.

Pero en vista de que el conde de Xauen parece no haber recogido su iniciativa, da a la Prensa, el día 29, una nota, en la cual afirmó cristalizaba el acuerdo de los dos jefes liberales y el regionalista. La indicada nota decía como sigue:

"Después de examinar detenidamente la situación política actual, empieza la nota, los señores conde de Romanones y marqués de Alhucemas han coincidido en que, mientras haya una fuerza política organizada, que no sea netamente conservadora, dispuesta a luchar en las elecciones que se avecinan y siempre que se den por parte del Gobierno todas y cada una de las garantías de sinceridad electoral que han sido pedidas pública y recientemente para el respeto verdad del voto popular y que aún no se han otorgado, el deber de los liberales monárquicos es el de tomar parte en los Comicios, a fin de procurar la pronta constitución de un Parlamento en el que se examinen todos los graves problemas pendientes, y al cual puedan pedirse, como los señores marqués de Alhucemas y conde de Romanones se proponen hacerlo con empeño, la declaración de conveniencia nacional de una inmediata convocatoria de Cortes constituyentes".

El criterio expuesto en el documento anterior lo confirmó en su conferencia del Círculo Liberal la tarde del 9 de febrero, en la cual dijo pediría en el Parlamento: responsabilidades de la Dictadura, amnistía y Cortes constituyentes.

No pasaron desapercibidos para el general Berenguer los deseos que el conde tenía de formar parte del Gobierno que hiciera las elecciones, y aún de hacerlas él; pero como creía contar con la confianza de la Corona, tanto más cuanto que repetidas veces había manifestado al Monarca nunca sería él obstáculo para otras soluciones, se ajustó rigurosamente al plan trazado y presentó a la firma el decreto de convocatoria. Los liberales vieron entonces frustrados definitivamente sus anhelos; y como, por otra parte, el fracaso del movimiento de diciembre, la descomposición que se notaba en la organización revolucionaria y el ofrecimiento de determinadas asistencias al Gobierno parecían indicar que la Monarquía no peligraba, se lanzaron a dar, de acuerdo con el señor Cambó, la famosa nota del 13 de febrero[48].

Ahora bien: ¿cómo dar ese paso e incluso presentar la lista de un Gobierno sin el previo convencimiento de que sería aceptado por quién podía hacerlo? Parece lógico que así fuera.

Mas surgió lo imprevisto. El resultado de las consultas hizo cambiar completamente la solución que en un principio pensara darse al problema político, viéndose el Rey en la precisión de ofrecer el Poder a los constitucionalistas, los cuales declinaron el honor, como ya expuse a su debido tiempo, por no haber encontrado facilidades para constituir el Gobierno en la forma que deseaban.

Don Alfonso creía indudablemente de buena fe que el conde de Romanones y el marqués de Alhucemas eran los más firmes puntales de la Monarquía, sin pararse a meditar que harto hacían con apuntalarse a sí mismos. De su error no tardó en tocar las consecuencias.

Quizá no fueran esos señores los únicos que aspiraran al Poder en aquella época. Me permito decir esto, porque persona que tenía motivos sobrados para estar bien enterada, me informó a raíz de la visita que el general Burguete hizo al Rey el día 2 de febrero, para presentarle un

---

[48] Desde luego si los señores conde de Romanones y marqués de Alhucemas hubiesen sospechado que la Monarquía corría peligro de derrumbarse, no hubieran pretendido el Poder; pues a ningún político de los afectos al régimen podía serle grato el triste papel que el destino deparó a los que formaban parte del Gobierno que puso en camino del destierro al Rey y entregó la nación a los republicanos.

proyecto y presupuesto para la construcción de un edificio destinado a instalar el Consejo Supremo de Ejército y Marina, que dicho general le había presentado la lista de un posible Gobierno que podría resolver los graves problemas pendientes. En dicha lista faltaba el nombre del Presidente...

Algo de lo que acabo de exponer dejó traslucir el general Burguete en un artículo publicado en cierto periódico de Madrid a los pocos días de proclamarse la República.

De cuál fue la solución de la crisis y de cómo se llegó a ella, ya lo sabe el lector. Ahora bien: un Gobierno integrado por los viejos políticos, desprestigiados en su mayor parte antes del advenimiento de la Dictadura y ridiculizados durante ella, no podía inspirar confianza al país; a esta falta de confianza era preciso añadir la de compenetración entre unos y otros, más que por la diversidad de sus ideologías, por sus antagonismos personales, falta de compenetración que se hizo patente tan pronto se iniciaron las primeras deliberaciones en los Consejos de ministros; para colmo, el Presidente carecía de un conocimiento exacto de la verdadera situación de España y de la autoridad necesaria para imponer un criterio acertado. Un Gobierno de concentración constituido por hombres nuevos y enérgicos, quizá hubiera logrado inspirar simpatía en lo opinión pública y hubiese podido hacer cambiar el rumbo de los acontecimientos, aunque ya era difícil; sin embargo, tal como tenían organizado el tingladillo político los prohombres de los partidos históricos, esa solución no era viable. Ante tales circunstancias, e imposibilitada la Corona de imponer una nueva dictadura, que la nación en masa hubiera rechazado, no le cabía otro recurso que entregar el Poder a los constitucionalistas con todas sus consecuencias; pero al Rey le faltó decisión: no se atrevió a jugarse el todo por el todo.

ALGUNOS PÁRRAFOS DE MI CUADERNO DE NOTAS.—Yo tenía la buena o mala costumbre de anotar diariamente mis impresiones del momento en un cuaderno. Ni que decir tiene que durante mi gestión llené varios, de los cuales sólo me resta uno: el que llevaba en el bolsillo el día 14 de abril, que me acompañó hasta Prisiones Militares. Los demás, con otros papeles, fueron víctimas del fuego de la cocina de mi casa por el temor de algunos amigos y de mi propia familia, en los primeros días de la República, de que la Policía practicase un registro y encontrase algo que agravase mi situación. Fue una medida de buena fe, pero pueril: yo no tenía nada, absolutamente nada comprometedor para mí; para otros, es posible. Si en mi gestión hubiera habido algo punible, ya se hubiesen encargado de denunciarlo algunos de los que quedaron en la Dirección o volvieron a ella cuando yo salí.

De ese cuaderno, que milagrosamente escapó de la destrucción, son los juicios —sin añadir, quitar ni modificar una palabra— que copio a continuación:

"Hoy, día 19, he sostenido una larga conferencia con el marqués de Hoyos poniéndole al corriente de todos los problemas político-sociales y del proceso revolucionario. Desde luego me ha parecido hombre fino, correcto, sensato y de buena voluntad. Siente gran veneración por el Rey, sin dejar de reconocer alguno de sus defectos. Creo marcharemos de tan perfecto acuerdo como cuando era alcalde de Madrid".

"He hablado con el nuevo Presidente por primera vez. El motivo ha sido presentarme y ampliarle personalmente unas notas confidenciales que le envié ayer y no ha leído. Por lo visto, no le interesan las cuestiones sociales y de orden público; en cambio le ha dado una gran importancia a un anónimo insidioso de un guardia de Seguridad. Es un síntoma; un mal síntoma".

"He conocido a un hombre con dos tonos de voz, uno grave y otro atiplado: me refiero al marqués de Alhucemas. Después del saludo y hacerme sentar, me ha largado una impertinencia: que era improcedente en un director de Seguridad declarar "que no entendía de leyes". Le he respondido, un tanto amoscado, que no tenía por costumbre decir sandeces. Me ha contestado que ya había supuesto eran cosas de los periodistas.

El marqués de Alhucemas ha divagado sobre varios asuntos y por fin me ha despedido con un gorgorito. ¿Y este señor, ¡Dios mío!, es uno de los jefes del partido liberal? ¿De quién será yerno?... Comprendo perfectamente que el general Primo de Rivera le diera un puntapié. ¡Justificadísimo!"

"He vuelto otra vez a ver al almirante Aznar y me ha hablado de un nuevo anónimo; pero no ha leído otro interesante informe sobre la cuestión ferroviaria. No sé por qué me ha parecido más chiquito que el otro día y más grande la mesa de su despacho de la Presidencia. ¿Será que el hombre no responde al cargo?"

"Me he quejado a Hoyos de la atención que Aznar presta a los anónimos que recibe. Le he dicho que se tiene o no se tiene confianza en los funcionarios, y que en este último caso procede nombrar a otros. Que lo mejor sería fueran pensando en mi sustituto.

Hoyos me ha contestado que tengo su absoluta confianza y que no haga caso de las "preocupaciones" de Aznar en materia de anónimos. Que mi presencia en la Dirección de Seguridad es, hoy por hoy, indispensable".

"He conocido esta mañana a don Juan de la Cierva, que me ha causado excelente impresión. Presta cuidadoso interés a cuanto se le dice; pregunta y está al tanto de todo. Habla empleando las palabras precisas. Sus comentarios son oportunos y sus juicios acertados. Le preocupa la cuestión ferroviaria —que dice le ha dejado no poco embrollada su antecesor— y está ya impuesto de los diversos problemas relacionados con ella. Da la sensación de ser persona ecuánime y enérgica. Oyéndole se aprende".

"El conde de Bugallal me ha recibido con cortesía y aparente afecto. Parece le interesan las cuestiones de orden público. La conferencia con él no ha sido muy larga, porque era tarde y aguardaban muchas visitas. A causa de ello no he podido formar juicio de este ministro, que dicen es uno de los más poderosos caciques de Galicia".

"Hoy he perdido más de una hora con el jefe del Gobierno. A pesar de mis esfuerzos no he podido conseguir interesarle en los asuntos que le llevaba. Aún no he podido averiguar qué constituye la principal preocupación de este señor después de los anónimos. ¿Será torpeza mía? He terminado por dejarle las notas confidenciales sobre la mesa por si quiere molestarse en leerlas (que lo dudo)".

"Le ha tocado el turno al conde de Romanones.

Cuando he entrado en su despacho sostenía una conferencia telefónica con Quiñones de León. Por lo que he podido deducir se trataba simplemente de un tiroteo de frases de amistad y afecto.

La visita ha sido de pura cortesía, en la que hemos hablado de cosas indiferentes. No cabe la menor duda de que tiene un temperamento inquieto, travieso y poco claro. Presiento que, no obstante sus extremos de amabilidad y mi corrección, no le he sido simpático. ¿Me equivoco? ¿No me equivoco? Si tuviera a mano una margarita la deshojaría para salir de dudas".

"Don Juan Ventosa da la sensación de ser hombre inteligente, activo y que en lo que está pisa terreno firme. Me ha hecho unas cuantas preguntas y con gran habilidad me ha llevado a tratar de la gestión del coronel Toribio en Barcelona, al que ha calificado de persona honrada, pero débil. Se ha quejado de que allí se tienen por la Policía ciertas tolerancias y discretamente me ha dado a entender estaría mejor desempeñado el cargo por persona que fuera de allí mismo; que se conociera aquello al dedillo. Se le ha olvidado decirme: "y que sea designado por nosotros". Estos diablos de catalanes son incorregibles; en seguida les apunta la barretina".

"He intentado ver al ministro de Instrucción Pública y me ha sido imposible. Han desfilado por su despacho, mientras yo esperaba, jefes de Sección, catedráticos, maestros y hasta jóvenes que debían de ser estudiantes. En vista de que no se me guardaban las consideraciones debidas, me he marchado, advirtiéndole a un secretario que si el señor Gascón y Marín deseaba algo de mí, me avisase a la Dirección de Seguridad. Por lo visto, la Pedagogía debe estar reñida con la buena educación".

"Con arreglo al plan convenido de antemano, he pasado toda la tarde de hoy domingo (día 22 de febrero) con el duque de Maura en una finca que posee al pie de la sierra. Le he explicado con todo detalle la ideología, táctica y fuerza de las diversas organizaciones obreras, así como el origen, funcionamiento y resultados prácticos de la Organización Corporativa.

El ministro de Trabajo me ha escuchado atentamente y luego expuso su criterio respecto a los diversos problemas nacionales. Me ha parecido persona de vastísima cultura y bien orientado. Si le dejan (que no lo espero) podrá hacer mucho".

"He ido a cumplimentar al ministro de Marina, que era el último que me faltaba por conocer del actual Gobierno. Es hombre serio y parco en palabras. La política no le interesa, ni creo que disfrutar el cargo tampoco. Me ha afirmado que en la Armada no hay nada que pueda preocupar en estos momentos. La lucha entre el Cuerpo general y los auxiliares es un pleito antiguo e interior. Me ha deseado suerte y acierto en mi gestión, ambas cosas bastante difíciles en los tiempos que corremos".

"Antes de que el general Berenguer emprenda su anunciado viaje a Granada, he querido hacerle presente una vez más que estoy a disgusto y mis deseos de abandonar la Dirección de Seguridad. Me ha contestado que anticipándose a mis deseos ya habló con Aznar para que de acuerdo con el Alto Comisario vean de darme un destino en África, donde estaré al margen de las luchas políticas, cada vez más desagradables; pero que de todos modos tengo que seguir en mi puesto, por lo menos hasta que se celebren las elecciones municipales, que en el último Consejo (el del 22) se acordó fueran el 12 de abril. Mientras tanto había que aguantar; después de un año ¿qué importaba un mes más?

El general sigue muy delicado de sus pies y agotado físicamente".

EL AMBIENTE DESPUÉS DE LA SOLUCIÓN.—Los primeros momentos de actuación del Gobierno fueron favorables. La mejor prueba de la buena acogida que la nueva orientación política tuvo en el extranjero, fue el alza de nuestra divisa monetaria y los juicios de periódicos tan sensatos como *Daily Telegraph, Manchester, Guardian* y *Morning Post;* este último felicitaba a los españoles por haber preferido la experiencia del Rey a los métodos experimentales. Por lo que respecta al interior de la nación, se puede afirmar: que la cuestión ferroviaria, harto complicada en los primeros días de febrero, iba camino de solucionarse con el aumento de diez millones propuesto por el señor La Cierva para mejora de jornales, que se tenía el propósito de arbitrar de las cantidades consignadas al Patronato de Turismo y de un pequeño recargo en el seguro ferroviario; el *lock-out* planteado en Madrid por los patronos de "taxis", fracasó a las veinticuatro horas por falta de ambiente; los conflictos sociales cesaron por completo; el mismo pleito de las Universidades, no obstante la actitud de franca rebeldía de los elementos de la F.U.E., llevaba camino de encauzarse; Marcelino Domingo, que en vano había esperado escondido dos meses el triunfo de la República, decidió expatriarse, pasando la frontera portuguesa desfigurado su rostro con un bigote postizo. Todo ello fue la consecuencia lógica de la declaración ministerial, en la que se dijo en forma enérgica que el Gobierno estaba dispuesto a no tolerar ni dejar impune la menor perturbación.

Sin embargo, tan bello panorama duró poco; pues en seguida los revolucionarios se dieron cuenta, por la conducta y declaraciones de algunos ministros, que habíamos entrado en un período de debilidades, campo siempre abonado para que germinen las rebeldías. La Prensa de izquierdas, temerosa los primeros días del rigor gubernativo y judicial, bien pronto empezó a excederse en procacidades.

El primer hecho que se esgrimió para excitar a la opinión fue una broma, tan inocente como de mal gusto, que a unos borrachos se les ocurrió dar al señor Alcalá-Zamora en la madrugada del 22 de febrero. Consistió en llamar por teléfono a la Cárcel Modelo diciendo que se pusiera al aparato el jefe de la derecha liberal republicana para celebrar una conferencia con la Presidencia del Consejo de ministros. Lo intempestivo de la hora alarmó al señor Alcalá-Zamora y a su vecino de celda, Largo Caballero, que, ante el temor de que a aquél pudiera ocurrirle algo desagradable, quiso acompañarle hasta el local en donde se hallaba instalado el teléfono. A este hecho se le dieron proporciones absurdas, dejando entrever algunos periódicos en sus comentarios, e incluso los mismos presos políticos en sus declaraciones, que se trató de algo muy grave: de un atentado contra el presidente del Comité revolucionario. Días después se detuvo a los autores y todo quedó aclarado, pero el daño estaba ya hecho en la conciencia pública y la Prensa antimonárquica convencida de que serían permitidos todos sus desmanes. El flamante Gabinete con tales tolerancias, con las que creía justificar su mal entendido liberalismo, cayó en el descrédito y la nave del Estado, falta de buen gobierno, quedó al garete.

No me remuerde la conciencia: avisé con tiempo los peligros. Constantemente, aun convencido de que era tachado de machacón, insinuaba los propósitos y los daños que amenazaban al régimen; pero todo caía en saco roto. Si he de ser sincero, diré que incluso me adelanté a los acontecimientos, pues el día 23 de febrero cursé una información que me dio la División de Investigación Social sobre el verdadero alcance de los acuerdos tomados por los Comités nacionales del Partido Socialista y Unión General de Trabajadores, y el 24 envié al propio presidente del Consejo una nota para salvar mi responsabilidad.

He aquí copiadas literalmente la información y la nota:

Información.—"Sobre los acuerdos tomados por los Comités nacionales del Partido Socialista y Unión General de Trabajadores en las sesiones celebradas en los días 21 y 22 del actual, se hacen en la Casa del Pueblo muchos comentarios, en el sentido de que creen que jamás debieron haber dimitido de los cargos los componentes de la Ejecutiva del Partido, aun cuando no se hallasen conformes en alguna de sus partes con dichos acuerdos, pues les contraría grandemente el que, en una situación como la actual, sirva esto de pretexto para que los enemigos naturales de la organización hablen de escisiones o falta de unanimidad en el criterio revolucionario"[49].

El juicio del informador con relación a las dimisiones de los significados del Comité es que ello no obedece a discrepancia de criterio por cuestiones electorales sólamente, pues ya en el pleno anterior tuvieron el mismo motivo para dimitir y no lo hicieron, sino más bien a que influenciados por los individuos que se encuentran en la cárcel de esta Corte la mayoría de los componentes de ambos Comités, es posible que hayan tratado del interés vivísimo del señor Alcalá-Zamora de ir a la acción revolucionaria en la seguridad del éxito, opinión que con el trato

---

[49] Las dimisiones a que hace referencia el párrafo eran las de don Julián Besteiro, Andrés Saborit, Lucio Martínez, Andrés Ovejero, Trifón Gómez y Aníbal Sánchez. La razón oficial fue la de no hallarse conformes con el criterio abstencionista de la mayoría.

frecuente habrá hecho compartir al señor Largo Caballero, y que éste habrá transmitido a la Comisión del pleno al objeto de tomar acuerdos en tal sentido, a los cuales seguramente se habrán opuesto los dimitidos para poder salvar su responsabilidad moral y material como dirigentes de la organización obrera y socialista".

Nota.—"Un confidente de esta Dirección General informa que existe el propósito de efectuar un movimiento revolucionario en fecha próxima, y que con el objeto de ponerse de acuerdo con los emigrados que residen en territorio francés han salido dos comisionados para Hendaya. Esta referencia coincide con otra procedente de París en la que se afirma han desaparecido de allí, además de Franco y Rada, dos aviadores, uno de ellos Pastor; de estos últimos se tiene la impresión de que han marchado a Hendaya. Se hace información por la Policía de Irún sobre el particular.

Según el confidente primeramente citado, el Comité de Madrid es partidario del aplazamiento del movimiento, lo que es causa de disgusto entre los emigrados, que se muestran impacientes.

Los revolucionarios dicen tienen esperanzas de que les secunden algunas guarniciones, entre las que se encuentran las de Valladolid y Toledo. También aseguran que el elemento joven de la oficialidad sin compromisos familiares aún, que se halla diseminado por las pequeñas guarniciones de provincias, secundarán el movimiento".

Y dije más, mucho más aún; pero eso corresponde a otro libro.

CAPÍTULO XVI

AIRES DE FUERA

PARÍS.—Durante el mes de febrero, el servicio secreto que actuaba en la capital de Francia daba cuenta casi diariamente de las actividades de nuestros emigrados, cuyo optimismo corría parejas con la situación económica.

El hecho más interesante en aquella época era la existencia de negociaciones para conseguir un préstamo de cuatro millones de pesetas con fines revolucionarios. La escasa solvencia de las personas encargadas del asunto constituía un obstáculo grande para la operación; sin embargo, ellos creían que se formalizaría tan pronto consiguieran llegar allí Marcelino Domingo y don Alejandro Lerroux, a quienes esperaban.

Las concomitancias de Franco, Pastor, Rada y La Roquette con comunistas de todas las nacionalidades y separatistas catalanes, les distanció algo de sus compañeros militares, pues entendían éstos no era patriótico prestarse a manejos que reputaban condenables. Contribuyó también a esa frialdad de relaciones ciertas insinuaciones hechas por alguno de aquéllos sobre la posibilidad de llevar a efecto un acto de violencia en la persona del Rey, al que parece ser alguna vez les alentó Maciá, diciéndoles "que era preciso hacer en España una revolución a la portuguesa". Los temores de un atentado llegaron incluso a preocupar al Gobierno francés, y en ellos hay que buscar la causa de las extraordinarias medidas de precaución adoptadas durante el paso de don Alfonso por París a su ida y regreso de Londres a mediados de marzo.

Franco era más que ningún otro emigrado la preocupación del servicio secreto, del embajador y aún de la Policía francesa. Sus relaciones con cierto agente alemán que hizo un viaje ex profeso a París en febrero y sus conversaciones en Bruselas con el impresor Vanderstrineck, el cantante Potrier, el mecánico Lefévre y un obrero fundidor conocido por Antoine, todos ellos significados comunistas, a las que alguna vez asistió el aviador Pastor, fueron objeto de investigación especial.

Los comunistas españoles tenían su punto de reunión en París en un restaurante de la calle d'Avron llamado, si mal no recuerdo, "L'Union du Cooperateur", y en Bruselas, en un local del número 22 de la calle Ottet. Era dificilísimo saber lo que se trataba en estos lugares, a los que Franco concurría de tarde en tarde.

Las actividades de los demás emigrados se reducían a mantener inteligencia con sus correligionarios residentes en España. Uno de los que más correspondencia recibía era Indalecio Prieto. Éste no creía posible la instauración de la República si no se conseguía movilizar toda la masa obrera, y a ello iban encaminados todos sus trabajos.

Moscú.—Ya expuse en mi libro anterior la situación precaria del comunismo en España, falto de afiliados y de recursos. A Rusia le preocupaba de momento llevar la propaganda a las grandes colonias, especialmente a las asiáticas, de paso que ejercía una intensa acción sobre China.

Pero cuando en Moscú se supo había estallado el movimiento revolucionario de diciembre, "El Secretariado Romano" trató en el acto de informarse de las posibilidades de ejercer sobre España una acción efectiva. El *Pravda* del día 17 de diciembre, sin información completa aún, se expresaba en estos términos:

"Los pequeños detalles que tenemos sobre los acontecimientos españoles permiten deducir, no obstante, que éstos tienen el carácter de un movimiento revolucionario de alcance mundial y son de una importancia capital para la suerte del movimiento obrero español. Los acontecimientos que se han producido en el seno del Ejército español no son comparables a los antiguos motines de oficiales. Se han desarrollado bajo la contraseña de "Abajo la Monarquía"; y por otra parte, y es la más importante, se han producido simultáneamente con huelgas cuya importancia era hasta el presente desconocida en la España fascista en cuanto a su amplitud y alcance.

Las señales precursoras nos hacen creer que el proletariado revolucionario español, recobrando ya sus fuerzas después de un régimen de terror de seis años, bajo la dictadura fascista, y aprobando cada vez más el programa del partido comunista español, ha comprendido que éste es el que debe jugar un papel preponderante en el desarrollo de la revolución que llega"[(50)].

Por otra parte, los directivos del Partido oficial español, aprovecharon las circunstancias para hacer presente en Moscú la activa e importante intervención que habían tomado en el movimiento revolucionario. Esto se hacía con miras a obtener un apoyo económico eficaz.

[(50)] El periódico *Pravda* lo recibía por conducto de nuestra Embajada en París y era traducido por un ruso que estuvo al servicio del general Bazán y luego al mío, cuando lo necesité; además de ese traductor utilicé otro extranjero, de origen polaco, que conocía perfectamente el idioma moscovita. Es inexacta, por tanto, la afirmación que el señor Galarza Gago hizo a los pocos días de posesionarse de la Dirección de Seguridad de que en ella se había carecido de intérpretes de la lengua rusa. A falta de uno, dos.

No convencieron, empero, las primeras explicaciones que se dieron a Rusia, y prueba de ello es la carta que, fechada en Moscú el 20 de enero, envió el Secretario Romano, firmada por A. Fenot y Müller, en la que se acusaba recibo de seis escritos que habían sido dirigidos con "apreciaciones generales sobre la situación del país" y otros datos, pero que a juicio de dicho Centro dejaban sin concretar una serie de cuestiones que consideraban de "verdadera importancia", e inmediatamente añadía:

"La primera (de las cuestiones) concierne a la actitud real del Partido con ocasión de los últimos acontecimientos. No sabemos aún cuál ha sido la actividad del Partido cuando las grandes huelgas de noviembre. ¿Ha participado en esas huelgas? ¿De qué manera y bajo qué palabras de orden? ¿Cuáles han sido los resultados de esta participación desde el punto de vista del esfuerzo orgánico de nuestras fuerzas? En lo que concierne a la tentativa del golpe de Estado de diciembre y las grandes huelgas de masa que paralelamente han estallado, esperamos por vuestra parte un informe detallado con vuestra apreciación sobre la significación objetiva de los acontecimientos y el papel que el Partido ha desempeñado nacional y localmente.

La segunda cuestión concierne al movimiento sindical. En ese terreno nuestros datos son absolutamente insuficientes. Nosotros hemos leído en una circular del C.E. a las federaciones regionales que éstas deben preparar los Congresos regionales para los meses de enero y febrero. Por el contrario, en vuestras cartas no habláis nada de ese problema. ¿Es que las Federaciones regionales se han puesto a la obra? ¿La plataforma de acción del Comité nacional de reconstrucción de la C.N.T. está elaborada o ha sido insuficientemente popularizada? ¿Qué medios de propaganda y de acción se utilizan para la preparación de esos Congresos regionales?

Otra cosa sobre la que necesitamos esclarecimiento es sobre la situación de las otras centrales sindicales, principalmente de la central anarcosindicalista. Se habla del descrédito de los socialistas y anarcosindicalistas cerca de las masas obreras, y eso nos parece lógico dada la actitud adoptada por los unos y por los otros; pero nosotros queremos mejor ver concretamente de qué manera ese descrédito se ha manifestado en la práctica y si nuestros sindicatos se han aprovechado de él.

La tercera cuestión concierne al estado de organización del Partido. Allá abajo no sabemos nada. Vuestros datos no hablan en detalle más que de Madrid y un poco en general de Andalucía y de Barcelona. Nosotros quisiéramos por fin tener un cuadro real del estado de organización del Partido en su conjunto, por región y si fuera posible por localidad. Es preciso que hagáis presión cerca de los camaradas del C.E. para que nos envíen de una manera regular tales informes, que nos permitan no sólamente conocer la situación de nuestro Partido, sino también comprender varias insuficiencias de su trabajo".

Casi al mismo tiempo, la Sección femenina del mismo Secretariado envió otra carta dando instrucciones para la organización de la propaganda entre las mujeres, con la que se podría obtener "resultados muy considerables" dado su temperamento revolucionario, la explotación a que estaban sometidas y su esclavitud "al yugo de la Iglesia".

La solicitud de tan prolijos informes y la administración de tan detallados consejos cayeron como un jarro de agua fría sobre los directivos del Partido, que esperaban menos literatura y más dinero. La realidad les desengañó y decidieron obrar por cuenta propia, acordando en primer término reapareciera *Mundo Obrero* con motivo del restablecimiento de las garantías constitucionales. Para ello, en 6 de febrero, escribieron una carta al propietario de la imprenta "Argis" —Altamirano, núm. 18—encargándole la tirada de 8.000 ejemplares, en papel 84, de un número que debía salir a más tardar el día 15.

Coincidiendo con la anterior, los elementos del Comité ejecutivo enviaron otra al regional de Castilla en la que comunicaban dicho acuerdo y el de producir una intensa campaña de agitación; al mismo tiempo exponían la composición del primer número, en el que debían figurar artículos de Arroyo, Vega, Nieves y Bullejos, y se daban instrucciones para cierto asunto relacionado con un tal Albornoz, que no pudo averiguarse de qué se trataba por venir el párrafo cifrado en su mayor parte.

En la misma fecha redactaron una "declaración política", en la cual daban cuenta del acuerdo adoptado de concurrir a las elecciones, realizando una activa campaña de agitación para exponer a las masas el "programa revolucionario" del Partido y explicar sus "consignas eminentemente clasistas". Luego decían: "Para que nuestra intervención tenga más eficacia, para poder demostrar mejor a las masas que la libertad y las garantías de Berenguer son una farsa, nuestra candidatura ha de estar compuesta en su mayoría de camaradas presos y perseguidos. Y decimos en su mayoría, porque es necesario que al lado de los camaradas encarcelados y perseguidos figure otro que esté en libertad para que hable a los electores, y a la salida de las fábricas, minas, talleres, etcétera, a los trabajadores, a los que se ha de impresionar hablándoles en nombre propio y en representación de los que no pueden acudir por estar encerrados en las mazmorras de la burguesía".

A continuación se daban los nombres de los candidatos, que, salvo muy contadas excepciones, se hallaban extinguiendo condena o sujetos a procesos por graves delitos[51].

Claro es que los organizadores de esta campaña electoral eran los primeros convencidos de que no obtendrían media docena de votos, pero opinaban que tan extensa relación produciría un gran efecto en el Secretariado Romano y predispondría favorablemente a sus miembros para decidirles a enviar la ayuda económica de que tan necesitados estaban a juzgar por los comentarios lastimosos insertos en los escritos de carácter confidencial.

La actuación del Partido oficial, por falta de recursos, organización y masas, no podía preocupar en aquellos momentos ni aún con la ayuda rusa[52]; ahora bien, sí era de tener en cuenta la labor de captación que por medio de libros y folletos se hacía entre la juventud de la clase media.

Llamé constantemente la atención del Gobierno Aznar sobre este punto, y en vista de que no conseguía interesarle, redacté una nota, rogando fuera estudiada con el mayor interés. Dicha nota decía textualmente:

"Desde hace algún tiempo viene señalando esta Dirección General el incremento que toma en España la publicación de libros y folletos de

---

[51] Entre los candidatos figuraban: Manuel Adame, Luis Arrarás, Tomás Molinero, Demetrio Hontoria, Juan Astigarravía, Manuel Roldán, Rafael Milla, Gerardo García Castro, Pablo González, Carlos Núñez, Manuel Romero, Miguel Caballero, Daniel Ortega, Sixto Díaz, Enrique Sánchez, Luis Navarro Ulloa, Vicente Arroyo, Ángel G. Amorós, Gabriel León Trilla, Julio Sillero, José Bullejos, Leandro Carro, Luis Zapirain, Fidel Lizárraga, Marcial Zabaleta, Macario Monasterio, Etelvino Vega, R. García Rosas, Isidoro Acevedo, Tomás Petite, Manuel García Filgueiras, Juan Lluch, José Silva Martínez, Daniel Ibáñez, Barneto, Foncubierta, Sanz, Nieves, "El Mosca" y otros no acordados en firme.

[52] Las cosas han variado mucho. En el momento de editarse este libro existen en España alrededor de trescientos delegados soviéticos, que actúan intensamente. Estos delegados, según mis noticias, no dependen directamente de Moscú, sino de un centro instalado en una nación de Europa central. Para mayor ilustración del lector diré que los informes enviados por dichos agentes no son todo lo satisfactorios para la causa del comunismo que se esperaba, dada la situación especial de nuestro país en la actualidad, pues si bien el número de simpatizantes aumenta de modo asombroso, encuentran grandes dificultades para organizarlos, dado el carácter individualista de nuestra raza, por lo que ellos estiman que cualquier intento de asalto al Poder, aunque fuera coronado por el éxito, degeneraría en anarquía.

propaganda comunista; ello es debido a la favorable acogida que la juventud intelectual les dispensa.

Ciertamente que esta clase de literatura no sólo es profusa en España, sino que lo es igualmente en todas las naciones europeas y americanas.

No existe más precepto legal para oponerse a los estragos que tales libros puedan hacer —ya que previamente no son examinados— que mandarlos al fiscal de Su Majestad cuando, una vez puestos a la venta, puedan ser leídos; mas con tal procedimiento, en los casos que pudiera ordenarse la recogida de la edición, la mayor parte de ella habría sido vendida.

Pudiera quizá hacerse un examen de los escaparates de las librerías, casi a diario, para adquirir cuantas obras nuevas de esa clase fueran puestas a la venta; pero ni existen en presupuesto fondos suficientes para la compra de cuantas hoy se editan, ni se conseguiría nada práctico tomando tal medida exclusivamente en Madrid, aparte de que la Dirección General de Seguridad no dispone de personal suficiente para dedicarlo a efectuar un examen previo de libros y folletos. No sería razonable tampoco enviar todo lo que se publique a estudio del fiscal de Su Majestad por la sola sospecha de que puedan contener algo punible.

Advierte esta Dirección General que a esas obras no se les puede dar trato análogo al de las publicaciones llamadas "pornográficas", que son recogidas gubernativamente en muchos casos, ya que nadie ha de salir en defensa de una literatura obscena y de mal gusto. La recogida de libros y folletos comunistas, sin mediar orden judicial y en plena normalidad, sería origen de duras censuras por gran parte de la Prensa.

La Dirección General de Seguridad, teniendo en cuenta que las medidas que sobre tal punto se adopten han de revestir carácter general, estima que la conducta a seguir debe ser fijada como acuerdo de Gobierno, pues ella no está facultada para tomar medidas de ese carácter, en asunto que puede tener gran importancia".

Fue gestión perdida, que no mereció ni aún por parte del presidente del Consejo, a quien se la entregué personalmente, los honores de una contestación de fórmula. Por lo visto tenía otras preocupaciones más importantes: acaso los anónimos...

EMILIO MOLA VIDAL
Abril de 1932.

FIN

NOTA DEL EDITOR

Muy en breve, en un espacio de tiempo aún menor que el que ha mediado entre este libro y el primero, se pondrá a la venta el tercer tomo de las "Memorias" del General Mola, con el que finaliza la verídica narración de los sucesos culminantes de que fue actor y testigo durante su paso por la Dirección General de Seguridad. Y no hará falta insistir mucho para convencer al lector de que este postrer volumen, como expresión del período más crítico e interesante de por sí de la Historia contemporánea, aventaja con mucho en interés a lo referido hasta ahora. No obstante, para que cuantos se han deleitado con los dos primeros volúmenes tengan una idea de lo que contendrá el tercero, les daremos los datos siguientes:

Empieza el autor, en este tercer libro, por hacer la crítica de la desdichada actuación del último Gobierno de la Monarquía, y expone con leal sinceridad cómo el ambiente nacional iba asfixiando al régimen. Y al correr de tan crítico y angustioso período se irá enterando con indignación o alegría el que leyere (según sus ideas y temperamento), pero siempre con asombro:

a) De las traiciones de que fue víctima el autor por parte de alguno de sus colaboradores y de cómo, al compás de todo lo demás, se descompuso el servicio secreto.

b) Aprenderá el verdadero y fidelísimo relato de los sucesos de San Carlos, de los que tan parcial e injustamente abusó "cierta Prensa" con el solo ánimo de enconar al pueblo contra quien ahora escribe en su defensa y que, como se verá, fueron provocados simple y exclusivamente por la indecisión del Gobierno, que luego, ante lo ocurrido, descargó el peso de su responsabilidad sobre el entonces director de Seguridad. Fue entonces cuando el General Mola, ante la cobarde conducta del Gobierno, decidió abandonar el cargo y cuando, bien a su pesar, se le obligó a seguir en la brecha.

c) Se sabrá, asimismo, las conductas poco diáfanas tanto del señor Recaséns como del entonces ministro de Instrucción Pública, Gascón y Marín. Notas confidenciales y actitudes de este señor hicieron sospechar que se hallaba en inteligencia con quienes trabajaban tan activamente por la República. Los hechos ya acaecidos habrán servido para probar si estas conjeturas eran o no equivocadas.

d) Se descubren también ciertos manejos del general Burguete para escalar el Poder y cómo, ante el fracaso, se suma a los enemigos de la República, dando lugar a los incidentes del palacio de las Salesas, que presencia con satisfacción sabiendo que nada puede ocurrirle por contar con el apoyo del conde de Romanones, que a su vez está en inteligencia con Aznar.

e) Vienen las elecciones municipales, y con ellas la sorpresa de los monárquicos, que pecan de poca actividad por estar ciegos y no darse cuenta de la tremenda y necesaria evolución que experimentaba la opinión española.

f) Con este motivo, el autor emitió sus juicios sobre la situación política (juicios que transcribe), y juicios que al llegar a Palacio le crearon, como era natural, una dificilísima situación, no obstante la cual el Gobierno siguió obstinado en que permaneciese en su puesto.

g) Relato exacto de las impresiones que producen en Palacio las noticias transmitidas por el autor sobre el resultado de las elecciones.

h) Y llegan los angustiosos trances finales que el lector podrá, por la primera vez, conocer en toda su intensidad y dramaticidad; instantes desconocidos hasta ahora, salvo por un contadísimo número de personas (aquellas que inmediata y directamente intervinieron en ellos) y que en esta ocasión saldrán a la luz sin que nada empañe su absoluta veracidad. He aquí un brevísimo extracto de ellos:

Telegrama del general Berenguer a los capitanes generales recomendándoles que el Ejército se mantenga al margen del proceso político.

Sucesos sensacionales de las últimas horas de la Monarquía: gestiones del Rey, a espaldas de su primer ministro, para entrar en relaciones con los republicanos y salvar la Corona; abandono en que el Gobierno deja a sus funcionarios leales, y muy especialmente al director de Seguridad; últimos momentos del Rey en Madrid; desbandada de ministros: tan sólo permanece en su despacho el general Berenguer; sucesos inmediatamente anteriores y posteriores a la marcha del destronado Monarca; ¡en fin...!

Este libro, de interés verdaderamente excepcional y aún de más excepcional valor histórico, se titulará EL DERRUMBAMIENTO, y cuanto refiere irá apoyado y sostenido por interesantes documentos.

JUAN BAUTISTA BERGUA
1932

JUICIOS DE LA PRENSA SOBRE "TEMPESTAD, CALMA, INTRIGA Y CRISIS"

INFORMACIONES

Entre el tercer tomo de sus Memorias, titulado EL DERRUMBAMIENTO, que se halla en prensa, y el primero de los publicados, LO QUE YO SUPE..., acaba de aparecer en las ediciones Bergua este libro de don Emilio Mola, TEMPESTAD, CALMA, INTRIGA Y CRISIS, donde continúa la relación de sus Memorias de director general de Seguridad.

Abarca cronológicamente el libro desde la sublevación de Jaca hasta la constitución del último Gabinete monárquico, y todos los hechos y acontecimientos en que intervino más o menos directamente el autor del libro están relatados con leal escrupulosidad y gran lujo de interesantes detalles, algunos inéditos hasta ahora y que sin duda habrán de contribuir en el futuro —documento inapreciable de emocionante exactitud narrativa— a iluminar con sus resplandores de verdad este trascendental período de la historia contemporánea española, del cómo y del porqué de tantas cosas que han permanecido en la oscuridad y en la sombra.

No se limita el libro, que une a su importancia documental una intrigante emoción novelesca, en la que se debaten algo más que valores de ficción, a la órbita puramente nacional, sino que trata con toda competencia y acopio de documentos, de la actividad policial más allá de las fronteras, de las actividades y manejos de los emigrados en el extranjero.

TEMPESTAD, CALMA, INTRIGA Y CRISIS no hace sino confirmar el interés y la importancia de esta obra del general Mola, tan aguda y combativamente iniciada en el primer libro de sus Memorias.

A B C

Lo que da a estas Memorias del general Mola una valoración histórica no es el carácter esencialmente anecdótico, ni el de relato minucioso, ni la aportación de documentos vibrantes de interés. Con tener todo eso el libro de Mola, no pasaría de ser una curiosísima crónica de aquel período, más que agitado, delirante, en el que le tocó actuar desde tan estratégico puesto de observación y de combate, como la Dirección de Seguridad, si en sus páginas, bajo la relación objetiva de los hechos, no descubriera el lector el trasfondo de una tesis apoyada en la más auténtica y directa documentación probatoria. Tesis que puede descomponerse en estos dos razonamientos: primero, que la labor revolucionaria de aquel año y medio que precedió al cambio de régimen concertó en una incondicional unidad de pensamiento y de acción a todos los enemigos de la Monarquía, desde los propugnadores de una República con el cardenal de Toledo y la representación senatorial de la Iglesia a la cabeza, de una República de capitalistas, mesócratas y burgueses, hasta los anarquistas de acción con fichas policíacas y segundo, que el bloque revolucionario no hubiera logrado sino mantener la agitación nacional, pero en modo alguno derribar el régimen, a no haber aprovechado la gran chiripa del 12 de abril, que, por otra parte, había sido propiciamente preparada por intrigas, inepcias y traiciones de gran parte de los políticos monárquicos. De lo uno y de lo otro hay copiosa prueba en las Memorias del general Mola; de cuyas páginas se exhala de manera tal aquella tesis que es, además, moraleja y ejemplo. ¡En cuántos pasajes de este libro va viendo el lector en alegre camaradería a los compadres de ayer que hoy son, recíprocamente, víctimas y verdugos: comunistas, sindicalistas y anarquistas estrechamente abrazados en aquel tiempo en Jaca, en Cuatro Vientos, en San Sebastián, en el Ateneo de Madrid, a quienes hoy les acosan ferozmente; a los radicales y a su jefe, a Miguel Maura, arrullándose como tórtolos entonces con los socialistas, que ahora les desahucian implacablemente de toda posesión y de todo derecho en el régimen! *¡Quantum mutantum ab ill!* Y en otros capítulos ve uno pasar al ministro de la Monarquía inepto o componedor, que niega al director de Seguridad los medios rudimentarios de defensa o de prevención contra los enemigos militantes del régimen; y cruzan políticos, también monárquicos, que el 15 de febrero de 1931, al declarar su abstención en las elecciones generales convocadas por el Gobierno Berenguer, atentaban irreparablemente contra el designio de restablecer la normalidad constitucional y, por ende, contra la vida misma del régimen; y, por fin, triunfante la intriga, el lector revive la constitución de aquel desdichado Gobierno postrero de la Monarquía, cuyos ministros, por cierto, son retratados certeramente con sobrios trazos por el general Mola en párrafos cortados de su cuaderno de notas cotidianas, que en este libro se reproducen...

Desde el movimiento de Jaca, con las repercusiones en Cuatro Vientos y en otros puntos de España, hasta la formación del Gobierno Romanones, quiero decir del almirante Aznar, hay en el segundo tomo de estas Memorias del general Mola, día tras día, la crónica de un período siniestro de la historia contemporánea, cuyo desenlace tuvieron en su mano, con la suerte de la Monarquía, más que los presuntos asaltantes de la ciudadela, los defensores de ella. En estas páginas vive la prueba de muchas miserias de unos y de otros, de las culpas de todos —hoy en punto pleno de expiación— y de la fatalidad con que un país, cegado en parte por odios absurdos y en otra parte inhibido del deber de reflexionar sobre el alcance de su ligero proceder electoral, quebraba su destino histórico... En este libro está la historia de aquellos días tan faltos de gloria para nadie como sobrados de estigmas perdurables para todos. Con experto sentido de la emotividad, el general Mola ha acotado en la frondosidad de sus Memorias aquel área que sea más eficaz para apoyar su tesis de español de conciencia obseída por el grave problema nacional; y también aquella otra sobre la cual su espíritu de hombre justo le impelía a proyectar la luz de su dictamen y de su alegato, como, por ejemplo, en el pasaje en que demuestra la absoluta inhibición que, con arreglo a la ley, observó del general Berenguer respecto a la sustanciación del Consejo de guerra sumarísimo de Jaca. A propósito de ello mismo hay la revelación interesantísima —y hasta ahora inédita— de una conversación telefónica del presidente del Consejo de ministros con el Rey en la noche del 13 de diciembre de 1930, que no sólamente demuestra otra inocencia intachable con relación al mismo asunto, sino que aduce prueba plena de que una mediación intercesora e indulgente se anticipaba a las probables y espontáneas sanciones derivadas de una aplicación estricta y dolorosa del Código de Justicia Militar.

Este momento culminante de la acción revolucionaria con lo ocurrido en Cuatro Vientos y algunos chispazos en provincias, todo lo que el contubernio de republicanos de vario tono, socialistas, sindicalistas, comunistas y anarquistas que formaban el bloque revolucionario, pudo realizar y consumó, sin éxito siempre en las intentonas, está registrado en el libro interesantísimo del director de Seguridad, que hubo de hacer frente —ahora vemos a costa de qué amarguras y con qué incalificables inhibiciones de algunos de sus superiores y de casi todos sus subordinados— a la avalancha subversiva, prevenida y resistida siempre con éxito, hasta que llegó la jornada, y sus pródromos evidentes, del 12 de abril... Pero aquí el segundo volumen de estas Memorias del general Mola nos deja pendientes de la publicación de un tercero, en que el suceso histórico va a ser recogido bajo el título de EL DERRUMBAMIENTO...— *Luis de Galinsoga.*

LA NACIÓN

Una de las mayores satisfacciones que puede experimentar un lector es la de repasar la historia que ha vivido; mejor dicho, la historia íntima de lo que ha vivido. Y eso explica, a nuestro juicio, la gran virtud de captación que encierra este libro del general Mola, aparte, y dicho sea con toda sinceridad, que el libro está muy bien escrito, aunque modestamente y en el texto se alardea de lo contrario.

Para los que sientan una inquietud, una simple preocupación por la génesis y el desarrollo de los sucesos acaecidos en los meses anteriores al advenimiento de la República, este libro del general Mola es un magnífico documento, de inestimable valor histórico. Suponemos que la contemporaneidad y la proximidad de los hechos han obligado al autor a callar muchas cosas. Los vacíos se notan, en efecto. Y es una lástima que no se llenaran. De cualquier manera es justo también consignar que por ello el interés de la obra no decae. Y aquí —ya lo apuntamos— de la habilidad del general Mola, que es un narrador sin afectaciones, de tan suelta como clara agilidad.

El libro comprende desde los días anteriores a la sublevación de Cuatro Vientos hasta los preparativos electorales del Gabinete Aznar. Detalla la crisis del Gobierno Berenguer; cuenta lo ocurrido en torno a los fusilamientos de Jaca; expone la impresión subjetiva sobre sucesos y personas... El general Mola, al referirse a Primo de Rivera, dice que sólo por la pacificación de Marruecos sería digno el marqués de Estella de la gratitud de todos, y no le niega otras obras ni otros méritos; en el prólogo de su libro reconoce el general Mola la consecuencia de la Nación, que bajo el Gobierno Berenguer mantuvo los mismos ideales que con idéntica fe propugnó antes. Antes, claro está, ahora y siempre, y las realidades han demostrado que no fuimos ni somos los equivocados.

El general Mola anuncia la tercera parte de sus Memorias, que se titularán EL DERRUMBAMIENTO. Hay que esperar ese nuevo libro con interés. Y estamos seguros que se leerá con la misma atención que éste.

LA ÉPOCA

Con ser muchos los libros y trabajos que se están publicando con ocasión del cambio de régimen en España, tal vez no haya ninguno que pueda compararse en interés y en aportación de hechos, datos y juicios a las Memorias del ex director general de Seguridad, señor Mola. Dos tomos lleva publicados, y si el primero, LO QUE YO SUPE..., despertó la atención del país, agotando la primera edición en plazo breve, el segundo, hace pocos días puesto en los escaparates, aun puede afirmarse que resulta más interesante y aleccionador.

La causa de ello es sencilla. En todo libro de Memorias hay que atender sobre todo al autor, y el general Mola tiene condiciones excepcionales para que sus Memorias sean valiosas. Cuando escribe de política un político no todo tiene valor, porque va necesariamente impregnado de pasión, de subjetivismo, del que se colocó en un panorama limitado, y que escribe pensando en sí propio, en una actuación futura. El general Mola ni es un escritor profesional, que busque efectos artísticos, ni es un político que tenga para qué acordarse de jefes, partidos, programas, o cuidar de no hacer que se malogre una ambición de porvenir. El general Mola es un militar que con derroche de valor y de inteligencia conquistó uno de los primeros puestos de nuestro Ejército en África; no había pasado jamás por su mente ocupar cargos políticos, y sólo su amistad con el general Berenguer y el concepto del deber le obligaron a aceptar la Dirección General de Seguridad.

Allí le cogió la época más difícil y tormentosa; allí sufrió los embates de las pasiones de cuantos no sienten el respeto al principio de autoridad, que son legión en España; allí hizo de dique contra la revolución... Sin apego al cargo, fueron muchas las veces en que quiso dejarlo; sin asistencias sociales y, a veces ni gubernamentales, sacrificó prestigio y salud; no desmintió nunca su temperamento liberal...; ¡y ha pasado después por todas las amarguras de la injusticia!

Mola no entiende de afeites. Su libro respira sinceridad, caballerosidad, patriotismo. No sólo no hay en él nada que sea orientación hacia las estrellas que ahora brillan en el firmamento de la política, sino todo lo contrario: no se oculta nada que pueda redundar en justa apreciación del caído, del general Berenguer, a quien tantos atacan, pero contra cuya vida inmaculada nada puede la injusticia.

El observatorio de Mola era el mejor. A veces podrá cometer errores, pero son informativos y de buena fe; pero en lo visto por él directamente —y es casi todo— no hay error posible. No lo hay, porque come escribe con el alma al descubierto, sin tener que arrepentirse de nada ni hace oposiciones a nada, no hay una línea que no destile verdad.

* * *

TEMPESTAD, CALMA, INTRIGA Y CRISIS. Tal es el título del segundo tomo de las Memorias del general Mola. En él se relata la sublevación de Jaca, la sublevación de Cuatro Vientos, la última crisis ministerial de la Monarquía. ¡Qué desgarradora impresión de tristeza la que produce el libro! El autor anuncia uno, el tercero, que llegará al 14 de abril de 1931. ¿Para qué? Al leer este segundo se tiene la convicción de que lo que sucedió era inevitable; pero no por el empuje revolucionario, sino por las débiles resistencias con que tropezaba. Muchas veces se ha repetido en estas columnas que es lección de la Historia el que en política sucede lo que en el arte militar: las plazas sitiadas se rinden, más que por la acometividad de los sitiadores, por el desfallecimiento de los sitiados. Así pasó con la Monarquía.

Al recorrer las páginas del libro de Mola se ve que no le faltaban buenas informaciones; que era clarividente en la apreciación de los hechos; pero se ponía a actuar y fallaban los resortes. Fallaba todo, incluso la Policía. El envenenamiento del ambiente era general. La Universidad era centro revolucionario; en el Ateneo se repartían armas; había gobernador civil que al recibir orden de detener a un revolucionario se lo avisaba para que se pusiese en franquía; generales con mando importante que aceptaban entrevistas secretas con personalidades revolucionarias ocultas a la persecución policíaca; policía que dejaba escapar en Madrid a miembros del Comité revolucionario; capitanes generales desconocedores de su territorio; y así se llegaba al caso de una comisión que penetraba con un notario en el despacho del director general de Seguridad para levantar un acta que fuese un capítulo más de la propaganda revolucionaria. Ese notario, figura destacada del nuevo régimen, ha escrito un libro contra la orientación de la República. ¡Quién sabe si alguna vez habrá pasado por sus ojos, al recordar la escena evocada por el general Mola, la sombra del remordimiento!

* * *

Sobre algunos sucesos de los que a propio intento se ha querido involucrar, arroja el libro de Mola gran luz. También sobre algunas personas que después han presumido de valía, y que se las ve en su verdadero valer.

La intervención del general Berenguer en el fusilamiento de los capitanes Galán y García Hernández —del primero de los cuales se publican documentos muy instructivos para dar a conocer su verdadera ideología política— queda bien claro que fue nula. Hay en el libro de Mola un relato, hasta ahora inédito, de una conversación telefónica entre don Alfonso y el general Berenguer, que no puede ser más elocuente; pero hay, además, el texto de una carta que al paso por Zaragoza en los días últimos de diciembre entrega la mujer de un preso al general Mola, que arroja luz definitiva sobre cuándo, por qué y desde dónde se inició una campaña difamatoria contra el general Berenguer por la sentencia de Jaca.

El general Mola, hombre de conciencia, dice cuanto sabe; no oculta su propio juicio, y aun cuando en ese punto todos sabíamos a qué atenernos, el servicio que con ello se presta a la causa de la verdad y de la justicia es muy estimable. Es el servicio de un hombre de honor.

Un cotejo salta también a la vista: el de cómo se procedía entonces con los revolucionarios republicanos y cómo se ha procedido en el verano último con los revolucionarios monárquicos. ¡Qué de consideraciones entonces! ¡Qué vacilación antes de inferir un daño y qué de precauciones para no inferirle indebidamente! En las páginas del segundo tomo del general Mola se encuentra la coincidencia de que una de las personas para quienes, por razón de salud, se extremaron las consideraciones, fue para don Santiago Casares Quiroga, después y actualmente ministro de la Gobernación.

* * *

TEMPESTAD, CALMA, INTRIGA Y CRISIS. Así se titula el segundo tomo de las Memorias del general Mola, y ese título es un hallazgo, porque sintetiza en cuatro palabras el pensamiento del autor. Cuatro etapas distintas en una trayectoria de poco más de dos meses. Tempestad, es decir, sublevación de Jaca y Cuatro Vientos; forcejeo de la revolución con el Poder establecido para sustituirlo por la fuerza; pero situación clara y diáfana, porque el Poder luchaba con enemigos declarados, llevando unos y otros alta la visera; calma, o sea victoria de la ley sobre la revolución, imperio de la legalidad; intriga, o sea combate de flanco con el Gobierno por fuerzas políticas que debían estar interesadas en favorecer la normalidad constitucional, la desembocadura en el régimen parlamentario; y crisis, provocada alegremente, sin tener medios para resolverla.

Se ha dicho que el general Berenguer perdió demasiado tiempo en convocar elecciones generales de Cortes; pero si se piensa eso, ¿qué pensar y qué decir de los que convocadas las elecciones las obstaculizaron con su abstención? No pongamos en duda la recta intención de nadie, pero reconozcamos que aquella abstención fue la causa determinante del cambio de régimen. Los republicanos estaban en su papel de revolucionarios absteniéndose; no tanto los socialistas, ya por no ser para ellos esencial el régimen político, sino el social, ya por su actitud colaboracionista con la Dictadura; pero los monárquicos, al decretar su abstención, decretaron implícitamente el cambio de régimen.

* * *

Aquello pasó. La Historia enjuiciará a todos. No en la forma que ahora se hace, sino con la severidad y dignidad que envuelve Clío en los pliegues de su ropa. Pero fijémonos todos en lo que es la vida de la política, hecha con amasijos de odios e injusticias.

El general Berenguer se resiste a gobernar; se resiste a quedarse de ministro de la Guerra en el Gabinete Aznar; cumple en todo momento con su deber; tiene respetos máximos para todos; incluso cuando un general le da palabra de que no conspira ordena le quiten la vigilancia; contraría los deseos de su familia y las exigencias de su salud precaria para no estorbar la formación del Gobierno último; y el general Berenguer es perseguido desde el 14 de abril de 1931; sometido varias veces a prisión, y al cabo de dos años se le pide la inhabilitación absoluta, la pérdida de todos los derechos y doce años de prisión.

El general Mola, sin pedirlo ni quererlo, es nombrado director general de Seguridad. Consagra al cargo la vida entera, vive para él y sólo para él; cumple con sus deberes; quiere dimitir reiteradamente, y no se le deja; ahorra a los adversarios, con espíritu caballeroso, persecuciones y vejaciones... Desde el 14 de abril de 1931 se le persigue también; se le procesa, se le mete en prisión y se le pasa a la segunda reserva, borrando de una plumada su historia militar pletórica de servicios y hazañas, y escrita con la sangre derramada en los campos de batalla.

Sólo con una conciencia vigorosa al servicio de una idea ultra terrena puede uno emanciparse de tanta injusticia. Claro que cuando se tiene esa vida interior le pasa al alma lo que a quien contemplase una multitud mirando por los cristales grandes de unos gemelos: ¡se la ve tan lejos y tan chica!—*A. Reader.*

EL DEBATE

Un poco folletinesco, no es inadecuado el título con que encabeza el general Mola el segundo tomo de sus Memorias. Salvo en lo de "calma". Del 12 de diciembre de 1930 —Jaca— a los últimos días de marzo del 31, en que el volumen termina, ¿qué períodos, qué días de calma vivió el último director general de Seguridad de la Monarquía? Desde luego, en las páginas del libro no ha reflejado su autor ni un día de paz. Cierto que en aquél se lee la afirmación —extraña en el perenne pesimismo de Mola— de que el Gobierno Berenguer salió "fortalecido" del fatídico episodio de Jaca; pero ese juicio mal se compagina con cuanto acaeció —y en el libro no se oculta— mientras el régimen caído subía fatigosamente "la cuesta de enero" de 1931.

Exacto el título —repetimos— en lo demás. Y pasma, sin que la reiteración del examen aminore la sorpresa, considerar cómo en la vorágine de la tempestad se entretenían en la intriga, confiados y audaces, los políticos más experimentados y peritos..., según el vulgar juicio que reputa más experto político al más travieso y trapisondista.

El libro es "fuerte". Más recio que el primer volumen de estas Memorias. Más preciso. Más interesante y aleccionador, en fin. Aquél era más policíaco. Este, más político. Los acontecimientos se precipitan... Y acaso porque el desenlace de aquéllos nos es conocido, lo vemos llegar página a página..., como cualquier irrebatible Pero-Grullo.

¡Y eso que el general no lo esclarece todo! Inquieta la curiosidad del lector, y, en ocasiones, no la satisface. Con explicable prudencia el autor se excusa de omitir detalles y precisiones, con el recuerdo del nuevo "estilo" y de los modos de gobierno imperantes ahora: novedades entre las cuales sería temerario olvidar la ley de Defensa de la República. De lo que el general dice de los hombres que presumen de haberla traído, se desprende, sin embargo, lo bastante para concluir que la revolución española contó, sin duda, con agitadores y con cabecillas de menor cuantía..., gente apta para actuar —y en eso, fugazmente— como jefecillos de motín. ¡Pero ni un caudillo!

No lo fue Galán. Arriesgado, ambicioso, le faltaban otras dotes esenciales; ni supo concebir ni acertó a ejecutar su propio designio. Acerca de lo que hubiera acaecido, triunfante el movimiento de Jaca, dice el general algo evidente para quien recuerda aquellos absurdos "apuntes del programa de Gobierno" de Galán, que publicó *El Debate*, y que en el libro en cuestión se insertan: la República hubiera tenido que luchar, antes que con nadie, con el desgraciado jefe de aquella rebelión. Y una vez más prueban los hechos que si la muerte suele abrir las puertas de la fama, el éxito puede iniciar la rápida transición a la desgracia.

Fielmente, honradamente narrados aquellos sucesos, el interés principal del libro, a nuestro juicio, no radica en ellos, sino, con preferencia, en el proceder de quienes habían —debían— defender a la Monarquía contra la revolución. ¡Y cuán grande tristeza examinar esas conductas! El fallo de todas ellas se cifra en esta palabra: indefensión. Cuando no fallan los servicios policíacos en su labor de pesquisa, son torpes o remisos sus agentes en la prevención. Débiles los gobernadores, medrosos los ministros ante un insincero fetichismo legalista, el orden y el régimen se vieron abandonados, de continuo, en el embate revolucionario. Y aun alguna vez aparece mal escondida la traición en los propios despachos oficiales... Pero seríamos injustos si de aquella suicida indefensión culpáramos exclusivamente a los representantes del Estado. También el general ha cuidado de no caer en tal injusticia, y, con razón, condena la pasividad, en rarísimos intervalos quebrantada por fugaces reacciones, de la sociedad entera.

Pero, sobre todos, ¡los políticos, los políticos! ¡Mal librado sale de la historia, objetiva y verídica, que el general Mola narra, el conde de Romanones! Y junto a él, borroso en la penumbra, el marqués de Alhucemas. Y Cambó. Y don Santiago Alba. De los constitucionalistas, ¿qué decir que no se sepa? Queda, de sus desatinos, la sensación —tan ejemplar— de que, realizada la insensatez, ya no les quedó misión que cumplir. ¡Triste, y no honrosa ancianidad, la de esos hombres! ¿Quién le recuerda ya? A uno lo llamó Dios a Sí. Otro, apartado está de la política por agobiadores achaques. De un tercero, olvidado en su rincón andaluz, nadie hizo caso, como nunca se le hizo... salvo en aquel semestre de desventuras y desvaríos. El último componente del cuarteto ha recogido, superviviente en el actual Parlamento, la agresiva repulsa de los mismos a quienes él allanó el camino. Y es tal la desmemoria que, al aludirlos, también nosotros olvidábamos a otro ex ministro del Rey, que coronó el obligado disparate votando a la República el 12 de abril... ¡y extrañándose después del resultado de aquellas elecciones!

Y, sin embargo, en todos los episodios revolucionarios triunfaba el Gobierno. Triunfaba —mejor dicho— la fuerza del Gobierno. Y es que ya, en nuestro tiempo, contra los medios coactivos del Estado —aún regido por poderes claudicantes y torpes— sucumbe la rebelión armada. ¡Ah! Pero la formidable ofensiva de las ideas y de las pasiones, y la labor agitadora, captadora, de los espíritus, ¡ésa vence a los fusiles y a los cañones! Y contra esa ofensiva ni los Gobiernos ni la sociedad supieron oponer una defensiva enérgica, abnegada, eficiente y patriótica! ¡Sólo la intriga! Y fue lo peor... que a la intriga se dispensó erradísima confianza. Intriga que, en aquellos días, tuvo una encarnación personal, como tantas otras veces desde 1909 a 1933: Romanones. Ni el general Mola ni nosotros insinuamos siquiera un reproche a la buena fe. Respetada y a salvo, sin reservas, la rectitud del propósito. Pero los hechos fueron y hablan hoy así.

* * *

Ha ganado el general en estilo en este segundo volumen; y no ha perdido aquella sencilla honradez —a veces ingenua— con que escribió el primero. De su figura y de su proceder nada nuevo hay que decir. El general Mola, en la Dirección General de Seguridad —así, al menos aparece en sus escritos— cumplió un penoso deber, con desgana, escéptico... ¡Mal se realiza así función tan delicada! El general Mola, junto a su buena fe, pone de relieve su lealtad al conde de Xauen... Virtudes estimables, sin duda, en el orden privado. Pero otras, más beneficiosas al interés general, pedían aquellos tiempos...

Y ahora esperemos el tercer volumen de estas interesantes Memorias: EL DERRUMBAMIENTO.

EL DERRUMBAMIENTO DE LA MONARQUÍA

EMILIO MOLA

UNA PALABRAS DEL EDITOR A MODO DE PRÓLOGO

Es ya tan considerable el número de personas que con intención más o menos discreta me ha venido con la cantilena de que cómo editaba las *Memorias* del general Mola siendo, como soy, comunista, que me parece ya, no sólamente un descanso (que en adelante enviaré a estas líneas a cuantos se me acerquen con la misma monserga), sino una obligación, el repetir en letras de molde lo que de palabra llevo dicho ya excesivo número de veces.

Cuando se me ofreció la ocasión de sacar a luz las referidas *Memorias* que finalizan con el presente volumen[82], yo no sabía del general Mola

---

[82] El claro y agudo juicio de los lectores de estas *Memorias* habrá advertido desde el primer libro que *si bien son todos los que están, no están todos los que son.* En efecto; si en ellas está todo cuanto su autor sabe y hubiera podido (y debido, a mi juicio) referir, ni tan siquiera lo que contenían los primitivos originales que llegaron a mis manos. Porque cuando fue ya cosa decidida el darlos a la estampa, aconsejado de una parte por su natural prudencia (prudencia avivada por la persecución de que viene siendo objeto) y de otra por las apreciaciones de antiguos amigos, que lógico era que pesasen en su ánimo más que las mías (yo me incliné siempre a que dejase correr la pluma con la mayor sinceridad y audacia, fiado en la verdadera liberalidad con que este Gobierno —justicia siempre a quien la merezca— ha tolerado que se expongan en libros toda clase de ideas y opiniones, por contrarias que fuesen a las suyas y aun a ellos mismos y a su modo de proceder públicamente. ¿No es un palpable testimonio de ello las repetidas ediciones de mis obras *Los credos libertadores y La salvación roja?),* fue quitando, al corregir pruebas, nombres, detalles y aun párrafos enteros que el fino espíritu de muchos lectores habrá vuelto a colocar *in mente,* pero que ejemplar y justísimo hubiera sido el dejarlos impresos, pues ya es hora de que el nombre de los sinvergüenzas vuele sin trabas de uno a otro confín de la Península para salvaguardia de los honrados y escarmiento de los de su calaña.

Claro que hechos posteriores han venido a confirmar que él y sus amigos tenían más razón que yo, por cuanto de nada hubiese servido toda la justa liberalidad del Gobierno ante los recursos que determinados procedimientos judiciales, demasiado elásticos en ciertos puntos, hubieran podido levantar contra estas Memorias impidiendo, al menos temporalmente, su difusión. Y al decir esto, todo el que leyere comprenderá que me refiero al proceso que recientemente un cierto señor Cavestany, secretario, según creo, de la Dirección General de Seguridad, ha entablado contra el general Mola por supuestas injurias que éste le dirige en LO QUE YO SUPE..., el primero de los tomos de *Memorias* publicado, y en virtud del cual, y por resolución judicial, se han intervenido los pocos sino lo que el resto de los españoles que no habían tenido trato ni relación directa con él; es decir, lo que habían podido aprender en las columnas de ciertos periódicos que no califico como se merecen, por no venirme a las mientes frases adecuadas a su villanía. He de confesar, pues, que mi primer sentimiento fue de repugnancia; mas las palabras de quien me había hablado del asunto (mi amigo José Espinosa —espero que no le molestará ni le perjudicará que yo le cite aquí, pero yo no sé afirmar sin pruebas y nombres—, por cierto que con el mayor desinterés y deseando únicamente servirnos a los dos, a Mola y a mí) me hicieron reflexionar. "El general Mola —me había dicho— ha escrito unas Memorias interesantísimas, deseando reivindicarse ante la opinión pública; pero no se atreve ni está en condiciones de publicarlas. ¿Usted sería capaz de hacerlo?"

Me eché, pues, como he dicho, a reflexionar, y la primera consideración que se ofreció a mi espíritu fue ésta: ¿Cómo era posible que el tan odiado general Mola, el hombre cuya cabeza pedían las masas la tarde del 14 de abril, el que había encarcelado a cuantos en la actualidad estaban en el Poder, estuviese él, a su vez, en libertad? Porque seguro

---

volúmenes de la segunda edición de dicho libro que ya quedaban a la venta en toda España y detenida la publicación de la tercera que estaba en nuestro ánimo dar a la estampa.

Claro que lógico ha sido el proceder de este señor Cavestany, de quien no tengo hasta hoy otras referencias (a los infinitos lectores del general Mola supongo les sucederá lo mismo) que las que da el ex director de Seguridad en su libro; si se ha creído injuriado, bien ha hecho tratando de que sea borrada esta injuria. En cambio, lo que aún no me he podido explicar es por qué el juez ha accedido a la petición del abogado del señor Cavestany y ha autorizado la persecución del libro. Porque precisamente, pensando en abogado, sé que cierto artículo de la ley de Enjuiciamiento autoriza al juez a retener la prueba del delito, pero esta prueba, en el caso presente, la constituye y basta, a mi juicio, un solo ejemplar del libro, no todos los que puedan ser hallados; que aunque el sentido de la palabra injuria es muy elástico, si no es inherente a la supuesta injuria la evidente y verdadera difamación y la calumnia manifestada de una manera pérfida o alevosa, creo que puede ser más el mal cometido que el daño a reparar; es decir, acto en sí lejano a toda justicia.

En todo caso, esto no es sino una opinión mía, es decir, de escaso valor, y por otra parte, si como editor enfoco las cosas, sólo agradecimiento he de deber a este señor Cavestany, a su abogado y al propio juez instructor del proceso, por cuanto los tres, de tácito acuerdo, han hecho tan admirable propaganda a un libro del que ya parecía saturado el mercado, que en cuanto sea viable hacer una nueva edición, por copiosa que sea, se agotará rápidamente.

estaba de que hombre tal estaría fuera de España o, cuando menos, en presidio, y así se lo comuniqué a Espinosa cuando, al principio de nuestra conversación, me dijo, asombrándome —que por ello empezó nuestra charla—, que acababa de encontrarle paseando por la Gran Vía. ¿Cómo era posible, repito, que hombre a quien habían llegado a hacer tan odioso y hasta culpable en apariencias, estuviese, pese a todo, en libertad?

La réplica a esta pregunta, la réplica inmediata, la única réplica justa y sensata que cabía era ésta: "Mola había sido víctima de una infame campaña de Prensa. Mola era inocente". Y seguro súbitamente (otra cosa hubiera sido faltar a toda razón y a toda lógica) y pensando en cuán inicua e interesadamente emplea algunas veces la Prensa su enorme fuerza imponiendo a rebaños de hombres sin opinión la que insidiosamente les brinda desde sus columnas, decidí hacer luz sobre aquel asunto, que desde el mismo instante fue para mí algo más que un simple asunto editorial; fue obligación de ayudar a un hombre injustamente calumniado a rehabilitarse y medio de contribuir en cuanto estuviese al alcance de mi mano a reparar una injusticia y a salir a la palestra una vez más en defensa de la verdad.

E indagué antes de volver a hablar con Espinosa.

Y el resultado de mis indagaciones fue éste: Consultados varios amigos míos policías (¿a quién mejor que a quienes habían estado a sus órdenes durante su paso por la Dirección General de Seguridad y a quienes habían sido y eran sus compañeros de carrera podía dirigirme para obtener datos dignos de crédito?), unánimemente (y que conste que con pena y sólo a ruego suyo omito esta vez sus nombres) me dijeron las siguientes palabras: "El señor Mola es uno de los hombres más inteligentes y, desde luego, el más HONRADO que ha pasado por la Dirección General de Seguridad". Preguntados varios militares compañeros suyos, aprendí que Mola había sido de los primeros en su promoción; de los primeros en África; de los primeros, en funciones de mando, en dar el pecho y la cara por sus hombres, en sacrificarse por ellos, en velar por ellos, en no consentir un fraude ni una merma que hubiese podido ir en su perjuicio. En una palabra: que había llegado joven adonde había llegado a fuerza de inteligencia, de corazón y de probidad.

Éste era el hombre a quien se había perseguido y se perseguía.

Éste era el hombre cuya cabeza pedían las masas el día 14 de abril.

Éste era el hombre intachable que, ¡naturalmente!, estaba en libertad, pese a todos los pesares.

Y lleno de alegría edité su libro.

Y cada vez estoy más satisfecho de haberme "arriesgado", pues esto sí que ha sido ganar honra (contribuyendo a reparar una injusticia) y provecho (embolsándome muy buenas pesetas).

* * *

Pero aún voy a decir dos palabras más, por si no fuesen perdidas.

Es lo curioso del caso que el general Mola fue siempre, hasta que se vio perseguido por la República, hombre de ideas avanzadísimas. Los que le conocen sabían de siempre, y los que han leído sus *Memorias* lo habrán adivinado, que siempre fue tenido en cuarentena en ciertas esferas a causa precisamente de estas sus ideas avanzadas. Prueba evidente de ello es que cuando el general Berenguer le impuso en la Dirección General de Seguridad, en Palacio sentó la medida malísimamente.

Ahora bien; hay dos clases de republicanos: los que se dicen republicanos y los que se sienten republicanos. Los que se llenan la boca de República porque es ahora la que reparte y los que aman el régimen republicano por estar convencidos de que es el mejor, el verdaderamente democrático y el único digno de ser impuesto y tolerado por los hombres que tienen sobre los hombros una cabeza libre y en el corazón algo distinto de meras codicias particulares. Aquéllos, los de boca, los enchufistas, los vividores, los advenedizos, pululan en los cuadros de la República; de estos últimos, ¡cuántos no han sido desconocidos por no haber tenido la audacia de gritar y de pedir o perseguidos por haber tenido la valentía de opinar!

Pero aún hay más: con un criterio de galápagos (y perdonen los galápagos que los invoque por lo que tienen de tardos y conchudos) y considerando monárquicos a cuantos sirvieron cargos públicos con la Monarquía (sin contar que los hombres suelen encontrarse impuestos los regímenes de gobierno y que en su necesidad de ganar la vida cumplen sus funciones, de ordinario, no por servir a una dinastía monárquica ni a un gobierno republicano, sino a la nación en que viven, a la que aman y la que les paga), ha sido criterio del Gobierno de la República apartar de sus cargos (al menos de los principales) a cuantos los ocuparon en tiempos pasados y sustituirlos por sus secuaces de más o menos reciente cuño y estuviese o no probada su capacidad.

Y el resultado a la vista está.

Y la consecuencia, el que muchos, muchísimos hombres expresen su indignación y su angustia con estas palabras que, como al propio Mola, he oído ya a tantos otros cuyo número aumenta día tras día: "A mí me tenía sin cuidado la Monarquía. Yo servía no al Rey, sino a España (¡he aquí el secreto de aquella España unánimemente republicana del 14 de abril!); es más, me parecía, aunque no me metía en cuestiones políticas, más lógica y conveniente la República; pero ahora..."

¡Ay! ¡Terrible "ahora" que va minando a la amada República!

Terrible ahora que no desaparecerá sino cuando alcancen el Poder unos hombres de los que sintiéndose republicanos de espíritu y de corazón no se metan en averiguar lo que piensan sobre las formas de gobierno los hombres capaces de ayudarles a dirigir la nave del Estado, sino simplemente esto: si son capaces, inteligentes y honrados.

Porque yo mismo que esto escribo; yo que no concibo que se sea monárquico sino por debilidad mental o por conveniencia; que no concibo que a un hombre siquiera medianamente inteligente le parezca mejor, a no ser movido por codicias particulares, que ocupe la más alta magistratura del Estado un individuo, sea cual sea su moralidad o inteligencia, por el hecho de haber sido parido por una mujer llamada "reina", que un hombre elevado a ella por sus méritos y virtudes; yo, repito, pondría con más tranquilidad, de estar en mi mano, las riendas del Poder en las de hombres no sólamente capaces, sino honrados, aunque fuesen monárquicos (bien que, como digo y repito, me parezca antagónica la mezcla, muy especialmente en lo que a la inteligencia se refiere), que en las de republicanos sin vergüenza.

* * *

Amigo señor Mola: No sé qué le parecerán a usted estas líneas con que he tenido el atrevimiento de encabezar su último libro. En todo caso, paciencia una vez más. Paciencia, y que no se considere avergonzada su modestia, ya que en definitiva no es a usted a quien alaba ni por quien rompe una lanza, sino por la verdad, su editor y amigo, que es comunista y ama el comunismo precisamente por ser amante de la justicia y de la verdad,

JUAN BAUTISTA BERGUA
1933

PRÓLOGO: AL LECTOR

Éste es el tercero y último tomo de las Memorias de mi paso por la Dirección General de Seguridad. Da comienzo con la descripción del momento político en los primeros días de marzo, en que una "selección" de gobernantes, faltos del más elemental sentido político, parecían no darse cuenta de que los gobernados, unos —los menos— por convicción, otros por despecho y no pocos por esnobismo, habían puesto la esperanza de su redención en un cambio radical de las Instituciones; finaliza cuando ya en los últimos días de abril, prisionero del Gobierno provisional de la República, se dispuso la Justicia a investigar la razón de los odios desatados contra mí y alentados por quienes tenían el inexcusable deber de aplacarlos. ¡Casi dos meses de traiciones, amarguras y desamparo! Por éste, precisamente por éste, fue posible todo lo demás.

No guarda mi corazón el más mínimo rencor para quienes equivocados u obedeciendo sugestiones exteriores, imposibles de encausar en momentos de pasión como los que siguieron a la proclamación de la República, me eligieron por víctima predilecta. No. Tampoco he de tratar con el rigor que merece la conducta del Gobierno que, reteniéndome contra mi voluntad en un puesto del que no podía huir sin deshonor, no dio un solo paso, no realizó un solo acto, no tomó un solo acuerdo en defensa del funcionario subordinado que, violentando en más de una ocasión su criterio, asumió con resignación la responsabilidad de los desaciertos de quienes lo integraban. Nunca como ahora, al describir con detalle los últimos días de mi gestión, estaría más en su punto tratase de justificar el proceder como primera autoridad gubernativa en las postrimerías de la Monarquía; pero no quiero hacerlo.

No trato, pues, de defenderme; no me hace falta. Ha pasado el tiempo suficiente para que la opinión pública, libre de prejuicios y con conocimiento de la verdad, me haya juzgado. El fallo de los sensatos, me es favorable; el de los demás, no me interesa. La lealtad y la honradez son virtudes que se abren siempre paso; la razón, también: es cuestión de tiempo.

Lo expuesto no es óbice para que trate con la minuciosidad que merecen —aun a trueque de parecer pesado— aquellos hechos que se tomaron como señuelo, a banderas desplegadas, para concitar sobre mí la hostilidad pública, olvidando que la fatalidad a veces también gusta de vestir galas de Justicia para administrarla inexorablemente. Los que sin, tregua ni cuartel me han perseguido sin otro objeto que dar satisfacción a rencores y odios puramente personales, aunque escudándose en la fuerza del clamor de ciertos sectores de opinión, hoy tienen sobre su conciencia la responsabilidad de hechos harto más graves y dolorosos que los que a mí se me imputaron. Presentes están en la memoria de todos los españoles; ello me evita el trabajo de citarlos.

En el período de dos meses escasos, durante los cuales los días se sucedieron llevándonos de una emoción grande a otra mayor, vimos los españoles derrumbarse un régimen secular. Fue la consecuencia lógica de la impopularidad y descrédito en que había caído. ¿Quién tuvo la culpa? Pronto es todavía para juzgar; pero cabe sospechar que, a pesar de todo, el fallo popular no fuera justo al señalar el reo. La Historia, en su día, lo dirá...

Mientras tanto proporcionaré algunos materiales al historiador.

EMILIO MOLA

CAPÍTULO PRIMERO

MI ÚLTIMO VIAJE A BARCELONA

LOS MOTIVOS DEL VIAJE.—A raíz de mi conferencia con el general Sanjurjo, en la que tratamos de su entrevista con don Alejandro Lerroux, éste cambió de domicilio. No me fue posible averiguar su nuevo escondite ni aun manteniendo estrecha vigilancia sobre las personas que sabía frecuentaban su trato. Ello constituía una gran contrariedad, pues me impedía anularle en momento oportuno.

Así las cosas, coincidiendo con la información transmitida desde París de que eran esperados allí los señores Domingo y Lerroux para formalizar un empréstito de cuatro millones de pesetas, llegó hasta mí la noticia de que el jefe del partido republicano-radical había acordado trasladarse a Barcelona[83]. Este viaje podía obedecer a dos causas: salvar la frontera o ponerse en contacto con sus correligionarios de Cataluña para dar allí o en Valencia el golpe proyectado. Ambas hipótesis eran, cada una por su estilo, de extraordinaria importancia. Tanto el ministro de la Gobernación como yo creímos llegado el momento de detenerle. De lograr nuestros propósitos, como el señor Lerroux era uno de los firmantes del manifiesto del 14 de diciembre y forzosamente sería procesado, llevábamos muchas probabilidades de desbaratar, en el momento más crítico, los trabajos preparatorios del nuevo movimiento revolucionario, impidiendo la acción personal y directa del jefe republicano de mayor autoridad y prestigio. Una vez preso, mientras se le designaba sustituto y éste tomaba la dirección de la organización revolucionaria, se ganarían días hacia la fecha de las elecciones, que era el fin de la primera etapa que se había impuesto el Gobierno.

La confidencia asegurando en forma terminante la resolución del señor Lerroux de emprender el viaje coincidió con un hecho para mí doloroso: el fallecimiento del coronel Toribio, jefe superior de Policía en Barcelona. Tomé como pretexto el deseo de rendir al militar pundonoroso, caballero intachable y amigo leal el último tributo de cariño asistiendo a la conducción de su cadáver al cementerio, y salí para la Ciudad Condal en la

[83] He de hacer constar que creí siempre al Sr. Lerroux ajeno en absoluto a las gestiones de ciertos emigrados en París para negociar un empréstito en las condiciones que indicaban los agentes del servicio secreto. Véase mi otro libro TEMPESTAD, CALMA, INTRIGA Y CRISIS.

noche del 28 de febrero. El objeto "verdad" a que obedeció el viaje, fue ponerme en contacto con el gobernador civil, señor Márquez Caballero, y determinados elementos de mi confianza para conseguir la captura del popular republicano, procurando dar la menor participación en el servicio a la plantilla de Vigilancia, donde tenía la evidencia existían funcionarios en inteligencia con las fuerzas revolucionarias de todos los matices[84]. Aquella misma tarde, antes de ir a la estación, cursé algunas instrucciones a Zaragoza y Lérida con el mismo objeto.

A la mañana siguiente —1 de marzo—, al llegar el expreso a San Vicente de Calders, supe que la tarde anterior había salido don Alejandro Lerroux en automóvil para Zaragoza.

MI ESTANCIA EN BARCELONA.—Ya en Barcelona, marché de la estación a mi domicilio, en el que permanecí el tiempo indispensable para cambiar de ropa. Cuando llegué a la Jefatura de Policía, aún se veía a lo lejos la manifestación de duelo que acompañaba al que había sido en vida mi fiel colaborador... Aproveché la ausencia de todo el alto personal para celebrar varias conferencias telefónicas, la primera de ellas con el jefe de la División de Investigación Social, comisario Martín Báguenas.

Éste me confirmó cuanto ya sabía y me anticipó algunos datos de dos informaciones recibidas durante la madrugada, que me remitió aquel mismo día con el agente de servicio en el rápido Madrid-Barcelona. Estas informaciones decían:

"Información reservada del confidente A...—El Comité revolucionario parece se desenvuelve en Madrid con bastantes dificultades, hasta el punto de que Lerroux ha cambiado dos veces de domicilio en ocho días por sentirse tan de cerca seguido de la Policía que presumía inminente su detención.

En cuanto a su actuación —la del Comité—, dicen que cuando algo ha de realizarse es conocido el día antes por la Policía, que hace abortar los proyectos. Por ello concentrará los preparativos de la revolución sobre Cataluña, para que, con arreglo al plan Maciá, se proclame dentro de las cuatro semanas que faltan para las elecciones "Cataluña independiente", asegurándose que Lerroux, en inteligencia con Maciá, salió hace tinas horas para Barcelona.

---

[84] He sabido, ya proclamada la República, que uno de estos "fieles" funcionarios era nada menos que el secretario general, señor Ortiz, a quien por un exceso de bondad del coronel Toribio se le mantuvo en el cargo, no obstante la frecuencia con que rendía fervoroso culto a cierta divinidad pagana.

En Begoña ha habido días pasados una reunión que, a base de separatismo, tuvo por finalidad la de derribar el régimen, pues declarada en Cataluña y Vascongadas la revolución, ésta sólo cesaría cambiando la Monarquía por la República.

Los comunistas, por su cuenta, y en plan de pequeños disidentes, quizá influenciados por la F.U.E., si los estudiantes vienen el día 4, harán una manifestación el 5 (?).

En Madrid, quien desde la calle personaliza la labor del Comité es Honorato de Castro.

Alejandro Lerroux, que como antes se dice salió para Barcelona, pernocta en Zaragoza y hoy continuará su viaje, alojándose en aquella capital en una finca de su propiedad o en la de un amigo de confianza.

Tanto Lerroux como Marcelino Domingo y alguno de los refugiados en París, fijarán su base en Perpignán, desde donde entienden les ha de ser fácil seguir el plan de acuerdo con Maciá para provocar el movimiento revolucionario de Cataluña.

Cuentan tener trabajado Valladolid y Toledo, y que si la cuestión ferroviaria no se estabiliza, aseguran que un atentado, siquiera sea simplemente de alarma, por ejemplo, colocar una bomba o artefacto de mucho ruido en local a que concurra la Familia Real, sería determinante de una renuncia al Trono antes de las elecciones.

Desde Perpignán será fácil tener información de Valencia y Alicante, y aun trasladarse a cualquier punto del litoral, como ya se demostró en el caso de don José Sánchez Guerra.

Por último, en cuanto a las dificultades de actuación que antes se señalan, dice que desde el 15 de diciembre han preparado cinco intentonas, las cuales ha hecho abortar la Policía".

"Información reservada del confidente A...—Sigue asegurando el informador que salió ayer, entre cinco y seis de la tarde, por carretera, con dirección a Barcelona, don Alejandro Lerroux. Que entre diez y once de la noche debió llegar a Zaragoza, desde donde, después de pasar la noche, ha debido hoy proseguir su viaje".

Ignoro si los propósitos que el confidente atribuía al señor Lerroux eran o no ciertos. Mas lo que sí afirmo es que, no obstante las instrucciones dadas a las ciudades por las cuales debía pasar y las medidas adoptadas por el gobernador civil de Barcelona, el jefe de los radicales efectuó el viaje de ida, y poco después el de regreso, sin que nadie, absolutamente nadie, le molestase: ello era prueba evidente de que ni la Policía actuaba como era debido en las capitales, ni en las carreteras se ejercía una vigilancia eficaz por las fuerzas encargadas de practicarla. Era inútil que la superioridad dictase órdenes, pues al llegar éstas a los mandos subalternos, a los que tenían la precisa obligación de hacerlas cumplir e inspeccionar directamente los servicios, parecían estancarse. ¡Así marchaban las cosas!...

La falta de interés en el cumplimiento de las más elementales obligaciones alcanzaba a todos los aspectos de la vida funcional de los organismos oficiales de la nación. Existía evidentemente un estado de indolencia, dejadez, apatía y carencia de entusiasmo sobre el que me detuve a meditar no pocas veces en investigación de sus causas. A mi juicio no existía en el fondo más que una razón: eso sí, una poderosa razón: crisis de autoridad.

Los panegiristas de la República atribuían ese estado lamentable de la ética del funcionarismo, durante el caído régimen, al malestar general: era una opinión respetable. Pero es el caso que durante los primeros meses de Gobierno provisional, cuando todo era satisfacción y optimismo, el mecanismo oficial funcionaba lo mismo, y acaso peor; hoy, no digamos. Ello me afirma cada vez más en mi opinión.

Cierto que esa crisis de autoridad fue problema que los hombres le la Monarquía legaron a los de la República; sin embargo, no es menos evidente que éstos no han sabido resolverlo. Con las jubilaciones forzosas, por ser hijas de un sectarismo estólido, lo único logrado ha sido sacrificar a muchos funcionarios laboriosos en beneficio de otros menos diligentes, llevando el malestar a casi todos.

Juzgo indispensable como primer paso en la organización de un Estado fuerte, que el funcionamiento de los órganos que integran su engranaje administrativo sea perfecto. Para ello es necesario que cada individuo cumpla con su deber, rindiendo el máximo fruto que permita su capacidad, lo cual se logrará cuando el subordinado sienta la presión constante de su jefe, que debe mostrarse en todo momento ecuánime, justo, austero y predicar con el ejemplo; la presión ha de ejercerse sin interrupción desde el que ocupa el cargo más alto al funcionario más modesto. La autoridad es función de las cualidades dichas. Todo es cuestión de buscar el hombre adecuado para el primer puesto de cada dependencia y dejarle actuar libremente, exigiéndole la más estrecha responsabilidad. Cuanto digo será sumamente fácil el día que se consiga eliminar de la Administración pública los "compadrazgos" de la política. Sin esta condición previa, nada...

Vuelvo a mi relato:

En la conferencia que sostuve aquella misma mañana con el gobernador civil, después de cursar algunas instrucciones a Zaragoza, Lérida y puestos de la frontera, tratamos, además del viaje del señor Lerroux, del nombramiento del nuevo jefe de Policía, de la cuestión del juego y de los propósitos revolucionarios.

Sobre el primer punto tenía yo un criterio definido: designar una persona que no tuviera relación alguna con los elementos políticos catalanes, ni siquiera con las autoridades locales. Obedecía este criterio a la necesidad de que el Gobierno estuviera en todo momento perfectamente enterado de lo que ocurría en la capital de Cataluña sin sugestiones partidistas, sin que los informes pasasen antes por el tamiz de una u otra bandería. Conocedor desde muchos años atrás de la vida oficial de Barcelona, no ignoraba que el particularismo catalán es algo eminentemente contagioso, al punto de que podía calificarse de *rara avis* la autoridad que al tomar tierra allí, automáticamente no se sentía desligada del Poder central o con tendencia irresistible a asimilarse el espíritu autonómico de los naturales del país. Esa tendencia a la emancipación, a obrar por cuenta propia, fue uno de los caballos de batalla de los directores de Seguridad que me precedieron y una de las razones en que me fundé para proponer a los generales Berenguer y Marzo el cese del antecesor del coronel Toribio. Y precisamente en la lealtad y subordinación en que éste se mantuvo siempre respecto a Madrid, hay que buscar el origen de la campaña persistente e injusta de que se le hizo víctima por determinados elementos y que halló eco en el ánimo de algunas autoridades.

Sobre la cuestión del juego —base de la campaña a que acabo de referirme—, el gobernador insistió en que era asunto del dominio público, por cuyo motivo no podía ser desconocido de la Policía. Esto comprobé era cierto, pero al mismo tiempo adquirí el convencimiento de que el coronel Toribio no llegó a saberlo. No podía ser de otro modo.

Desde luego, en Barcelona, no se jugaba en los casinos ni en los lugares de recreo de solvencia; sin embargo, no ocurría lo mismo con algunos cafés, bares y locales de tertulia instalados en los barrios bajos. Y esto no lo ignoraban las Comisarías de los distritos correspondientes, ni la brigada de Disciplina Social; por lo menos así me lo aseguraron personas que, por su gran conocimiento de la ciudad, tenían motivos sobrados para estar bien informadas. Existían además de estos garitos varias casas, no muchas por cierto, casi todas ellas instaladas con refinado lujo, a las cuales concurrían personas de ambos sexos de buena posición social y "entretenidas de altura". En esas casas se jugaba a los prohibidos, se exhibían películas obscenas, se celebraban sesiones de espiritismo y se facilitaban toda clase de "drogas". Esto, hasta cierto punto, carecía de importancia; pero lo peor del caso es que en algunas ocasiones se llevaron a las sesiones señoritas honorables, explotando su natural curiosidad por lo misterioso, y en ellas, aun cuando su pureza virginal no corría peligro de momento, se las iniciaba en los deleites de los paraísos artificiales, a los que más tarde les era difícil sustraerse, sufriendo los estragos consiguientes a tales aberraciones. Tales casas, salvo una, eran desconocidas de la Policía.

Cuando estaba a punto de poner en ejecución un plan para acabar con el juego y dificultar lo demás —que era lo único que prácticamente podía hacerse—, cayó la Monarquía.

En cuanto a la acción revolucionaria, se notaba en Barcelona poca intensidad. La Lliga, al parecer, conseguía rápidamente recuperar el terreno perdido, y los amigos de Maciá, sin lograr grandes éxitos de captación, laboraban para que se les sumasen los elementos de la C.N.T. No parecía probable que allí pudiese saltar el primer chispazo de un nuevo movimiento de carácter político; ahora bien, adherirse al que se produjera en otro punto, desde luego.

En el orden social, seguían las gestiones de los del Sindicato Único para apoderarse de la organización del puerto y la lucha enconada (sin atentados) entre él y el Sindicato Libre. Éste, en aquellos días, se mostraba bastante quejoso del gobernador civil, por estimar había procedido con manifiesta parcialidad con motivo del *boicot* declarado a sus afiliados por los pertenecientes a la C.N.T. en la casa "Solá e Illa" y con "mala voluntad" (*sic*) durante la huelga de transportes de Sabadell, solucionada hacía poco.

MI REGRESO A MADRID.—Fracasado en el propósito de detener al señor Lerroux, regresé a Madrid, donde además, a juicio del jefe de la División de Investigación Social, mi presencia era conveniente.

En efecto: tan pronto llegué a la Corte, en la mañana del 3, Martín Báguenas me expuso su impresión de que entre los republicanos se notaba gran actividad de idas, venidas y conciliábulos. En concreto sólo me dijo que el viernes anterior había salido para Granada el comandante Burguete, íntimo de Franco, con objeto de preparar perturbaciones, aprovechándose de la miseria que reinaba entre el elemento obrero por la escasez de trabajo; asimismo me indicó la conveniencia de hacer alguna investigación sobre ciertos manejos del comandante Flores, con destino en el regimiento de Artillería de guarnición en Mataró[85]. También me dio informes sobre otros jefes y oficiales del Ejército y personal de los Cuerpos de Correos y Telégrafos.

---

[85] Los servicios prestados a la causa de la revolución por el comandante citado debieron ser de importancia, pues al proclamarse la República fue inmediatamente nombrado ayudante del ministro de la Guerra. Sin duda por ser persona de la absoluta confianza de éste me condujo a Prisiones Militares la primera vez que fui detenido.

De orden social me facilitó un extracto de la reunión celebrada la noche anterior por elementos comunistas en el número 1 de la carrera de San Isidro, a la que habían asistido unos veinte individuos, los cuales tomaron acuerdos relacionados con la reorganización de la agrupación local. En cuanto a la C.N.T., sabía trataba de actuar clandestinamente y provocar perturbaciones en toda España si no se levantaba inmediatamente la clausura de sus Sindicatos; todo ello con arreglo a un plan acordado en Barcelona, del que había venido a dar cuenta personalmente el "dirigente" Arín. También la Federación local de grupos anarquistas había celebrado una reunión con asistencia de los hermanos González Inestal, Cipriano Mera Sanz, Vicente García Mulsa, Feliciano Benito Anaya, un tal Fuente o Fuentes y Pedro Falomir Benito, éste en calidad de secretario, evidenciándose las discrepancias existentes entre ellos, atacando duramente a Barea y otros. No obstante la descomposición interna, estaban de acuerdo en actuar en primera línea en todo movimiento revolucionario que se produjera.

En resumen: mucho y nada. Motivos para efectuar una investigación intensa; pocos materiales sobre qué cimentarla. Desgraciadamente, la Policía era "un producto demasiado contaminado" (la frase no es mía) para exigirle el rendimiento que las circunstancias demandaban; a pesar de ello, hubo un grupo de funcionarios que trabajaron con verdadero entusiasmo hasta el último momento.

CAPÍTULO II

LA PRIMERA DECENA DE MARZO

LA GESTIÓN DEL GOBIERNO.—Uno de los primeros acuerdos del Gabinete Aznar, para dar satisfacción a los deseos reiteradamente expresados por los hombres de leyes, en su mayor parte hostiles a la obra de don Galo Ponte y en un crecido número desafectos al régimen, fue dirigirse a los Colegios de Abogados de toda España, por mediación del ministro de Gracia y Justicia, consultándoles qué partes del Código Penal impuesto por la Dictadura convendría modificar ínterin el Parlamento no promulgase el definitivo.

Las contestaciones que se recibieron propugnaban en su mayoría por una inmediata anulación del referido Código, aunque, a decir verdad, no creo hubo ninguno que resolviese el problema de salvar las dificultades que presentaba el salto del moderno al antiguo, las cuales, a juzgar por lo que oí de labios autorizados, no eran fáciles de vencer. El Colegio de Madrid, entre ellos, cuya presidencia se hallaba en manos del señor Ossorio y Gallardo, que se creía estilóbato del Derecho, tampoco resolvió nada: se limitó a contestar recordando una moción presentada el 12 de abril anterior, en la cual se pedía la derogación pura y simple del Código de la Dictadura, por entender que no procedía distinguir qué preceptos debían quedar vigentes y cuáles no, dado que era de una notoria arbitrariedad resolver en materia tan grave por vía de un simple decreto; luego agregaba: "Es el principio de juridicidad el que hay que salvar. Si el Gobierno actual rectificara el texto de 1928, aunque le acompañase la máxima fortuna, sólo habría conseguido cambiar una ilegitimidad por otra y perseverar en la idea anárquica de que en España puede forjar códigos penales cualquiera que disponga de la *Gaceta*".

Archivar estas contestaciones, ofrecer el restablecimiento del Jurado para fecha un tanto lejana y dificultar en los Consejos de ministros el robustecimiento del principio de autoridad, fue toda la obra que realizó en el Gobierno don Manuel García Prieto, marqués de Alhucemas, segunda figura del partido liberal monárquico.

Y vamos a otros asuntos.

Después del consabido estira y afloja entre los ministros para quedar contentos todos, salió la lista de los gobernadores civiles. Se removieron los de cuarenta provincias, entre ellos muchos que habían prestado excelentes servicios durante el Gobierno anterior. Esto, para ciertos políticos, era lo de menos; lo demás estaba en complacer a los amigos y en satisfacer, ¡cómo no!, exigencias de los revolucionarios. Uno de los sacrificados por tales complacencias, y especialmente por imposición de los elementos estudiantiles y profesorado universitario, fue el gobernador de Sevilla, conde de San Luis. Estas y otras debilidades no tardaron en pagarse caras.

Como era casi obligado, el presidente del Consejo reunió a los gobernadores electos para saludarles y despedirles; lo hizo con "patriarcales instrucciones y generosas excitaciones" —palabras un tanto irónicas de un diario de la mañana—; repitió, una vez más, que habría de darse la sensación verdadera y real de unas elecciones "rabiosamente sinceras" —frase del conde de Romanones, ya entonces hecha célebre—, aunque luego resultó se hicieron, según él, "cándidamente sinceras". (Áteme el lector esa mosca por el rabo.) Los prohombres de la política tienen siempre frases para salir del paso; pero es indudable que a los pueblos no se les gobierna con dichos ingeniosos, sino con actos en que se ponga a contribución la inteligencia, la buena voluntad y la energía. La reunión a que me he referido tuvo lugar en la tarde del 4.

El conde de Romanones, aquel mismo día, aprovechando el banquete con que le obsequiaron los corresponsales de la Prensa extranjera, dio por terminada la previa censura que pesaba sobre la información para fuera de España, rogando a todos los reunidos se hicieran "eco de la verdad", lo que resultaba impropio de un político sagaz, pues él no debía ignorar que eran precisamente los periodistas españoles, representantes de los periódicos extranjeros, los que, salvo contadas excepciones, habían hecho más daño a la economía nacional con sus telegramas tendenciosos y hasta si se quiere antipatrióticos. ¡Lástima grande que no conserve en mi poder, para insertarlas aquí, algunas de las informaciones telegráficas cursadas en aquella época!

La supresión de la previa censura para toda clase de información que se cursase al extranjero excitó los sentimientos liberales del gobernador civil de Madrid, don Fernando Weyler, quien intensificó sus gestiones acerca del ministro de la Gobernación a fin de que levantase la que pesaba sobre la Prensa nacional; pero el marqués de Hoyos, no obstante saber que existían ministros de criterio contrario a mantenerla, se resistió a dejarse convencer, ante el temor, justificado desde luego, de que los periódicos reprodujeran las campañas violentas de difamación iniciadas durante los últimos tiempos del Gobierno Berenguer. Desde luego, los más reacios a permitir la libertad de Prensa eran partidarios de que la censura se mantuviese hasta que se hiciera la convocatoria de las elecciones.

Relacionado íntimamente con este asunto, y con objeto de restar medios a los elementos antidinásticos, se adoptó la resolución de buscar capitalistas monárquicos que se adueñasen de la empresa de *El Sol* y *La Voz,* lo que se consiguió con relativa facilidad poco después, aunque, a decir verdad, los nuevos propietarios no pudieron o no quisieron cambiar la orientación política de dichos rotativos, los cuales siguieron, ya que no constituyendo la vanguardia, sí formando parte del grueso de la Prensa de oposición[86].

Sobre las relaciones de algunas empresas periodísticas con los gobiernos habría mucho que hablar. No faltaron actitudes dignas, pero en cambio hubo periódico que se ensañó con el conde de Xauen porque no quiso prestarle determinada protección.

En el Consejo de ministros del día 6 se acordó la renovación total de los Ayuntamientos, haciendo las elecciones con arreglo a las leyes Municipal de 1877 y Electoral de 1907. Otro asunto que debió tratarse en el mismo fue la reapertura del Ateneo Científico y Literario, clausurado desde diciembre, reapertura que se llevó a cabo previa una conversación entre el marqués de Hoyos y la Junta de gobierno; que tuvo lugar en la tarde del día 10, de la que se facilitó a los periodistas una nota, que decía textualmente: "Como resultado de la entrevista celebrada esta tarde entre el ministro de la Gobernación y la Junta directiva del Ateneo de Madrid, se procederá mañana, miércoles, a la reapertura de aquel Centro cultural. El Gobierno autoriza el normal funcionamiento del Ateneo, con las libertades que le son tradicionales y sin restricciones de ningún género, reservándose los recursos legales para el caso improbable de extralimitaciones delictivas".

Punto tratado en todos los cambios de impresiones de los ministros desde que quedó constituido el Gobierno Aznar, fue la reapertura de las Universidades, aunque no tomó estado oficial hasta el Consejo celebrado en la tarde del 28 de febrero. En éste se convino que las clases se reanudaran a partir del 2 de marzo, sin imponer esta fecha de un modo terminante, ya que las circunstancias variaban según las localidades.

El día 2 se abrieron, sin incidentes, las Universidades de Barcelona; Oviedo, Valladolid, Santiago, Granada, Valencia, Murcia y Salamanca; la de Zaragoza, por imposición de la F.U.E., no lo efectuó hasta el 3 y la de Madrid, por acuerdo de la Junta de gobierno, siguió clausurada hasta el 5.

He dejado sin mencionar la de Sevilla a propio intento, pues fue la última en regularizar su vida. Sobre ella he de hacer algunos comentarios:

El profesorado, que durante los últimos desmanes escolares de enero hizo la más reprobable dejación de autoridad, montó en cólera el día que los guardias de Seguridad se vieron precisados a entrar en el edificio para

---

(86) Tengo entendido que los primeros trabajos para apoderarse de la empresa de *El Sol* y *La Voz* se iniciaron en tiempos del general Berenguer.

quitar un trapo rojo colocado a guisa de bandera en el balcón principal, no sin que con anticipación y repetidas veces el conde de San Luis, a la sazón gobernador civil, tratase, sin conseguirlo, de ponerse al habla con el rector. El decantado "fuero universitario" era un fantasma que en aquellos tiempos constituía un privilegio tan absurdo como ilegal, al que se aferraban, por debilidades incomprensibles del Poder ejecutivo, catedráticos y escolares, y defendían con ahínco los propios ministros del ramo, que a fuerza de saber mucho, ignoraban que el mantenimiento del orden es deber inexcusable de todo gobierno digno. La República, afortunadamente para el bien público y prestigio de la autoridad, procede en otra forma: los guardias de Asalto, cuando ha sido preciso, han llenado de verdugones los costillares estudiantiles dentro de los que antes se consideraban "sagrados recintos", y lo que es más gracioso, sin que nadie haya protestado.

Por lo expuesto anteriormente no es de extrañar que el día 3 de marzo, a preguntas de los periodistas sobre Sevilla, contestase el señor Gascón y Marín lo siguiente:

—Espero que también se solucione todo y que se reintegren a sus cargos las autoridades académicas dimitidas. Allí existía, como es sabido, un pleito político, que disipa el nombramiento del nuevo gobernador civil, cuyo apellido, además, es garantía de cordialidad. Creo que es cuestión resuelta. Se nombra nuevo gobernador y el rector subsiste. Y al buen entendedor... con un nombramiento basta.

Y no era lo peor que un ministro dijera una sandez del calibre de la anterior, dejando a la Autoridad por los suelos, sino que el Gobierno la suscribiera. ¡Bien servido estaba el régimen!

LA ACTUACIÓN REVOLUCIONARIA.—He leído no sé en dónde que la solución de la crisis desmoralizó las huestes revolucionarias. Esto no es cierto. La visita del señor Sánchez Guerra a la Cárcel Modelo, hizo ver claro a los jefes del republicanismo que la Monarquía se sentía desfallecer, y, expertos en la lucha política, no ignoraban que cuando el enemigo pide tregua es que empieza a darse por vencido, y hay que proceder como en la guerra: redoblar el esfuerzo, para precipitar la derrota.

Ahora bien, a pesar del optimismo revolucionario, no se creyó nunca en obtener un éxito rotundo en las elecciones; prueba de ello es que se persistía en la idea de acudir a la violencia. Tan se pensaba en que únicamente por un acto de esta índole podía traerse la República, que en aquellos días —me refiero a los primeros de marzo— se trataba en Madrid de reclutar hombres de pelo en pecho para un nuevo golpe; pues existía duda —hasta cierto punto justificada— sobre el apoyo un tanto fantástico ofrecido por algunos elementos del Ejército.

De la recluta de esos hombres decididos se encargó a un ex sargento de la Legión que se hallaba empleado en los arbitrios municipales. Su detención no se llevó a efecto por faltar pruebas para procesarle y no ser partidario el Gobierno, dada la proximidad del período electoral, de mantener en las cárceles presos gubernativos. Con tales escrúpulos era imposible, dado el punto a que habían llegado las cosas, hacer frente al alud revolucionario.

Paralelamente a las gestiones dichas, se hacían otras análogas en algunas capitales de provincia para reforzar el poder ofensivo de los grupos de acción, integrados por profesionales del pistolerismo. En Sevilla, principalmente, actuaba con gran éxito, y constituía mi constante preocupación, el Comité Nacional de Reconstrucción de la C.N.T. Revolucionaria. Los "dirigentes" de esta organización celebraron varias interesantes reuniones, una de ellas, con carácter de conferencia, el día 7, en un local de la casa número 8 de la calle del Heliotropo, en la que se adoptaron importantes acuerdos "públicos" en cuanto a la táctica sindical y envío a Rusia de delegaciones de obreros industriales y campesinos, y "clandestinos" respecto a la acción revolucionaria.

La calma —más aparente que real— que siguió a la solución de la crisis, duró en Madrid hasta que los estudiantes —¡excelente elemento por su inconsciencia para mantener la agitación!— se reintegraron a la Universidad. El mismo día 5, a poco de reanudarse las clases en San Carlos, sin motivo justificado, se produjeron alborotos por los afiliados a la F.U.E., alborotos que se repitieron con frecuencia tanto en la Facultad de Medicina como en la Universidad Central. En ésta coincidían casi siempre con los días en que las muchas ocupaciones le permitían al señor Jiménez Asúa ir a explicar sus disciplinas.

Las algaradas estudiantiles culminaron en los lamentables y vergonzosos sucesos del día 25 de marzo, de los que resulté víctima por la cobardía del Gobierno, como ya explicaré oportunamente.

A pesar de mis constantes advertencias sobre los peligros, nadie quería darse cuenta de la realidad. Un aplauso al Rey se estimaba como un éxito de la Monarquía; en cambio, no se tomaban en consideración los actos hostiles, que se sucedían sin interrupción. Y así sucedió que se estimó como un acontecimiento sin precedentes, que "abría el pecho a la esperanza" —como hubiera dicho el conde de Romanones—, la fiesta celebrada en el teatro de la Zarzuela en la noche del 7, organizada por la Federación de Estudiantes Católicos, en la cual fue entusiásticamente ovacionada la familia real. Pero la ceguera de los que así pensaban era tan enorme, que no vieron que de los varios miles de alumnos universitarios, sólo un núcleo de unos doscientos había concurrido a dicha fiesta, es decir, los mismos que a las dos de la tarde, reunidos en fraternal banquete en el hotel Reina Victoria, habían celebrado la terminación de la llamada Semana del Estudiante. A este banquete no recuerdo asistiera otro catedrático que don Julio Palacios.

Era inútil mostrar la verdad, y más haciéndolo un individuo como yo tachado de ideas demasiado avanzadas. ¡Como si tuvieran algo que ver las ideas con la impresión personal de las cosas que se viven!

Síntoma de suma gravedad era también lo que ocurría en Jaca. He aquí la copia literal de parte de una información del comisario de la División de Investigación Social, compendiada de otra remitida por el jefe de la plantilla de Vigilancia de dicha población el día 7 de marzo:

"Que la noche del jueves al viernes —dice después de señalar con las pocas garantías de seguridad que juzga se tienen a los presos— pudo comprobar, por haber llegado a él rumores, de que los detenidos de la Ciudadela estaban en actitud como de marcharse; que se habían reforzado las guardias; que también se ha hecho eco de una noticia circulada por la población, sin poderla concretar en su origen, de que los instructores han recogido las causas del lugar que las tenían para ponerlas en otro más seguro en evitación de que las robasen o las incendiasen; que asimismo se ha hecho eco de que en la cárcel se entra y se sale con facilidad, y, habiendo visitado en su propia casa al jefe de ella, éste le ha enseñado confidencialmente unas órdenes firmadas por el gobernador militar para con ellas permitir la salida del edificio a algún determinado detenido; que sabe, según le ha manifestado el mismo jefe de la cárcel, que el teniente coronel jefe del batallón de La Palma es amigo íntimo de un comandante procesado llamado don Enrique Bayo, y que como éste es cuñado de don Pío Díaz, que fue el alcalde nombrado por los revolucionarios, el cual está preso, con este motivo lo visita dentro de la prisión; que desde que dicho teniente coronel, jefe del batallón de La Palma, hace las visitas a don Pío, han quitado por la noche la vigilancia del exterior de la cárcel; que el jefe de la cárcel le ha hecho manifestaciones de condolencia por la falta de vigilancia, agregando que no se atreve a hacer la oportuna reclamación *por temor a un traslado o a hacerse odioso a sus jefes* (subrayo yo); que el jefe de la prisión tuvo confidencias aquel día que una individua que allí se dice llamar Engracia Ron Morales, que se encuentra en la población desde últimos de enero, novia de Capella Bustos (y que según ella es abogado), es la persona que hace gestiones para tener preparadas las fugas, y que por su conducto los presos se han provisto de medios para marcharse; y que esta mujer está hospedada en la casa de la hermana de un telegrafista que fue detenido anteanoche por la Guardia Civil de orden de la autoridad militar".

De todo esto tuvieron inmediato conocimiento el jefe del Gobierno y los ministros de la Gobernación y Ejército, como lo tuvieron también de otras muchas cosas, entre ellas del hallazgo en la tarde del 3, por unos niños, en el término de Canillejas, de dos cajas con 13 bombas de dinamita, que por su forma cilíndrica y rudimentario dispositivo de disparo delataban la marca de fábrica "Franco, Rada y Compañía".

UNA CARTA CIRCULAR A LOS GOBERNADORES CIVILES.—En mi deseo de prevenir a las primeras autoridades civiles de provincias no se fiasen de la calma ficticia en que vivíamos y se mantuvieran alerta, máxime siendo casi todas de nombramiento reciente, con fecha 10 de marzo, les remití la siguiente carta:

"Mi distinguido amigo: nuevamente llegan a esta Dirección General con cierta insistencia rumores de que los elementos revolucionarios persisten en su plan de provocar otras perturbaciones para fecha próxima (alrededor del 20). Según los informadores, los directivos creen contar con algunas masas obreras, afectas especialmente a la U.G.T. y a la C.N.T., así como aprovechar la agitación que existe entre los ferroviarios por no haber sido satisfechas sus aspiraciones y el malestar que desde algún tiempo se nota entre los funcionarios del Cuerpo de Correos. En cuanto a los militares, dicen nuestros confidentes que también hay comprometidos, señalando preferentemente las guarniciones de Toledo, Segovia, Medina del Campo, Ciudad Rodrigo, Valladolid y Calatayud, asegurando que el movimiento se iniciará por el asalto a un Parque de Artillería, no determinado aún.

Ninguna de estas noticias ha tenido la debida confirmación, pero de todos modos yo creo de mi deber ponerlas en su conocimiento para que esté sobre aviso y los acontecimientos —si realmente se producen— no puedan cogerle desprevenido. Es necesario activar cuanto sea posible las investigaciones de la Policía.

A título de información, le diré que entre los elementos emigrados en París, particularmente entre los militares, existen hondas divergencias por haberse echado Franco, Rada y algún otro en brazos de los comunistas y masones y estar en inteligencia con los separatistas. Franco y Rada además, en su afán de... (razones de delicadeza me inducen a suprimir las palabras siguientes). En estos puntos coinciden todos los informadores.

En cuanto a las provincias andaluzas, es preciso estar muy al tanto de las actividades del llamado "Comité Nacional de Reconstrucción de la C.N.T. Revolucionaria" que trata de crear, asociando obreros urbanos y de la tierra, una organización francamente comunista que puede traer serios trastornos sobre todo en el campo, dada la forma en que la propiedad está distribuida en las provincias del Sur de España.

Todas las noticias que vaya adquiriendo sobre los particulares de que trata esta carta y le interesen, le serán inmediatamente comunicadas.

Esta carta-circular, como todas las anteriores, ha sido aprobada previamente por el señor ministro de la Gobernación, rogándole tenga la bondad de acusarme recibo.

Aprovecha esta ocasión para reiterarle el testimonio de su consideración más distinguida su atento s. s. y amigo, q. e. s. m., *Emilio Mola*".

UN NUEVO PARTIDO POLÍTICO.—Mientras el Gobierno actuaba por su cuenta y los revolucionarios por la suya, el duque de Maura, que era jefe del grupo de los que se habían mantenido incondicionales a su padre, propuso al señor Cambó la formación de un partido llamado "Centro Constitucional", en el cual, según decía, "el vago y solemne programa filosófico, político, jurídico, económico, pedagógico y social, que antes se estilaba exhibir en los días solemnes y arrumbar, olvidado y polvoriento en la vida cotidiana, se reemplace por otro breve, concretísimo, referido tan sólo a las cuestiones de inmediata actualidad nacional". A tomar esta determinación le decidieron unas declaraciones del *leader* regionalista publicadas en la Prensa del día 22 de febrero.

Cambó aceptó la idea del duque de Maura, y de hecho quedó constituido el partido "centrista", equidistante de las tendencias reaccionarias de la extrema derecha y de la peligrosa demagogia de la extrema izquierda. El pacto entre ambos políticos tomó estado oficial después de la comida que tuvo lugar en el hotel Ritz el día 3 de marzo, a la que concurrieron, además de los citados, los señores Ventosa, Goicoechea, marqués de Figueroa, Silió y Montes Jovellar.

La constitución del nuevo partido fue tan acertada como tardía. Unos años antes, quizá unos meses nada más, es posible hubiera sido un elemento insuperable de gobierno; en las circunstancias en que se creó, ya no podía ser nada.

PLEITOS POLICIALES.—El mismo día que regresé de Barcelona me eché a buscar una persona a propósito para el cargo de jefe superior de Policía de dicha capital. Me hicieron grandes elogios del coronel de la Guardia Civil señor Aranguren, y como las circunstancias eran apremiantes, tras un cambio de impresiones con el interesado y previa la aceptación por el Gobierno, llevé el decreto al ministro. Advierto que no conocía al coronel Aranguren ni de vista; su designación la debió al prestigio logrado entre sus mismos compañeros, que se hacían lenguas de su tacto, laboriosidad y honradez.

Por otra parte, desde finales de diciembre venía preocupado con la vacante que, por ascenso a general, iba a dejar en la Jefatura Superior de Madrid el coronel Marzo. No encontraba persona adecuada para cargo tan delicado, pues la que reunía unas condiciones, carecía de otras, y quien me pareció las tenía todas, no aceptó. Por fin, repasando la lista de mis conocimientos, di con un coronel de Estado Mayor que, por su don de gentes, inteligencia, capacidad de trabajo y comisión delicada que anteriormente había desempeñado con gran brillantez, le creí el hombre adecuado, no sólo para desenvolverse con acierto en el puesto de Marzo, sino, tras breve entrenamiento, para sustituirme en el mío, que estaba decidido a dejar a todo trance.

Mi propuesta fue aceptada íntegramente por el general Berenguer, y en el mes de enero quedó todo convenido; pero sobrevino la crisis de febrero, y posteriormente circunstancias especiales para el interesado que determinaron al marqués de Hoyos— ignoro si de acuerdo con el resto del Gobierno— a desechar mi propuesta. Esto ocurría en la primera decena de marzo, casi en vísperas de producirse la vacante. Heme otra vez a toda prisa en busca de un jefe superior de Policía. El problema no era fácil.

A las dificultades expuestas hubo que añadir en aquellos días la contrariedad de un hecho desagradable, provocado por la rebeldía de uno de los altos funcionarios de la Dirección de Seguridad, en quien había tenido la debilidad de depositar mi confianza, mi afecto y mantenerle en su puesto contra viento y marea; se llamaba don Ramiro Cavestany, y había sido protegido del general Arlegui en Barcelona, que fue quien le llevó a desempeñar el cargo de secretario general de la Jefatura de Madrid, donde yo le conocí.

Ese señor, por algo que explicaría si el temor a cansar al lector con referencias combineras no me lo impidiera, presentó en el Juzgado de guardia el día 4 de marzo una denuncia acusándome de haber prevaricado. Al día siguiente, parte de la Prensa publicó la noticia con gran fruición. ¡El general Mola acusado de "prevaricador"! Para el vulgo esa palabra suena a "ladrón". Como era lógico, mi respuesta fue relevarle del cargo. De momento no pasó más. Un año después, no obstante representar al querellante el ilustre jurisperito señor Jiménez Asúa, en período en que estaba aún en boga la busca, y rebusca de responsabilidades, la Sala competente del Tribunal Supremo desestimó la querella, o, lo que es lo mismo, me dio la razón.

Y vamos al último "disco" policial.

El marqués de Hoyos, como su antecesor don Leopoldo Matos, sentía gran aversión por los asuntos de mi departamento. Hasta cierto punto esa repugnancia estaba justificada. La Policía era el organismo de las malas noticias; la que ponía la nota desagradable a los optimismos. Don Leopoldo Matos sufrió con resignación todos los encontronazos de la realidad; el marqués de Hoyos, más expedito, quiso evitárselos: me ordenó el estudio de un proyecto para convertir la Dirección de Seguridad en

Ministerio: el Ministerio de Orden Público. El titular de la cartera de Gobernación harto tenía, según él, con la parte de política interior, Comunicaciones, Sanidad y Administración local.

En principio, la iniciativa del marqués de Hoyos no era descabellada; es más, coincidía con el juicio que yo tenía de la forma como debiera atenderse a la seguridad interior. Pero mi carácter de jefe de la Policía nacional y mi situación de casi dimisionario en aquel Gobierno, me aconsejaban no emprender una obra de labor ímproba, que con toda seguridad no llegaría a ver realizada; además, la gente podría creer que aspiraba a convertirme en ministro, y, la verdad, mis ambiciones no iban por ahí.

Y ya que la ocasión se presenta, diré cómo estimaba debía funcionar el mecanismo policíaco.

En primer lugar, consideraba necesario que existiera un jefe único y autónomo, que tuviese a su cargo los organismos siguientes: Cuerpos de Vigilancia y Seguridad, Guardia Civil y Servicio secreto. El Cuerpo de Vigilancia, dedicado a la parte de técnica policial y demás cometidos que tiene en la actualidad —salvo los encomendados al Servicio secreto— estaría a su vez encargado de la acción neutralizadora de las doctrinas disolventes, tales como las anarquistas y comunistas. Las misiones del Cuerpo de Seguridad e Instituto de la Guardia Civil, serían las mismas que se especifican en los reglamentos vigentes, actuando el primero sólo en las ciudades, en donde, para mayor eficacia, se tendría a sus individuos concentrados en casas-cuarteles o colonias *ad hoc.* En cuanto al Servicio secreto, dedicado exclusivamente a la investigación político-social en todos sus órdenes, se le daría una estructuración especial —sistema de "células"—, y sus elementos, excepción hecha de los destinados a trabajos burocráticos en el organismo central, no habrían de pertenecer al Cuerpo de Vigilancia.

Jefes de servicio de orden público y lazo de unión entre el Cuerpo de Vigilancia, Seguridad y Guardia Civil lo serían los respectivos gobernadores civiles, salvo en Madrid, Barcelona (capitales) y alguna otra ciudad de importancia, que estaría a cargo de una autoridad especial análoga a los actuales jefes superiores, aunque con mayores atribuciones. Los gobernadores civiles y jefes de Policía, subordinados para todas las cuestiones que afectasen a la seguridad interior al organismo central, recibirían por conducto de éste —y en caso de urgencia directamente— los informes referentes al Servicio secreto; pero sin que tuviesen autoridad alguna sobre sus elementos, que les serían desconocidos en absoluto, para evitar indiscreciones siempre peligrosas. La Policía municipal y demás organizaciones provinciales o regionales de carácter especial que pudieran existir, cooperarían a la acción policíaca en la forma que un reglamento especial determinase, sin depender directamente, salvo casos muy especiales, de las autoridades gubernativas.

Estimo que una organización fundamentada en las bases expuestas sería de un rendimiento muy superior a la actual.

CAPÍTULO III

EL CONSEJO DE GUERRA POR LOS SUCESOS DE JACA

IMPRESIÓN DEL MOMENTO.—Desde que se hizo pública la fecha en que debía celebrarse el Consejo de guerra de oficiales generales encargado de ver y fallar la causa seguida contra los complicados en el movimiento de rebelión de Jaca, los simpatizantes con éste se dieron sin descanso a la tarea de excitar el sentimentalismo de la opinión pública, harto sugestionable, acudiendo a todos los procedimientos para lograrlo, algunos ciertamente dignos de reprobación.

No me hubiese extrañado, es más, la habría encontrado justificada políticamente, una propaganda en que se hubieran esgrimido toda clase de argumentos "lícitos" para llevar la conciencia nacional al convencimiento de que lo ocurrido no merecía el dolor de nuevas penas irreparables. Pero no; los encargados de la campaña creyeron más oportuno los ataques violentos a las Instituciones y la difamación de personas, alguna de las cuales, en aquella época, nada tenía que ver con el epílogo de la sublevación. La conducta seguida halló eco principalmente en los medios obreros y entre la clase estudiantil.

Blanco predilecto de la fobia revolucionaria fue el general Berenguer. Conservo aún el extracto de uno de los libelos circulados en aquellos días, libelo en el que se incitaba a la tropa a desobedecer a los oficiales, "servidores de un poder ilegal que traicionaba al pueblo"; se glorificaban las figuras de Galán y García Hernández, "mártires de la libertad", condenando la conducta de quienes, por no haberse sumado al movimiento, habían contribuido a su fracaso; se decía después, para demostrar la perfidia del conde de Xauen, que éste fue colaborador, con Fermín Galán, en el complot de la noche de San Juan, al que manifestó en cierta ocasión estaba dispuesto, llegado el caso, a ser él personalmente quien acompañase al Rey a la frontera; y, por último, salía a relucir la catástrofe del año 21, aquella sangrienta tragedia, de la que, según el escrito, Berenguer era el único responsable, lo que le valió en castigo, no obstante, el acceso al Poder, para que redondease su fortuna personal y permitiera lo propio a sus deudos y amigos. Todo era falso, ya lo sabían; mas el fin justificaba los medios.

Al amparo de la propaganda subversiva clandestina y de la que públicamente y sin recato hacía la Prensa revolucionaria, el Comité republicano actuaba apoyado por una enorme masa de opinión, contra la que se estrellaban los contados elementos que conservaban el sentimentalismo del cumplimiento del deber; sin embargo, la posibilidad de un nuevo alzamiento parecía alejarse.

Aun así, las cartas y documentos que copio a continuación indican bien a las claras que la Dirección de Seguridad procuraba informar y prevenir de la situación a las autoridades.

LO QUE SE DIJO A LOS GOBERNADORES CIVILES DEL 13 AL 16 DE MARZO.— En aquellos días de gran agitación, el servicio secreto de París me anunció la posibilidad de que se efectuara un importante alijo de armas y municiones. Esta noticia coincidió con una información recibida de Valencia, en la cual se afirmaba que por un conocido armador se habían hecho gestiones acerca de determinados elementos encargados de la vigilancia de la costa entre Castellón de la Plana y Alicante para que facilitasen la descarga de un contrabando; análogos temores comunicaron de otros puntos de la Península. En vista de ello, independientemente de un servicio especial de investigación montado en el litoral levantino con personal ajeno a aquellas plantillas y otro de vigilancia marítima encomendado a un buque de guerra, remití a los gobernadores civiles de todas las provincias fronterizas, el día 13, la siguiente carta:

"Mi distinguido amigo: Persona residente en París y que está en íntima relación con los emigrados, facilita las noticias contenidas en la adjunta información, que se considera interesante, siendo preciso se vigilen mucho las mercancías que entren en España, pues existen fundados motivos para sospechar se trata de introducir en el Reino, bien por vía marítima o por la frontera de Portugal, un alijo de armas. La información coincide con otras recibidas.

Se reitera suyo atento s. s. y amigo, q. e. s. m., *Emilio Mola".*

Información que se cita

"Información de París.—Sección D.I.S.[87].—1.° Deben vigilarse detenidamente logias Alicante, Valencia, Huelva; intensificar la vigilancia en todos los puntos de la frontera portuguesa y mercancías que entren en el Reino por los mismos. 2.° Vigilar igualmente todos los barcos de la Compañía Transmediterránea procedentes de Orán-Casa Blanca-Tánger, especialmente Orán-Alicante-Valencia, y viceversa; afiliados francomasones y socialistas oficiales subordinados en estos buques. 3.° Gibraltar, Rafael H. Bianchi, Agence Cook, gran amigo de Ramón Franco

---

[87] División de Investigación Social.

y su corresponsal. Elementos comunistas España mucha atención, y principalmente reuniones socialistas dispuestos ayudar a todos".

Tres días más tarde, o sea el 16, enviaba a todos los gobernadores civiles la siguiente carta:

"Mi distinguido amigo: Fiel al deber en que me considero de tener a las autoridades al tanto de las investigaciones que realiza esta Dirección General sobre la situación político-social, nuevamente me dirijo a usted para darle cuenta del resultado de nuestros trabajos.

En mi carta-circular número 5 (G. C.) de 10 del corriente, me hacía eco de los rumores que con cierta insistencia llegaban relativos al propósito de los elementos revolucionarios de provocar nuevas perturbaciones alrededor del día 20. Pues bien, hoy puedo añadir que, no obstante las gestiones practicadas, no hemos adquirido referencia alguna que confirme la verosimilitud de dichos rumores; y es más, nuestros agentes especiales destacados en Segovia, Medina del Campo, Ciudad Rodrigo y Calatayud, me dan las más satisfactorias referencias del estado de sus guarniciones. Sólo en Madrid se agitan algunos oficiales, sobradamente conocidos de sus jefes y de la Policía. Todo movimiento que se produjera sería desde luego secundado por la U.G.T. y comunistas, gran parte de los que militan en la C.N.T. y posiblemente los ferroviarios afectos a estas organizaciones.

A pesar de lo que acabo de señalar, para evitar sorpresas, siempre desagradables, es preciso que las plantillas del Cuerpo de Vigilancia sigan trabajando con más intensidad, si cabe, que hasta ahora; pues la desconfianza es el mejor aliado, el más seguro confidente de la Policía. Conviene preferentemente observar el desarrollo de la campaña política que a favor de una amnistía piensa iniciar la U.G.T. y Partido Socialista, a cuyo efecto ha lanzado un manifiesto el día 13 del corriente, del que le incluyo copia.

Insisto en cuanto tengo señalado en mi anterior respecto a las divergencias entre los emigrados en París, a quienes ha causado gran sorpresa la presentación en las Prisiones Militares de San Francisco del aviador don José de la Roquette[88]. Desde luego puede afirmarse que no

---

[88] El viaje del aviador De la Roquette, y más que nada el mutismo en que se encerró desde su presentación espontánea en Prisiones, causó extrañeza tanto aquí como entre la mayoría de los emigrados en París, algo distanciados del grupo que manejaban el piloto y el mecánico del "Plus Ultra". Informaciones posteriores, fundamentadas en juicios emitidos en las tertulias cotidianas de "La Napolitaine", hicieron caer en la sospecha de que De la Roquette vino a España con una misión perfectamente conocida de Franco, que no pudo o no se atrevió a realizar.

existe en estos momentos un plan para realizar a plazo corto, como no sea el que por cuenta propia hayan podido madurar Franco, Rada y algún otro, más con vistas a un hecho de escándalo y terror que a una acción de conjunto. Tampoco parece se trate por ahora de efectuar un desplazamiento hacia Perpignán —como algunas informaciones indicaban—, para, desde ese punto, actuar sobre Cataluña, teniendo como elemento agitador a Maciá, proyecto que parece determinó la ida a Barcelona de Lerroux, de quien ya se dice abriga el propósito de regresar a Madrid.

Nada concretan los informadores del éxito que hayan podido tener ciertos trabajos realizados con el apoyo de la francmasonería y comunistas con objeto de negociar un empréstito en Viena para adquirir armas y realizar un nuevo movimiento, no obstante lo cual, por lo que pudiera haber escapado al servicio especial de esta Dirección, se previno en carta fecha 13 a los gobernadores civiles a quienes directa e inmediatamente podía interesar el asunto.

Las noticias aportadas por el servicio secreto respecto a los asuntos sociales, no acusan variación sensible en la situación, y sí únicamente he de insistir, por creerlo de gran importancia, en la necesidad de observar muy atentamente los manejos del "Comité Nacional de Reconstrucción de la C.N.T. Revolucionaria", ya citado en mi carta circular número 5, entidad que tiene como uno de los principales elementos al comunista Manuel Adame Misa, preso en la cárcel de Granada.

Independientemente de los trabajos de dicho Comité, siguen activamente los de reorganización del Partido oficial comunista y la actuación de las oposiciones, remitiéndole adjunto un informe que considero de gran interés.

No quiero terminar sin encarecerle la necesidad de cumplir rigurosamente las instrucciones que en plazo breve serán dictadas por el señor ministro de la Gobernación para el estudio de Estatutos, inscripción y funcionamiento de las Sociedades obreras, especialmente de las afectas a la C.N.T., que quedaron inexistentes por disposición de las autoridades militares; pues, dada la ideología y táctica sindical de sus dirigentes, es de esperar, si no se vigila atentamente su desenvolvimiento y actuación, que hemos de volver a una época en la que menudearán los conflictos sociales, causando los consiguientes trastornos a la paz pública, de la que tan necesitada está España.

Rogándole tenga la bondad de acusarme recibo para adquirir la seguridad de que esta carta ha llegado a su poder, se reitera de usted atento s. s. y buen amigo, q. e. s. m., *Emilio Mola".*

El manifiesto de las Ejecutivas del Partido Socialista y Unión General de Trabajadores no merece los honores de ser copiado. Es un documento más, en el que se hace alarde de la literatura tosca a la que tan acostumbrados nos tienen Manuel Cordero, Wenceslao Carrillo y otros conspicuos seudo intelectuales, que han saltado desde las primeras letras a la difícil tarea de "estructurar" un pueblo sin pasar por la segunda enseñanza. Si algo de interesante hay en sus párrafos, es la expresión de un sentimentalismo que la experiencia ha demostrado no sentían. Se envió a los gobernadores para que estuvieran enterados de la campaña pro amnistía que ordenaban iniciar en toda España para agitar la masa obrera y tenerla dispuesta a lanzarla a la calle desde sus escondites. ¡Su táctica de siempre!

Por el contrario, la información sobre comunismo la copiaré íntegra. Lo haré con el fin de que el lector se dé cuenta, una vez más, del estado de descomposición en que se encontraba el Partido un mes antes de proclamarse la República; ese Partido que ha sido, y es todavía, la preocupación de los gobernantes. Decía así:

"Información sobre comunismo (D.I. .).—La Federación Catalano-Balear ha celebrado su primer Congreso. En este Congreso se ratificó la adhesión a la Internacional Comunista y se lamentó la crisis profunda que mina el Partido Comunista Español, proponiéndose la celebración de un Congreso de éste, intervenido en su preparación por una Comisión integrada por un delegado de cada Federación reconstruida y por uno de la Internacional Comunista.

Si el Congreso no fuese aceptado, la Federación Catalano-Balear seguirá su marcha, defendiendo la política de la Internacional.

En sus comentarios políticos sobre la actuación del Ejecutivo dice: Nunca se ha dejado sentir de un modo tan vivo como ahora la trágica carencia de un partido comunista fuerte y disciplinado en nuestro país. Y decimos trágica, porque raramente se presentarán condiciones tan favorables como las actuales para llevar las masas populares, bajo la dirección del proletariado, a la conquista del Poder. La estructuración dc un Gran Partido con un programa claro, susceptible de agrupar a su alrededor a todas las masas explotadas de nuestro país, es una tarea urgente, una cuestión de vida o muerte. La Historia no espera y la venganza de ésta por no haber sabido obrar a tiempo sería la derrota sangrienta del proletariado y el triunfo del fascismo. Desgraciadamente, uno de los obstáculos más considerables con que la clase obrera tropieza para el cumplimiento de la misión que le dicta la hora que vivimos, es la ceguera, la incomprensión obtusa de los dirigentes del Partido Comunista Español. En vez de cohesionar a los elementos de la vanguardia proletaria, el Comité Ejecutivo del Partido lo repele; en vez de consagrar sus esfuerzos a robustecer la confianza en los militantes sobresalientes, se dedica a cubrir de cieno a los más prestigiosos; en vez de laborar por la unificación de las fuerzas comunistas existentes, ahonda conscientemente la escisión; finalmente, en vez de ofrecer al proletariado un programa completo basado en el análisis de la situación, le sirve cuatro tópicos y media docena de fórmulas muertas, que nada dicen.

El 9 del corriente ha terminado en Moscú el célebre proceso contra los "minoritarios", siendo condenados a diversos años de prisión catorce técnicos de la industria rusa acusados de sabotaje.

En Madrid los incondicionales de Bullejos esperan su próxima libertad y con ella una mayor actividad, empleada toda en organización. Andrade y sus amigos "trotskistas", que pretenden explotar las traducciones de la producción literaria de su caudillo (Trotsky), han intentado forzar a Andrés Nin, residente en Barcelona, a que defina claramente su posición, pues le creen en relación clandestina con la oposición del Partido que personifican Laredo, Palacios y Maurín; pero hasta el presente no lo han logrado.

En realidad, la actuación comunista más importante en estos momentos es la que llevan a efecto en Andalucía Adame, Roldan, Santamaría y otros, quienes se están apoderando de las masas sindicalistas que estuvieron afectas a la C.N.T., tomando para sí los cargos directivos de casi todas las Sociedades. No quiere esto decir que en Andalucía hay muchos más comunistas hoy que ayer —pues no hay que olvidar la gran incultura de los trabajadores andaluces—, pero sería perjudicial desentenderse de los resultados de captación de masas que por su prestigio sindical logran para sus organizaciones Adame y sus amigos. Por eso es de todo punto indispensable no perder de vista, los trabajos del "C.N. de R. de la C.N.T. Revolucionaria", cuyo programa se expone en el manifiesto titulado "A los trabajadores españoles", que vio la luz pública días antes de la jornada del 25 de febrero"[(89)].

EL CONSEJO DE GUERRA.—El día 13 dio comienzo en Jaca, y el 16 terminó, el Consejo de guerra de oficiales generales encargado de juzgar a los capitanes, subalternos, clases y soldados —en total 63— sobre quienes recaían responsabilidades por la sublevación acaecida el 12 de diciembre anterior.

Los portavoces de los revolucionarios, especialmente *Heraldo de Madrid,* quisieron hacer creer que a Jaca habían concurrido, para animar con su presencia a los encartados, numerosos republicanos, principalmente

---

[(89)] He de advertir que en aquellos días se hallaba oculto en Barcelona un portugués apellidado Rosenda, delegado de la Internacional Comunista.

de Zaragoza y la Corte. Puedo afirmar que no fue cierto; lo afirmo, porque tuve noticia exacta de todos los viajeros llegados allí en aquellos días, desde un tal Gutiérrez Ansorena, redactor de dicho diario, hasta el último viajante catalán, pasando por el periodista Herrero Mendoza, que iba en calidad de corresponsal de un periódico extranjero; además, el inspector encargado de la plantilla de Vigilancia de Jaca, funcionario ecuánime y veraz, me dijo en un informe, refiriéndose a las sesiones: "Se celebran con escasísimo número de asistentes civiles".

El Consejo de guerra, el cual ratificó la calificación del delito que anteriormente hiciera el Consejo sumarísimo y la participación que en los hechos tuvieron los capitanes Galán y García Hernández, dictó sentencia condenando a muerte al capitán Sediles, a reclusión perpetua a un capitán, dos oficiales y un sargento, y a penas inferiores a los demás procesados, excepto seis, que fueron absueltos. Esta sentencia no se hizo pública hasta las últimas horas del 17. Durante este día hubo agitación en diversas capitales, y el 18 se declaró el paro general en Jaca, organizándose, sin previo aviso, una manifestación que recorrió varias calles llevando al frente un cartelón en que se leía: "¡Perdón para Sediles!" En Zaragoza, por falta de previsión del gobernador civil, también se reunieron un buen número de manifestantes, registrándose diversos incidentes con la fuerza pública, falta de órdenes concretas y apoyo de la autoridad gubernativa, que luego no informó al Gobierno con la sinceridad que debía[(90)].

En Madrid, el Ayuntamiento, a petición del señor Saborit, la Federación Nacional de Estudiantes, el Ateneo Científico y Literario, el Círculo de la Unión Mercantil e Industrial y otras Corporaciones que no recuerdo, acordaron gestionar del Gobierno aconsejase la gracia de indulto. Por su parte, las Ejecutivas de la U.G.T. y Partido Socialista, elevaron al presidente del Consejo un escrito solicitando el indulto del capitán Sediles y una amplia amnistía "para todos los encartados en procesos y condenados por delitos políticos y sediciones derivadas del último movimiento del mes de diciembre", amnistía que devolviese "la tranquilidad y el sosiego a los hogares que lo perdieron". Y han sido precisamente los socialistas quienes, tiempo después, con más encono han insistido en que fueran exigidas inexorablemente "responsabilidades" a las personas, no pertenecientes a sus organizaciones, que habían desempeñado cargos públicos durante la Monarquía y eran perseguidas y acusadas de supuestas figuras de delito, algunas de las cuales fue preciso inventar por no existir en los Códigos.

---

(90) Entonces no era ya gobernador de Zaragoza el señor Díaz Caneja.

El mismo día 18, desde primera hora, hubo gran revuelo entre los estudiantes, revuelo que fomentaron algunos profesores. Los periódicos de la mañana no alcanzaron la noticia del fallo, pero no faltó quien la hizo circular, afirmando que la sentencia contra Sediles sería ejecutada inmediatamente. En la Facultad de Medicina y en la Universidad se originaron algunos alborotos, por cuyo motivo las clases se dieron con bastante irregularidad. En la primera se lanzó la idea de realizar una manifestación; acto seguido se formó un nutrido grupo de estudiantes que enarboló un cartelón que decía: "Pedimos indulto para Sediles". Este grupo, al que se sumaron otros elementos, llegó dando "vivas" a la República y "mueras" al Rey hasta la Puerta del Sol, no sin que durante el trayecto tropezara varias veces con los guardias de Seguridad, que con gran prudencia —la natural que inspiraba la debilidad del Gobierno— trataron de dispersarlo. También de la Universidad salieron los escolares en actitud hostil, y hubo sustos y carreras por la calle de Alcalá y otras céntricas, dando lugar a que el comercio, como medida de precaución, bajase los cierres. Con motivo de los incidentes ocurridos se practicaron algunas detenciones, que el ministro de la Gobernación ordenó quedasen sin efecto.

Mientras estos hechos ocurrían, una Comisión de estudiantes se entrevistó con el rector, haciéndole presente su deseo de que comunicara al Gobierno su protesta por la sentencia de Jaca. El rector se hizo intérprete de los deseos expuestos por la representación escolar, y recomendó calma y prudencia; pero al salir del despacho los comisionados arreció la algarada en patios y pasillos, lo que determinó la suspensión de las clases de la tarde y día siguiente. Esto se tomó como pretexto para organizar una nueva manifestación, contra la cual también tuvo que actuar la fuerza pública.

El Gobierno, impresionado por lo ocurrido aquella mañana en Madrid y en algunas otras capitales, se apresuró a comunicar en las primeras horas de la tarde que en el Consejo del día anterior se había resuelto, ante la eventualidad de que se dictase alguna sentencia de muerte, aconsejar al Rey el indulto, circulando un telegrama a los gobernadores civiles que decía: "Consejo ministros ayer acordó que si sentencias Consejo guerra Jaca condenatorias muerte eran confirmadas, propondría a S. M. el Rey el ejercicio derecho gracia indulto. Consecuentemente, desaparecido ese pretexto manifestaciones vía pública, no permitirá V. E. celebración éstas. Le saludo".

La precipitación del Gobierno en conceder el indulto, sin cubrir tan siquiera el expediente de los obligados trámites reglamentarios, fue un acto de debilidad que lejos de calmar los ánimos alentó a los revolucionarios a mayores exigencias; era, además, lógico que así ocurriese. Lo extraño es que hombres acostumbrados a gobernar procedieran en forma tan desatinada; aunque bien es verdad que dos de ellos habían formado parte de aquel desdichado Gabinete que indultó al cabecilla de la sublevación de Málaga, sin importarle un ardite el gran quebranto que iba a sufrir la disciplina del Ejército, en momentos bien críticos de nuestra acción en Marruecos. Menos mal que el golpe de Estado del 13 de septiembre evitó las consecuencias de tal ligereza.

Recuerdo que la noche del 18 de marzo, pocas horas después de haber regresado de Granada, en donde había permanecido descansando varios días, hice al general Berenguer algunas consideraciones sobre la conducta, a mi juicio equivocada, del Gobierno. Me contestó que él había sido el primer sorprendido, pues ni siquiera se tuvo la atención de pedirle parecer, no obstante ser el ministro a quien más directamente afectaba el asunto. Y no se crea que el conde de Xauen era opuesto al indulto, pues siempre pensó que ni era procedente se ejecutaran más penas capitales ni debía demorarse la presentación a las Cortes, tan pronto se reunieran, de un proyecto de ley concediendo una amplia amnistía, que liquidase de una vez todas las resultas del fracasado movimiento de diciembre; así como jamás estuvo en su ánimo que los sentenciados, como ocurrió el año 17, extinguieran la obligada parte de condena que les correspondiera sufrir en los penales ordinarios, sino en otros lugares, con toda clase de consideraciones y de comodidades, aun cuando suponía que los elementos extremistas volverían a resucitar lo de los "presidiarios de cuota", con que tanto atacaron al general Primo de Rivera cuando el asunto de los artilleros.

Como suponía, el acto de debilidad del Gobierno tuvo bien pronto consecuencias escandalosas y funestas. De ellas resulté yo la víctima.

CAPÍTULO IV

EL CONSEJO DE GUERRA CONTRA LOS FIRMANTES DEL MANIFIESTO REVOLUCIONARIO

CONSIDERACIONES PRELIMINARES.—El Gobierno Aznar tuvo la desgracia, sobre ser débil, de carecer del sentido de la oportunidad. En política, la oportunidad es uno de los factores del éxito.

Fijar para el día 20 de marzo el comienzo de la vista contra los firmantes del manifiesto de diciembre, cuando aún no se había calmado la excitación que los elementos revolucionarios habían provocado en la opinión pública para conseguir una claudicación del Gobierno, constituyó un desacierto; mas acceder a las exigencias de procesados y defensores, autorizando que el Consejo de guerra se celebrase en el Tribunal Supremo, fue una insensatez. Pudo argüirse como único fundamento para justificar la fecha del señalamiento la ausencia del Rey, que se hallaba en aquellos días en Londres[91]; pero ¿qué tenía que ver don Alfonso con la celebración del Consejo de guerra? Al contrario, parecía lógico que tratándose de un proceso análogo al de Jaca, en el que podrían recaer sentencias de suma gravedad, no era oportuno se hallase fuera del Reino quien estaba llamado a ejercer una de sus más trascendentales prerrogativas. Respecto a la designación del lugar, no cabía explicación; el precedente de lo que hizo la Dictadura años antes no cabía invocarlo en este caso. La situación era muy distinta.

Recuerdo que el día 18, al enterarme que era firme el acuerdo de que la vista se celebrara en el Tribunal Supremo, fui a ver al presidente del Consejo. Mi visita no tuvo otro objeto que convencerle de los graves inconvenientes que dicha resolución presentaba; los peligros a que el Gobierno se exponía y las consecuencias lamentables que podría acarrear. Le hice ver no era prudente el ir y venir de los presos políticos por las calles de Madrid, máxime existiendo temores de que se estaban organizando grupos para aclamarlos durante el trayecto e incluso la vehemente sospecha de que alguien había lanzado la idea de libertarlos por la violencia; le dije también que en el Palacio de Justicia, por estar allí mismo el Colegio de Abogados, cuyo presidente desde hacía algún tiempo observaba una actitud de la que nada bueno podía esperarse, el ambiente

---

[91] El Rey salió de Madrid el día 13, llegando a París el 14, y el domingo, 15, siguió a Londres. Regresó el 24.

iba a ser favorable a los acusados y hostil al Tribunal militar; que posiblemente ocurrirían incidentes en la calle y durante la vista cuyos resultados no se podían prever, aunque era de presumir serían desagradables, sobre todo para mí. En fin, con todo respeto, le expuse clara y terminantemente cuanto temía podría acaecer.

El Presidente me escuchó con ese resignado sello de indiferencia en el gesto que los mortales ponemos cuando la buena educación nos obliga a soportar un "disco" que no nos interesa. Según él, no pasaría nada; los dedos se me antojaban huéspedes...

Volví a insistir, aun sabiendo era inútil cambiase de parecer no mediando el conde de Romanones. Por último, ya cansado de escucharme, cortó la conversación con el siguiente razonamiento:

—No cabe ya discusión sobre ese asunto. Es acuerdo de Gobierno.

No hablé más y me despedí.

Aquella tarde, con el mismo objeto, fui a ver al ministro de la Gobernación, al cual, a pesar de reconocer la razón que me asistía, no encontré dispuesto a reñir una batalla en el seno del Gobierno por complacerme: sin duda estimaba improcedente suscitar una discusión que podría dar al traste con la cordialidad, más aparente que efectiva, que reinaba entre los consejeros. Era el peligro lógico de la composición heterogénea de un Gabinete a cuyo frente habían colocado a un hombre sin energía y con pocas ganas de buscarse disgustos. "Los temporales, me dijo éste en cierta ocasión, sin duda recordando su profesión de marino, hay que saberlos capear, Eso de poner proa a la mar es una frase; nada más que una frase".

Abandoné el despacho del marqués de Hoyos con amargura; con la amargura que da el desamparo. Sin embargo, como el sabio de la fábula, me consolé pensando en que más desamparado se hallaba el Rey, sobre el que recaían directamente las consecuencias de los tiquismiquis entre los políticos monárquicos.

Poco después recibí instrucciones concretas. Quedaba encargado de la custodia de los procesados durante el recorrido por la ciudad y en el Palacio de Justicia; debía asimismo velar por el mantenimiento del orden público, salvo en el interior de la Sala donde se celebrase el Consejo, que estaría a cargo del presidente del Tribunal; me informaron a su vez que la conducción desde la Cárcel Modelo al edificio de las Salesas y viceversa se efectuaría en coches facilitados por el Centro Electrotécnico; que el Tribunal Supremo cedería una habitación para que los procesados pudieran permanecer durante los descansos, advirtiéndome que a ella sólo se permitiría el acceso a las personas que tuvieran puesto oficial en el Consejo de guerra y a las familias.

Las instrucciones fueron tan completas como inútiles, pues luego, como verá oportunamente el lector, no se cumplieron, dando el Gobierno, y especialmente el presidente del Consejo, una prueba más de debilidad e inconsciencia.

A la mañana siguiente fui al Palacio de Justicia acompañado del jefe superior de Policía, coronel Marzo, con objeto de, puesto de acuerdo con un representante del Consejo Supremo de Ejército y Marina, ver sobre el terreno la forma de montar el servicio durante la celebración de las sesiones.

Cumpliendo la etiqueta, pasé a saludar al presidente del Tribunal Supremo, que a la sazón lo era el señor Ortega Morejón, quien me, recibió con la galantería en él proverbial y dio todo género de facilidades para el cumplimiento de la misión que me había sido confiada. A las primeras palabras que cambiamos, comprendí que la resolución del Gobierno llevando allí la vista del proceso le había sentado mal; tanto es así que incluso me dijo no pensaba aparecer por su despacho —que ponía por completo a disposición del general Burguete— mientras durasen las sesiones. Un secretario nos enseñó la Sala designada para la vista y las dependencias habilitadas para los procesados.

Ya de regreso en la Dirección, Marzo y yo estudiamos los itinerarios, dispusimos el servicio y avisamos a la cárcel la hora exacta en que los encartados debían estar dispuestos para ser conducidos.

Por la noche llegaron a mí rumores, más insistentes que en días anteriores, de que algunos elementos trataban de provocar alborotos con motivo del paso de los procesados por las calles. Con tan desagradables pronósticos amaneció el día 20 de marzo.

La vista ante el Consejo.—La mañana transcurrió tranquila. Las informaciones acusaban desorientación en los escasos elementos que para producir el barullo callejero se habían conseguido enganchar. Nadie sabía la hora exacta de la salida, ni el itinerario por el que iban a ser conducidos los presos políticos.

Sobre las doce y media se inició la actividad del teléfono que directamente me unía con el ministro de la Gobernación. Primeramente fue para decirme que los procesados —en nombre de los cuales le había hablado Ossorio y Gallardo— se negaban a ser conducidos en los automóviles puestos a su disposición por el Gobierno; el marqués de Hoyos había consultado con el presidente del Consejo, quien no veía inconveniente en que se les complaciera; es más, deseaba acceder. Después, por haber surgido una nueva complicación: los presos no admitían que en sus coches fueran agentes de Policía custodiándoles, por considerar constituía esa medida una vejación que no estaban dispuestos a tolerar ni ellos ni sus defensores; así se lo acababa de comunicar Ossorio y Gallardo. ¿Qué hacer? Ya comprendía el ministro que eso era una exigencia impertinente, pero no era cosa de provocar violencias: había que tener calma. Más tarde volvió a requerirme a fin de que no se pusiera obstáculo a que los defensores fueran acompañando a sus respectivos clientes. Esta nueva imposición aumentaba la cartivana automovilística, mas según Hoyos convenía evitar motivos de protesta. Por último, no sé quién quiso más: quiso que los presos no fueran escoltados. A esto no se accedió, ante el temor, muy fundado, de que la conducción se convirtiera en una exhibición por las calles de Madrid(92).

Las concesiones apuntadas, dignas resoluciones de aquel desdichado Gobierno, dieron origen a la protesta respetuosa y razonada de los funcionarios de Vigilancia y jefes de fuerza encargados de la custodia. Los argumentos que exponían eran de peso: ¿Cómo responder en esas condiciones de la conducción? Y si los presos desaparecían, ¿sobre quién o quiénes recaería la responsabilidad?... Tuve que tranquilizarles y asumir las consecuencias de lo que ocurriese. Y así hubiera sido en fin de cuentas, pues del Gobierno no cabía esperar esa gallardía.

Llegó la hora señalada y todo estaba dispuesto; todo menos los procesados, que se hallaban a mitad de comida. Saldrían cuando terminasen: no era cosa de andar con precipitaciones... Faltó decir que, dada la calidad de los que iban a ser juzgados, bien merecía la pena de que el Tribunal los aguardase. Protesté de esa actitud ante el ministro, y me recomendó paciencia, mucha paciencia: gobernar era transigir. Pero aquello yo entendía era algo bien distinto: claudicar.

Mientras estos incidentes, y otros que ya no recuerdo, ocurrían, no obstante la absurda tolerancia del Gobierno, algunos letrados defensores no se recataban de emitir juicios molestos para las autoridades y para quienes allí estaban cumpliendo con un deber penoso y desagradable. La señorita Kent, encargada de la defensa del señor Albornoz, fue una de las personas que más se distinguieron por sus frases mortificantes.

He sentido siempre un profundo desprecio por las mujeres que se escudan en la debilidad del sexo para buscar la impunidad de sus actos; cuando a este hecho se une la petulancia y la pedantería, el desprecio se convierte en aversión. Éste no es, ni mucho menos, el caso de la señorita Kent. Por eso desde que hizo sus primeras armas en la política me inspiró

---

(92) Me permito recomendar al lector repase las colecciones de periódicos y lea —si lo ha olvidado— cómo fueron conducidos a presencia de los tribunales que habían de juzgarles otros procesados políticos durante el año 1932.

una viva simpatía; esa simpatía ha llegado a su grado máximo, cuando, al abandonar el cargo que por sus indiscutibles méritos le otorgó el Gobierno provisional, la opinión pública la despidió con mal disimulada algazara y los que hasta entonces habían sido sus subordinados con general rechifla: una y otros fueron ingratos, y la ingratitud, cuando se ceba en una mujer, ha herido siempre mi sensibilidad de meridional. ¡No fue comprendida! Y no lo fue porque en España se carece de la mentalidad indispensable para asimilar los avances audaces, en orden a cultura, que nos obliguen a romper con los prejuicios del pasado y con la rutina del presente. En otro pueblo se hubiera venerado a quien, como ella, soñó alcanzar, a impulsos de su corazón, ¡todo caridad!, que los penales se vieran convertidos en lugares paradisíacos, donde al infortunio no faltase ningún consuelo, ni a la naturaleza el más lógico de sus esparcimientos. ¡Oh, manes de la Fatalidad! La que quiso ser madre amorosa de los desdichados que la sociedad arrojó de su seno a la vida estúpida de un presidio (quedan excluidos, desde luego, los perseguidos políticos, porque éstos para ella, según declaró con muy buen juicio, "no son interesantes"), ante la incomprensión de todos, tuvo que dejar el puesto cuando iba a dar cima a la magna labor que se había impuesto. ¡La vida es fuente inagotable de desdén![93].

Dedicado este sincero comentario a la obra frustrada de la eximia radical socialista, prosigo.

Por fin se organizó la expedición y se efectuó el recorrido hasta el Palacio de Justicia sin que ocurriera el menor incidente. Minutos después

---

[93] Ya compuestas las galeradas de este libro, hallándome una tarde en un café céntrico oí decir que la señorita Kent era de nacionalidad extranjera; y como me he informado es esa una creencia muy extendida, quiero desvanecer el equívoco afirmando que, según datos que obran en mi archivo y juzgo dignos de todo crédito, la señorita Kent es española y muy española.

Para mayor ilustración, diré que es hija de un señor apellidado O'Kean (o que así se hacía llamar), el cual durante muchos años tuvo establecido un negocio de sastrería en Málaga (número 1 de la plaza de la Constitución, primero, y en la calle Nueva después); cursó con gran aprovechamiento la carrera de maestra en la bella ciudad del Guadalmedina, distinguiéndose por su gran religiosidad, al punto que se llegó a decir ingresaría en la orden de las Teresianas, por frecuentar el convento de dichas monjas en aquella época; ya maestra vino a Madrid, en donde, alternando con lecciones que daba de primera y segunda enseñanza, estudió la carrera de Derecho. Después ya lo sabe el lector: simpatizó con la idea republicana, afiliándose al partido radicalsocialista; desempeñó la Dirección General de Prisiones y fue elegida miembro de las Constituyentes.

de las tres comparecieron ante la Sala los procesados, a quienes el público, constituido en su mayor parte por letrados, tributó un recibimiento expresivo, poniéndose en pie. El general Burguete, presidente del Tribunal, asintió a esta demostración de simpatía dejando escapar una leve sonrisa, que se repitió tantas veces como en la monótona lectura del apuntamiento apareció el nombre de su hijo Ricardo, complicado ligeramente en los manejos revolucionarios.

No entra en mi propósito hacer una información minuciosa sobre la vista, de la que sólo daré ligeros detalles, especialmente en lo referente a incidentes y a puntos concretos que sirvan de explicación al lector de hechos y conductas posteriores.

En primer término, he de decir que la causa tuvo por origen un oficio de la Dirección de Seguridad en el que, cumpliendo un deber, se daba cuenta al capitán general de Madrid del manifiesto revolucionario de diciembre, en el que aparecían las firmas de los encartados allí presentes y de otros que, más precavidos, hallaron refugio en la emigración o en los domicilios de algunos amigos. En los autos, los procesados no negaban sus trabajos para implantar una República de tipo CONSERVADOR Y CONSTRUCTIVO, por procedimientos pacíficos, sin derramamiento de sangre y garantizando la vida de los miembros de la familia real; el levantamiento no tenía carácter comunista, AUN CUANDO NO HABÍAN RECHAZADO NINGUNA COLABORACIÓN; y por último, los propósitos se basaban en el deseo de impedir OTRO MOVIMIENTO ANÁRQUICO que se estaba condensando en la vida española (?).

La lectura del apuntamiento duró un par de horas. Terminada, se dio un descanso de quince minutos.

Al reanudarse la sesión faltaba el señor Ossorio y Gallardo. Buen rato después se le vio aparecer y dirigirse al presidente para manifestarle, conmovido, habían quedado en los pasillos algunos abogados imposibilitados de entrar, por lo que se permitía solicitar de su buen criterio diese las órdenes oportunas para que dichos letrados pudieran hacerlo. El general Burguete accedió a la petición; él se creyó en el caso, al dar las gracias, de deslizar el siguiente comentario:

—Doy a V. E. las más expresivas gracias por esa orden, y espero que la Guardia Civil la obedecerá.

El general Burguete estaba demasiado ligado al señor Ossorio y Gallardo para contestarle como merecía.

Complacido el señor Ossorio, se inició la prueba testifical. Durante ella don Ángel Galarza —complicado también en el movimiento, aunque no incurso en el proceso que nos ocupa— lanzó una insidia contra los ex ministros Rodríguez de Viguri y Estrada, que el decano del Colegio de Abogados —"letrado-batuta" entre los defensores— recogió, so pretexto de ampliar la prueba. Siguió a continuación la acusación fiscal, meditada y serena, que calificaba el delito de conspiración para la rebelión militar, solicitándose para el señor Alcalá-Zamora la pena de quince años de prisión y ocho para los demás, con inhabilitación absoluta durante la condena.

Acto seguido se suspendió la sesión. Los procesados fueron conducidos a la Cárcel Modelo, sin que durante el trayecto ocurriera el menor contratiempo.

A las diez de la mañana del día siguiente se reanudó la vista con el informe de Ossorio y Gallardo, que defendía a los señores Alcalá-Zamora y Maura; le siguieron en el uso de la palabra Sánchez Román y Bergamín, que patrocinaban, respectivamente, a Largo Caballero y a De los Ríos.

Más que a "combatir los puntos de hecho y de derecho contenidos en la acusación fiscal, exponiendo después las razones que conduzcan a demostrar la inocencia de su defendido o atenuar su responsabilidad, pero contrayéndose siempre al objeto del procedimiento" —como dice el Código de Justicia Militar en su artículo 565—, cada letrado divagó libremente por los campos de la política, convirtiéndose la sagrada tribuna de la defensa en tabladillo de mitin. El general Burguete, que parecía ignorar lo que en él era ineludible obligación saber, dejó que el público, perdido el respeto al más alto Tribunal castrense, subrayase con murmullos de aprobación ostensibles, y hasta con aplausos, los latiguillos de los defensores, especialmente aquellos que envolvían duros ataques al régimen, y, mientras tanto, la mayor parte de los vocales del Consejo, conscientes de lo que allí representaban, se sintieron avergonzados por el triste papel que quien les presidía les obligaba a hacer.

En el lamentable espectáculo de la mañana del 21 de marzo en el Palacio de Justicia, que luego, por la tarde, tuvo una continuación más escandalosa, hay que buscar el origen de la carcajada con que la opinión pública recibió poco tiempo después la noticia de la disolución del Consejo Supremo de Ejército y Marina. Así acabó lo único que los movimientos políticos del pasado siglo respetaron de los fueros históricos de nuestro Ejército. Tribunal de Justicia que no tiene vigor para saber mantenerse con decoro, ni inspira confianza ni debe subsistir.

Pero el escarnio —y en eso hay que reconocer obró sensatamente el Gobierno provisional de la República— para nadie fue mayor que para...

(Lector: Las circunstancias actuales me obligan a suprimir la mayor parte del párrafo. Lo siento con toda mi alma, pues era en extremo interesante: dos verdades en trazos fuertes, destilando un poco de ironía, tomadas de mi cuaderno de notas.)

Sigamos con el relato de los hechos.

Sobre la una y media de la tarde se suspendió la vista. Los procesados, lejos de trasladarse a la habitación donde se les tenía preparado el almuerzo, entraron en el Colegio de Abogados. Sobre este punto, el general Burguete por conducto del ministro, lo mismo que la Policía por el mío, tenían órdenes terminantes. El jefe superior me avisó por teléfono de lo que ocurría, y yo, entendiendo que quien allí ejercía la suprema autoridad era el presidente del Tribunal, contesté al coronel Marzo se lo hiciera saber, recordándole —por si lo había olvidado— el acuerdo del Gobierno de que el almuerzo tuviera lugar precisamente en el local designado al efecto. El general Burguete no hizo caso al jefe superior. Los acusados, acompañados de sus defensores, comieron en una de las dependencias del Colegio.

Como era lógico, puse en conocimiento de quien correspondía la extraña conducta del presidente del Consejo Supremo, pero se me contestó que, para evitar enojosas derivaciones, se adoptaba la resolución de no darse por enterado. Este acto de benevolencia, sumado a otros que con él se habían tenido, alentó al autor de "Mi rebeldía" a su inexplicable proceder del 27 de marzo, del que más adelante hablaré.

A las tres cuarenta quedó constituida la Sala. Acto seguido hizo uso de la palabra la señorita Kent, y a continuación Jiménez Asúa, defensores, respectivamente, de los señores Albornoz y Casares Quiroga. Luego rectificó el fiscal y también lo hizo Ossorio y Gallardo, quien por lo visto tenía interés en que le oyeran, aunque sólo fuera brevemente, los últimos curiosos que había logrado acoplar en los estrados, no obstante las órdenes terminantes del general Burguete.

Seguidamente hablaron los procesados: el señor Alcalá-Zamora, primero; De los Ríos, Albornoz, Casares Quiroga y Largo Caballero, después.

A partir de las primeras palabras del señor Alcalá-Zamora, con las que pretendió justificar su participación en el movimiento que se proyectaba, el público, ante la actitud pasiva del presidente, se desbordó y el Consejo de guerra tomó vuelos de mitin en la plaza pública. Jamás se dio caso en la administración de la Justicia española de un espectáculo tan bochornoso, por la dejación que hizo de su autoridad el llamado a mantenerla. Hubo ovaciones delirantes y hasta gritos subversivos...

Para desvanecer errores y rebatir ciertos conceptos, yo bien quisiera comentar algo de lo que allí se dijo, con notoria pasión; pero al hacerlo forzosamente tendría que aludir a persona que hoy ocupa puesto relevante en la vida oficial, y aun cuando procuraría conducirme con los máximos respetos, estimo que lo más respetuoso es callar.

A las ocho y media terminó el Consejo de guerra. A las nueve los procesados estaban de regreso en la Cárcel Modelo.

LA SENTENCIA.—Contra lo que se aseguró por parte de la Prensa, los consejeros no se reunieron para dictar sentencia hasta la mañana del lunes, día 23, en que permanecieron deliberando hasta las seis y cuarto de la tarde, saliendo poco después el presidente, general Burguete, acompañado del consejero instructor, señor García Parreño, para ir a dar cuenta al ministro del Ejército del fallo recaído.

El delito fue calificado de excitación a la rebelión, que el párrafo segundo del artículo 240 del Código de Justicia Militar condena a la pena de prisión militar mayor; apreció la Sala, sin embargo, circunstancias atenuantes, y con arreglo al artículo 173 del referido Cuerpo legal, rebajó la pena a la inmediata inferior, aplicada en su grado mínimo, es decir, que fueron condenados todos a seis meses y un día de prisión militar correccional.

Antes de entrar en el despacho del ministro, el general Burguete y el instructor García Parreño fueron abordados por los periodistas, a quienes el primero hizo presente que la sentencia no había sido unánime, pues él y dos consejeros más se habían pronunciado por la absolución, formulando el correspondiente voto particular.

La notificación a los procesados se hizo al día siguiente, y como al mismo tiempo se les aplicó la ley de condena condicional, a las cinco de la tarde fueron puestos en libertad, siendo aclamados, y llevado en hombros alguno de ellos breve trayecto, por el numeroso público —en su mayoría compuesto de afiliados a la Casa del Pueblo— que allí se hallaba estacionado desde por la mañana, y que en varias ocasiones obligó a actuar a los guardias sin necesidad de recurrir a la violencia.

Con este Consejo de guerra y el que el día 30 se reunió en Jaca para juzgar a 74 procesados por el supuesto delito de negligencia, quedó liquidada la parte más interesante del movimiento revolucionario del mes de diciembre.

CONSIDERACIONES FINALES.—La sentencia dictada contra los firmantes del manifiesto dio lugar a toda clase de comentarios. La conducta del presidente del Consejo Supremo del Ejército y Marina, tanto durante la celebración de la vista como después, fue aplaudida por la Prensa de izquierdas; la de derechas, aunque no con encono, la criticó desfavorablemente.

No cabe duda que el general Burguete prestó un flaco servicio al régimen; los mismos republicanos lo reconocieron así, llegando algún escritor a calificarlo de "El gran mitin republicano de las Salesas". Un

Gobierno fuerte hubiera destituido al general Burguete en el acto; pero el general Aznar no lo era, y siguió en su puesto.

Hay que buscar la justificación de la conducta de los hombres en su temperamento. En el caso que nos ocupa influyeron, además, otras circunstancias: el amor propio, el despecho y ciertos compromisos.

La vida de las primeras figuras del Ejército se desenvolvió durante algún tiempo entre celos y odios. El tuteo era la manifestación externa de un afecto raras veces sentido; tras él solía ocultarse la hostilidad más implacable. En el fondo existía una sola causa: la ambición de todos. Unos a otros se temían, y en ello hay que buscar la aparente protección que el que triunfaba quería dispensar a los demás; esta protección humillaba a los menos afortunados.

La cadena de nombres sería larga de citar. Me concretaré a dos. El general Burguete no "tragaba" al conde de Xauen, y éste le pagaba con igual moneda; pero como era el que estaba mejor situado, dispensaba al otro la protección de rigor. He aquí herido el amor propio del autor de "La Guerra y el Hombre".

Cuando, sofocado el movimiento de diciembre, la mayor parte de la Prensa hizo blanco de su animosidad al general Berenguer, el general Burguete, como ya he dicho en otro libro[94], se creyó en el caso de presentar al Rey la lista de un Gobierno salvador; mas no fue atendido. Así nació el despecho.

Y los compromisos, ¿cuáles eran? El general Burguete, desde algún tiempo, sostenía con un próximo allegado suyo un pleito que, en parte, me confió. El pleito tuvo momentos difíciles, conjurados, al parecer, por el señor Ossorio y Gallardo, abogado del general Burguete. Éste quedó reconocido al señor Ossorio y Gallardo. Por otra parte, en los días que precedieron al Consejo de guerra, el conde de Romanones influyó sobre el jefe del Gobierno para que se tuvieran ciertas tolerancias durante la vista, garantizando al presidente del Consejo Supremo del Ejército y Marina que nada desagradable le ocurriría por lo que en ella sucediera. Por último, el general Burguete, sin duda creyó encontrar en la República el logro de sus ambiciones no satisfechas, como premio a las condescendencias tenidas durante las sesiones del Palacio de Justicia y a los trabajos revolucionarios de su hijo Ricardo.

---

[94] TEMPESTAD, CALMA, INTRIGA Y CRISIS.

Pero antes, el general Burguete, alentado por el aplauso de la Prensa izquierdista y convencido de la debilidad del Gobierno, creyó llegada "su hora", y se lanzó a una aventura.

De lo ocurrido hablaré en otro capítulo.

CAPÍTULO V

Alrededor del Consejo de guerra de las Salesas

La actuación del Gobierno.—A pesar de haberse señalado con bastante anterioridad la fecha del 12 de abril para la celebración de las elecciones municipales, hasta el Consejo de ministros del 21 de marzo no se acordó el restablecimiento de las garantías constitucionales. El oportuno decreto, que se publicó en la *Gaceta* del día siguiente, fue firmado por el Rey en nuestra Embajada de Londres el 19, o, por lo menos, oficialmente así apareció.

En realidad, de hecho, desde poco después de constituido el Gabinete Aznar estábamos en régimen de normalidad constitucional; ahora bien, como las indicaciones en ese sentido se habían hecho a las autoridades gubernativas en forma particular, hubo algunas que se mostraron reacias a desprenderse de ciertas facultades en aquellos días de honda agitación, y sin duda por eso el ministro de la Gobernación se vio en el caso de ordenar, el 20, se cursase a los gobernadores civiles un telegrama circular que textualmente decía: "Estando para levantarse suspensión garantías, prevengo V. E. que no puede haber presos gubernativos, excepto los comprendidos artículo 22 ley Provincial. Le Saludo".

Suprimidos los resortes extraordinarios que la suspensión de los artículos 4.°, 5.°, 6.° y 13 de la Constitución ponía en manos de los gobernadores civiles y del propio director de Seguridad, quedaban los elementos revolucionarios, en días tan críticos, con las manos libres para actuar. Se contaba, es verdad, con leyes complementarias como las de Orden público, Asociaciones e Imprenta, pero éstas eran perfectamente inútiles para los tiempos en que vivíamos, porque, al correr de los años, la legislación permanecía inmutable y, en cambio, los llamados a cumplirla se habían dado a la tarea de buscar el modo de burlar de hecho lo que aparentaban observar en derecho. Las autoridades eran los únicos ciudadanos obligados a ajustarse a ellas rigurosamente.

Varias veces había hablado con el general Berenguer, siendo Presidente, y con los ministros señores Matos y Hoyos, sobre este particular, especialmente en lo tocante al régimen de asociaciones obreras, que, dadas las libertades que la ley concedía y la poca atención que por regla general se les prestaba en los Gobiernos civiles, constituían un peligro para la sociedad. Al tratar de tan interesante asunto obedeció la fracasada conferencia del 7 de diciembre y las medidas propuestas posteriormente, que luego no se llevaron a la práctica[95].

El Gobierno Aznar sintió una verdadera alegría cuando pudo devolver a los ciudadanos el pleno goce de los derechos individuales y colectivos que concedía la Constitución, pues indudablemente estimaba que la efervescencia política era debida a la prolongada duración del régimen de excepción, y que no existía otro medio de apaciguarla que concediendo, sin restricciones que la mermasen, la tan cacareada libertad. El Gobierno Aznar padeció un lamentable error al enjuiciar la situación nacional y al tratar de resolverla en la forma que lo hizo. España vivía un período de descomposición; un período con todos los síntomas específicos de las situaciones pre revolucionarias, casi revolucionaria ya. Y en tales condiciones, ¿era lo sensato dar rienda suelta a las pasiones enconadas, sin adoptar la más leve medida de previsión y defensa? Tanto si se estimaba que la nación era monárquica como si existían sospechas de que la opinión pública había derivado al campo republicano, honradamente creo que no. En el primer caso, era preciso oponer todos los resortes de que el Gobierno pudiera hacer uso, por excepcionales que fueran, a los excesos de unas minorías desenfrenadas; en el segundo, procurar que lo que tuviera que ser, fuese, pero evitando con medidas enérgicas el estallido revolucionario, que forzosamente habría de traer grandes quebrantos al país, aunque se produjera, como ocurrió, sin los horrores sangrientos de otras conmociones análogas.

Indudablemente fue el bloque constitucionalista el que con más perspicacia apreció la situación. Si él hubiese realizado su programa, seguramente la República, de haber llegado, no tendría "el perfil triste y agrio" de hoy —palabras de don José Ortega y Gasset—, y bajo ella hubieran cabido todos los españoles sin los odios, difíciles de extirpar, que hoy nos separan; odios que, lejos de llevar camino de desaparecer, cada día tienden a aumentar.

Ya en pleno régimen de libertad, el Ministerio de la Gobernación advirtió —¡después de un año de haber desaparecido la Dictadura!— carecía de datos estadísticos que proporcionaran elementos de juicio respecto a las publicaciones y sociedades políticas que existían en el territorio nacional, lo que forzosamente habría de servir al Gobierno para formar un concepto algo aproximado de la fuerza efectiva de los diversos sectores de opinión y determinar *a priori* el probable resultado de las elecciones en cada localidad, permitiéndole, si lo hubiese estimado

---

[95] Véase mi libro TEMPESTAD, CALMA, INTRIGA Y CRISIS.

oportuno, dejar sentir en los puntos más interesantes, de una manera discreta, si que también efectiva, la acción gubernamental.

A subsanar tan grave abandono de técnica electoral obedecieron las dos reales órdenes cuya parte dispositiva inserto a continuación:

R. O. C. de 22 *de marzo.*—"Con relación al día de la fecha se servirá V. E. remitir a este Ministerio un estado que comprenda los periódicos que se publican en su jurisdicción, indicando el título del periódico, si es diario, trisemanal, bisemanal o semanal, etc.; localidad donde se publica y si son profesionales o políticos, y, en este último caso, expresando los partidos, es decir, si monárquicos dinásticos o antidinásticos, republicanos, socialistas o sindicalistas e independientes. Además, desde el día de mañana, todos los sábados remitirá otro estado que comprenda las hojas sueltas o carteles que se sellen en ese Gobierno, expresando si son profesionales o políticos, y, en este último caso, expresando los partidos, como se advierte para los periódicos. Con respecto a los folletos, se mandará uno de los ejemplares que se presenten, comprendiéndolos en una relación autorizada por el secretario".

R. O. C. de 24 *de marzo.*—"Con relación al día 22 del actual se servirá V. E. remitir a este Ministerio un estado que comprenda las Asociaciones citadas en el artículo primero de la ley de 30 de junio de 1887, que funcionaran en dicho día, indicando sus fines, es decir, si son religiosas (católicas, no autorizadas por el Concordato, o no católicas), políticas (monárquicas dinásticas o antidinásticas, republicanas, socialistas o sindicalistas), independientes (científicas, artísticas, benéficas, de recreo) e indeterminadas o gremiales (de socorros mutuos, de previsión, de patronato, cooperativas de producción, de crédito o de consumo). Además expresará en el estado de referencia la denominación de la Asociación, objeto de la misma, localidad donde tenga su domicilio, forma de su administración o gobierno, recursos económicos para atender a sus gastos y aplicación de dichos recursos, caso de disolución".

Estas reales órdenes, en las fechas que se dictaron, no podían ya rendir utilidad práctica en las primeras elecciones, y sobre ello, eran incompletas, pues más que la diversidad de publicaciones, lo que interesaba era el de ejemplares vendidos en cada población; más que el número de Asociaciones era conveniente saber el de afiliados a las mismas. Estos datos había que relacionarlos con la densidad de población y censo electoral, llevándolos a unos estados gráficos en los que a simple vista pudiera apreciarse el valor real de las diversas agrupaciones políticas simplificadas a los conceptos: "monárquicas", "antimonárquicas" e "indeterminadas". Pero esto no era labor de unos días, sino de varios meses, y ya no cabía hacerlo.

Fue un error, por otra parte, a falta de ese estudio estadístico, confiar en los informes imprecisos de las organizaciones políticas de carácter monárquico después de más de siete años de no haberse manifestado en los comicios el cuerpo electoral y en momentos que habían perdido el *control* sobre sus efectivos.

No todo han de ser cargos contra el Gobierno Aznar. Me complace hacer públicos sus aciertos y siento satisfacción aplaudiéndolos. A mi pluma no la guía el despecho, ni menos la pasión, sino la sinceridad. Y ya que ésta me obliga a censurar no pocas de las determinaciones de dicho Gabinete, creo de justicia consignar las que juzgo fueron atinadas. De tal clase sólo recuerdo las dos que voy a citar.

El Gobierno Aznar, desde que ocupó el Poder, trató de dar solución a dos graves problemas: uno era el pleito ferroviario; otro, el de la estabilización de nuestra moneda. ¿Fue obra de conjunto o labor de personas? No sé; pero es de suponer que las iniciativas de éstas fueran aprobadas por aquél. El éxito o el fracaso hubiera sido de todos.

Don Juan de la Cierva —gobernante que por espacio de algunos años sufrió la amargura de la hostilidad pública—, desde que se posesionó de la cartera de Fomento procuró, con la laboriosidad, tesón y buena fe en él característicos, llevar a feliz término sus proyectos de dar satisfacción, en lo posible, a las exigencias de los ferroviarios, realizando una labor interesante y fructífera durante las deliberaciones que bajo su presidencia se sostuvieron en el seno del Consejo Superior Ferroviario. A finales de marzo los trabajos auguraban para fecha próxima una solución satisfactoria[(96)].

Por otra parte, don Juan Ventosa, titular de la cartera de Hacienda, persona de indiscutible autoridad en asuntos económicos, se quiso imponer la difícil tarea —ya iniciada por el señor Wais— de revalorizar nuestra moneda para ir a la estabilización, sin la cual, según el propio M. Pierre Quesnay, director del Banco de Pagos Internacionales, no hay economía posible en la actualidad.

Para revalorizar la peseta juzgaba el señor Ventosa imprescindible contar con un *stock* de divisas bastante, no para imponer una cotización artificial, sino para defender nuestro signo monetario de las maniobras especulativas y la nerviosidad del mercado. Esto podía conseguirse de tres modos: movilizando la reserva de oro del Banco de España en la parte que excedía de la garantía legal de la circulación fiduciaria, contratando un

---

[(96)] Las gestiones para resolver la cuestión ferroviaria se iniciaron en tiempos del Gabinete Berenguer, siendo ministro de Fomento don José Estrada.

empréstito exterior u obteniendo créditos en divisas convertibles en oro. De estos tres medios se adoptó el último como menos gravoso y además por tener la enorme ventaja de poder disponer del crédito en la cuantía que se estimase oportuno. Este crédito fue concertado entre el Banco de España, con la garantía del Tesoro, y un grupo de Bancos de primer orden, a la cabeza de los cuales figuraba la Banca J. P. Morgan y Cía., en combinación con la Chase National Bank, la National City Bank of New-York y otros Bancos importantes de los Estados Unidos y la Banque de Paris et des Pays Bas, en representación de Bancos de los principales mercados europeos. Para concertar esta operación, sólo bastó una carta firmada por el señor Ventosa— lo que prueba la confianza que en el extranjero merecía nuestro ministro de Hacienda— se hizo en las siguientes condiciones: importe máximo, 60 millones de dólares; plazo de vigencia, 18 meses; interés de las sumas de que se dispusiera, 1 por 100 sobre el establecido por los Bancos de emisión respectivos para el descuento de efectos a noventa días, con un mínimo de 4 y medio por 100; comisión, 1 y cuarto por 100 anual.

Esta operación, sin duda alguna la más ventajosa que en los tiempos presentes han realizado los gobiernos españoles, ya que no hubo necesidad de sacar un solo lingote de oro, halló la más implacable hostilidad de los elementos revolucionarios, que en su afán de demolerlo todo, no vieron que dificultaban la solución de un problema nacional en el que todos debíamos estar interesados. De nada valieron las explicaciones del Gobierno ni la nota oficiosa facilitada a la Prensa por el señor Ventosa el 27 de marzo; nota clara, precisa y sincera. Los revolucionarios, en mítines y conferencias, y los periódicos que les eran afectos con el poder de sus columnas, llevaron a la conciencia pública el convencimiento de que se trataba de un negocio ruinoso, y no faltaron tampoco insidias de que la operación había valido al Rey un buen puñado de millones; llegó hasta decirse —no sé con qué fundamento— que el señor Alcalá-Zamora había dirigido un cablegrama a la Banca J. P. Morgan y Cía., comunicándole que la República, que en breve gobernaría en España, no reconocería tal convenio; se afirmó también que los señores Ossorio y Gallardo y Sánchez Román abrigaban el propósito de presentar una querella ante el Tribunal Supremo contra el señor Ventosa, por considerar delictiva la operación concertada con la Banca extranjera. Tengo también entendido que un ex ministro de la Monarquía, el Sr. Bergamín, en un acto político celebrado en Málaga por aquella época, manifestó que la operación constituía un "latrocinio" y que él estaba dispuesto, si no lo hacían otros, a presentar la correspondiente denuncia[97].

SUCESOS DEL DÍA 25 DE MARZO, EN MADRID

Casa número 147 de la calle de Atocha (Posada de San Blas). Por la Comisión investigadora se identificaron los impactos que se indican, producidos por los disparos de los revoltosos.

---

[97] Persona que ocupó un elevado cargo en el Ministerio de Hacienda, cuyo nombre no estoy autorizado a revelar, me ha dicho, no hace mucho, que el señor Prieto (don Indalecio), al enterarse a fondo de la operación, pocos días después de proclamarse la República, y darse cuenta de que era muy difícil concertar otra en tan favorables condiciones, sintió deseos de mantenerla; pero esa misma persona le hizo ver que había sido tal la campaña desarrollada por quienes entonces formaban el Gobierno provisional contra la operación realizada por Ventosa, que sería impolítico no cancelarla inmediatamente. Y así se hizo...

ACTIVIDADES POLÍTICAS.—Restablecidas las garantías constitucionales y ya en libertad los firmantes del manifiesto revolucionario, pareció alejarse el peligro de un nuevo golpe. Los elementos antimonárquicos dedicaron por completo su actividad a la propaganda electoral, sin descuidar la agitación de las masas obreras y escolares, so pretexto de solicitar una amplia e inmediata amnistía para todos los delitos de carácter político y social, agitación que tuvo como consecuencia los sucesos del día 25 en las inmediaciones de la Facultad de Medicina.

La campaña emprendida por lo que ya constituía la Conjunción Republicano socialista, apoyada por la Prensa de izquierdas, revistió desde los primeros momentos caracteres desenfrenados en casi todo el territorio nacional, con la particularidad de que más que a la exaltación de las ideologías, se orientó en el sentido de fomentar odios contra determinadas personas, especialmente contra el Rey y el general Berenguer. A éstos se les presentaba como responsables directos de las ejecuciones de los capitanes Galán y García Hernández.

Tanto llegó a preocuparme la sugestión producida por estas predicaciones en las masas populares, que temí pudieran conducir a la ejecución de algún atentado, para lo cual nunca faltan, por desgracia, individuos dispuestos. Mis trabajos de investigación sobre este punto, aun a pesar de las dificultades de información por la penuria de medios económicos, apatía que se notaba en un gran sector del Cuerpo de Vigilancia y escaso rendimiento, por natural desgaste, del "aparato" del servicio secreto, no fueron estériles; tuve para ello que buscar relación, indirecta, desde luego, con las organizaciones más extremistas y ciertos destacados sujetos afiliados a los "grupos de acción". Sin descender a detalles de cómo conseguí referencias fidedignas sobre el estado de ánimo de dichos elementos, diré que obtuve el convencimiento de que nada, absolutamente nada se preparaba en aquellos momentos en los medios ácratas contra el Rey y conde de Xauen. "La guerra a muerte que por los republicanos y socialistas se hace contra Berenguer —escribía un significado anarquista a un compañero— tiene por objeto un fin político que a nosotros no nos interesa; tampoco nos interesa la muerte de los militares de Jaca, que después de todo pertenecían a la burguesía. Algo más de peligro que el Borbón y Berenguer corren Martínez Anido, el director de la cárcel de Barcelona y Ramón Sales, y tampoco se piensa en ellos, pues ya caerán". Sin embargo, en Madrid seguían ciertas conversaciones para atentar contra la familia real —conversaciones de las cuales llegaron a tener conocimiento en Palacio—; mas los planes eran tan teóricos y los sujetos encargados de ponerlos en ejecución tan poco decididos, que no merecía la pena de preocuparse, máxime teniendo la seguridad, como tenía, de que uno de los comprometidos me avisaría con tiempo suficiente para poder parar el golpe.

Si se intenta realizar el atentado, ¡buen éxito policíaco! En la Dirección de Seguridad se habrían dado las escenas de siempre: los reporteros periodísticos, fieles a su deber, hubieran tratado de descorrer el velo del misterio interrogando a los altos funcionarios de la "Casa", los cuales, sin perder la gravedad característica de los momentos solemnes, encerrados en la más impenetrable reserva, hubiesen dado a entender, con medias palabras, que estaban sobre tal o cual pista..., aunque no supieran nada de nada. Y mientras tanto el verdadero policía, el del "soplo" a tiempo, el único que no ignoraba un solo detalle, andaría por esas calles de Dios, pasando desapercibido, riéndose de unos y de otros..., ¡de todos!

La propaganda electoral antimonárquica de Cataluña llevaba rumbo distinto a la del resto de España. La asamblea celebrada por la Comisión organizadora de las izquierdas catalanas los días 17, 18 y 19 de marzo en el número 32 de la calle de Verdi y en el 5 del Pasaje Cros, tuvo por objeto, casi en su totalidad, concretar el programa de sus aspiraciones regionales, acordándose a su vez designar la conjunción de los partidos en ella representados con el nombre de "Esquerra Republicana de Catalunya". En esta asamblea se sentaron las bases del Estatuto, que meses más tarde fue presentado a las Cortes. Durante la sesión de clausura, quizá la más importante en el orden político, hizo uso de la palabra el señor Maciá para manifestar creía llegado el momento de la reivindicación de Cataluña, dando datos sobre lo que sería la futura organización del Estado catalán, que, unido en lazo confederal con las otras naciones o estados, juntos habrían de formar en el porvenir la España nueva, pletórica de riqueza y progreso; añadió después que una de las cuestiones a la cual se prestaría más atención sería al Ejército, constituido por voluntarios y sin obligación de ir a la guerra fuera del territorio nacional, a menos que por propia voluntad lo acordase, pues estimaba era ése el único medio de evitar las guerras, azote de la Humanidad y ruina de los países.

La Lliga Regionalista, por su parte, tampoco se daba descanso. Con febril entusiasmo movilizaba sus huestes dispersas, efectuando una propaganda que le permitió captar un buen número de elementos conservadores. La fuerza de afiliados, en masa, era sin duda superior a la de la Esquerra; pero quedaba sin comprobar la actitud de las organizaciones obreras "apolíticas". ¿Se abstendrían de ir a la lucha? ¿Promediarían sus votos entre la Esquerra y la Lliga? ¿Se inclinarían a ésta? ¿Apoyarían aquélla? He aquí el enigma. Cambó, Ventosa y Beltrán y Musitu se las prometían muy felices.

Contrastaba con la actividad de la Conjunción republicano socialista y las fuerzas políticas catalanas la actitud pasiva de los elementos monárquicos: éstos esperaban el triunfo del antiguo tinglado electoral y del apoyo del Gobierno; no existía tampoco inteligencia para proponer candidatos, y todo eran disgustos y luchas internas. Además, por un mitin de carácter monárquico, en el que rara vez intervenían primeras figuras, se celebraban cincuenta de los otros, sin que en ninguno faltasen prestigiosos caudillos. Recuerdo que en varias ocasiones indiqué al marqués de Hoyos mis temores sobre el fracaso a que pudiera llevar esa conducta inexplicable de los partidos monárquicos, y recuerdo también que una de ellas fue precisamente ante el subsecretario, don Mariano Marfil. Ambos me dijeron que siempre la mayor actividad se desplegaba del lado de las oposiciones.

Un día, a propósito del mismo tema, que constituía en mí una obsesión, dije al ministro estaba convencido de que habíamos llegado a una situación tal que a cualquier español que se le rascase sobre el pelo de la ropa, le aparecería en el acto la punta de un gorro frigio.

El marqués de Hoyos me contestó en esta forma:

—Celebro haberle oído esa frase, que no debe ser la primera vez que la ha dicho usted.

—En efecto, no es la primera vez...

—Pues bien —prosiguió en tono de reconvención cariñosa—, sepa que ese comentario ha traspasado los umbrales de Palacio; y yo, que le aprecio, que le quiero bien, amigo Mola, le aconsejo no dispare sentencias de esa naturaleza, que se enjuician desfavorablemente y hasta pueden perjudicarle. Créame: no diga esas cosas, aunque sean verdad.

Como no cabía discutir, repuse al ministro:

—Agradezco, marqués, su advertencia; pero si yo me he permitido hacer esa afirmación ha sido porque creo estar en lo cierto. Ahora bien, prometo en lo sucesivo callar, para no dar motivo a que haya almas caritativas que se aprovechen de mi sinceridad con el fin de apuñalarme por la espalda.

Nuestra conversación terminó así. Hechos posteriores e inmediatos me dieron por completo la razón.

ACCIÓN SINDICAL.—Por no tener problema alguno de carácter social, la atención de las masas afectas a la U.G.T. estaba fija en las actividades de la Conjunción republicano socialista, cuyas inspiraciones seguían al pie de la letra. El Sindicato Libre, apartado por completo de las luchas políticas, procuraba en Barcelona, sin éxito, adquirir fuerza aprovechándose de la situación difícil creada, por el gobierno anterior, a la C.N.T. Esta, ante el convencimiento de que el funcionamiento de sus sindicatos no sería autorizado si no acataban la exigencia gubernativa de presentar nuevos reglamentos, optaron por someterse, dando órdenes en ese sentido a sus organizaciones alrededor del 20 de marzo[98]. Tal determinación no fue del agrado de los elementos más extremistas, que eran partidarios de abrir los centros clausurados a viva fuerza en una fecha convenida; pero por fin transigieron ante la promesa de que en breve se produciría un movimiento revolucionario nacional, al que ellos cooperarían, y la recomendación del Comité Nacional de que, sin compromiso político, votaran la candidatura más de izquierdas[99].

Dada la táctica sindical de la C.N.T. y la actitud mantenida por sus "dirigentes" desde que en diciembre quedó disuelta oficialmente, el hecho de avenirse a presentar nuevos reglamentos implicaba una claudicación de la cual no se dio cuenta el Gobierno, por no estar al tanto de los detalles de la vida de esas sociedades, cuyo poder y punto vulnerable estriba en la cotización. Este desconocimiento, unido a la falta de decisión en afrontar el problema cara a cara, lo dejaba siempre sin resolver; la misma Dictadura, que pudo hacerlo sin gran esfuerzo, no se atrevió a acometerlo en firme, por lo cual le fue posible a la C.N.T. desenvolverse clandestinamente e incluso mantener la cotización indispensable para vivir[100].

Mientras tanto los comunistas seguían con sus pleitos internos de orden doctrinal y personales, sin lograr captar masas, salvo en Andalucía —y muy especialmente en Sevilla—, en donde el Comité de Reconstrucción de la C.N.T. Revolucionaria, bajo la dirección de Manuel Adame Misa y otros "conspicuos" del Partido, aumentó considerablemente el número de afiliados. La orientación político revolucionaria de esta organización le

---

[98] Por verdadera casualidad conservo todavía en mi poder una nota confidencial de Valencia en la que se da cuenta de un "pleno" clandestino celebrado el 19 de marzo, en el que se acordó, acatando las instrucciones del delegado del Comité Nacional, legalizar la vida de los sindicatos y prevenir a los "grupos sindicales" estuvieran dispuestos a la acción violenta. Asimismo se convino en designar a los conocidos anarcosindicalistas Antonio Pla Borredá y Manuel Medina para dirigir el periódico *Solidaridad Obrera,* de dicha capital. Por último se trató del socorro pro-presos, de cuotas y del sello confederal.

[99] Después de este acuerdo, del que por mi conducto tuvo conocimiento el Gobierno por informaciones remitidas al presidente del Consejo y ministro de la Gobernación, la Lliga Regionalista debió saber a qué atenerse.

[100] Pese a lo que se ha dicho después, la C.N.T. actuó activamente en la clandestinidad durante la Dictadura, y así lealmente lo manifestaba el general Martínez Anido en la nota que sobre la situación político-social entregó al conde de Xauen cuando éste se hizo cargo del Poder.

permitía estar dispuesta a sumarse a cualquier movimiento contra el régimen, al mismo tiempo que intentaba presentar candidatos para luchar en las elecciones; sin embargo, el sistema determinado por la ley para la celebración de las municipales hacía imposible pudieran obtener un solo puesto de concejal.

Las demás fuerzas sindicales —católicas, independientes, etc.—, no preocupaban. Su actuación se desenvolvía al margen de la política, y además el número de sus afiliados constituía una minoría sin importancia.

Tal era la situación, en orden a elementos sindicales, al finalizar el mes de marzo de 1930.

CAPÍTULO VI

LOS SUCESOS DE LOS DÍAS 23 Y 24 DE MARZO

LAS VERDADERAS CAUSAS DE LA AGITACIÓN ESCOLAR.—Desde el día 5 de marzo en que se reanudaron las clases en la Universidad Central, la vida escolar vino desarrollándose en un ambiente de intranquilidad grande; a este ambiente de intranquilidad, con alternativas de aparente calma, no eran ajenos, como ya he señalado en otras ocasiones, algunos catedráticos, y estaba además ligado a las actividades del Comité revolucionario; formaba parte del plan que éste se había trazado.

El Gobierno no ignoraba nada de lo expuesto, pues la Dirección de Seguridad seguía muy de cerca, por sus confidentes, la labor que se realizaba entre los estudiantes, labor que encontró siempre la asistencia entusiasta de la F.U.E., organización que en vez de un carácter puramente profesional, como rezaba en sus estatutos, lo tenía marcadamente político.

Hay que convenir que los revolucionarios eran expertos en la elección de colaboradores para mantener la agitación y conocían perfectamente hasta qué punto era capaz el Gobierno de mantener con decoro el principio de autoridad. Los revolucionarios no ignoraban tampoco que el éxito de toda alteración de orden público depende de dos factores: la inconsciencia e impulsión de la masa y la debilidad del Poder público. Los estudiantes constituían el elemento más adecuado para estos fines: gente joven y animosa, dispuesta siempre a los excesos durante los alborotos, y frente a ellos, los mantenedores del orden, cohibidos y pacientes. Aumentaba la acometividad de los escolares el convencimiento de que hallaban en los centros docentes amparo seguro para sus desmanes, por vedarle a los representantes de la autoridad el acceso a dichos centros el llamado "fuero universitario", absurdo privilegio que defendían los claustros de profesores y respetaban por incomprensible debilidad los Gobiernos; además, si con ocasión de los disturbios ocurrían víctimas, miel sobre hojuelas. Los estudiantes, para agredir, actuaban como hombres; mas cuando en la refriega recibían algún estacazo, se acordaban que sólo eran niños traviesos e irresponsables.

No una, sino muchas veces había expuesto al ministro de la Gobernación con claridad la difícil situación que me creaba ese estado de cosas y mis temores de que tales tolerancias, de las que se hacía un empleo abusivo, dieran lugar a un acto de indisciplina de los guardias de Seguridad o a una colisión de lamentables consecuencias. El problema no tenía, a mi juicio, solución difícil: bastaba con que el Gobierno dictase una nota declarando que todo acto de hostilidad ejecutado desde los centros docentes llevaría *ipso facto* como medida gubernativa la entrada de la fuerza pública en ellos para mantener el orden. Esta propuesta, hecha con el sano propósito de mantener el principio de autoridad y evitar mayores males, no fue atendida, aun reconociendo el buen deseo que la inspiraba; los primeros que se oponían a ella eran los ministros de Instrucción Pública, los cuales encontraban en todas las ocasiones justificación a los excesos de los estudiantes y a la debilidad con que procedían los claustros universitarios; pero en cambio hallaban siempre inoportunas las intervenciones de mis subordinados, blanco predilecto de los excesos estudiantiles, de las censuras de los maestros y de la crítica despiadada de una buena parte de la Prensa. ¡Y todo esto lo tenía que soportar contra mis deseos y contra mis convicciones!

Quienes movían la masa escolar creyeron hallar una buena ocasión de lanzarla a la calle cuando se celebró el Consejo de guerra contra los sublevados de Jaca que no habían sido incluidos en el juicio sumarísimo del 14 de diciembre, pero la precipitación con que procedió el Gobierno aconsejando el indulto de Sediles desconcertó a los instigadores; a pesar de ello, se mantuvo el fuego sagrado en espera de la sentencia que habría de recaer poco después sobre los firmantes del manifiesto revolucionario, a los cuales todo el mundo esperaba se les impondrían penas severísimas. El pretexto para los disturbios que pensaban provocarse era la petición de una inmediata amnistía a favor de los delitos políticos y sociales, y formaba parte de la campaña nacional iniciada por la U.G.T. y Partido Socialista, secundada por otras organizaciones obreras y demás fuerzas de izquierdas. Hay que convenir que el momento era oportuno y el motivo simpático a la sensiblería popular. Había que aprovechar ambas cosas.

EL MITIN DEL DÍA 23.—En la tarde del 23 se celebró un mitin en la Casa del Pueblo, en el que tomaron parte Regina García, Rodolfo Llopis, Wenceslao Carrillo y Trifón Gómez. Todos los oradores abogaron por la amnistía y se manifestaron en extemporáneos términos de dureza contra la actuación de los gobiernos. Al terminar el acto se organizó una manifestación que, por la calle del Barquillo, se dirigió hacia la de Alcalá, profiriendo gritos. Frente al Ministerio de Hacienda, un teniente de Seguridad, con algunas parejas de guardias, salió al paso de los manifestantes, disolviéndolos sin esfuerzo; posteriormente, en la Puerta del Sol se congregaron algunos grupos, sin adoptar actitudes que obligaran a intervenir a la fuerza pública. Estos sucesos fueron el prólogo de los que ocurrieron los días 24 y 25.

La conducta observada por los elementos de la Casa del Pueblo, tanto en el mitin a que acabo de hacer referencia como en todos los que le sucedieron, no fue la consecuente de las múltiples atenciones que constantemente recibían de quienes en aquella época ejercíamos autoridad. Bastaba que Muiño, Trifón Gómez u otro cualquiera solicitaran, bien directamente, bien por conducto del director general de Administración local, señor Ormaechea, antiguo afiliado al partido socialista, la libertad de cualquier detenido para que en el acto fueran complacidos; no pocas veces hubo necesidad de "echar tierra" sobre atestados que se hallaban en trámite de pasar al Juzgado de guardia. En este punto seguíamos al pie de la letra la conducta equivocada que inició el marqués de Estella. La Casa del Pueblo y sus afiliados, tanto en tiempos de la Dictadura como durante los gobiernos Berenguer y Aznar, recibieron trato de excepcional protección; mas esto lo olvidaron tan pronto se proclamó la República. A los favores respondieron con odios.

LAS ALGARADAS DEL 24.—A la mañana siguiente del mitin referido, sobre las nueve y media se empezó a notar agitación dentro de los centros universitarios y muy especialmente en la Facultad de Medicina. Esta agitación se caracterizaba por un griterío ensordecedor que trascendía a la vía pública, desde la que se percibían perfectamente los "vivas" y "mueras" de rigor en esta clase de festivales.

La actitud adoptada por los estudiantes no me sorprendió; la conocía por los agentes secretos desde la tarde anterior. A ello fue debido que la noche del día 23, terminados los incidentes ocurridos a la salida del mitin de la Casa del Pueblo, reuniese en mi despacho al jefe superior, señor Marzo, al teniente coronel de Seguridad, Flores, y al comisario general interino, Molina[(101)]. Esta reunión tuvo por objeto darles instrucciones concretas respecto a la forma de montar el servicio y actuar en el caso de que los escolares pretendieran, como me habían asegurado, organizar una manifestación pro amnistía y provocar de paso disturbios en la vía pública. Para alejar el peligro de que la fuerza pudiera hacer uso, sin una gran justificación, de sables y pistolas —sus armas reglamentarias—, dispuse se dividiera la Sección de Gimnasia[(102)] en dos pelotones, uno de los cuales

---

(101) Don Enrique Maqueda, comisario general efectivo, tenía la fatal inoportunidad de caer enfermo con asma casi siempre que apuntaba el peligro de una alteración de orden público. Ignoro si con la República habrá mejorado la salud del experto policía.

(102) Como ya creo haber dicho en otro libro, la "Sección de Gimnasia" la integraban guardias escogidos armados de fustas de goma revestidas de cuero, llamadas "defensas". Esta Sección fue organizada por mí a los pocos meses de hacerme cargo de la Dirección de Seguridad y su misión era análoga a la de los actuales guardias de Asalto. Mis proyectos fueron siempre los de darle mayor

debía situarse en las inmediaciones de San Carlos y otro en las de la Universidad, con órdenes terminantes de extremar la prudencia y de evitar toda provocación por su parte. Dispuse también se montaran retenes en las Comisarías de las calles de las Huertas, Daoíz y Barco; se reforzaran todo lo posible los de Gobernación y Dirección de Seguridad, así como el servicio de calle; se circulase un aviso para que, a partir de las ocho de la mañana, la Guardia Civil quedase acuartelada. Un servicio especial de funcionarios de Vigilancia, convenientemente distribuido, debía observar las inmediaciones de los edificios de las Facultades —incluso la de Farmacia—, para dar cuenta telefónica a la Jefatura Superior de cuanto ocurriese.

Por mi parte, las órdenes que tenía del ministro de la Gobernación, que reiteraban las del telegrama circular del día 18[(103)], eran las de impedir toda manifestación en las calles; también me advirtió que la fuerza no debía entrar en los centros de enseñanza, salvo el caso de que las autoridades académicas solicitasen auxilio. Éstas por lo visto habían asegurado mantendrían el orden y no se repetiría el hecho, ocurrido en otras ocasiones, de apoderarse los estudiantes de las azoteas para convertirlas en baluartes desde las que pudieran agredir impunemente a los guardias, por haberse establecido unas verjas de hierro que impedían el acceso a ellas.

En la Universidad Central, aun cuando el escándalo era mayúsculo, los estudiantes no intentaron hacer acto de presencia en la calle; sólo algunos pequeños grupos salieron pacíficamente y marcharon hacia San Carlos, en cuyo edificio entraron sin que el portero ni los bedeles les opusieran la menor dificultad. Con estos grupos pasaron también al interior otros individuos que por su indumento denotaban su condición de obreros. Por el contrario, la actitud de los escolares de Medicina era por instantes menos tranquilizadora, no sé si por propio impulso o alentados por los procedentes de la Universidad Central y elementos extraños que se les habían mezclado. Mi atención quedó fija en la Facultad de la calle de Atocha.

Sobre las once, un núcleo considerable salió de San Carlos e hizo irrupción en la vía pública, provisto de algunos cartelones, con ánimo de

---

amplitud, pero entonces no existían, para realizar iniciativas, las facilidades con que han contado los que me han sucedido. La Sección de Gimnasia fue, pues, el primer paso hacia las actuales Compañías de Asalto, de las que tan orgullosos están los gobernantes de la República.

[(103)] Inserto en el capítulo III, epígrafe "El Consejo de guerra".

formar la proyectada manifestación; pero los guardias —en aquel día dotados todos de "defensas"— salieron al encuentro de él, y a cambio de recibir algunas pedradas, lograron empujarlo de nuevo sobre la Facultad, en la que entraron precipitadamente los manifestantes en busca de amparo. Los intentos de salida se repitieron varias veces con igual resultado, sin que llegaran a mí noticias de que en tales incidentes resultaran heridos, aunque sí recuerdo se practicó alguna que otra detención.

Aprovechando un momento de aparente calma y la seguridad que me dio el rector por teléfono de que los profesores podrían dominar la rebeldía, me dirigí a Gobernación para exponer al ministro lo que estaba ocurriendo e insistir una vez más sobre la conveniencia de hacer saber a las autoridades académicas, para que a su vez lo comunicaran a los estudiantes, que en caso de persistir en su actitud, la fuerza pública ocuparía el edificio. Fue viaje en balde: el marqués de Hoyos acababa de hablar con el señor Gascón y Marín, y éste le había dado noticias hasta cierto punto tranquilizadoras; por otra parte, era preciso respetar el fuero universitario (?). Mi entrevista con el ministro duró poco.

A mi regreso a la Dirección supe que nuevamente, durante mi ausencia, se había tratado de llevar a cabo la manifestación y que los guardias se habían visto obligados a repartir algunos fustazos. El repliegue de los manifestantes sobre la Facultad se hizo apoyado por unos grupitos parapetados en el cornisamento del edificio, desde el cual se lanzaron cascotes y algún frasco de vitriolo u otro líquido corrosivo; también se oyeron varias detonaciones de pistola. Ante esta actitud, la fuerza tuvo necesidad de hacer unos cuantos disparos para atemorizar a los que la agredían. ¡La famosa verja de hierro no había servido de nada!

Para no tener que recurrir al uso de las pistolas e imposibilitar la permanencia de los revoltosos tanto en las ventanas como en la azotea tenía dispuesto se utilizaran unos botes de gases lacrimógenos; pero empezando por el jefe de Seguridad, teniente coronel Flores, y siguiendo por los propios guardias, hallé siempre una gran resistencia a emplearlos, posiblemente por el temor de sufrir sus efectos un tanto molestos, aunque completamente inofensivos.

Sobre la una de la tarde me avisaron de que una comisión de estudiantes deseaba hablar conmigo. Como la experiencia me había enseñado que en las entrevistas con comisiones numerosas es difícil llegar a un acuerdo, hice que pasaran sólo dos. Los elegidos eran estudiantes de Medicina, pertenecientes a la F.U.E., jóvenes y de aspecto decidido; uno resultó ser hijo de un médico militar llamado Lomo, que yo había conocido en África. Venían con la pretensión de que les autorizase para celebrar una manifestación pro amnistía; los ánimos de sus compañeros estaban muy excitados, aunque contenidos de momento, esperando impacientes en la Facultad el resultado de la gestión acerca de mí; me daban la seguridad de que no ocurriría ningún incidente desagradable durante el recorrido. Les contesté que el Gobierno tenía prohibidas toda clase de manifestaciones; ahora bien, que en mi deseo de complacerles, admitiría un escrito solicitando el permiso, asegurándoles inmediatamente lo pondría en conocimiento del ministro de la Gobernación, para que resolviera; esta formalidad del escrito era indispensable, tanto por determinarlo así la ley como en garantía de que los solicitantes ostentaban la representación que decían. Mi contestación contrarió a los comisionados, pues estimaban que lo de la instancia no tenía otro objeto, aparte de proporcionar molestias, que dar largas; ellos no estaban dispuestos a perder el tiempo: la manifestación debía celebrarse aquel mismo día o, a más tardar, al siguiente. Les quise hacer ver lo injustificado de su actitud de intransigencia, mas el que llevaba la voz cantante —del que no pude saber el nombre— me contestó con ingenua sinceridad:

—Queremos el permiso en el acto, porque de lo contrario, después de un par de días, probablemente se habrá concedido la amnistía y nos quedaremos sin pretexto para poder celebrar la manifestación, que es nuestro objeto.

Todo esto era vergonzoso, aunque el Gobierno, mejor dicho, sus componentes de matiz liberal, no lo entendiesen así. La "bandeja de plata" en que iba a servirse la República debía ser repujada, y en la tarea de repujarla parecían afanarse ciertos ministros.

A pesar de que la actitud de mis visitantes no dejaba lugar a dudas respecto a cuáles eran sus verdaderos propósitos, procuré recurrir a todos los argumentos habidos y por haber para conseguir se aviniesen a razones. No hubo forma: venían bien aleccionados. Por último derivé la conversación por otros derroteros, para ver si así lograba mejor éxito, y en efecto, después de más de media hora larga de charla se marcharon ofreciendo consultar con sus compañeros. Esto fue a cambio de tener que oír una porción de impertinencias, entre ellas la "heroica" agresión de que uno de los allí presentes había hecho objeto a un pobre guardia de Seguridad con ocasión de una de las innumerables algaradas.

A los pocos momentos de salir de la Dirección los comisionados supe, por un confidente, que iban dispuestos a no molestarse en hacer la petición oficial y a celebrar la manifestación a todo trance.

Pero ocurrió que cuando la comisión se reintegró a la Facultad era ya tarde y la mayor parte de los revoltosos habían marchado a comer, aprovechando la discreta retirada de las fuerzas de Seguridad, medida que se tomó por haberlo así interesado el ministro de Instrucción Pública del marqués de Hoyos. Este era siempre el final de las algaradas estudiantiles: debilidad en el Poder público; impunidad para los alborotadores.

UNA CONFERENCIA CON EL SEÑOR RECASÉNS.—Ya me disponía a marcharme de la Dirección para ir a comer cuando me avisaron que el señor Recaséns, decano de la Facultad de Medicina, deseaba hablar conmigo por teléfono. El objeto de la llamada no era otro que decirme había renacido la calma en San Carlos y darme algunos detalles de lo ocurrido durante la mañana.

En sus explicaciones empleó Recaséns un léxico que me atrevo a calificar de poco parlamentario —por lo menos hasta entonces lo había sido—. El famoso doctor es, por lo visto, tan rudo en el lenguaje como experto en cirugía. Al referirse a los estudiantes empleó epítetos poco usados en la conversación corriente, y menos en el lenguaje entre autoridades; lo de menos fue tacharlos de ineducados y forajidos. Aquello no se podía soportar: no respetaban a nada ni a nadie. Las cosas habían llegado a un grado de indisciplina intolerable; de seguir así estaba dispuesto a mandar el decanato al c... Ya suponía él que todo lo que estaba ocurriendo no era obra exclusiva de los muchachos, sino que éstos obraban impulsados por quienes no daban la cara. Siempre existía un estúpido pretexto para no estudiar, destrozar el material y andar a pedradas con los guardias, cuya paciencia no tenía límites: les compadecía y me compadecía. Desde unos días venían con el pleito de la amnistía, y ése había sido el pretexto de aquella mañana. La cuestión era no entrar en las clases...

—Y a veces no son los chicos los más interesados en ello—le interrumpí con intención.

—Verdad; verdad—me contestó con un dejo especial, que si no era catalán, lo parecía.

Mientras el jaleo no pasó a mayores, sus gestiones se redujeron a procurar calmar los espíritus; pero cuando llegó a su noticia que andaban, como otras veces, por los tejados, arrostrando todos los peligros, había salido con algunos profesores para expulsarlos de allí. Su sola presencia bastó para que depusieran su actitud; mas entonces observó que con los estudiantes se hallaban quienes no lo eran —individuos con alpargatas y "monos" de mecánicos—, a los cuales trató de detener para hacer entrega de ellos a la Policía. Los escolares se opusieron, diciendo que eran "hermanos trabajadores", "correligionarios"... Al llegar a este punto de su relato, Recaséns redobló los denuestos.

Le pregunté si existía proyecto de suspender las clases en vista de lo ocurrido y me contestó que aún no se había tomado determinación alguna sobre el particular; pero que a su juicio sería preferible, advirtiéndome que, de acordarse, consideraba indispensable se dejase entrar por la puerta de la calle de Santa Isabel a los médicos, practicantes y alumnos internos que tenían que atender a los enfermos de la Facultad. Este personal era perfectamente conocido de los porteros y bedeles.

Después de breves palabras de cortesía terminó nuestra conversación, que he tenido especial interés en relatar para que resalte el contraste entre la conducta del señor Recaséns en este día con la del siguiente.

IMPRESIONES POCO SATISFACTORIAS.—Durante toda la tarde llegaron a mí noticias poco tranquilizadoras respecto a la actitud que pensaban adoptar los estudiantes en vista de lo sucedido por la mañana. Oficialmente sólo existía una nota de la Junta de gobierno de la F.U.E., en la que se condensaban estas dos conclusiones: mantener durante veinticuatro horas una huelga escolar y manifestar ante la Presidencia del Consejo —ya que, según ellos, el ministro de Instrucción Pública se desentendía de los acontecimientos universitarios— el sentimiento de disgusto por la "actuación contumaz e impune" del director de Seguridad y sus subordinados.

Sostuve por la tarde varias conferencias telefónicas con el marqués de Hoyos, recabando instrucciones concretas, con objeto de poder tomar disposiciones para el día siguiente; mas a pesar de mi insistencia sólo me dijo —aparte lo de que quedaba prohibida toda manifestación en la vía pública— que si se llegaba a tomar el acuerdo de clausurar los centros docentes, se avisaría con tiempo para impedir la entrada de los estudiantes en ellos.

Parte de la Prensa de noche publicó —con la honrada intención que es de suponer— relatos tendenciosos de los sucesos, y un periódico, *Heraldo de Madrid,* si mal no recuerdo, insertó cierto artículo titulado "Diálogo entre guardias", para hacer resaltar la disposición de ánimo de éstos, poco favorable a intervenir en los pleitos con los estudiantes. También leí algo sobre ciertas actitudes atribuidas al Cuerpo de Seguridad —falsas, desde luego— si no se daban órdenes de reprimir las agresiones a tiros. Todo ello llevaba una finalidad que no se me ocultaba.

LO SUCEDIDO FUERA DE MADRID.—Lo ocurrido en la Corte tuvo repercusión inmediata en otras capitales. Referiré únicamente lo acaecido en Valencia, por ser lo más interesante y también lo más bochornoso.

Sobre las seis de la tarde, por iniciativa del periódico *El Pueblo,* se organizó una manifestación que partiendo de la plaza de Emilio Castelar y siguiendo por la calle de las Barcas, glorieta y plaza de Tetuán, se detuvo frente al Gobierno Civil. Esta manifestación, que los datos oficiales hicieron ascender a una muchedumbre de 25.000 personas, llevaba en cabeza un retrato de Blasco Ibáñez, una bandera republicana, el busto de una matrona con gorro frigio y unos cartelones en los cuales se leía: "Obreros: el partido comunista os invita a luchar por la reapertura de los sindicatos revolucionarios", "Por la República obrera y campesina", "Por la legalización del Partido Comunista", "Libertad de presos políticos y sociales".

Aun cuando el objeto de la manifestación era simplemente solicitar una amnistía, durante todo el trayecto no se cesó de cantar *La Marsellesa, La Internacional* y dar millares de "vivas" a la República y "mueras" a la Monarquía, sin que la fuerza pública hiciera lo más mínimo por evitar tales desmanes.

Ante la Capitanía General se detuvo la manifestación y hubo necesidad de que la guardia tomase las armas y entornase las puertas. Frente al cuartel del Regimiento de Guadalajara ocurrió lo mismo, encaramándose un joven a un poste de la línea del tranvía, desde donde dirigió la palabra a los oficiales, excitándoles a imitar la conducta de Fermín Galán. Ya en las inmediaciones del Gobierno Civil, se destacó una comisión formada por Sigfrido Blasco, Marco Miranda, Carrere, Valera, Grau y cuatro más, que presentaron las conclusiones: Amnistía para todos los presos políticos y sociales, tanto civiles como del Ejército.

Desde el balcón del Gobierno —es de suponer que con la autorización del gobernador— Valera habló a los manifestantes, recomendándoles al finalizar su discurso "orden y paz". Pero indudablemente no debieron entenderle bien, ya que la multitud se desmandó por las calles de Valencia cometiendo toda clase de tropelías, entre ellas la de agredir a los socios de la Unión Monárquica y apedrear la Redacción del *Diario de Valencia.* Los manifestantes fueron dueños de la ciudad lo menos tres horas, y no sé lo que hubiera podido ocurrir si el gobernador no se hubiese decidido, como lo hizo por último, a sacar la fuerza a la calle.

"Hemos pasado unas horas de verdadera angustia —me decían días después, en una carta, comentando lo ocurrido—. Estamos faltos de autoridades y amparo. El gobernador civil es una completa nulidad, fiel delegado del desprestigiado Gobierno que nos gozamos. La Providencia, sólo la Providencia evitó que esta perla de Levante ardiera por los cuatro costados y que nuestras casas fueran saqueadas. Ante tal abandono es preferible que venga la República, el comunismo o la anarquía; cualquier cosa será mejor que la incertidumbre en que vivimos".

Mi comunicante se equivocaba, pues aún no hace un par de meses me escribía:

"Ante la triste y casi desesperada situación actual, en la que somos muchos los que hemos sufrido las consecuencias de insensatas predicaciones haciendo creer a la masa obrera iba a dárseles el oro y el moro y vamos camino de la ruina, únicamente me cabe decir que jamás me perdonaré haber sido con mi voto uno de tantos que contribuyeron a que se fuera aquello... (estimo discreto no insertar el resto de la frase). El castigo no ha podido ser más duro; por ello el arrepentimiento es sincero. Lo sensible es que no veo tenga arreglo".

SUCESOS DEL DÍA 25 DE MARZO, EN MADRID

Casa núm. 137 de la calle de Atocha (fachada correspondiente a la de San Pedro). La Comisión Investigadora identificó los cinco impactos señalados, producidos por los disparos de los revoltosos.

CAPÍTULO VII

LO DE SAN CARLOS EL DÍA 25 DE MARZO

LA NOCHE ANTES.—El 24, terminados algunos pequeños incidentes que elementos levantiscos produjeron en la Puerta del Sol al oscurecer, en los que, afortunadamente, no tomó parte el público que a esas horas invade las aceras del corazón de Madrid, reuní en mi despacho, como lo había hecho la noche anterior, al jefe superior, comisario general interino y teniente coronel de Seguridad para, de común acuerdo, disponer el servicio del día siguiente y dictar instrucciones sobre la forma de llevarlo a cabo.

A pesar de mi interés en saber si la Junta de gobierno de la Universidad había o no acordado la suspensión de clases, no pude averiguarlo; lo que sí supe fue que los estudiantes persistían en sus deseos de celebrar, contra viento y marea, la proyectada manifestación pro amnistía. Sobre esto tenía órdenes concretas del ministro de la Gobernación.

En la reunión indicada se acordó reforzar aún más el servicio de calle en las inmediaciones de la Universidad Central y Facultad de Medicina; se convino también aumentar el número de retenes y mantener acuartelada la Guardia Civil, tanto para atender a los incidentes que pudieran provocar los estudiantes como para hacer frente a los desmanes de un núcleo de obreros "parados" que casi todas las mañanas traían en jaque a la Policía, y con mayor intensidad cuando tenían conocimiento de que la atención estaba puesta en otra parte.

En síntesis, las instrucciones fueron las siguientes: si las clases eran suspendidas —de lo que procurarían informarse los comisarios de los respectivos distritos a primera hora , se impediría la entrada de los escolares en los centros docentes, con la sola excepción de los alumnos internos de la Facultad de Medicina, a cuyo fin se procedería a montar un servicio de asistencia al conserje y portero de la puerta del edificio de San Carlos que da a la calle de Santa Isabel. En caso de haber clases, se dejaría libre el acceso a los estudiantes, pero no a quienes no lo fueran; a este objeto, la Policía se pondría de acuerdo con los porteros y bedeles de los establecimientos. Desde luego quedaba prohibida toda manifestación en la vía pública, y en cuanto a lo que ocurriese dentro de los edificios, únicamente podría intervenirse a petición de las autoridades académicas, por ser criterio del Gobierno respetar rigurosamente el fuero universitario. La intervención de la fuerza, en todo momento, debía caracterizarse por su extremada prudencia, utilizando la persuasión primero, la coacción de la masa después, las "defensas" y los "gases" más tarde, y sólo en un caso extremo, desesperado, las armas de fuego.

Sobre este punto insistí repetidas veces y también lo hizo el jefe superior, muy preocupado con lo ocurrido por la mañana, sobre todo porque había dado pretexto para atribuir a los guardias de Seguridad la herida sufrida por un chico, aun cuando todos los informes daban motivos sobrados para poder afirmar que la víctima lo fue a consecuencia de uno de los varios disparos hechos por los revoltosos.

En principio, quien ejercía la autoridad resultaba siempre único responsable de todas las desgracias; por ello era práctica en la Policía anticiparse a colgarle el sambenito de cualquier contrariedad al de abajo. Quizá por esto mismo, el coronel Marzo llegó a proponerme aquel día ordenase en el acto la formación de un expediente en averiguación de quiénes eran los guardias que habían disparado y por qué causas. Este expediente lo proponía más con ánimo de que, nosotros nos curásemos en salud, procurando eludir responsabilidades, que de hallar justificación a la conducta de la fuerza pública; pero honradamente no se podía, ni era noble, proceder así. Además, me interesaba velar por la moral del Cuerpo de Seguridad, harto quebrantada por ser sus individuos constantemente vejados, escarnecidos y blanco predilecto de agresiones injustas. Ya sabía que en los disparos hechos para amedrentar —no para reprimir— iba a encontrar la Prensa adversa nuevos motivos para concentrar sobre mí hostilidades y odios. Eludir o por lo menos neutralizar esos ataques hubiera sido cosa fácil: bastaba una declaración descargando toda la culpabilidad, seguida de unas suspensiones de empleo y sueldo, sobre unos pobres guardias; mas ¿qué concepto hubiesen formado de mí quienes estaban a mis órdenes? ¿Qué confianza hubiere yo inspirado en lo sucesivo a mis subordinados? ¿Cómo obligarles a enfrentarse en una nueva ocasión con la revuelta y reprimir los excesos de quienes alteraban el orden público? Afortunadamente para la tranquilidad de mi conciencia, no había perdido ni la propia estimación, ni el concepto de la responsabilidad, ni menos la dignidad. Sin embargo, justo es reconocer que tal manera de pensar no iba muy acorde con los tiempos en que vivíamos: el Gobierno era el primero en dejar indefensos a sus leales servidores. A esto se le llamaba "habilidad"; pero a mi modo de ver existe otra palabra que cuadra mejor y que por lo conocida no es necesario citar.

No hubo más aquella noche de lo expuesto. Creyendo haber cumplido con mi deber esperé los acontecimientos del día siguiente.

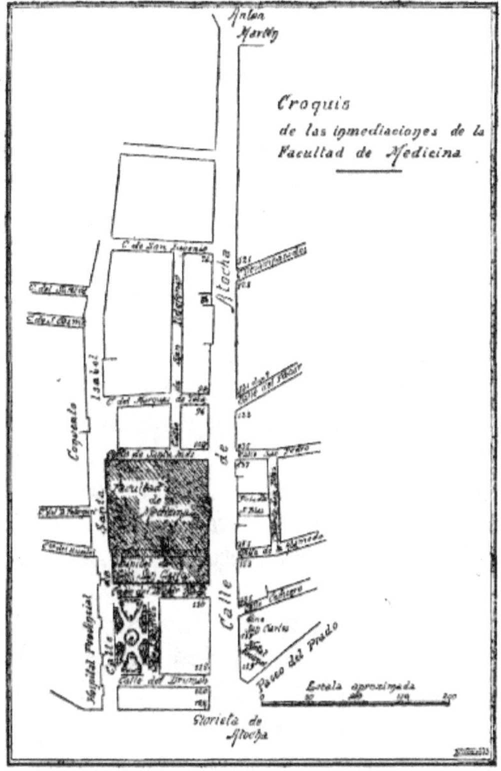

LA MAÑANA DEL DÍA 25.—Tanto el jefe superior como yo acudimos a nuestros despachos un poco más temprano que de costumbre. A las ocho y media próximamente empezamos a recibir noticias: el coronel Marzo, directamente de las Comisarías; yo, por conducto de él. A esa hora reinaba la más absoluta tranquilidad en toda la ciudad, apareciendo cerradas las puertas de la Universidad Central y de la Facultad de Medicina. El comisario del distrito de la Universidad tenía la impresión de que no habría clases, aunque no lo afirmaba de una manera categórica por haberle sido imposible ponerse al habla con persona autorizada; el del distrito del Congreso, al que correspondía San Carlos, fue menos explícito por no haberse movido de su despacho: deducía, por lo que informaban unos funcionarios, que era probable no se abriese la Facultad. A uno y otro se les exigió noticias más concretas. Mientras tanto procuré personalmente ponerme al habla con el rector y luego con el señor Recaséns, pero ninguno de los dos contestó: sin duda era demasiado temprano para que ambos, a pesar de las circunstancias por las que atravesábamos, estuvieran en sus puestos.

Sobre las nueve, el comisario primeramente citado comunicó que, desde luego, en la Universidad Central no se darían clases. Los escolares llegaban a la puerta, la encontraban cerrada y se marchaban tranquilamente; algunos pequeños grupos, en actitud pacífica, comentaban lo que sucedía y tomaban rumbo hacia el centro de la población. Poco después, desde las inmediaciones de San Carlos, el comisario del distrito del Congreso avisaba que las puertas de la Facultad seguían sin abrir, salvo la de la calle de Santa Isabel por donde entraban los profesores y el personal de las clínicas en la forma convenida; pero que le había sido imposible hablar con el decano, con el secretario ni aun siquiera con el conserje. En vista de esto intenté de nuevo cambiar impresiones con el señor Recaséns, ordenando al telegrafista de servicio en la centralilla de la Dirección no cesara de llamar hasta que contestaran. Al cabo de un rato respondió una voz destemplada, y al requerirle para que el decano se pusiera al aparato, me contestó no podía complacerme por hallarse en aquel momento practicando una operación; traté entonces de que mi interlocutor me dijese lo que me interesaba, es decir, si habría o no clases, mas eludió la contestación diciendo que ya me informaría el señor Recaséns cuando pudiera. Quedé un poco contrariado. Parecía como si hubiese interés en mantenernos en la incertidumbre, como si no estuvieran dispuestos los señores del claustro a mantener inteligencia con nosotros.

Esta actitud era más de lamentar por cuanto la de los estudiantes de Medicina dio desde el primer momento que sospechar, pues, lejos de marcharse al encontrar las puertas cerradas, iban formando grupitos en la calle que rápidamente engrosaban. A estos grupitos se les agregaron individuos de aspecto sospechoso.

Tanto el comisario, como los agentes, como las mismas fuerzas de Seguridad, anduvieron torpes al no dificultar el estacionamiento de esos elementos en los alrededores de San Carlos e incluso al no dedicar algún personal a practicar cacheos; tal vez no lo hicieran con el buen deseo de evitar choques con quienes suponían dispuestos al alboroto.

A eso de las nueve y media, de una obra en construcción correspondiente al número 84 de la calle de Atocha (entre las de San Eugenio y Marqués de Toca) se lanzaron por los obreros algunos cascotes sobre los guardias, sin que afortunadamente hicieran blanco. No fue posible dar con los autores, ni creo se puso en ello gran interés. Este incidente causó gran regocijo entre la gente joven que por allí merodeaba, aunque no lo exteriorizaron en forma descarada.

Sobre las diez menos cuarto llegó a la Dirección el teniente coronel Flores, que venía de la calle de San Bernardo. Según me dijo, en los alrededores de la Universidad Central la normalidad era absoluta y la impresión sobre la actitud de los escolares satisfactoria. Le ordené fuera a inspeccionar el servicio de las inmediaciones de la Facultad de Medicina, repitiéndole una vez más las advertencias de la noche anterior, que yo designaba humorísticamente "la fórmula de las tres pes": precaución, paciencia y prudencia.

Se marchó el jefe de Seguridad y pasó un buen rato sin tener noticias.

Ya casi iba invadiéndome cierto optimismo, cuando entró en el despacho el jefe superior un tanto alterado. Acababan de avisarle de la posada de San Blas[(104)] —lugar donde el comisario se hallaba instalado con dos funcionarios— que los estudiantes, en número considerable, ocupaban el tejado y que, parapetados en la cornisa del edificio, en la parte recayente a la calle de Atocha, habían empezado a insultar a los guardias y a lanzar cascotes a la vía pública, haciendo imposible la circulación. La actitud de los escolares era, pues, insolente y agresiva. Pero, con ser esto grave, no era lo peor; lo peor era que casi al mismo tiempo, un grupo de bastante consideración, por la parte de dentro había abierto la puerta principal del edificio, dando entrada a los que se hallaban en la calle. El conflicto desde este momento podía considerarse como inminente. Me consideré en el caso de darle cuenta al ministro de la Gobernación de lo que ocurría.

No he de negar que me causó extrañeza el relato hecho por el jefe superior; es más, en el primer momento, creí que la aparición de los estudiantes sobre el cornisamento —en mangas de camisa y cubriendo la parte inferior del rostro con pañuelos— había sido con posterioridad al momento de ser forzada la puerta principal, y que esto lo habían llevado a cabo los grupos que se encontraban en la calle. La explicación dada por el comisario la juzgué desde luego orientada a eludir las responsabilidades en que tanto él como el servicio de Seguridad hubieran podido incurrir por debilidad, negligencia o excesiva tolerancia; sin embargo, hoy, bien informado, puedo afirmar que los hechos no sólo se produjeron en el orden cronológico indicado por el comisario, sino que cuando la puerta de la calle de Atocha fue abierta, ya hacía un buen rato que la mayor parte de los estudiantes y un considerable número de individuos que no lo eran invadían los patios, pasillos y tejados de la Facultad[(105)]. Es éste un hecho

---

(104) La posada de San Blas está casi frente a la Facultad de Medicina. Siempre que se producían disturbios en las inmediaciones de San Carlos se situaban en dicha posada unos funcionarios de Policía para observar los movimientos de los revoltosos y comunicarlos por teléfono a la Dirección de Seguridad.

(105) Los individuos ajenos al elemento estudiantil que entraron en la Facultad parece pertenecían a una organización que al proclamarse la República recibió el nombre de "Guardia cívica". No es esto una afirmación gratuita, pues cuando ésta

que la Prensa no explicó con claridad, que la opinión pública desconoce, y sobre el que me interesa hacer luz.

Los estudiantes entraron en San Carlos porque un profesor, ¡un profesor!, auxiliado por algunos alumnos internos, puesto de acuerdo con los que se hallaban en el exterior, sabiendo que la atención de la Policía estaba fija en las puertas de Atocha y Santa Isabel, abrió la que da a la calle de Santa Inés y facilitó el acceso a la Facultad de los escolares y demás elementos que, armados de pistolas, habían sido enviados allí con el sano propósito de provocar los choques con la fuerza pública. Y ese profesor fue uno de los que más se distinguieron aquel día animando a los estudiantes para que agredieran a los guardias y de los que más se significaron después en la protesta contra éstos y las autoridades ante el triste resultado de la jornada. El digno juez militar, comandante Arribas, que actuó con motivo de la agresión de que desde San Carlos fue objeto la Guardia Civil en tan funesta fecha, tenía comprobados esos y otros extremos; pero cuando se disponía a proceder contra el indicado profesor y otras personas, cuya participación estaba perfectamente comprobada, sobrevino el cambio de régimen y las actuaciones judiciales se orientaron por otros derroteros, y, como consecuencia de ellos, fui recluido en Prisiones Militares, envuelto en los folios de un proceso que aún hoy, después de veinte meses de tramitación, sigue en el mismo estado que cuando se inició.

Pero dejemos para cuando sea oportuno hablar de este asunto y sigamos con el relato de lo sucedido la mañana que nos ocupa.

La actitud prudente de los guardias de Seguridad no satisfizo a los revoltosos ni a quienes les impulsaban. Entonces, como había ya ocurrido el día anterior, se intentó celebrar la manifestación, invadiendo la calle de Atocha en forma tumultuosa los escolares y quienes les secundaban, lo que obligó a que la fuerza pública se viera en la precisión de cerrarles el paso; mas no obstante la lluvia de ladrillos, cascotes, frascos de vitriolo, trozos de bancos, mesas y otros proyectiles improvisados más o menos peligrosos, aquélla consiguió, haciendo exclusivamente uso de las "defensas", rechazarlos hasta el interior de la Facultad, desde donde se hicieron cuatro o cinco disparos por un soldado o clase de Sanidad Militar,

---

fue disuelta leí en un periódico —me parece recordar que en *Heraldo de Madrid*— un documento de despedida redactado por cierta Corporación, en el cual se hacía relación de todos los servicios prestados a la República por dicha "guardia", y entre ellos se citaba que habían actuado durante las revueltas estudiantiles de San Carlos. A confesión de parte...

que hubiera podido ser detenido de no prohibir la entrada de los guardias en el edificio el tantas veces citado como absurdo fuero universitario. De todos estos incidentes me iba dando cuenta el jefe superior a medida que se producían.

Con motivo de los disparos a que acabo de hacer referencia, me creí en el caso de exponer al ministro con toda crudeza la situación: o se ocupaba la Facultad por la Policía, ya que las autoridades académicas demostraban ser impotentes para mantener la disciplina escolar, o de lo contrario debía retirarse la fuerza pública a una distancia prudencial que la librase de las agresiones que pudieran partir de San Carlos. Al marqués de Hoyos no le gustó ninguna de las dos soluciones propuestas, pero al fin optó por la segunda. En vista de ello, los guardias recibieron orden de replegarse hacia Antón Martín y glorieta de Atocha, dejando retenes en las calles que más directamente pudieran conducir hacia la Puerta del Sol, ya que persistía la orden terminante del ministro de que no se celebrara la manifestación.

Tan pronto los guardias se replegaron, los estudiantes invadieron la calle, colocaron un trapo a guisa de bandera en uno de los árboles inmediatos a la puerta (ya antes habían izado otro en el asta del edificio) y prorrumpieron en un griterío ensordecedor, en el que se mezclaban con las más soeces imprecaciones contra todo lo habido y por haber los "vivas" y "mueras" que atestiguaban el espíritu revolucionario de aquella juventud desenfrenada; no sé si, como en otras ocasiones, también sufrió las iras de los alborotadores algún regio retrato; tal vez no quedara ya ninguno en todo el inmueble, pues, por muchos que hubiese al empezar el curso, más habían sido los días de revuelta. Los comerciantes, ante el cariz poco tranquilizador que tomaban los acontecimientos, adoptaron la prudente medida de bajar los cierres y encomendar las lunas de los escaparates a los santos de su mayor devoción; no pocos vecinos, a quienes la curiosidad había retenido en los balcones, los abandonaron.

Así las cosas, ignoro si por propia iniciativa o por indicación del jefe superior, el teniente coronel Flores marchó en dirección a los grupos que se hallaban más inmediatos a la Facultad, consiguiendo, tras no pocas recomendaciones de calma y esquivando alguno que otro ladrillazo, ponerse al habla con dos o tres sujetos que salieron a su encuentro[106].

---

[106] El teniente coronel señor Flores, que en este día mandaba las fuerzas que actuaban en las inmediaciones de la Facultad de San Carlos, fue el mismo que tuvo a sus órdenes el retén situado en la plaza de Cánovas el día del entierro de las

Querían manifestación a todo trance. El jefe de Seguridad les contestó que no era asunto ése que pudiera resolver él ni aún el propio director, por cuyo motivo les rogó entraran en la Facultad y mantuviesen una actitud pacífica en tanto transmitía a la superioridad sus deseos y ésta resolvía. Ofrecieron hacerlo, no obstante lo cual siguieron en análoga actitud, y de ñapa, cuando se retiraba en dirección a la glorieta de Atocha en busca de un teléfono por el cual comunicar con el coronel Marzo, los instalados en la cornisa le enviaron, con la buena intención que es de suponer, varios improvisados proyectiles arrojadizos.

El teniente coronel Flores comunicó el resultado de su parlamento al jefe superior, éste a mí y yo al ministro. Fue criterio unánime que, dada la gran excitación de que daba muestras el elemento escolar, no era oportuno acceder a sus pretensiones, y más teniendo en cuenta la forma de exigirlo.

A todo esto, como en la glorieta de Atocha se había congregado una imponente muchedumbre, en la cual predominaba el elemento obrero simpatizante con la actitud levantisca, el teniente coronel Flores adoptó la decisión de despejar aquellos alrededores, lo que se efectuó sin grandes dificultades.

Casi al mismo tiempo que las fuerzas de Seguridad maniobraban en la glorieta de Atocha, un grupo procedente de San Carlos arremetió contra los retenes situados en Antón Martín y calle del Fúcar, hiriendo de pedrada al capitán que los mandaba y rompiéndole a un guardia la hombrera de un balazo. Ante esta agresión, tan inesperada como enérgica, hubo de hacerse fuego, resultando uno o dos heridos que fueron transportados a la Facultad. Este incidente se aprovechó por los directores de la revuelta, para excitar más los ánimos, diciendo que había sido muerto un estudiante.

Los disparos de Antón Martín atrajeron la atención del jefe de Seguridad, quien, para enterarse de lo ocurrido, se trasladó a dicho punto dando la vuelta por la calle de las Huertas, pues, en verdad, por Atocha hubiera sido muy expuesto a que lo asesinaran impunemente.

Mientras tales hechos ocurrían en el distrito del Congreso, por Chamberí un grupo de obreros parados hacía de las suyas, viéndome precisado a mandar algunas fuerzas ante el temor de que se les ocurriese asaltar tiendas, como ya había ocurrido en otras ocasiones. Esa fue la razón por la cual quise que el jefe superior no abandonase la Dirección: ¡había tantas cosas a que atender...!

---

víctimas de la catástrofe de la calle de Alonso Cano. En la actualidad es el jefe del Cuerpo de Seguridad en Barcelona.

Parecía lógico que, dada la actitud de franca rebeldía en que los alumnos de Medicina se habían colocado y la invasión de la Facultad por elementos extraños, el claustro tratase de hacer algo para reducir a unos a la obediencia y expulsar a otros, empezando por despejar el tejado y las azoteas; pero no fue así. El decano se limitó a reunirse con parte de los profesores —pues otros habían desaparecido y alguno andaba muy atareado alentando la revuelta— para comentar los hechos y tratar, "por las buenas", de tranquilizar los ánimos; a este fin, se puso al habla con una comisión, con lo cual no consiguió más que perder el tiempo y oír impertinencias y comentarios poco gratos; mas a esto y a ver su autoridad arrastrada por corredores, escaleras y aulas estaba muy acostumbrado.

Yo no me atrevería a pedir a un decano, ni menos a un claustro de profesores, que fueran héroes, pues harto comprendo que no es ésa la misión de ellos; pero ¡canastos!, que mantengan con decoro el prestigio de su autoridad, eso sí.

A poco de llegar el Jefe de Seguridad a Antón Martín, el coronel Marzo me dijo que, según le informaban, en este punto y en la glorieta de Atocha se había aglomerado un gentío enorme, cuyos propósitos no parecían tranquilizadores; que un pelotón de guardias se hallaba en situación comprometida en la calle del Fúcar, y, por último, que se le pedían refuerzos.

Comuniqué en el acto al ministro de la Gobernación cuanto acababa de saber y le hice presente mis propósitos de enviar, tanto a la glorieta de Atocha como a la plaza de Antón Martín, fuerzas de la Guardia Civil para servir de apoyo a las de Seguridad, de las que ya no tenía disponibles. Al marqués de Hoyos le pareció muy atinada la medida. Di las órdenes oportunas al jefe de servicio de la Benemérita por conducto del coronel Marzo, a quien encargué advirtiese siguieran los retenes itinerarios convenientes para no pasar por las inmediaciones de San Carlos, a fin de evitar que los estudiantes tomasen la presencia de la Guardia Civil como una provocación y ello diera lugar a un choque de desagradables consecuencias. Sobre las doce y media recibí noticia de que los refuerzos se habían establecido en sus emplazamientos sin novedad.

Instantes después entró en mi despacho el jefe superior para darme cuenta de que, según le acababa de telefonear el comisario del distrito del Congreso desde la posada de San Blas, los estudiantes se habían dado cuenta de su presencia allí con dos funcionarios y estaban dando fuertes golpes en la puerta para derribarla y entrar a por ellos. El comisario pintaba con trágica negrura la situación y advertía que de no enviar inmediatamente fuerzas en su auxilio corrían inminente peligro de perecer.

El coronel Marzo, tan interesado como yo en evitar colisiones cuyos resultados no se podían prever, recomendó al comisario buscase otra salida distinta de la puerta que daba a la calle de Atocha, y de no haberla, se hicieran fuertes dentro de la posada, parapetándose detrás de unos colchones al final de algún pasillo o habitación a propósito, mientras la situación no mejorase y pudieran salir. Tres hombres con sendas pistolas, dispuestos a vender caras sus vidas, era presa difícil de cobrar. Aprobé su resolución y, en tanto fue a su despacho para adquirir nuevas noticias, volví a pedir comunicación con el señor Recaséns para rogarle, en bien de todos, impusiera su autoridad entre los escolares y les hiciera desistir de sus propósitos. De la Facultad no contestaron.

Nuevamente vino a verme el jefe superior. La situación del comisario y los agentes era desesperada: no tenían sitio por donde huir ni municiones con que defenderse; pedían socorro angustiosamente. Estimé que era preciso salvar aquellos hombres, pero antes quise poner los hechos en conocimiento del ministro. Éste me instó a que enviase fuerzas inmediatamente en auxilio de los tres funcionarios; le contesté que estaba decidido a ello y que iba a mandar Guardia Civil, por el mayor respeto que ésta infundía y porque, por no haber tenido choque con los revoltosos, irían en mejor estado de ánimo para extremar la prudencia. Mi propuesta fue aprobada en todas sus partes, incluso en la de que la intervención debía limitarse a llegar hasta la posada, libertar a los allí sitiados y replegarse de nuevo. De esta conversación fue testigo el coronel Marzo.

Se circularon las órdenes, y al poco tiempo supe que la Guardia Civil se había visto en la precisión de hacer fuego y que éste continuaba... ¿Qué había pasado? Lo explicaré en pocas palabras.

Se encomendó el socorro de los de la posada a una sección de Caballería y media de Infantería de las que se hallaban situadas en Antón Martín. Con estas fuerzas iban dos oficiales.

Al ponerse en movimiento los guardias, parte del público los aplaudió con simpatía. El avance se hizo sin contratiempo hasta dar vista al edificio de San Carlos; entonces los aplausos se trocaron en silbidos y en insultos. Prosiguieron la marcha con mayor precaución. Cerca de la Facultad, una verdadera lluvia de piedras y buen número de disparos les obligaron a una parada. El oficial ordenó tocar un punto de atención; al cabo de algunos minutos otro, y, por fin, el tercero. El jefe superior —que sin interrupción recibía noticias del desarrollo de los acontecimientos—, con el buen deseo de evitar una colisión, dijo al comisario que, sin esperar la llegada de la Guardia Civil, salieran flameando pañuelos blancos en señal de paz y fueran al encuentro de la fuerza; mas el comisario no se atrevió: el fuego —según decía— era muy intenso. No cupo otro recurso que cumplir el programa trazado. Se cargaron las armas, se pusieron los machetes y una escuadra de Infantería se adelantó.

Ante la actitud resuelta de la Guardia Civil, los que había en la calle se refugiaron en la Facultad, y en el mismo momento, desde la cornisa, se hizo un nutrido fuego sobre la fuerza, al que, como es lógico, se contestó. He aquí entablada la refriega.

Tras no poca exposición, varios guardias consiguieron llegar a la puerta de la posada, sin que nadie abriera ni respondiera a sus llamadas; su situación allí, siendo blanco predilecto de las pistolas de los revoltosos, se hizo insostenible; tuvieron que refugiarse en la calle de la Alameda, donde a poco fue herido un sargento y muerto un guardia. Los estudiantes y quienes les acompañaban hacían fuego desde todo a lo largo de la cornisa, desde algunas ventanas bajas y desde la puerta de hierro que protege la entrada del consultorio público. ¡San Carlos se había convertido en la *kasba* de la rebeldía!

El jefe de la fuerza, ante el cariz que tomaban los acontecimientos, y vista la imposibilidad de dominar a los que se hallaban en la parte alta del edificio, ordenó que fueran ocupadas por dos y tres guardias, respectivamente, las azoteas de dos casas inmediatas a la Facultad; esto lo hizo más que con ánimo de poder batir, con el de intimidar. Pero la presencia de los civiles en las azoteas no hizo cambiar la actitud de los rebeldes, hasta que, ante la amenaza de los impactos, los jóvenes escolares descubrieron sus rostros e imploraron de rodillas no les tirasen. Los guardias, con ese espíritu de desinteresada piedad que es patrimonio y orgullo del Instituto a que pertenecen, atendieron la súplica, no obstante lo cual algunos levantiscos aún siguieron disparando sobre ellos.

Poco a poco la parte alta del edificio se fue desalojando; el fuego perdió intensidad, y, por último, sonó el toque de "alto el fuego". Eran las dos menos cuarto en punto de la tarde.

Minutos después, por orden expresa del ministro de la Gobernación, las fuerzas de la Guardia Civil se retiraban a Antón Martín y el doctor Recaséns, con todos los honores de un héroe, a la cabeza de sus discípulos, entre los que se hallaban una legión de "pistoleros", abandonaba tranquilamente la Facultad...

A la misma hora, en la Casa de Socorro de la calle del Fúcar, yacía el cadáver del guardia civil Hermógenes Domínguez, víctima del deber, y allá lejos, en un pueblecito castellano, algo más tarde, una pobre anciana lloró la pérdida de un hijo, y quizá con lógica indignación pidiera justicia. ¿JUSTICIA? ¡Vano empeño!...

LO QUE SUCEDIÓ MIENTRAS HABLABAN LOS FUSILES Y LAS PISTOLAS.— He procurado extractar todo lo posible el relato de lo ocurrido en la calle de Atocha con motivo de la actuación de la Guardia

Civil. Ahora voy a decir algo que es conveniente no permanezca en el misterio.

¿Qué fue del comisario y los agentes encerrados en la posada de San Blas? Pues muy sencillo: salieron sin el menor obstáculo por la parte trasera cuando los guardias llamaban con verdadero apremio a la puerta de la calle de Atocha. Su azoramiento, mejor dicho, su pánico, fue tan grande, que no se les ocurrió hasta última hora informarse de si la posada tenía otra salida practicable. Tampoco se les ocurrió dar cuenta a la Dirección —o por lo menos yo no me enteré— de que estaban sanos y salvos.

¿Qué pasó dentro de la Facultad cuando los revoltosos la convirtieron en un reducto? Diré lo que ha llegado a mi conocimiento.

Cuando los proyectiles de la fuerza pública avisaron con el chasquido de sus impactos el peligro, cundió el desasosiego entre el profesorado y aun entre la mayor parte de los mismos promotores de la revuelta. El desasosiego pronto se convirtió en miedo, y con él surgió la indignación y la protesta. El claustro se dio cuenta de la enorme responsabilidad en que por negligencia había incurrido; los estudiantes iniciaron el consabido "¡no vale!..., ¡no vale!..." de los juegos infantiles, y mientras tanto, los elementos extraños, ya más hombres, fieles a la consigna recibida de quienes les llevaron allí, seguían disparando. Fue entonces cuando el señor Recaséns, y con éste algunos profesores, se creyeron en el caso de recuperar el prestigio perdido frente a sus discípulos, ya que no les era posible ante las autoridades que habrían de enjuiciar su conducta: congregaron a todos en el paraninfo para recomendar orden y sumarse a los revoltosos, uniendo su protesta a la de éstos. Tal actitud no era ciertamente muy digna, aunque sí práctica. En dicho acto, como si yo fuera el causante de cuanto ocurría, se pidió mi destitución. Y sucedió entonces que los estudiantes, viéndose amparados por las autoridades académicas, lejos de cesar en su hostilidad contra la fuerza pública, la hicieron objeto de una mayor agresividad; fue también entonces cuando el teléfono de la Facultad, sordo antes a las llamadas mías, empezó a funcionar pidiendo comunicación con los Ministerios de Instrucción Pública y Gobernación y con la Dirección de Seguridad, exponiendo "con vivos colores —como dijo el marqués de Hoyos— el cuadro que se estaba desarrollando": los quirófanos acribillados a balazos; los enfermos en peligro; unos y otros arrastrándose por los suelos para evitar ser alcanzados por los proyectiles. ¡Todo un espectáculo de horror! Pero lo que ocultó cuidadosamente el decano, fue el regocijo que causó entre los escolares ver cómo un pobre guardia, herido de muerte, el fusil a rastras, buscaba el amparo de una pared para desplomarse; tampoco dijo nada de la oración —en la que participó algún profesor— de que se hizo objeto al supuesto autor de la hazaña.

SUCESOS DEL DÍA 25 DE MARZO, EN MADRID

Casa núm. 135 de la calle de Atocha (fachada correspondiente a la de San Pedro). Impactos comprobados por la Comisión investigadora y atribuidos a los revoltosos: catorce.

Somos los españoles muy aficionados a exagerar los peligros: amamos la hipérbole: es uno de los síntomas de debilidad y decadencia de un pueblo. El espectáculo de horror que describieron estudiantes, catedráticos y Prensa, reducido a la realidad perdía casi toda su magnitud. Del muerto y dieciocho heridos que según datos oficiales que poseo hubo que lamentar, cinco pertenecían a la fuerza pública, y el resto —de los cuales once no eran estudiantes— sólo de tres tengo noticias lo fueron de los instalados en la cornisa de la Facultad; dentro de los locales, bajo techado, no ocurrió ninguna baja. Cierto es que algunos proyectiles, pocos, penetrando por los huecos de las ventanas causaron averías en el interior del edificio; pero también lo es que desde ellas y desde la puerta del consultorio se disparó contra la fuerza pública, y ésta tenía la inexcusable obligación de imponer el orden apelando a procedimientos adecuados. No he de negar que en la fachada de la Facultad de Medicina, especialmente en la parte alta próxima a la esquina de Santa Inés, había señales de impactos; mas ¿contó alguien los que se apreciaban en los inmuebles de enfrente? Eso no, ¡ca! Y he de advertir que días después, cuando el Juzgado empezó a actuar contra mí, algunos individuos se dieron activamente a la tarea de hacerlos desaparecer; aun así, pudieron identificarse bastantes, como apreciará el lector en los fotograbados de esta obra. También se habló mucho por entonces de los quirófanos. El hecho de que algunos proyectiles, muy escasos, atravesaran los cristales de un quirófano, es de lamentar; pero ¿no lo es más que la falta de autoridad de un claustro de profesores y la rebeldía de un núcleo de personas, estudiantes, obreros y profesionales del pistolerismo, convirtiesen el sagrado recinto de un hospital en ciudadela de una plaza fuerte? He de advertir que se ignoraba por la fuerza pública la existencia de tales quirófanos.

Por último, ¿cuál fue la actitud de las autoridades superiores? El ministro de Instrucción Pública, solidario desde un principio con la postura adoptada por el decano, elevó su protesta al de Gobernación; el de Fomento, don Juan de la Cierva, testigo presencial aunque lejano de los sucesos, instaba al marqués de Hoyos a que la fuerza pública ocupase la Facultad para evitar mayores males; yo hacía análoga propuesta; de San Carlos, cuando más enérgica era la acometividad de los revoltosos, se pedía que la Guardia Civil dejara de tirar y se retirase; el presidente del Consejo se limitaba a encogerse de hombros como si los acontecimientos se desarrollaran en la Mongolia exterior. Mientras tanto, el fuego continuaba...

Por fin, el ministro de la Gobernación aceptó la fórmula del doctor Recaséns: ¡los revoltosos habían vencido! Una vez más, el principio de autoridad envuelto en el desprestigio del Gobierno iba rodando vertiginosamente camino del batacazo del 14 de abril.

* * *

Para corroborar cuanto acabo de exponer sobre los sucesos acaecidos el día 25 de marzo —¡que tantas amarguras y sinsabores me han proporcionado!—, he creído conveniente insertar al final del libro copia literal de algunas declaraciones que figuran en el proceso que se me instruyó a raíz de proclamarse la República, y que a pesar del tiempo transcurrido no lleva trazas de acabar[107].

No quiero, siguiendo las normas que me he impuesto al dar a conocer documentos de valor episódico, hacer el más mínimo comentario, insinuar la más leve crítica; ¿para qué?... Afortunadamente, no hace falta. El lector hará, allá en lo íntimo de su conciencia, los comentarios y las críticas que le sugiera el análisis detenido de las declaraciones. El presunto reo deja el campo libre a los testigos y se somete, sin temor alguno, al fallo de la opinión pública, libre ya de prejuicios.

---

[107] Véase el Apéndice I. En el Apéndice II se insertan varios interesantes documentos del proceso: escrito del fiscal general de la República, auto de procesamiento, recurso presentado por mi defensa solicitando la modificación del anterior; lo que dijo el fiscal sobre lo expuesto por mi defensa y fue aceptado por el juez; otro escrito presentado por mi defensor y el auto dictado por la Sala Segunda del Tribunal Supremo resolviendo el recurso.

CAPÍTULO VIII

LO QUE OCURRIÓ DESPUÉS DE LOS SUCESOS DE SAN CARLOS

UNA ENTREVISTA CON EL JEFE DEL GOBIERNO Y OTROS DETALLES.—A las tres y media de la tarde la tranquilidad era absoluta, en vista de lo cual ordené la retirada de la Guardia Civil a sus cuarteles y la reducción prudencial de los retenes de Seguridad. A las cuatro supe que el jefe del Gobierno había llegado a la Presidencia del Consejo de Ministros; minutos después entraba yo en su despacho, donde le encontré leyendo un libro que se me antojó era una novela[(108)].

—Vengo—le dije—a rogarle que acepte mi dimisión y designe inmediatamente quien haya de sustituirme en la Dirección de Seguridad. Esta resolución la he meditado bien y desde luego es irrevocable.

El Presidente, un tanto sorprendido por lo que acababa de oír, me preguntó:

—¿Qué le ocurre a usted?

Nada; como ocurrirme, nada—le repuse—. Pero creo que ha llegado el momento de que cese en un cargo que, sobre un trabajo abrumador, sólo me proporciona disgustos y sinsabores. Con ello ganaremos todos: yo, porque necesito tranquilizar mi espíritu apartándome de la vida pública; el Gobierno, porque podrá designar otra persona que no tenga la hostilidad implacable de casi toda la Prensa y por ella la de la opinión pública. Es una solución que juzgo además política; estoy seguro de que la mayor parte de los ministros lo entenderán así.

El señor Aznar se dio por convencido y, tras una breve pausa, se limitó a decirme:

—Bien; ¿y a quién le parece a usted podría nombrarse?

—¡Ah!, eso no es cuenta mía; allá el Gobierno—le contesté encogiéndome de hombros.

Ambos quedamos callados. El silencio iba ya haciéndose enojoso por su duración cuando sonó el teléfono. El Presidente cogió el auricular, y luego de atender un momento me indicó:

—Es el ministro de Instrucción Pública.

---

(108) Esta afirmación mía no es gratuita. Un día, estando en Prisiones militares el general Berenguer y yo, el almirante Aznar nos dijo, comentando los sucesos de los días 12, 13 y 14 de abril, que le habían cogido tan de improviso que precisamente tenía dedicada toda su atención a una novela.

Creí discreto retirarme, pero cuando adivinó mi intención me detuvo con un ademán.

La conversación telefónica duró algunos minutos. Por las contestaciones del jefe del Gobierno, deduje que el señor Gascón y Marín deseaba celebrar inmediatamente una conferencia a solas con él; éste le invitó a trasladarse a la Presidencia, en donde al parecer esperaba la visita de otros consejeros. Debió contrariarle al ministro saber que yo estaba allí, a juzgar por lo que después me dijo el general Aznar.

Al cabo de un rato, durante el cual hablamos de otras cosas, el jefe del Gobierno hizo el siguiente comentario:

—Parece mentira que se preocupen ustedes tanto de las "fogatas" revolucionarias.

—Así es, en efecto—le repuse.

Hice una pausa, y luego, recalcando mucho las palabras, añadí:

—Dicen que a Fernando VII le preparaban tan bien las carambolas, para que las hiciera, que las hacía y... hasta ganaba partidas. A ver si resulta que ustedes hacen lo mismo con los firmantes del manifiesto de diciembre.

El Presidente hizo un discreto ademán de contrariedad. En aquel momento entró el general Berenguer, a quien di cuenta de mi determinación, que le pareció acertada. "Ha hecho usted muy bien", me dijo.

De pie en un ángulo del salón trabaron animado diálogo el jefe del Gobierno y el ministro del Ejército. Mientras tanto me puse al habla por el teléfono de aquél con la Dirección de Seguridad para enterarme de si ocurría algo de particular y dar orden a mi secretario de que empezara a recoger los papeles particulares. Poco después llegó el marqués de Hoyos, al que puse en antecedentes de cuanto ocurría. Juzgó improcedente mi actitud, y desde luego me anticipó que se opondría a que fuera aceptada la dimisión.

Un ayudante avisó que el ministro de Instrucción Pública acababa de llegar y aguardaba en la sala de consejos. El Presidente, y tras él los ministros de Gobernación y Ejército, abandonaron el despacho entrando en ella. Yo me despedí y regresé a la Dirección.

Cuando supe, ya de noche, que la reunión en la Presidencia había terminado y que el marqués de Hoyos se hallaba en el Ministerio, le llamé por el hilo directo para enterarme del nombre del designado para sustituirme. Me contestó no se había tomado acuerdo alguno sobre ese particular y que ya hablaríamos más despacio. Esta evasiva me contrarió extraordinariamente. Decidí ir a ver al general Berenguer para recabar su apoyo a fin de que no se demorase el nombramiento del nuevo director de Seguridad.

Después de cenar me presenté en el palacio de Buenavista. Allí encontré a un periodista que ya estaba enterado de mi conferencia con el Presidente y de su objeto.

De mi conversación con el conde de Xauen deduje que éste, si bien estimaba justificada y digna mi actitud, no creía oportuno se aceptase la dimisión, pues ello implicaría, no sólo dar una satisfacción a los elementos revoltosos y dejar "en la estacada" a quien se había limitado a cumplir con su deber, sino también una claudicación del Gobierno.

Regresé a la Dirección dispuesto a recoger el archivo particular y a no aparecer más por ella, pero no me atreví a llevar a la práctica esta decisión ante el temor de que fuera interpretada equivocadamente: estimé más correcto insistir.

CONSECUENCIAS INMEDIATAS DE LOS SUCESOS.—Lo ocurrido en San Carlos se tomó como pretexto para intensificar la campaña de agitación contra la Monarquía y para que los periódicos, salvo muy contadas excepciones —*ABC, El Debate* y algún otro—, redoblaran su hostilidad contra mí, exponiendo los hechos acaecidos con notoria parcialidad, no obstante las explicaciones del ministro de la Gobernación e informaciones facilitadas por la Dirección de Seguridad y jefe de la Guardia Civil. Para colmo de desdichas, la opinión pública, extraviada por la propaganda subversiva y pasividad del Gobierno, se puso del lado de los levantiscos.

A tan desagradable estado de cosas contribuyó la actitud reprobable de la Junta de Gobierno de la Universidad Central y aún la del propio ministro de Instrucción Pública, más atento a no crearse enemigos en los claustros de profesores y entre los elementos estudiantiles que a servir su cargo con la lealtad a que le obligaba el juramento prestado en la Cámara regia. Aquélla, reunida pocas horas después de los sucesos, además del acuerdo de suspender las clases tomó los siguientes:

Primero. Solicitar del Gobierno mi destitución, por estimarme causante principal de lo ocurrido.

Segundo. Denunciar ante el fiscal de Su Majestad los "atropellos" cometidos por la fuerza pública en el Hospital Clínico, por si cupiera exigir responsabilidades derivadas de abuso de poder u otra causa cualquiera; y

Tercero. Advertir que si no se daba satisfacción inmediata a las anteriores demandas, lo que a su juicio el Gobierno tenía en su mano hacer, la Junta se vería en el caso de renunciar al gobierno de la Universidad.

A esa reunión asistieron el rector dimisionario, don Blas Cabrera; los decanos de las Facultades, señores Altamira, Octavio de Toledo, Recaséns, Obdulio Fernández y Daza de Campos; el secretario de la

Universidad, señor Amat, y los catedráticos señores Sánchez Román, Beceña, De las Barras, Castro, Márquez, Negrín, Giral, César González y Gil Fagoaga.

Los acuerdos expuestos —que el doctor Recaséns se apresuró en hacer públicos— fueron seguidos de un comentario en el que se aseguraba que en la Facultad de Medicina ningún catedrático había hecho la más insignificante alusión o propaganda de carácter político, desarrollando sus actividades única y exclusivamente en el aspecto profesional. Yo puedo asegurar que el decano, al hacer tal afirmación, faltaba abiertamente a la verdad.

La conducta de la Junta de gobierno de la Universidad Central alentó a los escolares en su rebeldía, como puede verse por la nota facilitada a la Prensa en las últimas horas de la tarde del 25 por una representación de la Directiva de la F.U.E., nota que textualmente decía:

"En la mañana de hoy han tenido lugar sucesos de extraordinaria gravedad, de los que los estudiantes de la Facultad de Medicina han sido víctimas. Ante el solo intento de exteriorizar la clase escolar, cívicamente, un sentir general de la opinión con respecto al desenlace de los procesos políticos derivados de los últimos acontecimientos, los institutos armados, empleados al servicio de intereses gubernativos, la fuerza pública, debeladora del orden social, ha hecho víctima de bárbara agresión a los escolares madrileños, originando los luctuosos sucesos que la opinión pública ha contemplado con profunda indignación.

Conscientes de nuestra responsabilidad, del deber de defender los imperativos de la opinión estudiantil, de velar por el decoro y el prestigio de la Universidad española, elevamos, con fecha de hoy, una protesta ante los Poderes públicos, declarando que la normalidad académica no será restablecida hasta tanto no sean destituidos y procesados el director general de Seguridad y los jefes que mandaban las fuerzas agresoras y sea autorizada la manifestación pro amnistía de todos los perseguidos por actos políticos y sociales.

La Junta de gobierno de la Universidad Central, en este momento de suprema culminación, se solidariza con nuestra actitud unánimemente, haciendo suyas estas peticiones.

Los actuales sucesos son prueba de la absoluta incompatibilidad entre la Universidad y un régimen que no tiene para nuestras solicitudes otra contestación que los disparos de la Guardia Civil. Se desoyen nuestras peticiones, se atropella el fuero universitario, se deniegan las más justas reivindicaciones y con promesas y falacias se pretende desvirtuar toda actitud de dignidad y de conciencia.

La Universidad española no puede existir en este ambiente de insulto y agresión que imposibilita su vida y renuncia a una normalidad en que hasta la seguridad personal se tiene gravemente comprometida. Y dirigiéndose a las fuerzas que ansían una próxima renovación de la vida nacional, a los que anhelan la depuración de sus máximos valores, les pide su ayuda entusiasta y generosa en la defensa por nosotros emprendida por la Cultura y la Libertad.

La Universidad, prestigio primordial, expresión suprema de la vida nacional, ha sido escarnecida y atropellada por las más bajas manifestaciones del Poder faccioso y es deber imperioso y sagrado de todos acudir a defenderla".

A las protestas dichas hubo que añadir, en este día, la de la Casa del Pueblo, firmada por Trifón Gómez y Muiño, protesta que terminaba con el siguiente interesante párrafo:

"La Casa del Pueblo de Madrid seguirá con la máxima atención el curso de los acontecimientos para, previa consulta a las organizaciones respectivas y debidos asesoramientos, intervenir en el momento y forma que pueda resultar más conveniente".

Para que la jornada fuera completa, durante las primeras horas de la noche se produjeron algunos disturbios en la Puerta del Sol, calles de Tetuán, Montera, Carmen y Preciados; más tarde hubo incidentes en las de Echegaray (inmediaciones del Círculo Republicano), Almirante (frente al domicilio del Centro Nacionalista de los Legionarios de España) y Piamonte (entrada de la Casa del Pueblo). A consecuencia de las colisiones con la fuerza pública, cuya actuación fue débil por la extremada prudencia, resultó un herido grave.

Al día siguiente, fui a primera hora al Ministerio de la Gobernación. El principal objeto que me llevaba allí era reiterar al marqués de Hoyos los deseos de abandonar la Dirección de Seguridad, exponiéndole argumentos de tal peso que no tuvieran réplica. El ministro los oyó con atención, ofreciendo se trataría el asunto en el primer Consejo, aun cuando me hizo presente que, además de seguir contando con toda su confianza, consideraba inoportuno el momento para un cambio de personas, razones ambas que le obligaban a oponerse a que me fuera aceptada la dimisión; no me negó, empero —como ya sospechaba—, que en el seno del Gobierno existían elementos a quienes yo no era grato.

Tratado el asunto expuesto anteriormente, le di cuenta con todo género de detalles de los incidentes ocurridos el día anterior. Por su parte me encargó procediera con la mayor urgencia a la adquisición de unos auto-tanques para disolver manifestaciones análogos a los utilizados por la gendarmería de Berlín, de los cuales ya le había hablado varias veces, por considerar podrían ser elementos de gran utilidad, entregándole algunas fotografías de los últimos modelos; pero el excesivo coste —unas 125.000 pesetas por unidad— los ponían fuera de las posibilidades del presupuesto de mi departamento y de los planes económicos del Gobierno. Sin embargo, éste, ante los sucesos que acababan de ocurrir —que a toda costa quería evitar pudieran repetirse con tan desagradables consecuencias— estaba dispuesto a solicitar y que se tramitara rápidamente la concesión del crédito necesario[109].

Cuando después de la conferencia con el marqués de Hoyos me reintegré a la Dirección, supe que, no obstante estar cerradas las puertas de la Facultad de Medicina y fuertemente custodiados sus alrededores, algunos grupos de obreros y estudiantes habían tratado de entrar en el edificio, lo que no pudieron realizar. Mas, firmes en su propósito de mantener la intranquilidad pública, sobre la una de la tarde organizaron una manifestación pro amnistía, que llegó hasta la Puerta del Sol y principio de la calle de Carretas, cuyos componentes profirieron toda, clase de gritos subversivos y desahogaron su ira rompiendo los cristales de algunos escaparates. Cerca de las dos, algunos núcleos intentaron, sin conseguirlo, hacer acto de presencia en la plaza de Oriente. En todos estos incidentes intervino la fuerza pública, aunque no con la energía que las circunstancias demandaban: fue la consecuencia lógica de la conducta poco diáfana del Gobierno con motivo de lo sucedido el día anterior.

A las protestas de la Junta de gobierno de la Universidad Central, Directiva de la F.U.E. y Casa del Pueblo, hubo que añadir, entre otras, la del Colegio de Médicos y la de un grupo de catedráticos y auxiliares de Medicina, que, en un extenso escrito fantástico e hiperbólico, quisieron poner en evidencia "la saña de las autoridades encargadas, por cruel paradoja, de la conservación del orden" y de manifiesto la "agresión brutal" de la fuerza pública, a tal extremo llevada, que "si el edificio, en lugar de tener muros conventuales de granito, hubiera sido de construcción moderna, las balas habrían asesinado a mansalva a los centenares de personas que estaban en el interior", todo ello, según afirmaban cínicamente, "sin que a ninguna de sus puertas y ventanas asomara nadie, ni nadie intentara contestar a la agresión". Únicamente los estudiantes católicos y la Confederación Católica de Padres de Familia expusieron con

---

[109] Los referidos auto-tanques, que actuaban lanzando un chorro de agua a gran presión, no pudieron ser adquiridos con la premura que el Gobierno deseaba, porque los únicos seis fabricados hasta entonces lo habían sido por encargo expreso de la Policía alemana y ésta no quiso desprenderse de ninguno de ellos.

Cuando estaba en tratos con la casa constructora para que enviase dos cayó la Monarquía. Posteriormente he sabido se ha pensado nuevamente en estos artefactos para dotar de ellos a los guardias de Asalto, pero ignoro si el proyecto ha pasado a vías de hecho.

claridad lo que venía ocurriendo dentro de los claustros universitarios, culpando al profesorado de los sucesos acaecidos. También un catedrático, el doctor Suñer, dijo algunas verdades en un valiente artículo publicado en *El Debate,* artículo que si bien le valió el aplauso de algunos admiradores, le proporcionó a su vez una serie incalculable de disgustos.

A partir del 25 de marzo, hasta la proclamación de la República, puede decirse no transcurrió en Madrid un solo día sin que los guardias de Seguridad dejaran de intervenir en algaradas callejeras, lo que llegó a deprimirles en tal forma, que tengo la evidencia fueron ellos unos de los que con mayor alegría recibieron "la aurora libertadora" del 15 de abril.

Los sucesos de Madrid tuvieron repercusión, ¡cómo no!, en los centros docentes de provincias: en Barcelona, la fuerza pública fue tiroteada desde la Universidad por estudiantes y obreros, que después de su hazaña pidieron, y lo lograron, salir sin ser molestados; en Valencia ocurrió otro tanto; en Salamanca también fueron agredidos los guardias... En todos los puntos se comprobó que los escolares tuvieron la inspiración, cuando no el apoyo, de los directores de la agitación revolucionaria.

Los estudiantes madrileños, animados por el resultado de la jornada del día 25 y por el ambiente de simpatía cada vez mayor que les rodeaba, trataron de proseguir su actuación perturbadora con mayores bríos, y a este efecto, en la tarde del 26, una comisión hizo acto de presencia en el Ateneo de Divulgación Social con objeto de solicitar la cooperación de los anarcosindicalistas, a quienes juzgaban elementos de gran acometividad, para que se les unieran en todas las revueltas que pensaban realizar. Y como no obtuvieran contestación satisfactoria, repitieron la gestión al día siguiente, invitándoles de paso al entierro de Ramón Sampere, fallecido en el Hospital Clínico a consecuencia de las heridas recibidas en las inmediaciones de San Carlos; mas los anarcosindicalistas, en aquellos momentos preocupados en cuestiones de reorganización e indignados con una noticia publicada en el periódico *La Tierra,* que les atribuía el propósito de provocar un paro general, se negaron a complacer a los comisionados.

Por fortuna fui enterado a tiempo de los proyectos poco tranquilizadores que abrigaban los que dirigían el movimiento estudiantil, entre los cuales figuraban no sólo producir disturbios durante la conducción del cadáver del citado Ramón Sampere, sino también realizar un acto de agresión a la casa de *ABC,* por haber publicado en la portada de un número el retrato de la madre del guardia Domínguez con el siguiente comentario: "También los guardias civiles tienen madre". Para frustrar tales propósitos, ordené que el muerto fuera llevado al depósito del cementerio durante la noche, con lo cual se evitaron nuevos lamentables sucesos.

La conducta del Gobierno.—Si triste y desconsolador resultaba tener que soportar, sin poderme defender, las campañas violentas de la Prensa, el desvío injustificado de la opinión pública y las amenazas anónimas, incluso contra personas de mi familia, mucho más lo fue darme cuenta del abandono en que me dejaba el Gobierno, después de haberle servido con la máxima lealtad[110]. A un funcionario que cumple a rajatabla las órdenes recibidas —no pocas veces contrarias a su criterio personal— y que se le mantiene en un cargo contra su voluntad, debe por lo menos ampararsele, ya que no asumir todas las responsabilidades, que era lo que en aquellas circunstancias procedía hacer. Pero no; los ministros, y muy especialmente el Presidente, hallaron más cómodo encontrar un cabeza de turco sobre quien descargase la tempestad de pasiones hábilmente desencadenada por los enemigos del régimen. Y así ocurrió que, cuando advino la República, ninguno de los que integraban el último Gabinete de la Monarquía sufrieron la menor molestia, con la única excepción del general Berenguer, y éste no por haber formado parte del Gobierno Aznar, sino por atribuírsele determinada participación durante la tramitación, fallo y ejecución de la sentencia del juicio sumarísimo celebrado el 14 de diciembre en Huesca.

Se me ha dicho después que la falta de apoyo por parte del Gobierno fue debida a discrepancias ocurridas en su seno al enjuiciar los sucesos de la Facultad de Medicina, discrepancias que pusieron de manifiesto una vez más cuán débil era la armonía política entre los encargados en aquellos momentos de la dirección de la cosa pública. Pero no es el aducido un argumento que pueda convencer a nadie, ni menos a mí, pues ya que por imposición de algunos se resolvió mantenerme en la Dirección de Seguridad, debieron éstos, o cuando menos el Presidente del Consejo y ministro de la Gobernación, dar una nota en que se solidarizaran con mi gestión, tanto más cuanto que ésta no había sido más que de ciega obediencia a las órdenes recibidas.

He hablado de discrepancias. Ciertamente. La cordialidad, más aparente que efectiva, que reinaba entre los ministros sufrió graves quebrantos cada vez que se pusieron sobre el tapete temas en que los

---

[110] A propósito de las amenazas referidas, he de hacer constar que se me dijo en anónimos que "la sangre de mis hijos vengaría a la de las víctimas de San Carlos". En Barcelona llegó a noticias del gobernador civil, señor Márquez Caballero, en los primeros días de abril, que se estaba tratando por determinados elementos de asesinar a mi anciano padre.

intereses que afectaban a las diversas fracciones políticas representadas por los consejeros aparecían en pugna. El momento de mayor peligro de esa cordialidad fue, sin duda, el 25 de marzo. De no haber mediado una promesa solemne ante el Rey, es muy probable que ese mismo día se hubiera producido la crisis. Berenguer, Rivera, Hoyos y La Cierva defendieron el comportamiento de la fuerza pública y el mío, sosteniendo además no era digno acceder, aceptándome la dimisión, a las exigencias de catedráticos y estudiantes; Gascón y Marín, sin entrar a discutir el fondo del asunto, se solidarizó con la actitud de las autoridades académicas al mismo tiempo que censuraba la conducta de cuantos tomamos parte activa en los hechos por imperativo del deber; Romanones y Alhucemas, por hostilidad hacia mí, apoyaron al ministro de Instrucción Pública; Maura, Ventosa y Bugallal se mantuvieron en una actitud neutral; Aznar, falto de autoridad, carácter y criterio propio, no supo armonizar durante los Consejos los pareceres opuestos y en cambio favoreció las intrigas elaboradas al margen de ellos. Resultado de todo lo expuesto fue que no se me relevó del cargo ni se acudió en mi defensa, como lo imponía el propio decoro del Gobierno.

No he de negar que en algún momento, como en el Consejo del día 28 de marzo, pareció iba a cambiarse de conducta, toda vez que en la nota oficiosa se decía que el Gobierno se afirmaba en su decisión de impedir a todo trance que los asuntos docentes pudieran utilizarse para promover tumultos y disturbios sin que recayera la sanción correspondiente, y que había quedado encargado el ministro de Instrucción Pública de proponer los acuerdos que debieran adoptarse antes de proceder a la apertura de las Facultades. Estos acuerdos, basados en el reconocimiento de que el invocado fuero universitario virtualmente no existía, debían orientarse en el sentido de dictar reglas que delimitaran tanto las facultades académicas como el momento de intervenir la fuerza pública, así como hasta qué punto debía ésta abstenerse de actuar en el caso de que los edificios destinados a la enseñanza oficial se tomasen como lugares de refugio y agresión. Pero todos estos proyectos no pasaron de la categoría de buenos propósitos, que jamás pensó ver convertidos en realidad el señor Gascón y Marín, siendo muy significativo que los claustros de profesores e incluso cierto sector estudiantil estuvieran enterados, con todo género de detalles, de las deliberaciones sostenidas sobre el pleito escolar en los Consejos de ministros, tanto que por ese conducto tuve conocimiento de pormenores de las discusiones, que luego me confirmó, en el seno de la confianza, el marqués de Hoyos. ¿Quién facilitaba tan prolijas informaciones al personal de los Centros universitarios? Según los confidentes que actuaban en esos medios, el propio titular de la cartera de Instrucción Pública. ¿Era esto cierto? Yo, ni afirmo ni niego; mas si he de hacer constar que el recrudecimiento de la hostilidad de los elementos escolares hacia mí coincidió siempre con los fracasos obtenidos por el señor Gascón y Marín en el salón de Consejos, pues, por lo visto, había ofrecido, o por lo menos hecho cuestión de amor propio, mi relevo del cargo.

En aquellos días empezó a rumorearse, y la Prensa lo dio por seguro, que sería sustituido por el juez don Salvador Alarcón. La elección me pareció acertada.

Una mañana el señor Alarcón visitó al presidente del Consejo —tengo entendido que no por propia iniciativa— y le hizo entrega de la *Memoria* referente a sus investigaciones en Ginebra, trabajo que no había podido obtener de él, a pesar de haber sido yo quien, en los últimos tiempos del Gobierno Berenguer, le había confiado la misión y hasta sufragado los gastos de la misma con cargo a ciertas economías logradas mediante una escrupulosa administración de los fondos secretos. El almirante Aznar lo envió muy recomendado al ministro de la Gobernación. Juez y ministro celebraron una extensa conferencia, de la que parece no salió muy satisfecho el primero.

Yo, que estaba ajeno a tales manejos, fui informado de ellos de pe a pa por el mismo marqués de Hoyos, que justo es reconocer procedió como lo que era: como un perfecto caballero. No tardé en descubrir la mano oculta, siempre hábil y en esa ocasión un tanto torpe, de un ministro afiliado al partido liberal.

Ante la conducta algo extraña del señor Alarcón, me creí en el caso de recordarle una vez más lo de la entrega de la *Memoria,* de la que se apresuró entonces a traerme personalmente una copia. Nuestra entrevista se desarrolló en un ambiente de gran cortesía, que por mi parte extremé.

Y aunque lo lógico después de lo ocurrido hubiera sido cambiar de modo de pensar, persistí en presentar la dimisión. Ante mi insistencia, el general Berenguer, de acuerdo con el presidente previo el asentimiento del Alto Comisario, a la sazón el conde de Jordana, decidió buscarme inmediato acoplamiento en Marruecos, para apartarme, siquiera fuera accidentalmente, del hervidero de pasiones de la capital de España. Cuando se me comunicó esa resolución vi el cielo abierto; pero los acontecimientos políticos me depararon otro destino menos grato: ¡Las Prisiones Militares de San Francisco!

SUCESOS DEL DÍA 25 DE MARZO, EN MADRID

Casas números 153 y 155 de la calle de Atocha, con vuelta a Alameda. En esta bocacalle fue muerto un guardia civil y herido un sargento. Se identificaron los impactos que se indican.

CAPÍTULO IX

DE CÓMO ACABÓ EL MES DE MARZO Y COMENZÓ EL DE ABRIL

UNA NOTA DEL GENERAL BURGUETE QUE TUVO CONSECUENCIAS INMEDIATAS.—Cuando más enconada era la campaña de Prensa por los sucesos de San Carlos, un hecho inusitado por la categoría de quien lo realizó, inoportuno por el momento elegido y reprobable por lo injustificado, vino a favorecer la descomposición que reinaba en el ambiente político, dando nuevos bríos a los enemigos de la Monarquía. Fue ello que el presidente del Consejo Supremo del Ejército y Marina, general Burguete, en la tarde del 27 de marzo, se creyó en el caso de convocar a los reporteros de los diarios madrileños y facilitarles una nota política, en la cual, entre innumerables divagaciones, se emitían juicios, comentarios y hasta amenazas que ningún Gobierno, ni aún el excesivamente débil que nos gozábamos en aquella época, podía tolerar.

Hay que buscar el origen del exabrupto del presidente del Alto Tribunal castrense, más que en el hecho de haberle sido impuesto un arresto gubernativo a su hijo Ricardo, como algunos supusieron[111], en sus ambiciones frustradas y en la incomprensible tolerancia del Gabinete Aznar ante su conducta inexplicable durante la vista de la causa que contra los firmantes del manifiesto revolucionario se había celebrado pocos días antes en el palacio de las Salesas.

---

[111] Al comandante don Ricardo Burguete le fue impuesto por el capitán general de la primera Región el correctivo de dos meses de arresto en un castillo como consecuencia de su intervención en los trabajos revolucionarios; intervención que se hizo del dominio público durante la celebración del Consejo de guerra contra los directores del movimiento de diciembre.

Toda la actuación del comandante Burguete desde el mes de mayo anterior—viajes, relación con elementos ácratas, gestiones de captación acerca de militares, entrevistas con significados revolucionarios, etc., etc.— que señalada oportunamente por la Dirección de Seguridad al ministro del Ejército; pero es indudable existieron circunstancias especiales —quizá razones poderosas—que decidieron a éste a no proceder contra él antes de la fecha en que lo hizo, del mismo modo que había eludido relevar a su padre del cargo que disfrutaba, no obstante haber existido méritos sobrados para ello.

El documento, aunque muy extenso, es digno de publicarse; descubre mejor que yo pudiera hacerlo, comentándolo, los móviles de su autor. Decía así:

"Señores: llamo a ustedes con el título de viejo periodista, compañero de aquellos viejos maestros que se llamaron, y algunos aún se llaman, Augusto Figueroa, Julio Burell, Gonzalo de Reparaz, Rafael Comenge y Santiago Mataix, para decirles cuánto me satisface saber "por boca autorizada" que lo del *ABC* no fue, según me dijeron, y esto me basta, para retirar mi amonestación ante ustedes y hacerla pública también[112].

Ya de paso que les convoco, y habiéndoles prometido decir en su día lo que me estaba autorizado decir y velar por razón del cargo y de las circunstancias, ahí va, volcando el corazón, lo que éstas me obligan a decir, bajo mi absoluta y personal responsabilidad y en bien del Gobierno constituido, a quien siempre debe atender la Justicia, por ese enlace indisoluble que la Constitución otorga a los tres Poderes: el Ejecutivo, el Legislativo y el Judicial. Los tres independientes, pero los tres coordinados y para ayudarse unos a otros en sus estrictas funciones.

La Justicia no es tan fiera, no debe ser tan fiera, que no escuche las razones políticas que mueven a aconsejarla, a solicitar a los otros Poderes, ni éstos, en mutua correspondencia, que no oigan también a la Justicia, invocando razones políticas, pero sin que esta Justicia se salga, como la más fundamental garantía y apoyo de los Poderes, de dos dictados imperiosos: la Ley, y sobre la Ley la conciencia.

¿Cómo ha de escapar nada a la política, si éste es el ambiente en que los tres Poderes viven?

Parecerá singular este caso de que un juzgador hable de su fallo; pero la singularidad de las circunstancias justifica los hechos por las razones antes dichas. Pero a los timoratos y a los leguleyistas, que en su infancia mental no viven de las leyes, sino de la "papilla de las leyes", porque las leyes, en su grandeza, no las digieren.

Me parece que esto está claro y rudo, cual corresponde hablar a un soldado que no sabe hablar de otra manera, por el hábito de dirigirse al corazón de las tropas.

Yo ya esperaba que el fallo, como todos los fallos en asunto de tanta importancia y apasionamiento político, habría de parecer bien a unos sectores de opinión y mal a otros; porque cada uno, según sus deseos,

---

(112) Existen en el escrito del general Burguete algunos conceptos poco claros, al menos para mí. La copia que inserto está tomada de *Ahora;* exactamente igual fue reproducido en otros periódicos.

había de interpretar la aplicación de las leyes y la aplicación de su conciencia, que entrambas son indispensables para satisfacer a la Justicia, según los fundamentos del nuevo Derecho penal y según fue siempre la buena norma de la Justicia y de los buenos jueces. Es la Justicia, señores, la mayor apetencia espiritual de los hombres y de los pueblos, y cuando ella falta es el tormento de la sed inextinguible del espíritu la que antes les enloquece con mayor imperio que el de la sed corporal. No es esta apetencia que admite paliativos y, cuanto menos, que pueda frustrarse o dilatarse. Claro que cada cual entiende la Justicia como antes dije.

Sustenta la Justicia a aquella satisfacción interior de que hablan nuestras Reales Ordenanzas, tan indispensable a la obediencia y al mando. Aquel mando que con su sabiduría cimentó en dos principios básicos e inmutables: "Hacerse querer y respetar". Porque ya entienden las Reales Ordenanzas que sólo en el cariño puede arraigar el imperecedero respeto, y entrambos enlazados Son fuente de disciplina cordial y palpitante, que sólo puede emanar del corazón para que sea permanente, sin amenazas ni coacciones.

¿Qué duda cabe que hay apetencia de Justicia en la opinión, que no logró verse saciada cuando dio fin a aquella dictadura que salió inesperadamente al paso, y sin otra opción, faltos de órganos de gobierno resistente, que pudiera atajarla a su llegada y faltos también de premura y diligencia que debió haberla impulsado en su salida?

Esta apetencia de Justicia, que esperaba ver pronto juzgados a los que dieron ocasión con su lenidad, abandono o negligencia, a la venida de la Dictadura, y que esperaba también ver a ésta juzgada en el despilfarro de su gestión administrativa, se ha sentido defraudada, y ello ha producido esa honda inquietud en el país, que perdurará sin duda alguna hasta que vea saciado este inquieto deseo de justicia, tras de la que, sin duda, se camina, pero cuyo retardo produce la inquietud.

Y esta inquietud, señores, es la que principalmente trae desazonado el espíritu; desazonada la interior satisfacción; desazonado el crédito político; desazonado el crédito económico en su signo monetario; y, lo que es más grave, desazonada y casi totalmente disipada la esperanza, que es el principal aliento de la juventud, que hoy está enloquecida.

Hay que contribuir por todos los medios a calmarla, primero por medios buenos, y, por fin, por los enérgicos, pero haciendo que una aurora de libertad y de justicia disipe las tinieblas que la iniciaron, que la invadieron y la cegaron, y, al perder la esperanza, la lanzaron vientos borrascosos venidos de Oriente a caminar descarriada y enloquecida, sin fe en su saber, sin fe en el sentir, sin fe en el presente ni en el futuro, y sindicada forzosamente, sin guía ni dilección, en el más aciago de los sindicatos: el sindicato de la desilusión, del desaliento y de la duda, de la que hay que sacarla a todo trance.

Bien se ve que no se puede tardar en restablecer definitivamente el imperio de la ley, de la libertad y de la justicia para pacificar los espíritus, y esto, que he aprendido, señores, por mi presente cargo y en el diario ejercicio de las leyes, donde también me tocó llevar la vanguardia, como cuando servía en el ejercicio de las armas, me enseñó que la Ley tiene más perenne virtud de dominio que la espada; porque ésta intimida con acción pasajera y sólo aquélla manda con acción permanente. A nadie creo que se le ocurra volver al disparate y a la vergüenza militar de una nueva dictadura, después de la pasada, y creo que aún es tiempo de apaciguar los espíritus y volver a convocar Cortes de verdad, que nunca hubo, para ordenar y no despilfarrar el patrimonio que al pueblo dejó la Constitución del 76, patrimonio del que nunca hizo verdadero uso, porque alguien dijo que este patrimonio lo dio a administrar el pueblo a malos administradores por desidia, y ahora se encuentra sin él y lo reclama, y es de justicia que se le devuelva. Pero, señores, que lo pida con entereza y sin gritos, para salir del trance de confusión y zozobra que aflige a España, y cuando se dé de verdad, como parece está dispuesta a hacerse, se calmará la general apetencia y a la par se castigará y subsanará en mérito yerros pasados, y servirá a todos de contrición y enmienda.

Porque ¿quién duda que sólo unas Cortes justas, y expresión por primera vez de la voluntad nacional, tendrán derecho a juzgar lo pasado, amparadas y aún obligadas por la Constitución en su artículo 45? Que no se hable más del fantasma de la dictadura, que sorprendió a la mayoría del Ejército y que éste "aborrece desde hoy", porque considera todo pronunciamiento en el Ejército un delito contra el honor y casi en estos momentos graves de la nación en que intenta por medios legales rehacerse, como un delito de traición a esa Patria.

Que cesen los bolos de generales que intentaron hacer presión sobre el Consejo Supremo de Justicia Castrense, con delito gravísimo que el Consejo no hubiera tolerado sin procesarlos "ipso facto" en sus altas atribuciones, detenerlos y aún arrestarlos.

Estas mentiras son de gentes excitadoras. El Consejo cumpliría con su deber por alta que fuera la jerarquía militar de quien intentara cometer este delito, porque teniendo facultades por la ley para procesar a capitanes generales si alguno de éstos fuera capaz de pronunciarse para volver a erigirse en dictador, poniendo en duro trance a la Patria y en nueva vergüenza al Ejército. Conozco, por ser el más antiguo de ellos, a mis compañeros de armas, y respondo que no hay ninguno capaz de hacerlo.

Téngase confianza en que el Ejército está arrepentido de aquellas Juntas militares pasadas que prepararon aquel pronunciamiento del 13 de septiembre, tan escarnecido por generales y jefes hoy en su mayoría procedentes de aquella inolvidable, Academia General Militar, donde se nos enseñó a aborrecer que los militares hicieran otro uso de la política que el de voto que les autoriza la ley "para pronunciarse únicamente expresando" lo que la conciencia les dicte. Calme los espíritus de la Prensa. Hablé para que todos hablen en su día ante las urnas. Yo respondo en mi cargo, y como viejo soldado del Ejército. También sé, como viejo periodista, lo que ustedes pueden hacer.

Finalmente, ruego a todos que ante los telegramas y cartas y ante los millares de tarjetas que en mi casa recibo y que me hallo en la imposibilidad de contestar —porque el domingo me voy de viaje a descansar, que bien lo tengo ganado—, que agradezco en persona la atención, pero que la rechazo como funcionario de justicia, porque no cabe admitir dádivas y mercedes, y muy grande es para mí la merced de su atención en cosa tan insignificante que es cumplir con el deber para quien no tuvo otras normas en la vida ni otro patrimonio orgulloso, heredado de su abuelo, soldado; de sus padres, soldados; de sus hijos, soldados, y de sus nietos; si para entonces la humanidad horrorizada, de la que fui testigo presencial, no ha hecho acto de contrición y enmienda, y los pueblos y los hombres se juramentan para la paz y truecan el noble pero terrible ejercicio de las armas por el no menos noble ejercicio de las letras y de las plumas, ya que en la época de nuestra grandeza española anduvieron siempre unidos. Y desmientan así aquel pensamiento de aquel grande, singular y último caudillo que pasó a la Historia como "soldado conocido". Aquel Napoleón que dijo desde Santa Elena en sus pensamientos: "La pólvora mató a la Edad Media y Feudal; la tinta matará a la sociedad moderna". No, señores; la tinta que siempre será el arma de los calamares, como decía con donosura el incomparable Ortega y Gasset, no matará a la sociedad moderna, antes la resucitará, porque cuanto mayor sea el número de los que sepan leer y escribir, antes despertará la conciencia de los pueblos y se acabarán las guerras y no habrá soldados ni aún profesionales, porque así como la cultura acabó con el duelo, una mayor cultura acabará con las guerras, legado uno y otras del habitante de las cavernas.

Aun cuando sirvieran para ir ennobleciendo a los hombres desde la edad pasada en la mayor de las virtudes: la de dar por la patria la sangre y la vida. Que seguía sacrificándose en los mejores para el bien del progreso; pero no con las armas, sino con los atributos indispensables para esgrimir dignamente las armas, cuando ya éstas no tienen razón de empleo con el corazón y con el derecho.

Y nada más, si es bastante, señores de la Prensa".

Tan pronto como el general Berenguer tuvo conocimiento del acto realizado por el presidente del Consejo Supremo, procuró ponerse al habla con el jefe del Gobierno, lo que no pudo conseguir hasta pasadas las cinco de la tarde. A esa hora próximamente me avisaron de la Secretaría particular del primero para que a las ocho fuera al palacio de Buenavista a recibir instrucciones.

El conde de Xauen expuso al Presidente del Gobierno con todo género de detalles lo realizado por el general Burguete y la necesidad imperiosa de relevarle del cargo e imponerle un correctivo.

Aznar quedó un poco perplejo por la noticia, y más todavía por las sanciones propuestas; pero no se atrevió a resolver sin antes oír el parecer del conde de Romanones. Se le mandó llamar a la Presidencia.

La entrevista que celebró el Presidente con los ministros de Estado y Ejército descubrió a este último algo interesante que ignoraba: el apoyo que Romanones había ofrecido al general Burguete en las derivaciones que pudieran tener sus "transigencias" durante la vista de la famosa causa y el asentimiento a todo ello por parte del general Aznar; pero el compromiso, según el conde, se había limitado a lo que pudiera ocurrir en el palacio de las Salesas, quedando sin efecto al cesar las sesiones del Consejo de guerra. Ahora se trataba de un acto del general Burguete, realizado bajo su exclusiva y personal responsabilidad, y, por lo tanto, no se creía en el deber de oponerse a las sanciones a que pudiera haberse hecho acreedor por la absurda nota entregada a los periodistas.

Ante tales manifestaciones del conde de Romanones, no halló el general Aznar inconveniente en que el presidente del Consejo Supremo fuera relevado del cargo y se le impusiera el correctivo de dos meses de arresto, medidas ambas propuestas por el ministro del Ejército.

Cuando yo, a la hora que se me había indicado, llegué al Ministerio del Ejército, me encontré con el capitán general, que también había sido citado. Ambos pasamos al despacho del ministro en cuanto llegó de la Presidencia. El general Berenguer nos puso a los dos en antecedentes de las determinaciones adoptadas; nos dio instrucciones sobre la forma como debía hacerse la conducción; ordenó fuera redactado el oportuno decreto de "cese" y dispuso se adquiriesen los muebles necesarios para que el general Burguete estuviera en el fuerte de Santa Catalina con el decoro que correspondía a su elevada jerarquía militar.

La "sensacional" —llamémosla así— nota del general Burguete produjo el natural asombro, según fue conociéndose en Madrid. Ni que decir tiene que los elementos revolucionarios se bañaron en agua de rosas, y la Prensa que les era afecta, que estaba en mayoría, hinchó el perro de los comentarios y aplaudió a rabiar el acto del ilustre escritor militar y ya ex presidente del Consejo Supremo del Ejército y Marina. Por cierto que la misma noche del 27, y relacionado con este asunto, circuló el rumor de que en la casa del marqués de Cavalcanti, a la sazón capitán general de la segunda región, se habían reunido varios generales para tratar de la situación política, e incluso no faltó bienintencionado que lanzó a rodar la especie de que se trataba nada menos que de implantar una nueva dictadura. Todo ello era falso: el general Cavalcanti se hallaba aquel día en Sevilla. Tanto es así, que a presencia mía sostuvo el ministro una conferencia telefónica con él, en la cual le anunció el paso del general Burguete camino de Cádiz, encargándole con mucho interés se le guardasen todo género de atenciones. En dicha conferencia el conde de Xauen ofreció al marqués de Cavalcanti el sillón presidencial del Consejo Supremo del Ejército y Marina.

Al día siguiente, 28, por la tarde, salía el general Burguete para su destino, acompañado de un teniente coronel de la Guardia Civil. Por la mañana, su hijo Ricardo lo había hecho para el fuerte de San Cristóbal (Badajoz).

Tan pronto como el general Burguete se instaló en Santa Catalina y hubo descansado del ajetreo del viaje, redactó una nueva nota, más comedida que la primera en juicios, aunque no en divagaciones, para poner de manifiesto las pruebas de afecto, simpatía y entusiasmo que había recibido en varias estaciones andaluzas. Sus únicas censuras fueron para un agente de Policía que se permitió pedir la documentación a un periodista que estaba entrevistándose con él en la cabina del coche cama; acto que consideró impertinente y calificó de "consecuencia de unos celos, exaltados por imprudentes e indiscretos". No pude averiguar el alcance que quiso dar a estas palabras el general.

En el fuerte de Santa Catalina cogió al ex presidente del Consejo Supremo la proclamación de la República.

MI ÚLTIMA CARTA CIRCULAR A LOS GOBERNADORES CIVILES.—En los últimos días de marzo, nuestro embajador en París se hallaba muy preocupado con cierta agitación que su servicio especial acusaba haber notado entre los elementos emigrados de mayor significación. Esta misma preocupación la señalaba el servicio secreto que dependía directamente de la Dirección de Seguridad, el cual hacía notar con insistencia lo significativo de ciertas misteriosas desapariciones de individuos de los que más ligados parecía estar a Ramón Franco.

La coincidencia en las apreciaciones hacía sospechar que algo se estaba preparando; pero ambos servicios acusaban como finalidad hechos bien distintos: el del embajador temía se estuviera preparando un nuevo movimiento revolucionario para fecha próxima; el de la Dirección de Seguridad insinuaba la posibilidad de que se tratase de perpetrar algún atentado. Sin embargo, ni el uno ni el otro justificaban sus temores más que con vagos indicios, faltos de la base sólida que es garantía de veracidad en las confidencias de origen fidedigno.

Puesto a reflexionar detenidamente sobre ambas suposiciones, me pareció más dentro de lo posible la primera; que a su vez coincidía con ciertos informes facilitados por agentes que actuaban en algunas capitales del territorio nacional, especialmente en Bilbao. No parecía lógico, por otra parte, que los antidinásticos provocasen movimiento alguno antes de la celebración de las elecciones, dada la gran actividad de propaganda que estaban desplegando y las órdenes que de Madrid se habían circulado a todas las organizaciones del Partido Socialista y Unión General de Trabajadores para hacer un recuento efectivo de votos. El movimiento, de producirse, debía ser después de un fracaso en los comicios.

No obstante las anteriores consideraciones, ante un telegrama alarmante de Quiñones de León, creí de mi deber imponer a los gobernadores sobre lo que se me decía desde París, sin dejar traslucir mi íntimo convencimiento sobre cuál estimaba pudiera ser el momento probable de ejecución, a fin de que no demorasen la realización de sus investigaciones. Esta carta, que se cursó el 28 de marzo, fue la última que, con carácter circular, dirigí a las primeras autoridades civiles de las provincias. Su texto era el siguiente:

"Mi distinguido amigo: Nuestro embajador en París, con fecha 27 del actual, dirige al ministro de Estado un telegrama que me ha sido trasladado por el de la Gobernación, y que, copiado, dice: "Según confidencias diversas que parecen tener buen origen, tratase actualmente de organizar para fecha próxima movimiento revolucionario, asegurándose que se han efectuado compras de armas en Bruselas, las cuales entrarán en España por Santander, donde estaría centralizada organización, si bien movimiento sería iniciado en Sevilla. Otras confidencias pretenden que las armas proceden igualmente de Bélgica y también de Alemania, siendo puntos de entrada en España Gibraltar, de las por vía terrestre, valle Seo de Urgel, asegurándose que personal trabaja carbones proximidad a la frontera franco-española, y que es reclutado en su mayor parte Oviedo, facilitaría explosivos para la región catalana".

Las noticias respecto al próximo movimiento a que dicho telegrama se refiere no sólo han circulado por París, sino que también se han difundido por España, y muy especialmente por Madrid, que es hoy el centro de agitación.

De París ya me anunciaron que Franco, Rada y Pinillos habían desaparecido, y que esperaban órdenes en Madrid para llevar a cabo la ejecución de un movimiento revolucionario aprovechando los sucesos últimamente provocados por los estudiantes, y que trataban de mezclar a la clase obrera para el mejor éxito de sus propósitos.

Rogándole guarde de esta carta la más absoluta reserva y me dé aviso de su recibo, se reitera atento s. s. y amigo q. e. s. m., *Emilio Mola".*

Ya circulada la carta anterior —me parece fue a los dos días—, la casualidad me deparó una entrevista con persona que por sus ideales políticos y por el medio en que se movía estaba bien al tanto de los propósitos de los revolucionarios. Esta persona me era absolutamente leal por desinteresada amistad.

—De momento puede vivir el Gobierno tranquilo—me dijo—. El proyecto de las fuerzas coaligadas antimonárquicas es el de ir desde luego a las elecciones, no con la esperanza de ganarlas, sino con la de obtener una lucida votación que sirva de estímulo para la de diputados a Cortes, con objeto de llegar a un Parlamento en el cual dominen ellos, en cuyo caso la caída del régimen sería inmediata, o se tenga una minoría de tal importancia que sea imposible gobernar con él. En las dos elecciones se echará, pues, el resto. Ahora bien; si a pesar de todo en las municipales se fracasara, aunque sea en buena lid, el sentido común revolucionario marca debe provocarse una intensa agitación, con el pretexto de que el Gobierno procedió con parcialidad, engañando al pueblo; a este período de agitación, que debe ser lo más breve y enérgico posible, habrá de seguir otro nuevo golpe contra la Monarquía, que, por su mejor preparación que el de diciembre, tendrá grandes probabilidades de éxito. En los casos más desfavorables —Parlamento caótico o revolución fracasada—, forzosamente habrá de caerse en una dictadura, contra la que se sublevará la nación entera. ¡Ésa será la hora de la República!

Mi amigo se extendió en otras consideraciones de menor importancia, y luego añadió:

—Fue un grave error político del Rey, o de quienes le aconsejaron, haber dificultado que don Melquiades formara Gobierno. El programa de los constitucionalistas era el único que, bien llevado, habría podido dar al traste con los revolucionarios; es más: yo creo que incluso se hubiese logrado romper la inteligencia entre republicanos y socialistas, ya que de éstos no hubiera sido difícil al Gobierno obtener colaboración a cambio de algunas prebendas...

Así se expresaba un republicano de abolengo dos semanas antes de las elecciones. Y ésa era la verdad de lo que se proyectaba.

La Policía se incauta de unas cuantas bombas.—Entre los papeles que aún conservo, existe un recorte del periódico *Ahora,* correspondiente al 31 de marzo, que empieza así: "La Policía del distrito de Buenavista tuvo confidencias hace algunos días de que en su demarcación existía un depósito de explosivos. Practicadas distintas investigaciones, se llegó a adquirir casi el convencimiento del lugar donde se hallaban los explosivos, y ayer a las nueve de la mañana se personaron un comisario y un agente en un taller de reparaciones de acumuladores, instalado en una pequeña tienda de la calle de Ayala..."

En forma análoga iniciaban su información la mayor parte de los periódicos de la noche del 30 y mañana del 31. Más es el caso que ni la Policía del distrito de Buenavista, ni la División de Investigación Social, ni yo tuvimos la menor noticia de la existencia de tales artefactos.

A mí me sería fácil ahora —pues nadie iba a desmentirme— cultivar la "novela", e incluso adornarla con algo de fantasía; pero mi carácter me lo impide. Voy, por lo tanto, a decir la verdad, aunque con ella moleste a quienes se atribuyeron el éxito del servicio e incluso pretendieron hacerlo valer ante mí.

Los hechos ocurrieron de la siguiente forma:

A primera hora de la mañana del 30 se presentó en el Ministerio del Ejército un caballero solicitando hablar con el general Berenguer: le llevaba allí, según dijo, un asunto urgente y reservado. Fue recibido en el acto, pues dio la casualidad de que el general aquel día había salido a su despacho más temprano que de ordinario, y el visitante era persona conocida del ministro.

Ya en presencia del conde de Xauen, el recién llegado sacó de debajo del abrigo un paquete pesado y no muy voluminoso, de forma cilíndrica, cuidadosamente envuelto en un periódico, y lo depositó sobre la mesa. ¡Era una bomba! Acto seguido refirió que aquel mismo día, muy temprano, hallándose en su domicilio, se le había presentado un joven, al parecer estudiante, entregándole el artefacto aquel para que lo hiciera llegar a poder de las autoridades, así como la noticia de que en un taller de la calle de Ayala —el mismo en que después fue hallado el cajón de bombas— existían varios más, que iban a ser distribuidos entre otros compañeros suyos para que los utilizaran en realizar determinados hechos. Dicho joven, según manifestó, había reflexionado sobre la gravedad del acto que iba a realizar y se arrepintió, delatando el lugar donde se guardaban los restantes, para impedir que los otros comprometidos, quizás menos temerosos que él, llevaran a cabo lo que se les había ordenado. El caballero creyó de su deber aceptar el enojoso encargo y resolvió ir a dar cuenta de todo al ministro del Ejército, por considerar que a éste correspondía tomar las medidas oportunas.

El general Berenguer, después de oír el relato, dijo al visitante que por un teléfono cualquiera pusiese en conocimiento de la Dirección de Seguridad el lugar donde se hallaban las citadas bombas, única forma de no aparecer mezclado en el sumario, que, de tener comprobación la denuncia, con toda seguridad se incoaría. Así lo hizo el buen señor, llamando primero a la Inspección de guardia de la Dirección, por la que no fue atendido, y después a la Comisaría del distrito de Buenavista, que practicó el servicio.

Entre el taller referido y el domicilio de quien lo regentaba fueron encontradas hasta treinta y dos bombas de dinamita, preparadas para ser utilizadas; es decir, con mechas y detonadores. Las bombas eran de construcción tosca, análogas a las descubiertas poco antes por unos niños en el término de Canillejas, y probablemente de análoga procedencia.

Alrededor de este hallazgo se desbordó la fantasía, al punto de que incluso hubo periódico que afirmó que los artefactos eran de tal potencia que la explosión de uno solo hubiera bastado para reducir a escombros el edificio de la Dirección de Seguridad (¡!); tampoco faltó el que, a propósito de haber yo desarmado uno de ellos en la Comisaría, se lamentaba no hubiera hecho explosión. El que lo dude puede repasar la colección de *Heraldo de Madrid* de aquella época.

Con motivo del asunto de las bombas se practicaron varias detenciones, y el Juzgado actuó. Yo me limité a tomar las disposiciones necesarias a fin de impedir que otras pudieran hacerse estallar durante la celebración de los Santos Oficios, procesiones y demás actos religiosos de la Semana Santa, en la cual nos hallábamos.

CAPÍTULO X

ASUNTOS POLICIALES

EL SERVICIO SECRETO.—A primeros de abril, el rendimiento del servicio secreto había decaído bastante a pesar de los esfuerzos que tanto el infatigable jefe de la División de Investigación Social, comisario Martín Báguenas, como yo, hacíamos por mantenerlo y aún perfeccionarlo. Obedecía ello a varias causas, entre las que figuraban en primer término el agotamiento de unos confidentes y la pasividad de otros: los "cooperadores" —como se dice en técnica policial— necesitan ser de un talento excepcional para poder actuar durante una larga temporada sin infundir sospechas o ser descubiertos, y, como por otra parte, no suelen tener madera de héroes, ante el cariz que tomaban los acontecimientos, muchos de ellos, sin llegar a romper con nosotros definitivamente, adoptaron una actitud de prudente alejamiento. Las capitales donde mejor funcionaba el "aparato" de investigación secreta, aparte Madrid, eran Bilbao y Valencia. La Jefatura Superior de Barcelona, por denuncia un tanto misteriosa, había perdido la colaboración del mejor confidente que actuaba en los medios sindicales; yo, empero, pude conservar hasta última hora relación directa con el agente que mantenía contacto con los "grupos de acción", que, a decir verdad, eran en aquellas circunstancias los que más me interesaban, ya que en ellos se fraguaban los atentados contra las personalidades. Para mayor contrariedad, cada día era mayor la captación que la propaganda revolucionaria hacía entre el personal de la Policía, sin que pudiera actuar enérgicamente contra los sospechosos por carecer de pruebas concretas unas veces y otras por presiones que no podía desatender, como ocurrió en el caso de un próximo pariente del general Aznar.

A los pocos días de proclamada la República, pude comprobar lo bien orientado que estaba respecto a la conducta dudosa de algunos funcionarios: les vi ocupar puestos de honor y de confianza: ¡pago espléndido a su deslealtad para conmigo!, deslealtad que volverán a repetir con los jefes a cuyas órdenes estén tantas veces como las circunstancias se lo exijan, que es el de la traición estigma que vive y muere con el individuo. Y no se diga que procedieron por ideales, pues quien no tiene honor carece de espiritualismo para sentirlos.

De un lado la situación especial en que me encontraba en mis relaciones con el Gobierno después de haber presentado con carácter irrevocable mi dimisión, y de otra la precipitación con que se sucedían los sucesos desagradables, imposibilitaban una labor eficaz de reorganización en el servicio secreto. Los confidentes son elementos que no se obtienen cuando se quiere, sino cuando se puede; además, para ser utilizados con verdadera eficacia, es preciso haber comprobado de cierta manera su fidelidad; proceder de otra forma, es malgastar el dinero —en aquella época muy escaso— y exponerse al fracaso. Aparte las dificultades expuestas, seguía teniendo la información suficiente para ir saliendo del paso, lo que no era poco dadas las difíciles circunstancias por las que atravesábamos.

Las organizaciones secretas que actuaban en París, tanto la que mantenía Quiñones de León como la que dependía directamente de la Dirección de Seguridad, facilitaban bastante información; con todo, esta última no rendía, a mi juicio, ni mucho menos, el efecto útil correspondiente al sacrificio económico que representaba sostenerla. Respecto a la que actuaba a las órdenes del embajador, no me atrevo a hacer tan concreta afirmación, pues jamás pude saber lo que en mantenerla se invertía. Tan convencido estaba de que el gasto del servicio secreto en París no era prácticamente reproductivo, que en varias ocasiones propuse al ministro de la Gobernación, sin conseguirlo, darlo por terminado. Este servicio se pagó casi siempre con fondos que facilitaba la Presidencia del Consejo de Ministros, que, salvo una ocasión, se hicieron llegar al destinatario directamente, condición que fue impuesta por mí por razones de delicadeza que no es necesario explicar.

Por cierto que a finales de marzo o principios de abril —no recuerdo bien la fecha— ocurrió un incidente que luego me ha valido la hostilidad implacable de un culto escritor. El hecho tuvo lugar como sigue:

El director del servicio secreto en París tenía, al parecer, gran amistad con cierta familia que, por su elevada posición y rancia nobleza, bullía mucho en el gran mundo; su espléndido palacio era lugar de reunión de elevadas personalidades e incluso algunas fiestas que en él se celebraban se vieron honradas con la asistencia de SS. MM. Dicha familia —a la que sólo conocía de nombre— era la única que sabía la clase de relaciones existentes entre el director del servicio secreto y yo. Este individuo un día llegó a Madrid para tratar conmigo sobre ciertos asuntos relacionados con su gestión y me indicó como punto para celebrar la conferencia el palacio de sus amigos, en el cual le habían ofrecido nos reservarían una habitación, donde podríamos hablar a solas con entera libertad. Le contesté me era un tanto violento usar para nuestros asuntos de la hospitalidad ofrecida por unos señores a quienes no tenía el gusto de conocer, y expuesto al mismo tiempo para él, ya que la servidumbre era numerosa, y, además, la mansión muy frecuentada por políticos, aristócratas, escritores, etc. Mis argumentos sólo le convencieron a medias, pues, por lo visto, tenía también gran interés en que nos viéramos en el palacio; pero ante mi negativa rotunda, se avino a celebrar la entrevista en otro lugar, algo alejado del casco de la población. No pasó más.

Al poco tiempo, un conocido me preguntó:

—¿Qué les ha hecho usted a los señores de ...?

—¿Yo? Nada; ni les conozco—repuse.

—Pues le pusieron la otra tarde como hoja de perejil.

—¡Caramba! ¿Qué me dice usted?—contesté, haciéndome de nuevas.

Meses después, la animosidad de aquella familia la vi confirmada en unos artículos publicados en cierta revista de carácter político. Y lo más triste del caso es que la pasión hizo decir al autor de ellos algunas inexactitudes.

Para terminar diré que a primeros de abril, ante las noticias alarmantes llegadas de París por conducto del Ministerio de Estado, el marqués de Hoyos mostró gran preocupación, y lejos de suprimir el servicio que sosteníamos en la capital de Francia, lo quiso ampliar, aceptando sin reservas los servicios de un ex policía, del que no me dieron muy buenos informes. Este confidente, no obstante haberse llevado para los trabajos preliminares cinco mil pesetas de los fondos reservados de Gobernación, no proporcionó, que yo sepa, noticia de interés[(113)].

CUESTIONES INTERNAS.—Si desagradable era para mí el ambiente político con el cual tenía que luchar de puertas afuera de la Dirección de Seguridad, no lo era menos el de intrigas que se respiraba dentro de ella. A la preocupación constante que me invadía por las supuestas o comprobadas deslealtades de funcionarios, había que añadir los disgustos que me proporcionaban los frecuentes tiquismiquis entre los altos jefes, reveladores de una falta de armonía lamentable, que, como es lógico, iba en perjuicio del servicio: todo eran celos, rivalidades y odios desenfrenados. Tal estado de cosas trascendía al personal subalterno, con grave quebranto del principio de autoridad y daño para la disciplina; pero

---

[(113)] Cinco mil pesetas en los tiempos que yo fui director de Seguridad se consideraba una suma respetable. Los "cooperadores" se pagaban a razón de cien a trescientas pesetas mensuales. Excepcionalmente por la confidencia que hizo fracasar el complot de Barcelona aboné cuatro mil pesetas; diez mil por el plan documentado del movimiento revolucionario de diciembre y mil por un interesantísimo escrito que me fue facilitado a finales de marzo, en el que se denunciaba al autor de la sustracción de un proceso por supuesta estafa. El "aparato" de París costaba mantenerlo poco más de mil pesetas diarias; funcionó completo desde primeros de enero hasta el 14 de abril.

había algo peor, y era que por natural instinto de conservación, cuantos eran destinados a la Dirección de Seguridad se veían en el caso de alistarse en las banderías de unos o de otros; las excepciones eran raras. Esto constituía una maraña un tanto complicada, difícil de extirpar, pues para ello hubiera sido necesaria una remoción general, y aun así hubiese persistido, ya que el sistema, por desgracia, tenía hondas raíces en la organización policíaca nacional.

La primera medida de todo jefe al ser nombrado, era rodearse de un núcleo de favoritos pertenecientes a las categorías inferiores. Estos favoritos eran los encargados de captar adeptos, informarse de todo aquello que pudiera esgrimirse en contra de los demás, fomentar las intrigas y hasta en alguna ocasión —muy raras en mi tiempo— realizar los chanchullos, que se llevaban a cabo con admirable habilidad. Estos satélites abusaban de su situación privilegiada cuanto podían, favoreciendo a sus amigos descaradamente y perjudicando a los que no lo eran con despiadado refinamiento. Era una lucha enconada y triste que me repugnaba: yo no estaba acostumbrado, ni me podía acostumbrar, a tales procedimientos.

En el transcurso del tiempo fui perdiendo la confianza en quienes más debía tenerla, y llegué a adquirir el convencimiento de que eran contados, contadísimos, aquellos de los cuales me podía fiar; por eso tal vez no me sorprendieron hechos que pasaron después. Comisario hubo, al cual elevé a puesto que él jamás pudo soñar, y luego he sabido puso a prueba su ingenio, sin otro objeto que adular, haciendo chistes a costa de la situación tan injusta como poco envidiable a la que los acontecimientos políticos me arrastraron. Otros hicieron más. Tal proceder sólo es explicable en hombres de una ética especial. Sin embargo, también he recibido testimonios inequívocos de afecto, cariño y reconocimiento de humildes funcionarios que apenas conocía; que no me debían nada. ¡Éstos, los humildes, fueron siempre los mejores!

El contraste de conducta entre los altos funcionarios y los modestos es prueba de que la materia prima era buena, como no podía menos de suceder; mas luego, contagiada por el ambiente que la rodeaba, insensiblemente cambiaba su moral. He meditado muchas veces sobre las causas originarias de esta metamorfosis y he creído encontrar las dos principales: la miseria y la política. Me explicaré:

Cuando el policía sale de la Escuela es un joven lleno de ilusiones y falto de necesidades; pero a medida que el tiempo pasa, éstas aumentan, por ley natural, en proporciones aterradoras mientras aquéllas se adormecen o se esfuman; el sueldo, modesto en exceso, es el único que permanece invariable durante años y más años. La gestión profesional del policía, por imperativo de su deber, se desenvuelve en íntimo contacto con sectores sociales donde el dinero bulle: prostitución, juego, espectáculos... Los mayores negocios en ellos se realizan cuando se actúa al margen de la ley, y quienes los explotan están siempre prontos al soborno de los encargados de hacerla cumplir: ya tenemos al hombre ante el peligro. Por otra parte, la vida íntima del policía, como la de toda persona que se crea una familia, tiene exigencias ineludibles, que a veces, casi siempre, no puede atender: el sustento de su hogar; las enfermedades, con la onerosa contribución de médicos y botica; el traje decoroso, etc. He aquí al funcionario a las puertas de la miseria. Se puede pedir a un hombre que sea héroe y hasta mártir; lo que no se puede exigir a ningún padre es que deje morir a sus hijos de hambre o por falta de asistencia pudiéndolo evitar. *¡That is the question!* Pero sucede algunas veces a quien la necesidad le obligó en una ocasión a olvidar el sagrado concepto del honor, lo que a la mujer que tiene un desliz: que como la cosa es grata, poco a poco va perdiendo el pudor y termina por aficionarse; y ya luego, aunque las circunstancias cambien, es muy difícil sustraerse a lo prohibido, máxime si se tropieza con gentes poco escrupulosas. Y cuando los funcionarios de esta índole llegan a los puestos elevados, en los cuales la retribución, sin ser espléndida, es decente, ya no es el motivo la tristeza de una mesa sin pan, ni la visita del especialista, ni el específico costoso, ni el apremio del sastre..., sino la querida, el veraneo, el "cocktail" y el póker. Así rueda la bola, y así el que fue honrado y debió seguir siéndolo lo vemos convertido en un pillastre.

Afortunadamente para el prestigio de la colectividad, lo que acabo de decir no es, ni mucho menos, la regla general. Conocí en todas las categorías hombres dignos de figurar, si lo hubiera, en el libro de oro de la honradez: cuadros de desesperada miseria mantenidos por conservar inmaculado el concepto público, el aprecio de sus jefes y la propia estimación; tragedias de hogar que, por no importar a nadie, había que vivirlas silenciosamente, sin el consuelo y la confortación ajena. Yo acudí en más de una ocasión en auxilio de desdichas en la proporción que me permitía mi modesto peculio particular, pues jamás quise —y de ello bien enterados están cuantos compartieron conmigo la labor administrativa— que los diversos fondos se emplearan en aquello que no fuera reglamentario. Por ahí deben andar todavía algunos a quienes pagué traslados, libré de la vergüenza del desahucio y atendí a sus más perentorias necesidades. Admiré entonces, y admiro todavía, el espíritu de sacrificio, la resignada abnegación y la austeridad infinita de no pocos funcionarios, modestos por su posición social, pero grandes, inmensos, por su culto inquebrantable a la moral.

La política. También ésta tenía gran parte de culpa en los vicios de nuestro organismo policial, pues los cambios de Gobierno traían aparejados casi siempre relevos de funcionarios, tanto menos seguros en sus puestos cuanto más elevada era su jerarquía o codiciados sus destinos. La recomendación del poderoso y el favor al correligionario eran dos peligros que se cernían amenazadores sobre quienes no contaban con valiosas influencias en la situación. De aquí la necesidad de los de abajo de agruparse en torno de los de arriba, de buscar defensor; de ahí también el pugilato de los altos jefes para captarse rápidamente la simpatía del nuevo director, aprovechando toda oportunidad favorable para verter insidias, cuando no para realizar ataques directos y despiadados contra los compañeros que consideraban podían ser candidatos a mejorar de situación. De todo lo malo que en la Dirección de Seguridad pude observar, esta guerra de intrigas fue lo que me dio más asco: no me cabía en la cabeza que quienes se saludaban por los pasillos con exagerada cortesía y hasta con afabilidad, luego, a solas conmigo, en la intimidad del despacho, se despellejaran con la refinada crueldad de los más irreconciliables enemigos; sin embargo, así era. Yo podría citar aquí casos y nombres, pero ello sería remover un pozo negro de bajas pasiones, que más vale dejar quieto.

Tan pronto descubrí las causas aludidas traté de poner los medios para hacerlas desaparecer. Fue uno de los principales objetos del Reglamento de 25 de noviembre de 1930.

NOMBRAMIENTOS.—A primeros de abril, por ascenso a general del coronel Marzo, quedó vacante la Jefatura Superior de Policía de Madrid. Como siempre sucede cuando se trata de cubrir un cargo de esa importancia, no faltaron candidatos que más o menos directamente hicieron llegar hasta mí sus deseos, e incluso los hubo que interpusieron valiosas influencias, de las que no hice caso, pues ninguno de ellos reunía, por lo menos a mi entender, las condiciones de prestigio, inteligencia, tacto y energía que estimaba indispensables para desempeñarlo con acierto. La recomendación que no se atiende la consideran los profesionales de la política como desaire imperdonable: por ello me capté algunas enemistades.

Pese a mis buenos deseos, llegó la hora en que se produjo la vacante sin haber encontrado el hombre a propósito; mas como el asunto apremiaba, tuve que decidirme por una solución: propuse al Gobierno fuera designado el coronel Aranguren, que, como ya se sabe, ejercía análogo cargo en Barcelona. Me impulsaron a ello razones de orden político y moral.

Como era de esperar, desde que Aranguren tomó posesión de la Jefatura Superior de Policía de Barcelona, los elementos de siempre, los que querían un jefe de Policía que obrase al dictado de su conveniencia, los que habían abogado porque lo fuera un catalán, iniciaron la misma labor de que ya anteriormente hicieron víctima al coronel Toribio. Por desgracia, no obstante los buenos deseos del coronel Aranguren, éste no logró imponerse, con la rapidez que las circunstancias demandaban, en los problemas sociales, ni aun siquiera adquirió el conocimiento de la ciudad que le era indispensable para el ordenamiento y distribución de los servicios; también carecía de carácter para mantener disciplinado al personal que estaba a sus órdenes, el cual, además, salvo contadas excepciones, procuraba trabajar lo menos posible. Desde luego, justo es reconocerlo, no era el jefe superior que allí se precisaba en tan difíciles momentos. El fracaso de su gestión lo conocía con todo detalle el Gobierno —especialmente por conducto del señor Ventosa— y más de una vez observé en el ministro de la Gobernación deseos de complacer, seguro de no equivocarse, a quienes tanto presionaban para que fuera relevado. En esta ocasión, a las exigencias de la política se unía la poca fortuna en la gestión. Pero yo no podía en forma alguna dejar desamparado a quien por complacerme había abandonado uno de los más codiciados destinos del Instituto de la Guardia Civil (el Colegio de Guardias Jóvenes de Valdemoro), y no lo podía desamparar máxime habiendo trabajado con buena voluntad y administrado con honradez.

Por las consideraciones expuestas, decidí traer al coronel Aranguren a la Jefatura Superior de Madrid, donde podría desenvolverse con mayor facilidad, ya que, por defectos de organización, el director de Seguridad absorbía muchas de las funciones que eran peculiares del jefe superior.

Para el cargo de jefe de Policía de Barcelona se designó al coronel de Infantería, retirado, señor Rufilanchas, que por haber vivido muchos años en Cataluña conocía al detalle sus problemas, tanto políticos como sociales, estaba muy considerado por todos los elementos civiles y militares, había ejercido cargos delicados con indiscutible acierto y tenía fama de ser hombre trabajador, perspicaz, enérgico e íntegro. Creo firmemente que Rufilanchas, de haber tenido tiempo, hubiera realizado una labor brillante: lo poco que los acontecimientos le permitieron actuar así lo hizo presumir.

CAPÍTULO XI

EL PERÍODO ELECTORAL

PROPAGANDA POLÍTICA.—El Gobierno, fiel al compromiso adquirido con la opinión pública al constituirse, dejó en completa libertad a los diversos partidos políticos para que realizaran su propaganda. Esta amplia libertad fue hábilmente aprovechada por los elementos revolucionarios para desarrollar una campaña enérgica que también fecunda contra la Monarquía, campaña que rebasó, por debilidad o excesiva condescendencia de aquél, los límites de lo permitido por las leyes. Jamás la procacidad de los oradores llegó a extremos tan desatinados, ni la Prensa se expresó en términos tan violentos como lo hicieron unos y otra desde que se publicó el decreto de convocatoria hasta que se celebraron las elecciones; jamás se conoció en España —o, por lo menos, yo no lo recuerdo— un período electoral en que los ciudadanos, sin distinción de clases, se mostraran más interesados en la lucha. Contrastaba, sin embargo, la actividad de los directores de los partidos de oposición con la apatía de los jefes de los de filiación monárquica; y, para colmo de desdichas, contrastaba también la unión de los primeros con los antagonismos de los segundos. En más de una ocasión, accidentalmente, fui testigo de los esfuerzos realizados a fin de lograr que, salvando diferencias doctrinales, se pusieran de acuerdo para las candidaturas los de las distintas organizaciones afectas al régimen; pero, desgraciadamente, los personalismos y las rivalidades se impusieron casi siempre al buen sentido. La falta de inteligencia no podía conducir más que al fracaso.

No soy de los que creen que con una mayor unión de los monárquicos el resultado de las elecciones hubiese sido distinto en las capitales de provincia. No. Lo que estimo es que la derrota no habría revestido caracteres de hecatombe, como sucedió, y con ello quizá se hubiera evitado que el Rey se hubiese visto en el caso, por propia iniciativa, sobrecogido por la amenaza, de dar pasos inoportunos durante los días 13 y 14, pasos que, alentando a sus enemigos, les decidió a dar el asalto al Poder, precipitando los acontecimientos. Y digo "precipitando los acontecimientos", porque ciego era preciso estar para no ver que la caída de la Monarquía, y con ella el advenimiento de la República, era inevitable dado el desvío que la mayor parte de los españoles mostraban desde algún tiempo atrás hacia don Alfonso XIII, no sé si hartos de Intranquilidades y zozobras, asqueados por la gestión poco afortunada de los gobernantes, por deseos de variedad o, como dijo el señor Sánchez Guerra, por "haber perdido la confianza en la confianza"; es posible que de todo hubiera. Por si lo dicho no fuera bastante, existía la tragedia íntima de la familia real, que, a mi juicio, sólo podía resolverla un milagro; mas, por desgracia, en estos tiempos ya no se estilan.

La propaganda de la Conjunción republicano socialista —que la integraban todos los antimonárquicos, salvo el pequeño sector comunista— deslumbró a las masas con ofrecimientos de una legislación democrática y de una más justa ordenación de la cosa pública, con las cuales quedarían satisfechas, entre otras, las reivindicaciones propugnadas por los elementos trabajadores. La vida de España —argüían en mítines, libros, folletos y periódicos—, enquistada moral y materialmente por soportar un régimen de tradición, de privilegios, ya anticuado y caduco, se pondría con la República a la altura de las principales potencias mundiales. El pueblo, único soberano, sería dueño y señor de sus destinos: se "estructuraría" un nuevo Estado sobre modernas bases filosóficas. Esto constituía la parte doctrinal. Sin embargo, la parte doctrinal no era suficiente para arrastrar la nación adonde se quería: hacía falta, además, excitar el sentimentalismo un tanto infantil de las masas. Y esto se consiguió plenamente ofreciendo severo rigor en el castigo para quienes, secuestrando la soberanía popular, habían dilapidado (¡!) la Hacienda, colocándonos al borde del abismo y de la bancarrota; desacreditando por todos los procedimientos al Rey— cuya persona, según el artículo 48 de la Constitución, era sagrada e inviolable— y a los hombres que le servían; y, por último, elevando a la categoría de mártires a los capitanes fusilados en Huesca el 14 de diciembre. Lo primero, iba dirigido principalmente contra los ex ministros de la Dictadura, caídos en desgracia, pese a la obra de reconstrucción intentada con loable propósito por el marqués de Estella; para obtener lo segundo, se presentó al Rey como un hombre degenerado, perverso y sanguinario, haciéndose circular las más absurdas patrañas, tanto sobre su vida privada como sobre su conducta oficial; respecto al tercer punto, se hizo creer que a Galán y García Hernández, juzgados por un Tribunal que obró bajo la coacción del entonces ministro del Ejército, se les había fusilado contra todo derecho y toda ley. De aquí nació la hostilidad que en capitales, pueblos y villorrios, aunque más intensamente en Madrid, se desató contra el general Berenguer. Al calor de esas campañas de desprestigio y calumnias nacieron odios y se desarrollaron rencores que hoy subsisten aún, y, lo que es peor, se siguen alentando. No hay que olvidar que el alma popular, no siempre dispuesta a reconocer errores, es temible cuando se llama a engaño; he aquí la razón por la cual los hombres que fomentaron aquéllos, siendo posible hayan reconocido la injusticia, no estén dispuestos a rectificar.

Cierto es que el ambiente era propicio a tales predicaciones, y por eso respondió a ellas el pueblo sin gran esfuerzo, haciendo extensivas sus antipatías incluso a personas que nada tenían que ver con la política. El desenfreno de las pasiones llegó a límites inconcebibles, que a veces dejaron bastante malparada la proverbial hidalguía española.

Podría citar muchos hechos en confirmación de lo que acabo de referir; pero sólo he de hacer mención de uno, que, sin ser el más grave, fue de los más significativos. Me refiero a la silba de que se hizo objeto a la Reina e Infantas en la tarde del 5 de abril en el Estadio Metropolitano, al que acudieron, si mal no recuerdo, a presenciar una carrera de galgos. Fue un hecho insólito, reprobable e injustificado; más todavía: impropio de la educación y cultura de un público madrileño: A pesar de todo, no me causó sorpresa, pues en más de una ocasión fui advertido de que se pretendían provocar incidentes de esa índole en la plaza de Toros, a la cual solían concurrir con mucha frecuencia el príncipe de Asturias y el infante don Jaime; de ello, por mi conducto, fueron prevenidas las personas de la real familia. Mas ésta no se daba cuenta de la impopularidad en que había caído, porque quienes la rodeaban, por respeto mal entendido, no se atrevían a decir la verdad, que yo jamás oculté, lo que me valió se me calificara en más de una ocasión de "derrotista". Esta pugna entre la realidad y el optimismo me proporcionó no pocos malos ratos, y hasta me puso en los linderos de la incorrección. Tal ocurrió una mañana de sonada revuelta, en la que la Reina quiso salir para ir a la peluquería, sita en lo más céntrico de Madrid, y me vi obligado a telefonear directamente a Palacio para que le advirtiesen no era día a propósito para circular ella por las calles.

Pero no era sólo en el regio Alcázar donde se vivía equivocado; también lo estaba el propio Gobierno, o parecía estarlo. Recuerdo cierta conversación que sostuve con un ministro a raíz de la proclamación de los, en números redondos, 10.700 concejales monárquicos y 1.300 antidinásticos, por el artículo 29, en la que me dijo; "Romanones, que en esto es una indiscutible autoridad, manifestó el otro día en el Consejo que la proporción entre unos y otros es la corriente, y que ya veremos como ocurre igual, a pesar de todo el ruido que se está haciendo, el día de las elecciones..." ¿Pero es posible—pregunto yo—que el conde pensara sinceramente así? ¿De qué le había servido entonces su larga experiencia de político? ¿Cuál era su conocimiento de la vida pública? ¿Cómo podía vivir tan alejado de la realidad? Yo, desde mucho antes, aun siendo lego en la materia, había apuntado mis temores sobre un posible fracaso.

ACTITUD DE LAS ORGANIZACIONES OBRERAS ANTE LA CAMPAÑA ELECTORAL.—Desde el momento en que quedó constituida la Conjunción republicano socialista, no cabía duda de que los afiliados a las sociedades obreras afectas a la U.G.T. votarían como un solo hombre las candidaturas presentadas por aquélla, ya que el Partido Socialista ejercía una decisiva influencia sobre la U.G.T. y ésta había sabido inculcar a sus masas una disciplina verdaderamente ejemplar. El hecho de contar en sus organizaciones con cuadros sindicales procedentes del anarco sindicalismo, no podía influir en el resultado, a pesar del carácter apolítico —sólo en apariencia— de sus componentes, pues ni tenían autoridad para imponer distinta orientación —candidaturas comunistas o abstención— ni se hubieran atrevido a hacerlo. Los votos de la U.G.T. serían para los elementos de la Conjunción.

En cuanto a los comunistas, dada la escasa fuerza del partido en dicha época, no podían preocupar lo más mínimo, y lo que era peor para las candidaturas monárquicas, no restaban fuerza alguna al poder de la coalición republicano socialista.

Por lo que se refiere a la C.N.T. —que en regiones como Cataluña, Andalucía, Galicia y Valencia contaba con efectivos considerables—, era un enigma. Parecía lógico, dados sus principios, que los afiliados se abstuvieran de tomar parte en las elecciones, y más lógico todavía que de concurrir no lo hicieran en favor de los socialistas ni de quienes fueran del brazo con ellos. Desde luego los monárquicos no podían contar en ningún caso con su apoyo.

Mis trabajos en los primeros días de abril fueron encaminados a investigar, en los puntos donde predominaba el anarco sindicalismo, qué instrucciones se habían dado por los directivos; pero, no obstante mis esfuerzos, sólo de Madrid y Barcelona conseguí respuestas relativamente concretas:

"La C.N.T. —decía nuestro mejor informador— prosigue su marcha (en lo que a ambas Castillas se refiere), tratando única y exclusivamente de legalizar su funcionamiento y de reconstruir sus Sindicatos, de elecciones nada). Prueba de esta conducta es el hecho de haber desautorizado la organización a Feliciano Benito Anaya (a) "el Padre Benito", el cual publicó un artículo en el periódico *La Tierra* del día 26 (de marzo) hablando en nombre de un grupo de sindicatos y anunciando que secundarían cualquier movimiento hasta llegar a la huelga general revolucionaria. Tanto la C.N.T. como la Federación de Grupos (anarquistas) se consideran desligados del Padre Benito... La conducta de la C.N.T. se puede afirmar continuará así hasta considerarse legalizada, lo que se advertirá una vez sean elegidos nuevos dirigentes, y entonces sí ocurrirá que se modifique el proceder, pues, en su mayoría, los significados son partidarios de la colaboración con los políticos".

Esto no podría ocurrir, al paso que iban las cosas, hasta pasadas las elecciones. Luego de algunas noticias sobre las bombas halladas en un taller de la calle de Ayala y de referir la participación que en el asunto tenía el grupo anarquista llamado "Los Iguales", capitaneado por Mauro Bajatierra, proseguía:

"No existen relaciones ni compromiso alguno para secundar movimiento inminente ni con estudiantes, ni para amnistía, siendo también indiferentes para la C.N.T. de esta región la cuestión de la Dirección General de Seguridad[114] y la lucha electoral".

De Barcelona se me decía lo que sigue:

"Como la C.N.T. es apolítica, como usted sabe, sus dirigentes (con gran contrariedad de algunos muy influidos por Companys) no pueden recomendar candidaturas, dejando a sus afiliados en completa libertad de acción para votar o no. Así las cosas, el contingente obrero se dividirá, absteniéndose los más, votando una parte a la Lliga (aunque parezca raro), pocos a los comunistas y menos a los socialistas, si se presentan. Esto parece una contradicción con el espíritu y táctica del Único; pero, en realidad, lo que ocurre es que existe un tanto por ciento muy elevado de operarios que no son sindicalistas de corazón y sí por la necesidad. No ignora usted que para poder trabajar en Cataluña es condición indispensable el poseer el carnet de un Sindicato cualquiera..."

Los Sindicatos Católicos y el Libre, salvo contadas excepciones, parecían dispuestos a inclinarse hacia las candidaturas monárquicas o, cuando menos, a las de carácter derechista. Los contingentes obreros de que disponían eran muy inferiores a los de la U.G.T. y C.N.T.

Este trabajo, incompleto por falta de medios, resultaba inútil, ya que hubiera sido preciso para poder hacer un cálculo *a priori* en cada localidad sobre las posibilidades de que unos u otros obtuvieran mayoría, llevar unas estadísticas en los Gobiernos Civiles sobre los efectivos de los partidos, hechas con mucho tiempo y escrupulosidad, y aun así quedaba siempre un sector de opinión indefinido —el sector neutro— que era imposible prever hacia dónde se inclinaría en el momento de votan. No obstante estas dificultades, yo estimo que con una buena organización, de la que entonces no existía ni asomo, podría haberse sabido de antemano, con bastantes probabilidades de acierto, el resultado de la lucha, máxime existiendo entonces un problema claro y terminante: Monarquía o República. El asunto se hubiera simplificado extraordinariamente de tratarse de unas elecciones a diputados. Se me podrá argüir que la votación del 12 de abril tenía carácter esencialmente administrativo, y, por lo tanto, no cabía preocuparse tanto por su resultado. Pero a esto se puede contestar

---

(114) Se refería a la campaña que en aquellos días se hacía contra mí por los sucesos de San Carlos.

que, dado el ambiente nacional, la forma como se desarrollaba la propaganda y el interés que habían despertado en la opinión pública, en realidad tenían que ser eminentemente políticas. Buena prueba de ello fue lo que ocurrió.

LA ACTUACIÓN DEL GOBIERNO.—Durante el período electoral, Aznar y sus ministros se cruzaron de brazos. No se daban o no querían darse cuenta del peligro que les amenazaba. Les ocurría lo que a esos ancianos pueblerinos que creen que la mayor garantía de la solidez de un edificio estriba en su número de años, sin pararse a reflexionar que es el tiempo precisamente el mayor y más seguro destructor de las cosas. La Monarquía no podía sustraerse a la ley natural, máxime habiendo sufrido durante su vida dolorosas vicisitudes históricas, de las cuales, desde luego, los menos responsables fueron quienes la representaban; y lo más sensible fue que sus Gobiernos, salvo muy contadas excepciones, no hicieron nada, absolutamente nada, por salvarla: por ello se aceleró su derrumbamiento. El del general Aznar fue, sin duda, uno de los más nefastos. Vivía al día, sin hacer frente a los males, ni menos buscarles solución. Ésta es la verdad. Sólo llegaron a preocuparle las manifestaciones callejeras después de los lamentables sucesos estudiantiles de finales de marzo, lanzando unas cuantas notas sobre el mantenimiento del orden público, que nadie les dispensó la atención de tomarlas en serio. Durante el período electoral las autoridades gubernativas no recibimos más instrucciones que las contenidas en el siguiente telegrama, que se cursó el 4 de abril: "El Gobierno—decía—, deseoso de que la opinión pública no tuviese limitaciones para exteriorizarse, ha tenido un criterio de gran amplitud, incluso cuando las garantías constitucionales se hallaban en suspenso, respecto a las manifestaciones en la vía pública. La semana entrante es aquella en que el cuerpo electoral ha de ser movilizado con más intensidad, y conviene por ello garantizar a todos el ejercicio del derecho de sufragio sin coacciones externas. Y como tiene este carácter de modo inevitable toda manifestación callejera, deberá V.E. suspender ahora el permiso previo para ellas, que exige el artículo 3.° de la ley de Reuniones públicas. La simultaneidad de una gran amplitud en la propaganda electoral oral y escrita con este criterio restrictivo, muy transitorio en las manifestaciones callejeras, constituye una prueba de cómo el Gobierno procura garantizar la libre emisión del voto para que sea éste la expresión fiel de las convicciones del país. Son éstas las razones que procurará esgrimir V.E. en apoyo de la prohibición temporal de las manifestaciones. Le saludo".

Esta medida fue tardía, tímidamente recetada e incumplida, pues no pocos gobernadores, ante el desamparo en que a mí me había dejado el

Gobierno, optaron por no hacer caso de ella, para evitar conflictos, campañas de Prensa y demás consecuencias desagradables.

Así se llegó a la víspera de las elecciones, o, como dijo cierto confidente, "a la víspera del avispero".

UN ANÓNIMO PROFÉTICO.—El día 6 de abril recibí por el correo interior, dirigido a mi domicilio, un anónimo escrito sin duda alguna por el mismo o los mismos que me habían enviado otro a finales de mayo anterior(115). Hago esta afirmación porque llevaba también la firma *Rinconete y Cortadillo,* análoga a la del citado.

Como el autor o autores del mencionado escrito demostraron tener una clara visión de la realidad y además acertaron en casi todo lo que a mí debía sucederme, juzgo del mayor interés copiarlo a continuación. Decía textualmente así:

"Muy señor nuestro y de toda nuestra consideración y respeto: Desde que nos dirigimos por primera vez a usted (hace de esto ya algunos meses), hemos venido siguiendo paso a paso el proceso político, su gestión al frente de la Dirección General de Seguridad y la campaña que la mayor parte de los diarios le hacen, entre los que figura incluso el órgano del upetismo, *La Nación,* por cierta multa impuesta, sanción que no ha tenido usted la picardía de hacer saber a Delgado Barreto quién la inspiró, para que cada palo aguante su vela. A eso se llama primada.

Nuestro objeto de hoy es darle un consejo leal y desinteresado. Nos inspira esta determinación el afecto que sentimos por usted, porque, pese a lo que se dice, comenta y murmura, estamos persuadidos de que es usted una persona decente y de buena fe.

Los errores en política se pagan caros. No cabe duda de que desde algunos años a esta parte se han cometido por el monarca y sus gobiernos muchos y graves. Esos errores han conducido a que España no sea ya monárquica. La República será un hecho real a corto plazo, y usted una de sus víctimas predilectas (lo sabemos de buena tinta). Créanos: márchese y deje eso a don Carlos Blanco o al Juez Alarcón o al demonio coronado; si no lo hace, le cogerá la apisonadora e irá a la cárcel, a presidio, y hasta es posible lo arrastren por esas calles de Dios. De las revoluciones no hay que esperar Justicia a secas.

Sabemos que su gestión ha sido honrada y caballerosa. Sin embargo, la honradez y la caballerosidad no sirven para andar con esas gentes a

---

(115) Inserto en el capítulo IX de LO QUE YO SUPE..., primera parte de estas Memorias.

quienes sirve; prueba de ello es el comportamiento del Gobierno con usted últimamente. Sépalo usted bien: en política sólamente se aprecia el maquiavelismo, o, dicho más claro, la sinvergonzonería. Por caballeroso el señor Hoyos, Andrés Saborit le ha tomado el pelo de lo lindo en el Ayuntamiento con la rectificación del censo, poniendo dificultades a los monárquicos y haciendo mangas y capirotes para facilitar la inclusión en las listas (aun después de los plazos que determina la ley) a los que no lo eran: ésta es la fija. Nosotros, por haber dicho éramos republicanos, se nos ha incluido sin estar siquiera avecindados en Madrid. Deje la caballerosidad, por lo menos (ya que para dejar la honradez es tarde), y allá que la ensaladilla rusa que nos desgobierna se las entienda con tirios y troyanos. Váyase usted.

En cuanto a lo de los periódicos (que ya no tiene remedio), sabemos quién fue el inspirador de la determinación con los periodistas, origen ella de la guerra a muerte que le hacen para hundirle. ¿Ignora usted que la Prensa es el Cuarto Poder? La vida del hombre público no puede ser precisamente la línea recta: esto es axiomático. Ésa es otra razón para irse.

No olvide nuestros buenos consejos. Con el mayor respeto le saludan,

Rinconete y Cortadillo.
5-IV-931."

CAPÍTULO XII

LAS ELECCIONES

LA VÍSPERA.—Llegó el sábado, día 11, apareciendo las fachadas plagadas de candidaturas, algunas de las cuales fue preciso quitar por encerrar agravios a la persona del Rey. También se colocaron bastantes pasquines y letreros subversivos, a pesar del servicio volante que se había establecido en los distritos desde hacía varios días, para lo cual fue necesario alquilar "taxis", pues entonces contábamos en el Parque móvil de la Policía con un número muy limitado de vehículos, casi puede decirse que los indispensables para cubrir las atenciones ordinarias.

Durante todo el día, la nerviosidad, acentuada por la intensificación de las distintas propagandas, dio lugar a numerosos incidentes. Recuerdo, entre otros, que sobre las doce se produjo un alboroto en las inmediaciones de Cuatro Caminos. Unas señoras que repartían candidaturas monárquicas, escoltadas por algunos jóvenes pertenecientes al partido acaudillado por el batallador doctor Albiñana, fueron atropelladas por un grupo de obreros, lo que dio lugar a que éstos y los albiñanistas se enredaran a golpes, teniendo que intervenir los de Seguridad para imponer paz entre los contendientes. Hechos análogos se repitieron en distintos sectores de la población, y justo es reconocer que de todos los elementos monárquicos únicamente los pertenecientes a las huestes del citado doctor dieron la cara en la vía pública con entusiasmo y valentía.

A medida que fue avanzando la tarde, el reparto de candidaturas se hizo más intenso, recurriéndose a todos los procedimientos: peatones, "taxis", camiones —desde los cuales se anunciaba con bocinas los nombres de los candidatos— y hasta aeroplanos.

Al anochecer, el nerviosismo callejero llegó a su apogeo. A las ocho la Puerta del Sol y calles adyacentes estaban abarrotadas de público; se daban "vivas" y "mueras" por monárquicos y republicanos con gran entusiasmo, lo que era motivo de frecuentes altercados. A la salida de los últimos mítines, la aglomeración se hizo todavía mayor, siendo casi imposible la circulación, por lo que la fuerza pública se vio en la precisión de simular algunas cargas para despejar; pero el gentío, convencido de que los guardias no tenían orden de proceder con energía, se refugiaba en los cafés y bares en los momentos que suponía de probable peligro, para en seguida invadir de nuevo las aceras y arroyos. Así siguió hasta cerca de las diez de la noche, en que, ya muy caldeados los ánimos, ante el temor de que se produjera alguna colisión violenta, ordené a la Guardia Civil ocupase algunos puntos importantes de la población, especialmente en el centro.

La llegada de la Benemérita a la Puerta del Sol coincidió con un hecho que pudo tener graves consecuencias. Un "taxi", que llevaba pegadas unas candidaturas de la Conjunción, arrancó con el escape abierto, y las detonaciones produjeron una enorme confusión, acrecentada por haber dicho ciertos malintencionados que los guardias habían disparado contra la multitud. Afortunadamente, pudo deshacerse rápidamente el error.

El público no abandonó la calle hasta después de las doce de la noche. A la una y media la tranquilidad era completa en todo Madrid.

De las personas que formaban el Gobierno —que parecían ver impasibles lo que estaba ocurriendo— sólo el conde de Romanones, que yo sepa, hizo declaraciones a los periodistas a propósito de las elecciones.

—Vamos—dijo—con la última noche de un día que hubiera querido no existiese. Ya habrán visto todos que el Gobierno cumple su programa. Se decía que no habría elecciones, y ya estamos en ellas. Se anunció que se suspenderían las garantías constitucionales, y ahí está en vigor toda la Constitución. Se va a dar el caso por primera vez en España —pues esto no ocurrió ni durante la República— de que se celebren unas elecciones sin que se haya nombrado un solo delegado gubernativo, porque estos nombramientos se los prohibió el Gobierno a los gobernadores. Y de los quinientos alcaldes de cabezas de partido y grandes poblaciones, que el Gobierno estaba autorizado a nombrar de real orden, sólo lo fueron los cincuenta de las capitales de provincia.

Añadió Romanones que los monárquicos estaban dispuestos a someterse al resultado de las elecciones del día siguiente. Si éste fuese adverso, lo acatarían sin tan siquiera alegar en contra que el Censo rectificado les era desfavorable.

—Mañana a las siete de la tarde—prosiguió—se conocerá el resultado en Madrid, y cuando se sepa el de toda España, podrá hacerse el recuento de los concejales elegidos. Si de los ochenta mil concejales cuarenta mil uno resultasen antidinásticos, acataríamos el fallo; pero el cómputo ha de hacerse por el número de concejales, pues no se pueden establecer distinciones entre los concejales del campo y los de las ciudades, ni clasificar a los electores en de primera, segunda y tercera. Precisamente la soberanía del sufragio universal estriba en que cada hombre es un voto.

Contrasta esta actitud nuestra—agregó—con la de los republicanos, que ya preparan la protesta, para el caso de ser derrotados, alegando que las elecciones no son sinceras; pero estas reclamaciones, cuando deben hacerse es antes de la elección. Nadie podrá decir que en el período preelectoral se ha presentado ninguna reclamación seria por coacciones de Gobierno. La efervescencia es grande por ambas partes, y seguramente en éstas votará la mayor parte del Censo. Esto sólo acusa ya un progreso político.

Estas manifestaciones las hizo el conde ya de noche.

Las noticias que de madrugada recibí de las principales capitales de provincia acusaban normalidad. La expectación en todas ellas era enorme.

Casi amanecía cuando me puse a descifrar una extensa información de París. El jefe del servicio secreto me ponía al corriente de la situación de nuestros emigrados: "abundancia de dinero y optimismo". Con lo primero era lógico lo segundo. Según me afirmaba, habían organizado una especie de oficina provisional para conocer el resultado de las elecciones, que les sería transmitido desde Madrid por telégrafo a medida que se fueran conociendo noticias. Luego me daba algunos datos sobre las misteriosas desapariciones de ciertos individuos, y exponía temores sin fundamentarlos en suficientes indicios. Por último me rogaba el envío de fondos para poder atender al servicio hasta fin de mes.

EL 12 DE ABRIL.—Cuando aquella mañana, minutos antes de las ocho, entré en mi despacho, ¡qué ajeno estaba a que a la Monarquía sólo le restaban unas horas para desaparecer! Pese a los optimismos incomprensibles de muchos, desde hacía bastante tiempo preveía lo que iba a ocurrir; mas no supuse que sería tan pronto. La labor realizada por los elementos antidinásticos dio sus frutos.

Mi primer cuidado, después de recibir los partes del servicio y enterarme de los telegramas de última hora, fue pasar la vista a los periódicos de la mañana. Pasión enconada en los artículos de la Prensa no monárquica; recomendaciones de cordura al cuerpo electoral en los que eran afectos al régimen. De todos los recortes de aquel día, la casualidad ha hecho que conserve uno que estimo de gran interés en los momentos actuales; es del periódico *Ahora,* y dice así:

"En estos momentos España entera, hombre a hombre, sin ninguna presión, en pleno disfrute de todos los atributos de la ciudadanía, va a decir su palabra. Y en este trance, en cuyo albur va el porvenir de la Patria, creemos que, más que a acentuar la angustia con clarineos imprudentes y excitar a la violencia —que ya anda desatada por las calles—, nuestro deber es invitar a un momento de reflexión y de serenidad al votante.

Hay una candidatura que postula el mantenimiento del régimen y otra que considera indispensable la revolución. Sabemos lo que es el régimen. ¿Sabe alguien lo que será la revolución?

El hombre de orden, el español consciente capaz de prever el porvenir de la Patria, no puede vacilar. El triunfo de la candidatura monárquica es la única garantía de que España, con sus vicios y sus virtudes, con sus glorias y sus tristezas, con el respeto a sus tradiciones y a su religión, subsistirá como entidad racial en el concierto de los pueblos.

Esta sucinta reflexión es la que *Ahora,* periódico de orden, empresa que vive del público y para el público, sin ningún afán de proselitismo y sin contacto con los gremios políticos, se cree en el caso de hacer a sus lectores en este momento trascendental".

Luego hacía la recomendación: "Ningún monárquico debe alterar esta candidatura ni votar otras. Todos tienen la obligación inexcusable de emitir su voto en favor de la siguiente". A continuación insertaba las candidaturas monárquicas de los distintos distritos de Madrid. Huelgan hoy comentarios; ¿para qué?

Ignoro lo que sucedió en el resto de España durante las horas de la votación, porque la rapidez con que a partir del escrutinio se sucedieron los acontecimientos que llevaron al Poder al que hasta entonces había sido Comité revolucionario me impidieron obtener informaciones concretas. De Madrid diré que, desde las ocho, a las puertas de los colegios electorales se formaron animadas colas y en algunos los votantes tardaron cerca de una hora en poder llegar a las urnas. La Conjunción republicano socialista había montado un servicio de propaganda extraordinario; en cambio apenas se encontraban repartidores que ofrecieran candidaturas monárquicas. La organización de los antidinásticos era en realidad formidable, contrastando con la de los monárquicos: esperaban, sin duda, como otras veces, que la intervención gubernamental les diese la victoria sin hacer el menor esfuerzo. El abandono fue tan grande por parte de éstos y pusieron tal ahínco en vencer aquéllos, que incluso llegaron a comprar para su causa a los repartidores de las candidaturas monárquicas; todo era cuestión de unas pesetas más, que no les importaba gastar: la Casa del Pueblo no regateaba... En los centros oficiales (Ministerios, Direcciones generales y demás dependencias de la Administración Central) se dejó al personal en completa libertad para votar; sólo en el Ministerio del Ejército el subsecretario, general Ruiz Fornells, se permitió recomendar la candidatura monárquica, e incluso repartir papeletas, lo que no fue óbice para ser el primero en arrancarse las coronas del uniforme la tarde del día...

(Lector: al llegar a este punto de mi relato —final de una cuartilla— el linotipista observa la falta de la siguiente. No merece la pena reproducirla: en ella hacía el retrato del único general del Ejército español que se arrodillaba ante el Rey y le besaba la mano.)

Prosigo:

Desde muy temprano los republicanos y socialistas aspirantes a concejales se dejaron ver por los colegios buscando el aplauso de sus correligionarios y repartidores y animando a sus representantes en las mesas; en cambio los otros, los monárquicos, como buenos burgueses, dejaron que entrase bien la mañana para desperezarse, pedir el desayuno y salir a la calle a enterarse de lo que pasaba. No es de extrañar, ante esta conducta, que sus apoderados, faltos del amparo que proporciona la presencia de los candidatos, se dejaran vencer por la coacción de los contrarios en todos los incidentes que se presentaron, que no fueron pocos.

Por un temor muy justificado a lo que pudiera suceder, dado el apasionamiento de los republicanos y socialistas, las calles de Madrid se vieron casi desiertas no obstante la festividad del día. Sólo hombres se veían circular con la precipitación de quien llega tarde a su deber o quiere refugiarse en casa ante el temor de que le coja el chubasco sin paraguas. La mujer madrileña dejó ese día de alegrar con su presencia las aceras y paseos de Madrid, de este Madrid que es y será siempre el corazón de España y entonces todavía el sitial de un trono secular, próximo a derrumbarse.

El día se presentaba de gran ajetreo en la Dirección de Seguridad. Tenía que atenderse al orden en toda la población y además poner servicio de parejas de guardias en los cuatrocientos y pico de colegios y un funcionario de Vigilancia en cada mesa para que fuera testigo del desarrollo de la votación, intervenir si fuere necesario, y, por último, comunicar con toda rapidez el resultado del escrutinio. Aunque perdida ya la práctica después de tantos años sin elecciones, he de declarar, en justo elogio al personal que me estaba subordinado, que se organizó todo con una perfección tal que a mí mismo me dejó asombrado.

Abierta la votación, poco después de las ocho surgieron los primeros incidentes al tratar de impedir en casi todos los distritos que emitieran su voto los guardias de Seguridad, por sustentar el criterio los representantes de la Conjunción que debían ser considerados como individuos pertenecientes a fuerza armada. De la actitud que pensaban adoptar dichos elementos tuve noticia el día anterior por uno de los agentes que tenía afectos a la Casa del Pueblo, y con la debida anticipación se lo participé al subsecretario de Gobernación, señor Marfil, quien me aseguró que los de Acción Ciudadana —que eran los que llevaban la dirección de las elecciones en el campo monárquico— le ofrecieron se tomarían las medidas conducentes para evitar dicho atropello. El criterio expuesto era debido sin duda al temor de que por los jefes se hubieran hecho determinadas indicaciones al personal, lo que me induce a sospechar no veían los antidinásticos tan seguro el triunfo. Lo sensible de dichos incidentes fue que, en no pocos colegios, los apoderados de los monárquicos —por la falta de asistencia en que se encontraban— sumaron sus votos a los de la Conjunción para resolverlos contra lo que era legal. Y no apunto estos hechos por estimar que los guardias pudieran haber salvado la situación, pues sé que gran parte de los que votaron lo hicieron a favor de los republicanos, más que por ideología, por creer que venciendo los que a diario eran causa de que se alterase el orden público, cesarían las algaradas estudiantiles, los disturbios en las calles y las horas extraordinarias de servicio. Había, efectivamente, en dichos funcionarios una razón; pero ¿cuál tuvieron para votar también la candidatura republicano socialista los alabarderos, criados de Palacio, empleados del Patrimonio, sacerdotes, militares, aristócratas y otros por el estilo, que eran los primeros que debían tocar las consecuencias de un cambio de régimen? La locura revolucionaria hizo perder el instinto de conservación a un buen número de ciudadanos.

Mediada la mañana se produjeron algunas colisiones sin importancia entre jóvenes albiñanistas (legionarios) y socialistas. En el resto de la provincia, que yo sepa, se rompió una urna en el pueblo de Aravaca y en otro más pequeño, que no recuerdo, el alcalde se vio en la precisión de cerrar el único colegio electoral ante el temor de una refriega entre los de uno y otro bando.

Del resto de España, las noticias que iba recibiendo no acusaban nada anormal; sólo de Málaga (capital) se me dijo que los elementos de la coalición, puestos en las puertas de las secciones, impedían entrar a votar a quienes suponían no lo iban a hacer en favor de sus candidatos.

A las diez, poco más o menos, fui a dar una vuelta por los distritos del centro y pude observar por mi mismo la desanimación, salvo a la entrada de los colegios, en los que había grandes "colas" de electores esperando pacientemente su turno para depositar el voto; alrededor de varias de éstas, algunas mujeres, tocadas con lacitos rojos y banderitas republicanas, asediaban con candidaturas de la Conjunción. Luego me pasé por el Ministerio de la Gobernación, cambiando impresiones con el subsecretario, que no se sentía pesimista, a pesar de la desorganización que existía en el campo monárquico. Cuando salí de allí iba hecho un mar de confusiones, y hasta convencido de que tenían razón sobrada quienes me tachaban de "derrotista".

A las cuatro en punto se cerró la votación y se inició el escrutinio. La impresión entonces dominante era que la lucha había sido muy reñida y que los de la Conjunción republicano socialista obtendrían mayoría en los distritos extremos por el exceso de población obrera, casi toda ella afiliada a la Casa del Pueblo; pero no en los del centro, en donde dominaba la clase media y la aristocracia.

A las cinco y media se empezaron a recibir las primeras noticias oficiales, que acusaban una aplastante mayoría de la Conjunción, noticias que yo personalmente transmití al marqués de Hoyos, en cuyo despacho del Ministerio se hallaba reunido desde media hora antes casi todo el Gobierno, y con él el general Sanjurjo.

A las ocho menos cuarto ya pude dar un avance muy detallado del escrutinio. ¡La derrota de los candidatos monárquicos era completa! Y lo peor del caso: los informes que iba recibiendo de provincias eran por el estilo; salvo Cádiz, Pamplona y alguna otra capital, la victoria de los republicanos y socialistas también constituía un éxito rotundo. En Barcelona mismo, Acció Catalana triunfaba con estrépito sobre la Lliga, por el apoyo de los anarcosindicalistas, no obstante los optimismos hechos públicos por el señor Ventosa el día antes.

—Los excesos de palabra y de acción de los partidos extremistas—dijo Ventosa entre otras cosas—han determinado una fuerte reacción ciudadana. Y en esta capital (Barcelona) todas las impresiones que recibo hacen prever el triunfo de la candidatura regionalista. Todo el mundo debe convencerse, y por fortuna se va convenciendo, de que no se trata de una lucha doctrinal entre Monarquía y República, de que no se ventilan ahora principios constitucionales, sino que la contienda afecta a los principios básicos del orden social, económico y moral de nuestro país.

Ignoro lo que sucedió en Gobernación durante aquellas horas; sólo sé que el conde de Romanones se expresó ante los periodistas en esta forma:

—El resultado de las elecciones no puede ser más lamentable para los monárquicos. Ésta es la realidad y es preciso decirla, porque ocultarla sería contraproducente e inútil. Hay ahora mismo treinta y cinco capitales de provincia perdidas por nosotros, y ello no es debido ni a la impericia de los gobernadores ni a defectos de organización, sino que han sido ocho años que, al fin, han hecho explosión.

—Ahora—le dijo un reportero—aparece claro el error de haber perseguido y deshecho los partidos políticos de la Monarquía.

—Tiene usted razón—repuso—. Y lo peor del caso es que ya no tiene remedio.

Al preguntarle otro si el resultado de la lucha traería consecuencias políticas inmediatas, Romanones contestó:

—No debe traerlas. El momento es grave y exige del Gobierno una gran serenidad. Nada, pues, de precipitaciones ni nerviosidades. Estamos en el deber de examinar los acontecimientos cara a cara, con valor, y encauzarlos.

Sobre las ocho me llamaron de Palacio al teléfono. Era el teniente coronel Martín Alonso, ayudante del Rey, que por encargo de éste me pidió datos del resultado de las elecciones. Ambos se hallaban —según me dijo— en las habitaciones del príncipe de Asturias. Lo que le decía a Martín Alonso oía como se lo repetía al Rey. Hablamos por dos veces en espacio de poco tiempo. Mis noticias debieron producir allí una honda emoción: lo adivinaba por las preguntas y comentarios que se me hicieron.

Aquella noche cené en la Dirección con varios jefes de la misma y el teniente coronel Sánchez Delgado. Después fui con éste al palacio, de Buenavista, entrando directamente en las habitaciones del ministro. El general Berenguer, que acababa de cenar, se hallaba escribiendo en unas cuartillas algo que absorbía toda su atención. Cuando terminó nos habló así:

—Acabo de redactar un telegrama dando instrucciones a los capitanes generales de las regiones. Antes de darlo a conocer quiero consultar con Valentín Galarza, que es muchacho inteligente y ponderado.

El conde de Xauen recogió las dos cuartillas escritas, y doblándolas cuidadosamente las introdujo en el bolsillo interior de la americana[116].

---

[116] El texto del telegrama, que conocí al día siguiente por la mañana, decía así:

"Las elecciones municipales han tenido lugar en toda España con el resultado que por lo ocurrido en la propia Región de V. E. puede suponer. El escrutinio señala hasta ahora la derrota de las candidaturas monárquicas en las principales capitales; en Madrid, Barcelona, Valencia, Sevilla, etc., se han perdido las elecciones.

Esto determina una situación delicadísima que el Gobierno ha de considerar en cuanto posea los datos necesarios. En momentos de tal trascendencia no se ocultará a V. E. la absoluta necesidad de proceder con la mayor serenidad por parte de todos, con el corazón puesto en los sagrados intereses de la Patria, que el Ejército es el llamado a garantizar siempre en todo momento.

Conserve V. E. estrecho contacto con todas las guarniciones de su Región, recomendando a todos absoluta confianza en el mando, manteniendo a toda costa la disciplina y prestando la colaboración que se le pida al del orden público.

Ello será garantía de que los destinos de la Patria han de seguir sin trastornos que la dañen intensamente el curso lógico que les imponga la suprema voluntad nacional".

No ignoraba, desde que el sabio Doctor de *Los intereses creados* me abrió los ojos respecto a la importancia de "puntuar debidamente", que con las comas se podían hacer interesantes juegos malabares; pero ¡zambomba!, en lo que no había caído, hasta leer *La caída de un trono,* es en lo definitiva que puede ser una versal después de una abreviatura, máxime si se escamotea una preposición palabras antes. En lo sucesivo Crispín tendrá que ampliar aquellas exclamaciones de: "¡Oh admirable coma! ¡Maravillosa coma! ¡Genio de la Justicia! ¡Oráculo de la ley! ¡Monstruo de la Jurisprudencia!, y... don Álvaro Alcalá-Galiano, que rectificar.

Segundos después entraron en el comedor íntimo, donde nos hallábamos, su hermano Federico y el teniente coronel Marín. Se habló de cosas indiferentes. Al cabo de un rato, Sánchez Delgado y yo nos despedimos.

Cuando salimos del zaguán del palacio de Buenavista sentí en la cara el azote de una ráfaga de aire frío, que me hizo castañetear los dientes. Sensaciones análogas las había percibido en las trágicas noches de Buxdar, allá en los últimos días de 1911, que ya somos muy contados los que las podemos recordar. "¡Mal presagio!", decíamos entonces...

Sánchez Delgado y yo dimos una vuelta por la ciudad pasando por la plaza de Oriente; frente a la Puerta del Príncipe había unos cuantos automóviles. Mi acompañante me explicó:

—Éstos son los autos de los infantes. Los domingos hay la costumbre de que todos se reúnan a cenar con los reyes.

¡Aquella cena fue la última que celebraron juntos las personas de la Real Familia!

CONFERENCIA EN UN ÁTICO DE CIERTA CALLE CÉNTRICA.—Sobre las doce y media fui llamado al teléfono por una persona que en distintas ocasiones me había prestado excelentes servicios. Deseaba hablar conmigo lo antes posible para ponerme al corriente de algo que juzgaba muy interesante. Como no podía separarme mucho de la Dirección, le cité en la calle de la Libertad, trozo comprendido entre las de las Infantas y San Marcos, que a tales horas suele estar desierta.

A la una en punto —hora convenida— doblaba la esquina de Infantas, entrando en la calle de la Libertad, dándome de manos a boca con una pareja de guardias de Seguridad, que no me reconocieron. Me dirigí hacia San Marcos sin ver en el trayecto un alma; seguí hasta Augusto Figueroa, donde me detuve breves instantes, y volví sobre mis pasos. El aspecto de la calle de la Libertad cambió de repente, trocándose la soledad por animación; en seguida caí: era público procedente de Price. La concurrencia me era favorable por un lado y perjudicial por otro.

De pronto me sentí asido por un brazo. Al volverme quedé asombrado al observar se trataba de una mujer elegante, joven, chiquita de cuerpo, a la que un alto cuello de piel gris y un fieltrecillo muy encasquetado apenas dejaban adivinar los ojos.

—Es usted el general Mola, ¿verdad?—me preguntó, esperando desde luego una contestación afirmativa.

—El mismo. ¿Qué desea?—le repuse en un tono por el que pudo advertir pocos deseos de trabar un diálogo.

—Soy la "amiga" de... (aquí el nombre de la persona que me había hablado por teléfono). Él no se ha atrevido a venir. Nos espera en casa— me dijo colgándose del brazo y haciéndome dar media vuelta.

—No me es posible separarme mucho de la Dirección; vive demasiado lejos—le contesté, al mismo tiempo que hacía ademán de desasirme.

Ella se agarró más; luego repuso:

—¡Qué disparate! Mi casa, donde le espera, está a dos pasos de aquí, muy cerquita; ya verá...

En efecto, remontamos la calle de la Libertad, doblamos una esquina, luego otra y bien pronto nos hallamos frente a un portal. Palmadas; el "¡Voy!" consabido del sereno, que acudió en el acto; las "Buenas noches" de rigor; la observación curiosa del vigilante nocturno, al que ella atajó diciéndole: "Un amigo". Mientras hurgaba en la cerradura creí ver a pocos pasos la silueta inconfundible de Martín Báguenas: ¡sin duda había salido de la Dirección tras de mí!... Franqueada la puerta, di la propina reglamentaria y el hombre del farolillo y el chuzo nos bendijo con la sacramental frase de "Ustedes descansen". Iniciamos la ascensión por una escalera estrecha y empinada; tres pisos con entresuelo, y luego el ático donde nos detuvimos. Sacó una llave del bolso, abrió la puerta, me hizo un ademán de que aguardase en el recibidor y desapareció.

Era aquel un pisito diminuto y coquetón; un verdadero nido de amor, limpio, perfumado, lleno de retratos, cuadritos sugestivos y chucherías de valor y buen gusto. El amigo salió a mi encuentro introduciéndome en el comedor: una pieza pequeña, sobre cuya mesa quedaban aún vestigios de una cena fiambre.

—Perdone, don Emilio, no haya acudido a la cita, pero al enterarse "ésa" del lugar donde íbamos a celebrar nuestra entrevista se ha puesto tan pesada que he tenido que acceder a su pretensión de que hablásemos aquí. Además daba la casualidad de que ella le conocía desde este verano por haberle visto muchas noches, a la salida de los teatros, en Negresco.

—No importa—le repuse—. Así he tenido el gusto de conocer a ese encanto de criatura que usted se disfruta, y que es tan discreta que nos ha dejado solos.

—Muchas gracias en nombre de ella, don Emilio. Es, efectivamente, una chica agradable, prudente y... económica; yo, por otra parte, soy un hombre liberal, de espíritu moderno y comprensivo: nos complementamos.

—Bien, ¿qué cosas eran esas tan importantes que tenía que decirme? —le pregunté, cambiando la conversación para evitar que el tiempo se nos fuera en divagaciones que no me interesaban.

—Pues verá—me dijo—. Ya es público y notorio en Madrid a estas horas el catastrófico resultado de las elecciones. El Comité revolucionario quiere aprovechar estos momentos de fervor revolucionario para derribar la Monarquía. Sé que esta noche han cursado o piensan cursar órdenes a todas las provincias para que el pueblo se eche a la calle y obligue al Rey a marchar[117]. En esta labor han de ayudar de una manera eficaz no sólo las masas obreras, sino también muy especialmente el personal de los Cuerpos de Correos y Telégrafos, en los cuales existe un número extraordinario de funcionarios antimonárquicos: las comunicaciones de España puede decirse que están por completo en manos de los enemigos del Gobierno. Por informes facilitados por un individuo de absoluta garantía sé que aquí, en Madrid, piensa levantarse bandera contra el general Berenguer por lo de Jaca, y también por lo de Marruecos: quieren inutilizar así al único ministro que creen capaz, con Cierva, de hacer algo por el Rey; también es probable se ataque a éste por lo del proceso Ferrer y a Ventosa por lo de la Banca yanqui. Contra usted, no obstante tener algunos enemigos de cuidado, como Galarza y Albornoz, pongo por caso, no hay nada; sin embargo, como no sabemos lo que puede ocurrir, ni si los estudiantes y periodistas aprovecharán la agitación para resucitar unos lo de San Carlos y otros vengarse de lo que usted sabe, ni que decir tiene que esta casa está por completo a su disposición, esté yo o no esté, pues ya he hablado con Mary del asunto; este ático es un lugar seguro. Si fuere necesario, pondría a su disposición un automóvil con el que podrá llegar hasta la misma frontera de Portugal por lugar seguro. El automóvil sería conducido por su dueño, que es un amigo de mi confianza e incapaz de una charranada. Es cuanto tenía que decirle.

—Pero ¿tan mal ve usted los asuntos?

—Yo francamente, don Emilio, creo que la República es cosa de pocas semanas; al Gobierno le han de faltar energía y apoyos efectivos. No espero que el Rey viva o esté en España para el día primero de mayo: puede dar por seguro que de hecho se ha acabado la dinastía borbónica. ¡Pobre don Alfonso!

Agradecí a aquel hombre sus ofrecimientos, tomé nota de sus interesantes noticias y me despedí. Mary me acompañó hasta el portal.

Ya en la calle observé que Martín Báguenas había desaparecido. Sin duda creyó no saldría de aquella casa hasta después de amanecer. Muchas veces las apariencias engañan.

A los pocos momentos me hallaba en la plaza de Bilbao; dos minutos más tarde, en la Dirección.

---

[117] Creo firmemente que mi amigo se adelantaba a los acontecimientos, pues dudo mucho de que el 12 por la noche el Comité revolucionario tomase acuerdos en el sentido manifestado.

CAPÍTULO XIII

EL 13 DE ABRIL

LA MAÑANA.—Por ser lunes no se publicaba más diario matutino que la *Hoja Oficial,* ya en aquella época insustancial y tendenciosa. Pero ¿para qué la Prensa? Dado el resultado de las elecciones en la mayoría de las capitales de provincia —que, pese al criterio sustentado por algunos políticos, ejercían una decisiva influencia sobre la población rural— no cabía consolarse con utópicos optimismos. Así se lo hice presente al ministro de la Gobernación cuando fui a despachar con él.

El marqués de Hoyos estaba anonadado por temer pudiera achacarse el fracaso monárquico a incapacidad suya. Según le habían asegurado los de Acción Ciudadana, hubo republicano en Madrid que votó tres veces.

—Eso no es cierto—le contesté—. Tal como se llevó ayer la votación no fueron posibles trampas de esa índole. El resultado es la verdad; así: ¡la verdad!... Es sensible para los monárquicos; pero ésa es indiscutiblemente la voluntad nacional, hoy por hoy. Ya sabe lo que de algún tiempo a esta parte le vengo advirtiendo...

—¿Y cree usted, Mola, que esto pueda tener una importancia decisiva?—preguntó emocionado.

—Lo que yo creo es que, si no de momento, en plazo relativamente corto se impondrá la República.

—Mi mayor amargura es pensar: ¿no habré yo sabido hacer las cosas? ¿Seré el causante de todo lo ocurrido? ¿Juzga usted que he tenido medios para evitar el desastre de las elecciones? ¿Hubiera conseguido otro ministro un éxito?

—No. Honradamente creo que no. Lo sucedido es que, por muchas razones que usted conoce tan bien como yo, o mejor si cabe, el panorama español ha variado mucho de pocos años a esta parte, y contra una opinión arraigada, justa o no, es imposible ir, máxime en tiempos como los presentes, en que ya no son posibles los "pucherazos" de otras épocas.

Ruiz Jiménez, el alcalde de Madrid, cortó nuestro diálogo con su presencia. Comentó con nosotros el resultado catastrófico de las elecciones; sostuvo conmigo que no habían existido "embuchados"; criticó la conducta de muchas personalidades, que en vez de acudir a las urnas abandonaron la población a primera hora, para ir a pasar el día en el campo[118], y por último, ya como político viejo, nos relató el desarrollo de unas elecciones, celebradas no sé si en tiempos de Moret o de Canalejas, en que él hizo verdaderos milagros.

Como yo tenía que despachar en la Dirección varios asuntos urgentes, me despedí. La vida en Madrid era en aquellas horas absolutamente normal: la Puerta del Sol, la Carrera de San Jerónimo y la calle de Alcalá rebosaban gente como de costumbre; no existía el menor indicio que hiciera sospechar lo que pocas horas después había de ocurrir.

Ya en la Dirección recibí algunas visitas; pregunté si se celebraría Consejo de ministros por la tarde (me contestaron que no) y, finalmente, hablé con algunos gobernadores... La tranquilidad era tan absoluta en todas partes que decidí comer en mi domicilio.

Aquella mañana el Presidente y los ministros de Gracia y Justicia y Estado despacharon con el Rey. A la salida de Palacio dijeron que el Consejo de ministros no se adelantaría, es decir, que como de ordinario, tendría lugar en la tarde del martes. Pero al llegar el general Aznar a la Presidencia se encontró con el conde de Xauen que le esperaba para darle cuenta de las instrucciones dictadas a las autoridades militares y expresarle su opinión de que, dada la gravedad del momento, consideraba de urgente necesidad que el Gobierno cambiase impresiones; a este criterio se sumó el duque de Maura, que llegó poco después[119].

---

[118] He aquí, a propósito de lo que acabo de decir, unos interesantes comentarios que el señor Ruiz Jiménez inserta en su obra *Pretéritos y presentes,* publicada en 1932:

"No votaron, sin embargo—dice—los que, no siendo socialistas ni republicanos, ni acaso políticos, debieron como ciudadanos conscientes acudir a disputar a aquéllos un triunfo del que fueron los primeros sorprendidos. Camino de Madrid, salida de La Berzosa quince minutos antes de las ocho de la mañana en que empezó la votación, domingo espléndido de sol y de temperatura, antes de llegar, a las ocho y treinta, a El Plantío, la preocupación electoral me hizo contar hasta sesenta y tres automóviles de personas más o menos conocidas, pero seguramente electores, que se habían ausentado sin votar, y sus mecánicos, por no haber tenido tiempo para hacerlo, con el objeto de pasar el día en la Sierra, en La Granja o en El Escorial. Y tantos otros que no se habrían movido de sus casas o habrían salido por otros caminos... Lo que sí puede asegurarse es que, en cambio, los republicanos y socialistas no dejaron ni uno de votar, en compañía de los monárquicos y neutros que creyeron que Madrid se iba a convertir en el paraíso terrenal que cuentan los escritores sagrados".

[119] Puedo afirmar, sin temor a ser desmentido, que durante la mañana del 13, el conde de Xauen no recibió la visita de ningún general, y, por tanto, que es

Terminaba de comer cuando me avisaron que a las cinco se reunirían los ministros en la Presidencia.

LA TARDE.—Sobre las tres y media salí de mi domicilio solo y a pie, como tenía por costumbre hacerlo. A las cuatro y cuarto próximamente llegué a la Dirección de Seguridad, comunicándome el jefe de la División de Investigación Social circulaban insistentes rumores de crisis. Por si éstos tenían confirmación, mi primer cuidado fue remitir cinco mil pesetas a París para liquidar los honorarios del personal, del servicio secreto que allí actuaba. Esta cantidad la envié de la que yo disponía para "gastos reservados".

A las cinco y media supe que el jefe del Gobierno, al llegar al palacio de la Castellana, había dicho a los periodistas, en contestación a preguntas de éstos sobre si era o no cierto estaba planteada la crisis, lo siguiente:

—¿Crisis? ¿Qué más crisis desean ustedes que la de un país que se acuesta monárquico y amanece republicano?

Estas palabras en boca del general Aznar agravaron extraordinariamente la situación, ya de por sí muy delicada. Estimo hubiera sido más prudente callar.

En el Consejo —según informes que me merecen crédito— se examinó la situación política creada por el resultado de las elecciones; el ministro del Ejército dio lectura del telegrama cursado a los capitanes generales aquella mañana, que fue aprobado por unanimidad[(120)]; se expusieron diversos pareceres, y por último se convino en redactar una nota para el Rey, en la que se le decía que el Gobierno en pleno presentaba la dimisión, a fin de dejarle en libertad para resolver.

Esta nota no la llevó el presidente a Palacio hasta la mañana siguiente.

A propósito del Consejo del día 13 se han hecho muchos comentarios, atribuyendo a los consejeros actitudes distintas: unos partidarios de hacer

---

inexacta la versión de que un alto jefe del Ejército, leal al Rey y a la Monarquía, hablase con él a primera hora sobre lo que procedía hacer.

[(120)] Tengo entendido que el conde de Romanones ha manifestado no tuvo conocimiento de tal telegrama hasta algún tiempo después, lo que me parece un tanto raro, ya que dicho ministro estuvo sentado ese día precisamente al lado del general Berenguer.

En cambio es rigurosamente exacto que el señor La Cierva se extrañó de que en dicha circular no se citara al Rey, a lo que contestó el ministro del Ejército no era costumbre hacerlo en esa clase de escritos, no obstante lo cual, si el Consejo lo estimaba, podría subsanarse la omisión en otro telegrama. El Consejo, con el asentimiento del señor La Cierva, optó por dejar las cosas como estaban.

frente a la situación contra viento y marea; otros de dejar que los acontecimientos se desarrollaran por sus pasos contados, en la seguridad de que el espíritu público reaccionaría en favor de la Monarquía, tanto más cuanto que según los datos recibidos hasta entonces, los concejales monárquicos elegidos ascendían, en números redondos, a 22.000, y sólo a 5.000 los antimonárquicos. Ignoro si cuanto se ha dicho es cierto; yo no he podido comprobarlo.

Mientras esto ocurría, don Alfonso, no sé si impresionado por el resultado de la lucha electoral, a consecuencia de las conversaciones sostenidas por la mañana con el conde de Romanones y marqués de Alhucemas, por consejo de alguien de su intimidad o por propia iniciativa encargó a cierta persona hablase con el duque de Maura, a fin de que éste hiciera determinadas gestiones cerca del Comité revolucionario. Esta decisión la adoptó el Rey, desde luego, sin conocimiento del presidente del Consejo.

Aun cuando el duque de Maura era quien, por circunstancias especiales de todos conocidas, estaba en mejores condiciones para llevar a cabo tan delicada misión, no cabe negar que el proceder del Monarca fue en extremo desacertado, al punto de que tan pronto llegó la noticia del Comité el paso dado empezaron a circular por Madrid rumores de una abdicación, que poco a poco fueron tomando consistencia, dando lugar a los disturbios que más adelante detallaré. Ni qué decir tiene que la gestión del duque de Maura fracasó.

Yo, ignorante de lo tratado en el Consejo y de los trabajos del duque de Maura, me debatía en un mar de confusiones ante las noticias que, inverosímiles al parecer, hasta mí llegaban proporcionadas por ciertos "cooperadores". Luego me lo he explicado todo perfectamente. El servicio secreto, ya entonces en franca descomposición, aún me facilitó informaciones de gran interés, que hubieran servido de mucho a un Gobierno audaz y decidido a afrontar la situación con todas sus consecuencias. Respecto a mí, ni tenía autorización para poner en práctica iniciativas, ni de tenerla las hubiese puesto en ejecución; sabía demasiado por triste experiencia, ¡oh San Carlos!, cómo se las gastaba el Gabinete Aznar.

Ya anochecido recibí la siguiente nota:

"La representación de las fuerzas republicanas y socialistas coaligadas para una acción conjunta, siente la ineludible necesidad de dirigirse a España para subrayar ante ella la trascendencia histórica de la jornada del domingo 12 de abril. Jamás se ha dado un acto en nuestro pasado comparable con el de este día, porque ha demostrado España tan fuerte emoción civil y entusiasta convencimiento y ha revelado con tanto vigor la digna firmeza que es capaz de desplegar en la defensa de sus ideales políticos. En la historia moderna de Europa hay actos civiles como el realizado por España el día 12, pero no hay uno que le supere.

La votación de las capitales españolas y principales núcleos urbanos ha tenido el valor del plebiscito desfavorable a la Monarquía, favorable a la República, y ha alcanzado a su vez las dimensiones de un veredicto de culpabilidad contra el titular del supremo Poder. En la formación de estos juicios adversos han colaborado todas las clases sociales del país, todas las profesiones y aún ha quedado en la calle vibrando, pero sin poder acudir a las urnas, la admirable férvida adhesión a nuestras ideas de las juventudes españolas.

Invocamos, pues, llegada esta hora, los supremos valores civiles a que rinden acatamiento en todo pueblo culto las Instituciones más altas del Estado, los órganos oficiales del Gobierno y los Institutos armados; a todos es forzoso someterse a la voluntad nacional, que en vano pretenderán desfigurarse con el silencio o el voto rural de los feudos. El día 12 de abril ha quedado legalmente registrada la voz de la España viva; y si ya es notorio lo que ansia, no es menos evidente lo que rechaza; pero si, por desventura para nuestra España, a la noble grandeza civil con que ella ha procedido, no respondiesen adecuadamente quienes con violencia desempeñan o sirven funciones de Gobierno, nosotros declinamos ante el país y la opinión internacional la responsabilidad de cuanto inevitablemente habrá de acontecer, ya que en nombre de esa España mayoritaria, anhelante y juvenil, que circunstancialmente representamos, declaramos públicamente que hemos de actuar con energía y presteza, a fin de dar inmediata efectividad a sus afanes implantando la República.—*Niceto Alcalá-Zamora, Fernando de los Ríos, Santiago Casares Quiroga, Miguel Maura, Álvaro de Albornoz, Francisco Largo Caballero* y *Alejandro Lerroux*".

Poco después llegó a mis manos una información que decía así:

"El Comité de la Conjunción republicano socialista comunica a provincias que deben lanzar la gente a la calle para atemorizar al Gobierno y obligar al Rey a marcharse cuanto antes. Gascón y Marín (ministro de Instrucción Pública) está en inteligencia con los republicanos. Otro ministro (no he podido averiguar quién es) ha mandado un emisario al Comité para que deponga su actitud revolucionaria. Imposible ya seguir actuando, por lo que doy por terminada mi colaboración. Le desea suerte su atento servidor, *X*".

Los confidentes tienen el instinto de ciertos animales de la zona tórrida, que huyen de los edificios que amenazan ruina ante el presentimiento de la acción destructora del tornado.

En la Casa del Pueblo hubo gran animación con motivo de un mitin que se celebraba; pero no se registró, a pesar del entusiasmo general, el más pequeño incidente; ni aun siquiera se izó, como la noche anterior, la bandera roja.

Y salieron los periódicos de la noche, ¡Grandes titulares en los diarios de la izquierda! Comentarios duros, labor de desprestigio contra el régimen, ataques al Gobierno, alabanzas al civismo del pueblo y protestas enérgicas por el resultado del sufragio en las escasas capitales en que habían vencido los monárquicos. *La Nación*—órgano de U. M.—quitaba importancia a la victoria de la Conjunción; según él, las elecciones para concejales tenían carácter puramente administrativo; había que aguardar, además, al estado comparativo en toda España para formar juicio; después esperar a las elecciones provinciales y a las de diputados. Éstas dirían en último término si la nación era o no monárquica. La realidad decía otra cosa bien distinta.

LA NOCHE.—Cené en mi domicilio. A las diez pregunté al Gabinete telegráfico si ocurría algo de particular. Se me contestó que no. Salí de casa. Para hacer tiempo entré en el teatro Infanta Isabel, uno de los más próximos a la Dirección de Seguridad.

Al terminar el primer acto me fueron a decir, de parte del jefe de la División de Investigación Social, que por la calle de Alcalá circulaban numerosos grupos que, en actitud poco tranquilizadora, marchaban hacia la Puerta del Sol. En el acto abandoné el teatro.

Las impresiones que me dieron al llegar a mi despacho oficial denotaban que existía una gran agitación en las calles céntricas por haber circulado el rumor de que el Rey abdicaba: era la consecuencia lógica de los desaciertos del día.

Los grupos, formados en un principio por gente joven y pudiente de la que a esas horas invade los cafés, no tardaron en verse reforzados por elementos de otra clase; al poco tiempo surgió la idea de dirigirse a la plaza de Oriente... Afortunadamente, como medida de previsión, disponía de fuertes retenes de Seguridad y Guardia Civil en el Ministerio de la Gobernación, que cortaron el paso a los revoltosos en las calles Mayor y Arenal; también tenía situados núcleos de la Benemérita de a pie y a caballo frente al Palacio Real. Sin embargo, por lo que pudiera ocurrir, me puse al habla con el jefe de servicio en la Capitanía General, para rogarle saliera un escuadrón de húsares, que se situó parte en la plaza de España y parte en la de Oriente

Todas estas medidas y cuantas se dictaron después tuve que tomarlas personalmente y ponerlas yo mismo en ejecución, pues el jefe superior, señor Aranguren, bien por desorientación en el servicio, azoramiento o poca disposición para el cargo, no hizo absolutamente nada; el comisario general, señor Maqueda, a quien lo inesperado de los acontecimientos no le dieron tiempo a ponerse enfermo, tampoco demostró actividad, ni resolución, ni energía. Para colmo de desdichas ya había observado desde el día anterior que el coronel de la Guardia Civil, jefe del servicio local, procuraba "escurrir el bulto". ¡Así me encontré de asistido en aquellas fechas memorables!

Menos mal que hubo un comisario, Martín Báguenas, que me sirvió con entusiasmo, acierto y lealtad hasta el último momento; a él y al reducido número de funcionarios que le estaban directamente subordinados, debo principalmente haber podido sortear la situación durante la noche del 13 y el día siguiente.

Lentamente la Puerta del Sol fue invadida por manifestantes y curiosos, sin que las fuerzas allí congregadas, a pesar de las reiteradas órdenes que se les dieron a quienes las mandaban, hicieran lo más mínimo por despejar, lo que en un principio hubiera sido relativamente fácil sin recurrir a la violencia.

Así las cosas, se me avisó de que en la calle de Alcalá trataba de organizarse una manifestación; según unos, con objeto de apoderarse de la Presidencia del Consejo de Ministros; según otros, para hacer acto de presencia frente al domicilio del señor Alcalá-Zamora, sito en la calle de Martínez Campos. Por lo que pudiera ocurrir, ordené que saliera el retén de Guardia Civil que había preparado en el cuartel de Bellas Artes (final de la Castellana) y se situase en la plaza de Colón. Al mismo tiempo dispuse que fuerzas de Caballería del mismo Instituto se establecieran en la calle de Alcalá (esquina a la avenida del Conde de Peñalver), Red de San Luis y plaza del Callao.

La fuerza procedente de Bellas Artes llegó en camiones a la Presidencia, desde donde la hice seguir en dirección a la plaza de la Cibeles para custodiar el Banco de España y el Palacio de Comunicaciones. Ya en el paseo de Recoletos tropezó con algunos manifestantes, siendo agredida al tratar de hacerles retroceder en cumplimiento de las instrucciones recibidas, lo que dio lugar a una colisión, de la que, si mal no recuerdo, resultó un muerto y varios heridos.

Mientras esto sucedía, en la Puerta del Sol una muchedumbre imponente atronaba el espacio con griterío ensordecedor; el ministro de la Gobernación, testigo presencial de los hechos, se quejaba de la pasividad de la fuerza pública, cada vez más inactiva; de distintos puntos pedían protección y me comunicaban alarmantes noticias... Ante el cariz que tomaban los acontecimientos el marqués de Hoyos expuso la situación al jefe del Gobierno, pero éste tengo entendido le dejó con la palabra en la boca; al mismo tiempo un oficioso telefoneaba a Palacio diciendo que unas turbas iban hacia la plaza de Oriente y otras estaban ya atacando el Ministerio del Ejército.

Don Alfonso, para informarse de lo que ocurría, pidió comunicación con el general Berenguer, que le pudo dar una referencia bastante exacta de cuanto estaba sucediendo, por haber sostenido minutos antes una conversación telefónica conmigo. El Rey preguntó entonces por lo acordado en el Consejo de la tarde, sobre el cual no le habían dado la más mínima referencia. El conde de Xauen le contestó no podía decírselo por teléfono.

Serían las doce y media próximamente cuando el comisario Martín Báguenas indicó al jefe superior —que no se apartaba un instante de mi lado— la conveniencia de mandar algún servicio a las inmediaciones de mi domicilio particular en evitación de que algún grupo intentase ir por allí a molestar. La iniciativa del jefe de la División de Investigación Social me pareció absurda; tanto es así que no hice la menor indicación, a pesar de la actitud indecisa de Aranguren ante la petición; sin embargo, aquél insistió en forma tan violenta y apremiante que, algo preocupado, le pregunté si tenía noticia de que sucediera algo.

—No. No hay nada por ahora—me repuso un tanto descompuesto—; pero es que a este hombre hay que decirle las cosas "así" para que se mueva. Yo, por si acaso, he mandado varios agentes a la calle de Zurbano.

No habrían pasado cinco minutos de esta conversación cuando del gabinete telegráfico me indicaron deseaban hablarme desde mi domicilio. En la expresión, mezcla de espanto y ansiedad, de quien pedía la comunicación comprendí que algo grave estaba sucediendo. Así era, en efecto. En la calle, ante el portal, una multitud trataba de asaltar la casa. Un vecino, ignorante de que yo estaba en la Dirección, corrió a la puerta del cuarto para advertir la conveniencia de que me pusiera inmediatamente en salvo: ¡la gente que vociferaba iba en mi busca!

Contesté tranquilizando. Inmediatamente ordené que en coches de la Dirección, o en su defecto en "taxis", se trasladaran allí unas parejas del retén. Por delante marcharon voluntariamente varios funcionarios, entre ellos un ordenanza y un conductor. Di orden asimismo de que fuera un camión del cuartel de Pontejos con guardias civiles, y en caso de no haber vehículo disponible alquilasen automóviles del servicio público.

Aquellos momentos fueron para mí de indescriptible angustia. No podía separarme de mi despacho, porque dada la agitación en la Puerta del Sol y calles céntricas y la total ineptitud del jefe superior, no me era posible abandonar la Dirección ni aun siquiera breves momentos. Afortunadamente, los agentes enviados llegaron a tiempo y no hubo que lamentar más que el susto consiguiente.

¿Por qué las turbas llegaron hasta mi domicilio con propósitos tan poco tranquilizadores? Es muy sencillo: disuelta la manifestación en Recoletos, los elementos dispersos afluyeron, junto con otros procedentes de la Casa del Pueblo y calle de Alcalá, a la del Barquillo, que era por Argensola y Zurbano el itinerario más corto para ir a la casa del señor Alcalá Zamora; mas al llegar los grupos a las inmediaciones del paseo del Cisne, alguien hizo indicaciones de que por allí vivía yo, y entonces la multitud, en cuyo espíritu habían hecho presa las tendenciosas y persistentes campañas contra mí y excitada a su vez por el choque que momentos antes había sostenido con la Guardia Civil, pensó vengarse, y a los gritos de: "¡A por él!", "¡A por los suyos!", avanzó por Zurbano en busca de mi hogar. Menos mal que el sereno, a los requerimientos y amenazas, se limitó a contestar que ignoraba dónde yo vivía. Y así pasaron algunos minutos, los indispensables para que los primeros agentes llegaran al lugar de los hechos... Los grupos siguieron vociferando camino del domicilio del que pocas horas más tarde iba a ser presidente del Gobierno provisional de la República.

Se dijo al día siguiente por algunos periódicos —sin duda para quitar importancia al hecho— que bastaron unas palabras de don Eduardo Ortega y Gasset, pronunciadas desde un balcón del hotel habitado por el señor Alcalá-Zamora, para hacer desistir a las turbas de sus propósitos contra mí. La verdad es que cuando éstas llegaron al paseo de Martínez Campos, en donde se encuentra el citado hotel, ya se habían desarrollado los sucesos que antes he referido.

A la salida de los teatros, la situación en el centro de Madrid empeoró. La Puerta del Sol, abarrotada de gente gritando a pleno pulmón, presentaba un aspecto imponente; en ella parecía haberse concentrado el alma de un pueblo impaciente por ver satisfecha lo que desde hacía algunas horas constituía su obsesión: ¡la República! El marqués de Hoyos llegó a temer que aquella enorme masa se lanzara contra el edificio de Gobernación, lo que hubiera sido sumamente fácil, pues tengo la evidencia de que ni el teniente coronel de Seguridad, señor Flores, ni el comisario general, Maqueda, que a última hora envié allí, ni las mismas fuerzas habrían opuesto la menor resistencia, ya que fueron inútiles todos los requerimientos que tanto el ministro como yo les hicimos para que despejaran la Puerta del Sol. ¡Ya no nos obedecían ni los que más obligados estaban a hacerlo! Sólo la Guardia Civil daba sensación de estar dispuesta a cumplir con su deber. Y tal actitud, de la que la muchedumbre milagrosamente no se dio cuenta, pudo muy bien dar lugar a hechos lamentables.

Hasta pasadas las dos de la madrugada duró el barullo en el centro de Madrid. A las tres salí de la Dirección en un coche de servicio. Fui primeramente a la calle de Zurbano, en la cual reinaba la más absoluta tranquilidad; en vista de ello dejé dos parejas de vigilancia y dispuse se retirasen las demás. Luego me dirigí por la Castellana y Recoletos a la glorieta de Atocha. Al pasar frente al palacio de Comunicaciones me encontré con una sección montada de la Guardia Civil, a la que ordené hiciera circular unos grupitos que se hallaban junto a la verja del Ministerio del Ejército conversando con los soldados de la guardia. En las inmediaciones del hotel Ritz hallé fuerzas de húsares, que habían sido enviadas por el capitán general a petición mía para que pudieran retirarse a descansar las de Seguridad y Guardia Civil; hablé con varios oficiales y di al capitán del escuadrón algunas instrucciones sobre la forma como se debía practicar el servicio, encargándole prestase especial atención al palacio de Buenavista, que me preocupaba casi tanto como el de la plaza de Oriente por las campañas de difamación llevadas a cabo contra el conde de Xauen. Por último, me avisté con el teniente que mandaba la sección de la Guardia Civil que horas antes había tenido el choque con los revoltosos en Recoletos para que me explicase con todo género de detalles lo ocurrido.

A las cuatro de la madrugada regresé a la Dirección y me acosté. No pude pegar los ojos. Madrid, en cambio, parecía dormir tranquilo.

CAPÍTULO XIV

EL 14 DE ABRIL

PRIMERAS IMPRESIONES.—Tan pronto subí al despacho eché una ojeada sobre los periódicos. Como era de esperar, dada la pasión con que la Prensa revolucionaria enjuiciaba todos los asuntos, los sucesos de la noche anterior eran comentados por ella con notoria parcialidad e injusticia. Lejos de, ante lo que ya podía considerarse como inevitable, apaciguar los impulsos de la masa para impedir que lo que muy bien pudiera hacerse por evolución se convirtiese en un salto en el vacío, con los horrores inherentes a todo movimiento revolucionario, en que los mayores desmanes encuentran justificación y los más repugnantes crímenes defensa y hasta panegiristas; lejos, repito, de aconsejar cordura, se predicaba la rebeldía, el desenfreno, el odio, la venganza... Menos mal que el pueblo, más sensato que los portavoces de la revolución, tomó como día de fiesta el que éstos se obstinaron fuera de tragedia.

A primera hora recibí la visita de un confidente. Tras justificar brevemente su presencia en la Dirección en aquellos momentos tan intempestivos, me pidió la devolución de unas informaciones escritas de su puño y letra; apelaba a mi caballerosidad recordándome la lealtad con que hasta entonces me había servido. Hecho examen de conciencia la noche anterior, había convenido consigo mismo que su comportamiento, traicionando a quienes eran sus amigos, era propio de un canalla; lo reconocía así y, arrepentido, quería cambiar de conducta: para ello era preciso deshacer su pasado y con éste todo rastro de sus traiciones, de las que no existían más pruebas materiales que los documentos que obraban en mi poder. Le contesté estaba dispuesto a complacerle, siempre y cuando me reintegrase las cantidades que sin regateos y religiosamente le había abonado tanto por sus servicios como por ciertos documentos originales; le recordé al propio tiempo el ofrecimiento que en cierta ocasión me había hecho, precisamente por escrito, de estar dispuesto a sostener, donde fuera necesario, la veracidad de ciertas informaciones en las cuales se daban detalles de un suceso que había quedado envuelto en el misterio. Mi respuesta desconcertó al confidente. Después del ruego, vino un amago de amenaza que rechacé con energía; luego acudió a la súplica, y, por último, vista mi actitud irreductible, se puso de rodillas y rompió a llorar.

No sé si aquel hombre me dio lástima o asco; mas el caso es que entré en mi gabinete de trabajo, busqué entre unos papeles míos los suyos y volví al salón para entregárselos. Los examinó detenidamente para cerciorarse no faltaba ninguno; los guardó con todo cuidado; se deshizo en cumplidos y hasta pretendió besarme las manos. ¡Pobre diablo!

Desde la escena que acabo de relatar ha pasado ya más de un año; casi dos. No hace muchos días, una mañana, paseando por la avenida de Eduardo Dato, nos encontramos frente a frente. Él se hizo el desconocido y pasó de largo; yo, entonces, le dije: "¡Adiós, hombre; adiós!" Sin contestar aceleró la marcha y se perdió entre la gente... Iba mucho mejor trajeado que en la época que estuvo a mis órdenes. En el ojal de la solapa lucía un botón esmaltado con los colores de la bandera republicana.

Después de la visita del confidente entraron en mi despacho algunos jefes de la "Casa" a darme cuenta de las últimas noticias. En el rostro de todos se reflejaba preocupación. No quise preguntar impresiones personales ni hice comentarios.

Acto seguido fui a Gobernación.

LO QUE OCURRIÓ DURANTE LA MAÑANA.—El ministro estaba, como de ordinario, muy atareado atendiendo a las llamadas telefónicas y a visitas sin importancia; sin embargo, tuve que esperar poco para despachar con él.

Llevaba en cartera una noticia "bomba". Según me había comunicado el gobernador civil de Vizcaya, en Éibar se acababa de proclamar la República; el oficial de la Guardia Civil con el puesto a sus órdenes (unos veinte hombres), considerándose impotente para dominar a las diez mil almas congregadas para presenciar cómo los concejales electos se posesionaban del Ayuntamiento y al grito de "¡Viva la República!" izaban la bandera tricolor, se había refugiado en la casa-cuartel; con San Sebastián se hallaban interrumpidas las comunicaciones telegráficas y telefónicas, y el gobernador de Guipúzcoa no contaba con medios para acudir a sofocar el movimiento sedicioso.

El marqués de Hoyos oyó mi relato con asombro, sin saber qué partido tomar; le tranquilizaba, empero, observar la normalidad que reinaba en Madrid. ¡Tenía esperanzas de que todo quedase en agua de cerrajas! Mas como yo, por obligación, debía hacerle comprender la realidad, le hablé en la siguiente forma:

—Creo que el "batacazo" es inevitable: ¡se han cometido tantos errores!... A mi juicio ya, después de lo que ayer dijo Aznar a los periodistas, no cabe más que ponerse de acuerdo con Alcalá-Zamora para que no sobrevenga una revolución sangrienta... ¿Qué medidas tomaron ustedes en el Consejo? ¿Acordaron declarar el estado de guerra?

—Pero ¿tan grave considera usted la situación?—me preguntó ansioso de una respuesta que envolviera algo de optimismo.

—Grave, no: gravísima. Ya le he dicho que no veo otra solución en este momento que ir a una inteligencia con los revolucionarios. Es tarde para otra cosa—le contesté con firmeza.

El ministro, como si no quisiera enterarse de lo que acababa de oírme, prosiguió:

—El Presidente irá hoy a Palacio para indicar al Rey que consulte personalidades: eso es todo. Supongo que esta tarde o a más tardar mañana por la mañana habrá Gobierno que se encargue de la situación. De la declaración del estado de guerra no hablamos nada; pero tiene usted razón, quizá fuera conveniente.

—Si se quiere contener el desbordamiento de las masas, no hay más remedio que tomar aparentes actitudes de energía.

—Es cierto. Vea usted lo que opina sobre este particular el general Aznar.

Después de esta indicación me despedí del marqués de Hoyos y regresé a la Dirección. En ella me enteré había estado en Palacio el jefe del Gobierno y que a la salida, interrogado por los periodistas, había dicho: que el Monarca tenía que oír cuanto antes a los constitucionalistas; que por lo tanto habría consultas, sin que ello indicase estuviera, planteada la crisis; que el resultado de las elecciones en las grandes poblaciones arrojaba una petición de cambio de régimen, pero que en los restantes pueblos españoles el escrutinio acusaba una abrumadora mayoría monárquica; que ignoraba si sería llamado don Melquiades Álvarez, pues tenía entendido se había declarado republicano la tarde anterior; que creía se consultaría a Bergamín, Villanueva y tal vez a Sánchez Guerra; y, por último, que no habría Consejo por la tarde.

Los demás ministros, fueron llegando al regio Alcázar de dos en dos. Primeramente acudieron el marqués de Hoyos y Ventosa; a continuación entraron el conde de Romanones y el marqués de Alhucemas; más tarde, a las doce y veinticinco, el almirante Rivera y el general Berenguer, coincidiendo con ellos el duque de Maura; los últimos fueron La Cierva, Gascón y Marín y el conde de Bugallal.

Cuando supe que el jefe del Gobierno había salido de Palacio me dirigí a la Presidencia.

Encontré al general Aznar ya en su despacho, sin el más leve síntoma de preocupación. En pocas palabras le expuse lo ocurrido en Éibar, y a continuación le hablé así:

—Lo que el actual Gobierno ha cometido conmigo es una iniquidad a la que no hay derecho: eso no se hace con un funcionario fiel cumplidor de su deber y leal. El Gobierno me ha mantenido en un puesto contra mi voluntad, permitiendo que la Prensa se desate contra mí sin dar una nota o hacer tan siquiera una declaración verbal diciendo me he limitado a cumplir las órdenes de ustedes sin apartarme un ápice de ellas. Y no es esto lo peor, sino que a espaldas mías, pero sabiéndolo todo el mundo, se ha estado buscando sustituto para darme las dimisorias cuando al Gobierno le hubiera convenido. ¿Merezco yo tal trato? Una de dos: u obré bien o lo hice mal. Si estimaban lo primero, procedió se me defendiera; si no estuve acertado, ¿por qué no se me aceptó la dimisión? Candidatos no hubieran faltado; eso lo sabe usted mejor que nadie. La conducta del Gobierno no ha sido correcta. Mi paciencia ha llegado al límite[121].

Aznar se limitó a decirme que todos los cargos públicos eran en aquellos momentos desagradables y que a él mismo le habían sacado de su casa contra su voluntad; que ya nos quedaban a todos pocas horas de sacrificio, pues seguramente habría por la tarde nuevo gobierno. (Lo que no presumía él era que el nuevo gobierno lo presidiría don Niceto Alcalá-Zamora.)

—Eso no me interesa—le repuse—; lo que me interesa es advertirle que sólo permaneceré al frente de la Dirección de Seguridad el tiempo indispensable para que se designe mi sustituto. Y ahora a otro asunto. Dada la situación creada por el resultado de las elecciones, lo sucedido anoche en Madrid y lo ocurrido hoy en Éibar, ¿no cree el Gobierno llegada, la hora de suspender las garantías constitucionales y declarar el estado de guerra? ¿No se ha pensado en lo que puede suceder esta misma tarde?

—¿Y cómo vamos a entregar el poder a los que vengan declarado el estado de guerra? Lo mejor es que lo declaren ellos si lo estiman oportuno.

—¿Y no será peor—le contesté—entregarlo con el pueblo en la calle, sin saber a los excesos a que puede lanzarse dada la gran excitación que existe? ¿Es que no se han dado ustedes cuenta todavía de la gravedad de los momentos que estamos viviendo?

El general Aznar estaba visiblemente contrariado por mi actitud. Para terminar me dijo:

—Bien, bien; en todo caso estudiaremos ese asunto en el Consejo que luego ha de celebrarse en Palacio.

---

[121] Los términos en que me expresé ante el almirante Aznar fueron de mucha mayor crudeza. El hecho de haber fallecido dicho señor en fecha reciente y el respeto que me merece el justo dolor de sus deudos me obligan a suavizar conceptos duros, que, si justificados estaban en aquellas circunstancias, hoy serían irrespetuosos y hasta seguramente inoportunos.

También he de advertir que si yo hubiese tenido conocimiento de la verdadera situación en que se encontraba el Gobierno, tampoco me hubiera conducido a la forma que lo hice al hablar con el Presidente.

—-Es que para entonces, mi general, puede ser ya tarde.

Con tanta terquedad insistí sobre ese extremo y tan fundados eran mis razonamientos, que sin esperar la opinión de los demás consejeros y la muy valiosa para él del conde de Romanones, llamó al subsecretario de la Presidencia, señor Benítez de Lugo, y le encargó la redacción de los oportunos decretos.

Cuando volví a la Dirección me informaron de que en un pueblo próximo a Éibar, perteneciente a la provincia de Vizcaya, también se había proclamado la República; en Bilbao se estaban poniendo unos carteles subversivos por las fachadas de las calles más céntricas; en varias capitales de provincia se iniciaba la revuelta; en Madrid mismo, pequeños grupos de mozalbetes habían intentado organizar una manifestación, que fue disuelta por la sola presencia de la fuerza pública. Mientras tanto de Palacio salían unos personajes y entraban otros: ¡las consultas habían empezado! Hubo declaraciones para todos los gustos. La que a los miembros del Gobierno debió causar más impresión fue la de don Melquiades Álvarez, que dijo: "Le he manifestado a Su Majestad que la hora de los constitucionalistas ha pasado ya".

Ignoro al detalle cuanto aquella mañana ocurrió en Palacio. Sé, sin embargo, que en vista de los informes dados por los ministros, don Alfonso encargó al duque de Maura la redacción de un manifiesto al país, en el que se hiciera constar que mientras se reunían unas Cortes Constituyentes se apartaría de España en espera del resultado de sus deliberaciones. Sé también que durante el despacho con el conde de Romanones le rogó se avistara con el señor Alcalá-Zamora para conocer sus propósitos y solicitar una tregua. Esta conferencia, como es sabido, tuvo lugar en el domicilio del doctor Marañón; en ella, el que hasta entonces había sido presidente del Comité revolucionario dijo que lo que se imponía era la marcha inmediata del Rey, antes de la puesta del sol, pues para después de esa hora no podía responder de quc las masas cometieran desafueros irreparables. Romanones fue a Palacio sin pérdida de tiempo a comunicar el resultado de su gestión, la cual, como la realizada la tarde anterior por el duque de Maura, se hizo sin conocimiento del jefe del Gobierno.

Coincidiendo con estas idas y venidas, el conde de Xauen, desde el Ministerio del Ejército, procuraba saber cuál era el estado de ánimo del elemento armado de las principales guarniciones. El general Despujol le comunicó noticias poco satisfactorias de Barcelona. Ignoro las impresiones que le dieron de otros puntos. En el Ministerio estuvieron los generales Millán-Astray, Cavalcanti y Sanjurjo. El primero manifestó había celebrado una conversación con persona residente en Zaragoza, cuya opinión estimaba muy digna de tenerse en cuenta: ya —según él— no cabía otra solución que la marcha del Rey, El general Sanjurjo —que previamente, y al mismo tiempo que el general Cavalcanti, había sido citado por el conde de Xauen para darle cuenta de la situación tal como se había apreciado en el despacho con el Rey— se entrevistó con el ministro alrededor de las doce. Éste, después de explicarle lo ocurrido en la cámara regia, le dio a leer el telegrama cursado a los capitanes generales, que aún no conocía; luego hicieron algunos comentarios, y ambos coincidieron en apreciar grave el momento. Lo que sí he de hacer constar es que ni el uno pidió instrucciones ni el otro se las dio. ¡La Monarquía, de hecho, no existía ya!

De la entrevista con el general Cavalcanti no tengo referencias.

LO QUE SUCEDIÓ AQUELLA TARDE.—Poco después de las dos salí de la Dirección y fui a mi domicilio. Madrid parecía tranquilo; la circulación era la normal a esas horas. El objeto que me llevó al seno de mi familia fue disponer se trasladara inmediatamente, después de comer, a otro lugar. Se eligió la casa de un amigo. El piso debía quedar guardado por una persona de toda confianza.

Poco después recibí aviso del gabinete telegráfico de la Dirección de que circulaban algunos grupos por la calle de Alcalá con banderas republicanas en actitud nada tranquilizadora. Pedí el coche. Cuando salí a la calle observé había un "auto" de escolta con varios policías; juzgué la medida una precaución algo exagerada de mi leal colaborador, el comisario Martín Báguenas. Ordené al conductor me llevase a la Dirección por el camino más corto: Zurbano, Argensola, Barquillo, etc.

Difícil ha de ser para mí el relato cronológico y detallado de lo ocurrido la memorable tarde del 14 de abril, pues hechos y emociones se sucedieron con una rapidez vertiginosa. Sin embargo, intentaré hacerlo.

Cuando llegué a mi despacho, los grupos de la calle de Alcalá habían engrosado de un modo alarmante; del resto de España llegaban noticias poco tranquilizadoras. Mi primer cuidado fue dar orden para que se reforzaran los retenes de Seguridad, disponer el acuartelamiento riguroso de la Guardia Civil y el desplazamiento de fuertes núcleos de ella a los puntos más interesantes de la población. Esto tuve que hacerlo valiéndome de un capitán, toda vez que el coronel de servicio seguía dando pruebas evidentes de tener pocas ganas de cumplir con su deber.

Sobre las tres y media me avisaron de que el general Sanjurjo, director general de la Guardia Civil, acababa de entrar en el domicilio del señor Maura (don Miguel), en donde, al parecer, se hallaban reunidos los elementos del Comité revolucionario. Esta visita fue para mí un síntoma muy significativo, tanto que en el acto ordené la recogida de papeles y la destrucción del archivo secreto, del que separé algunas fichas y documentos que me interesaba conservar. Éstos fueron conducidos al domicilio de un amigo íntimo.

A partir de este momento, el teléfono empezó a repiquetear con molesta insistencia; por él se me comunicaron sorprendentes noticias de la capital y de provincias.

Madrid entero estaba ya en las calles. En el palacio de Comunicaciones flameaban unas enormes banderas republicanas, advirtiéndome el barón de Río Tovía, a la sazón director general de dicho departamento, que tenía parte del personal en franca rebeldía; solicitó, en previsión de posibles desmanes, un destacamento de la Guardia Civil, que por cierto no llegó a penetrar en el edificio por haber amenazado los funcionarios con la paralización del servicio si llegaban a poner los pies en él[122] En la Puerta del Sol, una multitud que lo invadía todo, incluso las calles adyacentes, atronaba el espacio con gritos ensordecedores e intentaba invadir el Ministerio de la Gobernación; por todas partes grupos de hombres y mujeres de las más distintas clases sociales se dirigían de un punto a otro, sin plan preconcebido, llevando láminas con los retratos de Galán y García Hernández, banderas republicanas y carteles de los utilizados por la Conjunción republicano-socialista para la propaganda electoral; iguales atributos adornaban los "taxis" y demás vehículos que, a velocidades desenfrenadas, recorrían las calles; y, por no ser menos, los tranvías atestados, con pasajeros sostenidos milagrosamente en las imperiales, también daban su nota revolucionaria. Se respiraba una atmósfera de loca alegría con tendencia a la tragedia, pues todo podía esperarse de la muchedumbre desmandada en la promiscuidad de sentimientos tan dispares como el odio a lo que se iba y el entusiasmo por lo que se esperaba.

Sobre las cuatro —hora en que ya la fuerza pública estaba situada en las calles— empezaron a llegar los ministros al edificio de Gobernación. El general Berenguer, que se hallaba en su despacho oficial del palacio de Buenavista, fue citado por el jefe del Gobierno, según le dijo, para darle noticias extraordinarias. ¡Las noticias extraordinarias eran la visita que Romanones había hecho al señor Alcalá-Zamora y la exigencia de éste de que el Poder pasara a sus manos antes de las seis de la tarde! Mas lo verdaderamente inconcebible era que el director general de Seguridad no

---

[122] Según he sabido con posterioridad, la actitud del personal de Comunicaciones se debió al conocimiento que tuvo de lo que iba a suceder por los telegramas que se cursaron a provincias. Aparte de esto, la mayoría de los funcionarios habían sido captados por las organizaciones republicanas.

supiera una palabra por conducto del Gobierno de lo que iba a suceder, ni recibiera la menor instrucción sobre la conducta a seguir. Menos mal que yo, por feliz inspiración, me limité a aconsejar prudencia a las fuerzas de orden público y especialmente a la Guardia Civil, que, por no haber recibido indicaciones concretas de sus jefes, ignoraba lo que debía hacer. Por lo que se refiere a este punto concreto, se ha dicho hasta la saciedad que el general Sanjurjo ofreció en casa del señor Maura el apoyo de la Benemérita y es muy posible que así fuera; yo lo que afirmo es que las órdenes del laureado general —que me consta las dio— no llegaron a muchos oficiales, pues fueron varios los que me consultaron telefónicamente el partido que debían adoptar, ya que era un tanto extraño se les hubiera hecho salir a la calle para presenciar pasivamente lo que estaba ocurriendo. Recomendé a todos que únicamente intervinieran en el caso de ser agredidos o se ejecutasen actos contra las personas o propiedad.

En la reunión que celebraron los consejeros en Gobernación dio cuenta el conde de Romanones de las gestiones por él realizadas durante la mañana y se trató de la necesidad de declarar el estado de guerra en Madrid para mantener el orden público mientras se desarrollaran los acontecimientos políticos. No es cierto —como se ha dicho— se hicieran indicaciones al general Berenguer sobre si cabría esperar algún apoyo por parte del Ejército en defensa del Rey, y aunque se las hubiesen hecho, tengo la absoluta seguridad de que el conde de Xauen hubiera contestado en forma negativa. Después de conocerse el resultado de las elecciones, después de las manifestaciones del jefe del Gobierno la tarde anterior ante los periodistas, después de las gestiones realizadas por iniciativa del Monarca y después de lo pactado con el Comité revolucionario, ¿cómo iban a lanzarse las tropas contra el pueblo? Un régimen podrá apoyarse, nunca largo tiempo, sobre bayonetas mercenarias; pero jamás sobre un Ejército nacional, que es parte integrante del pueblo, y por serlo, participa de sus anhelos y repudia lo que rechaza; como a su vez éste se enorgullece de las glorias de aquél y sufre con sus desventuras. Un ministro llegó a decir que "legalmente" ya no existía la Monarquía... Lo que ocurrió allí fue que, convencido el Gobierno, no quedaba otro recurso que someterse a la fuerza de los hechos, trató la manera de garantizar las vidas del Rey y demás personas de su familia, sin tomar acuerdos, pues Romanones manifestó que de eso respondía él. ¡Por lo visto había tratado también sobre los pormenores del viaje!

A las cinco menos cuarto los ministros salieron para Palacio. Poco después de entrar todos en el regio Alcázar la muchedumbre invadía la plaza de Oriente, más con ánimo de efectuar una manifestación de protesta que con el de ejecutar un acto de agresión. Ésta es la verdad. De haber existido media docena de desalmados decididos a manchar de sangre la entrada del nuevo régimen, la tragedia se hubiera producido. Por fortuna para el buen concepto de España ante el extranjero y para la dignidad nacional, el pueblo de Madrid no empañó las ansias de que fuera un hecho la expresión de su voluntad soberana con el triste, espectáculo de unos crímenes repugnantes.

La última entrevista de don Alfonso con sus ministros fue triste; no tuvo para con ninguno de ellos —motivos no le faltaban— ni un reproche ni la más ligera descortesía. El duque de Maura le presentó el borrador del manifiesto que le encargara por la mañana, en el cual de su puño y letra hizo las correcciones que las circunstancias exigían[(123)] Se trató acto seguido de la forma de hacer el viaje. Mostró deseos de que la Reina y sus hijos permanecieran en Madrid varios días y de que el infante don Juan siguiera estudiando en la Academia Naval. Se le hizo ver que ambas cosas eran imposibles. Se resignó...

[(123)] El documento redactado por el duque de Maura decía así:

"Las elecciones celebradas el domingo me revelan claramente que no tengo el amor de mi pueblo. Mi conciencia me dice que ese desvío no será definitivo, porque procuré siempre servir a España, puesto el único afán en el interés público hasta en las más críticas coyunturas. Un Rey puede equivocarse, y sin duda erré yo alguna vez; pero sé muy bien que nuestra Patria se mostró en todo momento generosa ante las culpas sin malicia.

Soy el Rey de todos los españoles y también un español. Hallaría medios sobrados para mantener mis reglas prerrogativas, en eficaz forcejeo con quienes las combaten. Pero resueltamente quiero apartarme de cuanto sea lanzar a un compatriota contra otro en fratricida guerra civil. No renuncio a ninguno de mis derechos, porque más que míos son depósito acumulado por la Historia, de cuya custodia ha de pedirme algún día cuenta rigurosa.

Para conocer la auténtica y adecuada expresión de la conciencia colectiva encargo a un Gobierno que la consulte, convocando Cortes Constituyentes, y mientras habla la nación suspendo deliberadamente en ejercicio del Poder Real, y me aparto de España, reconociéndola así como única señora de sus destinos.

También ahora creo cumplir el deber que me dicta mi amor a la Patria. Pido a Dios que tan hondo como yo lo sientan y lo cumplan los demás españoles".

El Rey borró la preposición "Para" del principio del tercer párrafo y puso "Espero a"; tachó la frase "encargo a un Gobierno que la consulte convocando Cortes constituyentes"; y por último corrigió la palabra "en"—que era indudablemente un error de copia—y puso en su lugar el artículo "el".

Este documento, con las correcciones apuntadas y encabezándolo "Al País", fue el que firmó don Alfonso antes de marchar y dio a conocer al Gobierno provisional de la República el día 16.

Mientras se celebraba el Consejo en Palacio, el subsecretario de Gobernación, señor Marfil, quedó en el Ministerio. Por él supe, momento por momento, cuanto sucedía en la Puerta del Sol; pero nada más. De otras provincias, especialmente de Barcelona, llegaron nuevas alarmantes que traté de comprobar poniéndome al habla con el general Despujol, quien me confirmó la ocupación del Ayuntamiento y Diputación por Maciá y sus huestes, añadiendo que en aquellos instantes creía se hallaba también tomado el Gobierno Civil; frente al edificio de Capitanía General, las turbas se limitaban a gritar. En Bilbao, Valencia, Zaragoza y otras capitales ocurría otro tanto.

Marfil me llamaba con frecuencia. Por momentos era más imponente el espectáculo que ofrecía la Puerta del Sol. Por fin, ante lo inminente del asalto, que por cierto dirigía un oficial de Ingenieros vestido de uniforme, se cerraron las puertas del Ministerio. Algunos funcionarios, temerosos de que el edificio fuera invadido por las turbas, no obstante dicha precaución, lo abandonaron por una de las ventanas que dan a la calle de San Ricardo valiéndose de una escalera de mano.

Desde el balcón de mi despacho observaba el ir y venir de los grupos y vehículos por la avenida del Conde de Peñalver; varios de aquéllos se pararon en la esquina de Víctor Hugo en actitud poco tranquilizadora. Hablé con Martín Báguenas —con Aranguren no se podía contar— y le encargué tuviera personal dispuesto para la defensa de la Dirección de Seguridad. Para evitar que con motivo de un intento de asalto la fuerza se viera precisada a utilizar las armas de fuego desde el primer momento, dispuse que un jefe de Seguridad fuera a la Comisaría de la calle de Leganitos, donde estaba el depósito, y trajese algunos botes de gases lacrimógenos; al mismo tiempo mandé se transportara a lugar seguro la parte del archivo reservado que se había tenido tiempo de seleccionar.

Traté sin resultado de adquirir noticias de lo que pasaba en Palacio. Fue imposible. Hablé con la Comisaría de la Real Casa para que previniesen a los ministros no regresaran ni por la calle Mayor ni por la del Arenal. Un agente de la Social avisó que en el domicilio del señor Maura (don Miguel) era constante el ir y venir de personas afectas a la República.

Poco después, Marfil me hizo la siguiente pregunta:

—Oiga, Mola: ¿sabe usted si ocurre algo por Cuenca o por Albacete?

—No. No sé nada—le repuse—; pero si le interesa procuraré informarme.

—Sí; me interesa. Me lo ha preguntado Hoyos desde Palacio. Ya puede suponerse de qué se trata.

Era evidente que el Rey se marchaba.

—Pero ¿a dónde va?—pregunté a Marfil un tanto intrigado, ya que ni Albacete ni Cuenca estaban sobre las carreteras que conducen a las fronteras.

—No lo sé seguro—contestó—. Creo que a embarcar en Cartagena.

—¿Y no le ha dicho nada más el ministro?

—No; nada... ¡Esto es desesperante!—exclamó con indignación.

Me puse en comunicación con Cuenca y Albacete. En el primer punto la tranquilidad era completa; en el segundo había grupos por las calles y conatos de manifestación.

Volví a ponerme al habla con Marfil para darle los informes solicitados; le comuniqué asimismo que, según me acababan de avisar, Maciá desde Barcelona daba por radio la noticia de haber sido proclamado el *Estat Catalá.* Marfil me dijo a su vez que una comisión de manifestantes pretendía se le concediera autorización para colocar la bandera republicana en el edificio de Gobernación, pero que él se negaba a complacerla. Luego supe que la referida comisión, que por lo visto presidía Ortega y Gasset (don Eduardo), hizo caso omiso de la negativa del subsecretario y la bandera fue izada ante una estruendosa ovación.

De la estación de Atocha avisaron a Martín Báguenas que el coche real, arrastrado por una locomotora de maniobras, iba por la vía de circunvalación camino de la estación del Norte. Supe que de Palacio habían pedido el automóvil de escolta de la Guardia Civil que ordinariamente acompañaba al del Rey durante sus viajes por carretera.

"Unión Radio" pidió permiso para dar la noticia radiada por Maciá; lo negué, pero fue inútil... ¡Ya no nos obedecía nadie!

Serían próximamente las seis y media cuando el Gobierno abandonó Palacio. El Presidente dijo a los periodistas que el Consejo había expuesto al Rey la situación y su modo de apreciarla; que el Rey resolvería al día siguiente.

—Ahora—prosiguió—, para mantener el orden, vamos a proclamar el estado de guerra, que es lo que, en primer término, conviene.

En un cambio de impresiones que los ministros tuvieron después de despedirse del Rey, el general Aznar les citó para una nueva reunión con objeto de hacer entrega del Poder al Gobierno de la República. No obstante los deseos del que hasta entonces había sido presidente del Consejo, los ministros, al salir de Palacio, tomaron direcciones distintas y desaparecieron. Yo aguardé en vano más de media hora en espera de que el marqués de Hoyos llegara a su despacho.

Próximamente a las siete me dieron dos noticias sorprendentes: Eduardo Ortega y Gasset arengaba a las masas desde el balcón del Ministerio de la Gobernación diciendo que la República era ya un hecho; del domicilio de don Miguel Maura habían salido, además de éste, los señores Alcalá-Zamora, Lerroux, Albornoz, Azaña, Largo caballero y otras personas en dirección a la Puerta del Sol para hacerse cargo del Poder.

Traté con insistencia de buscar comunicación con el marqués de Hoyos, sin lograrlo. Pedí a Marfil me confirmase la primera parte de lo que me habían dicho. Ni afirmó ni negó; sólamente me indicó que buscaba el paradero del ministro, sin poderlo conseguir. Hicimos algunos comentarios sobre el aislamiento en que ambos nos hallábamos. ¿Qué resolución cabía adoptar? Marfil, colmado de indignación, me dijo:

—Amigo Mola, ¿sabe lo que voy a hacer?... Pues coger el sombrero y marcharme.

Mi último contacto desaparecía(124).

Mientras tanto, por la avenida del Conde de Peñalver las banderas rojas y tricolores se multiplicaban; grupos considerables cantaban a todo pulmón la Marsellesa y empezaba a oírse la pesada cantinela de: "Un, dos, tres; muera Berenguer".

Entonces decidí ir al Ministerio del Ejército para ver si allí conseguía ponerme en contacto con el conde de Xauen y me enteraba de la verdad de todo. Mandé preparar un Ford y dejé encargado al jefe superior de la Dirección, advirtiéndole que regresaría en seguida. Ese era mi propósito.

Bajé al portal y como de costumbre tomé el coche dentro del zaguán. Ordené al conductor me llevase por la calle de la Reina a salir a la plaza del Rey para, remontando Barquillo, entrar en el Palacio de Buenavista por la puerta de Prim. Mi objeto era pasar desapercibido.

Era ya entre dos luces y tuvimos que ir despacio por la aglomeración; los "vivas" a la República contrastaban con los "mueras" a don Alfonso; de vez en cuando, el estribillo contra Berenguer era sustituido por otro que decía: "No se ha *marchao;* que le hemos *echao".* Contra mí no oí un solo grito.

LO QUE PASÓ EN EL MINISTERIO DEL EJÉRCITO.—Al trasponer la verja del palacio de Buenavista me detuvo la guardia, pero reconocido me dejó pasar; recibí las novedades de los policías al servicio del ministro y rápidamente tomé el ascensor. En la Secretaría particular se hallaban varias personas; entre ellas recuerdo al subsecretario, general Ruiz Fornells; al asesor, señor Santamaría; al teniente coronel Sánchez

(124) No obstante lo que me manifestó Marfil, luego he sabido que éste permaneció en su puesto hasta después de haberse hecho cargo del Ministerio de la Gobernación el señor Maura.

Delgado, al hermano del conde de Xauen, don Luis, y a su sobrino Alejandro. Desde el Ministerio se percibía el rumor de la muchedumbre.

Entré en el despacho del general. El amplio y lujoso salón se hallaba alumbrado exclusivamente por la lámpara de la mesa. El conde de Xauen sostenía en aquellos momentos una conversación telefónica con Benítez de Lugo. Este, por lo visto, andaba en busca del general Aznar para hacerle entrega o pedirle —no lo recuerdo bien— un documento que debía ser de gran importancia. Luego supe se trataba del manifiesto de don Alfonso. Unos minutos después llegó el marqués de Hoyos, que sostuvo también alguna que otra conferencia.

Deduje de todo lo que allí se habló que ya el Comité revolucionario, convertido en Gobierno provisional de la República, se había instalado en el Ministerio de la Gobernación y reclamaba con insistencia la presencia del general Aznar para que le hiciera la transmisión de poderes; mas éste no aparecía por parte alguna, ni los demás ministros tampoco. Me enteré asimismo que don Alfonso salía aquella misma noche para el arsenal de Cartagena con objeto de embarcar con rumbo a Inglaterra (luego se debió cambiar de pensamiento puesto que desembarcó en Marsella) y que doña Victoria y demás familia real saldrían al día siguiente en el rápido de Irún.

Estando en el despacho llamó desde Granada el general González Carrasco preguntando si declaraba el estado de guerra, pues el capitán general accidental, señor Fernández Barreto, había adoptado un silencio, extraño. Desde luego se le autorizó. Después se preguntó a la primera autoridad militar de Madrid si ya había salido el piquete de ordenanza para dar lectura del bando declarando la ley marcial. Contestó que en vista de cómo estaban las calles no se atrevía a hacerlo. Casi al mismo tiempo llamó el señor Gascón y Marín para rogar, de parte del Gobierno de la República —con el que por lo visto debía estar en relación— no salieran tropas a la calle, ya que dado el estado del pueblo, mezcla de excitación y entusiasmo, sería lo más probable que soldados y paisanos se mezclaran y ello podría ser causa de desbordamientos incontenibles de consecuencias imposibles de prever.

El general Berenguer, sobreponiéndose a la emoción de aquellos momentos, aparentaba estar tranquilo; en cambio, al marqués de Hoyos se le veía excesivamente nervioso.

Salí del despacho y me asomé a uno de los balcones de la sala de visitas que dan al jardín: ¡la calle rugía!... Las turbas, ebrias de entusiasmo, vociferaban desenfrenadamente; sobre el griterío ensordecedor destacaban los improperios contra el general Berenguer. Algunos grupos se situaron frente a la verja del Ministerio. Ante el temor de que fuera asaltado el edificio se ordenó cerrar las puertas que dan a la calle de Alcalá y reforzar la guardia.

Ya me despedía para regresar a la Dirección cuando fui advertido de que se dirigía hacia ella un grupo de unos ochenta o cien individuos, capitaneados por don Ramiso Cavestany, con ánimo de "arrastrarme" (textual). Como dada mi impopularidad toda resistencia era inútil, pues si me defendía y lograba no caer en manos de los revolucionarios, el Gobierno, por dar satisfacción a las masas, procedería contra mí aunque hubiese obrado en legítima defensa, opté por no volver a la Dirección. Por teléfono llamé a mi secretario particular, rogándole fuera al Ministerio del Ejército para recoger las llaves de la caja reservada y darle algunas instrucciones.

He de advertir que la presencia en las calles del señor Cavestany me produjo una gran sorpresa, pues no hacía muchos días había recibido un certificado facultativo autorizado por el doctor don Gregorio Marañón en el que decía se hallaba imposibilitado de trasladarse a La Coruña, su nuevo destino, y, posteriormente, dos médicos de la Dirección de Seguridad a quienes ordené le reconocieran me informaron muy seriamente de que el señor Cavestany padecía una parálisis incurable que le impedía abandonar el lecho. Fue tan acertado el diagnóstico, que actualmente dicho señor se encuentra desempeñando otra vez el cargo de secretario general.

Mientras llegaba mi secretario, ya ausente el marqués de Hoyos, sostuve una conferencia con el general Berenguer en presencia de Sánchez Delgado, acordando ocultarnos prudentemente unos días, los indispensables para dar tiempo a que se calmaran los ánimos. El general Berenguer dijo pensaba escribir inmediatamente una carta al señor Alcalá-Zamora manifestándole que tan pronto se estabilizara la situación y su integridad personal pudiera ser garantizada, se pondría a disposición del Gobierno para responder de su conducta.

Cuando llegó mi secretario —que me dijo se estaba esperando en la Dirección de un momento a otro la llegada de don Carlos Blanco— le introduje en el comedor del ministro, le di las llaves de la caja para que hiciera entrega de ellas, de los fondos reservados y de las claves diplomáticas al coronel Aranguren, después de recoger un sobre que con el pasaporte y una pequeña cantidad de mi propiedad particular guardaba allí como lugar más seguro(125).

---

(125) Algunos periódicos dijeron en aquellos días había desaparecido con las llaves de la caja. Ya ve el lector que no es cierto. Dejé a mi sucesor (conservo aún el recibo) casi íntegra la consignación del mes de abril (6.000 pesetas de las 6.165 que percibía). Las 5.000 pesetas giradas a París horas antes y el importe del

Después de salir del Ministerio la familia del general entré de nuevo en el despacho para preguntarle si deseaba algo de mí. En aquel momento le requirieron de Palacio: era don Alfonso, que deseaba despedirse de él.

Habían dado las ocho y cuarto cuando abandoné el palacio de Buenavista; lo hice en el coche de un allegado del conde de Xauen. Minutos más tarde me reunía con mi mujer y mis hijos.

De la República no supe aquella noche más que lo que oí desde la habitación en que me hallaba: gritos, gritos y más gritos...

---

servicio secreto nacional correspondiente al mes fueron satisfechos con pequeños ahorros que había logrado hacer, pese a la exigua consignación que percibía en concepto de gastos reservados.

EPÍLOGO

Era una tarde de los primeros días de mayo, antes de la fecha en que tuvo lugar la vergonzosa quema de conventos. Reconstruía en la soledad de la celda, para llevarlo a mi carnet de notas, cuanto había hecho desde la madrugada del 15 de abril: salida de la casa en donde pasé la noche del 14 y mis paseos frente al refugio en que se hallaba el general Berenguer en espera de que el portal se abriese para subir al piso y conocer los detalles de su salida del Ministerio del Ejército y propósitos inmediatos; mi resolución de abandonar este proyecto ante el temor de ser reconocido por la gente que, más temprano que de ordinario, empezó, a circular; la breve estancia en el domicilio de un amigo en el cual me sirvieron un ligero desayuno; mi paso por la Cibeles, desde la que contemplé las enormes banderas republicanas que adornaban el palacio de Comunicaciones; la carretera amplia y asfaltada; el palacio señorial que un aristócrata, apenas conocido de mí, me cedió como seguro asilo; la Carta dirigida al general Sanjurjo para que hiciera presente al Gobierno estaba a su disposición; mi vuelta a Madrid la tarde del 18 y el traslado a una finca próxima a ruegos de algunas personas de mi intimidad ante el temor de que el domingo, 19, volvieran a reproducirse las escenas del 14 y 15; el regreso definitivo la noche del día siguiente; la presentación al ministro en la mañana del 21 y el ingreso en Prisiones militares para responder —según me dijo— de mi gestión como director general de Seguridad; la inmediata presencia del Juzgado; el procesamiento...

Esta labor, harto difícil por la rapidez como se habían sucedido los acontecimientos, fue suspendida por la llegada de un visitante: una de esas personas que gustan de acudir a los duelos para observar las huellas que la enfermedad ha dejado en el rostro de la víctima y el dolor en las de los deudos.

Lamentaba mi desgracia. Era la consecuencia lógica del estado pasional de aquellos días. Debía tener un poco de paciencia, pues nuestro pueblo, aparte su impresionabilidad, era bondadoso, reflexivo, culto y amaba la Justicia. Por estimar a ésta escarnecida se había revuelto contra la Monarquía, y justo era reconocer que no le faltaba razón. Ya se dijo desde muy antiguo: *Vox populi, vox Dei.*

La banda de cornetas y tambores del entonces regimiento de León, alojado en el mismo edificio de Prisiones, lanzó al espacio las notas alegres de la marcha granadera: la tropa salía del cuartel. Mi visitante se despidió precipitadamente, pues no quería perderse el número del desfile;

igual que él, una nube de comadres y chiquillos acudió hacia la plaza de San Francisco.

Pasó un rato.

En la calle del Rosario, bajo la reja de la ventana de la celda número *2* que ocupaba, un grupo comentaba el desfile.

—¡Qué contentos van!—decía una mujer.

—¡Pobrecitos! Es natural: ya no tienen que sangrar a uno todos los días para alimentar al príncipe—repuso otra.

—¡Es *verdá!...* Me c... en ... ¡Y pensar que no les hemos *arrastrao* a *tóos* por las calles de *Madrí!...*—exclamó un hombre, lleno de indignación.

Me acordé de las palabras que hacía poco había oído: "Nuestro pueblo es bondadoso, reflexivo, culto..."

Verdaderamente, la tertulia de la calle no representaba nada; quizá ninguno de los allí reunidos sabría leer. Sin embargo, aquel hombre entonces y las mujeres que le acompañaban hoy, tienen un voto...: ¡un voto que vale tanto como el de don Jacinto Benavente!

¡Oh, impávido farolillo de la inteligencia que alumbras mi razón! ¿A dónde me llevas por el camino de las reflexiones? ¿A descubrirme que el tinglado de la Democracia tiene por base un absurdo?... ¡Basta! ¡Húndete en las tinieblas! No quiero saber más,

Hernán Cortés quemó sus naves de madera. Yo temo imitarle, haciendo otro tanto con mis ilusiones...

EMILIO MOLA VIDAL
Madrid, marzo de 1933.

FIN

APÉNDICE PRIMERO

Algunas de las declaraciones que figuran en el proceso de San Carlos

Primera declaración del teniente coronel de Seguridad don José Flores Mayor.—Dijo: Que sobre las once o doce de la mañana del día 25 del actual, encontrándose el declarante al mando de la fuerza de Seguridad con motivo de los disturbios estudiantiles, al pasar por la calle de Atocha en dirección a Antón Martín despejando los grupos allí congregados, la fuerza de Caballería que iba a la vanguardia llamó la atención del declarante manifestándole que de una obra en construcción sita en dicha calle de Atocha, y cree que en el número 84, de los pisos segundo y tercero, habían visto arrojar piedras y cascotes a la fuerza pública, y seguidamente el que habla, dirigiéndose hacia la citada casa llamó la atención de algunos que se encontraban en la misma, invitándoles a que a su presencia hicieran nuevas agresiones, contestando con signos negativos y manifestando que ellos no habían agredido a la fuerza pública, a pesar de lo cual el que declara dio orden para que se averiguara quiénes fueran los obreros que trabajaban en los citados pisos, por estimar ciertas las manifestaciones de sus subordinados y con el fin de que los que hubieran realizado tales agresiones sufrieran la sanción correspondiente; y por lo tanto, el que declara, ni a su presencia fueron agredidas las fuerzas del Cuerpo que manda, sin que tampoco pueda determinar el dicente el número y nombre de los obreros de la citada obra.

Segunda declaración del mismo—Dijo: Que el día 25 de marzo último, siguiendo el declarante las órdenes recibidas del jefe superior de Policía, a la sazón el coronel Marzo, acudió a las cercanías de la Universidad Central para prevenir lo que pudiera suceder con ocasión de la algarada estudiantil que venía sucediéndose hacía algunos días, por cuyas algaradas el día 24 se dispuso el servicio situando retenes de Seguridad en el Ministerio de Gracia y Justicia, Cinema X y prevención del distrito de la Universidad, y por otra parte en la calle del Fúcar, cuartelillo municipal y en la prevención del Congreso, cine de San Carlos, retenes éstos de 30 hombres el de la calle del Fúcar, 20 en la Comisaría y 10 en el cine de San Carlos, fuerza ésta que de ordinario no suele tenerse dispuesta, pues que en tiempo normal no hay más retenes que los de Gobernación y Dirección de Seguridad, pero que entonces se tenía en esa cantidad por los sucesos que venían ocurriendo, sin que este día se dispusiera que estos retenes fueran más numerosos en las cercanías de San

Carlos que en los otros días anteriores, sino que eran aproximadamente el mismo número de hombres, y este servicio se dispuso el día anterior, como suele acostumbrarse, de acuerdo con el jefe superior, que es la persona que por llevar la dirección de los servicios de Orden Público en Madrid transmite las órdenes. Que para el citado día 25 recibió verbalmente del jefe superior la orden de impedir que los estudiantes celebrasen manifestación en la vía pública si lo intentaban, pero que mientras permanecieran dentro del edificio de la Facultad se les dejara hacer, y el jefe superior no mencionó al declarante si habían de utilizarse procedimientos de rigor o de templanza, mas el que habla tradujo esa orden extendiendo para sus subordinados la orden escrita de que al intervenir la fuerza utilizaran primero la defensa de goma de que estaban provistos, después las hojas de los machetes contundiendo, y sólo en último término y siendo agredidos por disparos utilizaran las armas de fuego. Personado el declarante en las inmediaciones de la Universidad, allí no existía alteración de orden, porque ya estaban cerradas las puertas de la misma, y desde allí, poniéndolo en conocimiento del jefe superior, marchó a San Carlos por la parte de la glorieta de Atocha, llegando a ésta aproximadamente a las once. Observó gran efervescencia en el público, sin circulación la calle de Atocha, y en ésta situados los diversos retenes, unos cerca de la glorieta, algo más arriba de ella, y otros próximos a Fúcar, dándole cuenta sus subordinados de que habían arrojado piedras contra las fuerzas y notando llena de estudiantes la azotea de la Facultad y muchos núcleos de éstos cerca de la puerta, que tenían abierta. El declarante se fue directamente a la puerta de la Facultad, sin exhibir otra cosa que su bastón de mando y haciendo indicaciones de calma, que por el pronto fueron atendidas, dejándole llegar solo hasta la puerta de la Facultad donde al grupo pidió que se destacaran dos o tres para hablar con él, y así lo hicieron, tratando el declarante de disuadirles de toda actitud violenta e indicarles que él no tenía atribuciones para autorizar la manifestación que pretendían, pero que se obligaba a transmitir inmediatamente su petición al director general, y como suponía que éste tampoco podría realizarlo por sí, les interesó su actitud pasiva durante el tiempo suficiente para su gestión, interesándoles que se metieran dentro de la Facultad sin agredir a la fuerza. Así se lo prometieron, retirándose el declarante de allí; pero al retirarse le arrojaron alguna piedra desde la azotea, si bien no continuaron, ante las indicaciones que desde abajo hicieron otros estudiantes; pero es lo cierto que no atendieron la indicación del declarante de meterse *dentro* de la Facultad. Transmitió el dicente el deseo de los estudiantes al jefe superior, y le respondió éste que no podía autorizarse la manifestación, y entonces dicho jefe aprobó su idea de retirar las fuerzas de Seguridad hasta la glorieta de Atocha y Antón

Martín, respectivamente, aislando aquella porción de todo tránsito para impedir agresiones a la fuerza, y le indicó también que daba orden para que acudiese Guardia Civil a ambos lugares. El declarante, que se hallaba en las cercanías de la glorieta de Atocha, situó la fuerza en esta glorieta y la despejó y dio orden a un subordinado que por parte de la calle del Fúcar se procediera a hacer lo propio, retirándose hasta Antón Martín. Oyó el declarante unos disparos hacia la parte de arriba de la calle de Atocha y marchó directamente, dando la vuelta por la calle de las Huertas, para ver lo que ocurría e impedir que se disparara, y al llegar allí le refirieron que al capitán que mandaba las fuerzas lo habían herido de una pedrada, y que aquellas fuerzas, acometidas por los estudiantes, habían tenido que hacer fuego, porque, según el propio teniente Mario Fernández Pardo les habían disparado, habiendo visto perfectamente a uno que lo hacía desde la esquina de la calle de Santa Inés. Que dada la orden por el declarante de retirarse hacia Antón Martín, así se realizó, y cuando lo efectuaban llegó allí una sección de Caballería y otra de Infantería de la Guardia Civil. Que poco después acudió a un teléfono próximo por llamada urgente que le hacía el jefe superior, y allí, por éste, se le dijo que acudiera inmediatamente a la posada de San Blas, donde se hallaba encerrado un comisario y dos agentes, que no tenían municiones y que pedían auxilio, indicando que los grupos intentaban asaltar aquel lugar, cosa que el declarante no podía ver desde el lugar en que se encontraba, y al recibir esta orden, el declarante mencionó al jefe superior la conveniencia de que ese auxilio lo prestara la Guardia Civil, porque suponía que sería más respetada por los grupos, ya que los de Seguridad eran agredidos fácilmente, aprobando esta idea el jefe superior. Que en su virtud el declarante, por medio del teniente Mario, trasladó esa orden al teniente de Caballería que mandaba las fuerzas de la Guardia Civil, y que como éste indicara que no podía hacer eso si no lo ordenaba su jefe natural, el declarante fue a ver al propio teniente, mencionándole que la orden era del jefe superior de Policía, y que si no la cumplía daría conocimiento al director general de Seguridad, refiriéndole entonces dicho teniente de la Guardia Civil su acatamiento y disponiendo él que fuese un sargento con cuatro números hacia la posada de San Blas para auxiliar a los que estaban dentro. Quedó el declarante en Antón Martín, y poco tiempo después recibió recado del teniente de la Guardia Civil de que le habían herido a un guardia y un sargento frente a la posada de San Blas; entonces se recibió orden del jefe superior de Policía que avanzara la fuerza de la Guardia Civil de Caballería despejando la calle de Atocha hasta la posada de San Blas, y tras ella media sección de Infantería, para lograr el propósito de liberar a los asediados en la posada, pues los primeros guardias civiles habían tenido que refugiarse en esta posada. Así lo hizo la Guardia Civil, y la Caballería no pudo llegar más que hasta la altura de la calle del Fúcar, porque la pedrea era formidable y se les hacían disparos, percibiendo el declarante perfectamente a un individuo, cuyo tipo no le pareció de estudiante, que hacía disparos contra la Guardia Civil desde la azotea en la misma esquina de la calle de Santa Inés, y también sintió el declarante dos detonaciones que le parecieron bombas de mano; y entonces la Guardia Civil, ya procediendo por la propia iniciativa del jefe que la mandaba, dio tres toques de atención, por cierto con bastante intervalo de tiempo, y después del último hizo fuego, que debió ser bastante profuso, calculando el declarante que harían de unos trescientos cincuenta a cuatrocientos disparos, durando próximamente este fuego de una hora a una hora y media; ante el fuego de la Guardia Civil se vieron varios trapos blancos por la azotea, persistiendo, sin embargo, los disparos del situado en la esquina de Santa Inés, y ya por fin se oyó el toque de trompeta de la Guardia Civil de "alto el fuego", y cesó éste; y poco después se recibió orden terminante de que se dejase salir a los estudiantes de la Facultad y retirada de las fuerzas; así se procedió, incluso dejando en libertad a tres o cuatro detenidos que la fuerza había hecho según salían, procediendo esta orden del ministro de la Gobernación. Que la actitud de los grupos que había tanto en la glorieta de Atocha como en Antón Martín era pacífica, sin agresión para la fuerza; pero los grupos de Atocha le parecieron al declarante, por su aspecto, constituidos por elementos fácilmente excitables, y por eso fue su precaución de desalojar esta glorieta. Que ninguno de estos grupos agredió a la fuerza ni promovió alborotos, partiendo las agresiones únicamente de los que se hallaban en San Carlos, donde pudo observar que mezclados con los estudiantes había elementos extraños a ellos en bastante cantidad, indicándole los propios estudiantes que esos elementos extraños habían entrado por la puerta del Hospital Clínico. Que la Guardia Civil disparó durante todo el tiempo que ha referido de hora u hora y media próximamente, porque durante ese tiempo se le hacían disparos desde la azotea de San Carlos, diciéndole también al declarante que asimismo disparaban desde una ventana de la Facultad, pero este hecho no lo comprobó. Que el declarante ignoraba dónde se encontraba el quirófano del Hospital Clínico, ni tampoco qué parte del edificio de la Facultad de San Carlos se destina a salas de enfermos, y supone que lo propio ocurriría al teniente de la Guardia Civil. Que también le dijeron que para dominar a los de la azotea de la Facultad había ordenado el teniente a tres o cuatro guardias que subieran a una azotea de la acera de los números impares y desde allí dispararon. Que, desde luego, el declarante no requirió el envío de la Guardia Civil al lugar de los sucesos, la cual debió acudir por iniciativa y orden de la Dirección General. Que cuando llegó la Guardia Civil, ya retirada la de Seguridad a

Atocha y Antón Martín, no era objeto de agresiones por parte de los estudiantes, y supone que no habría sido objeto de éstas ni ocurrido nada de no haber surgido el incidente de tener que auxiliar a los encerrados en la posada de San Blas, que fue el que originó el envío allí de la Guardia Civil, creyendo el declarante que si en vez de Guardia Civil hubieran acudido a auxiliar a los de la posada de San Blas guardias de Seguridad, habría habido más víctimas de esta fuerza, porque la agresión hubiera sido más fuerte para ellos, y cree que hubieran tenido que quedar allí la mitad de los que hubieran acudido, pues la actitud del grupo agresor hacia la posada de San Blas era la más violenta.

TERCERA DECLARACIÓN DEL MISMO.—Dijo: Que, desde luego, por su parte, no pidió a la Dirección General de Seguridad el envío de la Guardia Civil ni de ninguna otra clase de refuerzos, pues el declarante entendía que con las fuerzas de Seguridad que tenía situadas y colocadas como ya estaban cuando llegó la Guardia Civil, cerca de Antón Martín y la glorieta de Atocha, podía considerar dominada la situación, y por lo mismo no necesitaba más fuerzas. Que lo único que dijo al jefe superior en un momento de los que conferenció con él por teléfono cuando ya estaba la Guardia Civil en Antón Martín y Atocha, y al referirle el dicho jefe superior que había un comisario y dos agentes encerrados en la posada de San Blas, es "que aquello se ponía muy feo", pero que de ningún modo hizo entonces ni tampoco antes petición alguna de envío de fuerzas, y aún menos concretamente de la Guardia Civil. Que al disponer el servicio del día 25 de marzo, la noche del 24, las órdenes que recibió el declarante en la reunión del director general, comisario general y jefe superior con el declarante, fueron no permitir la entrada de los estudiantes en la Universidad y San Carlos si no había clase, y si la había dejarles entrar normalmente; dándosele la orden de que auxiliaran a los bedeles para que no entrara en clase nadie en los edificios que no fuera estudiante la tarde del 25 para ejecutarla en los días siguientes, y que respecto a la manifestación recibió orden del director de impedirla o disolverla utilizando procedimientos de templanza en primer término. Que no vio que los estudiantes arrojaran líquidos corrosivos a la fuerza, pero que el comandante Castillo le refirió al declarante que los habían arrojado el día anterior.

DECLARACIÓN DEL EX JEFE SUPERIOR DE POLICÍA, DON AGUSTÍN MARZO BALAGUER.—Dijo: Que le parece fue el día 24 de marzo cuando el director de Seguridad, a la sazón don Emilio Mola, hubo de indicar al declarante, con relación a los sucesos que estaban provocando los estudiantes, que un grupo de éstos había estado en su despacho solicitando autorización para manifestarse pro amnistía, y que al tal grupo él, o sea el director, le había contestado que aun teniendo la orden del Gobierno de prohibir toda manifestación en la vía pública, lo solicitaran por escrito, y trasladaría su petición. Que al declarante le fue transmitida reiteradamente por el expresado director, y como procedente del Gobierno, la orden de prohibir toda manifestación en la calle, fuera ella de cualquier clase. Que al disponer el servicio para el 25 de marzo, y en vista de que ya habían ocurrido disturbios en las inmediaciones de San Carlos, se decidió a reforzar los retenes de aquellas proximidades, ello por el criterio de entender menos probable la colisión cuantas más fuerzas pudieran presentarse para reprimirla. Que el citado día 25 recibió noticias de las fuerzas que se hallaban en las proximidades de San Carlos de que eran objeto de agresiones por parte de los estudiantes, entre los cuales acusaban la presencia de otros elementos, refiriéndole que los grupos salían del edificio y agredían a la fuerza, reintegrándose al edificio cuando la fuerza acudía rechazando su acometida y separando los obstáculos que habían puesto en la vía pública, y tuvo noticias de todos estos hechos porque se las daban por teléfono de la posada de San Blas. Pretendió el declarante acudir al lugar de los sucesos, y así se lo indicó al señor director, quien le ordenó permanecer en la Dirección, diciéndole: "Me hace usted falta aquí", en vista de que había otros sucesos en diferentes partes de la población. Se ordenó a la fuerza de Seguridad, por indicación del señor director, que se retirara hacia Antón Martín y Atocha (glorieta), dejando libre todo aquel trozo de calle de Atocha, para así evitar las agresiones; pero no debió conseguirse este propósito, a pesar de que la fuerza se retiró, porque le comunicaron que había sido objeto de agresión y lesionado un capitán, habiendo recibido disparos que le dijeron habían producido un balazo en una hombrera a un guardia y otros que les habían tirado un líquido que decían era vitriolo. Que así las cosas, recibió la mención de que había muchísima gente en Antón Martín, y también que se consideraban impotentes las fuerzas para dominar la situación, no pudiendo precisar quién le diera este aviso, que pudo ser bien el jefe de Seguridad, teniente coronel Flores, el comandante Castillo o el comisario del distrito; avisaron también, le parece que fue el jefe de Seguridad, que en una de las calles adyacentes había un grupo de fuerzas de Seguridad en situación comprometida. Comunicó todo esto al director, y éste dispuso entonces que salieran dos retenes de la Guardia Civil para situarse uno en Antón Martín y otro en la glorieta de Atocha, y proteger, si fuere necesario, a la fuerza de Seguridad, y esta orden la transmitió el declarante al jefe de la Guardia Civil de servicio, por mandato del director general. Después de esto recibió el declarante aviso pidiéndole auxilio un comisario y agentes de Policía que se hallaban en la posada de San Blas, los cuales decían que grupos de estudiantes y elementos extraños, advertidos de su presencia allí, trataban de asaltar el local para asesinarles; procuró reiteradamente calmar la inquietud de estos señores diciéndoles que tomaran precauciones y que trataran de buscar la salida por donde pudieran; le dijeron ellos que no tenían más salida que la recayente a la calle de Atocha, donde estaban los grupos, y que como les conocían, les cogerían seguramente; les ofreció auxiliarles, dando largas para ver si la situación mejoraba, pero continuaron sus reiteradas peticiones de auxilio; dio cuenta al director, y éste, ante lo apremiante del caso, le ordenó que acudiera un grupo de Guardia Civil para salvarles; recuerda el declarante que al dar esta orden el director se puso al habla con el ministro de la Gobernación, y por alguna frase, que a pesar de su discreción pudo oír, le parece que el ministro debió estimar procedente el referido acuerdo del director. Que al dar esa orden supieron poco después que al llegar la Guardia Civil había sufrido la muerte de un guardia y heridas otro, y el propio comisario de San Blas le daba cuenta de que se estaba haciendo fuego mutuo, o sea por la Guardia Civil y desde San Carlos a ésta; el declarante apremió hasta con violencia al comisario para que salieran de la posada al efecto de que pudiera retirarse la Guardia Civil, contestando el comisario que no se atrevía, porque había fuego; y le reiteró la orden de que salieran, incluso de que lo hicieran con un pañuelo blanco en la mano. Recibió un aviso telefónico desde la Facultad de Medicina, procedente de un señor que ignora, quien, con cierta vivacidad, le dijo que estaban haciendo fuego contra el edificio, al cual le respondió que por parte de los que se hallaban en San Carlos procurasen el cese del fuego y de las agresiones, e inmediatamente daría orden de que cesara el de la Guardia Civil; en seguida se lo comunicó al director, y recibió otro aviso telefónico del doctor Bastes en igual sentido, y a éste dijo había ordenado que cesara el fuego de la Guardia Civil, y para que se cumpliera del modo más rápido, le comunicó a Bastos que la orden del cese de fuego se transmitía enviando al coronel de Seguridad señor Dichoso, como así lo realizó. Que después de esto el director le ordenó que transmitiera a las fuerzas la orden de dejar salir a los estudiantes y elementos de San Carlos sin detenerles ni molestarles; transmitió esta orden, y como no obstante ella supo que al salir habían detenido a algunos que no eran estudiantes, el declarante, para que la orden se cumpliera concretamente, acudió en persona a las proximidades del Hospital Clínico, por mandato del propio director, y allí hizo que se cumpliera por sus subordinados debidamente la expresada orden, como se cumplimentó, saliendo los grupos de San Carlos aisladamente, sin ser detenido nadie ni molestado. Que las fuerzas de Seguridad iban provistas, además de su armamento, con "defensas", que son un zurriago forrado de cuero, y las órdenes que tenían eran de utilizar sólo ellas en los disturbios con los estudiantes, acudiendo a las otras armas sólo en casos necesarios. Que el declarante no sabía la disposición interior del edificio de San Carlos y Hospital Clínico, ni, por tanto, que en la parte recayente a la calle de Atocha existieran salas de enfermos ni quirófanos de operaciones, pues la primera noticia que tuvo de esto fue el aviso telefónico que desde San Carlos le dieron; que no cree exista en la Dirección de Seguridad antecedente alguno sobre la mencionada distribución de ese edificio. Que está seguro de que las fuerzas de Seguridad que se hallaban en el lugar del suceso pidieron refuerzos, sobre todo cuando dijeron que había un grupo de ellas en situación comprometida, pero no puede precisar quién hiciera esa petición; que pudo realizarla el teniente coronel Flores o el comisario. Que ni al disponer el servicio para el día 25 ni en la mañana de ese día sabían si habría clases en San Carlos o se hallaban suspendidas éstas, no recordando si aquel día precisamente se dieron órdenes concretas a las fuerzas para impedir entrar si no había clases o que entraran los estudiantes tan sólo si las había; pero debe advertir que sobre ello se habían dado órdenes reiteradas en ese sentido en otras ocasiones, así como para auxiliar a los bedeles en el cumplimiento de las órdenes que del claustro tuvieran.

DECLARACIÓN DEL EX MINISTRO DE LA GOBERNACIÓN, MARQUÉS DE HOYOS.—Dijo: Que desempeñaba el cargo de ministro de la Gobernación en los días comprendidos entre el 20 y 30 de marzo último, habiéndolo desempeñado hasta el día de la proclamación de la República. Que por razón de su cargo sabe fue criterio del Consejo de ministros, tomado con ocasión del restablecimiento de las garantías constitucionales, no se permitieran actos públicos en la calle sin autorización expresa del ministro de la Gobernación, salvo aquellos que suponen el ejercicio de derechos constitucionales, cuyo ejercicio no precisa autorización de ninguna autoridad, y por razón de ese acuerdo se dio el caso de que mientras en algunas provincias se permitieron manifestaciones, por informar los gobernadores que no había peligro para el orden público, en otras no se autorizaron éstas, por ser los informes locales contrarios. Que respecto al proyecto de manifestación de estudiantes en esta capital cualquiera de los días 24 ó 25 de marzo, puede concretamente afirmar no fue pedida autorización por escrito y, conducto del director general de Seguridad al ministro de la Gobernación, recordando tan sólo vagamente que algo le dijo el director de Seguridad de haberle visitado algunos estudiantes en proyecto de que se autorizara alguna manifestación de los mismos; pero lo cierto es que al declarante no llegó por ningún conducto petición de que se autorizara esa manifestación ni concretamente el declarante pudo dar al director general de Seguridad orden expresa de que la prohibiera, refiriéndose, desde luego, a la manifestación proyectada para el día 25 de marzo, no a otras; es decir, que respecto de esta manifestación tenía el director general las órdenes generales a que antes se ha referido, no otras. Que respecto a los conflictos que pudieran provocar los estudiantes en los centros escolares, existía en el Gobierno la decisión de que cuando ellos se produjeran en los edificios docentes procurar la intervención del Ministerio de Instrucción Pública, para que éste interviniera cerca de las autoridades académicas si los conflictos no trascendían al exterior y excitar a éstas para dominarlos sin que tuviera que intervenir la fuerza pública en el interior. Que mediada la mañana del 25 de marzo recibió aviso telefónico del director general de Seguridad expresivo de que los estudiantes de San Carlos, Facultad de Medicina, habían promovido conflicto agrediendo a la fuerza pública con cascotes, y no sabe si en este momento le diría que con disparos. Que al saber esto, y también, según le dijo el propio director, que habían puesto en el edificio una bandera roja, comunicó por teléfono con el ministro de Instrucción Pública, dándole la noticia de lo ocurrido y también para que recabara la intervención del decano para dominar la situación y que terminara aquel estado de cosas; su colega de Instrucción Pública le ofreció intervenir a ese efecto, y así le consta lo realizó. Después de esto, y por las conversaciones sostenidas con el ministro de Instrucción Pública, éste a su vez con el decano y con el director general de Seguridad, se convino en retirar las fuerzas de Seguridad que se hallaban en el lugar de los hechos, entre las cuales había algunos heridos, y aislar el edificio de San Carlos, para así colocar las fuerzas fuera del radio de acción de las agresiones e impedir que éstas persistieran, así como que nadie entrara en el local. Luego recibió del propio director la noticia de que en la posada de San Blas se encontraban encerrados un comisario y dos agentes de Policía, que éstos avisaban por teléfono pidiendo socorro, diciendo que estaban aporreando la puerta y anunciando que iban a entrar a lincharlos, y entonces también le dijo el propio director de salvarlos mandando la Guardia Civil, con la esperanza de que la respetaran más que a los guardias de Seguridad. Respecto a este extremo, y a pregunta concreta del Juzgado de si la iniciativa del envío de la Guardia Civil fue del interrogado, contesta: Que no fue iniciativa del declarante el envío de tal fuerza, pues el director le dijo que la mandaba o iba a mandar, lo cual no fue objeto de su oposición, vista la necesidad de salvar los tres individuos del Cuerpo de Vigilancia que se le decían asediados en la forma que ha referido. Que al poco tiempo de lo que acaba de referirse le avisaron de que había sido recibida la Guardia Civil a pedradas y a tiros, con dos bajas, y también le indicó el director que la Guardia Civil había repelido la agresión. Pasado cierto tiempo de conocer estos hechos, durante cuyo tiempo no recuerda si conferenció nuevamente con el ministro de Instrucción Pública, recibió aviso telefónico del decano, señor Recaséns, y por este medio conferenció con este decano, le presentó con vivos colores el cuadro que se estaba desarrollando, manifestándose indignado por el peligro que se corría dentro de la Facultad por los disparos de la Guardia Civil, y ofreció, después de decirle el declarante que tuviera, presente que al declarante le decían que estaban haciendo fuego contra la Guardia Civil desde dentro del edificio de San Carlos, que si la Guardia Civil se retiraba cesaría toda agresión contra ella y él saldría con los estudiantes del edificio, y ante esa oferta el declarante dio inmediata orden al director general de que cesara el fuego y se retirara la Guardia Civil, y cree que inmediatamente así se hizo, pues poco después supo que había cesado la revuelta. Que el declarante desconocía la existencia en San Carlos, parte recayente a la calle de Atocha, de quirófanos de operaciones, salas de enfermos y de consultas. Que no está seguro que el declarante diera concreta orden al general Mola para que si no hubiera clase auxiliara a los bedeles impidiendo la entrada en el edificio a los estudiantes ni que tampoco de que si había clase consintiera sólo la entrada de los que acreditaran su carácter de estudiantes; es posible que sobre esto hablara con el general, pero eran detalles que incumbían al director general, de acuerdo con las autoridades académicas. Que debe hacer constar que siempre observó en el general Mola, como director general de Seguridad, gran deseo de acierto y de evitar violencias, así como también que si en algún caso acumulaba fuerzas públicas en lugares próximos a los que supiera podía alterarse el orden público, era con el laudable propósito de que no se alterase este orden ante la presencia de fuerzas en cantidad. Y, por último, que en el Consejo de ministros no recayó acuerdo que aprobara la gestión del general Mola durante los sucesos que ha referido, ni tampoco hubo acuerdo de repulsa de esa gestión; tan sólo se decidió estudiar los antecedentes del caso en todos sus aspectos, para después de ello resolver, si bien debe hacer notar que el general Mola había ya mostrado anteriormente su propósito de cesar en la Dirección General de Seguridad, y se estaba pensando el modo de sustituirlo adecuadamente.

DECLARACIÓN DEL TENIENTE DE LA GUARDIA CIVIL, DON EUSEBIO CAÑIZARES.—Que el día 25 de marzo recibió orden de sus jefes naturales y emanadas de la Dirección General de Seguridad de constituirse en retén con una sección de Caballería de 25 hombres en la plaza de Antón Martín, señalándosele el itinerario que debía llevar desde el cuartel de la Batalla del Salado a aquel sitio, que fue desde la Batalla del Salado, Embajadores, Cabestreros, a salir a la plaza del Progreso, y después por la calle de la Magdalena a Antón Martín, siendo esto próximamente a las doce y media de la mañana; dicho itinerario respondía a la idea de evitar el paso de la fuerza por delante de la Facultad de Medicina, a fin de evitar pudiera ser tomado como una provocación la presencia de la fuerza; que llegado a dicha plaza de Antón Martín, en calidad de retén, se situó el declarante frente a la "Farmacia del Globo", o sea entre las calles de Atocha y Magdalena; momentos después se le presentó el entonces comandante de la Guardia Civil don Ramón González Ordóñez, del 26 Tercio móvil, que se hallaba de paisano, el cual le comunicó, de orden del teniente coronel de Seguridad, señor Flores, que tenía que intervenir para restablecer el orden y auxiliar a un comisario y agentes que se encontraban en la posada de San Blas, los cuales se hallaban dentro y se les habían terminado las municiones de pistola y se hallaban en peligro, porque los estudiantes se habían dado cuenta de su presencia en el interior y trataban de asaltar la posada y asesinarles, respondiendo el declarante que por suponer la intervención de su fuerza de consecuencias trascendentales, le rogaba dijese a dicho teniente coronel de Seguridad que se presentase para hacerle presente las órdenes de los jefes naturales contrarias a la aproximación a dicha Facultad, respondiendo dicho comandante de la Guardia Civil que, como comprendía efectivamente las consecuencias que podía traer y no hallarse él de servicio, que no tomase en consideración las órdenes de que era portador, y que se lo diría al teniente coronel citado, para que éste se las diese directamente al que declara; instantes después se presentó el teniente de Seguridad don Mario Fernández, siendo portador de las mismas órdenes del teniente coronel Flores, respondiéndole el declarante que necesitaba la presencia del jefe que daba la orden, para que éste se hiciese responsable de la intervención de la Guardia Civil; y, efectivamente, transcurridos unos minutos, se presentó el teniente coronel de Seguridad, al cual le hizo presente que sus jefes le habían ordenado que evitase toda provocación al acercarse a dicha Facultad, y esto no obstante le ordenó intervenir para auxiliar a los que se hallaban bloqueados en la posada de San Blas, restablecer la circulación y el orden público e igualmente supone el declarante le ordenó a otro oficial de Infantería que con una sección se hallaba en la citada plaza, frente al cine Monumental; en su virtud, el que declara avanzó con toda la sección de Caballería y media de Infantería que se le unió, y en ese momento el público estacionado en dicha plaza y calle de Atocha prorrumpió en vítores a la fuerza, llegando así hasta las proximidades de la Facultad, en donde se les recibió con insultos, entre otros "asesinos de Jaca", disparándoles una verdadera lluvia de cascotes, ladrillos y disparos de pistolas que se hacían desde la azotea de dicha Facultad; que en vista de ello el declarante mandó hacer alto a la fuerza, y en virtud del artículo 26 del reglamento de la Guardia Civil, del capítulo de obligaciones y facultades, que corresponde a la ley de Orden Público, ordenó al trompeta que tocara punto de atención, esperando sobre unos diez minutos para ver si deponían su actitud; como no fuese así, volvió a repetir otro toque, dejando transcurrir próximamente el mismo tiempo, y por tercera vez dio otro tercer toque, arreciando más la pedrea y disparos dirigidos contra la fuerza, hasta el extremo que la fuerza de Infantería, a la que había ordenado el que declara avanzara hasta la posada de San Blas, no pudo cumplimentar la orden por los numerosos disparos, que le impedían avanzar, y en consecuencia ordenó el declarante tocaran fuego, rompiéndolo primeramente, y en cumplimiento del artículo 27 del mismo título, la fuerza de Infantería, que era la que, por presentar menor masa, podía llegar con más facilidad hasta dicha posada, y a pesar de esto la fuerza de Infantería no pudo avanzar, por el sinnúmero de disparos que se le hacían desde la azotea de la Facultad; en su vista, mandó desmontar a cinco guardias de la sección de Caballería, los cuales, con su fuego, debían proteger el avance de la fuerza de Infantería haciendo disparos, y en esta forma pudieron llegar hasta dicha posada, donde no pudieron entrar porque estaba cerrada la puerta y no abrieron ésta a pesar de sus llamadas, teniendo que continuar hasta el callejón de la Alameda, viendo allí caer a uno de los guardias de Infantería, y como se encontraban completamente dominados por el fuego que se hacía desde la azotea, por estar en un plano inferior y los disparos que se hacían a dicha azotea desde abajo no tenían ninguna eficacia, ordenó el que declara que cinco guardias en dos grupos, uno de tres y otro de dos, subiesen, previo permiso de los porteros de las casas, a las azoteas de la casa número 137 y a la situada en la esquina de Santa Inés y Atocha, a fin de que se dejasen ver por los de la azotea de la Facultad y de este modo, al verles en un plano superior, depusieran su actitud y se alejasen de dicha azotea, no haciéndolo así, sino que, por el contrario, hicieron fuego contra los referidos guardias; y en vista de ello rompieron el fuego únicamente sobre los que tiraban con pistolas, pues había otro grupo de verdaderos estudiantes jóvenes, que no arrojaban más que cascotes y ladrillos, que al ver a los guardias se arrodillaron y les pidieron por Dios que no les tirasen, y, efectivamente, no hicieron fuego sobre ellos, y sí sólo sobre hombres maduros, vestidos casi todos de traje azul, que eran los que tiraban con pistolas, y en esta actitud se retiraron los estudiantes jóvenes y quedaron sólo los pistoleros, hasta que, transcurrida una media hora próximamente, sacaron unas banderas blancas en señal de que se rendían, ordenando entonces el declarante que cesara el fuego; y acercándose hasta la inmediación de dicha Facultad, y no obstante haber suspendido el fuego la Guardia Civil, todavía se le hicieron varios disparos desde la esquina de la calle de Santa Isabel, que milagrosamente no hirieron al declarante, terminando con estos disparos el fuego por ambas partes y bajando entonces el que declara hasta las inmediaciones de la posada de San Blas, donde el teniente coronel Flores le ordenó, de orden del jefe superior de Policía, con el cual se entendía por el teléfono de la tienda de comestibles de Casa Moreno, establecida en la calle de Atocha, número 131 duplicado, de que en vista de que ya empezaban a circular vehículos, se retirase con la fuerza, contestándole el declarante de que tenía noticias dé tener, además del guardia muerto, un sargento herido, y en virtud del artículo 28 del citado reglamento, debía detener a los autores de dicha agresión, que habían causado esas dos bajas en la fuerza a sus órdenes, y que además casi tenía la seguridad de poder reconocer a los autores; que tenía fuerza el declarante guardando todas las salidas de dicho edificio, y que para no dejar incumplido dicho reglamento, se le debía permitir entrar en dicho edificio, ausentándose el teniente coronel Flores y volviendo nuevamente al teléfono, regresando a los pocos momentos y dando la orden terminante del ministro de la Gobernación de retirar el servicio de todas las puertas y alejarse hacia Antón Martín, por haber hablado dicho ministro con el rector de la Facultad, por teléfono, doctor Recaséns, para darle libertad de salir a todos los que estaban dentro del edificio, cumplimentándose dicha orden y retirándose el declarante con la fuerza a sus órdenes frente al Hospital de Nuestra Señora del Carmen, para garantizar con su presencia la circulación y el orden, ya restablecido, esperando en dicho sitio hasta las tres o tres y media de la tarde, en que nuevamente, al llegar otra sección de Caballería del mismo Tercio, mandada por el teniente don Antonio Bermúdez de Castro, que oyó la orden, se presentó el teniente coronel Flores y ordenó a las dos secciones que se retirasen al cuartel, como se verificó, dando después los partes reglamentarios del servicio prestado a sus jefes y a la Dirección General de Seguridad, sin haber tenido noticia hasta la fecha de censura por dicha actuación. Que desea hacer constar que cuando el que declara estaba recibiendo la orden que le daba el teniente coronel de Seguridad por conducto del comandante González, estaba presente el teniente de Infantería del mismo Tercio don Maximino Granados, y que por haberse hecho repetir la orden por tres veces se dio cuenta perfecta el personal de la sección referida, cuyos nombres obran en su poder, y en caso necesario los facilitaría al Juzgado. Que ni por sus jefes naturales ni por otra persona le fue hecha advertencia alguna al que declara de que en la Facultad de Medicina, parte recayente a la calle de Atocha, existiesen salas de enfermos, ni quirófanos; que al declarante tampoco le constaba, por no conocer la distribución interior, y estaba en la creencia de que eran salas o aulas de enseñanza, pues al exterior no percibió que las ventanas pudieran corresponder a tales salas o quirófanos, por no ver en sus cristales ninguna indicación; y que todos los disparos que hizo la fuerza a sus órdenes fueron dirigidos a la azotea y tejado del edificio, desde donde partían las agresiones, pues no vio que desde las ventanas y puertas se hicieran disparos, aunque algunas de las fuerzas que se situaron en la calle de la Alameda le han referido que desde una puerta y ventana baja se hicieron disparos, y uno de éstos debió producir la muerte del guardia y la lesión al sargento.

DECLARACIÓN DEL TENIENTE DE LA GUARDIA CIVIL DON SALVADOR GUZMÁN.—Dijo: Que de servicio de retén en la mañana del día 25 de marzo recibió en el cuartel de Pontejos, sobre las once horas, la orden de salir con su sección para la plaza de Antón Martín, donde ocurrían desórdenes; que así lo efectuó, llevando a su mando 25 hombres; que llegado a la plaza de Antón Martín se situó con la sección, viendo bastantes grupos, no en actitud agresiva, sino más bien de expectación; que poco después llegó otra sección de Caballería, mandada por otro oficial; que situadas ambas secciones en la referida plaza, donde estuvieron como un cuarto de hora, el teniente coronel de Seguridad señor Flores le ordenó, así como al otro oficial, que acudieran hacia la posada de San Blas para que salieran de ella y proteger unos agentes de Vigilancia que allí había; que en vista de esa orden avanzó la sección, de Caballería, y a su retaguardia la del declarante, pero a la altura de una de las calles próximas a Antón Martín el propio teniente coronel ordenó quedar allí la mitad de la sección de Infantería para contener a la gente que había y que no invadieran el tránsito de la calle de Atocha, por lo cual el declarante, con la mitad de la sección, quedó allí, y avanzó el sargento con la otra mitad de la fuerza. Que al destacarse la fuerza dicha ignora el declarante las órdenes que recibiera del jefe a cuyas órdenes quedó, y no sabe por ello quién mandara hacer fuego, ni cómo se desarrollara éste; tan sólo puede decir que oyó reiteradas descargas, que a su parecer parecían de la Facultad de Medicina, en su parte alta, como de la fuerza que estaba en la calle, a la cual no veía desde el sitio en que estaba. Que ya cesado el fuego y llegado el relevo, su sección se incorporó a la que mandaba el que habla, y le dieron cuenta de haber sufrido las bajas de un sargento herido y un guardia muerto. Que nadie advirtió al que habla la existencia de salas de enfermos ni de quirófanos de operaciones en el edificio de la Facultad de Medicina, en su parte recayente a la calle de Atocha, y como no recibió de la superioridad ninguna indicación en ese sentido, ni el declarante lo sabía, no pudo realizar advertencia alguna respecto a eso a la fuerza de su mando, siendo natural que si lo hubiera sabido hubiera advertido de ello a la fuerza para que hubiese guardado la precaución consiguiente al respeto que merece el Hospital.

Declaración del cabo de la Guardia Civil, Dionisio López Cámara.—Dijo: Que siendo poco menos de las doce de ese día recibió orden de armarse el retén, y formando parte de éste salió mandado por el oficial don Salvador Guzmán de Andrade a la calle, sin haber recibido más indicaciones que las de tener suma prudencia en el servicio que debieran prestar. Que al llegar a Antón Martín les ordenaron estacionarse allí, y allí se estacionaron durante un cuarto de hora, durante el cual vieron que había mucha gente en la azotea o tejado de la Facultad de Medicina, que parecía agredir y tiraban cascotes, sin que entonces oyeran disparos ni esos cascotes llegaran a aquellas inmediaciones. Que allí vio el declarante conferenciar al teniente coronel de Seguridad, señor Flores Mayor, con los oficiales que mandaban el retén, del cual existía también fuerza de Caballería del 14 Tercio. Que recibieron orden del jefe del retén de que avanzaran con la fuerza, y oyó que había que salvar a unos agentes de Policía que se encontraban en peligro en la posada de San Blas; sobre la marcha les ordenaron armar el machete y cargar, lo cual realizaron; avanzó la Caballería hasta poco antes del edificio de la Facultad y les siguió el retén de Infantería, que era la mitad de éste, pues la otra mitad había quedado en Antón Martín. Al llegar a este sitio, y ocupando la Infantería la posición dicha, el jefe de la Caballería debió ordenar los toques de atención, pues el declarante los oyó perfectamente, transcurriendo de un toque a otro más de cuatro minutos; no obstante esos toques de atención, siguieron desde San Carlos arrojando piedras y otros objetos contra la fuerza, sin que hasta entonces se oyeran disparos ni tampoco la Guardia Civil disparara; en esa situación ordenó el teniente de Caballería a la fuerza de Infantería que avanzara hasta la posada de San Blas para salvar aquellos agentes. Así lo realizaron; pero apenas rebasada la Caballería por el sargento Cabezas, el cabo Prieto y el declarante, seguido de otros guardias, arreció la agresión de piedras, y ya entonces se hicieron muchos disparos contra la fuerza de Infantería, en grado tal estos disparos que no pudieron avanzar todos los infantes, sino que lo hicieron sólo siete, aunque esta parte del retén era de doce, y al recibir estos disparos ya repelieron la agresión disparando los máuseres contra los lugares desde donde se veía se les hacía fuego, que por entonces eran las azoteas y tejados de la Facultad de Medicina; así llegaron hasta la puerta de la posada de San Blas, encontrándola cerrada, no pudiendo realizar el salvamento de los agentes por este cierre y porque los disparos desde San Carlos arreciaban; continuaron hasta la calle de la Alameda, y a muy poco de estar allí vio el declarante que el sargento atravesaba la calle de una acera a otra, y al llamarle el declarante, le indicó que iba herido, enseñándole una mano por la que echaba sangre, ante lo cual llamó por señas a unos guardias de Seguridad que estaban en la calle de la Alameda para que le auxiliaran; poco después, como a sus espaldas tenía el declarante el guardia Hermógenes y sintiera el calor de los fogonazos de sus disparos, le advirtió que tuviera cuidado no fuera a darle; el guardia le respondió que no tuviera cuidado, pues él le guardaba la espalda, y poco después le sintió decir "¡Ay, madre mía!", y sin poder decir más anduvo cuatro o cinco pasos a retaguardia, con el fusil a rastras, y se apoyó en una pared, donde le auxiliaron cuatro guardias de Seguridad, que se lo llevaron a la Casa de Socorro; continuó el declarante en el mismo lugar, desde el cual oyó al cabo Prieto, que se hallaba en la otra acera de la calle de la Alameda, decirle: "Córrete a esta acera, que ahí te asesinan, pues están tirando desde la puerta y una ventana baja", lo cual no había podido observar el declarante porque sólo miraba hacia arriba, donde había visto, por su parte, que se hacían disparos. Siguiendo la indicación del cabo Prieto, se pasó a espaldas de él, a la misma acera; ya fue cesando el fuego que les hacían de San Carlos, y, por lo tanto, disminuido el que hacía la Guardia Civil hacia la azotea de San Carlos repeliéndolo; y, por fin, ya pasado bastante tiempo, cesaron los mutuos disparos, dejó de verse la gente en los tejados y ya después de mucho tiempo les dijeron que habían salido los de San Carlos, y por fin recibieron orden de reunirse al retén, lo cual efectuaron. Que el declarante observó perfectamente que se hacían disparos desde la azotea y tejado y en aquella dirección exclusivamente fue adonde dirigió los suyos, no creyendo que ninguno de éstos pudiera hacer blanco en las ventanas de la Facultad, porque los dirigía al alto. Que ni sus jefes naturales ni nadie le dieron indicación alguna para que tuviera en cuenta que existían salas de enfermos y lugares de operaciones quirúrgicas en la parte del edificio de San Carlos que da a la calle de Atocha. Al salir con el retén sólo se les recomendó prudencia, pero nadie, repite, les hizo indicación alguna en el sentido que acaba de expresarse, y el declarante no sabía que había en aquella parte del local salas de enfermos y quirófanos, ni aún sabía tampoco cuando salió a prestar servicio el lugar donde hubiera de prestarlo.

DECLARACIÓN DEL CABO DE LA GUARDIA CIVIL, AMBROSIO PRIETO.—Dijo: Serían próximamente las doce horas del día 25 de marzo cuando recibió la orden de armarse, y verificándolo inmediatamente salieron a las órdenes del teniente señor Guzmán, el sargento José Pulido y el cabo Dionisio Cámara, el que declara, un corneta y 21 guardias, trasladándose seguidamente a la plaza de Antón Martín, donde se estacionaron, y a poco de estar allí vio que el teniente coronel del Cuerpo de Seguridad conferenciaba con el oficial que mandaba la sección de Caballería de la Guardia Civil, que llegó momentos después que la de Infantería y con el citado oficial, señor Guzmán, ordenándoles que avanzaran con las fuerzas hacia la Facultad de Medicina, y haciéndolo así, antes de llegar hizo alto la Caballería y detrás la Infantería; que en esta situación, al poco tiempo, se les ordenó que siguiera la Infantería hasta la posada de San Blas, para proteger a un comisario y unos agentes que se encontraban en ésta y se hallaban en peligro, porque querían asaltar la misma y lincharlos; y al avanzar, ya con los cuchillos puestos y cargados los máuseres, lo que habían verificado en marcha, según se les ordenó por el citado oficial, fueron objeto de agresiones con cascotes y ladrillos y disparos que partían de la azotea y tejado de la Facultad; que momentos antes de adelantar la Caballería, como habían dirigido a la fuerza piedras y cascotes y también disparos, se oyeron los toques de atención reglamentarios con bastante tiempo unos de otros, y como al tratar de seguir avanzando seguían siendo objeto de agresiones, repelieron éstas mientras andaban y esquivaban los tiros y piedras, dirigiendo los disparos a la parte alta del edificio, que era donde estaban parapetados los agresores, pudiendo llegar hasta la posada unos ocho o nueve hombres, pues los demás que formaban el grupo, hasta doce, no pudieron continuar y se quedaron en la esquina de la calle de San Pedro; que llegados a la puerta de aquélla con el objeto indicado de salvar a los que se encontraban en el interior, no pudieron conseguir entrar, por estar la puerta cerrada, y como en aquellos momentos arreciaba la pedrea y los disparos, siguieron hasta la esquina próxima, que es la de la calle de la Alameda, entrando en esta calle, y en este instante se sintió herido el sargento Cabezas, y poco después cayó también herido por disparo el guardia civil Hermógenes, tratando de repeler aquellas agresiones disparando la fuerza que quedaba a la citada azotea, porque de ésta parecía se les agredía; pero el que declara se dio cuenta de que desde una puerta de hierro y desde una ventana pequeña, o mejor dicho, desde una ventana que tenía una chapa con un agujero en un cristal roto encima de ésta, se hacían disparos certeros contra la fuerza; le avisó al cabo Cámara de que se quitara del sitio en que estaba, que era el mismo en que había sido herido el guardia Hermógenes, pues le iban a asesinar también como a éste, trasladándose a la acera de enfrente, que era donde estaba el dicente, y así continuaron largo rato, contestando al fuego que se les hacía, que duró casi más de dos horas; que después, y cuando ya parecía restablecida la circulación y no se hacían nuevas agresiones desde el edificio de la Facultad, recibieron la orden de retirarse, verificándolo hacia Antón Martín, y desde esta plaza al cuartel. Que cuando salieron del cuartel recibieron la orden, como se les da en todas las ocasiones que salen de servicio, de que tuvieran mucha prudencia y buen trato con las personas. Que ni por sus jefes naturales ni por ninguna otra persona se le hizo advertencia alguna al que declara, ni cree que a los demás que formaban la sección tampoco, de que en la fachada del edificio de la Facultad de Medicina, recayente a la calle de Atocha, existían salas de enfermos ni quirófanos de operaciones, y al declarante no le constaba la existencia de éstos por no conocer la situación de tal edificio; pero debe hacer constar que los disparos de la fuerza se dirigieron mayormente a la azotea del edificio, y sólamente cuando se apercibieron que se les agredía de la citada ventana y puerta de hierro fue cuando tiraron hacia éstas, o sea más abajo, y siempre al mismo sitio; y que desde el exterior no podía verse, por lo menos desde la calle, que las citadas ventanas de la calle de Atocha correspondieran a tales salas de enfermos y quirófanos, creyendo el que dice que eran sólo salas de enseñanza.

DECLARACIÓN DEL GUARDIA CIVIL, DIEGO GARCÍA BECERRA.—La declaración de este guardia no difiere de la anterior, e insiste en que se les tiró de una ventana baja y desde una puerta de hierro; que ignoraba la existencia de salas de operaciones y quirófanos y que se tocaron los juntos de atención reglamentarios.

APÉNDICE SEGUNDO

ALGUNOS DOCUMENTOS QUE FIGURAN EN EL PROCESO INSTRUIDO POR LOS SUCESOS DEL 25 DE MARZO

ESCRITO DEL FISCAL GENERAL DE LA REPÚBLICA

Al Juzgado:

El fiscal, en el sumario número 295 del corriente año, al Juzgado del Congreso, dice: Que de lo actuado aparece: que deseando los estudiantes celebrar una manifestación pública pro amnistía al amparo del derecho que a los españoles concede el artículo 13 de la Constitución, una comisión de ellos se presentó el día 24 de marzo último en la Dirección General de Seguridad con objeto de dar cumplimiento a los requisitos que para la celebración de dichos actos exige la Ley de 15 de junio de 1880; recibidos dos de los estudiantes por el entonces director general de Seguridad, don Emilio Mola, y dando pretextos para no conceder la autorización necesaria para el expresado acto, cuando él era realmente la Autoridad única a quien competía conceder o negar la autorización, exhortó a los comisionados a que cejaran de sus propósitos, y como no lo consiguiera, les manifestó que era necesario presentasen una solicitud para por su conducto hacerla llegar al ministro de la Gobernación y esperar a que dicha Autoridad determinara lo que estimare procedente, con lo cual dilataba y de momento negaba el ejercicio de ese derecho constitucional.

Por consecuencia de esta negativa, en el siguiente día dicho director general de Seguridad, suponiendo que los ánimos de los estudiantes estarían más excitados, mandó mayor cantidad de fuerzas de guardias de Orden Público a la Facultad de Medicina, las que si bien tenían orden de agotar la prudencia, también la habían recibido de impedir a todo trance la manifestación pro amnistía, que los estudiantes habían solicitado.

Ese alarde de fuerza de Orden Público y las dilatorias que se querían dar a los estudiantes para impedir la manifestación, les exacerbaron y desde la Facultad de Medicina, y en ocasión en que el teniente coronel jefe de las fuerzas no se hallaba allí, los estudiantes con cascotes de ladrillos y piedras, los arrojaron sobre los guardias y hubo algún disparo contra éstos; sin más aviso y sin que hasta ahora pueda determinarse quiénes fueran, del grupo de la fuerza partieron disparos que ocasionaron lesiones a algunos estudiantes y elementos que allí había, alguno de ellos de tal gravedad que produjo la muerte como la causada a Ramón Sampere. Noticioso el director de Seguridad de los graves hechos que frente a la Facultad de

Medicina estaban ocurriendo, en lugar de ordenar al jefe superior de Policía, don Agustín Marzo, que se personase en dicho lugar para que desde allí y más directamente pudiera dar órdenes precisas y evitar los sangrientos sucesos, se limitó a darle órdenes que éste a su vez transmitía por teléfono desde el despacho y ello motivó que, cuando ya realmente no había por parte de los estudiantes ataque a la fuerza pública, porque ésta se había replegado a las calles inmediatas dejando libre toda la calle de Atocha y las inmediaciones de la Facultad, pues en la casi totalidad se había dirigido a la plaza de Antón Martín y glorieta de Atocha para evitar que circulasen y se aglomerara mayor número de curiosos, se dio la orden por el director general, y se transmitió por el jefe superior de Policía, de que acudieran a aquellos lugares dos retenes de la Guardia Civil, compuestos de cuatro secciones, dos de Infantería y otras dos de Caballería, que allí llegaron cuando todo estaba tranquilo.

Momentos después se supo que en la posada de San Blas se habían refugiado el comisario de Policía y dos agentes que acudían a dicho lugar por ser el sitio desde que comunicaban por el teléfono con la Dirección General de Seguridad, y como al enterarse de ello los estudiantes intentasen asaltar dicho sitio, se ordenó que se destacasen para auxiliar a aquellos funcionarios dos parejas de la Guardia Civil al mando de un sargento, que fueron objeto de agresión por parte de los grupos de estudiantes y elementos allí, reunidos y que como consecuencia de ello al poco tiempo fueron heridos el sargento y un guardia, este último de tal gravedad que falleció a los pocos momentos en la Casa de Socorro del distrito del Congreso.

Con este motivo, y previo los toques de atención reglamentarios, la Guardia Civil comenzó a hacer fuego contra la Facultad de Medicina durante una hora u hora y media, causando daños de gran consideración en el edificio y quirófanos, que todavía no han sido tasados pericialmente, y a pesar de que ya la agresión por parte de los estudiantes había cesado, se continuó haciendo fuego hasta que el director de Seguridad, desde su despacho, ordenó que cesase, por habérselo así ordenado el ministro de la Gobernación.

Los hechos relatados revisten las figuras de delito que sancionan los artículos 230 y el 581 en relación con el último párrafo del 234 del Código penal, apareciendo indicios racionales de criminalidad contra el ex director general de Seguridad don Emilio Mola.

Por ello, al Juzgado suplica: Se sirva dictar auto de procesamiento contra dicho señor, y teniendo en cuenta la alarma producida en la opinión pública por los hechos relatados, así como teniendo pendientes de resolución otros sumarios y hasta el temor de que pudiera sustraerse a la acción de la Justicia, procede acordar su prisión provisional previa, de la que podrá excusarse si presta fianza metálica de 100.000 pesetas y las demás declaraciones anejas, sin perjuicio de que en su día se dicte esta resolución contra el que fue jefe superior de Policía señor Marzo y las demás personas que aparezcan responsables de estos hechos.

–

AUTO DE PROCESAMIENTO

Auto.—Juez especial don Ildefonso Bellón Gómez. Juzgado de Instrucción del distrito del Congreso, en funciones de especial. Madrid, 24 de abril de 1931, a las dieciséis horas.

Por recibidas de la Sala 2.ª del Tribunal Supremo las diligencias, sumario número 295 del corriente año, en este Juzgado, con certificación del auto pronunciado en este día por aquella Sala donde se nombra al proveyente juez instructor especial pro con las facultades que allí se determinan para incoar el correspondiente sumario sobre los hechos sobre que versa el presente: guárdese y cumpla lo mandado por la Sala, acusando recibo inmediato de los autos y testimonio: téngase por incoado sumario que seguirá con el número precitado entendiéndose con el carácter de especial y las facultades de jurisdicción propia e independiente delegada por el Tribunal Supremo a los efectos a que se refiere, dese parte de esta incoación y prosecución a los excelentísimos presidente del Tribunal Supremo y Audiencia Territorial y fiscal de la República, y

RESULTANDO de lo ya actuado: Que en funciones del cargo que ostentaba de director general de Seguridad el excelentísimo señor don Emilio Mola Vidal el 25 de marzo del corriente año, que no estaban en suspenso las garantías constitucionales, y constándole el propósito de manifestarse pacífica y públicamente, pro amnistía, los estudiantes de la Facultad de Medicina, que para hacerlo le habían rogado autorización el precedente día, sin obtenerla, decidió prohibir la proyectada manifestación en la vía pública, para lo cual, y con órdenes expresas de impedirla a todo trance por la fuerza, dispuso la situación de extraordinarios retenes de agentes de Vigilancia y guardias de Seguridad en las inmediaciones de la Facultad de Medicina y Hospital Clínico de San Carlos. Ocurrido choque la mañana del precitado día entre los grupos manifestantes y guardias de Seguridad, quienes agredidos y con algunos de ellos contusionados utilizaron las armas de fuego, ocasionando con sus disparos lesionados graves —alguno de éstos, Ramón Sampere, fallecido a los pocos días—, el señor director, en conocimiento constante de tan sensibles sucesos, permaneció, no obstante, acompañado del jefe superior de Policía, en su despacho oficial, desde el cual, sin que le fueran requeridos refuerzos por el jefe de Seguridad que allí se encontraba, que entendía dominada la revuelta, y sin advertencia alguna a los mandos de las fuerzas armadas de la existencia, que aquel señor director debía conocer, por elemental previsión de su cargo, de salas de enfermos y quirófanos de operaciones aposentados en la fachada del edificio del Hospital Clínico y Facultad de Medicina recayente a la calle de Atocha, ordenó el envío al lugar de aquellos hechos varias secciones de la Guardia Civil, que al intervenir poco después, cumpliendo su expreso mandato, sufrieron por disparos la baja de un guardia, herido tan gravemente que falleció poco después, y de un sargento lesionado, efectuando la dicha fuerza y por espacio de una hora, poco más o menos, numerosos disparos de máuser, fusil que es su arma reglamentaria, dirigidos contra todo el frente del edificio, cuyos disparos vulneraron algunos huecos de las salas de enfermos y quirófanos de operaciones, a la sazón ocupados por el personal facultativo y enfermos, produciendo numerosos impactos con los daños consiguientes, cuya apreciación pende[126].

CONSIDERANDO: Que los hechos anteriormente relacionados dibujan suficientemente la figura de un delito de imprudencia temeraria, previsto y sancionado en el artículo 581 del Código penal de 1870, actualmente en vigor, y que de mediar malicia podría constituir el delito

---

[126] Los daños, cuya apreciación pendía, según facturas que con posterioridad fueron unidas al sumario, son los siguientes:

Factura presentada por la Casa Guinea, Santa Brígida, 1:

Cristales "que parecían" rotos desde fuera... 1.476,75 pesetas
Idem "que parecían" rotos desde dentro... 257,25 —
Idem rotos con anterioridad a los sucesos. 299,25 —

(Nota.—Estas dos últimas partidas no pueden achacarse a excesos de la fuerza pública.)

Factura presentada por la Casa Sucesor de G. Pereantón (S. A.), Cuesta de Santo Domingo, 1:

Una luna .... 465,80 pesetas
Factura del fontanero .... 120,00 pesetas

Falta la factura del contratista y la del arreglo de la cubierta (rota por los estudiantes), que por lo visto también debo pagar yo.

Para garantir las responsabilidades civiles, el señor juez creyó debían exigírseme 25.000 pesetas.

que definen los artículos 230, 234 y 575 del citado Código penal promulgado por Real decreto de 8 de septiembre de 1928 en sus artículos 33, 34, 268, 269 y correspondientes de la Sección 2.ª del Titulo 9.º, libro II de este último Código.

CONSIDERANDO: Que los enunciados hechos punibles parecen atribuibles por indicios racionales de delincuencia al director general de Seguridad excelentísimo señor don Emilio Mola Vidal, ya que a la negligencia o falta de cuidado y previsión necesarios que mostró en aquella ocasión obstaculizando la manifestación, disponiendo el envío de fuerzas innecesarias y sin advertir a las fuerzas el respeto que merecía la situación del Hospital Clínico, debe atribuirse por relación casual el desarrollo ulterior de los sucesos, y por lo mismo procede, cumpliendo lo dispuesto en el artículo 384 de la ley de Enjuiciamiento criminal, decretar su procesamiento con las consecuencias de rigor.

CONSIDERANDO: Que si bien el delito imputado al funcionario que se procesa tiene sanción inferior a pena aflictiva, parece el caso, habida cuenta la alarma producida por aquellos hechos, la situación constituyente del país, la existencia de otros procesos de los que pueden derivarse responsabilidades para el inculpado en éste y aún una prudencial garantía para el respeto de la integridad personal del propio inculpado, a la sazón blanco de animosidad pública, parece oportuno, en principios de justicia, condicionar la libertad provisional del mismo a la exigencia de fianza que asegure su estancia siempre a disposición del tribunal(127).

---

(127) En ninguno de esos "otros procesos" han podido descubrirse indicios racionales de delincuencia contra mí, y no por falta de ganas. Tampoco ha resultado nada desfavorable de las investigaciones llevadas a cabo en la Dirección de Seguridad sobre la administración de fondos y trato dado a los detenidos durante el tiempo que estuve al frente de ella; ni de las practicadas en averiguación de si iba o no acompañado de unas "entretenidas" la noche que tuve la desgracia de sufrir un accidente de automóvil en la que perdió la vida uno de mis mejores amigos; ni del uso que hice del crédito concedido para material moderno, sobre el que se permitió el señor Galarza Gago hacer a los periodistas ciertos comentarios cuando por estar preso y perseguido no podía defenderme ni contestarle en la única forma que merecía". No obstante todo lo expuesto sigue la causa en la actualidad —pese a lo ocurrido en Casas Viejas— en el mismo estado que cuando fui procesado, y, para colmo, me pasaron a la segunda reserva, como consecuencia de los sucesos del 10 de agosto, en los cuales, como es sabido, no tomé parte.

CONSIDERANDO: Que con arreglo al artículo 589 de la Ley procesal, es impuesta la obligación de afianzar las responsabilidades que del delito se deriven. Vistos los artículos citados y los 503 y 504 de la ley de Enjuiciamiento criminal,

Su señoría ante mí, el secretario, que refrenda, dijo: Se declara procesado en esta causa a la responsabilidad consiguiente a los hechos punibles que se determinan en el fondo de esta resolución, al excelentísimo señor don Emilio Mola Vidal, ex director general de Seguridad, con quien en el dicho concepto de procesado se extenderán las diligencias sucesivas del modo y forma que dispone la Ley; notifíquesele a seguida el siguiente acuerdo, recibiéndole declaración indagatoria y apórtense sus antecedentes de nacimiento, conducta y penales.

Se decreta la libertad provisional del mencionado procesado si presta para disfrutarla la fianza metálica o en efectos públicos o valores cotizables por un efectivo de 25.000 pesetas, hasta cuya prestancia habrá de permanecer en prisión, librándose para este efecto y que se tenga por elevada al mismo la detención en que actualmente se encuentra, mandamiento al gobernador, director o jefe de Prisiones Militares, formándose para todo lo que al particular de esta situación personal haya de hacerse constar la oportuna pieza separada.

Preste el mencionado procesado fianza para garantir las responsabilidades civiles pecuniarias que en definitiva puedan declararse procedentes, en cantidad de 25.000 pesetas, y transcurrido el término legal, si después de requerido para ello no la prestase, embárguesele bienes suficientes para cubrir la mencionada cantidad o acredítese en forma legal su insolvencia, todo esto en la conveniente pieza separada que deberá formarse.

Póngase en conocimiento de los excelentísimos señores Presidente de la Sala de lo Criminal del Tribunal Supremo y Ministro de la Guerra el presente auto y notifíquesele al señor fiscal delegado.

Lo mandó y firmó don Ildefonso Bellón Gómez, juez de instrucción del distrito del Congreso, en funciones de juez especial delegado por la Sala 2.ª del Tribunal Supremo para la instrucción del presente sumario; doy fe, etc., etc.

ESCRITO PRESENTADO POR MI DEFENSA SOLICITANDO LA MODIFICACIÓN DEL AUTO ANTERIOR

Al Juzgado de Instrucción del distrito del Congreso en funciones de especial:

Don Alfonso Bilbao Sevilla, procurador de los Tribunales, que en este acto designa el procesado excelentísimo señor don Emilio Mola Vidal, para sustituir al que anteriormente indicó, comparezco en el sumario que se instruye contra el mismo por suponerle culpable de un delito de imprudencia temeraria, y como mejor proceda en derecho, digo: Que habiéndosele declarado procesado por auto de 24 del corriente, notificado el mismo día, y estimando mi parte gravoso el citado acuerdo, dicho sea salvando los respetos debidos, se ve en la necesidad de solicitar su reforma en uso del derecho concedido en el artículo 217 de la ley de Enjuiciamiento criminal, para evitar los perjuicios que en otro caso se le originarían.

En su virtud interpongo en tiempo el citado recurso, que fundo en las consideraciones que pasaré a exponer, previas algunas

MANIFESTACIONES

1.ª Declarado secreto el sumario, nada sabemos de lo actuado. Queda, pues, en absoluto desconocimiento cuáles son las facultades delegadas que ha recibido el juez instructor; si la Jurisdicción militar que necesariamente ha intervenido, por resultar una agresión a la Guardia Civil con un muerto y un lesionado, se ha inhibido en favor del Tribunal Supremo haciendo infructuosa toda petición nuestra sobre la incompetencia; si la concreción del procesamiento en el director general de Seguridad se ha hecho después de tomar declaración a su superior jerárquico, el ministro de la Gobernación, puesto que aquél se halla en un escalón más bajo que éste y un escalón más alto que el jefe que mandaba la fuerza, y no hay razón para que la Justicia encuentre los indicios de su responsabilidad en ese escalón intermedio sin examinar todos; y si se han tenido en cuenta los preceptos reglamentarios e instrucciones dictadas para el régimen de la Dirección General de Seguridad, que son las indicadoras de las funciones de cada persona, y que sin duda figurarán en los autos las que sean pertinentes.

2.ª Ante la sabiduría de un auto seguramente estudiado concienzudamente debe ceder nuestra modesta apreciación, y sin embargo el raciocinio es inflexible: esa sabiduría sufrió un breve eclipse al aplicar unos textos nulos al procesado señor Mola. Y vamos a probarlo: Dice el

Decreto de 15 de abril último, en su artículo 1.°, que "queda anulado, sin ningún valor ni efecto, el titulado Código penal de 1928". En estas condiciones, ¿cómo se aducen preceptos de lo que es nulo? ¿A qué Código nos vamos a atener para la defensa que nos está encomendada?

El citado decreto prevé las situaciones jurídicas en los procesos incoados o terminados a partir de la calificación provisional; pero antes de ella, ante casos como el presente, nada dispone, y nada podía disponer, porque estaba anulado lo referente a las penas.

Nos asombra leer las citas de los artículos 33, 34, 268 y 269 del Real decreto de 8 de septiembre de 1928, y ojalá nuestro asombro no fuera justificado para oponer el artículo 35: "No incurrirá en responsabilidad criminal el que, al ejecutar acciones lícitas con la debida prevención, prudencia o pericia, causare una lesión o daño por simple accidente material, sin culpa o intención de causarle".

3.ª Que lo procedente en este escrito es demostrar que no hay indicios de criminalidad, base del procesamiento, ni motivos para creerle responsable, base de lo acordado sobre libertad y fianza; pero es tan arraigada nuestra convicción respecto de la inocencia del señor Mola que vamos más allá: nos proponemos demostrar que los hechos ocurridos no son constitutivos de delito. Y probado esto cae por su base todo lo que se refiere a indicios y motivos. Podrá el pueblo revolucionario desear el hallazgo de culpables; pero los funcionarios de la Justicia, al no encontrarles, no se los puede dar, porque tiene un honor que la Historia necesita consignarles y porque tienen una conciencia cuyos gritos de protesta ni ellos ni sus hijos deben oír.

FUNDAMENTOS DEL PROCESAMIENTO

El primer Considerando del auto dice que los hechos *dibujan* (es su palabra) la figura de un delito de imprudencia temeraria, que de mediar malicia, podría constituir el delito que definen los artículos 230, 234 Y 575 del Código penal de 1870, esto es, el impedir una manifestación pacífica de que tuvo conocimiento oficial, empleando la fuerza para disolverla o suspenderla sin antes haber intimado dos veces la disolución causando daño en el edificio con los disparos.

El segundo Considerando dice que esos hechos punibles "parecen atribuibles por indicios racionales de delincuencia" al señor Mola, y que constituyen negligencia o falta de cuidado y previsión necesarias al obstaculizar la manifestación, el enviar fuerzas innecesarias y el no advertir a éstas que la situación del Hospital Clínico merecía respeto.

Fácil nos parece será borrar el *dibujo* del primer Considerando y descubrir la racionalidad del segundo, ambos por lo que se refiere a la persona del señor Mola. Analicemos cada uno de los tres cargos que se le hacen y los cuáles motivan los indicios.

Primer cargo: Obstaculizar la manifestación. Hechos que lo prueben según el Resultando del auto recurrido: "Que constándole el propósito de manifestarse pacífica y públicamente, por haberle rogado autorización para ello el día precedente, decidió prohibirla, y con órdenes expresas de impedirla por la fuerza dispuso retenes de agentes de Vigilancia y guardias de Seguridad".

A eso contestamos:

a) Que en efecto, una comisión de estudiantes le pidió y no se la concedió esa autorización. Primero: porque tenía instrucciones concretas del ministro de la Gobernación de impedir toda clase de manifestaciones en la vía pública. Segundo: porque si no las tuviese, el artículo 1.° de la Ley de 15 de junio de 1880 exige que aquella comisión diese conocimiento por escrito, y aun cuando la citada comisión no debía ignorar ese precepto, él la dijo que presentasen la solicitud, añadiendo que cuando la recibiese daría cuenta de ella al ministro de la Gobernación.

b) Que si la prohibió y dio órdenes para impedirla por la fuerza, estableciendo retenes, fue: Primero: porque según el artículo 5.° de la citada Ley de 1880, tenía el deber de "mandar suspender o disolver en el acto" esa reunión que se celebrara fuera de las condiciones expresadas del artículo 1.° de la misma ley. Segundo: porque el artículo 5.°, número 3.°, manda que se suspendan o disuelvan en el acto las manifestaciones que en cualquier forma embaracen el tránsito público, y reconociéndose en el auto que quienes pretendían efectuarla, y salían a efectuarla, se hallaban en el edificio de la calle de Atocha, vía de mucho tránsito público, que había de quedar embarazada al salir de aquel local, estaba en la obligación de poner retenes. Tercero: porque en caso de no haber obrado así se hallaría incurso en la penalidad prevista para el funcionario que no cumple ni hace cumplir las leyes. Cuarto: porque en el supuesto de que toda la responsabilidad del señor Mola fuese originada por su imprudencia al infringir una ley que concedía derechos a unos señores, no cabe procesarle por ello, mientras sigan en la impunidad quienes, en vez de ejercitar las acciones conducentes contra él, si incumplió leyes, se tomaron la justicia por su mano faltando a preceptos legales. Quinto: porque de prosperar la tesis que sostiene el Juzgado para formular este cargo, resultaría que quienes se colocaron fuera de la ley, y, por tanto, delinquieron, son los inocentes, son los que en este período constituyente del país (frase del auto) no son procesables, y sí lo es quien se atuvo a ella y para quien cerca de un mes no encontró la Justicia acción punitiva en sus gestiones.

En resumen: que no puede haber indicio racional de delincuencia cuando se cumplen con rigurosa exactitud preceptos de la ley que citamos.

Si otra tesis se mantuviese, los jueces que diariamente manejan las leyes diariamente estarían incurriendo en indicios racionales de criminalidad.

Segundo cargo: enviar fuerzas innecesarias. Dice el Resultando del auto que estudiamos que no le fueron requeridos refuerzos por el jefe de Seguridad que allí actuaba, y que en constante conocimiento de los sensibles sucesos permaneció en su despacho acompañado del jefe superior de Policía y ordenó el envío de varias secciones de la Guardia Civil.

Pasemos a desvirtuarlo:

a) El director general de Seguridad no tenía obligación de ir personalmente al lugar de los sucesos, ni constituye ninguna clase de negligencia el dejar de ir. Cítese un precepto, un solo precepto, no ya en lo que afecta a orden público, sino dentro del Ejército, donde se halla tamizada la autoridad del mando, que estime como negligencia de un general el no acudir personalmente a un sector donde se desarrolla una acción cuando tiene que atender a las fuerzas de todos los sectores. No ya el director general de Seguridad, ni aun el jefe superior de Policía debían ausentarse de aquel sitio céntrico cuando existían temores de otra manifestación en la Universidad, cuando los "parados forzosos" estaban aprovechando hacer acto de presencia en sitios céntricos, cuando había un conflicto, no resuelto aún, de Artes Gráficas, y cuando era público y notorio un estado de desasosiego en Madrid que requería al mando superior no desplazarse a un lugar sin rápida comunicación con los demás. Allí bastaba con la presencia, como estuvieron desde primera hora —y eso muestra la mucha previsión del señor Mola— del comisario del distrito y del jefe de Seguridad, teniente coronel Flores, y más tarde del comisario general, señor Molina.

b) Por lo mismo que dice el auto que tenía un constante conocimiento de los sucesos mandó refuerzos sin que le fuesen requeridos. Nos sorprende que pueda creerse que incurre en negligencia o imprudencia quien en plano superior de mando dota de más elementos garantizadores del orden público al mandado.

Todas las naciones que tienen sus fuerzas para garantir el orden público las utilizan en el número y cuantía abrumadora que convenga. ¡No faltaba más sino que se considerase como indicios racionales de criminalidad el hecho de mandar movilizar nueve tercios de la Guardia Civil para ocupar las nueve calles que parten de la Puerta del Sol con el fin de evitar que veinte señores se estuviesen manifestando! Será eso un acto inusitado, pero delictivo, no. No vaya a ser España la que enseñe a otras naciones que eso es un delito, porque ni lo van a aprender, ni lo va a conseguir.

Y dicho eso no tenemos necesidad de afirmar, ni de probar, que el jefe superior de Policía le avisó de que se reunía público en la glorieta de Atocha y en la de Antón Martín, y la actitud no se podía prever; y que el comisario y dos agentes se hallaban refugiados en la posada de San Blas, que los revolucionarios querían asaltar. Imprudencia hubiera sido no enviar a la Guardia Civil, y que hoy lloràsemos el descuartizamiento de esos funcionarios cuidadores del orden imprescindible para la Justicia.

Tercero y último cargo: No advertir a las fuerzas que respetasen el Hospital, causando daños. Lo fundan, según el Resultando recurrido, en que por elemental deber de su cargo debía conocer que las salas con enfermos y quirófanos de operaciones se hallaban aposentados en la fachada del edificio; que al intervenir la Guardia Civil por su mandato, resultó muerto un guardia y herido un sargento, efectuándose disparos durante una hora contra todo el frente del edificio, produciéndose numerosos impactos con los daños consiguientes, cuya apreciación pende.

Contestamos como sigue:

El director general de Seguridad no tiene la obligación de saber lo que hay detrás de la pared de cada inmueble, sea público o privado. Elemental deber de su cargo acaso era haber entrado en esos edificios, ungidos por fuero antidemocrático de desconocida existencia; pero nunca lo hizo, porque el ministro de la Gobernación, su superior jerárquico, se lo tenía prohibido creyendo en el tal fuero. Y en esas condiciones, sin el don de la visión a través de los cuerpos opacos, ¿cómo podía ver, ni saber, de enfermos, quirófanos, médicos, adosamientos, paredes, etcétera? Ahora bien, como es un hecho probado que hay quien tiene esa inexplicable cualidad, si en el sumario —que desconocemos— existen indicios de que el señor Mola ve a través de las paredes, comprendemos su procesamiento.

Pero supongamos que lo supiese. ¿Es que debía advertir a los jefes de la Guardia Civil que no tirasen a esas salas y quirófanos, olvidando que jamás ha necesitado la Benemérita recibir instrucciones sobre la dirección de sus fuegos? ¿Es que se ignora que ese Instituto, cuyo prestigio conviene conservar cada día más acrisolado, tiene la obligación de disparar en la dirección de donde es agredido? ¿Es que si los impactos señalasen desviaciones del lugar de donde partían agresiones a la fuerza pública cabe echar la culpa a quien ni presente estaba?

La Guardia Civil —y Dios quiera que así siga— no necesita recibir instrucciones de lo que ha de ejecutar. Las tiene en su Reglamento, y si en algún caso las incumpliese, la individualización del delito buscaría al culpable del acto, que nunca sería ni su teniente, ni su coronel, ni su director. El aviso de los toques de atención corresponde darlos y el omitirlos al jefe que se halla presente. Desde la Dirección de Seguridad ni se iban a dar ni a dejar de dar.

Por último hemos de suponer y suponemos que siendo lo grave las agresiones a la Guardia Civil, cuyas agresiones duraron una hora, toda la cuestión de daños ocasionados por ese tiroteo se estará tramitando por la jurisdicción competente. No podemos creer que se vaya a dividir el hecho criminal para que entienda un juez en el delito y otro juez en el daño producido por el delito, y lo que es más estupendo, una jurisdicción distinta en cada uno.

Como colofón de lo anterior, véase lo que dice el Diccionario Alcubilla en el epígrafe "Orden Público":

"Eso de estar impasible la Autoridad presenciando entretanto el crimen; eso de no prestar instantáneamente el auxilio debido a los ciudadanos que se ven amenazados en sus personas y propiedades, nos parece altamente absurdo y repugnante, inconciliable de todos modos con el orden social y con los buenos principios de Gobierno. La Autoridad que tal hace, falta a su deber, se hace cómplice en los excesos y debe responder de sus consecuencias.

¡Que no se dé nunca el escándalo que ante las mismas Autoridades, ante la indignación de todo un pueblo sensato y ante el aparato de toda la fuerza pública, tengan lugar excesos tan terribles como los que presenció Burgos en septiembre de 1854 y como los que lamentaron en 1856 Valladolid, Palencia y Rioseco: las medidas preventivas no confundirlas jamás con las represivas. Unas y otras son necesarias; pero unas y otras tienen su oportunidad y el rigor debe empezar cuando empiezan los excesos, sin dar lugar que alienten los perturbadores".

FIANZA PARA LA LIBERTAD PROVISIONAL

Analicemos el tercer Considerando que está destinado a este tema.

Por la cuantía de la pena reconoce el auto que procede la libertad provisional sin fianza; pero exige ésta por las siguientes razones: Primera: la alarma producida por los hechos. Segunda: la existencia de otros procesos de los cuales pueden derivarse responsabilidades para el procesado en éste. Tercera: la prudencial garantía para su integridad personal, a la sazón blanco de la animosidad pública.

Razones que exige la ley para la fianza: las circunstancias del hecho y los antecedentes del procesado (artículo 503, número 2°, de la ley de Enjuiciamiento criminal). Añade ésta (artículo 504, párrafo 2°) que cuando tenga buenos antecedentes, cuando se pueda creer que no se sustraerá a la acción de la Justicia, se le dará la libertad sin fianza aun cuando el delito tenga señalada pena superior a prisión correccional.

Expuesto lo anterior, resulta que ni la alarma, ni la existencia de esos procesos que desconocemos, ni la integridad de su persona, son circunstancias del hecho que ocurrió, y no necesitamos demostrarlo porque es un postulado de la inteligencia. En cuanto a los antecedentes del procesado, son tan brillantes que estamos seguros que el juez que ha de proveer, si sólo esa circunstancia ha de tenerse en cuenta y el delito fuera superior al de la pena de prisión correccional, decretaría su libertad provisional.

Es potestativo del juez, no lo ignoramos, el que exija fianza, pero arbitrio condicionado al objeto de ella: el que no se sustraiga a la acción de la Justicia. Ni por la cuantía de la pena, ni por las circunstancias que concurren en el procesado, hay temores de ello. La fuga de él es perder una carrera brillante: general de brigada a los cuarenta y tres años y en el primer tercio de la escala. La fuga de él significa darle de baja en el Ejército, y con ello beneficiarse el Estado en más de 250.000 pesetas por la capitalización que corresponde atendiendo a las tablas de mortalidad. Es decir, que se le piden 25.000 pesetas de fianza, y el Estado ganaría diez veces más si nada le exige y se fuga.

En atención a lo expuesto, en razón a que si no hay indicios de criminalidad menos existen "motivos bastantes para creerle responsable criminalmente", que es lo que cita el artículo 503, número 3.º, de la Ley procesal criminal, es por lo que pedimos la libertad, caso de subsistir el procesamiento, lo cual no creemos, debe ser sin fianza y menos aún en la cuantía impuesta, y de existir alguna, que sea la personal, la cual tan abundantemente se concede a estafadores y ladrones insolventes.

Todo lo anterior ateniéndose a la legislación corriente; pero existe el decreto del 14 de abril dictado para beneficiar a los procesados. Es criterio de Gobierno expuesto por altos funcionarios (el fiscal de la República no es ajeno a ello) el que la prisión preventiva debe limitarse todo lo posible. En relación con eso, el artículo 4.º del decreto citado establece, para que en todo tiempo se aplique a quien se halle en la situación de presunto delincuente, lo que sigue: "Se concede por ministerio de la Ley el beneficio de la libertad provisional a los procesados contra los cuales la petición acusatoria formulada o presunta, por apreciación discrecional del juez durante el sumario, no fuere de pena aflictiva".

Reconocido por el juez que no procede pena aflictiva, el ministerio de la Ley le concede la libertad provisional sin fianza. La fianza se reserva para los casos de penas aflictivas que determina la ley de Enjuiciamiento criminal, pues el artículo 529 de ella ha quedado reformado por el decreto que citamos.

FIANZA PARA LA RESPONSABILIDAD CIVIL

Como dice el auto que los daños están pendientes de apreciación, y esto es cosa rápida, no importa esperar unos días para tratar este asunta.

La víctima de las masas populares se resigna.

LO QUE DIJO EL FISCAL SOBRE EL ESCRITO DE MI DEFENSA Y FUE ACEPTADO POR EL JUEZ

Al Juzgado:

El fiscal en el sumario que se sigue contra el excelentísimo señor don Emilio Mola Vidal, dice: Que con fecha 30 de abril último le ha sido notificada la providencia recaída en el mismo, teniendo por interpuesto el recurso de reforma contra el auto de procesamiento dictado contra dicho señor, con entrega de la copia simple del escrito formulado en su nombre por el procurador señor Bilbao y no apareciendo de los razonamientos aducidos en el mismo, desvirtuados en forma convincente los fundamentos que sirvieron de base y se tuvieron en cuenta por el Juzgado para dictar la resolución recurrida, este Ministerio se opone al recurso y muy someramente va a combatir algunas de las manifestaciones que se hacen en el escrito citado.

Se aduce en la primera manifestación la posibilidad de una incompetencia de jurisdicción en el Juzgado instructor del sumario y ella no es discutible en este momento procesal, pues el Juzgado actuante obra en virtud de la delegación expresa y especial de la Sala 2.ª del Tribunal Supremo de Justicia.

En la manifestación segunda del repetido escrito se expresa que han servido de fundamento para el procesamiento los artículos 33, 34, 268 y 269 del Código derogado de 1928, y ello no resulta cierto, pues los artículos que han servido de fundamento para el procesamiento lo fueron, y así se expresa, los artículos 230, 234, 275 y 581 del vigente Código penal, y si en ella se citan los artículos del Código derogado se demuestra que no hubo el eclipse a que alude el escrito, ya que lo que se demostraba era que tanto en el Código legítimo como en el derogado, los hechos que se atribuían al procesado constituían delito en ambas disposiciones estaban previstos y penados.

Ocioso es a juicio de este Ministerio discutir los fundamentos de derecho del escrito de reforma que comentan los considerandos del auto recurrido, razonando la relación de hechos tal como el recurrente entiende que aparecen comprobados, y es, a más de ocioso, peligroso para el secreto del sumario discutir dichos razonamientos, ya que para ello se aducirían las pruebas que hoy existen en múltiples declaraciones y diligencias practicadas, que al comentar su alcance darían a conocer al procesado lo que la Ley prohíbe que conozca en el trámite sumarial; pero hay, a juicio de esta representación, no sólamente aquellos indicios racionales de criminalidad que se requieren para dictar el procesamiento a tenor del artículo 384 de la Ley procesal, sino pruebas palmarias e inconclusas, que demuestran de modo indubitado que por parte del procesado hubo imprudencias graves por acción y por omisión, que dieron, como fruto natural, las lamentables consecuencias que motivan estas actuaciones sumariales, y como ello consta al Juzgado actuante, no debe este Ministerio discutir los citados fundamentos del escrito del recurrente.

En cuanto a la situación personal del procesado, en pie quedan los fundamentos que al Juzgado sirvieron de base para dictar la parte dispositiva en lo referente a ese particular, en la resolución recaída; nadie puede dudar que los sucesos produjeron alarma inusitada en la opinión pública, y esto lo reconoce el propio recurrente, que en el propio escrito se llama a sí mismo la víctima de las masas populares; y aparte de ello al Juzgado le consta que se están tramitando contra el encartado otros sumarios, alguno de ellos lo instruye el Juzgado actuante, y por estas razones se hace viable el temor de que aquél puede sustraerse a la acción de la Justicia y ellas motivan la exigencia de la fianza acordada.

Por lo expuesto, al Juzgado suplica que teniendo por presentado este escrito y por opuesto a este Ministerio al recurso de reforma entablado contra el auto de procesamiento dictado en el sumario aludido, se sirva desestimar el citado recurso declarando no haber lugar al mismo y dejar subsistente en todas sus partes el auto de procesamiento dictado contra don Emilio Mola Vidal con los pronunciamientos en el mismo acordados.

–

OTRO ESCRITO PRESENTADO POR MI DEFENSOR

Al Juzgado del Congreso en funciones de especial:

Don Alfonso Bilbao, procurador, a nombre del excelentísimo señor don Emilio Mola Vidal en la causa que se le instruye por imprudencia, temeraria, como mejor proceda en derecho, digo: Que me ha sido notificado el auto en virtud del cual se le niega la reforma solicitada del procesamiento, y estimando mi parte perjudicial y gravoso el expresado auto, dicho sea salvando los debidos respetos, apelo del mismo en uso del derecho concedido en el artículo 216 de la ley de Enjuiciamiento criminal.

Aun cuando conocemos el precepto relativo a la apelación en un efecto, esta causa escapa a él porque al juez se le dio la facultad para procesar —a nuestro entender contra lo dispuesto en la ley, dicho sea en términos de defensa—, pero lo que no le han dado, ni le podían dar, es la facultad de resolver definitivamente la incidencia del procesamiento, porque el artículo 9.° de la ley de Enjuiciamiento criminal se la da en este caso a la Sala 2.ª del Tribunal Supremo, y el artículo 303 de la misma, en la última parte del párrafo 5.°, no creemos que permita delegación de competencia propia para procesar. Si la permitiese, la resolución firme y definitiva de ella corresponde a la Sala, no por vía de conocimiento de lo que el testimonio diga, ya que no podemos precisar lo que se haya de insertar porque el sumario es secreto para nosotros, sino que aquel Tribunal debe y se la atribuye avocar el conocimiento total del proceso para que los intereses de nuestro representado estén garantidos, no por una delegación respetable que manda testimoniar lo que conceptúe bastante, sino por completo estudio de la causa que haga el delegante, a quien las leyes imponen ese deber. En estos momentos, el Consejo Supremo de Guerra y Marina lo observa con relación a causa que está instruyendo, no obstante haber un juez designado por el mismo, el cual procesó, y, sin embargo, es el Reunido quien estudia todo el sumario para resolver definitivamente la incidencia de un procesamiento (nos referimos al del general don Dámaso Berenguer).

Existe otro argumento para admitir esta apelación en ambos efectos: el auto dictado el 24 de abril último por la Sala segunda del Tribunal Supremo, y el cual nos ha sido notificado el 4 del corriente, le da facultades al juez para que pueda dictar autos de procesamiento y de conclusión del Sumario, pero no para entender en la incidencia de una reforma de él. Al Juzgado no le impone la obligación de dictar auto de procesamiento cuando haya indicios de criminalidad, sino que se le faculta para hacerlo o para dejarlo a resolución de la Sala. Esto lo justificamos porque no le dice "con la plenitud de poderes para que dicte, en su caso, autos de procesamiento", sino que escribe "con la plenitud de poderes para que pueda dictar, en su caso, autos de procesamientos". De modo que era facultad del juez dejar a la Sala de lo criminal el que acordase el procesamiento. Siendo así cuando se trata de resolver, ejecutoriamente, si una persona ha de ser o no procesada, el juez, en virtud del principio de que las facultades delegadas han de interpretarse y ejercitarse restrictivamente, debe considerarse incompetente para instruir este sumario, a partir del hecho notorio de dibujar un delincuente, y por ello se encuentra en el caso del artículo 313 de la ley de Enjuiciamiento criminal para la admisión de ambos efectos.

SUPLICO AL JUZGADO que habiendo por presentado este escrito se acuerde:

Primero. Que se admita la apelación que interponemos en tiempo legal contra el auto confirmatorio del procesamiento.

Segundo. Que esta incidencia de apelación sea admitida en ambos efectos para ante el Tribunal que carece de competencia para delegarla, a nuestro juicio, y si sólo fuese en un efecto quede consignada nuestra protesta a los efectos correspondientes, y en primer término el de reproducir la petición ante el Tribunal delegante. Es justicia que pido.

OTROSI: Interesa a mi parte ir consignando, y consignar ya, particulares que han de expedirse en el testimonio que ha de acompañar con el recurso de apelación al Tribunal delegante. Son los siguientes: 1.° En relación de la constancia de que está representado el procesado por el procurador y abogado que firma este escrito. *2.°* El auto de procesamiento, el de su confirmación y nuestros escritos de reforma, apelación y el del 2 de mayo. 3.° Literal de todas las declaraciones que haya prestado el procesado y los señores marqués de Hoyos, Flores y Marzo. 4.° Literal de las que hayan prestado el teniente o tenientes que mandasen las fuerzas de la Guardia Civil y las clases o individuos de este Instituto o manifestación negativa, de haber sido citados a declarar antes de dictar el auto confirmatorio del procesamiento. 5.° En relación que se manifiesten las disposiciones legales con los artículos que ellas mencionan y qué referencia a leyes y reglamentos de la Guardia Civil se hallan consignadas en cualquiera de los folios de la causa. En caso de no existir en ellos se puede contestar que no se accede a testimoniar este número. 6.° Relación de las fechas del comienzo de la causa, el de la intervención del fiscal de Su Majestad y el de la República.

SUPLICO AL JUZGADO se sirva acceder a que en el testimonio se inserten estos particulares, por ser de justicia, que pido.

Madrid, 9 de mayo de 1931.

LO QUE RESOLVIÓ LA SALA SEGUNDA DEL TRIBUNAL SUPREMO

AUTO

Excelentísimos señores:
Don Alfonso Trabado.
Don Enrique Robles.
Don Pedro M. Muñoz.
Don José G. Valdecasas.
Don Vicente Crespo.
Don Fernando Abarrátegui.
Don Joaquín Lacambra.

En Madrid, a 3 de julio de 1931

RESULTANDO: Que instruido sumario en el Juzgado del distrito del Congreso, de esta capital, por delito de desórdenes públicos, se elevó a esta Sala, en 24 de abril próximo pasado, por entender el instructor que existían elementos en las actuaciones practicadas que pudieran constituir indicios racionales de responsabilidad criminal, contra don Emilio Mola Vidal, por actos realizados como director general de Seguridad, y previo dictamen del Ministerio Fiscal, de conformidad con dicha manifestación, estimando asimismo que la competencia para conocer del proceso referido radicaba en este Tribunal, a tenor de lo dispuesto el párrafo 2.° del artículo 281 de la ley Orgánica del Poder Judicial, se acordó aceptar la competencia indicada, y delegar en el referido juez la sustanciación del sumario especial que había de formarse con las actuaciones ya llevadas a cabo, facultando al citado funcionario para que, con jurisdicción propia e independiente, siguiera practicando cuantas fueran necesarias para el esclarecimiento de los hechos punibles que se hubieran realizado y responsabilidades que alcanzasen en los mismos a determinadas personas, concediéndole autorización hasta para dictar autos de procesamiento y conclusión del sumario cuando lo estimase, procedente.

RESULTANDO: Que con igual fecha el referido instructor dictó auto declarando procesado a don Emilio Mola Vidal, por estimar existían indicios racionales de criminalidad contra él de la comisión de un delito de imprudencia, previsto y penado en el artículo 581 del Código vigente; acordando la libertad provisional del encartado siempre que prestase fianza metálica por valor de 25.000 pesetas, contra cuyo auto se formuló el correspondiente recurso de reforma que, denegado, dio lugar al de apelación, que también se había interpuesto, el que, sustanciado debidamente, se señaló para la vista celebrada en el día de ayer, en la que la parte apelante sostuvo la improcedencia del auto recurrido, en todas y cada una de sus declaraciones, y el Ministerio fiscal solicitó se confirmase en cuanto al procesamiento acordado, adhiriéndose a la petición de libertad formulada por la representación del señor Mola.

CONSIDERANDO: Que las actuaciones sumariales practicadas no han hecho desaparecer el carácter de indicios racionales de criminalidad concedido a los actos realizados por don Emilio Mola Vidal en el ejercicio de su cargo de director general de Seguridad, y que sirvieron de fundamento al auto apelado, debiendo, por lo tanto, sostenerse, por ahora, la referida resolución, sin perjuicio de que mayores esclarecimientos hicieran variarla.

CONSIDERANDO: Que de conformidad con lo interesado por el Ministerio fiscal en el acto de la vista, es procedente dejar sin efecto el acuerdo del juzgado instructor en cuanto a la situación del encartado, ya que por la naturaleza de la pena que en su día pudiera imponérsele, el tiempo que lleva privado de libertad por razón de la presente causa y el haber pasado el momento de alarma en que la libertad bajo fianza de 25.000 pesetas en metálico se acordó, obliga a reformar el extremo referido,

SE CONFIRMA el auto de procesamiento de 24 de abril último, dictado contra don Emilio Mola Vidal, y, según lo interesado por el Ministerio público, se deja sin efecto la prisión provisional que dicho procesado sufre, con la obligación *apud acta* de presentarse ante esta Sala el día primero de cada mes, y siempre que fuera llamado; póngasele inmediatamente en libertad si no estuviera preso o detenido por otra causa o motivo, a cuyo efecto líbrese carta orden al juez instructor especial para que con toda urgencia se cumpla lo acordado, respecto a. la situación personal del procesado, y póngase las notas expresivas correspondientes.

EL CRÍTICO y EDITOR - Juan Bautista Bergua

Juan Bautista Bergua nació en España en 1892. Ya desde joven sobresalió por su capacidad para el estudio y su determinación para el trabajo. A los 16 años empezó la universidad y obtuvo el título de abogado en tan sólo dos años. Fascinado por los idiomas, en especial los clásicos, latín y griego, llegó a convertirse en un célebre crítico literario, traductor de una gran colección de obras de la literatura clásica y en un especialista en filosofía y religiones del mundo. A lo largo de su extraordinaria vida tradujo por primera vez al español las más importantes obras de la antigüedad, además de ser autor de numerosos títulos propios.

Su librería, la editorial y la "Generación del 27"

Juan B. Bergua fundó la Librería-Editorial Bergua en 1927, luego Ediciones Ibéricas y Clásicos Bergua. Quiso que la lectura de España dejara de ser una afición elitista. Publicó títulos importantes a precios asequibles a todos, entre otros, los diálogos de Platón, las obras de Darwin, Sócrates, Pitágoras, Séneca, Descartes, Voltaire, Erasmo de Rotterdam, Nietzsche, Kant y los poemas épicos de La Ilíada, La Odisea y La Eneida. Se atrevió con colecciones de las grandes obras eróticas, filosóficas, políticas, y la literatura y poesía castellana. Su librería fue un epicentro cultural para los aficionados a literatura, y sus compañeros fueron conocidos autores y poetas como Valle-Inclán, Machado y los de la Generación del 27.

El Partido Comunista Libre Español y las amenazas de la izquierda

Poco antes de la Guerra Civil Española, en los años 30, Juan B. Bergua publicó varios títulos sobre el comunismo. El éxito, mucho mayor de lo esperado, le llevó a fundar el Partido Comunista Libre Español que llegaría a tener mas de 12.000 afiliados, superando en número al Partido Comunista prosoviético oficial existente. Su carrera política no duró mucho después que estos últimos le amenazaran de muerte viéndose obligado a esconderse en Getafe.

La Censura, quema de libros y sentencia de muerte de la derecha

Juan B. Bergua ofreció a la sociedad española la oportunidad de conocer otras culturas, la literatura universal y las religiones del mundo, algo peligrosamente progresivo durante esta época en España.

En el 1936 el ejército nacionalista de General Franco llegó hasta Getafe, donde Bergua tenía los almacenes de la editorial. Fue capturado, encarcelado y sentenciado a muerte por los Falangistas, la extrema derecha.

Mientras estuvo en la cárcel temiendo su fusilamiento, los falangistas quemaron miles de libros de sus almacenes por encontrarlos contradictorios a la Censura, todas las existencias de las colecciones de la Historia de Las Religiones y la Mitología Universal, los libros sagrados de los muertos de los Egipcios y Tibetanos, las traducciones de El Corán, El Avesta de Zoroastrismo, Los Vedas (hinduismo), las enseñanzas de Confucio y El Mito de Jesús de Georg Brandes, entre otros.

Aparte de los libros religiosos y políticos, los falangistas quemaron otras colecciones como Los Grandes Hitos Del Pensamiento. Ardieron 40.000 ejemplares de La Crítica de la Razón Pura de Kant, y miles de libros más de la filosofía y la literatura clásica universal. La pérdida de su negocio fue un golpe tremendo, el fin de tantos esfuerzos y el sustento para él y su familia...fue una gran pérdida también para el pueblo español.

Protegido por General Mola y exiliado a Francia

Cuando General Emilio Mola, jefe del Ejército del Norte nacionalista y gran amigo de Bergua, recibe el telegrama de su detención en Getafe intercede inmediatamente para evitar su fusilamiento. Le fue alternando en cárceles según el peligro en cada momento. No hay que olvidar que durante la guerra civil, los falangistas iban a buscar a los "rojos peligrosos" a las cárceles, o a sus casas, y los llevaban en camiones a las afueras de las ciudades para fusilarlos.

–El General y "El Rojo"–Su amistad venia de cuando Mola había sido Director General de Seguridad antes de la guerra civil. En 1931, tras la proclamación de la Segunda República, Mola se refugió durante casi tres meses en casa de Bergua y para solventar sus dificultades económicas Bergua publicó sus memorias. Mola fue encarcelado, pero en 1934 regresó al ejército nacionalista y en 1936 encabezó el golpe de estado contra la República que dio origen a la Guerra Civil Española. Mola fue nombrado jefe del Ejército del Norte de España, mientras Franco controlaba el Sur.

Tras la muerte de Mola en 1937, su coronel ayudante dio a Bergua un salvoconducto con el que pudo escapar a Francia. Allí siguió traduciendo y escribiendo sus libros y comentarios. En 1959, después de 22 años de exilio, el escritor regresó a España y a sus 65 años comenzó a publicar de nuevo hasta su fallecimiento en 1991. Juan Bautista Bergua llegó a su fin casi centenario.

Escritor, traductor y maestro de la literatura clásica, todas sus traducciones están acompañadas de extensas y exhaustivas anotaciones referentes a la obra original. Gracias a su dedicado esfuerzo y su cuidado en los detalles, nos sumerge con su prosa clara y su perspicaz sentido del humor en las grandes obras de la literatura universal con prólogos y notas fundamentales para su entendimiento y disfrute.

Cultura unde abiit, libertas nunquam redit.
Donde no hay cultura, la libertad no existe.

LA CRÍTICA LITERARIA

www.LaCriticaLiteraria.com

Todo sobre literatura clásica, religión, mitología, poesía, filosofía...

La Crítica Literaria es la librería y distribuidor oficial de Ediciones Ibéricas, Clásicos Bergua y la Librería-Editorial Bergua fundada en 1927 por Juan Bautista Bergua, crítico literario y célebre autor de una gran colección de obras de la literatura clásica.

Nuestra página web, LaCriticaLiteraria.com, es el portal al mundo de la literatura clásica, la religión, la mitología, la poesía y la filosofía. Ofrecemos al lector libros de calidad de las editoriales más competentes.

Leer los libros gratis online

www.LaCriticaLiteraria.com

La Crítica Literaria no sólo está dedicada a la venta de libros nacional e internacional, también permite al lector la oportunidad de leer la colección de Ediciones Ibéricas gratis online, acceso gratuito a más que 100.000 páginas de estas obras literarias.

LaCriticaLiteraria.com ofrece al lector un importante fondo cultural y un mayor conocimiento de la literatura clásica universal con experto análisis y crítica. También permite leer y conocer nuestros libros antes de la adquisición, y tener la facilidad de compra online en forma de libros tradicionales y libros digitales (ebooks).

Colección La Crítica Literaria

Nuestra nueva **“Colección La Crítica Literaria”** ofrece lo mejor de los clásicos y análisis de la literatura universal con traducciones, prólogos, resúmenes y anotaciones originales, fundamentales para el entendimiento de las obras más importantes de la antigüedad.

Disfrute de su experiencia con nosotros.

www.LaCriticaLiteraria.com

www.ingramcontent.com/pod-product-compliance
Lightning Source LLC
LaVergne TN
LVHW050908080826
845145LV00001B/12

* 9 7 8 8 4 7 0 8 3 9 5 1 1 *